MW00617186

HISTORIA
DE LOS INDIOS
DE LA NUEVA ESPAÑA

Libros a la carta

Partiendo de nuestro respeto a la integridad de los textos originales, ofrecemos también nuestro servicio de «Libros a la carta», que permite -bajo pedido- incluir en futuras ediciones de este libro prólogos, anotaciones, bibliografías, índices temáticos, fotos y grabados relacionados con el tema; imprimir distintas versiones comparadas de un mismo texto, y usar una tipografía de una edición determinada, poniendo la tecnología en función de los libros para convertirlos en herramientas dinámicas.

Estas ediciones podrán además tener sus propios ISBN y derechos de autor.

TORIBIO DE BENAVENTE MOTOLINIA

HISTORIA
DE LOS INDIOS
DE LA NUEVA ESPAÑA

BARCELONA **2006**
WWW.LINKGUA.COM

Créditos

Título original: *Historia de los indios de la Nueva España.*

© 2006, Linkgua ediciones S.L.

08011 Barcelona.
Muntaner, 45 3º 1ª
Tel. 93 454 3797
e-mail: info@linkgua.com

Diseño de cubierta: Linkgua S.L.

ISBN: 84-9816-538-5.

Las bibliografías de los libros de Linkgua son actualizadas en: www.linkgua.com

SUMARIO

PRESENTACION

La vida

Toribio de Benavente Motolinía (Benavente, ...-1565, México). España. Nació a finales del siglo XV y murió en México. Su apellido real era Paredes. Fue uno de los doce franciscanos que difundieron el cristianismo en México bajo la obediencia de fray Martín de Valencia.

El 25 de enero de 1524 partieron de Sanlúcar, España. Poco después el fraile adoptó el apelativo de Motolinía que significa desdichado, infeliz, pobre, y alcanzó Guatemala y Nicaragua, fundando varios conventos.

Hacia 1536 era guardián del convento de Tlaxcala donde inició su *Historia de los Indios de Nueva España*, una de las mejores fuentes para conocer cómo fue la evangelización de la Nueva España.

Motolinía consagró su vida a los indios de México y Guatemala a los que defendió de la injusticia con la que eran tratados. Este libro relata escrupulosamente la historia de la conversión y las costumbres, los ritos y la cultura de los indios y es una de las obras más importantes para el conocimiento de la etnografía y la vida en el México de la conquista.

La *Historia de los indios de la Nueva España*, fue editada en 1848 (lord Kingsborough publicó algunos fragmentos). La primera edición íntegra apareció en 1858.

Epístola proemial de un Fraile menor al Illmo. Señor Don Antonio Pimentel, sexto conde de Benavente, sobre la relación de los ritos antiguos, idolatrías y sacrificios de los Indios de la Nueva España, y de la maravillosa conversión que Dios en ellos ha obrado. Declárase en esta Epístola el origen de los que poblaron y se enseñorearon de la Nueva España

La paz del muy alto Señor Dios nuestro sea siempre con su ánima. Amen. Nuestro Redentor y Maestro Jesucristo en sus sermones formaba las materias, parábolas y ejemplos según la capacidad de los oyentes; a cuya imitación digo: que los caballeros cuerdos se deben preciar de lo que su rey y señor se precia; porque lo contrario hacer, sería gran desatino: y de aquí es, que cuando en la corte el emperador se precia de justador, todos los caballeros son justadores; y si el rey se inclina a ser cazador, todos los caballeros se dan a la caza; y el traje que el rey ama y se viste, de aquel se visten los cortesanos. Y de aquí es, que como nuestro verdadero Redentor se preció de la cruz, todos los de su corte se preciaron más de la misma cruz, que de otra cosa ninguna, como verdaderos cortesanos que entendían y conocían que en esto estaba su verdadera salvación. Y de aquí es, que el hombre de ninguna cosa se precia más que de la razón, que le hace hombre, capaz y merecedor de la gloria, y le distingue y aparta de los brutos animales. Dios se preció TANTO de la cruz, que se hizo hombre y por ella determinó de redimir el humanal linaje: y pues el Señor se precia del fruto de la cruz, que son las ánimas de los que se han de salvar, creo yo que Vuesa Señoría, como cuerdo y leal siervo de Jesucristo, se gozará en saber y oír la salvación y remedio de los convertidos en este Nuevo Mundo, que ahora la Nueva España se llama, adonde por la gracia y voluntad de Dios cada día tantas y tan grandes y ricas tierras SE DESCUBREN, adonde Nuestro Señor es nuevamente conocido, y su santo nombre y fe ensalzado y glorificado, cuya es toda la bondad y virtud que en Vuesa Señoría y en todos los virtuosos príncipes de la tierra resplandece; de lo cual no es menos dotado Vuesa Señoría que lo fueron todos sus antepasados, mayormente vuestro ínclito y verdadero padre Don Alonso Pimentel, conde quinto de Benavente, de buena y gloriosa memoria, cuyas pisadas Vuesa Señoría en su mocedad bien imita, mostrando ser no menos generoso que católico señor de la muy afamada casa y excelente dictado de Benavente, por lo cual debemos todos sus siervos y capellanes estudiar y trabajar en servir y reagradecer las mercedes recibidas; y a esta causa suplico a Vuesa Señoría reciba este pequeño servicio quitado de mi trabajo y ocupación, hurtando al sueño algunos ratos, en los cuales he recopilado esta relación y servicio que a Vuesa Señoría presento; en la cual sé que he quedado tan corto, que podría ser notado de los prácticos en esta tierra, que han visto y entendido todo o lo más que aquí se dirá. Y porque esta obra no vaya coja de lo que los hombres naturalmente desean saber, y aun en la verdad es gloria de los señores y príncipes buscar y saber secretos, declararé en ésta brevemente lo que más me parezca a la relación conveniente.

Esta tierra de Anáhuac, o Nueva España (llamada ASÍ primero por el Emperador nuestro señor) según los libros antiguos que estos naturales tenían de caracteres y figuras, que ésta era su escritura; Y a causa de no tener letras, sino caracteres, y la memoria de los hombres ser débil y flaca, los viejos de esta tierra son varios en declarar las antigüedades y cosas notables de esta tierra, aunque algunas cosas se han colegido, y entendido por sus figuras, cuanto a la antigüedad y sucesión de los señores que señorearon y gobernaron esta tan grande tierra; lo cual aquí no se tratará, por parecerme no ser menester dar cuenta de personas y nombres que mal se pueden entender ni pronunciar; baste decir cómo en el tiempo que esta tierra fue conquistada por el buen caballero y venturoso capitán Hernando Cortés, marqués que ahora es del Valle, era supremo rey y señor uno llamado Moteuczoma, y por nombre de mayor dictado llamado de los Indios Moteuczomatzin.

Había entre estos naturales cinco libros, como dije, de figuras y caracteres. El primero habla de los años y tiempos. El segundo de los días y fiestas que tenían todo el año. El tercero de los sueños, embaimientos, vanidades y agüeros en que creían. El cuarto era el del bautismo, y nombres que daban a los niños. El quinto de los ritos, y ceremonias, y agüeros que tenían en los matrimonios. De todos éstos, al uno, que es el primero, se puede dar crédito, porque habla la verdad, que aunque bárbaros y sin letras, mucha orden tenían en contar los tiempos, días, semanas, meses, y años, y fiestas, como adelante parecerá. Y asimismo figuraban las hazañas y historias de vencimientos y guerras, y el suceso de los señores principales; los temporales y notables señales del cielo, y pestilencias generales; en qué tiempo, y de qué señor acontecían; y todos los señores que principalmente sujetaron esta Nueva España, hasta que los Españoles vinieron a ella. Todo esto tienen por caracteres y figuras que lo dan a entender. Llaman a este libro, *Libro de la cuenta de los años,* y por lo que de este libro se ha podido colegir de los que esta tierra poblaron, fueron tres maneras de gentes, que aun ahora hay algunos de aquellos nombres. A los unos llamaron Chichimecas, los cuales fueron los primeros señores de esta tierra. Los segundos son los de Colhua. Los terceros son los Mexicanos.

De los Chichimecas no se halla más de que ha ochocientos años que son moradores en esta tierra, aunque se tiene por cierto ser mucho más antiguos, sino que no tenían manera de escribir ni figurar, por ser gente bárbara y que vivían como salvajes. Los de Cohlua se halla que comenzaron a escribir y hacer memoriales por sus caracteres y figuras. Estos Chichimecas no se halla que tuviesen casas, ni lugares, ni vestidos, ni maíz, ni otro género de pan, ni otras semillas. Habitaban en cuevas y en los montes; manteníanse de raíces del campo, y de venados, y liebres, y conejos, y culebras. Comíanlo todo crudo, o puesto a secar al sol; y aun hoy día hay gente que vive de esta manera, según que más larga cuenta dará a Vuesa Señoría el portador de ésta, porque él con otros tres compañeros estuvieron cautivos por esclavos más de siete años, que escaparon de la armada de Pánfilo de Narváez; después se huyeron, y otros Indios los trajeron y sirvieron camino de más de setecientas leguas, y los tenían por hombres caídos del cielo; y éstos descubrieron mucha tierra encima de la Nueva Galicia, adonde ahora van a buscar las siete ciudades. Ya son venidos mensajeros y cartas como han descubierto infinita multitud de gente. Llámase la primera tierra la provincia de Cíbola; creese que será gran puerta para ir adelante.

Tenían y reconocían estos Chichimecas a uno por mayor, al cual supremamente obedecían. Tomaban una sola por mujer, y no había de ser parienta. No tenían sacrificios de mugre, ni ídolos; mas adoraban al sol y teníanle por Dios, al cual ofrecían aves y culebras y mariposas. Esto es lo que de estos Chichimecas se ha alcanzado a saber.

Los segundos fueron los de Colhua. No se sabe de cierto de adónde vinieron, mas de que no fueron naturales, sino que vinieron treinta años después que los Chichimecas habitaban en la tierra; de manera que hay memoria de ellos de setecientos y setenta años; y que eran gente de razón, y labraron y cultivaron la tierra, y comenzaron a edificar y a hacer casas y pueblos, y a la fin comenzaron a comunicarse con los Chichimecas, y a contraer matrimonios, y casar unos con otros; aunque se sabe que esto no les duró más de ciento y ochenta años.

Los terceros, como hice mención, son los Mexicanos, de los cuales se tratará adelante. Algunos quieren sentir que son de los mismos de Colhua, y creese será así, por ser la lengua toda una; aunque se sabe que estos Mexicanos fueron los postreros, y que no tuvieron señores principales, mas de que se gobernaron por capitanes. Los de Colhua parecieron gente de más cuenta y señores principales. Los unos y los otros vinieron a la laguna de México. Los de Colhua entraron por la parte de oriente, y edificaron un pueblo que se dice Tollantzinco, diez y siete leguas de México; y de allí fueron a Tollán, doce leguas de México, a la parte del norte, y vinieron poblando hacia Tetzcoco, que es en la orilla del agua de la laguna de México, cinco leguas de travesía, y ocho de hojeo. Tetzcoco está a la parte de oriente, y México al occidente, la laguna en medio. Algunos quieren decir que Tetzcoco se dice Colhua por respeto de éstos que allí poblaron. Después el señorío de Tetzcoco fue tan grande como el de México. De allí de Tetzcoco vinieron a edificar a Coatlichán, que es poco más que legua de Tetzcoco, a la orilla del agua, entre oriente y mediodía. De allí fueron a Colhuacán, a la parte de mediodía; tiene a México al norte dos leguas, por una calzada. Allí en Colhuacán asentaron, y estuvieron muchos años. Adonde ahora es la ciudad de México eran entonces pantanos y cenagales, salvo un poco que estaba enjuto como isleta. Allí comenzaron los de Colhua a hacer unas pocas de casas de paja; aunque siempre el señorío tuvieron en Colhuacán, y allí residía el señor principal.

En este medio tiempo vinieron los Mexicanos, y entraron también por el puerto llamado Tollán, que es a la parte del norte respecto a México, y vinieron hacia el poniente poblando hasta Azcapotzalco, poco más de una legua de México. De allí fueron a Tlacopán, y a Chapultepec, adonde nace una excelente fuente que entra en México, y de allí poblaron a México.

Residiendo los Mexicanos en México, cabeza de señorío, y los de Colhua en Colhuacán, en esta sazón se levantó un principal de los de Colhua, y con ambición de señorear mató a traición al señor de los de Colhua, el cual era ya treceno señor después que poblaron, y levantose por señor de toda la tierra; y como era sagaz quiso, por reinar sin sospecha, matar a un hijo que había quedado de aquel señor a quien él había muerto, el cual por industria de su madre se escapó de la muerte y se fue a México, adonde estando muchos días, creció y vino a ser hombre, y los Mexicanos, visto su buena manera, trataron con él matrimonios, de suerte que casó con veinte mujeres, unas en vida de otras, y todas hijas y parientas de los más principales de los Mexicanos, de las cuales hubo muchos hijos, y de estos descienden todos los más principales señores de la comarca de México. A éste favoreció la fortuna cuanto desfavoreció a su padre, porque vino a ser señor de México, y también de Colhuacán, aunque no de todo el señorío; y dio en su vida a un hijo el señorío de Colhua, y él quedo ennobleciendo a México, y reiné y señoreó en ella cuarenta y seis años. Muerto este señor, que se llamaba Acamapitztli, sucediole un hijo de tanto valor, y más que el padre, porque por su industria sujetó muchos pueblos, al cual después sucedió un otro hermano suyo, al cual mataron sus vasallos a traición, aunque no sin gran culpa suya, porque vivía con mucho descuido.

A este tercero señor sucedió otro hermano llamado Itzcoatzin, que fue muy venturoso, y venció muchas batallas, y sujetó muchas provincias, e hizo muchos templos, y engrandeció a México.

A este sucedió otro señor llamado Huehue Moteuczoma, que quiere decir Moteuczoma el Viejo, que fue nieto del primero señor. Era entre esta gente costumbre de heredar los señoríos los hermanos si los tenía, y a los hermanos sucedía otra vez el hijo del mayor hermano, aunque en algunas partes sucedía el hijo al padre; pero el suceder los hermanos era más general, y en los mayores señoríos, como eran México y Tetzcoco.

Muerto el viejo Moteuczoma sin hijo varón, sucediole una hija legítima, cuyo marido fue un pariente suyo muy cercano, de quien sucedió y fue hijo Moteuczomatzin, el cual reinaba en el tiempo que los españoles vinieron a esta tierra de Anáhuac. Este Moteuczomatzin reinaba en mayor prosperidad que ninguno de sus pasados, porque fue hombre sabio, y que se supo hacer acatar y temer, y así fue el más temido señor de cuantos en esta tierra reinaron. Esta dicción *tzin*, en que fenecen los nombres de los señores aquí nombrados no es propia del nombre, sino que se añade por cortesía y dignidad, que así lo requiere esta lengua.

Este Moteuczoma tenía por sus pronósticos y agüeros, que su gloria, triunfo y majestad no había de durar muchos años, y que en su tiempo habían de venir gentes extrañas a señorear esta tierra, y por esta causa vivía triste, conforme a la interpretación de su nombre; porque Moteuczoma quiere decir, hombre triste, y sañudo, y grave, y modesto, que se hace temer y acatar, como de hecho éste lo tuvo todo.

Estos Indios demás de poner por memorias, caracteres y figuras las cosas ya dichas, y en especial el suceso y generación de los señores y linajes principales, y cosas notables que en su tiempo acontecían, habían también entre ellos personas de buena memoria que retenían y sabían contar y relatar todo lo que se les preguntaba; y de éstos yo topé con uno, a mi ver harto hábil y de buena memoria, el cual sin contradicción de lo dicho, con brevedad me dio noticia y relación del principio y origen de estos naturales, según su opinión y libros entre ellos más auténticos. Pues éste dice, que estos Indios de la Nueva España traen principio de un pueblo llamado Chicomoztoc, que en nuestra lengua castellana quiere decir *Siete cuevas*; y cómo un señor de ellos hubo siete hijos, de los cuales el mayor y primogénito pobló a Cuauhquechollán y otros muchos pueblos, y su generación vino poblando hasta salir a Tehuacán, Cozcatlán, y Teutitlán.

Del segundo hijo llamado Tenoch vinieron los Tenochcas, que son los Mexicanos, y así se llama la ciudad de México, Tenochca.

El tercero y cuarto hijos también poblaron muchas provincias y pueblos, hasta adonde está ahora la ciudad de los Ángeles edificada, adonde hubieron grandes batallas y reencuentros, según que en aquel tiempo se usaba, y poblaron también adelante, adonde ahora está un pueblo de gran trato, adonde se solían juntar muchos mercaderes de diversas partes y de lejas tierras, y van allí a contratar, que se dice Xicalanco. Otro pueblo del mismo nombre me acuerdo haber visto en la provincia de Maxcalzinco, que es cerca del puerto de la Veracruz, que poblaron los Xicalancas; y aunque están ambos en una costa, hay mucha distancia del uno al otro.

Del quinto hijo llamado Mixtecatl vinieron los Mixtecas. Su tierra ahora se llama Mixtecapán, la cual es un gran reino: desde el primer pueblo hacia la parte de México, que se llama Acatlán, hasta el postrero, que se dice Tototepec, que está en la costa del mar del sur, son cerca de ochenta leguas. En esta Mixteca hay muchas provincias y pueblos, y aunque es tierra de muchas montañas y sierras, va toda poblada. Hace algunas vegas y valles; pero no hay vega en toda ella tan ancha que pase de una legua. Es tierra muy poblada y rica, adonde hay minas de oro y plata, y muchos y muy buenos morales, por lo cual se comenzó a criar aquí primero la seda; y aunque en esta Nueva España no ha mucho que esta granjería se comenzó, se dice que se cogerán en este año más de quince mil libras de seda; y sale tan buena, que dicen los maestros que la tratan, que la tonotzi es mejor que la joyante de Granada; y la joyante de esta Nueva España es muy extremada de buena seda.

Es esta tierra muy sana. Todos los pueblos están en alto en lugares secos. Tiene buena templanza de tierra, y es de notar que en todo tiempo del año se cría la seda, sin faltar ningún mes. Antes que esta carta escribiese en este año de 1541, anduve por esta tierra que digo, más de treinta días; y por el mes de enero vi en muchas partes semilla de seda, una que revivía, y gusanicos negros, y otros blancos, de una dormida, y de dos, y de tres, y de cuatro dormidas; y otros gusanos grandes fuera de las panelas, en zarzos; y otros gusanos hilando, y otros en capullo, y palomitas que echaban simiente. Hay en esto que dicho tengo, tres cosas de notar; la una, poderse avivar la semilla sin ponerla en los pechos, ni entre ropa, como se hace en España; la otra, que en ningún tiempo mueren los gusanos, ni por frío ni por calor; y haber en los morales hoja verde todo el año: y esto es por la gran templanza de la tierra. Todo esto oso afirmar porque soy de ello testigo de vista, y digo: que se podrá criar seda en cantidad dos veces en el año, y poca siempre todo el año, como está dicho.

En el fin de esta tierra de la Mixteca está el rico valle y fertilísimo de Oaxyecac, del cual se intitula el señor marqués benemérito Don Hernando Cortés, en el cual tiene muchos vasallos. Está en el medio de este valle, en una ladera edificada, la ciudad de Antequera, la cual es abundantísima de todo género de ganados, y muy proveída de mantenimientos, en especial trigo y maíz. En principio de este año vi vender en ella la fanega de trigo a real, que en esta tierra no se estima tanto un real, como en España medio. Hay en esta ciudad muy buenos membrillos y granados, y muchos y muy buenos higos, que duran casi todo el año, y hácense en la tierra las higueras muy grandes y hermosas.

Del postrero hijo descienden los Otomíes, llamados de su nombre, que se llamaba Otomitl. Es una de las mayores generaciones de la Nueva España. Todo lo alto de las montañas, o la mayor parte, a la redonda de México, están llenas de ellos. La cabeza de su señorío creo que es Xilotepec, que es una gran provincia, y las provincias de Tollán y Otompa casi todas son de ellos, sin CONTAR que en lo bueno de la Nueva España hay muchas poblaciones de estos Otomíes, de los cuales proceden los Chichimecas; y en la verdad estas dos generaciones son las de más bajo metal, y de gente más bárbara de toda la Nueva España; pero hábiles para recibir la fe, y han venido y vienen con gran voluntad a recibir el bautismo y la doctrina cristiana.

No he podido bien averiguar cual de estos hermanos fue a poblar la provincia de Nicaragua, mas de cuanto sé que en tiempo de una grande esterilidad, compelidos muchos Indios con necesidad, salieron de esta Nueva España, y sospecho que fue en aquel tiempo que hubo cuatro años que no llovió en toda la tierra; porque se sabe que en este propio tiempo por el mar del sur fueron gran número de canoas o barcas, las cuales aportaron y desembarcaron en Nicaragua, que está de México más de trescientas y cincuenta leguas, y dieron guerra a los naturales que allí tenían poblado, y los desbarataron y echaron de su señorío, y ellos se quedaron, y poblaron allí aquellos Nahuales; y aunque no hay más de cien años, poco más o menos, cuando los Españoles descubrieron aquella tierra de Nicaragua, que fue en el año de 1523, y fue descubierta por Gil González de Ávila, juzgaron haber en la dicha provincia quinientas mil ánimas. Después se edificó allí la ciudad de León, que es cabeza de aquella provincia. Y porque muchos se maravillan en ver que Nicaragua sea y esté poblada de Nahuales, que son de la lengua de México, y no sabiendo cuándo ni por quién fue poblada, pongo aquí la manera, porque apenas hay quien lo sepa en la Nueva España.

El mismo viejo, padre de los arriba dichos, casé segunda vez; la cual gente creyó que había salido y sido engendrada de la lluvia y del polvo de la tierra; y asimismo creían que el mismo viejo y su primera mujer habían salido de aquel lugar llamado *Siete cuevas, y* que no tenían otro padre ni otra madre. De aquella segunda mujer Chimamatl, dicen que hubo un hijo sólo que se llamó Quetzalcoatl, el cual salió hombre honesto y templado, y comenzó a hacer penitencia de ayunos y disciplinas, y predicar, según se dice, la ley natural, y enseñar por ejemplo y por palabra el ayuno; y desde este tiempo comenzaron muchos en esta tierra a ayunar: no fue casado, ni se le conoció mujer, sino que vivió honesta y castamente. Dicen que fue éste el primero que comenzó el sacrificio, y a sacar sangre de las orejas y de la lengua; no por servir al demonio, sino en penitencia contra el vicio de la lengua y del oír: después el demonio lo aplicó a su culto y servicio.

Un Indio llamado Chichimecatl ató una cinta o correa de cuero al brazo de Quetzalcoatl, en lo alto cerca del hombro, y por aquel tiempo y acontecimiento de atarle el brazo aclamáronle Acolhuatl; y de éste dicen que vinieron los de Colhua, antecesores de Moteuczoma, señores de México y de Colhuacán, y a dicho Quetzalcoatl tuvieron los Indios por uno de los principales de sus dioses, y llamáronle dios del aire, y por todas partes le edificaron infinito número de templos, y le levantaron su estatua y pintaron su figura. Acerca del origen de estos naturales hay diversas opiniones, y en especial de los de Colhua o Acolhua, que fueron los principales señores de esta Nueva España; y así las unas opiniones como las otras declararé a Vuestra Excelentísima Señoría.

Los de Tetzcoco, que en antigüedad y señorío no son menos que los Mexicanos, se llaman hoy día Acolhuas y toda su provincia junta se llama Acolhuacán, y este nombre les quedó de un valiente capitán que tuvieron, natural de la misma provincia, que se llamó por nombre Acoli, que así se llama aquel hueso que va desde el codo hasta el hombro, y del mismo hueso llaman al hombre Acoli. Este capitán Acoli era como otro Saúl, valiente y alto de cuerpo, tanto que de los hombros arriba sobrepujaba a todo el pueblo, y no había otro a él semejante. Este Acoli fue tan animoso y esforzado y nombrado en la guerra, que de él se llamó la provincia de Tetzcoco Acolhuacán.

Los Tlaxcaltecas que recibieron y ayudaron a conquistar la Nueva España a los Españoles son de los Nahuales, esto es, de la misma lengua que los mexicanos. Dicen que sus antecesores vinieron de la parte del noroeste, y para entrar en esta tierra navegaban ocho o diez días; y de los más antiguos que de allí vinieron tenían dos saetas, las cuales guardaban como preciosas reliquias, y las tenían por principal señal para saber si habían de vencer la batalla, o si se debían de retirar con tiempo. Fueron estos Tlaxcaltecas gente belicosa, como se dirá adelante en la tercera parte. Cuando salían a la batalla llevaban aquellas saetas dos capitanes, los más señalados en esfuerzo, y en el primer reencuentro herían con ellas a los enemigos, arrojándolas de lejos, y procuraban hasta la muerte de tornarlas a cobrar; y si con ellas herían y sacaban sangre, tenían por cierta la victoria, y animábanse todos mucho para vencer, y con aquella esperanza esforzábanse para herir y vencer a sus enemigos; y si con las dichas saetas no herían a nadie ni sacaban sangre, lo mejor que odian se retiraban, porque tenían por cierto agüero que les había de suceder mal en aquella batalla.

Volviendo al propósito: los más ancianos de los Tlaxcaltecas tienen que VINIERON de aquella parte del noroeste, y DE allí señalan y dicen que vinieron los Nahuales, que es la principal lengua y gente de la Nueva España; y esto mismo sienten y dicen otros muchos. Hacia esta misma parte del noroeste están ya conquistadas y descubiertas quinientas leguas, hasta la provincia de Cíbola; y yo tengo carta de este mismo año hecha, cómo de aquella parte de Cíbola han descubierto infinita multitud de gente, en las cuales no se ha hallado lengua de los Nahuales, por donde parece ser gente extraña y nunca oída.

Aristóteles, en el libro *De admirandis in Natura,* dice que en los tiempos antiguos los Cartagineses navegaron por el estrecho de Hércules, que es nuestro estrecho de Gibraltar, hacia el occidente, navegación de sesenta días, y que hallaban tierras amenas, deleitosas y muy fértiles. Y como se siguiese mucho aquella navegación, y allá se quedasen muchos hechos moradores, el senado cartaginense mandó, so pena de muerte, que ninguno navegase ni viniese la tal navegación, por temor que no se despoblase su ciudad. Estas tierras o islas pudieron ser las que están antes de San Juan, o la Española, o Cuba, o por ventura alguna parte de esta Nueva España; pero una tan gran tierra, y tan poblada por todas partes, más parece traer origen de otras extrañas partes; y aun en algunos indicios parece ser del repartimiento y división de los nietos de Noé. Algunos Españoles, considerados ciertos ritos, costumbres y ceremonias de estos naturales, los juzgan ser de generación de Moros. Otros, por algunas causas y condiciones que en ellos ven, dicen que son de generación de Judíos; mas la más común opinión es, que todos ellos son gentiles, pues vemos que lo usan y tienen por bueno.

Si esta relación saliere de manos de Vuestra Ilustrísima Señoría, dos cosas le suplico en limosna por amor de Nuestro Señor: la una, que el nombre del autor se diga ser un fraile menor, y no otro nombre ninguno: la otra, que Vuestra Señoría la mande examinar en el primer capítulo que en esa su villa de Benavente se celebrare, pues en él se ajuntan personas asaz doctísimas, porque muchas cosas después de escritas aún no tuve tiempo de las volver a leer, y por esta causa sé que va algo vicioso y mal escrito.

Ruego a Nuestro Señor Dios que su santa gracia more siempre en el ánima de Vuestra Ilustrísima Señoría.

Hecha en el convento de Santa María de la Concepción de Tehuacán, día del glorioso Apóstol San Matías, año de la redención humana 1541. -Pobre y menor siervo y capellán de V. I. S. -MOTOLINÍA, FRAY TORIBIO DE PAREDES.

TRATADO I

Aquí comienza la relación de las cosas, idolatrías, ritos y ceremonias que en la Nueva España hallaron los españoles cuando la ganaron: con otras muchas cosas dignas de notar que en la tierra hallaron.

Capítulo I. De cómo y cuándo partieron los primeros frailes que fueron en aquel viaje, y de las persecuciones y plagas que hubo en la Nueva España

En el año del Señor de 1523, día de la conversión de San Pablo, que es a 25 de enero, el Padre Fray Martín de Valencia, de santa memoria, con once frailes sus compañeros, partieron de España para venir a esta tierra de Anáhuac, enviados por el reverendísimo Padre Fray Francisco de los Ángeles, entonces ministro general de la orden de San Francisco. Vinieron con grandes gracias y perdones de nuestro muy Santo Padre, y con especial mandamiento de S. M. el Emperador Nuestro Señor, para la conversión de los Indios naturales de esta tierra de Anáhuac, ahora llamada Nueva España.

Hirió Dios y castigó esta tierra, y a los que en ella se hallaron, así naturales como extranjeros, con diez plagas trabajosas.

La primera fue de viruelas, y comenzó de esta manera. Siendo capitán y gobernador Hernando Cortés, al tiempo que el capitán Pánfilo de Narváez desembarcó en esta tierra, en uno de sus navíos vino un negro herido de viruelas, la cual enfermedad nunca en esta tierra se había visto, y a esta sazón estaba esta Nueva España en extremo muy llena de gente; y como las viruelas comenzaron a pegar a los Indios, fue entre ellos tan grande enfermedad y pestilencia en toda la tierra, que en las más provincias murió más de la mitad de la gente y en otras poco menos; porque como los Indios no sabían el remedio para las viruelas, antes como tienen muy de costumbre, sanos y enfermos, el bañarse a menudo, y como no lo dejasen de hacer morían como chinches a montones. Murieron también muchos de hambre, porque como todos enfermaron de golpe, no se podían curar los unos a los otros, ni había quien les diese pan ni otra cosa ninguna. Y en muchas partes aconteció morir todos los de una casa; y porque no podían enterrar tantos como morían, para remediar el mal olor que salía de los cuerpos muertos, echábanles las casas encima, de manera que su casa era su sepultura. A esta enfermedad llamaron los Indios la gran lepra, porque eran tantas las viruelas, que se cubrían de tal manera que parecían leprosos, y hoy día en algunas personas que escaparon parece bien por las señales, que, todos quedaron llenos de hoyos.

Después a once años vino un Español herido de sarampión, y de él saltó en los Indios, y si no fuera por el mucho cuidado que hubo en que no se bañasen, y en otros remedios, fuera otra tan gran plaga y pestilencia como la pasada, y aun con todo esto murieron muchos. Llamaron también a éste el año de la pequeña lepra.

La segunda plaga fue, los muchos que murieron en la conquista de la Nueva España, en especial sobre México; porque es de saber, que cuando Hernando Cortés desembarcó en la costa de esta tierra, con el esfuerzo que siempre tuvo, y para poner ánimo a su gente, dio con los navíos todos que traía al través, y metiose la tierra adentro; y andadas cuarenta leguas entró en la tierra de Tlaxcallán, que es una de las mayores provincias de la tierra, y más llena de gente; y entrando por lo poblado de ella, aposentose en unos templos del demonio en un lugarejo que se llamaba Tecoautzinco: los Españoles le llamaron *la Torrecilla*, porque está en un alto, y estando allí tuvo quince días de guerra con los Indios que estaban a la redonda, que se llaman Otomíes, que son gente baja como labradores. De éstos se ayuntaba gran número, porque aquello es muy poblado. Los Indios de más adentro habían la misma lengua de México: y como los Españoles peleasen valientemente con aquellos Otomíes, sabido en Tlaxcallán salieron los señores y principales, y tomaron gran amistad con los Españoles, y lleváronlos a Tlaxcallán, y diéronles grandes presentes y mantenimientos en abundancia, mostrándoles mucho amor. Y no contentos en Tlaxcallán, después que reposaron algunos días tomaron el camino para México. El gran señor de México, que se llamaba Moteuczoma, recibiolos de paz, saliendo con gran majestad, acompañado de muchos señores principales, y dio muchas joyas y presentes al capitán Don Hernando Cortés, y a todos sus compañeros hizo muy buen acogimiento; y así anduvieron con su guarda y concierto paseándose por México muchos días. En este tiempo sobrevino Pánfilo de Narváez con más gente y más caballos, mucho más que la que tenía

Hernando Cortés, los cuales puestos debajo de la bandera y capitanía de Cortés, con presunción y soberbia, confiando en sus armas y fuerzas, humillolos Dios de tal manera, que queriendo los Indios echarlos de la ciudad y comenzándoles a dar guerra, los echaron fuera sin mucho trabajo, muriendo en la salida más de la mitad de los Españoles, y casi todos los otros fueron heridos, y lo mismo fue de los Indios que eran amigos suyos; y aun estuvieron muy a punto de perderse todos, y tuvieron harto que hacer en volver a Tlaxcallán, por la mucha gente de guerra que por todo el camino los seguía. Llegados a Tlaxcallán, curáronse y convalecieron, mostrando siempre ánimo; y haciendo de las tripas corazón, salieron conquistando, y llevando consigo muchos de los Tlaxcaltecas conquistaron la tierra de México. Y para conquistar a México habían hecho en Tlaxcallán bergantines, los cuales están hoy día en las atarazanas de México, los cuales llevaron en piezas desde Tlaxcallán a Tetzcoco, que son quince leguas. Y armados los bergantines en Tetzcoco y echados al agua, cuando ya tenían ganados muchos pueblos, y otros que les ayudaban de guerra, de Tlaxcallán fue gran número de gente de guerra en favor de los Españoles contra los Mexicanos, Porque siempre habían sido muy enemigos capitales de México. En México y en su favor había mucha más pujanza, porque estaban en ella y en su favor todos los más principales señores de la tierra. Llegados los Españoles pusieron cerco a México, tomando todas las calzadas, y con los bergantines peleando por el agua, guardaban que no entrase a México socorro ni mantenimientos. Los capitanes por las calzadas hicieron la guerra cruelmente, y ponían por tierra todo lo que ganaban de la ciudad; porque antes que diesen en destruir los edificios, lo que por el día los Españoles les ganaban, retraídos a sus reales y estancias, de noche tornaban los Indios a ganar y abrir las calzadas. Y después que fueron derribando edificios y cegando calzadas, en espacio de muchos días ganaron a México. En esta guerra, por la gran muchedumbre que de la una parte y de la otra murieron, comparan el número de los muertos, y dicen ser más que los que murieron en Jerusalem, cuando la destruyó Tito y Vespasiano. La tercera plaga fue una muy gran hambre luego como fue tomada la ciudad de México, que como no pudieron sembrar por las muy grandes guerras, unos defendiendo la tierra ayudando a los Mexicanos, otros siendo en favor de los Españoles, y lo que sembraban los unos los otros lo talaban y destruían, no tuvieron que comer; y aunque en esta tierra acontecía haber años estériles y de pocas aguas, otros de muchas heladas, los Indios en estos años comen mil raíces y yerbecillas, porque es generación que mejor que otros y con menos trabajo pasan los años estériles; pero aqueste que digo fue de tanta falta de pan, que en esta tierra llaman centli cuando está en mazorca, y en lengua de las islas le llaman maíz, y de este vocablo y de otros muchos usan los Españoles, los cuales trajeron de las islas a esta Nueva España, el cual maíz faltó en tanta manera que aun los Españoles se vieron en mucho trabajo por falta de ello.

La cuarta plaga fue de los calpixques, o estancieros, y negros, que luego que la tierra se repartió, los conquistadores pusieron en sus repartimientos y pueblos a ellos encomendados, criados o negros para cobrar los tributos y para entender en sus granjerías. Éstos residían y residen en los pueblos, y aunque por la mayor parte son labradores de España, hanse enseñoreado de esta tierra y mandan a los señores principales naturales de ella como si fuesen sus esclavos; y porque no querría descubrir sus defectos, callaré lo que siento con decir, que se hacen servir y temer como si fuesen señores absolutos y naturales, y nunca otra cosa hacen sino demandar, y por mucho que les den nunca están contentos, que a do quiera que están todo lo enconan y corrompen, hediondos como carne dañada, y que no se aplican a hacer nada sino a mandar; son zánganos que comen la miel que labran las pobres abejas, que son los Indios, y no les basta lo que los tristes les pueden dar, sino que son importunos. En los años primeros eran tan absolutos estos calpixques en maltratar a los Indios y en cargarlos y enviarlos lejos de su tierra y darles otros muchos trabajos, que muchos Indios murieron por su causa y a sus manos, que es lo peor.

La quinta plaga fue los grandes tributos y servicios que los Indios hacían, porque como los Indios tenían en los templos de los ídolos, y en poder de los señores y principales, y en muchas sepulturas, gran cantidad de oro recogido de muchos años, comenzaron a sacar de ellos grandes tributos; y los Indios, con el gran temor que cobraron a los Españoles del tiempo de la guerra, daban cuan lo tenían; mas como los tributos eran tan continuos que apenas pagaban uno que les obligaban a otro, para poder ellos cumplir vendían los hijos y las tierras a los mercaderes, y faltando de cumplir el tributo hartos murieron por ello, unos con tormentos y otros en prisiones crueles, porque los trataban bestialmente, y los estimaban en menos que a bestias.

La sexta plaga fue las minas del oro, que además de los tributos y servicios de los pueblos a los Españoles encomendados, luego comenzaron a buscar minas, que los esclavos Indios que hasta hoy en ellas han muerto no se podrían contar; y fue el oro de esta tierra como otro becerro por Dios adorado, porque desde Castilla le vienen a adorar pasando tantos trabajos y peligros; *y ya que lo alcanzan* plegué a Nuestro Señor que no sea para su condenación.

La séptima plaga fue la edificación de la gran ciudad de México, en la cual los primeros años andaba más gente que en la edificación del templo de Jerusalem; porque era tanta la gente que andaba en las obras que apenas podía hombre romper por algunas calles y calzadas, aunque son muy anchas; y en las obras a unos tomaban las vigas, otros caían de alto, a otros tomaban debajo los edificios que deshacían en una parte para hacer en otra, en especial cuando deshicieron los templos principales del demonio. Allí murieron muchos Indios, y tardaron muchos años hasta los arrancar de cepa, de los cuales salió infinidad de piedra.

Es la costumbre de esta tierra no la mejor del mundo, porque los Indios hacen las obras, y a su costa buscan los materiales, y pagan los pedreros y carpinteros, y si ellos mismos no traen que comer, ayunan. Todos los materiales traen a cuestas; las vigas y piedras grandes traen arrastrando con sogas, y como les faltaba el ingenio y abundaba la gente, la piedra o viga que había menester cien hombres, traíanla cuatrocientos; y tienen de costumbre de ir cantando y dando voces, y los cantos y voces apenas cesaban ni de noche ni de día, por el gran fervor que traían en la edificación del pueblo los primeros días.

La octava plaga fue los esclavos que hicieron para echar en las minas. Fue tanta la prisa que en algunos años dieron a hacer esclavos, que de todas partes entraban en México tan grandes manadas como de ovejas, para echarles el hierro; y no bastaban los que entre los Indios llamaban esclavos, que ya que según su ley cruel y bárbara algunos lo sean, pero según ley y verdad casi ninguno es esclavo; mas por la prisa que daban a los Indios para que trajesen esclavos en tributo, tanto número de ochenta en ochenta días, acabados los esclavos traían los hijos y los macehuales, que es gente baja como vasallos labradores, y cuantos más haber y juntar podían, y traíanlos atemorizados para que dijesen que eran esclavos. Y el examen que no se hacía con mucho escrúpulo, y el hierro que andaba bien barato, dábanles por aquellos rostros tantos letreros, demás del principal hierro del rey, tanto que toda la cara traían escrita, porque de cuantos era comprado y vendido llevaba letreros, y por esto esta octava plaga no se tiene por la menor.

La novena plaga fue el servicio de las minas, a las cuales iban de sesenta leguas y más a llevar mantenimientos los Indios cargados; y la comida que para sí mismos llevaban, a unos se les acababa en llegando a las minas, a otros en el camino de vuelta antes de su casa, o otros detenían los mineros algunos días para que les ayudasen a descopetar, o los ocupaban en hacer casas y servirse de ellos, adonde acabada la comida, o se morían allá en las minas, o por el camino; porque dineros no los tenían para comprarla, ni había quien se la diese. Otros volvían tales, que luego morían; y de éstos y de los esclavos que murieron en las minas fue tanto el hedor, que causó pestilencia, en especial en las minas de Oaxyecac, en las cuales media legua a la redonda y mucha parte del camino, apenas se podía pasar- sino sobre hombres muertos o sobre huesos; y eran tantas las aves y cuervos que venían a comer sobre los cuerpos muertos, que hacían gran sombra al sol, por lo cual se despoblaron muchos pueblos, así del camino como de la comarca: *otros Indios huían a los montes, y dejaban sus casas y haciendas desamparadas.* La décima plaga fue las divisiones y bandos que hubo entre los Españoles que estaban en México, que fue la que en mayor peligro puso la tierra para se perder, si Dios no tuviera a los Indios como ciegos; y estas diferencias y bandos fueron causa de que se justiciaron algunos Españoles, y otros fueron afrentados y desterrados. Otros fueron heridos cuando llegaron a las manos, no habiendo quien les pusiese en paz, ni quien se metiese en medio, si no eran los frailes, porque esos pocos Españoles que había todos estaban apasionados de un bando o de otro, y era menester salir los frailes, unas veces a impedir que no rompiesen, otras a meterse entre ellos después de trabados, andando entre los tiros y armas con que peleaban, y hollados de los caballos; porque demás de poner paz porque la tierra no se perdiese, sabíase que los Indios estaban apercibidos de guerra y tenían hechas casas de armas, aguardando a que llegase una nueva que esperaban, que al capitán y gobernador Hernando Cortés habían de matar en el camino de las Hibueras, por una traición que los Indios tenían ordenada con los que ido habían con él por el camino, lo cual él supo muy cerca del lugar adonde estaba ordenada; justició los principales señores que eran en la traición, y con esto cesó el peligro; y acá en México se esperaban a cuando los unos Españoles desbaratasen a los otros, para dar en los que quedasen y matarlos todos a cuchillo, lo cual Dios no permitió, porque no se perdiese lo que con tanto trabajo para su servicio se había ganado; y el mismo Dios daba gracia a los frailes para los apaciguar, y a los Españoles para que los obedeciesen como a verdaderos padres, lo cual siempre hicieron; y los mismos Españoles habían rogado a los frailes menores (que entonces no había otros) que usasen del poder que tenían del Papa, hasta que hubiese obispos: y así, unas veces por ruego, y otras poniéndoles censuras, remediaron grandes males y excusaron muchas muertes.

Capítulo II. De lo mucho que los frailes ayudaron en la conversión de los Indios, y de muchos ídolos y crueles sacrificios que hacían: son cosas dignas de notar

Quedó tan destruida la tierra de las revueltas y plagas ya dichas, que quedaron muchas casas yermas del todo, y ninguna hubo adonde no cupiese parte del dolor y llanto, lo cual duró muchos años; y para poner remedio a tan grandes males, los frailes se encomendaron a la Santísima Virgen María, norte y guía de los perdidos y consuelo de los atribulados, y juntamente con esto tomaron por capitán y caudillo al glorioso San Miguel, al cual, con San Gabriel y a todos los Ángeles, decían cada lunes una misa cantada, la cual hasta hoy día en algunas casas se dice; y casi todos los sacerdotes en las misas dicen una colecta de los Ángeles. Y luego que el primer año tomaron alguna noticia de la tierra, parecioles que sería bien que pasasen algunos de ellos a España, así por alcanzar favor de su majestad para los naturales, como para traer más frailes, porque la grandeza de la tierra y la muchedumbre de la gente lo demandaba. Y los que quedaron en la tierra recogieron en sus casas a los hijos de los señores y principales, y bautizaron muchos con voluntad de sus padres. Estos niños que los frailes criaban y enseñaban salieron muy bonitos y muy hábiles, y tomaban tan bien la buena doctrina, que enseñaban a otros muchos; y además de esto ayudaban mucho, porque descubrían a los frailes los ritos e idolatrías, y muchos secretos de las ceremonias de sus padres; lo cual era muy gran materia para confundir y desvanecer sus errores y ceguedad en que estaban.

Declaraban los frailes a los Indios quién era el verdadero y universal Señor, Criador del cielo y de la tierra, y de todas las criaturas, y cómo este Dios con su infinita sabiduría lo regía y gobernaba y daba todo el ser que tenía, y como por su gran bondad quiere que todos se salven. Asimismo los desengañaban y decían, quién era aquel a quien servían, y el oficio que tenía, que era llevar a perpetua condenación de penas terribles a todos los que en él creían y se confiaban. Y con esto les decía cada uno de los frailes lo más y mejor que entendía que convenía para la salvación de los Indios; pero a ellos les era gran fastidio oír la palabra de Dios, y no querían entender en otra cosa sino en darse a vicios y pecados dándose a sacrificios y fiestas, comiendo y bebiendo, y embeodándose en ellas, y dando de comer a los ídolos de su propia sangre, la cual sacaban de sus propias orejas, lengua y brazos, y de otras partes del cuerpo, como adelante diré. Era esta tierra un traslado del infierno; ver los moradores de ella de noche dar voces, unos llamando al demonio, otros borrachos, otros cantando y bailando: traían atabales, bocinas, cornetas y caracoles grandes, en especial en las fiestas de sus demonios. Las beoderas que hacían muy ordinarias, es increíble el vino que en ellas gastaban, y lo que cada uno en el cuerpo metía. Antes que a su vino lo cuezan con unas raíces que le echan, es claro y dulce como aguamiel. Después de cocido, hácese algo espeso y tiene mal olor, y los que con él se embeodan, mucho peor. Comúnmente comenzaban a beber después de vísperas, y dábanse tanta prisa a beber de diez en diez, o quince en quince, y los escanciadores que no cesaban, y la comida que no era mucha, a prima noche ya van perdiendo el sentido, ya cayendo ya asentando, cantando y dando voces llamando al demonio. Era cosa de gran lástima ver los hombres criados a la imagen de Dios vueltos peores que brutos animales; y lo que peor era, que no quedaban en aquel solo pecado, mas cometían otros muchos, y se herían y descalabraban unos a otros, y acontecía matarse, aunque fuesen muy amigos y propincuos parientes. Y fuera de estar beodos son tan pacíficos, que cuando riñen mucho se empujan unos a otros, y apenas nunca dan voces, si no es las mujeres que algunas veces riñendo dan gritos, como en cada parte donde las hay acontece.

Tenían otra manera de embriaguez que los hacía más crueles: era con unos hongos o setas pequeñas, que en esta tierra los hay como en Castilla; mas los de esta tierra son de tal calidad, que comidos crudos y por ser amargos, beben tras ellos o comen con ellos mi poco de miel de abejas; y de allí a poco rato veían mil visiones, en especial culebras, y como salían fuera de todo sentido, parecíales que las piernas y el cuerpo tenían llenos de gusanos que los comían vivos, y así medio rabiando se salían fuera de casa, deseando que alguno los matase; y con esta bestial embriaguez y trabajo que sentían, acontecía alguna vez ahorcarse, y también eran contra los otros más crueles. A estos hongos llaman en su lengua Teonanacatl, que quiere decir carne de Dios, o del demonio que ellos adoraban: y de la dicha manera con aquel amargo manjar su cruel Dios los comulgaba.

En muchas de sus fiestas tenían costumbre de hacer bollos de masa, y éstos de muchas maneras, que casi usaban de ellos en lugar de comunión de aquel dios cuya fiesta hacían; pero tenían una que más propiamente, parecía comunión, y era que por noviembre, cuando ellos habían cogido su maíz y otras semillas, de la simiente de un género de planta llamada por ellos cenizos, con masa de maíz hacían unos tamales, que son unos bollos redondos, y estos cocían en agua en una olla; y en tanto que se hacían tañían algunos niños con un genero de atabal, que es todo labrado en un palo, sin cuero ni pergamino; y también cantaban y decían, que aquellos bollos se tornaban carne de Tezcatlipoca, que era el dios o demonio que tenían por mayor, y a quien más dignidad atribuían; y sólo los dichos muchachos comían aquellos bollos en lugar de comunión, o carne de aquel demonio; los otros Indios procuraban de comer carne humana de los que morían en el sacrificio, y ésta comían comúnmente los señores principales, y mercaderes, y los ministros de los templos; que a la otra gente baja pocas veces les alcanzaba un bocadillo. Después que los Españoles anduvieron de guerra, y ya ganada México hasta pacificar la tierra, los Indios amigos de los Españoles muchas veces comían de los que mataban, porque no todas veces los Españoles se lo podían defender, sino que algunas veces, por la necesidad que tenían de los Indios, pasaban por ello, aunque lo aborrecían.

Capítulo III. En el cual se prosigue la materia comenzada, y cuenta la devoción que los Indios tomaron con la señal de la cruz, y cómo se comenzó a usar

En todo este tiempo los frailes no estaban descuidados de ayudar a la fe y a los que por ella peleaban, con oraciones y plegarias, mayormente el padre fray Martín de Valencia con sus compañeros, hasta que vino otro padre llamado fray Juan de Zumárraga, que fue primer obispo de México; el cual puso luego mucho cuidado y diligencia en adornar y ataviar su iglesia catedral, en lo cual gastó cuatro años toda la renta del obispado. Entonces no había proveídas dignidades en la iglesia, sino todo se gastaba en ornamentos y edificios de la iglesia, por lo cual está tan ricamente ataviada y adornada como una de las buenas iglesias de España, aunque al dicho Fray Juan de Zumárraga no le faltaron trabajos, hasta hacerle volver a venir a España, dejando primero levantada la señal de la cruz, de la cual comenzaron a pintar muchas; y como en esta tierra hay muy altas montañas, también hicieron altas y grandes cruces, a las cuales adoraban, y mirando sanaban algunos que aún estaban heridos de la idolatría. Otros muchos con esta santa señal fueron librados de diversas asechanzas y visiones que se les aparecían, como adelante se dirá en su lugar.

Los ministros principales que en los templos de los ídolos sacrificaban y servían, y los señores viejos, que como todos estaban acostumbrados a ser servidos y gozar de toda la tierra, porque no sólo eran señores de sus mujeres e hijos y haciendas, mas de todo lo que ellos querían y pensaban, todo estaba a su voluntad y querer, y los vasallos no tienen otro querer sino el del señor, y si alguna cosa les mandan, por grave que sea, no saben responder otra cosa sino *mayuh*, que quiere decir *así sea*; pues estos señores y ministros principales no consentían la ley que contradice a la carne, lo cual remedió Dios, matando muchos de ellos con las plagas y enfermedades ya dichas, y otros se convirtieron; y de los que murieron han venido los señoríos a sus hijos, que eran de pequeños bautizados y criados en la casa de Dios; de manera que el mismo Dios les entrega sus tierras en poder de los que en él creen; y lo mismo ha hecho contra los opositores que contradicen la conversión de estos Indios por muchas vías.

Procuraron también los frailes que se hiciesen iglesias en todas partes, y así ahora casi en cada provincia en donde hay monasterio hay advocaciones de los doce Apóstoles, mayormente de San Pedro y de San Pablo, los cuales, demás de las iglesias intituladas de sus nombres, no hay retablo en ninguna parte adonde no estén pintadas sus imágenes.

En todos los templos de los ídolos, si no era en algunos derribados y quemados de México, en los de la tierra, y aun en el mismo México eran servidos y honrados los demonios. Ocupados los Españoles en edificar a México y en hacer casas y moradas para sí, contentábanse con que no hubiese delante de ellos sacrificio de homicidio público, que a escondidas y a la redonda de México no faltaban; y de esta manera se estaba la idolatría en paz, y las casas de los demonios servidas y guardadas con sus ceremonias. En esta sazón era ido el gobernador Don Hernando Cortés a las Hibueras, y vista la ofensa que a Dios se hacía, no faltó quien se lo escribió, para que mandase cesar los sacrificios del demonio, porque mientras esto no se quitase, aprovecharía poco la predicación, y el trabajo de los frailes sería en balde; en lo cual luego proveyó bien cumplidamente. Mas como cada uno tenía su cuidado, como dicho es, aunque lo había mandado, estábase la idolatría tan entera como de antes; hasta que el primero día del año de 1525, que aquel año fue en Domingo, en Tetzcoco, adonde había los más y mayores teocallis o templos del demonio, y más llenos de ídolos, y muy servidos de papas y ministros, la dicha noche tres frailes, desde las diez de la noche hasta que amaneció, espantaron y ahuyentaron a todos los que estaban en las casas y salas de los demonios; y aquel día después de misa se les hizo una plática, condenando mucho los homicidios, y mandándoles de parte de Dios y del rey no hiciesen la tal obra, si ne que los castigarían según que Dios mandaba que los tales fuesen castigados. Ésta fue la primera batalla dada al demonio, y luego en México y sus pueblos y derredores, y en Cuautitlán. Y asimismo cuando en Tlaxcallán comenzaron a derribar y a destruir ídolos, y a poner la imagen del Crucifijo, hallaron la imagen de Jesucristo crucificado y de su bendita Madre puestas entre sus ídolos, las mismas que los cristianos les habían dado, pensando que a ellas solas adorarían; o fue que ellos como tenían cien dioses, querían tener ciento y uno; pero bien sabían los frailes que los Indios adoraban lo que solían. Entonces vieron que tenían algunas imágenes con sus altares, junto con sus demonios y ídolos; y en otras partes la imagen patente y el ídolo escondido, o detrás de un paramento, o tras la pared, o dentro del altar, y por esto se las quitaron, cuantas pudieron haber, diciéndoles que si querían tener imágenes de Dios o de Santa María, que les hiciesen iglesia. Y al principio por cumplir con los frailes comenzaron a demandar que les diesen las imágenes, y a hacer algunas ermitas y adoratorios, y después iglesias, y ponían en ellas imágenes, y con todo esto siempre procuraron de guardar sus templos sanos y enteros; aunque después, yendo la cosa adelante, para hacer las iglesias comenzaron a echar mano de sus teocallis para sacar de ellos piedra y madera, y de esta manera quedaron desolados y derribados; y los ídolos de piedra, de los cuales había infinitos, no sólo escaparon quebrados y hechos pedazos, pero vinieron a servir de cimientos para las iglesias; y como había algunos muy grandes, venían lo mejor del mundo para cimiento de tan grande y santa obra.

Sólo Aquel que cuenta las gotas del agua de la lluvia y las arenas del mar, puede contar todos los muertos y tierras despobladas de Haití (hoy la Isla Española), Cuba, San Juan, Jamaica y las otras islas; y no hartando la sed de su avaricia, fueron a descubrir las innumerables islas de los Lucayos y las de Mayaguana, que decían herrerías de oro, de muy hermosa y dispuesta gente y sus domésticos Guatiaos, con toda la costa de la Tierra Firme, matando tantas ánimas y echándolas casi todas en el infierno, tratando a los hombres peor que a bestias, y tuviéronlos en menos estima, como si en realidad no fuesen criados a la imagen de Dios. Yo he visto y conocido hartos de esta tierra y confesado algunos de ellos, y son gente de muy buena razón y de buenas conciencias; ¿pues porqué no lo fueran los otros, si no les dieran tanta prisa a los matar y acabar? ¡O cuánta razón sería en la Nueva España abrir los ojos y escarmentar en los quede estas islas han perecido! Llamo Nueva

España, desde México a la tierra del Perú, y todo lo descubierto de aquella parte de la Nueva Galicia hacia el norte. Toda esta tierra, lo que no está destruido, debería escarmentar y temer el juicio que Dios hará por la destrucción de las otras islas; baste que ya en esta Nueva España hay muchos pueblos asolados, a lo menos en la costa del mar del norte, y también en la de la mar del sur, y adonde hubo minas al principio que la tierra se repartió, y aun otros muchos pueblos lejos de México están con media vida.

Si alguno preguntase qué ha sido la causa de tantos males, yo diría que la codicia, que por poner en el cofre unas barras de oro para no sé quién, que tales bienes yo digo que no los gozará el tercero heredero, como cada día vemos que entre las manos se pierden y se deshacen como humo como bienes de trasgo, y a más tardar duran hasta la muerte, y entonces por cubrir el desventurado cuerpo con desordenadas y vanas pompas y trajes de gran locura, queda la desventurada ánima, pobre, fea y desnuda. ¡O cuántos y cuántos por esta negra codicia desordenada del oro de esta tierra están quemándose en el infierno! Y plegue a Dios que pare en esto; aunque yo sé y veo cada día que hay algunos Españoles que quieren más ser pobres en esta tierra, que con minas y sudor de Indios tener mucho oro; y por esto hay muchos que han dejado las minas. Otros conozco, que de no estar bien satisfechos de la manera como acá se hacen los esclavos, los han ahorrado. Otros van modificando y quitando mucha parte de los tributos, y tratando bien a los Indios. Otros se pasan sin ellos, porque les parece cargo de conciencia servirse de ellos. Otros no llevan otra cosa más de sus tributos modificados, y todo lo demás de comidas, o de mensajeros, o de Indios cargados, lo pagan, por no tener que dar cuenta de los sudores de los pobres. De manera que éstos tendría yo por verdaderos prójimos; y así digo, que el que se tuviese por verdadero prójimo y lo quisiera ser, que haga lo mismo que estos Españoles hacen.

Capítulo IV. De cómo comenzaron algunos de los Indios a venir al bautismo, y cómo comenzaron a deprender la doctrina cristiana, y de los ídolos que tenían

Ya que los predicadores se comenzaron a soltar algo en la lengua y predicaban sin libros, y como ya los Indios no llamaban ni servían a los ídolos si no era lejos y escondidamente, venían muchos de ellos los domingos y fiestas a oír la palabra de Dios; y lo primero que fue menester decirles, fue darles a entender quién es Dios vivo, Todopoderoso, sin principio ni fin, Criador de todas las cosas, cuyo saber no tiene fin, suma bondad, el cual crió todas las cosas visibles e invisibles, y las conserva y da ser, y tras esto lo que más les pareció que convenía decirles por entonces; y luego junto con esto fue menester darles también a entender quién era Santa María, porque hasta entonces solamente nombraban María, o Santa María, y diciendo este nombre pensaban que nombraban a Dios; y a todas las imágenes que veían llamaban Santa María. Ya esto declarado, y la inmortalidad del ánima, dábaseles a entender quién era el demonio en quien ellos creían, y cómo los traía engañados; y las maldades que en sí tiene, y el cuidado que pone en trabajar que ninguna ánima se salve; lo cual oyendo hubo muchos que tomaron tanto espanto y temor, que temblaban de oír lo que los frailes decían, y algunos pobres desharrapados, de los cuales hay hartos en esta tierra, comenzaron a venir al bautismo y a buscar el reino de Dios, demandándole con lágrimas y suspiros, y mucha importunación.

En servir de leña al templo del demonio tuvieron estos Indios siempre muy gran cuidado, porque siempre tenían en los patios y salas de los templos del demonio muchos braseros de diversas maneras, algunos muy grandes. Los más estaban delante de los altares de los ídolos, que todas las noches ardían. Tenían asimismo unas casas o templos del demonio, redondas, unas grandes y otras menores, según eran los pueblos; la boca hecha como de infierno y en ella pintada la boca de una temerosa sierpe con terribles colmillos y dientes, y en algunas de éstas los colmillos eran de bulto, que verlo y entrar dentro ponía gran temor y grima; en especial el infierno que estaba en México, que parecía traslado del verdadero infierno. En estos lugares había lumbre perpetua, de noche y de día. Estas casas o infiernos que digo, eran redondos y bajos, y tenían el suelo bajo, que no subían a ellos por gradas como los otros templos, de los cuales también había muchos redondos; mas eran altos y con sus altares, y subían a ellos por muchas gradas: éstos eran dedicados al dios del viento, que se decía Quetzalcoatl. Había unos Indios diputados para traer leña, y otros para velar, poniendo siempre lumbre; y casi lo mismo hacían en las casas de los señores, adonde en muchas partes hacían lumbre, y aun hoy día hacen algunas y velan las casas de los señores; pero no como solían, porque ya no hacen de diez partes la una. En este tiempo se comenzó a encender otro fuego de devoción en los corazones de los Indios que se bautizaban, cuando deprendían el Ave María, y el Pater Noster, y la doctrina cristiana; y para que mejor lo tomasen y sintiesen algún sabor, diéronles cantado el Per signum Crucis, Pater Noster y Ave María, Credo y Salve, con los mandamientos en su lengua, de un canto llano y gracioso. Fue tanta la prisa que se dieron a deprenderlo, y como la gente era mucha, estábanse a montoncillos, así en los patios de las iglesias y ermitas como por sus barrios, tres y cuatro horas cantando y aprendiendo oraciones; y era tanta la prisa, que por do quiera que fuesen, de día o de noche, por todas partes se oía cantar y decir toda la doctrina cristiana; de lo cual los Españoles se maravillaban mucho de ver el fervor con que lo decían, y la gana con que lo deprendían, y la prisa que se daban a lo deprender; y no sólo deprendieron aquellas oraciones, sino otras muchas, que saben y enseñan a otros con la doctrina cristiana; y en esto y en otras cosas los niños ayudan mucho.

Ya que pensaban los frailes que con estar quitada la idolatría de los templos del demonio y venir a la doctrina cristiana y al bautismo era todo hecho, hallaron lo más dificultoso y que más tiempo fue menester para destruir, y fue que de noche se ayuntaban, y llamaban y hacían fiestas al demonio, con muchos y diversos ritos que tenían antiguos, en especial cuando sembraban el maíz, y cuando lo cogían, y de veinte en veinte días, que tenían sus meses; y el postrero día de aquellos veinte era fiesta general en toda la tierra. Cada día de éstos era dedicado a uno de los principales de sus demonios los cuales celebraban con diversos sacrificios de muertes de hombres, con otras muchas ceremonias. Tenían diez y ocho meses, como presto se dirá, y cada mes de veinte días; y acabados éstos quedábanles otros cinco días, que decían que andaban en vano, sin año. Estos cinco días eran también de grandes ceremonias y fiestas, hasta que entraban en año. Además de éstos tenían otros días de sus difuntos, de llanto que por ellos hacían, en los cuales días después de comer y embeodarse llamaban al demonio, y estos días eran de esta manera; que enterraban y lloraban al difunto, y después a los veinte días tornaban a llorar al difunto y a ofrecer por él comida y rosas encima de su sepultura; y cuando se cumplían ochenta días hacían otro tanto, y de ochenta en ochenta días lo mismo; y acabado el año, cada año, en el día que murió el difunto le lloraban y hacían ofrenda, hasta el cuarto año; y desde allí cesaban totalmente, para nunca más se acordar del muerto por vía de hacer sufragio. A todos sus difuntos nombraban *teotl* fulano, que quiere decir, fulano Dios, o fulano santo.

Cuando los mercaderes venían de lejos, u otras personas, sus parientes y amigos hacíanles gran fiesta y embeodábanse con ellos. Tenían en mucho alongarse de sus tierras, y darse por allá buena maña y volver hombres, aunque no trajesen más que la persona; también cuando alguno acababa de hacer una casa, le hacían fiesta. *Otros trabajaban y adquirían dos o tres años cuanto podían, para hacer una fiesta* al demonio, y en ella no sólo gastaban cuanto tenían, más aun se adeudaban, de manera que tenían que servir y trabajar otro año y aun otros dos para salir de deuda; y otros que no tenían caudal para hacer aquella fiesta, vendíanse y hacíanse esclavos para hacer una fiesta un día al demonio. En estas fiestas gastaban gallinas, perrillos y codornices para los ministros de los templos, su vino y pan, esto abondo, porque todos salían beodos. Compraban muchas rosas, y cañutos de perfumes, cacao, que es otro brebaje bueno, y frutas. En muchas de estas fiestas daban a los convidados mantas, y en las más de ellas bailaban de noche y de día, hasta quedar cansados o beodos. Además de esto hacían otras muchas fiestas con diversas ceremonias, y las noches de ellas todo era dar voces y llamar al demonio, que no bastaba poder ni saber humano para las quitar, porque les era muy duro dejar la costumbre en que se habían envejecido; las cuales costumbres e idolatrías, a lo menos las más de ellas, los frailes tardaron más de dos años en vencer y desarraigar, con el favor y ayuda de Dios, y sermones y amonestaciones que siempre les hacían.

Desde a poco tiempo vinieron a decir a los frailes, cómo escondían los Indios los ídolos y los ponían en los pies de las cruces, o en aquellas gradas debajo de las piedras, para allí hacer que adoraban la cruz y adorar al demonio, y querían allí guarecer la vida de su idolatría. Los ídolos que los Indios tenían eran muy muchos y en muchas partes, en especial en los templos de sus demonios, y en los patios, y en los lugares eminentes, así como bosques, grandes cerrejones, y en los puertos y mogotes altos, adonde quiera que se hacía algún alto, o lugar gracioso, o dispuesto para descansar; y los que pasaban echaban sangre de las orejas o de la lengua, o echaban un poco de incienso del que hay en aquella tierra, que llaman copalli; otros rosas que cogían por el camino, y cuando otra cosa no tenían, echaban un poco de yerba verde o unas pajas; allí descansaban, en especial los que iban cargados, porque ellos se echan buenas y grandes cargas.

Tenían asimismo ídolos cerca del agua, mayormente en par de las fuentes, adonde hacían sus altares con sus gradas cubiertas; y en muchas principales fuentes de mucha agua tenían cuatro de estos altares puestos en cruz, unos enfrente de otros, la fuente en medio; y allí y en el agua ponían mucho copalli, y papel, y rosas; y algunos devotos del agua se sacrificaban allí. Y cerca de los grandes árboles, así como cipreses grandes o cedros, hacían los mismos altares y sacrificios; y en sus patios de los demonios y delante de los templos trabajaban por tener y plantar cipreses, plátanos y cedros. También hacían de aquellos altares, pequeños, con sus gradas, y cubiertos con su terrado, en muchas encrucijadas de los caminos, y en los barrios de sus pueblos, y en los altozanos; y en otras muchas partes tenían como oratorios, en los cuales lugares tenían mucha cantidad de ídolos de diversas formas y figuras, y estos públicos, que en muchos días no los podían acabar de destruir, así por ser muchos y en diversos lugares, como porque cada día hacían muchos de nuevo; porque habiendo quebrantado en una parte muchos, cuando por allí tornaban los hallaban todos nuevos y tornados a poner; porque como no habían de buscar canteros que se los hiciesen, ni escoda para los labrar, ni quien se los amoldase, sino que muchos de ellos son maestros, y una piedra labran con otra, no los podían agotar ni acabar de destruir. Tenían ídolos de piedra, y de palo, y de barro cocido, y también los hacían de masa, y de semillas envueltas con masa, y tenían unos grandes, otros mayores, y medianos, y pequeños, y muy chiquitos. Unos tenían figuras de obispos, con sus mitras y báculos, de los cuales había algunos dorados, y otros de piedras de turquesas de muchas maneras. Otros tenían figuras de hombres; tenían éstos en la cabeza un mortero en lugar de mitra, y allí les echaban vino por ser el dios del vino. Otros tenían diversas insignias, en que conocían al demonio que representaba. Otros tenían figuras de mujeres, también de muchas maneras. Otros tenían figuras de bestias fieras, así como leones, tigres, perros, venados, y de cuantos animales se crían en los montes y en el campo. También tenían ídolos de figuras de culebras, y éstos de muchas maneras, largas y enroscadas; otras con rostro de mujer. Delante de muchos ídolos ofrecían víboras y culebras, y a otros ídolos les ponían unos sartales de colas de víboras; que hay unas víboras grandes que por la cola hacen unas vueltas con las cuales hacen ruido, y a esta causa los Españoles las llaman víboras de cascabel; algunas de estas hay muy fieras, de diez y once ñudos; su herida es mortal, y apenas llega a veinte y cuatro horas la vida del herido. Otras culebras hay muy grandes, tan gruesas como el brazo. Éstas son bermejas y no son ponzoñosas, antes las tienen en mucho para comer los grandes señores. Llámanse estas *culebras de venado,* esto es, o porque se parecen en la color al venado, o porque se ponen en una senda y allí espera al venado, y ella ásese a algunas ramas y con la cola revuélvese al venado y tiénele; y aunque no tiene dientes ni colmillos, por los ojos y por las narices le chupa la sangre. Para tomar estas no se atreve un hombre, porque ella le apretaría hasta matarle; mas si se hallan dos o tres, síguenla y átanla a un palo grande, y tiénenla en mucho para presentar a los señores. De éstas también tenían ídolos. Tenían también ídolos de aves, así como de águilas; y de águila y tigre eran muy continuos los ídolos. De búho y de aves nocturnas, y de otras como milano, y de toda ave grande, o hermosa, o fiera, o de preciosas plumas tenían ídolo; y el principal era del sol, y también de la luna y estrellas, de los pescados grandes y de los lagartos de agua, basta sapos y ranas, y de otros peces grandes, y éstos decían que eran los dioses del pescado. De un pueblo de la laguna de México llevaron unos ídolos de estos peces, que eran unos peces hechos de piedra, grandes; y después volviendo por allí pidiéronles para comer algunos peces, y respondieron que habían llevado el dios del pescado y que no podían tomar peces.

Tenían por dioses al fuego, y al aire, y a la agua, y a la tierra, y de éstos sus figuras pintadas; y de muchos de sus demonios tenían rodelas y escudos, y en ellas pintadas las figuras y armas de sus demonios con su blasón. De otras muchas cosas tenían figuras e ídolos, de bulto y de pincel, hasta de las mariposas, pulgas y langostas, grandes y bien labradas.

Acabados de destruir estos ídolos públicos, dieron tras los que estaban encerrados en los pies de las cruces, como en cárcel, porque el demonio no podía estar cabe la cruz sin padecer gran tormento, y a todos los destruyeron; porque aunque había algunos malos Indios que escondían los ídolos, había otros buenos Indios ya convertidos, y pareciéndoles mal y ofensa de Dios, avisaban de ello a los frailes; y aun de éstos no faltó quien quiso argüir no ser bien hecho. Esta diligencia fue bien menester, así para evitar ofensas de Dios, y que la gloria que a él se le debe no se la diesen a los ídolos, como para guarecer a muchos del cruel sacrificio, en el cual muchos morían, o en los montes, o de noche, o en lugares secretos; porque en esta costumbre estaban muy encarnizados, y aunque ya no sacrificaban tanto como solían, todavía instigándoles el demonio buscaban tiempo para sacrificar; porque según presto se dirá, los sacrificios y crueldades de esta tierra y gente sobrepujaron y excedieron a todas las del mundo, según que leemos y aquí se dirá: y antes que entre a decir las crueldades de los sacrificios, diré la manera y cuenta que tenían en repartir el tiempo en años y meses, semanas y días.

Capítulo V. De las cosas variables del año, y cómo en unas naciones comienza diferentemente de otras; y del nombre que daban al niño cuando nacía, y de la manera que tenían en contar los años, y de la ceremonia que los indios hacían

Diversas naciones diversos modos y maneras tuvieron en la cuenta del año, y así fue en esta tierra de Anáhuac; y aunque en esta tierra, como es tan grande, hay diversas gentes y lenguas, en lo que yo he visto todos tienen la cuenta del año de una manera. Y para mejor entender qué cosa sea tiempo, es de saber, que tiempo es cantidad del año, que significa la tardanza del movimiento de las cosas variables, y éstas se reparten en diez, que son: año, mes, semana, día, cuadrante, hora, punto, momento, onza, átomo. El año tiene doce meses, o cincuenta y dos semanas y un día, o trescientos sesenta y cinco días y seis horas. El mes tiene cuatro semanas, y algunos meses tienen dos días más, otros uno, salvo febrero. La semana tiene siete días: el día tiene cuatro cuadrantes: el cuadrante tiene seis horas: la hora cuatro puntos: el punto tiene diez momentos: el momento doce onzas: la onza cuarenta y siete átomos: el átomo es indivisible. Los Egipcios y los Árabes comienzan el año desde septiembre, porque en aquel mes los árboles están con fruta madura, y ellos tienen que en el principio del mundo los árboles fueron criados con fruta, y que septiembre fue el primer mes del año. Los Romanos comenzaron el año desde el mes de enero, porque entonces, o poco antes, el sol se comienza a allegar a nosotros. Los Judíos comienzan el año en marzo, porque tienen que entonces fue criado el mundo con flores y yerba verde. Los modernos cristianos, por reverencia de Nuestro Señor Jesucristo, comienzan el año desde su santa Natividad, y otros desde su sagrada Circuncisión.

Los Indios naturales de esta Nueva España, al tiempo que esta tierra se ganó y entraron en ella los Españoles, comenzaban su año en principio de marzo; mas por no alcanzar bisiesto van variando su año por todos los meses. Tenían el año de trescientos y sesenta y cinco días. Tenían mes de a veinte días, y tenían diez y ocho meses y cinco días en un año, y el día postrero del mes muy solemne entre ellos. Los nombres de los meses y de los días no se ponen aquí, por ser muy revesados y que se pueden mal escribir; podrá ser que se pongan las figuras por donde se conocían y tenían cuenta con ellos. Estos Indios de la Nueva España tenían semana de trece días, los cuales significaban por estas señales o figuras: al primero, además del nombre que como los otros tenía, conocían por un espadarte, que es un pescado o bestia marina; el segundo dos vientos; el tercero tres casas; el cuarto cuatro lagartos de agua, que también son bestias marinas; el quinto cinco culebras; el sexto seis muertes; el séptimo siete ciervos; el octavo ocho conejos; el nono nueve águilas; el décimo diez perros; el undécimo once monas; el duodécimo doce escobas; el décimotercio trece cañas. De trece en trece días iban sus semanas contadas; pero los nombres de los días eran veinte, todos nombrados por sus nombres y señalados con sus figuras o caracteres; y por esta misma cuenta contaban también los mercados, que unos hacían de veinte en veinte días, otros de trece en trece días, otros de cinco en cinco días, y esto era y es más general, salvo en los grandes pueblos, que éstos cada día tienen su mercado y plaza llena de medio día para abajo; y son tan ciertos en la cuenta de estos mercados o ferias, como los mercaderes de España en saber las ferias de Villalón y Medina. De esta cuenta de los meses y años y fiestas principales había maestros como entre nosotros, los que saben bien el cómputo. Este calendario de los Indios tenía para cada día su ídolo o demonio, con nombres de varones y mujeres diosas; y estaban todos los días del año llenos como calendarios de breviarios romanos, que para cada día tienen su santo o santa.

Todos los niños cuando nacían tomaban nombre del día en que nacían, ora fuese una flor, ora dos conejos; y aquel nombre les daban el séptimo día, y entonces si era varón poníanle una saeta en la mano, y si era hembra dábanle un huso y un palo de tejer, en señal que había de ser hacendosa y casera, buena hilandera y mejor tejedora; el varón porque fuese valiente para defender a sí y a la patria, porque las guerras eran muy ordinarias cada año; y en aquel día se regocijaban los parientes y vecinos con el padre del niño. En otras partes luego que la criatura nacía venían los parientes a saludarla, y decíanle estas palabras: «Venido eres a padecer; sufre y padece»: y esto hecho, cada uno de los que lo habían saludado le ponían un poco de cal en la rodilla. Y al séptimo día de nacer dábanle el nombre del día en que había nacido. Después desde a tres meses presentaban aquella criatura en el templo del demonio, y dábanle su nombre, no dejando el que tenía, y también entonces comían de regocijo; y luego el maestro del cómputo decíale el nombre del demonio que caía en aquel día de su nacimiento. De los nombres de estos demonios tenían mil agüeros y hechicerías, de los hados que le habían de acontecer en su vida, así en casamientos como en guerras. A los hijos de los señores principales daban tercero nombre de dignidad o de oficio; a algunos siendo muchachos, a otros ya jóvenes, a otros cuando hombres; o después de muerto el padre heredaba el mayorazgo y el nombre de la dignidad que el padre había tenido.

No es de maravillar de los nombres que estos Indios pusieron a sus días de aquellas bestias y aves, pues los nombres de los días de nuestros meses y semanas los tienen de los dioses y planetas, lo cual fue obra de los Romanos.

En esta tierra de Anáhuac contaban los años de cuatro en cuatro, y este término de años contaban de esta manera. Ponían cuatro casas con cuatro figuras; la primera ponían al mediodía, que era una figura de conejo; la otra ponían hacia oriente, y eran dos cañas; la tercera ponían al septentrión, y eran tres pedernales o tres cuchillos de sacrificar; la cuarta casa ponían hacia occidente, y en ella la figura de cuatro casas. Pues comenzando la cuenta desde el primero año y desde la primera casa, iban contando por sus nombres y figuras hasta trece años, que acaban en la misma casa que comenzaron, que tiene la figura de un conejo. Andando tres vueltas, que son tres olimpiadas, la postrera tiene cinco años y las otras a cuatro, que son trece, al cual término podríamos llamar *indicción,* y de esta manera hacían otras tres indicciones por la cuenta de las cuatro casas; de manera que venían a hacer cuatro indicciones, cada una de a trece años, que venían a hacer una hebdómada de cincuenta y dos años, comenzando siempre el principio de la primera hebdómada en la primera casa; y es mucho de notar las ceremonias y fiestas que hacían en el fin y postrero día de aquellos cincuenta y dos años, y en el primer día que comenzaba el nuevo año y nueva olimpiada. El postrero día del postrer año, a hora de vísperas, en México y en toda su tierra, y en Tetzcoco y sus provincias, por mandamiento de los ministros de los templos mataban todos los fuegos con agua, así de los templos del demonio, como de las casas de los vecinos. (En algunos lugares que había fuego perpetuo, que era en los infiernos ya dichos, este día también mataban los fuegos). Luego salían ciertos ministros de los templos de México, dos leguas a un lugar que se dice Ixtlapalapa, y subían a un cerrejón que allí está, sobre el cual estaba un templo del demonio, al cual tenía mucha devoción y reverencia el gran señor de México Moteuczoma. Pues allí a la media noche, que era principio del año de la siguiente hebdómada, los dichos ministros sacaban nueva lumbre de un palo que llamaban palo de fuego, y luego encendían tea, y antes que nadie encendiese, con mucho fervor y prisa la llevaban al principal templo de México, y puesta la lumbre delante de los ídolos, traían un cautivo tomado en guerra, y delante el nuevo fuego sacrificándole le sacaban el corazón, y con la sangre el ministro mayor rociaba el fuego a manera de bendición. Esto acabado, ya que el fuego quedaba como bendito, estaban allí esperando de muchos pueblos para llevar lumbre nueva a los templos de sus lugares, lo cual hacían pidiendo licencia al gran príncipe o pontífice mexicano, que era como papa, y esto hacían con gran fervor y prisa. Aunque el lugar estuviese hartas leguas, ellos se daban tanta prisa que en breve tiempo ponían allá la lumbre. En las provincias lejos de México hacían la misma ceremonia, y esto se hacía en todas partes con mucho regocijo y alegría; y en comenzando el día, en toda la tierra y principalmente en México hacían gran fiesta, y sacrificaban cuatrocientos hombres en solo México.

Capítulo VI. De la fiesta llamada Panquetzaliztli, y los sacrificios y homicidios que en ella se hacían; cómo sacaban los corazones y los ofrecían, y después comían los que sacrificaban

En aquellos días de los meses que arriba quedan dichos, en uno de ellos que se llamaba Panquetzaliztli, que era el catorceno, el cual era dedicado a los dioses de México, mayormente a dos de ellos que se decían ser hermanos y dioses de la guerra, poderosos para matar y destruir, vencer y sujetar; pues en este día, como pascua o fiesta más principal, se hacían muchos sacrificios de sangre, así de las orejas como de la lengua, que esto era muy común: otros se sacrificaban de los brazos y pechos y de otras partes del cuerpo; pero en esto de sacarse un poco de sangre para echar a los ídolos, como quien esparce agua bendita con los dedos, o echar la sangre de las orejas y lengua en unos papeles y ofrecerlos, a todos y en todas partes era general; pero de las otras partes del cuerpo en cada provincia había su costumbre; unos de los brazos, otros de los pechos, que en esto de las señales se conocían de qué provincia eran. Demás de éstos y otros sacrificios y ceremonias, sacrificaban y mataban a muchos de la manera que aquí diré. Tenían una piedra larga de una brazada de largo, y casi palmo y medio de ancho, y un buen palmo de grueso o de esquina. La mitad de esta piedra estaba hincada en la tierra, arriba en lo alto encima de las gradas, delante del altar de los ídolos. En esta piedra tendían a los desventurados de espaldas para los sacrificar, y el pecho muy tieso, porque los tenían atados de los pies y de las manos, y el principal sacerdote de los ídolos a su lugarteniente, que eran los que más ordinariamente sacrificaban, y si algunas veces había tantos que sacrificar que éstos se cansasen, entraban otros que estaban ya diestros en el sacrificio, y de presto con una piedra de pedernal con que sacaban lumbre, de esta piedra hecho un navajón como hierro de lanza, no mucho agudo, porque como es piedra muy recia y salta, no se puede hacer muy aguda; esto digo porque muchos piensan que eran de aquellas navajas de piedra negra, que en esta tierra las hay, y sácanlas con el filo tan delgado como de una navaja, y tan dulcemente corta como navaja, sino que, luego saltan mellas; con aquel cruel navajón, como el pecho estaba tan tieso, con mucha fuerza abrían al desventurado y de presto sacábanle el corazón, y el oficial de esta maldad daba con el corazón encima del umbral del altar de parte de afuera, y allí dejaba hecha una mancha de sangre; y caído el corazón se estaba un poco bullendo en la tierra, y luego poníanle en una escudilla delante del altar. Otras veces tomaban el corazón y levantábanle hacia el sol, y a las veces untaban los labios de los ídolos con la sangre. Los corazones a las veces los comían los ministros viejos; otras los enterraban, y luego tomaban el cuerpo y echábanlo por las gradas abajo a rodar; y llegado abajo, si era de los presos en guerra, el que lo prendió con sus amigos y parientes llevábanlo, y aparejaban aquella carne humana con otras comidas, y otro día hacían fiesta y lo comían; y el mismo que lo prendió, si tenia con qué lo poder hacer, daba aquel día a los convidados mantas; y si el sacrificado era esclavo no le echaban a rodar, sitio abajábanle a brazos, y hacían la misma fiesta y convite que con el preso en guerra, aunque no tanto con el esclavo; sin otras fiestas y días de más ceremonias con que las solemnizaban, como en estotras fiestas aparecerá.

Cuanto a los corazones de los que sacrificaban, digo: que en sacando el corazón al sacrificado, aquel sacerdote del demonio tomaba el corazón en la mano, y levantábale como quien lo muestra al sol, y luego volvía a hacer otro tanto al ídolo, y poníasele delante en un vaso de palo pintado mayor que una escudilla, y en otro vaso cogía la sangre y daba de ella como a comer al principal ídolo, untándole los labios, y después a los otros ídolos y figuras del demonio. En esta fiesta sacrificaban de los tomados en guerra o esclavos, porque casi siempre eran de éstos los que sacrificaban, segun el pueblo, en unos veinte, en otros treinta, en otros cuarenta, y hasta cincuenta y sesenta: en México sacrificaban ciento, y de ahí arriba.

En otro día de aquellos ya nombrados se sacrificaban muchos, aunque no tantos, como en la ya dicha; y nadie piense que ninguno de los que sacrificaban matándoles y sacándoles el corazón, o cualquiera otra muerte, que era de su propia voluntad, sino por fuerza, y sintiendo muy sentida la muerte y su espantoso dolor. Los otros sacrificios de sacarse sangre de las orejas o lengua, o de otras partes, éstos eran voluntarios casi siempre. De aquellos que sacrificaban desollaban algunos, en unas partes dos o tres, en otras cuatro o cinco, en otras diez, y en México hasta doce o quince, y vestían aquellos cueros, que por las espaldas y encima de los hombros dejaban abiertos, y vestido lo más justo que podían, como quien viste jubón y calzas, bailaban con aquel cruel y espantoso vestido: y como todos los sacrificados o eran esclavos o tomados en la guerra, en México para este día guardaban alguno de los presos en la guerra, que fuese señor o persona principal, y a aquel desollaban para vestir el cuero de él el gran señor de México Moteuczoma, el cual con aquel cuero vestido bailaba con mucha gravedad, pensando que hacia gran servicio al demonio que aquel día honraban: y esto iban muchos a ver como cosa de gran maravilla, porque en los otros pueblos no se vestían los señores los cueros de los desollados, sino otros principales. En otro día de otra fiesta, en cada parte sacrificaban una mujer, y desollábanla, y vestíase uno el cuero de ella y bailaba con todos los otros del pueblo; aquel con el cuero de la mujer vestido, y los otros con sus plumajes.

Había otro día en que hacían fiesta al dios del agua. Antes que este día llegase, veinte o treinta días, compraban un esclavo y una esclava y hacíanlos morar juntos como casados; y llegado el día de la fiesta, vestían al esclavo con las ropas e insignias de aquel dios, y a la esclava con las de la diosa, mujer de aquel dios, y así vestidos bailaban todo aquel día, hasta la media noche que los sacrificaban; y a éstos no los comían, sino echábanlos en una hoya como silo que para esto tenían.

Capítulo VII. De las muy grandes crueldades que se hacían el día del dios del fuego y del dios del agua; y de una esterilidad que hubo en que no llovió en cuatro años

Otro día de fiesta en algunas partes y pueblos, como Tlacopán, Coyoacán y Azcapotzalco, levantaban un gran palo rollizo de hasta diez brazas de largo, y hacían un ídolo de semillas, y envuelto y atado con papeles poníanle encima de aquella viga; y la víspera de la fiesta levantaban este árbol que digo con aquel ídolo, y bailaban todo el día a la redonda de él; y aquel día por la mañana tomaban algunos esclavos y otros que tenían cautivos de guerra, y traíanlos atados de pies y manos, y echábanlos en un gran fuego para esta crueldad aparejado, y no los dejaban acabar de quemar, no por piedad, sino porque el género de tormento fuese mayor; porque luego los sacrificaban y sacaban los corazones, y a la tarde echaban la viga en tierra, y trabajaban mucho por haber parte de aquel ídolo para comer; porque creían que con aquello se harían valientes para pelear.

Otro día que era dedicado al dios del fuego, o al mismo fuego, al cual tenían y adoraban por dios, y no de los menores, que era general por todas partes; este día tomaban uno de los cautivos en la guerra y vestíanle de las vestiduras y ropas del dios del fuego, y bailaba a reverencia de aquel dios, y sacrificábanle a él y a los demás que tenían presos de guerra; pero mucho más es de espantar de lo que particularmente hacían aquí en Cautitlán, adonde esto escribo, que en todo lo general, adonde parece que se mostraba el demonio más cruel que en otras partes. Una víspera de una fiesta en Cuautitlán, levantaban seis grandes árboles como mástiles de naos con sus escaleras; y en esta vigilia cruel, y el día muy más cruel también, degollaban dos mujeres esclavas en lo alto encima de las gradas, delante el altar de los ídolos, y allí arriba las desollaban todo el cuerpo y el rostro, y sacábanles las canillas de los muslos; y el día por la mañana, dos Indios principales vestíanse los cueros, y los rostros también como máscaras, y tomaban en las manos las canillas, en cada mano la suya, y muy paso a paso bajaban bramando, que parecían bestias encarnizadas; y en los patios abajo gran muchedumbre de gente, todos como espantados, decían: «Ya vienen nuestros dioses; ya vienen nuestros dioses». Llegados abajo comenzaban a tañer sus atabales, y a los así vestidos ponían a cada uno sobre las espaldas mucho papel, no plegado sino cosido en ala, que habría obra de cuatrocientos pliegos; y ponían a cada uno una codorniz ya sacrificada y degollada, y atábansela al bezo que tenía horadado; y de esta manera bailaban estos dos, delante los cuales mucha gente sacrificaba y ofrecían muy muchas codornices, que también era para ellas día de muerte; y sacrificadas echábanselas delante, y eran tantas que cubrían el suelo por donde iban, porque pasaban de ocho mil codornices las que aquel día se ofrecían;

porque todos tenían mucho cuidado de las buscar para esta fiesta, a la cual iban desde México y de otros muchos pueblos. Llegado el medio día cogían todas las codornices, y repartíanlas por los ministros de los templos y por los señores principales, y los vestidos no hacían sino bailar todo el día. Hacíase en este mismo día otra mayor y nunca oída crueldad, y era que en aquellos seis palos que la víspera de la fiesta habían levantado, en lo alto ataban y aspaban seis hombres cautivos en la guerra, y estaban debajo a la redonda más de dos mil muchachos y hombres con sus arcos y flechas, y éstos en bajándose los que habían subido a los atar a los cautivos, disparaban en ellos las saetas como lluvia; y asaeteados y medio muertos subían de presto a los desatar, y dejábanlos caer de aquella altura, y del gran golpe que daban se quebrantaban y molían los huesos todos del cuerpo; y luego les daban la tercera muerte sacrificándolos y sacándoles los corazones; y arrastrándolos desviábanlos de allí, y degollábanlos, y cortábanles las cabezas, y dábanlas a los ministros de los ídolos; y los cuerpos llevábanlos como carneros para los comer los señores y principales. Otro día con aquel nefando convite hacían también fiesta, y con gran regocijo bailaban todos.

Una vez en el año, cuando el maíz estaba salido de obra de un palmo, en los pueblos que había señores principales, que a su casa llamaban palacio, sacrificaban un niño y una niña de edad de hasta tres o cuatro años: éstos no eran esclavos, sino hijos de principales, y este sacrificio se hacía en un monte en reverencia de un ídolo que decían que era el dios del agua y que les daba la lluvia; y cuando había falta de agua la pedían a este ídolo. A estos niños inocentes no les sacaban el corazón, sino degollábanlos, y envueltos en unas mantas poníanlos en una caja de piedra como lucillo antiguo, y dejábanlos así por la honra de aquel ídolo, a quien ellos tenían por muy principal dios. Su principal templo o casa era en Tetzcoco, juntamente con los dioses de México; éste estaba a la mano derecha, y los de México a la mano izquierda: y ambos altares estaban levantados sobre una cepa, y tenían cada tres sobrados, a los cuales yo fui a ver algunas veces. Estos templos fueron los más altos y mayores de toda la tierra, y más que los de México.

El día de Atemoztli ponían muchos papeles pintados, y llevábanlos a los templos de los demonios, y ponían también *ollin*, que es una goma de un árbol que se cría en tierra caliente, del cual punzándole salen unas gotas blancas, y ayúntanlo uno con otro, que es cosa que luego se cuaja y para negro, así como pez blanda; y de ésta hacen las pelotas con que juegan los Indios, que saltan más que las pelotas de viento de Castilla, y son del mismo tamaño, y un poco más prietas; aunque son mucho más pesadas las de esta tierra, corren y saltan tanto que parece que traen azogue dentro de sí. De este óllin usaban mucho ofrecer a los demonios, así en papeles que quemándolo corrían unas gotas negras y éstas caían sobre papeles, y aquellos papeles con aquellas gotas, y otros con gotas de sangre, ofrecíanlo al demonio; y también ponían de aquel ollin en los carrillos de los ídolos, que algunos tenían dos y tres dedos de costra sobre el rostro, y ellos feos, parecían bien figuras del demonio, sucias, y feas, y hediondas. Este día se ayuntaban los parientes y amigos a llevar comida, que comían en las casas y patios del demonio. En México este mismo día salían y llevaban en una barca muy pequeña un niño y una niña, y en medio del agua de la gran laguna los ofrecían al demonio, y allí los sumergían con el acalli o barca, y los que los llevaban se volvían en otras barcas mayores.

Cuando el maíz estaba a la rodilla, para un día repartían y echaban pecho, con que compraban cuatro niños esclavos de edad de cinco a seis años, y sacrificábanlos a Tlaloc, dios del agua, poniéndolos en una cueva, y cerrábanla hasta otro año que hacían lo mismo. Este cruel sacrificio tuvo principio de un tiempo que estuvo cuatro años que no llovió, y apenas quedó cosa verde en el campo, y por aplacar al demonio del agua su dios Tlaloc, y porque lloviese, le ofrecían aquellos cuatro niños. Estos ministros de estos sacrificios eran los mayores sacerdotes y de más dignidad entre los Indios; criaban sus cabellos a manera de nazarenos, y como nunca los cortaban ni peinaban y ellos andaban mucho tiempo negros y los cabellos muy largos y sucios, parecían al demonio. A aquellos cabellos grandes llamaban *nopapa*, y de allí les quedó a los Españoles llamar a estos ministros papas, pudiendo con mayor verdad llamarlos crueles verdugos del demonio.

Hueytozoztli. Este día era cuando el maíz era ya grande hasta la cinta. Entonces cada uno cogía de sus maizales algunas cañas, y envueltas en mantas, delante de aquellas cañas ofrecían comida y atolli, que es un brebaje que hacen de la masa del maíz, y es espeso, y también ofrecían copalli, que es género de incienso que corre de un árbol, el cual en cierto tiempo del año punzan para que salga y corra aquel licor, y ponen debajo o en el mismo árbol atadas unas pencas de maguey, que adelante se dirá lo que es, y hay bien que decir de él; y allí cae y se cuajan unos panes de la manera de la jibia de los plateros; hácese de este copalli revuelto, con aceite muy buena trementina; los árboles que lo llevan son graciosos y hermosos de vista y de buen olor; tienen la hoja muy menuda. Críase en tierra caliente en lugar alto adonde goce del aire. Algunos dicen que este copalli es mirra probatísima. Volviendo a la ofrenda digo: que toda junta a la tarde la llevaban a los templos de los demonios y hallábanle toda la noche porque les guardase los maizales.

Tititl. Este día y otro con sus noches bailaban todos al demonio, y le sacrificaban muchos cautivos presos en las guerras de los pueblos de muy lejos; que según decían los Mexicanos, algunas provincias tenían cerca de sí de enemigos y de guerra, como Tlaxcallán y Huexotzinco, que más los tenían para ejercitarse en la guerra y tener cerca de donde haber cautivos para sacrificar, que no por pelear y acabarlos; aunque los otros también decían lo mismo de los Mexicanos y que de ellos prendían y sacrificaban tantos, como los otros de ellos. Otras provincias había lejos, donde a tiempos, o una vez en el año, hacían guerra y salían capitanías ordenadas a esto; y de éstas era una la provincia y reino de Michuachapanco, que ahora los Españoles llaman Pánuco: de estos cautivos sacrificaban aquel día, y no de los más cercanos, ni tampoco esclavos.

Capítulo VIII. De la fiesta y sacrificio, que hacían los mercaderes a la diosa de la sal; y de la venida que fingían de su dios; y de cómo los señores iban una vez en el año a los montes, a cazar para ofrecer a sus ídolos

Los mercaderes hacían una fiesta, no todos juntos sino los de cada provincia por su parte, para la cual procuraban esclavos que sacrificar, los cuales hallaban bien baratos, por ser la tierra muy poblada. En este día morían muchos en los templos que a su parte tenían los mercaderes, en los cuales otras muchas veces hacían grandes sacrificios.

Tenían otros días de fiesta en que todos los señores y principales se ayuntaban de cada provincia en su cabecera a bailar, y vestían una mujer de las insignias de la diosa de la sal, y así vestida bailaba toda la noche, y a la mañana a hora de las nueve sacrificábanla a la misma diosa. En este día echan mucho de aquel incienso en los braseros.

En otra fiesta, algunos días antes aparejaban grandes comidas, según que cada uno podía y le bastaba la pobre hacienda, que ellos muy bien parten, aunque lo ayunen, por no parecer vacíos delante de su dios. Aparejada la comida fingían como día de adviento, y llegado el día llevaban la comida a la casa del demonio, y decían: «Ya viene nuestro dios, ya viene: ya viene nuestro dios, ya viene».

Un día en el año salían los señores, y principales para sacrificar en los templos que había en los montes, y andaban por todas partes cazadores a cazar de todas animalias y aves para sacrificarlas al demonio, así leones y tigres como coyotes, que son unos animalejos entre lobo y raposa, que no son ni bien lobos ni bien raposas, de los cuales hay muchos, y muerden tan bravamente, que ha de ser muy escogido el perro que le matare diente por diente. Cazaban venados, liebres, conejos, codornices, hasta culebras y mariposas, y todo lo traían al señor, y él daba y pagaba a cada uno según lo que traía; primero daba la ropa que trajo vestida, y después otra que tenía allí aparejada para dar, no pagando por vía de precio ni de conciencia, que maldito el escrúpulo que de ello tenían, ni tampoco por paga de los servicios, sino por una liberalidad con la cual pensaban que agradaban mucho al demonio, y luego sacrificaban todo cuanto habían podido haber.

Sin las fiestas ya dichas había otras muchas, y en cada provincia y a cada demonio le servían de su manera, con sacrificios y ayunos y otras diabólicas ofrendas, especialmente en Tlaxcallán, Huexotzinco y Cholollán, que eran señoríos por sí. En todas estas provincias, que son comarcanas y venían de un abolengo, todos adoraban y tenían un dios por más principal, al cual nombraban por tres nombres. Los antiguos que estas provincias poblaron fueron de una generación; pero después que se multiplicaron hicieron señoríos distintos, y hubo entre ellos grandes bandos y guerras. En estas tres provincias se hacían siempre muchos sacrificios y muy crueles, porque como todos estaban cercados de provincias sujetas a México, que eran sus enemigos, y entre sí mismos tenían continuas guerras, había entre ellos hombres pláticos en la guerra, y de buen ánimo y fuerzas, especialmente en Tlaxcallán, que es la mayor de estas provincias, y aun de gente algo más dispuesta, atrevida y guerrera, y es de las enteras y grandes provincias, y más pobladas de la Nueva España, como se dirá adelante. Estos naturales tenían de costumbre en sus guerras de tomar cautivos para sacrificar a sus ídolos, y a esta causa en la batalla arremetían y entraban hasta abrazarse con el que podían, y sacábanle fuera y atábanle cruelmente. En esto se mostraban y señalaban los valientes.

Éstos tenían otras muchas fiestas con grandes ceremonias y crueldades, de las cuales no me acuerdo bien para escribir verdad, aunque moré allí seis años entre ellos, y oí y supe muchas cosas; pero no me informaba para lo haber de escribir.

En Tlaxcallán había muchos señores y personas principales, y mucho ejercicio de guerra, y tenían siempre como gente de guarnición, y todos cuantos prendían, además de muchos esclavos, morían en sacrificio; y lo mismo en Huexotzinco y Cholollán. A esta Cholollán tenían por gran santuario como otra Roma, en la cual había muchos templos del demonio: dijéronme que había más de trescientos y tantos. Yo la vi entera y muy torreada y llena de templos del demonio; pero no los conté. Por lo cual hacían muchas fiestas en el año, y algunos venían de más de cuarenta leguas, y cada provincia tenía sus salas y casas de aposento para las fiestas que se hacían.

Capítulo IX. De los sacrificios que hacían en los ministros Tlamacazques, en especial en Tehuacán, Cozcatlán y Teutitlán; y de los ayunos que tenían

Demás de los sacrificios y fiestas dichas había otras muchas particulares que se hacían muy continuamente, y en especial aquellos ministros que los Españoles llamaron papas, que éstos se sacrificaban a sí mismos muchas veces de muchas partes del cuerpo, y en algunas fiestas se hacían agujeros en lo alto de las orejas con una navajuela de piedra negra, que la sacaban a la manera de una lanceta de sangrar, y tan aguda y con tan vivos filos: y así muchos Españoles se sangran y sangran a otros con éstas, y cortan muy dulcemente, sino que algunas veces se despuntan, cuando el sangrador no es de los buenos; que acá cada uno procura de saber sangrar y herrar y otros muchos oficios, que en España no se tendrían por honrados de los aprender; aunque por otra parte tienen presunción y fantasía, aunque tienen los Españoles que acá están la mejor y más humilde conversación que puede ser en el mundo. Tornando al propósito, digo: que por aquel agujero que hacían en las orejas y por las lenguas sacaban una caña tan gorda como el dedo de la mano, y tan larga como el brazo: mucha de la gente popular, así hombres como mujeres, sacaban o pasaban por las orejas y por la lengua unas pajas tan gordas como cañas de trigo, y otros unas puntas de maguey, o de metl, que a la fin se dice qué cosa es, y todo lo que así sacaban ensangrentado, y la sangre que podían coger en unos papeles, lo ofrecían delante de los ídolos. En Tehuacán, Teutitlán y en Cozcatlán, que eran provincias de frontera y tenían guerra por muchas partes, también hacían muy crueles sacrificios de cautivos y de esclavos; y en sí mismos los Tlamacazques, o papas mancebos, hacían una cosa de las extrañas y crueles del mundo: que cortaban y hendían el miembro de la generación entre cuero y carne, y hacían tan grande abertura que pasaban por allí una soga tan gruesa como el brazo por la muñeca, y en largor según la devoción del penitente; unas eran de diez brazas, otras de quince y otras de veinte: y si alguno desmayaba de tan cruel desatino, decíanle que aquel poco ánimo era por haber pecado y allegado a mujer; porque éstos que hacían esta locura y desatinado sacrificio eran mancebos por casar, y no era maravilla que desmayasen, pues se sabe que la circuncisión es el mayor dolor que puede ser en el mundo. La otra gente del pueblo sacrificábanse de las orejas, y de los brazos, y del pico de la lengua, de que sacaban unas gotas de sangre para ofrecer; y los más devotos, así hombres como mujeres, traían como arpadas las lenguas y las orejas, y hoy día se parece en muchos. En estas tres provincias que digo, los ministros del templo y todos los de sus casas ayunaban cada año ochenta días. También ayunaban sus cuaresmas y ayunos antes de las fiestas del demonio, en especial aquellos papas, con sólo pan de maíz y sal y agua; unas cuaresmas de a diez días, y otras de veinte y de cuarenta; y alguna, como la de Panquetzaliztli en México, era de ochenta días, de que algunos enfermaban y morían, porque el cruel de su dios no les consentía que usasen consigo de misericordia. Llamábanse también estos papas *dadores de fuego,* porque echaban incienso en lumbre o en brasas con sus incensarios tres veces en el día y tres en la noche. Cuando barrían los templos del demonio era con plumajes en lugar de escobas, y andando para atrás, sin volver las espaldas a los ídolos. Mandaban al pueblo y hasta a los muchachos que ayunasen. A dos, y a cuatro, y a cinco días, y hasta diez días, ayunaba el pueblo. Estos ayunos no eran generales, sino que cada provincia ayunaba a sus dioses segun su devoción y costumbre. Tenía el demonio en ciertos pueblos de la provincia de Tehuacán capellanes perpetuos que siempre velaban y se ocupaban en oraciones, ayunos y sacrificios; y este perpetuo servicio repartíanlo de cuatro en cuatro años, y los capellanes asimismo eran cuatro mancebos que habían de ayunar cuatro años. Entraban en la casa del demonio como quien entra en treintanario cerrado, y daban a cada uno sola una manta de algodón delgada y un maxtlatl, que es como toca de camino con que se ciñen y tapan sus vergüenzas, y no tenían más ropa de noche ni de día, aunque en invierno hace razonable frío las noches; la cama era la dura tierra y la cabecera una piedra. Ayunaban todos aquellos cuatro años, en los cuales se abstenían de carne y de pescado, sal y ají; no comían cada día más de una sola vez a medio día, y era su comida una tortilla, que según señalan sería de dos onzas, y bebían una escudilla de un brebaje que se dice atolli. No comían otra cosa, ni fruta, ni miel, ni cosa dulce, salvo de veinte en veinte días que eran sus días festivales, como nuestro domingo a nosotros. Entonces podían comer de todo lo que tuviesen, y de año en año les daban una vestidura. Su ocupación y morada era estar siempre en la casa y en presencia del demonio; y para velar toda la noche repartíanse de dos en dos. Velaban una noche los dos, sin dormir sueño, y dormían los otros dos, y otra noche los otros dos: ocupábanse cantando al demonio muchos cantares, y a tiempos sacrificábanse y sacábanse sangre de diversas partes del cuerpo, que ofrecían al demonio; y cuatro veces en la noche ofrecían incienso; y de veinte en veinte días hacían este sacrificio: que hecho un agujero en lo alto de las orejas sacaban por allí sesenta cañas, unas gruesas y otras delgadas como dedos; unas largas como el brazo y otras de una brazada; otras como varas de tirar; y todas ensangrentadas poníanlas en un montón delante de los ídolos, las cuales quemaban acabados los cuatro años. Contaban, si no me engaño, diez y ocho veces ochenta, porque cinco días del año no los contaban, sino diez y ocho meses a veinte días cada mes. Si alguno de aquellos ayunadores o capellanes del demonio moría, luego suplían otro en su lugar, y decían que había de haber gran mortandad, y que habían de morir muchos señores; por lo cual todos vivían aquel año muy atemorizados, porque son gente que miran mucho en agüeros. A éstos les aparecía muchas veces el demonio, o ellos lo fingían, y decían al pueblo lo que el demonio les decía, o a ellos se les antojaba, y lo que querían y mandaban los dioses; y lo que más veces decían que veían era una cabeza con largos cabellos. Del ejercicio de estos ayunadores y de sus visiones holgaba mucho de saber el gran señor Moteuczoma, porque le parecía servicio muy especial y acepto a los dioses. Si alguno de estos ayunadores se hallaba que en aquellos cuatro años tuviese ayuntamiento de mujer, ayuntábanse muchos ministros del demonio y mucha gente popular, y sentenciábanle a muerte, la cual le daban de noche y no de día; y delante de todos le achocaban y quebrantaban la cabeza con garrotes, y luego le quemaban y echaban los polvos por el aire, derramando la ceniza, de manera que no hubiese memoria de tal hombre; porque aquel hecho en tal tiempo le tenían por enorme y por cosa descomunal, y que nadie había de hablar en ello.

Las cabezas de los que sacrificaban, en especial de los tomados, en guerra, desollábanlas, y si eran señores o principales personas los así presos, desollábanlas con sus cabellos y secábanlas para las guardar. De éstas había muchas al principio; y si no fuera porque tenían algunas barbas, nadie juzgara sino que eran rostros de niños de cinco a seis años, y causábalo estar, como estaban, secas y curadas. Las calaveras ponían en unos palos que tenían levantados a un lado de los templos del demonio, de esta manera: levantaban quince o veinte palos, más y menos, de largo de cuatro o cinco brazas fuera de tierra, y en tierra entraba más de una braza, que eran unas vigas rollizas apartadas unas de otras como seis pies, y todas puestas en hilera, y todas aquellas vigas llenas de agujeros; y tomaban las cabezas horadadas por las sienes, y hacían unos sartales de ellas en otros palos delgados pequeños, y ponían los palos en los agujeros que estaban hechos en las vigas que dije, y así tenían de quinientas en quinientas, y de seiscientas en seiscientas, y en algunas partes de mil en mil calaveras; y en cayéndose alguna de ellas ponían otras, porque valían muy barato; y en tener aquellos tendales muy llenos de aquellas cabezas mostraban ser grandes hombres de guerra y devotos sacrificadores a sus ídolos. Cuando habían de bailar en las fiestas solemnes, pintábanse y tiznábanse de mil maneras; y para esto el día que había baile, por la mañana luego venían pintores y pintoras al tian-quizco, que es el mercado, con muchas colores y sus pinceles, y pintaban a los que habían de bailar los rostros, y brazos, y piernas de la manera que ellos querían, o la solemnidad y ceremonia de la fiesta lo requerían: y así embijados y pintados íbanse a vestir de diversas divisas, y algunos se pon-ían tan feos que parecían demonios: y así servían y festejaban al demonio. De esta manera se pintaban para salir a pelear cuando tenían guerra o había batalla.

A las espaldas de los principales templos había una sala aparte de mujeres, no cerrada, porque no acostumbraban puertas, pero honestas y muy guar-dadas; las cuales servían en los templos por votos que habían hecho: otras por devoción prometían de servir en aquel lugar un año, o dos, o tres: otras hacían el mismo voto en tiempo de algunas enfermedades: y estas todas eran doncellas vírgenes por la mayor parte, aunque también había algunas viejas, que por su devoción querían allí morir, y acabar sus días en peni-tencia. Estas viejas eran guardas y maestras de las mozas; y por estar en servicio de los ídolos eran muy miradas las unas y las otras.

En entrando luego las trasquilaban; dormían siempre vestidas por más honestidad y para se hallar más prestas al servicio de los ídolos; dormían en comunidad todas en una sala; su ocupación era hilar y tejer mantas de labores y otras de colores para servicio de los templos. A la media noche iban con sus maestras y echaban incienso en los braseros que estaban delante de los ídolos. En las fiestas principales iban todas en procesión por una banda, y los ministros por la otra, hasta llegar delante los ídolos, en lo bajo al pie de las gradas, y los unos y las otras iban con tanto silencio y recogimiento, que no alzaban los ojos de la tierra ni hablaban palabra. Estas, aunque las más eran pobres, los parientes les daban de comer, y todo lo que habían menester para hacer mantas, y para hacer comida que luego por la mañana ofrecían caliente, así sus tortillas de pan como gallinas guisadas en unas como cazuelas pequeñas, y aquel calor o vaho decían que recibían los ídolos, y lo otro los ministros. Tenían una como maestra o madre que a tiempo las congregaba y hacía capítulo, como hace la abadesa a sus monjas, y a las que hallaba negligentes penitenciaba; por esto algunos Españoles las llamaron monjas, y si alguna se reía con algún varón dábanla gran penitencia; y si se hallaba alguna ser conocida de varón, averiguada la verdad a entrambos mataban. Ayunaban todo el tiempo que allí estaban, comiendo a medio día, y a la noche su colación. Las fiestas que no ayunaban comían carne. Tenían su parte que barrían de los patios bajos, delante los templos; lo alto siempre lo barrían los ministros, en algunas partes con plumajes de precio y sin volver las espaldas, como dicho es.

Todas estas mujeres estaban aquí sirviendo al demonio por sus propios intereses: las unas porque el demonio les hiciese mercedes: las otras porque les diese larga vida; otras por ser ricas; otras por ser buenas hilanderas y tejedoras de mantas ricas. Si alguna cometía pecado de la carne estando en el templo, aunque más secretamente fuese, creía que sus carnes se habían de podrecer, y hacían penitencia porque el demonio encubriese su pecado. En algunas fiestas bailaban delante de los ídolos muy honestamente.

Capítulo X. De una muy gran fiesta que hacían en Tlaxcallán, de muchas ceremonías y sacrificios

Después de lo arriba escrito vine a morar en esta casa de Tlaxcallán, y preguntando y inquiriendo de sus fiestas, me dijeron de una notable crueldad, la cual aquí contaré.

Hacíase en esta ciudad de Tlaxcallán, entre otras muchas fiestas, una al principal demonio que ellos adoraban, la cual se hacía al principio del mes de marzo cada año; porque la que se hacía de cuatro en cuatro años era la fiesta solemne para toda la provincia; mas esta otra que se hacía llamábanla año de dios. Llegado el año levantábase el más antiguo ministro o Tlamacazque que en estas provincias de Tlaxcallán, Huexotzinco y Cholollán había, y predicaba y amonestaba a todos, y decíales: «Hijos míos: ya es llegado el año de nuestro dios y señor; esforzaos a le servir y hacer penitencia; y el que se sintiere flaco para ello, sálgase dentro de los cinco días; y si se saliere a los diez y dejare la penitencia, será tenido por indigno de la casa de dios, y de la compaña de sus servidores, y será privado, y tomarle han todo cuanto tuviese en su casa». Llegado el quinto día tornábase a levantar el mismo viejo en medio de todos los otros ministros, y decía: «¿Están aquí todos?». Y respondían «sí». (O faltaba uno o dos, que pocas veces faltaban). «Pues, ahora todos de buen corazón comencemos la fiesta de nuestro señor». Y luego iban todos a una gran sierra que está de esta ciudad cuatro leguas, y las dos de una trabajosa subida, y en lo alto, un poco antes de llegar a la cumbre, quedábanse allí todos orando, y el viejo subía arriba, adonde estaba un templo de la diosa Matlalcueye, y ofrecía allí unas piedras, que eran como género de esmeraldas, y plumas verdes grandes, de que se hacen buenos plumajes, y ofrecía mucho papel e incienso de la tierra, rogando por aquella ofrenda al señor su dios y a la diosa su mujer, que les diese esfuerzo para comenzar su ayuno y acabarle con salud, y fuerzas para hacer penitencia. Hecha esta oración volvíanse para sus compañeros, y todos juntos se volvían para la ciudad. Luego venían otros menores servidores de los templos, que estaban repartidos por la tierra sirviendo en otros templos, y traían muchas cargas de palos, tan largos como el brazo y tan gruesos como la muñeca, y poníanlos en el principal templo; y dábanles muy bien de comer, y venían muchos carpinteros, que habían rezado y ayunado cinco días, y aderezaban y labraban aquellos palos; y acabados de aderezar fuera de los templos, dábanles de comer, e idos aquellos venían los maestros que sacaban las navajas, también ayunados y rezados, y sacaban muchas navajas con que se habían de abrir las lenguas; y así como sacaban las navajas poníanlas sobre una manta limpia, y si alguna se quebraba al sacar, decíanles que no habían ayunado bien. Nadie que no vea como se sacan estas navajas podrá bien entender cómo las sacan, y es de esta manera: primero sacan una piedra de navajas, que son negras como azabache, y puesta tan larga como un palmo, o algo menos, hácenla rolliza y tan gruesa como la pantorrilla de la pierna, y ponen la piedra entre los pies y con un palo hacen fuerza a los cantos de la piedra, y a cada empujón que dan salta una navajuela delgada con sus filos como de navaja; y sacarán de una piedra más de doscientas navajas, y a vueltas algunas lancetas para sangrar; y puestas las navajas en una manta limpia, perfumábanlas con su incienso, y cuando el sol se acababa de poner, todos los ministros allí juntos, cuatro de ellos cantaban a las navajas con cantares del demonio, tañendo con sus atabales; y ya que habían cantado un rato, callaban aquellos y los atabales, y los mismos sin atabales cantaban otro cantar muy triste, y procuraban devoción y lloraban; creo que era lo que luego habían de padecer. Acabado aquel segundo cantar estaban todos los ministros aparejados, y luego un maestro bien diestro como cirujano horadaba las lenguas de todos por medio, hecho un buen agujero con aquellas navajas benditas; y luego aquel viejo y más principal ministro sacaba por su lengua de aquella vez cuatrocientos y cinco palos, de aquellos que los carpinteros ayunados y con oraciones habían labrado; los otros ministros antiguos y de ánimo fuerte, sacaban otros cada cuatrocientos cinco palos, que algunos eran tan gruesos como el dedo pulgar de la mano, y otros algo más gruesos; otros había de tanto grueso como puede abrazar el dedo pulgar *y el que está par dispuestos en redondo*; otros más mozos sacaban doscientos, como quien no dice nada. Esto se hacía la noche que comenzaba el ayuno de la gran fiesta, que era ciento sesenta días antes de su pascua. Acabada aquella colación de haber pagado los palos, aquel viejo cantaba que apenas podía menear la lengua; mas pensando que hacía gran servicio a dios esforzábase cuanto podía. Entonces ayunaban de un tirón ochenta días, y de veinte en veinte días sacaba cada uno por su lengua otros tantos palos, hasta que se cumplían los ochenta días, en fin de los cuales tornaban un ramo pequeño y poníanle en el patio adonde todos le viesen, el cual era señal que todos habían de comenzar el ayuno; y luego llevaban todos los palos que habían sacado por las lenguas, así ensangrentados, y ofrecíanlos delante del ídolo, e hincaban diez o doce varas de cada cinco o seis brazas de manera que en el medio pudiesen poner los palos de su sacrificio; los cuales eran muchos por ser los ministros muchos. Los otros ochenta días que quedaban hasta la fiesta ayunábanlos todos, así señores como todo el pueblo, hombres y mujeres; y en este ayuno no comían ají, que es uno de sus principales mantenimientos, y de que siempre usan comer en toda esta tierra y en todas las islas. También dejaban de bañarse, que entre ellos es cosa muy usada; asimismo se abstenían de sus propias mujeres; pero los que alcanzaban carne podíanla comer, especialmente los hombres.

El ayuno de todo el pueblo comenzaba ochenta días antes de la fiesta, y en todo este tiempo no se había de matar el fuego, ni había de faltar en casa de los señores principales de día ni de noche; y si había descuido, el señor de la casa adonde faltaba el fuego mataba un esclavo y echaba la sangre de él en el brasero o fogar do el fuego se había muerto. En los otros ochenta días, de veinte en veinte días, aquella devota gente, porque la lengua no pudiese mucho murmurar, sacaban por sus lenguas otros palillos de a jeme y del gordor de un cañon de pato; y esto se hacía con gran cantar de los sacerdotes; y cada día de éstos iba el viejo de noche a la sierra ya dicha y ofrecía al demonio mucho papel, y copalli, y codornices, y no iban con él sino cuatro o cinco, que los otros, que eran más de doscientos, quedaban en las salas y servicio del demonio ocupados, y los que iban a la sierra no paraban ni descansaban hasta volver a casa. En estos días del ayuno salía aquel ministro viejo a los pueblos de la comarca, como a su beneficio, a pedir el hornazo, y llevaba un ramo en la mano, e iba en casa de los señores y ofrecíanle mucha comida y mantas, y él dejaba la comida y llevábase las mantas.

Antes del día de la fiesta, cuatro o cinco días, ataviaban y aderezaban los templos, y encalábanlos y limpiábanlos; y el tercero día antes de la fiesta, los ministros pintábanse todos, unos de negro, otros de colorado, otros de blanco, verde, azul, amarillo; y así pintados, a las espaldas de la casa o templo principal bailaban un día entero. Luego ataviaban la estatua de aquel su demonio, la cual era de tres estados de altura, cosa muy disforme y espantosa; tenían también un ídolo pequeño, que decían haber venido con los viejos antiguos que poblaron esta tierra y provincia de Tlaxcallán: este ídolo ponían junto a la grande estatua, y teníanle tanta reverencia y temor que no le osaban mirar; y aunque le sacrificaban codornices, era tanto el acatamiento que le tenían que no osaban alzar los ojos a mirarle. Asimismo ponían a la grande estatua una máscara, la cual decían que había venido con el ídolo pequeño, de un pueblo que se dice Tollán, y de otro que se dice Poyauhtlán, de donde se afirma que fue natural el mismo ídolo. En la vigilia de la fiesta tornaban a ofrecerle: primeramente ponían a aquel grande ídolo en el brazo izquierdo una rodela muy galana de oro y pluma, y en la mano derecha una muy larga y gran saeta; el casquillo era de piedra de pedernal del tamaño de un hierro de lanza, y ofrecíanle también muchas mantas y xicoles, que es una manera de ropa como capa sin capilla, y al mismo ídolo vestían una ropa larga abierta a manera de loba de clérigo español, y el ruedo de algodón teñido en hilo y de pelo de conejo, hilado y teñido como seda. Luego entraba la ofrenda de la comida, que era muchos conejos y codornices y culebras, langostas y mariposas, y otras cosas que vuelan en el campo. Toda esta caza se la ofrecían viva, y puesta delante se la sacrificaban. Después de esto a la media noche venía uno de los que allí servían vestido con las insignias del demonio y sacábales lumbre nueva, y esto hecho sacrificaban uno de los más principales que tenían para aquella fiesta; a este muerto llamaban hijo del sol. Después comenzaba el sacrificio y muertes de los presos en la guerra a honra de aquel gran ídolo; y a la vuelta nombraban otros dioses por manera de conmemoración, a los cuales ofrecían algunos de los que sacrificaban; y porque ya está dicha la manera del sacrificar, no diré aquí sino el número de los que sacrificaban. En aquel templo de aquel grande ídolo que se llamaba Camaxtli, que es en un barrio llamado Ocotelolco, mataban cuatrocientos y cinco, y en otro barrio que está de allí media legua, una gran cuesta arriba, mataban otros cincuenta o sesenta; y en otras veinte y ocho partes de esta provincia, en cada pueblo según que era; de manera que llegaba el número de los que en este día sacrificaban, a ochocientos hombres en sola la ciudad y provincia de Tlaxcallán; después llevaba cada uno los muertos que había traído vivos al sacrificio, dejando alguna parte de aquella carne humana a los ministros, y entonces todos comenzaban a comer ají con aquella carne humana, que había cerca de medio año que no lo comían.

Capítulo XI. De las otras fiestas que se hacían en la provincia de Tlaxcallán, y de la fiesta que hacían los Chololtecas a su dios; y porqué los templos se llamaron teocallis

En el mismo dicho día morían sacrificados otros muchos de las provincias de Huexotzinco, Tepeyacac y Zacatlán, porque en todas honraban a aquel ídolo grande Camaxtli por principal dios; y esto hacían casi con las mismas ceremonias que los Tlaxcaltecas, salvo que en ninguna sacrificaban tantos ni tan gran multitud como en esta provincia, por ser mayor y de mucha más gente de guerra, y ser más animosos y esforzados para matar y prender los enemigos; que me dicen que había hombre que los muertos y presos por su persona pasaban de ciento, y otros de ochenta, y cincuenta, todos tomados y guardados para sacrificarlos. Pasado aquel nefando día, el día siguiente tornaban a hacer conmemoración, y le sacrificaban otros quince o veinte cautivos. Tenían asimismo otras muchas fiestas, y en especial el postrero día de los meses, que era de veinte en veinte días; y éstas hacían con diversas ceremonias *y homicidios*, semejables a los que hacían en las otras provincias de México; y en esto también excedía esta provincia a las otras, en matar y sacrificar por año más niños y niñas que en otra parte; en lo que hasta ahora he alcanzado, estos inocentes niños los mataban y sacrificaban al dios del agua.

En otra fiesta levantaban un hombre atado en una cruz muy alta, y allí le asaeteaban. En otra fiesta ataban otro hombre más bajo, y con varas de palo de encina del largo de una braza, con las puntas muy agudas, le mataban agarrocheándole como a toro; y casi estas mismas ceremonias y sacrificios usaban en las provincias de Huexotzinco, Tepeyacac y Zacatlán en las principales fiestas, porque todos tenían por el mayor de sus dioses a Camaxtli, que era la grande estatua que tengo dicha.

Aquí en Tlaxcallán un otro día de una fiesta desollaban dos mujeres, después de sacrificadas, y vestíanse los cueros de ellas dos mancebos de aquellos sacerdotes o ministros, buenos corredores; y así vestidos andaban por el patio y por el pueblo tras los señores y personas principales, que en esta fiesta vestían mantas buenas y limpias, y corrían en pos de ellos, y al que alcanzaban tomábanle sus mantos, y así con este juego se acababa esta fiesta.

Entre otras muchas fiestas que en Cholollán por el año hacían, hacían una de cuatro en cuatro años que llamaban el año de su dios o demonio, comenzando ochenta días antes el ayuno de la fiesta. El principal Tlamacazque o ministro ayunaba cuatro días, sin comer ni beber cada día más de una tortica tan pequeña y tan delgada que aun para colación era poca cosa, que no pesaría más que una onza, y bebía un poco de agua con ella; y en aquellos cuatro días iba aquel solo a demandar el ayuda y favor de los dioses, para poder ayunar y celebrar la fiesta de su dios. El ayuno y lo que hacían en aquellos ochenta días era muy diferente de los otros ayunos; porque el día que comenzaba el ayuno íbanse todos los ministros y oficiales de la casa del demonio, los cuales eran muchos, y entrábanse en las casas y aposentos que estaban en los patios y delante de los templos, y a cada uno daban un incensario de barro con su incienso, y puntas de maguey, que punzan como alfileres gordos, y dábanles también tizne, y sentábanse todos por orden arrimados a la pared, y de allí ninguno se levantaba más de para hacer sus necesidades; y así sentados habían de velar en los sesenta días primeros, pues no dormían más de a prima noche hasta espacio de dos horas, y después velaban toda la noche hasta que salía el sol, y entonces tornaban a dormir otra hora; todo el otro tiempo velaban y ofrecían incienso, echando brasas en aquellos incensarios todos juntos a una: esto hacían muchas veces, así de día como de noche. *A la media noche* todos se bañaban y lavaban, y luego con aquel tizne se tornaban a entiznar y parar negros; también en aquellos días se sacrificaban muy a menudo de las orejas con aquellas puntas de maguey, y siempre les daban algunas de ellas para que tuviesen, así para se sacrificar como para se despertar; y si algunos cabeceaban de sueño, había guardas que los andaban despertando, y decíanles: «Ves aquí con que te despiertes y saques sangre, y así no te dormirás. Y no les cumplía hacer otra cosa, porque, al que se dormía fuera del tiempo señalado, venían otros y sacrificábanle las orejas cruelmente, y echábanle la sangre sobre la cabeza, y quebrábanle el incensario, como indigno de ofrecer incienso a dios, y tomábanle las mantas y echábanlas en la privada, y decíanle, «que porque había mal ayunado y dormídose en el ayuno de su dios, que aquel año se le había de morir algún hijo o hija» y si no tenía hijos decíanle: «que se le había de morir alguna persona de quien le pesase mucho». En este tiempo ninguno había de salir fuera, porque estaban como en treintanario cerrado, ni se echaban para dormir, sino asentados dormían; y pasados los sesenta días con aquella aspereza y trabajo intolerable, los otros veinte días no se sacrificaban tan a menudo y dormían algo más. Dicen los ayunantes que padecían grande trabajo en resistir el sueño, y que en no se echar estaban muy penadísimos. El día de la fiesta por la mañana íbanse todos los ministros a sus casas, y teníanles hechas mantas nuevas muy pintadas, con que todos volvían al templo, y allí se regocijaban como en pascua. Otras muchas ceremonias guardaban, que por evitar prolijidad las dejo de decir: basta saber las crueldades que el demonio en esta tierra usaba, y el trabajo con que les hacía pasar la vida a los pobres Indios, y al fin para llevarlos a perpetuas penas.

Capítulo XII. De la forma y manera de los teocallis, y de su muchedumbre, y de uno que había más principal

La manera de los templos de esta tierra de Anáhuac, o Nueva España, nunca fue vista ni oída, así de su grandeza y labor, como de todo lo demás; y la cosa que mucho sube en altura también requiere tener gran cimiento; y de esta manera eran los templos y altares de esta tierra, de los cuales había infinitos, de los que se hace aquí memoria para los que a esta tierra vinieren de aquí en adelante, que lo sepan, porque ya va casi pereciendo la memoria de todos ellos. Llámanse estos templos teocallis, y hallamos en toda esta tierra, que en lo mejor del pueblo hacían un gran patio cuadrado; en los grandes pueblos tenía de esquina a esquina un tiro de ballesta, y en los menores pueblos eran menores los patios. Este patio cercábanle de pared, y muchos de ellos eran almenados; guardaban, sus puertas a las calles y caminos principales, que todos los hacían que fuesen a dar al patio; y por honrar más sus templos sacaban los caminos muy derechos por cordel, de una y de dos leguas, que era cosa harto de ver desde lo alto del principal templo, cómo venían de todos los pueblos menores y barrios los caminos muy derechos, y iban a dar al patio de los teocallis. En lo más eminente de este patio había una gran cepa cuadrada y esquinada, que para escribir esto medí una de un pueblo mediano que se dice Tenanyocán, y hallé que tenía cuarenta brazas de esquina a esquina, lo cual todo henchían de pared maciza, y por la parte de fuera iba su pared de piedra: lo de dentro henchíanlo de piedra todo, o de barro y adobe; otros de tierra bien tapiada; y como la obra iba subiendo, íbanse metiendo adentro, y de braza y media o de dos brazas en alto iban haciendo y guardando unos relejes metiéndose adentro, porque no labraban a nivel; y por más firme labraban siempre para adentro, esto es, el cimiento ancho, y yendo subiendo la pared iba enangostando; de manera que cuando iban en lo alto del teocalli habían enangostádose y metídose para adentro, así por los relejes como por la pared, hasta siete y ocho brazas de cada parte; quedaba la cepa en lo alto de treinta y cuatro a treinta y cinco brazas. A la parte de occidente dejaban sus gradas y subida, y arriba en lo alto hacían dos altares grandes allegándolos hacia oriente, que no quedaba más espacio detrás de cuanto se podía andar; el uno de los altares a mano derecha, y el otro a mano izquierda, que cada uno por sí tenía sus paredes y casa cubierta como capilla. En los grandes teocallis tenían dos altares, y en los otros uno, y cada uno de estos altares tenía sus sobrados; los grandes tenían tres sobrados encima de los altares, todos *de terrados y* bien altos, y la cepa también era muy alta, de modo que parecíanse desde muy lejos. Cada capilla de éstas se andaba a la redonda y tenía sus paredes por sí. Delante de estos altares dejaban grande espacio, adonde se hacían los sacrilegios, y sola aquella cepa era tan alta como una gran torre, sin los sobrados que cubrían los altares. Tenía el teocalli de México, según me han dicho algunos que lo vieron, más de cien gradas; yo bien las vi y las conté más de una vez, mas no me acuerdo. El de Tetzcoco tenía cinco o seis gradas más que el de México. La capilla de San Francisco en México, que es de bóveda y razonable de alta, subiendo encima y mirando a México, hacíale mucha ventaja el templo del demonio en altura, y era muy de ver desde allí a toda México y a los pueblos de a la redonda.

En los mismos patios de los pueblos principales había otros cada doce o quince teocallis harto grandes, unos mayores que otros; pero no allegaban al principal con mucho. Unos TENÍAN el rostro y gradas hacia otros, otros las tenían a oriente, otros a mediodía, y en cada uno de éstos no había más de un altar con su capilla, y para cada uno había sus salas y aposentos adonde estaban aquellos Tlamacazques o ministros, que eran muchos, y los que servían de traer agua y leña; porque delante de todos estos altares había braseros que toda la noche ardían, y en las salas también tenían sus fuegos. Tenían todos aquellos teocallis muy blancos, y bruñidos, y limpios, y en algunos había huertecillos con flores y árboles. Había en todos los más de estos grandes patios un otro templo, que después de levantada aquella cepa cuadrada, hecho su altar, cubríanlo con una pared redonda, alta y cubierta con su chapitel; éste era del dios del aire, del cual dijimos tener su principal silla en Cholollán, y en toda esta provincia había muchos de éstos. A este dios del aire llamaban en su lengua Quetzalcoatl, y decían que era hijo de aquel dios de la grande estatua y natural de Tollán, y que de allí había salido a edificar ciertas provincias adonde desapareció y siempre esperaban que había de volver; y cuando aparecieron los navíos del marqués del Valle Don Hernando Cortés, que esta Nueva España conquistó, viéndolos venir a la vela de lejos, decían que ya venía su dios; y por las velas blancas y altas decían que traía por la mar teocallis; mas cuando después desembarcaron decían que no era su dios sino que eran muchos dioses.

No se contentaba el demonio con los teocallis ya dichos, sino que en cada pueblo y en cada barrio, y a cuarto de legua, tenían otros patios pequeños adonde había tres o cuatro teocallis, y en algunos más, en otras partes sólo uno, y en cada mogote o cerrejón uno o dos; y por los caminos y entre los maizales había otros muchos pequeños, y todos estaban blancos y encalados, que parecían y abultaban mucho, que en la tierra bien poblada parecía que todo estaba lleno de casas, en especial de los patios del demonio, que eran muy de ver, y había harto que mirar entrando dentro de ellos, y sobre todos hacían ventaja los de Tetzcoco y México.

Los Chololtecas comenzaron un teocalli extremadísimo de grande, que sólo la cepa de él que ahora parece tendrá de esquina a esquina un buen tiro de ballesta, y desde el pie a lo alto ha de ser buena la ballesta que echase un pasador; y aun los Indios naturales de Cholollán señalan que tenía de cepa mucho más, y que era mucho más alto que ahora parece; el cual comenzaron para le hacer más alto que la más alta sierra de esta tierra, aunque están a vista las más altas sierras que hay en toda la Nueva España, que son el volcán y la sierra blanca, que siempre tiene nieve. Y como éstos porfiasen a salir con su locura, confundiolos Dios, como a los que edificaban la torre de Babel, con una gran piedra, que en figura de sapo cayó con una terrible tempestad que sobre aquel lugar vino; y desde allí cesaron de mas labrar en él. Y hoy día es tan de ver este edificio, que si no pareciese la obra ser de piedra y barro, y a partes de cal y canto, y de adobes, nadie creería sino que era alguna sierra pequeña. Andan en él muchos conejos y víboras, y en algunas partes están sementeras de maizales. En lo alto estaba un teocalli viejo pequeño, y desbaratáronle, y pusieron en su lugar una cruz alta, la cual quebró un rayo, y tornando a poner otra, y otra, también las quebró; y a la tercera yo fuí presente, que fue el año pasado de 1535; por lo cual descopetaron y cavaron mucho de lo alto, adonde hallaron muchos ídolos e idolatrías ofrecidas al demonio; y por ello yo confundía a los Indios diciendo: que por los pecados en aquel lugar cometidos no quería Dios que allí estuviese su cruz. Después pusieron allí una gran campana bendita, y no han venido más tempestades ni rayos después que la pusieron.

Aunque los Españoles conquistaron esta tierra por armas, en la cual conquista Dios mostró muchas maravillas en ser guiada de tan pocos una tan gran tierra, teniendo los naturales muchas armas, así ofensivas como defensivas; y aunque los Españoles quemaron algunos templos del demonio y quebrantaron algunos ídolos, fue muy poca cosa en comparación de los que quedaron; y por esto ha mostrado Dios más su potencia en haber conservado esta tierra con tan poca gente como fueron los Españoles; porque muchas veces que los naturales han tenido tiempo para tornar a cobrar su tierra con mucho aparejo y facilidad, Dios les ha cegado el entendimiento, y otras veces que para esto han estado todos ligados y unidos, y todos los naturales uniformes, Dios maravillosamente ha desbaratado su consejo; y si Dios permitiera que lo comenzaran, fácilmente pudieran salir con ello, por ser todos a una y estar muy conformes, y por tener muchas armas de Castilla; que cuando la tierra en el principio se conquistó había en ella mucha división y estaban unos contra otros, porque estaban divididos, los Mexicanos a una parte contra los de Michuacán, y los Tlaxcaltecas contra los Mexicanos, y a otra parte los Huaxtecas de Pango o Pánuco; pero ya que Dios los trajo al gremio de su Iglesia y los sujetó a la obediencia del rey de España, él traerá los demás que faltan, y no permitirá que en esta tierra se pierdan y condenen más ánimas, ni haya más idolatrías.

Los tres años primeros o cuatro después que se ganó México, sólo en el monasterio de San Francisco había Sacramento, y después el segundo lugar en que se puso fue en Tetzcoco; y así como se iban haciendo las iglesias de los monasterios, iban poniendo el Santísimo Sacramento y cesando las apariciones e ilusiones del demonio, que antes muchas veces aparecía, engañaba y espantaba a muchos, y los traía en mil maneras de errores, diciendo a los Indios «que porqué no le servían y adoraban como solían, pues era su dios, y que los cristianos presto se habían de volver a su tierra»; y a esta causa los primeros años siempre tuvieron creído y esperaban su huida, y de cierto pensaban que los Españoles no estaban de asiento, por lo que el demonio les decía. Otras veces les decía el demonio que aquel año quería matar a los cristianos, y como no lo podía hacer, decíales que se levantasen contra los Españoles y que les ayudaría; y a esta causa se movieron algunos pueblos y provincias, y les costó caro, porque luego iban los Españoles sobre ellos con los Indios que tenían por amigos, y los destruían y hacían esclavos. Otras veces les decía el demonio que no les había de dar agua ni llover, porque le tenían enojado; y en esto se parecía más claramente su mentira y falsedad, porque nunca tanto ha llovido, ni tan buenos temporales han tenido como después que se puso el Santísimo Sacramento en esta tierra, porque antes tenían muchos años estériles y trabajosos; por lo cual conocido de los Indios, está esta tierra en tanta serenidad y paz, como si nunca en ella se hubiera invocado el demonio. Los naturales es de ver con cuánta quietud gozan de sus haciendas, y con cuánta solemnidad y alegría se trata el Santísimo Sacramento, y las solemnes fiestas que para esto se hacen, ayuntando los más sacerdotes que se pueden haber y los mejores ornamentos; el pueblo adonde de nuevo se pone Sacramento, convida y hace mucha fiesta a los otros pueblos sus vecinos y amigos, y unos a otros se animan y despiertan para el servicio del verdadero Dios nuestro. Pónese el Santísimo Sacramento reverente y devotamente en sus custodias bien hechas de plata, y demás de esto los sagrarios ataviados de dentro y de fuera muy graciosamente con labores muy lucidas de oro y pluma, que de esta obra en esta tierra hay muy primos maestros, tanto que en España y en Italia los tendrían por muy primos, y los estarían mirando la boca abierta, como lo hacen los que nuevamente acá vienen; y si alguna de estas obras ha ido a España imperfecta y con figuras feas, halo causado la imperfección de los pintores que sacan primero la muestra o dibujo, y después el amantecatl, que así se llama el maestro de esta obra que asienta la pluma; y de este nombre tomaron los Españoles de llamar a todos los oficiales *amantecas;* más propiamente no pertenece sino a éstos de la pluma, que los otros oficiales cada uno tiene su nombre; y si a estos amantecas les dan buena muestra de pincel, tal sacan su obra de pluma; y como ya los pintores se han perfeccionado, hacen muy hermosas y perfectas imágenes y dibujos de pluma y oro. Las iglesias atavían muy bien, y cada día se van más esmerando; y los templos que primero se hicieron pequeños y no bien hechos, se van enmendando y haciendo grandes; y sobre todo el relicario del Santísimo Sacramento hacen tan pulido y rico, que sobrepuja a los de España; y aunque los Indios casi todos son pobres, los señores dan liberalmente de lo que tienen para ataviar adonde se tiene de poner el Corpus Christi, y los que no tienen entre todos lo reparten y lo buscan de su trabajo.

Capítulo XIII. De cómo celebran las pascuas y las otras fiestas del año, y de diversas ceremonias que tienen

Celebran las fiestas y pascuas del Señor y de Nuestra Señora, y de las advocaciones principales de sus pueblos, con mucho regocijo y solemnidad. Adornan sus iglesias muy pulidamente con los paramentos que pueden haber, y lo que les falta de tapicería suplen con muchos ramos, flores, espadañas, juncia que echan por el suelo, yerbabuena, que en esta tierra se ha multiplicado cosa increíble, y por donde tiene de pasar la procesión hacen muchos arcos triunfales hechos de rosas, con muchas labores y lazos de las mismas flores; y hacen muchas piñas de flores, cosa muy de ver, y por esto hacen todos en esta tierra mucho por tener jardines con rosas, y no las teniendo ha acontecido enviar por ellas diez y doce leguas a los pueblos de tierra caliente, que casi siempre las hay, y son de muy suave olor. Los Indios señores y principales, ataviados y vestidos de sus camisas blancas y mantas, labradas con plumajes, y con pidas de rosas en las manos, bailan y dicen cantares en su lengua, de las fiestas que se celebran, que los frailes se los han traducido, y los maestros de sus cantares los han puesto a su modo a manera de metro, que son graciosos y bien entonados; y estos bailes y cantos comienzan a media noche en muchas partes, y tienen muchas lumbres en sus patios, que en esta tierra los patios son muy grandes y muy gentiles, porque la gente es mucha, y no caben en las iglesias, y por eso tienen su capilla fuera en los patios, porque todos oigan misa todos los domingos y fiestas, y las iglesias sirven para entre semana: y después también cantan mucha parte del día sin se les hacer mucho trabajo ni pesadumbre. Todo el camino que tiene de andar la procesión tienen enramado de una parte y de otra, aunque haya de ir un tiro o dos de ballesta, y el suelo cubierto de espadaña y de juncia y de hojas de árboles y rosas, de muchas maneras, y a trechos puestos sus altares muy bien aderezados.

La noche de Navidad ponen muchas lumbres en los patios de las iglesias y en los terrados de sus casas, y como son muchas las casas de azotea, y van las casas una legua, y dos, y más, parecen de noche un cielo estrellado: y generalmente cantan y tañen atabales y campanas, que ya en esta tierra han hecho muchas QUE ponen mucha devoción y dan alegría a todo el pueblo, y a los Españoles mucho más. Los Indios en esta noche vienen a los oficios divinos y oyen sus tres misas, y los que no caben en la iglesia por eso no se van, sino que delante de la puerta y en el patio rezan y hacen lo mismo que si estuviesen dentro: y a este propósito contaré una cosa que cuando la vi, por una parte me hacía reír y por otra me puso admiración; y es que entrando yo un día en una iglesia algo lejos de nuestra casa, hallé que aquel barrio o pueblo se había ayuntado, y poco antes habían tañido su campana cómo y al tiempo que en otras partes tañen a misa; y dichas las horas de Nuestra Señora, luego dijeron su doctrina cristiana, y después cantaron su Pater Noster y Ave María, y tañendo como a la ofrenda rezaron todos bajo; luego tañeron como a los Santos, y herían los pechos ante la imagen del Crucifijo, y decían que oían misa con el ánima y con el deseo, porque no tenían quien se la dijese.

La fiesta de los Reyes también la regocijan mucho, porque les parece propia fiesta suya; y muchas veces este día representan el auto del ofrecimiento de los Reyes al Niño Jesús, y traen la estrella de muy lejos, porque para hacer cordeles y tirarla no han menester ir a buscar maestros, que todos estos Indios, chicos y grandes, saben torcer cordel. Y en la iglesia tienen a Nuestra Señora con su precioso Hijo en el pesebre, delante el cual aquel día ofrecen cera, y de su incienso, y palomas, y codornices, y otras aves que para aquel día buscan, y siempre hasta ahora va creciendo en ellos la devoción de este día.

En la fiesta de la Purificación o Candelaria traen sus candelas a bendecir, y después que con ellas han cantado y andado la procesión, tienen en mucho lo que les sobra, y guárdanlo para sus enfermedades, y para truenos y rayos; porque tienen gran devoción con Nuestra Señora, y por ser benditas en su santo día las guardan mucho.

En el Domingo de Ramos enraman todas sus iglesias, y más adonde se han de bendecir los ramos, y adonde se tiene de decir la misa; y por la muchedumbre de la gente que viene, que apenas bastarían muchas cargas de ramos, aunque a cada uno no se le diese sino un pequeñito, y también por el gran peligro de dar los ramos y tornarlos, en especial en las grandes provincias, que se ahogarían algunos, aunque se diesen los ramos por muchas partes, que todo se ha probado, y el mejor remedio ha parecido bendecir los ramos en las manos; y es muy de ver las diferentes divisas que traen en sus ramos; muchos traen encima de sus ramos unas cruces hechas de flores, y éstas son de mil maneras y de muchos colores; otros traen en los ramos engeridas rosas y flores de muchas maneras y colores, y como los ramos son verdes y los traen alzados en las manos, parece una floresta. Por el camino tienen puestos árboles grandes, y en algunas partes que ellos mismos están nacidos; allí suben los niños, y unos cortan ramos y los echan por el camino al tiempo que pasan las cruces, otros encima de los árboles cantan, otros muchos van echando sus ropas y mantas en el camino, y éstas son tantas que casi siempre van las cruces y los ministros sobre mantas; y los ramos benditos tienen mucho cuidado de guardarlos, y un día o dos antes del Miércoles de Ceniza llévanlos todos a la puerta de la iglesia, y como son muchos hacen un rimero de ellos, que hay hartos para hacer ceniza para bendecir. Esta ceniza reciben muchos de ellos con devoción el primero día de cuaresma, en la cual muchos se abstienen de sus mujeres, y en algunas partes aquel día se visten los hombres y mujeres de negro. El Jueves Santo con los otros dos días siguientes vienen a los oficios divinos, y a la noche hacen la disciplina; todos, así hombres como mujeres, son confrades de la cruz, y no sólo esta noche más todos los viernes del año, y en cuaresma tres días en la semana, hacen la disciplina en sus iglesias, los hombres a una parte y las mujeres a otra, antes que toquen el Ave María, y muchos días de la cuaresma después de anochecido. Y cuando tienen falta de agua, o enfermedad, o por cualquiera otra necesidad, con sus cruces y lumbres se van de una iglesia a otra disciplinando; pero la del Jueves Santo es muy de ver aquí en México, la de los Españoles a una parte y la de los Indios a otra, que son innumerables: en una parte son cinco o seis mil, y en otra diez y doce mil, y al parecer de Españoles en Tetzcoco y en Tlaxcallán parecen quince o veinte mil; aunque la gente puesta en procesión parece más de lo que es. Verdad es que van en siete u ocho órdenes, y van hombres y mujeres y muchachos, cojos y mancos; y entre otros cojos este año vi uno que era cosa para notar, porque tenía secas ambas piernas de las rodillas abajo, y con las rodillas y la mano derecha en tierra siempre ayudándose, con la otra se iba disciplinando, que en solo andar ayudándose con ambas manos tenía bien que hacer. Unos se disciplinan con disciplinas de alambre, otros de cordel, que no escuecen menos. Llevan muchas hachas bien atadas de tea de pino, que dan mucha lumbre. Su procesión y disciplina es de mucho ejemplo y edificación a los Españoles que se hallan presentes, tanto que o se disciplinan con ellos, o toman la cruz o lumbre para alumbrarlos, y muchos Españoles he visto ir llorando, y todos ellos van cantando el Pater Noster y Ave María, Credo y Salve Regina, que muchos de ellos por todas partes lo saben cantar. El refrigerio que tienen para después de la disciplina es lavarse con agua caliente y con ají.

Los días de los Apóstoles celebran con alegría, y el día de los Finados casi por todos los pueblos de los Indios dan muchas ofrendas por sus difuntos: unos ofrecen maíz, otros mantas, otros comida, pan, gallinas, y en lugar de vino dan cacao; y su cera cada uno como puede y tiene, porque aunque son pobres, liberalmente buscan de su pobreza y sacan para una candelilla. Es la gente del mundo que menos se mata por dejar ni adquirir para sus hijos. Pocos se irán al infierno por los hijos ni por los testamentos, porque las tierras o casillas que ellos heredaron, aquello dejan a sus hijos, y son contentos con muy chica morada y menos hacienda; que como el caracol pueden llevar a cuestas toda su hacienda. No sé de quién tomaron acá nuestros Españoles, que vienen muy pobres de Castilla, con una espada en la mano, y dende en un año más petacas y hato tienen que arrancara una recua; pues las casas todas han de ser de caballeros.

Capítulo XIV. De la ofrenda que hacen los Tlaxcaltecas el día de Pascua de Resurrección, y del aparejo que los Indios tienen para se salvar

En esta casa de Tlaxcallán en el año de 1536 vi un ofrecimiento que en ninguna otra parte de la Nueva España he visto ni creo que le hay; el cual para escribir y notar era menester otra mejor habilidad que la mía, para estimar y encarecer lo que creo que Dios tiene y estima en mucho; y fue que desde el Jueves Santo comienzan los Indios a ofrecer en la iglesia de la Madre de Dios, delante de las gradas adonde está el Santísimo Sacramento, y este día y el Viernes Santo siempre vienen ofreciendo poco a poco; pero desde el Sábado Santo a vísperas y toda la noche en peso, es tanta la gente que viene que parece que en toda la provincia no queda nadie. La ofrenda es algunas mantas de las con que se visten y cubren; otros pobres traen unas mantillas de cuatro o cinco palmos en largo y poco menos de ancho, que valdrá cada una dos o tres maravedís, y algunos más pobres ofrecen *otras más pequeñas. Otras mujeres ofrecen* unos paños como paños de portapaz y de eso sirven después: son todos tejidos de labores de algodón y de pelo de conejo; y éstos son muchos y de muchas maneras. Los más tienen una cruz en el medio, y estas cruces muy diferentes unas de otras. Otros de aquellos paños traen en medio un escudo con las cinco llagas, tejido de colores. Otros el nombre de Jesús o de María, con sus caireles o labores a la redonda; otros son de flores y rosas tejidas y bien asentadas. Y en este año ofreció una mujer en un paño de éstos un Crucifijo tejido a dos haces, aunque la una de cerca parecía ser más la haz que la otra, y era tan bien hecho que todos los que lo vieron, así frailes como seglares españoles, lo tuvieron en mucho diciendo, que quien aquel hizo también tejería tapicería. Estas mantas y paños traenlas cogidas, y llegando cerca de las gradas hincan las rodillas, y hecho su acatamiento, sacan y descogen su manta, y tómanla por los cabos con ambas manos extendidas, y levantada hacia la frente levantan las manos dos o tres veces, y luego asientan la manta en las gradas y retíranse un poco, tornando a hincar las rodillas como los capellanes que han dado paz a algún gran señor, y allí rezan un poco, y muchos de ellos traen consigo niños por quien también traen ofrenda, y dánsela en las manos, y amaéstranles cómo tienen de ofrecer, y a hincar las rodillas, que ver con el recogimiento y devoción que esto hacen, es para poner espíritu a los muertos. Otros ofrecen de aquel copalli o incienso, y muchas candelas: unos ofrecen una vela razonable, otros más pequeña, otros su candela delgada de dos o tres palmos, otros una candelilla como el dedo; que vérselas ofrecer y allí rezar, parecen ofrendas como la de la viuda que delante de Dios fue muy acepta, por que todas son quitadas de su propia sustancia, y las dan con tanta simplicidad y encogimiento, como si allí estuviese visible el Señor de la tierra. Otros traen cruces pequeñas de palmo, o palmo y medio, y mayores, cubiertas de oro y pluma, o de plata y pluma. También ofrecen ciriales bien labrados, de ellos cubiertos de oro y pluma bien vistosos, con su argentería colgando, y algunas plumas verdes de precio. Otros traen alguna comida guisada, puesta en sus platos y escudillas, y ofrécenla entre las otras ofrendas. En este mismo año trajeron un cordero y dos puercos grandes vivos; traía cada uno de los que ofrecían puerco, atado en sus palos como ellos traen las otras cargas, y así entraban en la iglesia; y allegados cerca de las gradas, verlos tomar los puercos y ponerlos entre los brazos y así ofrecerlos, era cosa de reír. También ofrecían gallinas y palomas, y de todo en grandísima cantidad; tanto que los frailes y los Españoles estaban espantados, y yo mismo fui muchas veces a mirar, y me espantaba de ver cosa tan nueva en tan viejo mundo; y eran tantos los que entraban a ofrecer y salían, que a veces no podían caber por la puerta.

Para recoger y guardar estas ofrendas hay personas diputadas, lo cual se lleva para los pobres del hospital que de nuevo se ha hecho, al modo de los buenos de España, y le tienen ya razonablemente dotado, y hay aparejo para curar muchos pobres. De la cera que se ofrece hay tanta que basta para gastar todo el año. Luego el día de Pascua antes que amanezca hacen su procesión muy solemne, y con mucho regocijo de danzas y bailes. Este día salieron unos niños con una danza, y por ser tan chiquitos, que otros mayores que ellos aún no han dejado la teta, hacían tantas y tan buenas vueltas, que los Españoles no se podían valer de risa y alegría. Luego acabado esto, les predican y dicen su misa con gran solemnidad. Maravíllanse muchos Españoles y son muy incrédulos en creer el aprovechamiento de los Indios, en especial los que no salen de los pueblos en que residen Españoles, o algunos recién venidos de España, y como no lo han visto, piensan que no más es fingido lo que de los Indios se dice, y la penitencia que hacen; y también se maravillan que de lejos se vengan a bautizar, casar y confesar, y en las fiestas a oír misa; pero vistas estas cosas es muy de notar la fe de éstos tan nuevos cristianos. ¿Y porqué no dará Dios a éstos que a su imagen formó, su gracia y gloria, disponiéndose tan bien como nosotros? Éstos nunca vieron lanzar demonios, ni sanar cojos, ni vieron quien diese el oído a los sordos, ni la vista a los ciegos, ni resucitar muertos, y lo que los predicadores les predican y dicen es una cifra, como los panes de San Felipe, que no les cabe a migaja; sino que Dios multiplica su palabra, y la engrandece en sus ánimas y entendimientos, y es mucho más el fruto que Dios hace y lo que se multiplica y sobra, que no lo que se les administra.

Estos Indios cuasi no tienen estorbo que les impida para ganar el cielo, de los muchos que los Españoles tenemos y nos tienen sumidos, porque su vida se contenta con muy poco, y tan poco, que apenas tienen con que se vestir y alimentar. Su comida es muy paupérrima, y lo mismo es el vestido; para dormir, la mayor parte de ellos aún no alcanzan una estera sana. No se desvelan en adquirir ni guardar riquezas, ni se matan por alcanzar estados ni dignidades. Con su pobre manta se acuestan, y en despertando están aparejados para servir a Dios, y si se quieren disciplinar, no tienen estorbo ni embarazo de vestirse ni desnudarse. Son pacientes, sufridos sobremanera, mansos como ovejas; nunca me acuerdo haber visto guardar injuria; humildes, a todos obedientes, ya de necesidad, ya de voluntad; no saben sino servir y trabajar. Todos saben labrar una pared, y hacer una casa, torcer un cordel, y todos los oficios que no requieren mucho arte. Es mucha la paciencia y sufrimiento que en las enfermedades tienen; sus colchones es la dura tierra, sin ropa ninguna; cuando mucho tienen una estera rota, y por cabecera una piedra, o un pedazo de madero; y muchos ninguna cabecera, sino la tierra desnuda. Sus casas son muy pequeñas, algunas cubiertas de un solo terrado muy bajo, algunas de paja, otras como la celda de aquel santo abad Hilarión, que más parecen sepultura que no casa. Las riquezas que en tales casas pueden caber, dan testimonio de sus tesoros. Están estos Indios y moran en sus casillas, padres, hijos y nietos; comen y beben sin mucho ruido ni voces. Sin rencillas ni enemistades pasan su tiempo y vida, y salen a buscar el mantenimiento a la vida humana necesario, y no más. Si a alguno le duele la cabeza o cae enfermo, si algún médico entre ellos fácilmente se puede haber, sin mucho ruido ni costa, vanlo a ver, y si no, más paciencia tienen que Job; no es como en México, que cuando algún vecino adolece y muere, habiendo estado veinte días en cama, para pagar la botica y el médico ha menester cuanta hacienda tiene, que apenas le queda para el entierro; que de responsos y pausas y vigilias le llevan tantos derechos, o *tuertos*, queda adeudada la mujer, y si la mujer muere queda el marido perdido. Oí decir a un casado, hombre sabio, que cuando enfermase alguno de los dos, teniendo cierta la muerte, luego el marido había de matar a la mujer, y la mujer al marido, y trabajar de enterrar el uno al otro en cualquier cementerio, por no quedar pobres, solos y adeudados: todas estas cosas ahórrase esta gente.

Si alguna de estas Indias está de parto, tienen muy cerca la partera, porque todas lo son; y si es primeriza va a la primera vecina o parienta que la ayude, y esperando con paciencia a que la naturaleza obre, paren con menos trabajo y dolor que las nuestras Españolas, de las cuales muchas por haberlas puesto en el parto antes de tiempo y poner fuerza, han peligrado y quedan viciadas, y quebrantadas para no poder parir más; y si los hijos son dos de un vientre, luego que ha pasado un día natural, y en partes dos días, no les dan leche, y los torna la madre después, el uno con el un brazo y el otro con el otro, y les da la teta, que no se les mueren, ni les buscan amas que los amamanten, y adelante conoce despertando cada uno su teta; ni para el parto tienen aparejadas torrijas, ni miel, ni otros regalos de parida, sino el primer beneficio que a sus hijos hace es lavarlos luego con agua fría, sin temor que les haga daño; y con todo esto vemos y conocemos que muchos de éstos así criados desnudos viven buenos y sanos, y bien dispuestos, recios, fuertes, alegres, ligeros y hábiles para cuanto de ellos quieran hacer; y lo que más hace al caso es, que ya que han venido en conocimiento de Dios, tienen pocos impedimentos para seguir y guardar la vida y ley de Jesucristo.

Cuando yo considero los enredos y embarazos de los Españoles, querría tener gracia para me compadecer de ellos, y mucho más y primero de mí. Ver con cuánta pesadumbre se levanta un Español de su cama muelle, y

muchas veces le echa de ella la claridad del sol, y luego se pone un mon-
jilazo (porque no le toque el viento) y pide de vestir, como si no tuviese
manos para lo tomar, y así le están vistiendo como a manco, y atacándo-
se está rezando: ya podéis ver la atención que tendrá; y porque le ha
dado un poco de frío o de aire, vase al fuego mientras que le limpian el
sayo y la gorra; y porque está muy desmayado desde la cama al fuego, no
se puede peinar, sino que ha de haber otro que le peine; después, hasta
que vienen los zapatos o pantuflos y la capa, tañen a misa, y a las veces
va almorzado, y el caballo no está acabado de aderezar: ya veréis en qué
son irá a la misa; pero como alcance a ver a Dios, o que no hayan consumido, queda contento, por no topar con algún sacerdote que diga un
poco despacio la misa, porque no le quebrante las rodillas. Algunos hay
que no traen maldito el escrúpulo aunque sea domingo o fiesta: luego de
vuelta la comida ha de estar muy a punto, sino no hay paciencia, y después reposa y duerme; ya veréis si será menester lo que resta del día para
entender en pleitos y en cuentas, en proveer en las minas y granjerías; y
antes que estos negocios se acaben es hora de cenar, y a las veces se
comienza a dormir sobre mesa si no desecha el sueño con algún juego; y
si esto fuese un año, o dos y después se enmendase la vida, allá pasaría;
pero así se acaba la vida creciendo cada año más la codicia y los vicios,
de manera que el día y la noche y casi toda la vida se les va sin acordar-
se de Dios ni de su ánima, sino con algunos buenos deseos que nunca
hay tiempo de los poner por obra. Pues qué diremos de los que en diversos vicios y pecados están encenagados, y viven en pecado mortal, guardando la enmienda para el tiempo de la muerte, cuando son tan terribles
los dolores y trabajos, y las asechanzas y tentaciones del demonio; que
son tantas y tan recias, que entonces apenas se pueden acordar de sus
ánimas: y esto les viene del justo juicio de Dios, porque el que viviendo
no se acuerda de Dios, muriendo no se acuerda de sí.
Tienen los tales mucha confianza en los testamentos, y aunque algo o
mucho deban y lo puedan pagar, con los testamentos piensan que cumplen;
y ellos serán tan bien cumplidos por sus hijos como los mismos cumplieron
los de los padres: entonces la cercana pena y tormentos les abrirán los ojos
que en la vida los deleites y penas cerraron y tuvieron ciegos. Esto se

entiende de los descuidados de su propia salvación, para que con tiempo miren por sí y se pongan en estado seguro de gracia, y de caridad y matrimonio, como muchos ya por la bondad de Dios viven en esta Nueva España, amigos de sus ánimas, y cuidadosos de su salvación, y caritativos con sus prójimos; y con esto es tiempo de volver a nuestra historia.

Capítulo XV. De las fiestas de Corpus Christi y San Juan que celebraron en Tlaxcallán en el año de 1538

Llegado este santo día del Corpus Christi del año de 1538, hicieron aquí los Tlaxcaltecas una tan solemne fiesta, que merece ser memorada, porque creo que si en ella se hallaran el Papa y Emperador con sus cortes, holgaran mucho de verla; y puesto que no había ricas joyas ni brocados, había otros aderezos tan de ver, en especial de flores y rosas que Dios cría en los árboles y en el campo, que había bien en que poner los ojos y notar, como una gente, que hasta ahora era tenida por bestial supiesen hacer tal cosa. Iba en la procesión el Santísimo Sacramento y muchas cruces y andas con sus santos; las mangas de las cruces y los aderezos de las andas hechas todas de oro y pluma, y en ellas imágenes de la misma obra de oro y pluma, que las bien labradas se preciarían en España más que de brocado. Había muchas banderas de santos. Había doce Apóstoles vestidos con sus insignias: muchos de los que acompañaban la procesión llevaban velas encendidas en las manos. Todo el camino estaba cubierto de juncia, y de espadañas y flores, y de nuevo había quien siempre iba echando rosas y clavellinas, y hubo muchas maneras de danzas que regocijaban la procesión. Había en el camino sus capillas con sus altares y retablos bien aderezados para descansar, adonde salían de nuevo muchos cantores cantando y bailando delante del Santísimo Sacramento. Estaban diez arcos triunfales grandes muy gentilmente compuestos; y lo que era más de ver y para notar era, que tenían toda la calle a la larga hecha en tres partes como naves de iglesias; en la parte de en medio había veinte pies de ancho; por ésta iba el Santísimo Sacramento y ministros y cruces con todo el aparato de la procesión, y por las otras dos de los lados, que eran de cada quince pies, iba toda la gente, que en esta ciudad y provincia no hay poca; y este apartamiento era todo hecho de unos arcos medianos que tenían de hueco a nueve pies; y de éstos había por cuenta mil y sesenta y ocho arcos, que como cosa notable y de admiración lo contaron tres Españoles y otros muchos. Estaban todos cubiertos de rosas y flores de diversas colores y maneras; apodaban que tenía cada arco carga y media de rosas (entiéndese carga de Indios), y con las que había en las capillas, y las que tenían los arcos triunfales, con otros sesenta y seis arcos pequeños, y las que la gente sobre sí y en las manos llevaban, se apodaron en dos mil cargas de rosas; y cerca de la quinta parte parecía ser de clavellinas, que vinieron de Castilla, y hanse multiplicado en tanta manera que es cosa increíble; las matas son muy mayores que en España, y todo el año tienen flores. Había obra de mil rodelas hechas de labores de rosas, repartidas por los arcos, y en los otros arcos que no tenían rodelas había unos florones grandes, hechos de unos como cascos de cebolla, redondos, muy bien hechos, y tienen muy buen lustre, de éstos había tantos que no se podían contar.

Una cosa muy de ver tenían. En cuatro esquinas o vueltas que se hacían en el camino, en cada una su montaña, y de cada una salía su peñón bien alto; y desde abajo estaba hecho como prado, con matas de yerba, y flores, y todo lo demás que hay en un campo fresco, y la montaña y el peñón tan al natural como si allí hubiese nacido: era cosa maravillosa de ver, porque había muchos árboles, unos silvestres y otros de frutas, otros de flores, y las setas, y hongos, y vello que nace en los árboles de montaña y en las peñas, hasta los árboles viejos quebrados: a una parte como monte espeso y a otra más ralo; y en los árboles muchas aves chicas y grandes; había halcones, cuervos, lechuzas, y en los mismos montes mucha caza de venados, y liebres, y conejos, y *adives*, y muy muchas culebras; estas atadas y sacados los colmillos o dientes, porque las más de ellas eran de género de víboras, tan largas como una braza, y tan gruesas como el brazo de un hombre por la muñeca. Témanlas los Indios con la mano como a los pájaros, porque para las bravas y ponzoñosas tienen una yerba que las adormece *o entumece*, la cual también es medicinal para muchas cosas: llámase esta yerba *picietl*. Y porque no faltase nada para contrahacer a todo lo natural, estaban en las montañas unos cazadores muy encubiertos, con sus arcos y flechas, que comúnmente los que usan este oficio son de otra lengua, y como habitan hacia los montes son grandes cazadores. Para ver estos cazadores había menester aguzar la vista, tan disimulados estaban y tan llenos de rama y de vello de árboles, que a los así encubiertos fácilmente se les vendría la caza hasta los pies; estaban haciendo mil ademanes antes que tirasen, con que hacían picar a los descuidados. Este día fue el primero que estos Tlaxcaltecas sacaron su escudo de armas, que el Emperador les dio cuando a este pueblo hizo ciudad; la cual merced aún no se ha hecho con ningún otro de Indios, sino con éste, que lo merece bien, porque ayudaron mucho, cuando se ganó toda la tierra, a Don Hernando Cortés por su majestad; tenían dos banderas de éstas y las armas del Emperador en medio, levantadas en una vara tan alta, que yo me maravillé adónde pudieron haber palo tan largo y tan delgado: estas banderas tenían puestas encima del terrado de las casas de su ayuntamiento porque pareciesen más altas. Iba en la procesión capilla de canto de órgano de muchos cantores y su música de flautas que concertaban con los cantores, trompetas y atabales, campanas chicas y grandes, y esto todo sonó junto a la entrada y salida de la iglesia, que parecía que se venía el cielo abajo.

En México y en todas las partes do hay monasterio, sacan todos cuantos atavíos e invenciones saben y pueden hacer, y lo que han tomado y deprendido de nuestros Españoles; y cada año se esmeran y lo hacen más primo, y andan mirando como monas para contrahacer todo cuanto ven hacer, que hasta los oficios, con sólo estarlos mirando sin ponerla mano en ellos, quedan maestros como adelante diré. Sacan de unas yerbas gruesas, que acá nacen en el campo, el corazón, el cual es como cera blanca de hilera, y de esto hacen piñas y rodelas de mil labores y lazos que parecen a los rollos hermosos que se hacen en Sevilla; sacan letreros grandes de talla, la letra de dos palmos; y después enróscanle y ponen el letrero de la fiesta que celebran aquel día.

Porque se vea la habilidad de estas gentes diré aquí lo que hicieron y representaron luego adelante en el día de San Juan Bautista, que fue el lunes siguiente, y fueron cuatro autos, que sólo para sacarlos en prosa, que no es menos devota la historia que en metro, fue bien menester todo el viernes, y en sólo dos días que quedaban, que fueron sábado y domingo, lo deprendieron, y representaron harto devotamente la anunciación de la Natividad de San Juan Bautista hecha a su padre Zacarías, que se tardó en ella obra de una hora, acabando con un gentil motete en canto de órgano. Y luego adelante en otro tablado representaron la Anunciación de Nuestra Señora, que fue mucho de ver, que se tardó tanto como en el primero. Después en el patio de la iglesia de San Juan, a do fue la procesión, luego en allegando antes de misa, en otro cadalso, que no eran poco de ver los cadalsos cuán graciosamente estaban ataviados y enrosados, representaron la Visitación de Nuestra Señora a Santa Isabel. Después de misa se representó la Natividad de San Juan, y en lugar de la circuncisión fue bautismo de un niño de ocho días nacido que se llamó Juan; y antes que diesen al mudo Zacarías las escribanías que pedía por señas, fue bien de reír lo que le daban, haciendo que no le entendían. Acabose este auto con *Benedictus Dominus Deus Israel,* y los parientes y vecinos de Zacarías que se regocijaron con el nacimiento del hijo, llevaron presentes y comidas de muchas maneras, y puesta la mesa asentáronse a comer que ya era hora.

A este propósito una carta que escribió un fraile morador de Tlaxcallán a su provincial, sobre la penitencia y restituciones que hicieron los Tlaxcaltecas en la cuaresma pasada del año de 1539, y cómo celebraron la fiesta de la Anunciación y Resurrección.

«No sé con qué mejores pascuas dar a vuestra caridad, que con contarle y escribirle las buenas pascuas que Dios ha dado a éstos sus hijos los Tlaxcaltecas, y a nosotros con ellos, aunque no sé por dónde lo comience; porque es muy de sentir lo que Dios en esta gente ha obrado, que cierto mucho me han edificado en esta cuaresma, así los de la ciudad como los pueblos, hasta los Otomíes.

Las restituciones que en la cuaresma hicieron yo creo que pasaron de diez o doce mil, de cosas que eran a cargo, ASÍ de tiempo de su infidelidad como después; unos de cosas pobres, y otros de más cantidad y de cosas de valor; y muchas restituciones de harta cantidad, así de joyas de oro y piedras de precio, como tierras y heredades. Alguno ha habido que ha restituido doce suertes de tierra, la que menos de cuatrocientas brazas, otras de setecientas, y suerte de mil y doscientas brazas, con muchos vasallos y casas dentro en las heredades. Otros han dejado otras suertes que sus padres y abuelos tenían usurpadas y con mal título; los hijos ya como cristianos se descargan y dejan el patrimonio, aunque esta gente aman tanto las heredades como otros, porque no tienen otras granjerías. Han hecho también mucha penitencia, así en limosnas a pobres como a su hospital, y con muchos ayunos de harta abstinencia, muchas disciplinas secretas y públicas; en la cuaresma por toda la provincia se disciplinan tres días en la semana en sus iglesias, y muchos de estos días se tornaban a disciplinar con sus procesiones de iglesia en iglesia, como en otras partes se hace la noche del Jueves Santo; y ésta de este día no la dejaron, antes vinieron tantos que a parecer de los Españoles que aquí se hallaron, juzgaron haber veinte o treinta mil ánimas. Toda la Semana Santa estuvieron en los divinos oficios. El sermón de la Pasión lloraron con gran sentimiento, y comulgaron muchos con mucha reverencia, y hartos de ellos con lágrimas, de lo cual los frailes recién venidos se han edificado mucho.

Para la Pascua tenían acabada la capilla del patio, la cual salió una solemnísima pieza; llámanla Betlem. Por parte de fuera la pintaron luego al fresco en cuatro días, porque así las aguas nunca la despintaran: en un octavo de ella pintaron las obras de la creación del mundo de los primeros tres días, y en otro octavo las obras de los otros tres días; en otros dos octavos, en el uno la vara de Jesé, con la generación de la Madre de Dios, la cual está en lo alto puesta muy hermosa; en el otro está nuestro Padre San Francisco; en otra parte está la Iglesia, Su Santidad el Papa, cardenales, obispos, &c.; y a la otra banda el Emperador, reyes y caballeros. Los Españoles que han visto la capilla, dicen que es de las graciosas piezas que de su manera hay en España. Lleva sus arcos bien labrados; dos coros, uno para los cantores, otro para los ministriles; hízose todo esto en seis meses, y así la capilla como todas las iglesias tenían muy adornadas y compuestas. Han estos Tlaxcaltecas regocijado mucho los divinos oficios con cantos y músicas de canto de órgano; TENÍAN dos capillas, cada una de más de veinte cantores, y otras dos de flautas, con las cuales también tañían rabel y jabebas, y muy buenos maestros de atabales concordados con campanas pequeñas que sonaban saborosamente». Y con esto este fraile acabó su carta.

Lo más principal he dejado para la postre, que fue la fiesta que los confrades de Nuestra Señora de la Encarnación celebraron; y porque no la pudieron celebrar en la cuaresma guardáronla para el miércoles de las octavas. Lo primero que hicieron fue aparejar muy buena limosna para los Indios pobres, que no contentos con los que tienen en el hospital, fueron por las casas de una legua a la redonda a repartirles setenta y cinco camisas de hombre y cincuenta de mujer, y muchas mantas y zaragüelles: repartieron también por los dichos pobres necesitados diez carneros y un puerco, y veinte perrillos de los de la tierra, para comer con chile como es costumbre. Repartieron muchas cargas de maíz, y muchos tamales en lugar de roscas, y los diputados y mayordomos que lo fueron a repartir no quisieron tomar ninguna cosa por su trabajo, diciendo que antes habían ellos de dar de su hacienda al hospicio, que no tomársela. Tenían su cera hecha, para cada cofrade un rollo, y sin éstos, que eran muchos, tenían sus velas y doce hachas, y sacaron de nuevo cuatro ciriales de oro y pluma muy bien hechos, más vistosos que ricos. Tenían cerca de la puerta del hospital para representar aparejado un auto, que fue la caída de nuestros primeros padres, y al parecer de todos los que lo vieron fue una de las cosas notables que se han hecho en esta Nueva España. Estaba tan adornada la morada de Adán y Eva, que bien parecía paraíso de la tierra, con diversos árboles con frutas y flores, de ellas naturales y de ellas contrahechas de pluma y oro; en los árboles mucha diversidad de aves, desde búho, y otras aves de rapiña, hasta pajaritos pequeños, y sobre todo tenían muy muchos papagayos, y era tanto el parlar y gritar que tenían, que a veces estorbaban la representación; yo conté en un solo árbol catorce papagayos entre pequeños y grandes. Había también aves contrahechas de oro y pluma, que era cosa muy de mirar. Los conejos y liebres eran tantos, que todo estaba lleno de ellos, y otros muchos animalejos que yo nunca hasta allí los había visto. Estaban dos ocelotles atados, que son bravísimos, que ni son bien gato ni bien onza; y una vez descuidese Eva y fue a dar en el uno de ellos, y él de bien criado desviose: esto era antes del pecado, que si fuera después, tan en hora buena ella no se hubiera llegado. Había otros animales bien contrahechos, metidos dentro unos muchachos; éstos andaban domésticos y jugaban y burlaban con ellos Adán y Eva. Había cuatro ríos o fuentes que salían del paraíso, con sus rótulos que decían Phison, Gheon, Tigris, Euphrates; y el árbol de la vida en medio del paraíso, y cerca de él el árbol de la ciencia del bien y del mal, con muchas y muy hermosas frutas contrahechas de oro y pluma.

Estaban en el redondo del paraíso tres peñoles grandes, y una sierra grande, todo esto lleno de cuanto se puede hallar en una sierra muy fuerte y fresca montaña, y todas las particularidades que en abril y mayo se pueden hallar, porque en contrahacer una cosa al natural estos Indios tienen gracia singular. Pues aves no faltaban chicas ni grandes, en especial de los papagayos grandes, que son tan grandes como gallos de España; de éstos había muchos, y dos gallos y una gallina de las monteses, que cierto son las más hermosas aves que yo he visto en parte ninguna; tendría un gallo de aquellos tanta carne como dos pavos de Castilla. A estos gallos les sale del papo una guedeja de cerdas más ásperas que cerdas de caballo, y de algunos gallos viejos son más largos que un palmo; de éstas hacen hisopos y duran mucho.

Había en estos peñoles animales naturales y contrahechos. En uno de los contrahechos estaba un muchacho vestido como león, y estaba desgarrando y comiendo un venado que tenía muerto; el venado era verdadero y estaba en un risco que se hacía entre unas peñas, y fue cosa muy notada. Llegada la procesión, comenzose luego el auto; tardose en él gran rato, porque antes que Eva comiese ni Adán consintiese, fue y vino Eva, de la serpiente a su marido y de su marido a la serpiente, tres o cuatro veces, siempre Adán resistiendo, y como indignado alanzaba de sí a Eva; ella rogándole y molestándole decía, que bien parecía el poco amor que le tenía, y que más le amaba ella a él que no él a ella, y echándole en su regazo tanto le importunó, que fue con ella al árbol vedado, y Eva en presencia de Adán comió y diole a él también que comiese; y en comiendo luego conocieron el mal que habían hecho, y aunque ellos se escondían cuanto podían, no pudieron hacer tanto que Dios no los viese, y vino con gran majestad acompañado de muchos ángeles; y después que hubo llamado a Adán, él se excusó con su mujer, y ella echó la culpa a la serpiente, maldiciéndolos Dios y dando a cada uno su penitencia. Trajeron los ángeles dos vestiduras bien contrahechas, como de pieles de animales, y vistieron a Adán y a Eva. Lo que más fue de notar fue el verlos salir desterrados y llorando: llevaban a Adán tres ángeles y a Eva otros tres, e iban cantando en canto de órgano, *Circumdederunt me*. Esto fue tan bien representado, que nadie lo vio que no llorase muy recio; quedó un querubín guardando la puerta del paraíso con su espada en la mano. Luego allí estaba el mundo, otra tierra cierto bien diferente de la que dejaban, porque estaba llena de cardos y de espinas, y muchas culebras; también había conejos y liebres. Llegados allí los recién moradores del mundo, los ángeles mostraron a Adán cómo había de labrar y cultivar la tierra, y a Eva diéronle husos para hilar y hacer ropa para su marido e hijos; y consolando a los que quedaban muy desconsolados, se fueron cantando por desechas en canto de órgano un villancico que decía:

> Para qué comió
> la primer casada,
> para qué comió
> la fruta vedada.
> La primer casada,
> ella y su marido,
> a Dios han traído
> en pobre posada
> por haber comido
> la fruta vedada.

Este auto fue representado por los Indios en su propia lengua, y así muchos de ellos tuvieron lágrimas y mucho sentimiento, en especial cuando Adán fue desterrado y puesto en el mundo.

Otra carta del mismo fraile a su prelado escribiéndole las fiestas que se hicieron en Tlaxcallán por las paces hechas entre el Emperador y el rey de Francia; el prelado se llamaba Fray Antonio de Ciudad Rodrigo.

«Como vuestra caridad sabe, las nuevas vinieron a esta tierra antes de cuaresma pocos días, y los Tlaxcaltecas quisieron primero ver lo que los Españoles y los Mexicanos hacían, y visto que hicieron y representaron la conquista de Rodas, ellos determinaron de representar la conquista de Jerusalem, el cual pronóstico cumpla Dios en nuestros días; y por la hacer más solemne acordaron de la dejar para el día de Corpus Christi, la cual fiesta regocijaron con tanto regocijo como aquí diré.

En Tlaxcallán, en la ciudad que de nuevo han comenzado a edificar, abajo en lo llano, dejaron en el medio una grande y muy gentil plaza, en la cual tenían hecha a Jerusalem encima de unas casas que hacen para el cabildo, sobre el sitio que ya los edificios iban en altura de un estado; igualáronlo todo e hinchiéronlo de tierra, e hicieron cinco torres; la una de homenaje en medio, mayor que las otras, y las cuatro a los cuatro cantos; estaban cerradas de una cerca muy almenada, y las torres también muy almenadas y galanas, de muchas ventanas y galanes arcos, todo lleno de rosas y flores. De frente de Jerusalem, a la parte oriental fuera de la plaza, estaba aposentado el Señor Emperador; a la parte diestra de Jerusalem estaba el real adonde el ejército de España se había de aposentar; al opósito estaba aparte aparejado para las provincias de la Nueva España; en el medio de la plaza estaba Santa Fe, adonde se había de aposentar el Emperador con su ejército: todos estos lugares estaban cercados y por de fuera pintados de canteado, con sus troneras, saeteras y almenas muy al natural.

Llegado el Santísimo Sacramento a la dicha plaza, con el cual iban el Papa, cardenales y obispos contrahechos, asentáronse en su cadalso, que para esto estaba aparejado y muy adornado cerca de Jerusalem, para que delante del Santísimo Sacramento pasasen todas las fiestas. Luego comenzó a entrar el ejército de España a poner cerco a Jerusalem, y pasando delante del Corpus Christi atravesaron la plaza y asentaron su real a la diestra parte. Tardó buen rato en entrar, porque eran mucha gente repartida en tres escuadrones. Iba en la vanguardia, con la bandera de las armas reales, la gente del reino de Castilla y de León, y la gente del capitán general, que era Don Antonio Pimentel conde de Benavente, con su bandera de sus armas. En la batalla iban Toledo, Aragón, Galicia, Granada, Vizcaya y Navarra. En la retaguardia iban Alemania, Roma e Italianos. Había entre todos pocas diferencias de trajes, porque como los Indios no los han visto ni lo saben, no lo usan hacer, y por esto entraron todos como Españoles soldados, con sus trompetas contrahaciendo las de España, y con sus atambores y pífanos muy ordenados; iban de cinco en cinco en hilera, a su paso de los atambores.

Acabados de pasar éstos y aposentados en su real, luego entró por la parte contraria el ejército de la Nueva España repartido en diez capitanías, cada una vestida según el traje que ellos usan en la guerra: estos fueron muy de ver, y en España y en Italia los fueran a ver y holgaran de verlos. «Sacaron sobre sí lo mejor que todos tenían de plumajes ricos, divisas y rodelas, porque todos cuantos en este auto entraron, todos eran señores y principales, que entre ellos se nombran Teuhpipiltin. Iban en la vanguardia Tlaxcallán y México; éstos iban muy lucidos, y fueron muy mirados; llevaban el estandarte de las armas reales y el de su capitán general, que era Don Antonio de Mendoza, visorrey de la Nueva España. En la batalla iban los Huaxtecas, Zempoaltecas, Mixtecas, Colhuaques, y unas capitanías que se decían los del Perú e Islas de Santo Domingo y Cuba. En la retaguardia iban los Tarascos y los Cuaulitemaltecas. En aposentándose éstos, luego salieron al campo a dar la batalla el ejército de los Españoles, los cuales en buena orden se fueron derecho a Jerusalem, y como el Soldán los vio venir, que era el marqués del Valle Don Hernando Cortés, mandó salir su gente al campo para dar la batalla; y salida, era gente bien lucida y diferenciada de toda la otra, que traían unos bonetes como usan los Moros; y tocada al arma de ambas partes, se juntaron y pelearon con mucha grita y estruendo de trompetas, tambores y pífanos, y comenzó a mostrarse la victoria por los Españoles, retrayendo a los Moros y prendiendo algunos de ellos, y quedando otros caídos, aunque ninguno herido. Acabado esto, tornose el ejército de España a recoger a su real en buen orden. Luego tornaron a tocar arma, y salieron los de la Nueva España, y luego salieron los de Jerusalem y pelearon un rato, y también vencieron y encerraron a los Moros en su ciudad, y llevaron algunos cautivos a su real, quedando otros caídos en el campo.

Sabida la necesidad en que Jerusalem estaba, vínole gran socorro de la gente de Galilea, Judea, Samaria, Damasco y de toda tierra de la Siria, con mucha provisión y munición, con lo cual los de Jerusalem se alegraron y regocijaron mucho, y tomaron tanto ánimo que luego salieron al campo y fuéronse derechos hacia el real de los Españoles, los cuales les salieron al encuentro, y después de haber combatido un rato comenzaron los Españoles a retraerse y los Moros a cargar sobre ellos, prendiendo algunos de los que se desmandaron, y quedando también algunos caídos. Esto hecho, el capitán general despachó un correo a su majestad, con una carta de este tenor:

¿Será Vuestra Majestad sabedor como allegó el ejército aquí sobre Jerusalem, y luego asentamos real en lugar fuerte y seguro, y salimos al campo contra la ciudad, y los que dentro estaban salieron al campo, y habiendo peleado, el ejército de los Españoles, criados de Vuestra Majestad, y vuestros capitanes y soldados viejos así peleaban que parecían tigres y leones; bien se mostraron ser valientes hombres, y sobre todos pareció hacer ventaja la gente del reino de León. Pasado esto vino gran socorro de Moros y Judíos con mucha munición y bastimentos, y los de Jerusalem como se hallaron favorecidos, salieron al campo y nosotros salimos al encuentro. Verdad es que cayeron algunos de los nuestros, de la gente que no estaba muy diestra ni se había visto en campo con Moros; todos los demás están con mucho ánimo, esperando lo que Vuestra Majestad será servido mandar, para obedecer en todo. De Vuestra Majestad siervo y criado. -DON ANTONIO PIMENTEL.

Vista la carta del capitán general, responde el Emperador en este tenor: 'A mi caro y muy amado primo, Don Antonio Pimentel, capitán general del ejército de España. Vi vuestra letra, con la cual holgué en saber cuán esforzadamente lo habéis hecho. Tendréis mucho cuidado que de aquí adelante ningún socorro pueda entrar en la ciudad, y para esto pondréis todas las guardas necesarias, y hacerme heis saber si vuestro real está bien proveído; y sabed cómo he sido servido de esos caballeros, los cuales recibirán de mí muy señaladas mercedes; y encomendadme a todos esos capitanes y soldados viejos, y sea Dios en vuestra guarda DON CARLOS, EMPERADOR'.

En esto ya salía la gente de Jerusalem contra el ejército de la Nueva España, para tomar venganza del reencuentro pasado, con el favor de la gente que de refresco había venido, y como estaban sentidos de lo pasado, querían vengarse, y comenzada la batalla, pelearon valientemente, hasta que finalmente la gente de las Islas comenzó a aflojar y a perder el campo de tal manera, que ENTRE caídos y presos no quedó hombre de ellos. A la hora el capitán general despachó un correo a su majestad con una carta de este tenor:

'Sacra, Cesárea, Católica Majestad, Emperador siempre augusto. Sabrá Vuestra Majestad como yo vine con el ejército sobre Jerusalem, y asenté real a la siniestra parte de la ciudad, y salimos contra los enemigos que estaban en el campo, y vuestros vasallos los de la Nueva España lo hicieron muy bien, derribando muchos Moros, y los retrajeron hasta meter por las puertas de su ciudad, porque los vuestros peleaban como elefantes y como gigantes. Pasado esto les vino muy gran socorro de gente y artillería, municiones y bastimento; luego salieron contra nosotros, y nosotros les salimos al encuentro, y después de haber peleado gran parte del día desmayó el escuadrón de las Islas, y de su parte echaron en gran vergüenza a todo el ejército, porque como no eran diestros en las armas, ni traían armas defensivas, ni sabían el apellido de llamar a Dios, no, quedó hombre que no cayese en manos de los enemigos. Todo el resto de las otras capitanías están muy buenas. De Vuestra Majestad siervo y menor criado. -DON ANTONIO DE MENDOZA'.

Respuesta del Emperador. -'Amado pariente y mi gran capitán sobre todo el ejército de la Nueva España. Esforzaos como valiente guerrero y esforzad a todos esos caballeros y soldados; y si ha venido socorro a la ciudad, tened por cierto que de arriba del cielo vendrá nuestro favor y ayuda. En las batallas diversos son los acontecimientos, y el que hoy vence mañana es vencido, y el que fue vencido otro día es vencedor. Yo estoy determinado de luego esta noche sin dormir sueño andarla toda y amanecer sobre Jerusalem. Estaréis apercibido y puesto en orden con todo el ejército, y pues tan presto seré con vosotros, sed consolados y animados; y escribid luego al capitán general de los Españoles, para que también esté a punto con su gente, porque luego que yo llegue, cuando pensaren que llego fatigado, demos sobre ellos y cerquemos la ciudad; y Yo iré por la frontera, y vuestro ejército por la siniestra parte, y el ejército de España por la parte derecha, por manera que no se puedan escapar de nuestras manos. Nuestro Señor sea en vuestra guarda. -DON CARLOS, EMPERADOR'.

Esto hecho, por una parte de la plaza entró el Emperador, y con él el rey de Francia y el rey de Hungría, con sus coronas en las cabezas; y cuando comenzaron a entrar por la plaza, saliéronle a recibir por la una banda el capitán general de España con la mitad de su gente, y por la otra el capitán general de la Nueva España, y de todas partes traían trompetas, y atabales, y cohetes, que echaban muchos, los cuales servían por artillería. Fue recibido con mucho regocijo y con grande aparato, hasta aposentarse en su estancia de Santa Fe. En esto los Moros mostraron haber cobrado gran temor, y estaban todos metidos en la ciudad; y comenzando la batería, los Moros se defendieron muy bien. En esto el maestre de campo, que era Andrés de Tapia, había ido con un escuadrón a reconocer la tierra detrás de Jerusalem, y puso fuego a un lugar, y metió por medio de la plaza un hato de ovejas que había tomado. Tornados a retraer cada ejército a su aposento, tornaron a salir al campo solos los Españoles, y como los Moros los vieron venir y que eran pocos, salieron a ellos y pelearon un rato, y como de Jerusalem siempre saliese gente, retrajeron a los Españoles y ganáronles el campo, y prendieron algunos y metiéronlos en la ciudad. Como fue sabido por su majestad, despachó luego un correo al Papa con esta carta:

'A nuestro muy Santo Padre. ¡O muy amado Padre mío! ¿Quién como tú que tan alta dignidad posea en la tierra? Sabrá Tu Santidad como Yo he pasado a la Tierra Santa, y tengo cercada a Jerusalem con tres ejércitos. En el uno estoy Yo en persona; en el otro están Españoles; el tercero es de Nahuales; y entre mi gente y los Moros ha habido hartos reencuentros y batallas, en las cuales mi gente ha preso y herido muchos de los Moros: después de esto ha entrado en la ciudad gran socorro de Moros y Judíos, con mucho bastimento y munición, como Tu Santidad sabrá del mensajero. Yo al presente estoy con mucho cuidado hasta saber el suceso de mi viaje: suplico a Tu Santidad me favorezcas con oraciones y ruegues a Dios por mí y por mis ejércitos, porque Yo estoy determinado de tomar a Jerusalem y a todos los otros Lugares Santos, o morir sobre esta demanda, por lo cual humildemente te ruego que desde allá a todos nos eches tu bendición. -DON CARLOS, EMPERADOR'.

Vista la carta por el Papa, llamó a los cardenales, y consultada con ellos, la respuesta fue esta:

'Muy amado hijo mío. Vi tu letra con la cual mi corazón ha recibido grande alegría, y he dado muchas gracias a Dios porque así te ha confortado y esforzado para que tomases tan santa empresa. Sábete que Dios es tu guarda y ayuda, y de todos tus ejércitos. Luego a la hora se hará lo que quieres, y así mando luego a mis muy amados hermanos los cardenales, y a los obispos con todos los otros prelados, órdenes de San Francisco y San

Diego, y a todos los hijos de la Iglesia, que hagan sufragio; y para que esto tenga efecto, luego despacho y concedo un gran jubileo para toda la cristiandad. El Señor sea con tu ánima. Amén. Tu amado Padre. -EL PAPA'.

Volviendo a nuestros ejércitos. Como los Españoles se vieron por dos veces retraídos, y que los Moros los habían encerrado en su real, pusiéronse todos de rodillas hacia donde estaba el Santísimo Sacramento demandándole ayuda, y lo mismo hicieron el Papa y cardenales; y estando todos puestos de rodillas, apareció un ángel en la esquina de su real, el cual consolándolos dijo: 'Dios ha oído vuestra oración, y le ha placido mucho vuestra determinación que tenéis de morir por su honra y servicio en la demanda de Jerusalem, porque lugar tan santo no quiere que más le posean los enemigos de la fe; y ha querido poneros en tantos trabajos para ver vuestra constancia y fortaleza: no tengáis temor que vuestros enemigos prevalezcan contra vosotros, y para más seguridad os enviará Dios a vuestro patrón el Apóstol Santiago'. Con esto quedaron todos muy consolados y comenzaron a decir, 'Santiago, Santiago, patrón de nuestra España'; en esto entró Santiago en un caballo blanco como la nieve y el mismo vestido como le suelen pintar; y como entró en el real de los Españoles, todos lo siguieron y fueron contra los Moros que estaban delante de Jerusalem, los cuales fingiendo gran miedo dieron a huir, y cayendo algunos en el campo, se encerraron en la ciudad; y luego los Españoles la comenzaron a combatir, andando siempre Santiago en su caballo dando vueltas por todas partes, y los Moros no osaban asomar a las almenas por el gran miedo que tenían: entonces los Españoles, sus banderas tendidas, se volvieron a su real. Viendo esto el otro ejército de los Nahuales o gente de la Nueva España, y que los Españoles no habían podido entrar en la ciudad, ordenando sus escuadrones fuéronse de presto a Jerusalem, aunque los Moros no esperaron a que llegasen, sino saliéronles al encuentro, y peleando un rato iban los Moros ganando el campo, hasta que los metieron en su real, sin cautivar ninguno de ellos; hecho esto, los Moros con gran grita se tornaron a su ciudad. Los cristianos viéndose vencidos recurrieron a la oración, y llamando a Dios que les diese socorro, y lo mismo hicieron el Papa y cardenales. Luego les apareció otro ángel en lo alto de su real, y les dijo: 'Aunque sois tiernos en la fe os ha querido Dios probar, y quiso que fuésedes vencidos para que conozcáis que sin su ayuda valéis poco; pero ya que os habéis humillado, Dios ha oído vuestra oración, y luego vendrá en vuestro favor el abogado y patrón de la Nueva España San Hipólito, en cuyo día los Españoles con vosotros los Tlaxcaltecas ganastes a México'. Entonces todo el ejército de los Nahuales comenzaron a decir: 'San Hipólito, San Hipólito': a la hora entró San Hipólito encima de un caballo morcillo, y esforzó y animó a los Nahuales, y fuese con ellos hacia Jerusalem; y también salió de la otra banda Santiago con los Españoles, y el Emperador con su gente tomó la frontera, y todos juntos comenzaron la batería, de manera que los que en ella estaban aún en las torres, no se podían valer de las pelotas y varas que les tiraban. Por las espaldas de Jerusalem, entre dos torres, estaba hecha una casa de paja harto larga, a la cual al tiempo de la batería pusieron fuego, y por todas las otras partes andaba la batería muy recia, y los Moros al parecer con determinación de antes morir que entregarse a ningún partido. De dentro y de fuera andaba el combate muy recio, tirándose unas pelotas grandes hechas de espadañas, y alcancías de barro secas al sol llenas de almagre mojado, que al que acertaban parecía que quedaba mal herido y lleno de sangre, y lo mismo hacían con unas tunas coloradas. Los flecheros tenían en las cabezas de las viras unas bolsillas llenas de almagre, que do quiera que daban parecía que sacaban sangre; tirábanse también cañas gruesas de maíz. Estando en el mayor hervor de la batería apareció en el homenaje, el arcángel San Miguel, de cuya voz y visión así los Moros como los cristianos espantados dejaron el combate e hicieron silencio: entonces el arcángel dijo a los Moros: 'Si Dios mirase a vuestras maldades y pecados y no a su gran misericordia, ya os habría puesto en el profundo del infierno, y la tierra se hubiera abierto y tragadoos vivos; pero porque habéis tenido reverencia a los Lugares Santos quiere usar con vosotros su misericordia y esperaros a penitencia, si de todo corazón a él os convertís; por tanto, conoced al Señor de la Majestad, Criador de todas las cosas, y creed en su preciosísimo Hijo Jesucristo, y aplacadle con lágrimas y verdadera penitencia': y esto dicho desapareció. Luego el Soldán que estaba en la ciudad habló a todos sus Moros diciendo: 'Grande es la bondad y misericordia de Dios, pues así nos ha querido alumbrar estando en tan grande ceguedad de pecados: ya es llegado el tiempo en que conozcamos nuestro error; hasta aquí pensábamos que peleábamos con hombres, y ahora vemos que peleamos con Dios y con sus santos y ángeles: ¿quién les podrá resistir?' Entonces respondió su capitán general, que era el adelantado Don Pedro de Alvarado, y todos con él dijeron, 'que se querían poner en manos del Emperador, y que luego el Soldán tratase de manera que les otorgase las vidas, pues los reyes de España eran clementes y piadosos, y que se querían bautizar'. Luego el Soldán hizo señal de paz, y envió un Moro con una carta al Emperador de esta manera:

'Emperador Romano, amado de Dios. Nosotros hemos visto claramente cómo Dios te ha enviado favor y ayuda del cielo; antes que esto yo viese pensaba de guardar mi ciudad y reino, y de defender mis vasallos, y estaba determinado de morir sobre ello; pero como Dios del cielo me haya alumbrado, conozco que tú solo eres capitán de sus ejércitos: yo conozco que todo el mundo debe obedecer a Dios, y a ti que eres su capitán en la tierra. Por tanto en tus manos ponemos nuestras vidas, y te rogamos que te quieras llegar cerca de esta ciudad, para que nos des tu real palabra y nos concedas las vidas, recibiéndonos con tu continua clemencia por tus naturales vasallos. Tu siervo. -EL GRAN SOLDÁN DE BABILONIA, Y TETRARCA DE JERUSALEM'.

Leída la carta luego se fue el Emperador hacia las puertas de la ciudad, que ya estaban abiertas, y el Soldán le salió a recibir muy acompañado, y poniéndose delante del Emperador de rodillas, le dio la obediencia y trabajó mucho por le besar la mano; y el Emperador levantándole le tomó por la mano, y llevándole delante del Santísimo Sacramento, adonde estaba el Papa, y allí dando todos gracias a Dios, el Papa le recibió con mucho amor. Traía también muchos Turcos o Indios adultos que de industria tenían para bautizar, y allí públicamente demandaron el bautismo al Papa, y luego Su Santidad mandó a un sacerdote que los bautizase, los cuales actualmente fueron bautizados. Con esto se partió el Santísimo Sacramento, y tornó a andar la procesión por su orden.

¡Para la procesión de este día de Corpus Christi tenían tan adornado todo el camino y calles, que decían muchos Españoles que se hallaron presentes: 'quien esto quisiere contar en Castilla, decirle han que está loco, y que se alarga y lo compone'; porque iba el Sacramento entre unas calles hechas todas de tres órdenes de arcos medianos, todos cubiertos de rosas y llores muy bien compuestas, y atadas; y estos arcos pasaban de mil y cuatrocientos, sin otros diez arcos triunfales grandes, debajo de los cuales pasaba toda la procesión. Había seis capillas con sus altares y retablos: todo el camino iba cubierto de muchas yerbas olorosas y de rosas. Había también tres montañas contrahechas muy al natural con sus peñones, en las cuales se representaron tres autos muy buenos.

En la primera, que estaba luego abajo del patio alto, en otro patio bajo a do se hace una gran plaza, aquí se representó la tentación del Señor, y fue cosa en que hubo mucho que notar, en especial verlas representar a Indios. Fue de ver la consulta que los demonios tuvieron para ver de tentar a Cristo, y quién sería el tentador: ya que se determinó que fuese Lucifer, iba muy contrahecho ermitaño; sino que dos cosas no pudo encubrir, que fueron los cuernos y las uñas, que de cada dedo, así de las manos como de los pies, le salían unas uñas de hueso tan largas como medio palmo: y hecha la primera y segunda tentación, la tercera fue en un peñón muy alto, desde el cual el demonio con mucha soberbia contaba a Cristo todas las particularidades y riquezas que había en la provincia de la Nueva España, y de aquí saltó a Castilla, adonde dijo, que además de muchas naos y gruesas armadas que traía por la mar con muchas riquezas, y muy gruesos mercaderes de paños, y sedas, y brocados, había otras muchas particularidades que tenía, y entre otras dijo, que tenía muchos vinos y muy buenos, a lo cual todos picaron, así Indios como Españoles, porque los Indios todos se mueren por nuestro vino. Y después que dijo de Jerusalem, Roma, África, y Europa, y Asia, y que todo se lo daría, respondiendo el Señor, *Vade Sathana,* cayó el demonio; y aunque quedó encubierto en el peñón, que era hueco, los otros demonios hicieron tal ruido, que parecía que toda la mañana iba con Lucifer a parar al infierno. Vinieron luego los ángeles con comida para el Señor, que parecía que venían del cielo, y hecho su acatamiento pusieron la mesa y comenzaron a cantar.

Pasando la procesión a la otra plaza, en otra montaña se representó como San Francisco predicaba a las aves, diciéndoles por cuántas razones eran obligadas a alabar y bendecir a Dios, por las proveer de mantenimientos sin trabajo de coger, ni sembrar, como los hombres, que con mucho trabajo tienen su mantenimiento; asimismo por el vestir de que Dios les adorna con hermosas y diversas plumas, sin ellas las hilar ni tejer, y por el lugar que les dio, que es el aire por donde se pasean y vuelan. Las aves llegándose al santo parecían que le pedían su bendición, y él se la dando les encargó que a las mañanas y a las tardes loasen y cantasen a Dios. Ya se iban; y como el santo se abajase de la montaña, salió de través una bestia fiera del monte, tan fea que a los que la vieron así de sobresalto les puso un poco de temor; y como el santo la vio hizo sobre ella la señal de la cruz, y luego se vino para ella; y reconociendo que era una bestia que destruía los ganados de aquella tierra, la reprendió benignamente y la trajo consigo al pueblo a do estaban los señores principales en su tablado, y allí la bestia hizo señal que obedecía, y dio la mano de nunca más hacer daño en aquella tierra; y con esto se fue la fiera a la montaña.

Quedándose allí el santo comenzó su sermón diciendo: que mirasen cómo aquel bravo animal obedecía la palabra de Dios, y que ellos que tenían razón, y muy grande obligación de guardar los mandamientos de Dios.... y estando diciendo esto salió uno fingiendo que venía beodo, cantando muy al propio que los Indios cantaban cuando se embeodaban; y como no quisiese de dejar de cantar y estorbase el sermón, amonestándole que callase, si no que se iría al infierno, y él perseverase en su cantar, llamó San Francisco a los demonios de un fiero y espantoso infierno que cerca a él estaba, y vinieron muy feos, y con mucho estruendo asieron del beodo y daban con él en el infierno. Tomaba luego el santo a proceder en el sermón, y salían unas hechiceras muy bien contrahechas, que con bebedizos en esta tierra muy fácilmente hacen malparir a las preñadas, y como también estorbasen la predicación y no cesasen, venían también los demonios y poníanlas en el infierno. De esta manera fueron representados y reprendidos algunos vicios en este auto. El infierno tenía una puerta falsa por donde salieron los que estaban dentro; y salidos los que estaban dentro pusiéronle fuego, el cual ardió tan espantosamente que pareció que nadie se había escapado, sino que demonios y condenados todos ardían, y daban voces y gritos las ánimas y los demonios; lo cual ponía mucha grima y espanto aun a los que sabían que nadie se quemaba. Pasando adelante el Santísimo Sacramento había otro auto, y era del sacrificio de Abraham, el cual por ser corto y ser ya tarde no se dice más de que fue muy bien representado. Y con esto volvió la procesión a la iglesia».

TRATADO II

De la conversión y aprovechamiento de estos indios; y cómo se les comenzaron a administrar los sacramentos en esta tierra de Anáhuac, o Nueva España; y de algunas cosas y misterios acontecidos.

Estando yo descuidado y sin ningún pensamiento de escribir semejante cosa que ésta, la obediencia me mandó que escribiese algunas cosas notables de estos naturales, de las que en esta tierra la bondad divina ha comenzado a obrar, y siempre obra; y también para que los que en adelante vinieren sepan y entiendan cuán notables cosas acontecieron en esta Nueva España, y los trabajos e infortunios que por los grandes pecados que en ella se cometían Nuestro Señor permitió que pasase, y la fe y religión que en ella el día de hoy se conserva, y aumentará adelante, siendo Nuestro Señor de ello servido.

Al principio cuando esto comencé a escribir, parecíame que más cosas notaba y se me acordaban ahora diez o doce años que no al presente: entonces como cosas nuevas y que Dios comenzaba a obrar sus maravillas y misericordias con esta gente, ahora como quien ya conversa y trata con gente cristiana y convertida, hay muchas cosas bien de notar, que parece claramente ser venidas por la mano de Dios; porque si bien miramos, en la primitiva Iglesia de Dios mucho se notaban algunas personas que venían a la fe, por ser primeros, así como el eunuco Cornelio y sus compañeros, y lo mismo los pueblos que recibieron primero la palabra de Dios, como fueron Jerusalem, Samaria, y Cesarea, &c. De Bernabé se escribe que vendió un campo, y el precio lo puso a los pies de los Apóstoles. Un campo no es muy precioso, según lo que después los seguidores de Cristo dejaron; pero escríbese por ser al principio, y por el ejemplo que daban. Estas cosas ponían admiración, y por ser dignas de ejemplo los hombres las escribían; pues las primeras maravillas que Dios en estos gentiles comenzó a obrar, aunque no muy grandes, ponían más admiración que no las muchas y mayores que después y ahora hace con ellos, por ser ya ordinarias; y a este propósito diré aquí en este segundo tratado algunas cosas de las primeras que acontecieron en esta tierra de la Nueva España, y de algunos pueblos que primero recibieron la fe, cuyos nombres en muchas partes serán ignotos, aunque acá todos son bien conocidos, por ser pueblos grandes y algunos

cabezas de provincia. Tratarse ha también en esta segunda parte la dificultad e impedimentos que tuvo el bautismo, y el buen aprovechamiento de
estos naturales.

Capítulo I. En que dice cómo comenzaron los Mexicanos y los de Coatlichán a venir al bautismo y a la doctrina cristiana

Ganada y repartida la tierra por los Españoles, los frailes de San Francisco que al presente en ella se hallaron comenzaron a tratar y a conversar entre los Indios; primero adonde tenían casa y aposento, como fue en México, y en Tetzcoco, Tlaxcallán y Huexotzinco, que en éstos se repartieron los pocos que al principio eran; y en cada provincia de éstas, y en las en que después se tomó casa, que son ya cerca de cuarenta en este año de 1540, había tanto que decir que no bastaría el papel de la Nueva España. Siguiendo la brevedad que a todos aplace, diré lo que yo vi y supe, y pasé en los pueblos que moré y anduve; y aunque yo diga o cuente alguna cosa de una provincia, será del tiempo que en ella moré, y de la misma podrán otros escribir otras cosas allí acontecidas con verdad y más de notar, y mejor escritas que aquí irán, y podrase todo sufrir sin contradicción. En el primer año que a esta tierra llegaron los frailes, los Indios de México y Tlatilolco se comenzaron a ayuntar los de un barrio y feligresía un día, y los de otro barrio otro día, y allí iban los frailes a enseñar y bautizar los niños; y desde a poco tiempo los domingos y fiestas se ayuntaban todos, cada barrio en su cabecera, adonde tenían sus salas antiguas, porque iglesia aún no la había, y los Españoles tuvieron también, obra de tres años, sus misas y sermones en una sala de éstas que servían por iglesia, y ahora es allí en la misma sala la casa de la moneda; pero no se enterraban allí casi nadie, sino en San Francisco el viejo, hasta que después se comenzaron a edificar iglesias. Anduvieron los Mexicanos cinco años muy fríos, o por el embarazo de los Españoles y obras de México, o porque los viejos de los Mexicanos tenían poco calor. Después de pasados cinco años despertaron muchos de ellos e hicieron iglesias, y ahora frecuentan mucho las misas cada día y reciben los sacramentos devotamente.

El pueblo al que primero salieron los frailes a enseñar fue a Cuautitlán, cuatro leguas de México, y a Tepotzotlán, porque como en México había mucho ruido, y entre los hijos de los señores que en la casa de Dios se enseñaban estaban los señoritos de estos dos pueblos, sobrinos o nietos de Moteuczoma, y éstos eran de los principales que en casa había, por respeto de éstos comenzaron a enseñar allí y a bautizar los niños, y siempre se prosiguió la doctrina, y siempre fueron de los primeros y delanteros en toda buena cristiandad, y lo mismo los pueblos a ellos sujetos y sus vecinos.

En el primer año de la venida de los frailes, el padre Fray Martín de Valencia, de santa memoria, vino a México, y tomando un compañero que sabía un poco de la lengua, fuese a visitar los pueblos de la laguna del agua dulce, que apenas se sabía cuántos eran, ni adónde estaban; y comenzando por Xochimileo y Coyoacán, veníanlos a buscar de los otros pueblos, y rogábanles con instancia que fuesen a sus pueblos, y antes que llegasen los salían a recibir, porque ésta es su costumbre, y hallaban que estaba ya toda la gente ayuntada; y luego por escrito y con intérprete les predicaban y bautizaban algunos niños, rogando siempre a Nuestro Señor que su santa palabra hiciese fruto en las ánimas de aquellos infieles, y los alumbrase y convirtiese a su santa fe. Y los Indios señores y principales delante de los frailes destruían sus ídolos, y levantaban cruces, y señalaban sitios para hacer sus iglesias. Así anduvieron todos aquellos pueblos que son dichos, todos principales y de mucha gente, y pedían a Dios ser enseñados, y el bautismo para sí y para sus hijos; lo cual visto por los frailes, daban gracias a Dios con grande alegría, por ver tan buen principio, y en ver que tantos se habían de salvar, como luego sucedió. Entonces dijo el padre Fray Martín, de buena memoria, a su compañero, «muchas gracias sean dadas a Dios, que lo que en otro tiempo el espíritu me mostró, ahora en obra y verdad lo veo, cumplir», y dijo; «que estando él un día en maitines en un convento que se dice Santa María del Hoyo, cerca de Gata y que es en Extremadura, en la provincia de San Gabriel, rezaba ciertas profecías de la venida de los gentiles a la fe, le mostró Dios en espíritu muy gran muchedumbre de gentiles que venían a la fe, y fue tanto el gozo que su ánimo sintió, que comenzó a dar grandes voces»; como más largamente parecerá en la tercera parte, en la vida del dicho Fray Martín de Valencia. Y aunque este santo varón procuró muchas veces de ir entre los infieles a recibir martirio, nunca pudo alcanzar licencia de sus superiores; no porque no le tuviesen por idóneo, que en tanto fue estimado y tenido en España como en estas partes, mas porque Dios lo ordenó así por mayor bien, según se lo dijo una persona muy espiritual, «que cuando fuese tiempo Dios cumpliría su deseo, como Dios se lo había mostrado»; y así fue, que el general le llamó un día y le dijo cómo él tenía determinado de venir a esta Nueva España con muy buenos compañeros, con grandes bulas que del Papa había alcanzado, y por le haber elegido general de la orden, el cual oficio le impedía la pasada, que como cosa de mucha importancia y que él mucho estimaba, le quería enviar y que nombrase doce compañeros cuales él quisiese, y él aceptando la venida vino, por lo cual parece lo a él prometido no haber sido engaño.

Entre los pueblos ya dichos de la laguna dulce, el que más diligencia puso para llevar los frailes a que los enseñasen, y en ayuntar más gente, y en destruir los templos del demonio, fue Cuitlahuac, que es un pueblo fresco y todo cercado de agua, y de mucha gente; y tenían muchos templos del demonio, y todo él fundado sobre agua; por lo cual los Españoles la primera vez que en él entraron le llamaron Venezuela. En este pueblo estaba un buen Indio, el cual era uno de tres señores principales que en él hay, y por ser hombre de más manera y antiguo, gobernaba todo el pueblo: éste envió a buscar a los frailes dos o tres veces, y llegados, nunca se apartaba de ellos, mas antes estuvo gran parte de la noche preguntándoles cosas que deseaba saber de nuestra fe. Otro día de mañana ayuntada la gente después de misa y sermón, y bautizados muchos niños, de los cuales los más eran hijos, y sobrinos, y parientes de este buen hombre que digo; y acabados de bautizar, rogó mucho aquel Indio a Fray Martín que le bautizase, y vista su santa importunación y manera de hombre de muy buena razón, fue bautizado y llamado Don Francisco, y después en el tiempo que vivió fue muy conocido de los Españoles. Aquel Indio hizo ventaja a todos los de la laguna dulce, y trajo muchos niños al monasterio de San Francisco, los cuales salieron tan hábiles, que excedieron a los que habían venido muchos días antes. Este Don Francisco aprovechando cada día en el conocimiento de Dios y en la guarda de sus mandamientos, yendo un día muy de mañana en una barca, que los Españoles llaman *canoa*, por la laguna, oyó un canto muy dulce y de palabras muy admirables, las cuales yo vi y tuve escritas, y muchos frailes las vieron y juzgaron haber sido canto de ángeles, y de allí adelante fue aprovechando más; y al tiempo de su muerte pidió el sacramento de la confesión, y confesado y llamando siempre a Dios, falleció.

La vida y muerte de este buen Indio fue gran edificación para todos los otros Indios, mayormente los de aquel pueblo de Cuitlahuac, en el cual se edificaron iglesias; la principal advocación es de San Pedro, en la obra de la cual trabajó mucho aquel buen Indio Don Francisco. Es iglesia grande y de tres naves, hecha a la manera de España.

Los dos primeros años, poco salían los frailes del pueblo adonde residían, así por saber poco de la tierra y lengua, como por tener bien en que entender adonde residían. El tercer año comenzaron en Tetzcoco de se ayuntar cada día para deprender la doctrina cristiana; y también hubo gran copia de gente al bautismo; y como la provincia de Tetzcoco es muy poblada de gente, en el monasterio y fuera no se podían valer ni dar a manos, porque se bautizaron muchos de Tetzcoco y Huexotzinco, Coatlichán y de Coatepec: aquí en Coatepec comenzaron a hacer iglesia y diéronse mucha prisa para la acabar, y por ser la primera iglesia fuera de los monasterios, llamose Santa María de Jesús. Después de haber andado algunos días por los pueblos sujetos a Tetzcoco, que son muchos, y de lo más poblado de la Nueva España, pasaron adelante a otros, pueblos, y como no sabía mucho de la tierra, saliendo a visitar un lugar salían de otros pueblos a rogarles que fuesen con ellos a decirles la palabra de Dios, y muchas veces otros poblezuelos pequeños salían de través, y los hallaban ayuntados con su comida aparejada esperando y rogando a los frailes que comiesen y los enseñasen. Otras veces iban a partes que ayunaban lo que en otras partes les sobraba, y entre otras partes adonde fueron, fue Otompa, y Tepepolco, y Tollantzinco, que aun desde en buenos años no tuvieron frailes; y entre éstos, Tepepolco lo hizo muy bien, y fue siempre creciendo y aprovechando en el conocimiento de la fe; y la primera vez que llegaron frailes a este lugar, dejado el recibimiento que les hicieron, era una tarde, y como estuviese la gente ayuntada comenzaron luego a enseñarles; y en espacio de tres o cuatro horas muchos de aquel pueblo, antes que de allí se partiesen, supieron persignarse y el Pater Noster. Otro día por la mañana vino mucha gente, y enseñados y predicados lo que convenía a gente que ninguna cosa sabia ni había oído de Dios, ni recibido la palabra de Dios; tomados aparte el señor y principales, y diciéndoles cómo Dios del cielo era verdadero Señor, criador del cielo y de la tierra, y quién era el demonio a quien ellos adoraban y honraban, y cómo los tenía engañados, y otras cosas conforme a ellas; de tal manera se lo supieron decir, que luego allí delante de los frailes destruyeron y quebrantaron todos los ídolos que tenían, y quemaron los teocallis. Este pueblo de Tepepolco está asentado en un recuesto bien alto, adonde estaba uno de los grandes y vistosos templos del demonio que entonces derribaron; porque como el pueblo es grande y tiene otros muchos sujetos, tenia grandes teocallis o templos del demonio; y ésta es regla general en que se conocía el pueblo ser grande o pequeño, en tener muchos teocallis.

Capítulo II. Cuándo y adónde comenzaron las procesiones en esta tierra de la Nueva España, y de la gana con que los Indios vienen a bautizarse

El cuarto año de la llegada de los frailes a esta tierra fue de muchas aguas, tanto que se perdían los maizales y se caían muchas casas. Hasta entonces nunca entre los Indios se habían hecho procesiones, y en Tetzcoco salieron con una pobre cruz; y como hubiese muchos días que nunca cesaba de llover, plugo a Nuestro Señor por su clemencia, y por los ruegos de su Sacratísima Madre, y de San Antonio, cuya advocación es la principal de aquel pueblo, que desde aquel día mismo cesaran las aguas, para confirmación de la flaca y tierna fe de aquellos nuevamente convertidos; y luego hicieron muchas cruces y banderas de santos y otros atavíos para sus procesiones; y los Indios de México fueron luego allí a sacar muestras para lo mismo; y desde a poco tiempo comenzaron en Huexotzinco e hicieron muy ricas y galanas mangas de cruces y andas de oro y pluma; y luego por todas partes comenzaron de ataviar sus iglesias, y hacer retablos, y ornamentos, y salir en procesiones, y los niños deprendieron danzas para regocijarlas más.

En este tiempo en los pueblos que había frailes salían adelante, y de muchos pueblos los venían a buscar y a rogarles que los fuesen a ver, y de esta manera por muchas partes se iba extendiendo y ensanchando la fe de Jesucristo, mayormente en los pueblos de Eecapiztlán y Huaxtepec; para lo cual dieron mucho favor y ayuda los que gobernaban estos pueblos, porque eran Indios quitados de vicios y que no bebían vino; que era esto como cosa de maravilla, así a los Españoles como a los naturales, ver algún Indio que no bebiese vino; porque entre todos los hombres y mujeres adultos era muy general el embeodarse; y como este vicio era fomes y raíz de otros muchos pecados, el que de él se apartaba vivía más virtuosamente. La primera vez que salió fraile a visitar las provincias de Coyxco, y Tlachco fue de Cuauhnahuac, la cual casa se tomó el segundo año de su venida, y en el número fue quinta casa. Desde allí visitando aquellas provincias, en las cuales hay muchos pueblos y de mucha gente, fueron muy bien recibidos, y muchos niños bautizados; y como no pudiesen andar por todos los pueblos, cuando estaba uno cerca de otro venía la gente del pueblo menor al mayor a ser enseñados, y a oír la palabra de Dios, y a bautizar sus niños: y aconteció, como entonces fuese el tiempo de las aguas, que en esta tierra comienzan por abril y acaban en fin de septiembre, poco más o menos, había de venir un pueblo a otro, y en medio estaba un arroyo, y aquella noche llovió tanto, que vino el arroyo hecho un gran río, y la gente que venía no pudo pasar; y allí aguardaron a que acabasen la misa y de predicar y bautizar, y pasaron algunos a nado y fueron a rogar a los frailes, que a la orilla del arroyo les fuesen a decir la palabra de Dios, y ellos fueron, y en la parte donde más angosto estaba el río, los frailes de una parte y los Indios de otra, les predicaron, y ellos no se quisieron ir sin que les bautizasen los hijos; y para esto hicieron una pobre balsa de cañas, que en los grandes ríos arman las balsas sobre unas grandes calabazas, y así los Españoles y su hato pasan grandes ríos; pues hecha la balsa, medio por el agua y medio en los brazos pasáronlos de la otra parte, adonde los bautizaron con harto trabajo por ser tantos.

Yo creo que después que la tierra se ganó, que fue el año de 1521, hasta el tiempo que esto escribo, que es, en el año de 1536, más de cuatro millones de ánimas se bautizaron, y por dónde yo lo sé, adelante se dirá.

Capítulo III. De la prisa que los Indios tenían en venir al bautismo, y de dos cosas que acontecieron en México y en Tetzcoco

Vienen al bautismo muchos, no sólo los domingos y días que para esto están señalados, sino cada día de ordinario, niños y adultos, sanos y enfermos, de todas las comarcas; y cuando los frailes andan visitando, les salen los Indios al camino con los niños en los brazos, y con los dolientes a cuestas, y hasta los viejos decrépitos sacan para que los bauticen. También muchos dejan las mujeres y se casan con sola una, habiendo recibido el bautismo. Cuando van al bautismo, los unos van rogando, otros importunando, otros lo piden de rodillas, otros atando y poniendo las manos, gimiendo y encogiéndose, otros lo demandan y reciben llorando y con suspiros.

En México pidió el bautismo un hijo de Moteuczoma, que fue el gran señor de México, y por estar enfermo aquel su hijo fuimos a su casa, que era junto adonde ahora está edificada la iglesia de San Hipólito, en el cual día fue ganada México, y por eso en toda la Nueva España se hace gran fiesta aquel día, y le tienen por singular patrón de esta tierra. Sacaron al enfermo para bautizarse en una silla, y haciendo el exorcismo, cuando el sacerdote dijo, *ne te lateat Satanas*, comenzó a temblar en tal manera, no sólo el enfermo sino también la silla en que estaba, tan recio que al parecer de todos los que allí se hallaban parecía salir de él el demonio, a lo cual fueron presentes Rodrigo de Paz, que a la sazón era alguacil mayor (y por ser su padrino se llamó el bautizado Rodrigo de Paz), y otros oficiales de su majestad.

En Tetzcoco yendo una mujer bautizada con un niño a cuestas, como en esta tierra se usa traer los niños, el niño era por bautizar; pasando de noche por el patio de los teocallis, que son las casas del demonio, salió a ella el demonio, y echó mano de la criatura, queriéndola tomar a la madre que muy espantada estaba, porque no estaba bautizado ni señalado de la cruz, y la India decía: «Jesús, Jesús»; y luego el demonio dejaba el niño, y en dejando la India de nombrar a Jesús, tornaba el demonio a quererla tomar el niño; esto fue tres veces, hasta que salió de aquel temeroso lugar. Luego otro día por la mañana, porque no le aconteciese otro semejante peligro, trajo el niño a que se le bautizasen, y así se hizo. Ahora es muy de ver los niños que cada día se vienen a bautizar, en especial aquí en Tlaxcallán, que día hay de bautizar cuatro y cinco veces; y con los que vienen el domingo, hay semana que se bautizan niños de pila trescientos, y semana de cuatrocientos, otras de quinientos con los de una legua a la redonda; y si alguna vez hay descuido o impedimento para que se dejen de visitar los pueblos que están a dos y a tres leguas, después cargan tantos que es maravilla.

Asimismo han venido y vienen muchos de lejos a se bautizar con hijos y mujeres, sanos y enfermos, cojos y ciegos y mudos, arrastrando y padeciendo mucho trabajo y hambre, porque esta gente es muy pobre.

En muchas partes de esta tierra bañaban los niños recién nacidos a los ocho o diez días, y en bañando el niño poníanle una rodela pequeñita en la mano izquierda, y una saeta en la mano derecha; y a las niñas daban una escoba pequeñita. Esta ceremonia parecía ser figura del bautismo, que los bautizados habían de pelear con los enemigos del ánima, y habían de barrer y limpiar sus conciencias y ánimas para que viniese Cristo a entrar por el bautismo.

El número de los bautizados cuento por dos maneras; la una por los pueblos y provincias que se han bautizado, y la otra por el número de los sacerdotes que han bautizado. Hay al presente en esta Nueva España obra de sesenta sacerdotes franciscos, que de los otros sacerdotes pocos se han dado a bautizar: aunque han bautizado algunos, el número yo no sé qué tantos serán. Además de los sesenta sacerdotes que digo, se habrán vuelto a España más de otros veinte, algunos de los cuales bautizaron muchos Indios antes que se fuesen, y más de otros veinte que son ya difuntos, que también bautizaron muy muchos, en especial nuestro padre Fray Martín de Valencia, que fue el primer prelado que en esta tierra tuvo veces del Papa, y Fray García de Cisneros, y Fray Juan Caro, un honrado viejo, el cual introdujo y enseñó primero en esta tierra el castellano y el canto de órgano, con mucho trabajo; Fray Juan de Perpiñán y Fray Francisco de Valencia, los que cada uno de éstos bautizó pasarían de cien mil: de los sesenta que al presente son este año de 1536, saco otros veinte que no han bautizado, así por ser nuevos en la tierra como por no saber la lengua; de los cuarenta que quedan echo a cada uno de ellos a cien mil o más, porque algunos de ellos hay que han bautizado cerca de trescientos mil, otros hay de doscientos mil, y a ciento cincuenta mil, y algunos que muchos menos; de manera que con los que bautizaron los difuntos y los que se volvieron a España, serán hasta hoy día bautizados cerca de cinco millones.

Por pueblos y provincias cuento de esta manera. A México y a sus pueblos, y a Xochimilco con los pueblos de la laguna dulce, y a Tlalmanalco y Chalco, Cuauhnahuac con Eecapitztlán, y a Cuauhquechollán y Chietla, más de un millón. A Tetzcoco, Otompa, y Tepepolco, y Tollantzinco, Cuautitlán, Tollán, Xilotepec con sus provincias y pueblos, más de otro millón. A Tlaxcallán, la ciudad de los Ángeles, Cholollán, Huexotzinco, Calpa, Tepeyacac, Zacatlán, Hueplalpán, más de otro millón. En los pueblos de la Mar del Sur, más de otro millón. Y después que esto se ha sacado en blanco se han bautizado más de quinientos mil, porque en esta cuaresma pasada del año de 1537, en sola la provincia de Tepeyacac se han bautizado por cuenta más de sesenta mil ánimas; por manera que a mi juicio y verdaderamente serán bautizados en este tiempo que digo, que serán quince años, más de nueve millones de ánimas de Indios.

Capítulo IV. De los diversos pareceres que hubo sobre el administrar el sacramento del bautismo, y de la manera que se hizo los primeros años

Cerca del administrar este sacramento del bautismo, aunque los primeros años todos los sacerdotes fueron conformes, después como vinieron muchos clérigos y frailes de las otras órdenes, agustinos, dominicos y franciscos, tuvieron diversos pareceres contrarios los unos de los otros: parecíales a los unos que el bautismo se había de dar con las ceremonias que se usan en nuestra España, y no se satisfacían de la manera con que los otros le administraban, y cada uno quería seguir su parecer, y aquel tenía por mejor y más acertado, ora fuese por buen celo, ora sea porque los hijos de Adán todos somos amigos de nuestro parecer; y los nuevamente venidos siempre quieren enmendar las obras de los primeros, y hacer, si pudiesen, que del todo cesasen y se olvidasen, y que su opinión sola valiese; y el mayor mal era que los que esto pretendían no curaban ni trabajaban en deprender la lengua de los Indios, ni en bautizarlos. Estas diversas opiniones y diversos pareceres fueron causa que algunas veces se dejó de administrar el sacramento del bautismo, lo cual no pudo ser sin detrimento de los que le buscaban, principalmente de los niños y enfermos, que morían sin remedio. Ciertamente éstos queja tendrían de los que dieron la causa con sus opiniones e inconvenientes que pusieron, aunque ellos piensen que su opinión era muy santa, y que no había más que pedir; y la misma queja creo yo que tendrían otros niños y enfermos, que venidos a recibir este sacramento, mientras se hacían las ceremonias, antes que llegasen a la sustancia de las palabras se morían. En la verdad ésta fue indiscreción, porque con estos tales ya que querían guardar ceremonias, habían primero de bautizar al enfermo, y asegurado lo principal, pueden después hacer las ceremonias acostumbradas. Demás de lo dicho, otras causas y razones que éstos decían parecerán en los capítulos siguientes.

Los otros que primero habían venido también daban sus razones por donde administraban de aquella manera el bautismo, diciendo que lo hacían con pareceres y consejo de santos doctores y de doctas personas, en especial de un gran religioso y gran teólogo, llamado Fray Juan de Tecto, natural de Gante, catedrático de teología en la universidad de París, que creo no haber pasado a estas partes letrado más fundado, y por tal el Emperador se confesó con él. Este Fray Juan de Tecto, con dos compañeros, vino en el mismo año que los doce ya dichos, y falleció el segundo año de su llegada a estas partes, con uno de sus compañeros también docto. Estos dos padres, con los doce, consultaron con mucho acuerdo cómo se debía proceder en los sacramentos y doctrina con los Indios, allegándose a algunas instrucciones que de España habían traído, de personas muy doctas y de su ministro general el señor cardenal de Santa Cruz; y dando causas y razones, alegaban doctores muy excelentes y derechos suficientes, y demás de esto decían que ellos bautizaban a necesidad y por haber falta de clérigos, y que cuando hubiese otros que bautizasen, ayudarían en las predicaciones y confesiones, y que por entonces tenían experiencia que hasta que cesase la multitud de los que venían a bautizarse, y muchos más que en los años pasados se habían bautizado, y los sacerdotes habían sido tan pocos, que no podían hacer el oficio con la pompa y ceremonias que hace un cura cuando bautiza una sola criatura en España, adonde hay tantos ministros. Acá en esta nueva conversión, ¿cómo podrá un solo sacerdote bautizar a dos y tres mil en un día, y a todos dar saliva, flato, y candela, y alba, y hacer sobre cada uno particularmente todas las ceremonias, y meterlos en la iglesia adonde no las había? Esto no lo podrá bien sentir sino los que vieron la falta en los tiempos pasados. ¿Y cómo podrían dar candela encendida bautizando con gran viento en los patios, ni dar saliva a tantos? Pues el vino para decir las misas muchas veces se hallaba con trabajo, que era imposible guardar las ceremonias con todos, adonde no había iglesias, ni pilas, ni abundancia de sacerdotes, sino que un solo sacerdote había de bautizar, confesar, desposar y velar, y enterrar, y predicar, y rezar, y decir misa, deprender la lengua, enseñar la doctrina cristiana a los niños, y a leer y cantar, y por no poderse hacer hacían lo de esta manera. Al tiempo del bautismo ponían todos juntos los que se habían de bautizar, poniendo los niños delante, y hacían sobre todos el oficio del bautismo, y sobre algunos pocos la ceremonia de la cruz, flato, sal, saliva, alba; luego bautizaban los niños cada uno por sí en agua bendita, y esta orden siempre se guardó en cuanto yo he sabido. Solamente supe de un letrado que pensaba que sabía lo que hacía, que bautizó con hisopo, y éste fue después uno de los que trabajaron en estorbar el bautismo de los otros. Tornando al propósito digo: que bautizados primero los niños, tornaban a predicar y decir a los adultos examinados lo que habían de creer, y lo que habían de aborrecer, y lo que habían de hacer en el matrimonio, y luego bautizaban a cada uno por sí.

Esto tuvo tantas contradicciones que fue menester juntarse toda la Iglesia que hay en estas partes, así obispos, y otros prelados, como los señores de la Audiencia Real, adonde se alteró la materia, y fue llevada la relación a España; la cual vista por el Consejo Real y de Indias, y por el señor arzobispo de Sevilla, respondieron, que se debía continuar lo comenzado hasta que se consultase con Su Santidad. Y en la verdad, aunque no faltaban letras, y los que vinieron primero trajeron, como dicho es, autoridad apostólica y de su opinión eran santos y excelentes doctores; pero gran ciencia es saber la lengua de los Indios y conocer esta gente, y los que no se ejercitasen primero a lo menos tres o cuatro años no deberían hablar absolutamente en esta materia, y por esto permite Dios que los que luego como vienen de España quieren dar nuevas leyes, y seguir sus pareceres, y juzgar y condenar a los otros y tenerlos en poco, caigan en confusión y hagan cegueras, y sus yerros sean como viga de lagar y una paja lo que reprendían. ¡Oh! y cómo he visto esto por experiencia ser verdad muchas veces en esta tierra; y esto viene del poco temor de Dios, y poco amor con el prójimo, y mucho con el interés; y para semejantes casos proveyó sabiamente la Iglesia, que en la conversión de algunos infieles y tierras nuevas, «los ministros que a la postre vinieren se conformen con los primeros hasta tener entera noticia de la tierra y gente adonde llegaren».

La lengua es menester para hablar, predicar, conversar, enseñar, y para administrar todos los sacramentos; y no menos el conocimiento de la gente, que naturalmente es temerosa y muy encogida, que no parece sino que nacieron para obedecer, y si los ponen al rincón allí se están como enclavados: muchas veces vienen a bautizarse y no lo osan demandar ni decir; por lo cual no los deben examinar muy recio, porque yo he visto a muchos de ellos que saben el Pater Noster y el Ave María y la doctrina cristiana, y cuando el sacerdote se lo pregunta, se turban y no lo aciertan a decir; pues a estos tales no se les debe negar lo que quieren, pues es suyo el reino de Dios, porque apenas alcanzan una estera rota en que dormir, ni una buena manta que traer cubierta, y la pobre casa que habitan rota y abierta al sereno de Dios; y ellos simples y sin ningún mal, ni codiciosos de intereses, tienen gran cuidado de aprender lo que les enseñan, y más en lo que toca a la fe; y saben y entienden muchos de ellos cómo se tienen de salvar e irse a bautizar dos y tres jornadas; sino que es el mal que algunos sacerdotes que los comienzan a enseñar, los querrían ver tan santos en dos días que con ellos trabajan, como si hubiese diez años que los estuviesen enseñando, y como no les parecen tales déjanlos: parécenme los tales a uno que compró un carnero muy flaco y diole a comer un pedazo de pan, y luego tentole la cola para ver si estaba gordo.

Lo que de esta generación se puede decir es, que son muy extraños de nuestra condición, porque los Españoles tenemos un corazón grande y vivo como fuego, y estos Indios y todas las animalias de esta tierra naturalmente son mansos, y por su encogimiento y condición descuidados en agradecer, aunque muy bien sienten los beneficios, y como no son tan prestos a nuestra condición son penosos a algunos Españoles; pero hábiles son para cualquiera virtud, y habilísimos para todo oficio y arte, y de gran memoria y buen entendimiento.

Estando las cosas muy diferentes, y muchos pareceres muy contrarios unos de otros, sobre la manera y ceremonias con que se había de celebrar el sacramento del bautismo, llegó una bula del Papa, la cual mandaba y dispensaba en la orden que en ello se había de tener; y para mejor la poder poner por la obra, en el principio del año 1539 se ayuntaron, de cinco obispos que en esta tierra hay los cuatro; y vieron la bula del papa Paulo III, y vista la determinaron que se guardase de esta manera. El catecismo dejáronle al albedrío del ministro. El exorcismo, que es el oficio del bautismo, abreviáronle cuanto fue posible, rigiéndose por un misal romano, y mandaron que a todos los que se hubiesen de bautizar se les ponga óleo y crisma, y que esto se guardase por todos inviolablemente, así con pocos como con muchos, salvo urgente necesidad. Sobre esta palabra urgente hubo hartas diferencias y pareceres contrarios, sobre cuál se entendería urgente necesidad, porque en tal tiempo una mujer, y un Indio, y aun un Moro, pueden bautizar en fe de la Iglesia; y por esto fue puesto silencio al bautismo de los adultos, y en muchas partes no se bautizaban sino niños y enfermos. Esto duró tres o cuatro meses, hasta que en un monasterio que está en un llano que se llama Quecholac, los frailes se determinaron de bautizar a cuantos viniesen, no obstante lo mandado por los obispos; lo cual como fue sabido por toda aquella provincia, fue tanta la gente que vino, que si yo por mis propios ojos no lo viera no lo osara decir; más verdaderamente era gran multitud de gente la que venía, porque además de los que venían sanos, venían muchos cojos y mancos, y mujeres con los niños a cuestas, y muchos viejos canos y de mucha edad, y venían de dos y de tres jornadas a bautizarse; entre los cuales vinieron dos viejas, asida la una a la otra, que apenas se podían tener, y pusiéronse con los que se querían bautizar, y el que las había de bautizar y las examinaba quísolas echar, diciendo que no estaban bien enseñadas; a lo cual la una de ellas respondió, diciendo: «¿A mí que creo en Dios me quieres echar fuera de la iglesia? Pues si tú me echas fuera de la casa del misericordioso Dios, ¿adónde iré? ¿no ves de cuán lejos vengo, y si me vuelvo sin bautizar en el camino me moriré? Mira que creo en Dios; no me eches de su iglesia».

Estas palabras bastaron para que las dos viejas fuesen bautizadas y consoladas con otros muchos; porque digo verdad, que en cinco días que estuve en aquel monasterio, otro sacerdote y yo bautizamos por cuenta catorce mil y doscientos y tantos, poniendo a todos óleo y crisma, que no nos fue pequeño trabajo. Después de bautizados es cosa de ver el alegría y regocijo que llevan con sus hijuelos a cuestas, que parece que no caben en sí de placer.

En este mismo tiempo también fueron muchos al monasterio de Tlaxcallán a pedir el bautismo, y como se lo negaron, era la mayor lástima del mundo ver lo que hacían, y cómo lloraban, y cuán desconsolados estaban, y las cosas y lástimas que decían, tan bien dichas, que ponían gran compasión a quien los oía, e hicieron llorar a muchos de los Españoles que se hallaron presentes, viendo cómo muchos de ellos venían de tres y de cuatro jornadas, y era en tiempo de aguas, y venían pasando arroyos y ríos con mucho trabajo y peligro; la comida paupérrima y que apenas les basta, si no que a muchos de ellos se les acaba en el camino; las posadas son adonde les toma la noche, debajo de un árbol, si le hay; no traen sino cruz y penitencia. Los sacerdotes que allí se hallaron, vista la importunación de estos Indios, bautizaron los niños y los enfermos, y algunos que no los podían echar de la iglesia; porque diciéndoles que no los podían bautizar, respondían: «Pues en ninguna manera nos iremos de aquí sin el bautismo, aunque sepamos que aquí nos tenemos de morir». Bien creo que si los que lo mandaron y los que lo estorbaron vieran lo que pasaba, que no mandaran una cosa tan contra razón, ni tomaran tan gran carga sobre sus conciencias, y seria justo que creyesen a los que lo ven y tratan cada día, y conocen lo que los Indios han menester, y entienden sus condiciones.

Oído he yo por mis oídos a algunas personas decir que sus veinte años o más de letras no los quieren emplear en gente tan bestial; en lo cual me parece que no aciertan, porque a mi parecer no se pueden las letras mejor emplear que en mostrar al que no lo sabe el camino por donde se tiene de salvar y conocer a Dios. Cuánto más obligados serán a estos pobres Indios, que los deberían regalar como a gusanos de seda, pues de su sudor y trabajo se visten y enriquecen los que por ventura vienen sin capas de España. En este mismo tiempo que digo, entre los muchos que se vinieron a bautizar, vinieron hasta quince hombres mudos, y no fueron muchos según la gran copia de gente que se bautizó en estos dos monasterios, porque en Cuauhquechollán que duró más tiempo el bautizar, se bautizaron cerca de ochenta mil ánimas, y en Tlaxcallán más de veinte mil: estos mudos hacían muchos ademanes, poniendo las manos, y encogiendo los hombros, y alzando los ojos al cielo, y todo dando a entender la voluntad y gana con que venían a recibir el bautismo. Asimismo vinieron muchos ciegos, entre los cuales vinieron dos, que eran marido y mujer, ambos ciegos, asidos por las manos, y adestrábanlos tres hijuelos, que también los traían a bautizar, y traían para todos sus nombres de cristianos; y después de bautizados iban tan alegres y tan regocijados, que se les parecía bien la vista que en el ánima habían cobrado, con la nueva lumbre de la gracia que con el bautismo recibieron.

Capítulo V. De cómo y cuándo comenzó en la Nueva España el sacramento de la penitencia y confesión y de la restitución que hacen los Indios

De los que reciben el sacramento de la penitencia ha habido y cada día pasan cosas notables, y las más y casi todas son notorias a los confesores, por las cuales conocen la gran misericordia y bondad de Dios que así trae los pecadores a verdadera penitencia; para en testimonio de lo cual, contaré algunas como que he visto, y otras que me han contado personas dignas de todo crédito.

Comenzase este sacramento en la Nueva España en el año de 1526, en la provincia de Tetzcoco, y con mucho trabajo, porque como era gente nueva en la fe apenas se les podía dar a entender qué cosa era este sacramento; hasta que poco a poco han venido a se confesar bien y verdaderamente, como adelante parecerá.

Algunos que ya saben escribir traen sus pecados puestos por escrito, con muchas particularidades de circunstancias, y esto no lo hacen una vez en el año, sino en las pascuas y fiestas principales, y aún muchos hay que si se sienten con algunos pecados se confiesan mas a menudo, y por esta causa son muchos los que se vienen a confesar; mas como los confesores son pocos, andan los Indios de un monasterio en otro buscando quien los confiese, y no tienen en nada irse a confesar quince y veinte leguas; y si en alguna parte hallan confesores, luego hacen senda como hormigas; esto es cosa muy ordinaria, en especial en la cuaresma, porque el que así no lo hace no le parece que es cristiano.

De los primeros pueblos que salieron a buscar este sacramento de la penitencia fueron los de Tehuacán, que iban muchos hasta Huexotzinco, que son veinte y cinco leguas, a se confesar: éstos trabajaron mucho hasta que llevaron frailes a su pueblo, y hase hecho allí un muy buen monasterio, y que ha hecho mucho provecho en todos los pueblos de la comarca, porque este pueblo de Tehuacán está de México cuarenta leguas, y está en la frontera de muchos pueblos asentado al pie de unas sierras y de allí se visitan muchos pueblos y provincias. Esta gente es dócil, y muy sincera, y de buena condición, más que no la mexicana; bien así como en España, en Castilla la Vieja y más hacia Burgos, son más afables y de buena índole y parece otra masa de gente, que desde Ciudad Rodrigo hacia Extremadura y el Andalucía, que es gente más recatada y resabida; así se puede acá decir, que los Mexicanos y sus comarcas son como Extremeños y Andaluces, y los Mixtecos, Zapotecos, Pinomes, Mazatecos, Cuitlatecos, Mixes, éstos digo que son más obedientes, mansos y bien acondicionados, y dispuestos para todo acto virtuoso, por lo cual aquel monasterio de Tehuacán ha causado gran bien.

Habría mucho que decir de los pueblos y provincias que han venido a él cargados con grandísima cantidad de ídolos, que han sido tantos que ha sido una cosa de admiración. Entre los muchos que allí vinieron vino una señora de un pueblo llamado Tetzitepec, con muchas cargas de ídolos, que traía para que los quemasen, y para que la enseñasen y dijesen lo que tenía de hacer para servir a Dios, la cual después de ser enseñada recibió el bautismo, y dijo: «que no se quería, volver a su casa hasta que hubiese dado gracias a Dios por el beneficio y merced que la había hecho en dejarla y alumbrarla para que le conociese», y determinase de estar allí algunos días para aprender algo e ir mejor informada en la fe. Había esta señora traído consigo dos hijos suyos a lo mismo que ella vino, y al que heredaba el mayorazgo mandó que se enseñase, no sólo para lo que a él tocaba, sino también para que enseñase y diese ejemplo a sus vasallos. Pues estando esta señora y nueva cristiana en tan buena obra ocupada, y con gran deseo de servir a Dios, adoleció, de la cual enfermedad murió en breve término, llamando a Dios y a Santa María, y demandando perdón de sus pecados.

Después en este pueblo de Tehuacán en el año de 1540, el día de pascua de la Resurrección, vi una cosa muy de notar, y es que vinieron a oír los oficios divinos de la semana santa y a celebrar la fiesta de la pascua Indios y señores principales de cuarenta provincias y pueblos, y algunos de ellos de cincuenta y sesenta leguas, que ni fueron compelidos ni llamados, y entre éstos había de doce naciones y doce lenguas diferentes. Estos todos después de haber oído los divinos oficios hacían oración particular a Nuestra Señora de la Concepción, que así se llama aquel monasterio. Éstos que así vienen a las fiestas siempre traen consigo muchos para se bautizar, y casar, y confesar, y por esto hay siempre en este monasterio gran concurso de gente.

Restituyen muchos de los Indios lo que son a cargo, antes que vengan a los pies del confesor, teniendo por mejor pagar aquí, aunque queden pobres, que no en la muerte; y de esto hay cada cuaresma notables cosas, de las cuales diré una que aconteció en los primeros años que se ganó esta tierra.

Yéndose un Indio a confesar, era en cargo cierta cantidad, y como el confesor le dijese que no podía recibir entera absolución si no restituía primero lo que era en cargo, porque así lo mandaba la ley de Dios y lo requiere la caridad del prójimo, finalmente luego aquel día trajo diez tejuelos de oro, que cada uno pesaría a cinco o a seis pesos, que era la cantidad que él debía, queriendo él más quedar pobre, que no que se le negase la absolución. Aunque la hacienda que le quedaba no pienso que valía la quinta parte de lo que restituyó, mas quiso pasar su trabajo con lo que le quedaba, que no irse sin ser absuelto, y por no esperar en purgatorio a sus hijos o testamentarios que restituyesen por él, lo que él en su vida podía hacer.

Había un hombre principal, de un pueblo llamado Cuauhquechollán natural, llamado por nombre Juan; éste con su mujer e hijos por espacio de tres años venía por las pascuas y fiestas principales al monasterio de Huexotzinco, que son ocho leguas; y estaba en cada fiesta de éstas ocho o diez días, en los cuales él y su mujer se confesaban y recibían el Santo Sacramento, y lo mismo algunos de los que consigo traía, que como era el más principal después del señor, y casado con una señora del linaje del gran Moteuczoma señor de México, seguíale mucha gente, así de su casa como otros que se le allegaban por su buen ejemplo, el cual era tanto, que algunas veces venía con él el señor principal con otra mucha gente; de los cuales muchos se bautizaban, otros se desposaban y confesaban, porque en su pueblo no había monasterio, ni le hubo desde en cuatro años. Y como en aquel tiempo pocos despertasen del sueño de sus errores, edificábanse mucho, así los naturales como los Españoles, y maravillábanse tanto de aquel Juan, que decían que les daba gran ejemplo, así en la iglesia como en su posada. Este Juan vino una pascua de Navidad, y traía hecha una camisa, que entonces no se las vestían más de los que servían en la casa de Dios, y dijo a su confesor: «Ves aquí traigo esta camisa para que me la bendigas y me la vistas; y pues que ya tantas veces me he confesado, como tú sabes, querría, si te parece que estoy para ello, recibir el Cuerpo de mi Señor Jesucristo, que cierto mi ánima lo desea en gran manera». El confesor, como lo había confesado muchas veces y conocía la disposición que en él había, diole el Santo Sacramento, tanto por el Indio deseado: y cuando confesó y comulgó estaba sano, y luego desde a tres días adoleció y murió brevemente, llamando a Dios y dándole gracias por las mercedes que le había hecho. Fue tenida entre los Españoles la muerte de este Indio por una cosa muy notada, y venida por los secretos juicios de Dios para salvación de su ánima, porque verdaderamente era tenido por buen cristiano, según se había mostrado en muchas buenas obras que en su vida hizo.

El señor de este pueblo de Cuauhquechollán, que se dice Don Martín, procuró mucho de llevar frailes a su pueblo, e hízose un devoto monasterio, aunque pequeño, que ha aprovechado mucho, porque la gente es de buena masa y bien inclinada; vienen allí de muchas partes a recibir los sacramentos.

En todas partes y más en esta provincia de Tlaxcallán, es cosa muy de notar ver a las personas viejas y cansadas la penitencia que hacen, y cuán bien se quieren entregar en el tiempo que perdieron estando en el servicio del demonio. Ayunan muchos viejos la cuaresma, y levántanse cuando oyen la campana de maitines, y hacen oración y disciplínanse, sin nadie los poner en ello; y los que tienen de que poder hacer limosna buscan pobres para la hacer, en especial en las fiestas; lo cual en el tiempo pasado no se solía hacer, ni había quien mendigase, que el pobre y el enfermo allegábase a algún pariente o a la casa del principal señor, y allí se estaban pasando mucho trabajo, y algunos de ellos se morían allí sin hallar quien los consolase.

En esta provincia de Cuauhnahuac había un hombre viejo de los principales del pueblo, que se llamaba Pablo, y en el tiempo que yo en aquella casa moré todos le tenían por ejemplo; y en la verdad era persona que ponía freno a los vicios y espuelas a la virtud; éste continuaba mucho en la iglesia, y siempre le veían con las rodillas desnudas en tierra, y aunque era viejo y todo vano, estaba tan derecho y recio, al parecer, como un mancebo: pues perseverando este Pablo en su buen propósito vínose a confesar generalmente, que entonces pocos se confesaban, y luego como se confesó adoleció de su postrera enfermedad, en la cual se tornó a confesar otras dos veces, e hizo testamento, en el cual mandó distribuir con pobres algunas cosas; el cual hacer de testamento no se acostumbraba en esta tierra, sino que dejaban las casas y heredades a sus hijos, y el mayor, si era hombre, lo poseía y tenía cuidado de sus hermanos y hermanas, y yendo los hermanos creciendo y casándose, el hermano mayor partía con ellos según tenía; y si los hijos eran por casar, entrábanse en la hacienda los mismos hermanos, digo en las heredades, y de ellas mantenían a sus sobrinos y de la otra hacienda. Todas las mantas y ropas, los señores principales después de traídas algunos días, que como son blancas y delgadas presto parecen viejas o se ensucian, guardábanlas; y cuando morían enterrábanlos con ellas, algunos con muchas, otros con pocas, cada uno conforme a quien era. También enterraban con los señores las joyas y piedras y oro que tenían. En otras partes dejábanlas a sus hijos, y si era señor, ya sabían según su costumbre cuál hijo había de heredar; señalaba, empero, algunas veces en la muerte el padre a algún hijo, cual él quería, para que quedase y heredase el estado, y era luego obedecido: ésta era su manera de hacer testamento.

Cuanto a la restitución que éstos Indios hacen, es muy de notar, porque restituyen los esclavos que tenían antes que fuesen cristianos, y los casan, y ayudan, y dan con que vivan; pero tampoco se sirven estos Indios de sus esclavos con la servidumbre y trabajo que los Españoles, porque los tienen casi como libres en sus estancias y heredades, adonde labran cierta parte para sus amos, y parte para sí, y tienen sus casas, y mujeres, e hijos, de manera que no tienen tanta servidumbre que por ella se huyan y vayan de sus amos; vendíanse y comprábanse estos esclavos entre ellos, y era costumbre muy usada; ahora como todos son cristianos, apenas se vende Indio, antes muchos de los convertidos tornan a buscar los que vendieron y los rescatan para darles libertad, cuando los pueden haber, y cuando no, hay muchos de ellos que restituyen el precio por que le vendieron.

Estando yo escribiendo esto, vino a mí un Indio pobre y díjome: «Yo soy a cargo de ciertas cosas; ves aquí traigo un tejuelo de oro que valdrá la cantidad; dime cómo y a quién lo tengo de restituir: y también vendí un esclavo días ha, y hele buscado y no lo puedo descubrir; aquí tengo el precio de él: ¿bastará darlo a los pobres, o qué me mandas que haga?». Restituyen asimismo las heredades que poseían antes que se convirtiesen, sabiendo que no las pueden tener con buena conciencia, aunque las hayan heredado ni adquirido según sus antiguas costumbres; y las que son propias suyas y tienen con buen título, reservan a los macehuales o vasallos de muchas imposiciones y tributos que les solían llevar; y los señores y principales procuran mucho que sus macehuales sean buenos cristianos y vivan en la ley de Jesucristo: cumplen muy bien lo que les es mandado en penitencia, por grave cosa que sea, y muchos de ellos hay que si cuando se confiesan no les mandan que se azoten, que les pesa, y ellos mismos dicen al confesor: «¿Porqué no me mandas disciplinar?» Porque lo tienen por gran mérito, y así se disciplinan muchos de ellos todos los viernes de la cuaresma, de iglesia en iglesia, y lo mismo hacen en tiempo de falta de agua y de salud; y adonde yo creo que más esto se usa es en esta provincia de Tlaxcallán.

Capítulo VI. De cómo los Indios se confiesan por figuras y caracteres; y de lo que aconteció a dos mancebos Indios en el artículo de la muerte

Una cuaresma estando yo en Cholollán, que es un gran pueblo cerca de la ciudad de los Ángeles, eran tantos los que venían a confesarse, que yo no podía darles recado como yo quisiera, y díjeles: yo no tengo de confesar sino a los que trajeren sus pecados escritos y por figuras, que esto es cosa que ellos saben y entienden, porque ésta era su escritura; y no lo dije a sordos, porque luego comenzaron tantos a traer sus pecados escritos, que tampoco me podía valer, y ellos con una paja apuntando, y yo con otra ayudándoles, se confesaban muy brevemente; y de esta manera, hubo lugar de confesar a muchos, porque ellos lo traían tan bien señalado con caracteres y figuras, que poco más era menester preguntarles de lo que ellos traían allí escrito o figurado; y de esta manera se confesaban muchas mujeres de las Indias que son casadas con Españoles, mayormente en la ciudad de los Ángeles, que después de México es la mejor de toda la Nueva España, como se dirá adelante en la tercera parte. Este mismo día que esto escribo, que es viernes de Ramos del presente año de 1537, falleció aquí en Tlaxcallán un mancebo natural de Cholollán llamado Benito, el cual estando sano y bueno se vino a confesar, y desde a dos días adoleció en una casa lejos del monasterio; y dos días antes que muriese, estando muy malo, vino a esta casa, que cuando yo le vi me espanté, de ver cómo había podido llegar a ella, según su gran flaqueza, y me dijo que se venía a reconciliar porque se quería morir; y después de confesado, descansando un poco díjome: que había sido llevado su espíritu al infierno, adonde de sólo el espanto había padecido mucho tormento; y cuando me lo contaba temblaba del miedo que le había quedado, y díjome: que cuando se vio en aquel espantoso lugar, llamó a Dios demandándole misericordia, y que luego fue llevado a un lugar muy alegre, adonde le dijo un ángel: «Benito, Dios quiere haber misericordia de ti; ve y confiésate, y aparéjate muy bien, porque Dios manda que vengas a este lugar a descansar».

Semejante cosa que ésta aconteció a otro mancebo natural de Chiautempán, que es una legua de Tlaxcallán, llamado Juan de la Cruz, el cual tenía cargo de saber los niños que nacían en aquel pueblo, y el domingo recogerlos y llevarlos a bautizar; y como adeleciese de la enfermedad de que murió, fue su espíritu arrebatado y llevado por unos negros, los cuales le llevaron por un camino muy triste y de mucho trabajo, hasta un lugar de muchos tormentos; y queriendo los que le llevaban echarle en ellos, comenzó a grandes voces a decir: «Santa María, Santa María»: (que es su manera de llamar a Nuestra Señora): «Señora, ¿porqué me echan aquí? ¿Yo no llevaba los niños a hacer cristianos, y los llevaba a la casa de Dios? ¿Pues en esto yo no serví a Dios y a vos, Señora mía? Pues Señora, valedme y sacadme de aquí, que de mis pecados yo me enmendaré». Y diciendo esto fue sacado de aquel temeroso lugar, y vuelta su ánima al cuerpo; a esto dice la madre, que le tenía por muerto aquel tiempo que estuvo sin espíritu. Todas estas cosas, y otras de grande admiración, dijo aquel mancebo llamado Juan, el cual murió de la misma enfermedad, aunque duró algunos días doliente. Muchos de estos convertidos han visto y cuentan diversas revelaciones y visiones, las cuales, visto la sinceridad y simpleza con que las dicen, parece que es verdad; más porque podría ser al contrario, yo no las escribo, ni las afirmo, ni las repruebo, y también porque de muchos no sería creído.

El Santísimo Sacramento se daba en esta tierra a muy pocos de los naturales, sobre lo cual hubo diversas opiniones y pareceres de letrados, hasta que vino una bula del papa Paulo III, por la cual, vista la información que se le hizo, mandó que no se les negase, sino que fuesen administrados como los otros cristianos.

En Huexotzinco, en el año 1528, estando un mancebo llamado Diego, criado en la casa de Dios, hijo de Miguel, hermano del señor del lugar; estando aquel hijo suyo enfermo, después de confesado demandó el Santísimo Sacramento muchas veces con mucha importunación, y como disimulasen con él no se le queriendo dar, vinieron a él dos frailes en hábito de San Francisco y comulgáronle, y luego desaparecieron, y el Diego enfermo quedó muy consolado, y entrando luego su padre a darle de comer, respondió el hijo diciendo, que ya había comido lo que él deseaba, y que no quería comer más, que él estaba satisfecho. El padre maravillado preguntole, ¿que quién le había dado de comer? Respondió el hijo: «¿No viste aquellos dos frailes que de aquí salieron ahora? pues aquellos me dieron lo que yo deseaba y tantas veces había pedido»: y luego desde a poco falleció.

Muchos de nuestros Españoles son tan escrupulosos que piensan que aciertan en no comulgar, diciendo que no son dignos, en lo cual gravemente yerran y se engañan, porque si por merecimientos había de ser, ni los ángeles ni los santos bastarían: mas quiere Dios que baste que te tengas por indigno, confesándote y haciendo lo que es en ti; y el cura que lo tal niega al que lo pide, pecaría mortalmente.

Capítulo VII. De donde comenzó en la Nueva España el sacramento del matrimonio, y de la gran dificultad que hubo en que los indios dejasen las muchas mujeres que tenían

El sacramento del matrimonio en esta tierra de Anáhuac, o Nueva España, se comenzó en Tetzcoco. En el año de 1526, domingo 14 de octubre, se desposó y caso pública y solemnemente Don Hernando hermano del señor de Tetzcoco con otros siete compañeros suyos, criados todos en la casa de Dios, y para esta fiesta llamaron de México, que son cinco leguas, a muchas personas honradas, para que les honrasen y festejasen sus bodas; entre los cuales vinieron Alonso de Ávila y Pedro Sánchez Farfán, con sus mujeres, y trajeron otras personas honradas que ofrecieron a los novios a la manera de España, y les trajeron buenas joyas, y trajeron también mucho vino, que fue la joya con que más todos se alegraron: y porque estas bodas habían de ser ejemplo de toda la Nueva España, veláronse muy solemnemente, con las bendiciones y arras y anillo, como lo manda la Santa Madre Iglesia. Acabada la misa, los padrinos con todos los señores y principales del pueblo, que Tetzcoco fue muy gran cosa en la Nueva España, llevaron sus ahijados al palacio o casa del señor principal, yendo delante muchos cantando y bailando; y después de comer hicieron muy gran netotiliztli o baile. En aquel tiempo ayuntábanse a un baile de estos mil y dos mil Indios. Dichas las vísperas, y saliendo al patio adonde bailaban, estaba el tálamo bien aderezado, y allí delante de los novios ofrecieron al uso de Castilla los señores y principales y parientes del novio, ajuar de casa y atavíos para sus personas; y el marqués del Valle mandó aun su criado que allí tenía, que ofreciese en su nombre, el cual ofreció muy largamente.

Pasaron tres o cuatro años que no se velaban, sino los que se criaban en la casa de Dios, sino que todos se estaban con las mujeres que querían, y había algunos que tenían hasta doscientas mujeres, y de allí abajo cada uno tenía las que quería; y para esto, los señores y principales robaban todas las mujeres, de manera que cuando un Indio común se quería casar apenas hallaba mujer; y queriendo los religiosos españoles poner remedio en esto, no hallaban manera para lo hacer, porque como los señores tenían las más mujeres, no las querían dejar, ni ellos se las podían quitar, ni bastaban ruegos, ni amenazas, ni sermones, ni otra cosa que con ellos se hiciese, para que dejadas todas se casasen con una sola en haz de la Iglesia; y respondían que también los Españoles tenían muchas mujeres, y si les decíamos que las tenían para su servicio, decían que ellos también las tenían para lo mismo; y así aunque estos Indios tenían muchas mujeres con quien según su costumbre eran casados, también las tenían por manera de granjería, porque las hacían a todas tejer y hacer mantas y otros oficios de esta manera; hasta que ya ha placido a Nuestro Señor que de su voluntad de cinco o seis años a esta parte comenzaron algunos a dejar la muchedumbre de mujeres que tenían y a contentarse con una sola, casándose con ella como lo manda la Iglesia; y con los mozos que de nuevo se casan son ya tantos, que hinchen las iglesias, porque hay día de desposar cien pares, y días de doscientos y de trescientos, y días de quinientos; y como los sacerdotes son tan pocos reciben mucho trabajo, porque acontece un solo sacerdote tener muchos que confesar, y bautizar, y desposar, y velar, y predicar, y decir misa, y otras cosas que no puede dejar. En otras partes he visto que a una parte están unos examinando casamientos, otros enseñando, los que se tienen de bautizar, otros que tienen cargo de los enfermos, otros de los niños que nacen, otros de diversas lenguas e intérpretes que declaran a los sacerdotes las necesidades con que los Indios vienen, otros que proveen para celebrar las fiestas de las parroquias y pueblos comarcanos, que por quitarles y desarraigarles las fiestas viejas celebran con solemnidad, así de oficios divinos y en la administración de los sacramentos, como con bailes y regocijos; y todo es menester hasta desarraigarlos de las malas costumbres con que nacieron. Mas tornando al propósito, y para que se entienda el trabajo que los sacerdotes tienen, diré cómo se ocupó un sacerdote, que estando escribiendo esto, vinieron a llamar de un pueblo una legua de Tlaxcallán, que se dice Santa Ana de Chiautempán, para que confesase ciertos enfermos y también para bautizar.

Llegado el fraile halló más de treinta enfermos para confesar, y doscientos pares para desposar, y muchos que bautizar, y un difunto que enterrar, y también tenía de predicar al pueblo que estaba ayuntado. Bautizó este fraile aquel día entre chicos y grandes mil y quinientos, poniéndoles a todos óleo y crisma, y confesé en este mismo día quince personas, aunque era una hora de noche y no había acabado: esto no le aconteció a este solo sacerdote, sino a todos los que acá están, que se quieren dar a servir a Dios y a la conversión y salud de las ánimas de los Indios, y esto acontece muy ordinariamente.

En Tzompantzinco, que es pueblo de harta gente, con una legua a la redonda que todo es bien poblado, un domingo ayuntáronse todos para oír la misa, y desposáronse, así antes de misa como después por todo el día, cuatrocientos cincuenta pares, y bautizáronse más de setecientos niños y quinientos adultos. A la misa del domingo se velaron doscientos pares, y el lunes adelante se desposaron ciento cincuenta pares, y los más de éstos se fueron a velar a Tecoac, tras los frailes; y estos todos lo hacen ya de su propia voluntad, sin parecer que reciben ningún trabajo ni pesadumbre: en Tecoac se bautizaron otros quinientos, y se desposaron doscientos cuarenta pares, y luego el martes se bautizaron otros ciento, y se desposaron cien pares. La vuelta fue por otros pueblos a do se bautizaron muchos, y hubo día que se desposaron más de setecientos cincuenta pares; y en esta casa de Tlaxcallán y en otra, se desposaron en un día más de mil pares, y en los otros pueblos era de la misma manera, porque en este tiempo fue el fervor de casarse los Indios naturales con una sola mujer; y ésta tomaban, aquella con quien estando en su gentilidad primero habían contraído matrimonio.

Para no errar ni quitar a ninguno su legítima mujer, y para no dar a nadie, en lugar de mujer, manceba, había en cada parroquia quien conocía a todos los vecinos, y los que se querían desposar venían con todos sus parientes, y venían con todas sus mujeres, para que todas hablasen y alegasen en su favor, y el varón tomase la legítima mujer, y satisfaciese a las otras, y les diese con que se alimentasen y mantuviesen los hijos que les quedaban. Era cosa de ver verlos venir, porque muchos de ellos traían un hato de mujeres e hijos como de ovejas, y despedidos los primeros venían otros Indios que estaban muy instruidos en el matrimonio y en la plática del árbol de la consanguinidad y afinidad, a éstos llamaban los Españoles *licenciados,* porque lo tenían tan entendido como si hubiesen estudiado sobre ello muchos años. Éstos platicaban con los frailes los impedimentos: las grandes dificultades, después de examinadas y entendidas, enviábanlas a los señores obispos y a sus provisores, para que lo determinasen; porque todo ha sido bien menester, según las contradicciones que ha habido, que no han sido menores ni menos que las del bautismo.

De estos Indios se han visto muchos con propósito y obra, determinados de no conocer otra mujer sino la con quien legítimamente se han casado después que se convirtieron, y también se han apartado del vicio de la embriaguez y hanse dado tanto a la virtud y al servicio de Dios, que en este año pasado de 1536 salieron de esta ciudad de Tlaxcallán dos mancebos Indios confesados y comulgados, y sin decir nada a nadie se metieron por la tierra adentro más de cincuenta leguas, a convertir y enseñar otros Indios; y allá anduvieron padeciendo hartos trabajos e hicieron mucho fruto, porque dejaron enseñado todo lo que ellos sabían y puesta la gente en razón para recibir la palabra de Dios, y después son vueltos, y hoy día están en esta ciudad de Tlaxcallán.

Y de esta manera han hecho algunos otros en muchas provincias y pueblos remotos, adonde por sola la palabra de éstos han destruido sus ídolos, y levantado cruces, y puesto imágenes, adonde rezan eso poco que les han enseñado. Como yo vi en este mismo año que salí a visitar cerca de cincuenta leguas de aquí de Tlaxcallán hacia la costa del norte, por tan áspera tierra y tan grandes montañas, que en partes entramos mis compañeros y yo adonde para salir hubimos de subir sierra de tres leguas en alto; y la una legua iba por una esquina de una sierra, que a las veces subíamos por unos agujeros en que poníamos las puntas de los pies, y unos bejucos o sogas en las manos; y éstos no eran diez o doce pasos, mas uno pasamos de esta manera, de tanta altura como una alta torre. Otros pasos muy ásperos subíamos por escaleras, y de éstas había nueve o diez; y hubo una que tenía diez y nueve escalones, y las escaleras eran de un palo sólo, hechas unas concavidades, cavado un poco en el palo, en que cabía la mitad del pie, y sogas en las manos. Subíamos temblando de mirar abajo, porque era tanta la altura que se desvanecía la cabeza; y aunque quisiéramos volver por otro camino, no podíamos porque después que entramos en aquella tierra había llovido mucho, y habían crecido los ríos, que eran muchos y muy grandes; aunque por esta tierra tampoco faltaban, mas los Indios nos pasaban algunas veces en balsas, y otras atravesada una larga soga y a volapié la soga en la mano. Uno de estos ríos es el que los Españoles llamaron el río de Almería, el cual es un río muy poderoso. En este tiempo está la yerba muy grande, y los caminos tan cerrados que apenas parecía una pequeña senda, y en éstas las más veces llega la yerba de la una parte a la otra a cerrar, y por debajo iban los pies, sin poder ver el suelo; y había muy crueles víboras; que aunque en toda esta Nueva España hay más y mayores víboras que en Castilla, las de la tierra fría son menos ponzoñosas, y los Indios tienen muchos remedios contra ellas; pero por esta tierra que digo son tan ponzoñosas, que al que muerden no llega a veinte y cuatro horas: y como íbamos andando nos decían los Indios: aquí murió uno, y allí otro, y acullá otro, de mordeduras de víbora; y todos los de la compañía iban descalzos; aunque Dios por su misericordia nos pasó a todos sin lesión ni embarazo ninguno. Toda esta tierra que he dicho es habitable por todas partes, así en lo alto como en lo bajo, aunque en otro tiempo fue mucho más poblada, que ahora está muy destruida.

En este mismo año vinieron los señores de Tepantitla al monasterio de Santa María de la Concepción de Tehuacán, que son veinte y cinco leguas, movidos de su propia voluntad, y trajeron los ídolos de toda su tierra, los cuales fueron tantos, que causaron admiración a los Españoles y naturales; y en ver de adonde venían y por donde pasaban.

Capítulo VIII. De muchas supersticiones y hechicerías que tenían los Indios, y de cuán aprovechados están en la fe

No se contentaba el demonio con el servicio que esta gente le hacía adorándole en los ídolos, sino que también los tenía ciegos en mil maneras de hechicerías y ceremonias supersticiosas. Creían en mil agüeros y señales, y mayormente tenían gran agüero en el búho; y si le oían graznar o aullar sobre la casa que se asentaba, decían que muy presto había de morir alguno de aquella casa; y casi lo mismo tenían de las lechuzas y mochuelos y otras aves nocturnas; también si oían graznar un animalejo que ellos llaman *cuzatli*, le tenían por señal de muerte de alguno. Tenían también agüero en encuentro de culebras y de alacranes, y de otras muchas sabandijas que se mueven sobre la tierra. Tenían también en que la mujer que paría dos de un vientre, lo cual en esta tierra acontece muchas veces, que el padre o la madre de los tales había de morir; y el remedio que el cruel demonio les daba, era que mataban uno de los gemelos, y con esto creían que no moriría el padre ni la madre, y muchas veces lo hacían. Cuando temblaba la tierra adonde había alguna mujer preñada, cubrían de pronto las ollas o quebrábanlas, porque no moviese; y decían que el temblar de la tierra era señal de que se había presto de gastar y acabar el maíz de las trojes. En muchas partes de esta tierra tiembla muy a menudo la tierra, como es en Tecoatepec, que en medio año que allí estuve tembló muchas veces, y mucho más me dicen que tiembla en Cuauhtemallán. Si alguna persona enfermaba de calenturas recias, tomaban por remedio hacer un perrillo de masa de maíz, y poníanle sobre una penca de maguey, y luego de mañana sácanle a un camino, y dicen que el primero que pasa lleva el mal apegado en los zancajos, y con esto quedaba el paciente muy consolado.

Tenían también libros de los sueños y de lo que significaban, todo puesto por figuras y caracteres, y había maestros que los interpretaban, y lo mismo tenían de los casamientos.

Cuando alguna persona perdía alguna cosa hacían ciertas hechicerías con unos granos de maíz, y miraban en un lebrillo o vasija de agua, y allí decían que veían al que lo tenía, y la casa adonde estaba, y allí también decían que veían si el que estaba ausente era muerto o vivo.

Para saber si los enfermos eran de vida tomaban un puñado de maíz de lo más grueso que podían haber y echábanlo como quien echa unos dados, y si algún grano quedaba enhiesto, tenían por cierta la muerte del enfermo.

Tenían otras muchas y endiabladas hechicerías e ilusiones con que el demonio los traía engañados, los males han ya dejado, en tanta manera, que a quien no lo viere no lo podrá creer la gran cristiandad y devoción que mora en todos estos naturales, que no parece sino que a cada uno le va la vida en procurar de ser mejores que su vecino o conocido; y verdaderamente hay tanto que decir y tanto que contar de la buena cristiandad de estos Indios, que de sólo ello se podría hacer un buen libro. Plegue a Nuestro Señor los conserve y dé gracia para que perseveren en su servicio, y en tan santas y buenas obras como han comenzado.

Han hecho los Indios muchos hospitales adonde curan los enfermos y pobres, y de su pobreza los proveen abundantemente, porque como los Indios son muchos, aunque dan poco, de muchos pocos se hace un mucho, y más siendo continuo, de manera que los hospitales están bien proveídos; y como ellos saben servir tan bien que parece que para ello nacieron, no les falta nada, y de cuando en cuando van por toda la provincia a buscar los enfermos. Tienen sus médicos, de los naturales experimentados, que saben aplicar muchas yerbas y medicinas, que para ellos basta; y hay algunos de ellos de tanta experiencia, que muchas enfermedades viejas y graves, que han padecido Españoles largos días sin hallar remedio, estos Indios los han sanado.

En esta ciudad de Tlaxcallán hicieron en el año de 1537 un solemne hospital, con su confradía para servir y enterrar los pobres, y para celebrar las fiestas, el cual hospital se llama la Encarnación, y para aquel día estaba acabado y aderezado; e yendo a él con solemne procesión, por principio y estreno, metieron en el nuevo hospital ciento y cuarenta enfermos y pobres, y el día siguiente de Pascua de Flores fue muy grande la ofrenda que el pueblo hizo, así de maíz, frijoles, ají, como de ovejas, y puercos, y gallinas de la tierra, que son tan buenas que dan tres y cuatro gallinas de las de España por una de ellas; de éstas ofrecieron ciento y cuarenta, y de las de Castilla infinitas; y ofrecieron mucha ropa, y cada día ofrecen y hacen mucha limosna, tanto, que aunque no hay más de siete meses que está poblado, vale lo que tiene en tierras y ganado cerca de mil pesos de oro, y crecerá mucho, porque como los Indios son recién venidos a la fe hacen muchas limosnas; y entre ellas diré lo que he visto, que en el año pasado en sola esta provincia de Tlaxcallán ahorraron los Indios más de veinte mil esclavos, y pusieron grandes penas que nadie hiciese esclavo, ni le comprase ni vendiese; porque la ley de Dios no lo permite.

Cada tercero día después de dicha la misa se dice la doctrina cristiana, y los domingos y fiestas, de manera que casi chicos y grandes saben no sólo los mandamientos, sino todo lo que son obligados a creer y guardar; y como lo traen tan por costumbre, viene de aquí el confesarse a menudo, y aún hay muchos que no se acuestan con pecado mortal sin primero le manifestar a su confesor; y algunos hay que hacen votos de castidad, otros de religión, aunque a esto les van mucho a la mano, por ser aún muy nuevos y no les quieren dar el hábito; y esto por quererlos probar antes de tiempo, porque el año de 1527, dieron el hábito a tres o cuatro mancebos y no pudieron prevalecer en él, y ahora son vivos y casados y viven como cristianos, y dicen que entonces no sintieron lo que hacían, que si ahora fuera que no volvieran atrás aunque supieran morir: y a este propósito contaré de uno que el año pasado hizo voto de ser fraile.

Un mancebo llamado Don Juan, señor principal y natural de un pueblo de la provincia de Michuacán, que en aquella lengua se llama Turecato, y en la de México Tepeoacán; este mancebo, leyendo en la vida de San Francisco que en su lengua estaba traducida, tomo tanta devoción que prometió de ser fraile, y porque su voto no se le imputase a liviandad, perseverando en su propósito vistiose de sayal grosero y dio libertad a muchos esclavos que tenía, y prediceles y enseñoles los mandamientos y lo que él más sabía, y díjoles, que si él hubiera tenido conocimiento de Dios y de sí mismo, que antes les hubiera dado libertad, y que de allí adelante supiesen que eran libres, y que les rogaba que se amasen unos a otros y que fuesen buenos cristianos, y que si lo hacían así, que él los tendría por hermanos. Y hecho, repartió las joyas y muebles que tenía y renunció el señorío y demandó muchas veces el hábito en Michuacán, que son cuarenta leguas de aquella parte de México, y como allá no se le quisiesen dar vínose a México, y allí le tornó a pedir, y como no se le quisiesen dar, fuese al obispo de México, el cual vista su habilidad y buena intención, se le diera si pudiera, y le amaba mucho y trataba muy bien; y él perseverando con su capotillo de sayal, venida la cuaresma se tornó a su tierra, por oír los sermones en su lengua y confesarse; después de pascua tornó al capítulo que se hizo en México, perseverando siempre en su demanda, y lo que se le otorgó fue, que con el mismo hábito que traía anduviese entre los frailes, y que si les pareciese tal su vida, que le diesen el hábito. Este mancebo, como era señor y muy conocido, ha sido gran ejemplo en toda la provincia de Michuacán, que es muy grande y muy poblada, adonde ha habido grandes minas de todos metales.

Algunos de estos naturales han visto al tiempo de alzar la hostia consagrada, unos un niño muy resplandeciente, otros a Nuestro Redentor crucificado, con gran resplandor, y esto muchas veces; y cuando lo ven no pueden estar sin caer sobre su faz, y quedan muy consolados: asimismo han visto sobre un fraile que les predicaba una corona muy hermosa, que una vez parece de oro y otra vez parece de fuego; otras personas han visto en la misa sobre el Santísimo Sacramento un globo o llama de fuego.

Una persona que venía muy de mañana a la iglesia, hallando la puerta cerrada una mañana, levantó sus ojos al cielo y vio que el cielo se abría, y por aquella abertura lo pareció que estaba dentro muy hermosa cosa; y esto vio dos días. Todas estas cosas supe de personas dignas de fe, y los que las vieron de muy buen ejemplo y que frecuentan los sacramentos; no sé a qué lo atribuya, sino que Dios se manifiesta a estos simplecitos porque le buscan de corazón y con limpieza de sus ánimas, como él mismo se lo promete.

Capítulo IX. Del sentimiento que hicieron los Indios cuando les quitaron los frailes, y de la diligencia que tuvieron que se los diesen; y de la honra que hacen a la señal de la cruz

En el capítulo que los frailes menores celebraron en México en el año de 1558, a 19 del mes de mayo, que fue la Dominica cuarta después de Pascua, se ordenó, por la falta que había de frailes, que algunos monasterios cercanos de otros no fuesen conventos, sino que de otros fuesen proveídos y visitados; esto fue luego sabido por los Indios de otra manera, y era que les dijeron que del todo les dejaban sin frailes; y como se leyó la tabla del capítulo, que la estaban esperando los Indios que los señores tenían puestos como en postas, para saber a quién les daban por guardián o predicador que los enseñe, y como para algunas casas no se nombraron frailes, sino que de otras se proveyesen, una de las cuales fue Xochimilco, que es un gran pueblo en la laguna dulce, cuatro leguas de México, y aunque se leyó la tabla un día muy tarde, luego por la mañana otro día lo sabían todos los de aquel lugar; y tenían en su monasterio tres frailes, y júntase casi todo el pueblo, y éntranse en el monasterio, en la iglesia, que no es pequeña, y quedaron muchos de fuera en el patio que no cupieron, porque dicen que eran más de diez mil ánimas, y pónense todos de rodillas delante del Santísimo Sacramento, y comienzan a clamar y rogar a Dios que no consintiese que quedasen desamparados, pues les había hecho tanta merced de traerlos a su conocimiento; con otras muchas palabras muy lastimeras y de compasión, cada uno las mejores que su deseo y necesidad les dictaba, y esto era con grandes voces, y lo mismo hacían los del patio; y como los frailes vieron el grande ayuntamiento, y que todos lloraban y los tenían en medio, lloraban también sin saber porqué, porque aún no sabían lo que en el capítulo se había ordenado, y por mucho que trabajaban en consolarles, era tanto el ruido, que ni los unos ni los otros no se podían entender. Duró esto todo el día entero, que era un jueves, y siempre recreciendo más gente; y andando la cosa de esta manera acordaron algunos de ir a México, y ni los que iban ni los que quedaban se acordaban de comer. Los que fueron a México llegaron a hora de misa, y entran en la iglesia de San Francisco con tanto ímpetu, que espantaron a los que en ella se hallaron, e hincándose de rodillas delante del Sacramento decían cada uno lo que mejor le parecía que convenía, y llamaban a Nuestra Señora para que les ayudase, otros a San Francisco y a otros santos, con tan vivas lágrimas, que dos o tres veces que entré en la capilla y sabida la causa quedé fuera de mí espantado, e hiciéronme llorar en verlos tan tristes, y aunque yo y otros frailes los queríamos consolar, no nos querían oír, sino decíannos: «Padres nuestros, ¿porqué nos desamparáis ahora, después de bautizados y casados? Acordaos que muchas veces nos decíades, que por nosotros habíades venido de Castilla, y que Dios os había enviado. Pues si ahora nos dejáis, ¿a quién iremos? que los demonios otra vez nos querrán engañar, como solían, y tornarnos a su idolatría». Nosotros no les podíamos responder por el mucho ruido que tenían, hasta que hecho un poco de silencio les dijimos la verdad de lo que pasaba, como en el capítulo se había ordenado, consolándolos lo mejor que pudimos, y prometiéndoles de no les dejar hasta la muerte. Muchos Españoles que se hallaban presentes se maravillaron, y otros que oyeron lo que pasaba vinieron luego, y vieron lo que no creían, y volvían maravillados de ver la armonía que aquella pobre gente tenía a Dios, y con su Madre, y a los santos; porque muchos de los Españoles están incrédulos en esto de la conversión de los Indios, y otros como si morasen mil leguas de ellos no saben ni ven nada, por estar demasiadamente intentos, y metidos en adquirir el oro que vinieron a buscar, para en teniéndolo volverse con ello a España: y para mostrar su concepto, es siempre su ordinario juramento, 1 así Dios me lleve a España; « pero los nobles y caballeros virtuosos y cristianos, muy edificados están de ver la buena conversión de estos Indios naturales. Estuvieron los Indios de la manera que esta dicha, hasta que salimos de comer a dar gracias, y entonces el provincial consolándolos mucho, les dio dos frailes, para que fuesen con ellos; con los cuales fueron tan contentos y tan regocijados, como si les hubiesen dado a todo el mundo. Cholollán era una de las casas adonde también quitaban los guardianes; y aunque está de México casi veinte leguas, supiéronlo en breve tiempo y de la manera que los de Xochimileo, y lo primero que hicieron fue juntarse todos e irse al monasterio de San Francisco con las mismas lágrimas y alboroto que en la otra parte habían hecho, y no contentos con esto vanse para México, y no tres o cuatro, sino ochocientos de ellos, y aun algunos decían que eran más de mil, y llegan con grande ímpetu, y no con poca agua, porque llovía muy recio, a San Francisco de México, y comienzan a llorar y a decir, «que se compadeciesen de ellos y de todos los que quedaban en Cholollán, y que no les quitasen los frailes; y que si ellos por ser pecadores no lo merecían, que lo hiciesen por muchos niños inocentes que se perderían sino tuviesen quien les doctrinase y enseñase la ley de Dios»: y con esto decían otras muchas y muy buenas palabras, que bastaron a alcanzar lo que demandaban.

Y porque la misericordia de Dios no dejase de alcanzar a todas partes, como siempre lo hizo, hace y hará, y más donde hay más necesidad, proveyó que andando la cosa de la manera que está dicha, vinieron de España veinte y cinco frailes, que bastaron para suplir la falta que en aquellas casas había, y no sólo esto, pues cuando el general de la orden de los menores no quería dar frailes, y todos los provinciales de la dicha orden estorbaban que no pase aquí ningún fraile, y así casi cerrada la puerta de toda esperanza humana, ... Dios en la emperatriz Doña Isabel, que es en gloria, y mandó que viniesen de España más de cien frailes, aunque de ellos no vinieron sino cuarenta, los cuales hicieron mucho fruto en la conversión de estos naturales o Indios.

En México, en el año de 1528, la justicia sacó a un hombre del monasterio de San Francisco por fuerza, y por causa tan liviana, que aunque le prendieran en la plaza se librara, si le quisieran oír por su juicio por procurador y abogado; porque sus delitos eran ya viejos y estaba libre de ellos; mas como no le quisieron oír fue justiciado. Y antes de esto había la justicia sacado del mismo monasterio otros tres o cuatro, con mucha violencia, quebrantando el monasterio; y los delitos de éstos no merecían muerte, y sin los oír fueron justiciados, sin casi darles lugar para que se confesasen, siendo contra derecho divino y humano: y ni por estas muertes ni por la ya dicha, la justicia nunca hizo penitencia ni satisfacción ninguna a la Iglesia, ni a los difuntos, sino que los absolvieron ad *reincidentiam*, o no sé cómo: aunque Dios no ha dejado sin castigo a alguno de ellos, y yo lo he bien notado, y así hará a los demás si no se humillasen, porque un idiota los absolvió, sin que penitencia se haya visto por tan enorme pecado público, y por estas causas y otras de esta calidad, el prelado de los frailes sacó a los frailes del monasterio de San Francisco de México, y consumieron el Santísimo Sacramento, y descompusieron los altares, sin que por ello respondiesen ni lo sintiesen los Españoles vecinos que eran de México, no teniendo razón de lo hacer, porque los frailes franciscos fueron sus capellanes y predicadores en la conquista, y tres frailes de muy buena vida y de muy gran ejemplo murieron en Tetzcoco antes que se habitase México, y los que quedaron perseveraron siempre en su compañía. San Francisco fue la primera iglesia de toda esta tierra, y adonde primero se puso el Sacramento, y siempre han predicado a los Españoles y a sus Indios, y éstos son los que descargan sus conciencias, porque con esta condición les da el rey los Indios; y con todo esto estuvo San Francisco de México sin frailes y sin Sacramento más de tres meses, que apenas hubo sentimiento en los cristianos viejos, y si lo tuvieron callaron por temor de la justicia; y los recién convertidos, porque no les quitasen este Sacramento y sus maestros que les enseñaban y doctrinaban, hicieron lo que está dicho.

Está tan ensalzada en esta tierra la señal de la cruz por todos los pueblos y caminos, que se dice que en ninguna parte de la cristiandad está más ensalzada, ni adonde tantas ni tales ni tan altas cruces haya; en especial las de los patios de las iglesias son muy solemnes, las cuales cada domingo y cada fiesta adornan con muchas rosas y flores, y espadañas y ramos. En las iglesias y en los altares las tienen de oro, y de plata y de pluma, no macizas, sino de hoja de oro y pluma sobre palo. Otras muchas cruces se han hecho y hacen de piedras de turquesas, que en esta tierra hay muchas, aunque sacan pocas de tumba, sino llanas; éstas, después de hecha la talla de la cruz, o labrada en palo, y puesto un fuerte betún o engrudo, y labradas aquellas piedras, van con fuego sutilmente ablandando el engrudo y asentando las turquesas hasta cubrir toda la cruz, y entre estas turquesas asientan otras piedras de otras colores. Estas cruces son muy vistosas, y los lapidarios las tienen en mucho, y dicen que son de mucho valor. De una piedra blanca, y trasparente y clara hacen también cruces, con sus pies, muy bien labradas; de éstas sirven de portapaces en los altares, porque las hacen de grandor de un palmo o poco mayores. Casi en todos los retablos pintan en el medio la imagen del Crucifijo. Hasta ahora que no tenían oro batido, en los retablos, que no son pocos, ponían a las imágenes diademas de hoja de oro. Otros Crucifijos hacen de bulto, así de palo como de otros materiales, y hacen de manera que aunque el Crucifijo sea tamaño como un hombre, le levantara un niño del suelo con una mano. Delante de esta señal de la cruz han acontecido algunos milagros, que dejo de decir por causa de brevedad; mas digo que los Indios la tienen en tanta veneración, que muchos ayunan los viernes y se abstienen aquel día de tocar en sus mujeres, por devoción y reverencia de la cruz.

Los que con temor y por fuerza daban sus hijos para que los enseñasen y doctrinasen en la casa de Dios, ahora vienen rogando para que los reciban y les muestren la doctrina cristiana y cosas de la fe; y son ya tantos los que se enseñan, que hay algunos monasterios adonde se enseñan trescientos, y cuatrocientos, y seiscientos, y hasta mil de ellos, según son los pueblos y provincias; y son tan dóciles y mansos, que más ruido dan diez de España que mil Indios. Sin los que se enseñan aparte en las salas de las casas, que son hijos de personas principales, hay otros muchos de los hijos de gente común y baja, que los enseñan en los patios, porque los tienen puestos en costumbre, de luego de mañana cada día oír misa, y luego enseñarles un rato; y con esto vanse a servir y ayudar a sus padres, y de éstos salen muchos que sirven las iglesias, y después se casan y ayudan a la cristiandad por todas partes.

En estas partes es costumbre general que en naciendo un hijo o hija le hacen una cuna pequeñita de palos delgados como jaula de pájaros, en que ponen los niños en naciendo, y en levantándose la madre, le lleva sobre sus hombros a la iglesia o do quiera que va, y desde que llega a cinco o seis meses, pónenlos desnuditos *inter scapulas*, y échanse una manta encima con que cubre su hijuelo, dejándole la cabeza defuera, y ata manta a sus pechos la madre y, así anda con ellos por los caminos y tierras a do quiera que van, y allí se van durmiendo como en buena cama; y hay de ellos que así a cuestas, de los pueblos que se visitan de tarde en tarde, los llevan a bautizar; otros en naciendo o pasados pocos días, y muchas veces los traen en acabando de nacer; y el primer manjar que gustan es la sal que les ponen en el bautismo, y antes es lavado en el agua del Espíritu Santo que guste la leche de su madre ni de otra; porque en esta tierra es costumbre tener los niños un día natural sin mamar, y después pónenle la teta en la boca, y como está con apetito y gana de mamar, mama sin que haya menester quien le amamante, ni miel para paladearle; y le envuelven en pañales pequeños, bien ásperos y pobres, aunándole el trabajo al desterrado hijo de Eva que nace en este valle de lágrimas y viene a llorar.

Capítulo X. De algunos Españoles que han tratado mal a los Indios, y del fin que han habido; y pónese la conclusión de la segunda parte

Hase visto por experiencia en muchos y muchas veces, los Españoles que con estos Indios han sido crueles, morir malas muertes y arrebatadas, tanto que se trae ya por refrán: «el que con los Indios es cruel, Dios lo será con él»: y no quiero contar crueldades, aunque sé muchas, de ellas vistas y de ellas oídas; mas quiero decir algunos castigos que Dios ha dado a algunas personas que trataban mal a sus Indios. Un Español que era cruel con los Indios yendo por un camino con Indios cargados, y llegando en medio del día por un monte, iba apaleando los Indios que iban cargados, llamándolos perros, y no cesando de apalearlos, y perros acá y perros acullá; a esta sazón sale un tigre y apaña al Español, y llévale atravesado en la boca y métese en el monte, y cómesele; y así el cruel animal libró a los mansos Indios de aquel que cruelmente los trataba.

Otro Español que venía del Perú, de aquella tierra adonde se ha bien ganado el oro, y traía muchos tlamemes, que son Indios cargados, y había de pasar un despoblado, y dijéronle, «..., que no durmáis en tal parte que hay leones y tigres encarnizados»; y él pensando más en su codicia y en hacer andar los Indios demasiadamente, y que con ellos se escudaría, fueles forzado dormir en el campo, y él comenzó a llamar perros a los Indios y que todos le cercasen, y él echado en medio; a la media noche vino el león o el tigre, y entra en medio de todos y saca al Español y allí cerca le comió. Semejantemente aconteció a otro calpixque o estanciero que llevaba ciento cincuenta Indios, y el tratándolos mal y apaleándolos, paré una noche a dormir en el campo, y llegó el tigre y sacole de en medio de todos los Indios y se le comió, y yo estuve luego cerca del lugar adonde fue comido.

Tienen estos Indios en grandísima reverencia el Santo Nombre de Jesús contra las tentaciones del demonio; que han sido muy muchas veces las que los demonios han puesto las manos en ellos queriéndolos matar, y nombrando el Nombre de Jesús son dejados. A muchos se les ha parecido el demonio muy espantoso y diciéndoles con mucha furia: «¿porqué no me servís? ¿porqué no me llamáis? ¿porqué no me honráis corno solíades? ¿porqué me habéis dejado? ¿porqué te has bautizado?» &c.; y éstos llamando y diciendo: «Jesús, Jesús, Jesús», son librados, y se han escapado de sus manos, y algunos han salido muy maltratados y heridos de sus manos, quedándoles bien que contar; y así el Nombre de Jesús es conhorte y defensa contra todas las astucias de nuestro adversario el demonio; y ha Dios magnificado su benditísimo Nombre en los corazones de estas gentes, que lo muestran con señales de fuera, porque cuando en el Evangelio se nombra a Jesús, hincan muchos Indios ambas las rodillas en tierra, y lo van tomando muy en costumbre, cumpliendo con lo que dice San Pablo. También derrama Dios la virtud de su Santísimo Nombre de Jesús tanto, que aún por las partes aún no conquistadas, y adonde nunca clérigo, ni fraile, ni Español ha entrado, está este Santísimo Nombre pintado y reverenciado. Está en esta tierra tan multiplicado, así escrito como pintado en las iglesias y templos, de oro y de plata, y de pluma y oro, de todas estas maneras muy gran número; y por las casas de los vecinos, y por otras muchas partes lo tienen entallado de palo con su festón; y cada domingo y fiesta lo enrosan y componen de mil maneras de rosas y flores.

Pues concluyendo con esta segunda parte digo: ¿que quién no se espantará viendo las nuevas maravillas y misericordias que Dios hace con esta gente? ¿Y porqué no se alegrarán los hombres de la tierra delante cuyos ojos Dios hace estas cosas, y más los que con buena intención vinieron y conquistaron tan grandes provincias como son éstas, para que Dios fuese en ellas conocido y adorado? Y aunque algunas veces tuviesen codicia de adquirir riquezas, de creer es que sería accesoria y remotamente. Pues a los hombres que Dios dotó de razón, y se vieron en tan grandes necesidades y peligros de muerte, tantos y tantas veces; ¿quién no creerá que formarían y reformarían sus conciencias e intenciones, y se ofrecerían a morir por la fe y por la ensalzar entre los infieles, y que ésta fuese su singular y principal demanda? Y estos conquistadores y todos los cristianos amigos de Dios se deben mucho alegrar de ver una cristiandad tan cumplida en tan poco tiempo, e inclinada a toda virtud y bondad; por tanto ruego a todos los que esto leyeren, que alaben y glorifiquen a Dios con lo íntimo de sus entrañas; digan estas alabanzas que se siguen, que según San Buenaventura en ellas se encierran y se hallan todas las maneras de alabar a Dios que hay en la sagrada Escritura. «Alabanzas y bendiciones, engrandecimientos y confesiones, gracias y glorificaciones, sobrensalzamientos, adoraciones y satisfacciones sean a vos, Altísimo Señor Dios nuestro, por las misericordias hechas con estos Indios nuevos convertidos a vuestra santa fe. Amén, Amén, Amén».

En esta Nueva España siempre había muy continuas y grandes guerras, los de unas provincias con los de otras, adonde morían muchos, así en las peleas, como en los que prendían para sacrificar a sus demonios. Ahora por la bondad de Dios se han convertido y vuelto en tanta paz y quietud, y están todos en tanta justicia, que un Español o un mozo puede ir cargado de barras de oro trescientas y cuatrocientas leguas, por montes y sierras, y despoblados y poblados, sin más temor que iría por la rúa de Benavente; y es verdad que en fin de este mes de febrero del año de 1541, en un pueblo llamado Zapotitlán SUCEDIÓ dejar un Indio en medio del mercado, en un sitio, más de cien cargas de mercadería, y estarse de noche y de día en el mercado sin faltar cosa ninguna. El día del mercado, que es de cinco en cinco días, pónese cada uno a par de su mercadería a vender, y entre estos cinco días hay otro mercado pequeño, y por esto está siempre la mercadería en el tianquizco o mercado, si no es tiempo de las aguas; aunque esta simplicidad no ha llegado a México ni a su comarca.

TRATADO III

Capítulo I. De cómo los Indios notaron el año que vinieron los Españoles, y también notaron el año que vinieron los frailes. Cuenta algunas maravillas que en la tierra acontecieron

Mucho notaron estos naturales Indios, entre las cuentas de sus años, el año que vinieron y entraron en esta tierra los Españoles, como cosa muy notable y que al principio les puso muy grande espanto y admiración, ver una gente venida por el agua (lo que ellos nunca habían visto ni oído que se pudiese hacer), de traje tan extraño del suyo, tan denodados y animosos, tan pocos entrar por todas las provincias de esta tierra con tanta autoridad y osadía, como si todos los naturales fueran sus vasallos: asimismo se admiraban y espantaban de ver los caballos, y lo que hacían los Españoles encima de ellos, y algunos pensaron que el hombre y el caballo fuese todo una persona, aunque esto fue al principio en los primeros pueblos; porque después todos conocieron ser el hombre por sí y el caballo ser bestia, que esta gente mira y nota las cosas, y en viéndolos apear, llamaron a los caballos *castillan mazatl*, que quiere decir ciervo de Castilla; porque acá no había otro animal a quien mejor los comparar. A los Españoles llamaron *teteuh*, que quiere decir dioses, y los Españoles corrompiendo el vocablo decían teules, el cual nombre les duró más de tres años, hasta que dimos a entender a los Indios que no había más de un solo Dios, y que a los Españoles, que los llamasen cristianos, de lo cual algunos Españoles necios se agraviaron y quejaron, e indignados contra nosotros decían que les quitábamos su nombre, y esto muy en forma, y no miraban los pobres de entendimiento que ellos usurpaban el nombre que a sólo Dios pertenece: después que fueron muchos los Indios bautizados, llamáronlos Españoles.

Asimismo los Indios notaron y señalaron para tener cuenta con el año que vinieron los doce frailes juntos. Y aunque en el principio entre los Españoles vinieron frailes de San Francisco, o por venir de dos en dos, o por el embarazo que con las guerras tenían, no hicieron caso de ellos; y este año digo, que le notaron y tienen por más principal que otro, porque desde allí comienzan a contar, como año de la venida o advenimiento de Dios, y así comúnmente dicen: «el año que vino nuestro Señor; el año que vino la fe»; porque luego que los frailes llegaron a México dende en quince días, tuvieron capítulo y se repartieron los doce frailes y otros cinco que estaban en

México. Todos estos diez y siete fueron repartidos por las principales provincias de esta tierra, y luego comenzamos a deprender la lengua y a predicar con intérprete. Había asimismo en México otros dos o tres clérigos, y no muchos Españoles, porque en obra de un año salieron con Pedro de Alvarado para Cuauhtemallán un buen escuadrón de gente de a pie y razonable de caballos. Fue luego a las Higueras otro con Cristóbal de Olid, y fue luego sobre él con otro Francisco de las Casas, y no pasaron muchos días cuando el marqués Hernando Cortés se partió con toda la más lucida gente y la mayor parte de los caballeros que había, que me parece que podrían quedar en México hasta cincuenta caballos y doscientos Españoles infantes, poco más o menos. Y a esta sazón estaban todos los señores naturales de la tierra hechos a una y concertados para se levantar y matar a todos los cristianos, y entonces aún vivían muchos de los señores viejos, porque cuando los Españoles vinieron estaban todos los señores y todas las provincias muy diferentes y andaban todos embarazados en guerras que tenían los unos con los otros; y a este tiempo que digo que esta gente salió de México, yo los vi a todos tan unidos y ligados unos con otros, y tan apercibidos de guerra, que tenían por muy cierto salir con la victoria, comenzando la cosa; y así fuera de hecho, sino que Dios maravillosamente los cegó y embarazó, y también fue mucha parte lo que los frailes hicieron, así por la oración y predicación, como por el trabajo que pusieron en pacificar las disensiones y bandos de los Españoles, que en esta sazón estaban muy encendidos, y tan trabados que vinieron a las armas sin haber quien los pusiese en paz, ni se metiese entre las espadas y lanzas sino los frailes, y a éstos dio Dios gracia para ponerlos en paz. Estaban las pasiones tan trabadas como ahora dicen que están los Españoles del Perú. (Dios les envíe quien los ponga en paz, aunque dicen que ni quieren paz ni frailes). Bien pudiera alargarme en esto de los bandos de México, porque me hallé presente a todo cuanto pasé; mas paréceme que sería meterme en escribir historia de hombres.

En este mismo tiempo se descubrieron unas muy ricas minas de plata, en las cuales se iban muchos de los Españoles, y donde había pocos en México quedaban pocos: y los que querían ir iban en mayor peligro de las vidas, pues ciegos con su codicia no lo entendían, y por las reprensiones y predicaciones y consejos de los frailes, así en general como en particular, pusieron guardas y velaron la ciudad, y pusieron silencio a las minas, y mandaron recoger a los que estaban por las estancias; y desde a pocos días lo remedió Dios cerrando aquellas minas con una gran montaña que les echó encima, de manera que nunca jamás parecieron. Por otra parte con los Indios, que ya conocían a los frailes y daban crédito a sus consejos, los detuvieron por muchas vías y maneras que serían largas de contar. El galardón que de esto recibieron fue decir: «Estos frailes nos destruyen, y quitan que no estemos ricos, y nos quitan que se hagan los Indios esclavos; éstos hacen abajar los tributos, y defienden a los Indios y los favorecen contra nosotros; son unos tales y unos cuales»: y no miran los Españoles que si por los frailes no fuera ya no tuvieran de quien se servir, ni en casa ni en las estancias, que todos los hubieran ya acabado, como parece por experiencia en Santo Domingo y en las otras islas, adonde acabaron los Indios. Cuanto a lo demás, esta gente de Indios naturales son tan encogidos y callados, que por esta causa no se saben los muchos y grandes milagros que Dios entre ellos hace, mas de que yo veo venir a doquiera que hay casa de nuestro padre San Francisco muchos enfermos de todos géneros de enfermedades, y muchos muy peligrosos, y verlos convalecidos y sanos volverse con grande alegría a sus casas y tierras, y sé que particularmente tienen gran devoción con el hábito y cordón de San Francisco, con el cual cordón se han librado muchas mujeres preñadas de partos muy peligrosos, y esto ha sido en muchos pueblos y muchas veces; y aquí en Tlaxcallán es muy común, y no ha muchos días que se ha bien experimentado; por lo cual tiene el portero un cordón para darlo luego a los que le vienen a demandar, aunque yo bien creo que obra tanto la devoción que en el cordón tienen, como la virtud que en él hay, aunque también creo que la virtud no es poca, como se parecerá claro por lo que aquí diré.

En un pueblo que se dice Atlacuihuaya cerca de Chapultepec adonde nace el agua que va a México, que está una legua de México, adoleció un hijo de un hombre, por nombre llamado Domingo, de oficio tezozonqui, que quiere decir carpintero o pedrero, el cual con su mujer e hijos son devotos de San Francisco y de sus frailes: cayó enfermo uno de sus hijos de edad de siete u ocho años, el cual se llamaba Ascensio, que en esta tierra se acostumbra dar a cada uno el nombre del día en que nacen, y los que se bautizan grandes del día en que se bautizan, y a este niño llamáronle Ascensio por haber nacido el día de la Ascensión, el cual como enfermase, ocurrieron a nuestro monasterio invocando el nombre de San Francisco, y mientras más la enfermedad del niño crecía, los padres con más importunación venían a demandar el ayuda y favor del santo; y como Dios tenía ordenado lo que había de ser, permitió que el niño Ascensio muriese; el cual murió un día por la mañana dos horas después de salido el sol; y muerto, no por eso dejaban los padres con muchas lágrimas de llamar a San Francisco, en el cual tenían mucha confianza: y ya que pasó de medio día amortajaron el niño, y antes que le amortajasen, vio mucha gente el niño estar muerto, y frío, y yerto, y la sepultura abierta, y ya que lo querían llevar a la iglesia, dicen hoy en día sus padres, que siempre tuvieron esperanza que San Francisco se le había de resucitar alcanzando de Dios la merced de la vida del niño. Y como a la hora que le querían llevar a enterrar, los padres tornasen a rogar y llamar a San Francisco, comenzose a mover el niño, y de presto comenzaron a desatar y descoger la mortaja, y tomó a revivir el que era muerto; esto sería a hora de vísperas, de lo cual todos los que allí estaban, que eran muchos, quedaron muy espantados y consolados, e hiciéronlo saber a los frailes de San Francisco, y vino el que tenía cargo de los enseñar, que se llamaba Fray Pedro de Gante, y llegando con su compañero vio el niño vivo y sano, y certificado de sus padres y de todos los que presentes se hallaron, que eran dignos de fe, ayuntaron todo el pueblo, y delante de todos dio el padre del niño resucitado testimonio cómo era verdad que su hijo se había muerto y resucitado: y este milagro se publicó y divulgó por todos aquellos pueblos de a la redonda, que fue causa que muchos se edificasen más en la fe y comenzaron a creer los otros milagros y maravillas que de Nuestro Redentor y de sus santos se les predican. Este milagro como aquí lo escribo recibí del dicho Fray Pedro de Gante, el cual en México y su tierra fue maestro de los niños, y tuvo cargo de visitar y doctrinar aquellos pueblos más de once años.

Es tanta la devoción que en esta tierra, así los Españoles como los Indios naturales, tienen con San Francisco, y ha hecho Dios en su nombre tantos milagros y tantas maravillas, y tan manifiestas, que verdaderamente se puede decir que Dios le tenia guardada la conversión de estos Indios, como dio a otros de sus apóstoles las de otras Indias y tierras apartadas; y por lo que aquí digo, y por lo que he visto, barrunto y aun creo, que una de las cosas y secretos que en el seráfico coloquio pasaron entre Jesucristo y San Francisco en el monte Averna, que mientras San Francisco vivió nunca lo dijo, fue esta riqueza que Dios aquí le tenía guardada, adonde se tiene de extender y ensanchar mucho su sacra religión; y digo, que San Francisco, padre de muchas gentes, vio y supo de este día.

Capítulo II. De los frailes que han muerto en la conversión de los Indios de la Nueva España. Cuéntase también la vida de Fray Martín de Valencia, que es mucho de notar y tener en la memoria

Perseverando y trabajando fielmente en la conversión de los Indios, son ya difuntos en esta Nueva España más de treinta frailes menores, los cuales acabaron sus días llenos en la obediencia de su profesión, ejercitados en la caridad de Dios y del prójimo, y en la confesión de nuestra santa fe, recibiendo los sacramentos, algunos de los cuales fueron adornados de muchas virtudes; mas el que entre todos dio mayor ejemplo de santidad y doctrina, así en la Vieja España como en la Nueva, fue el padre de santa memoria Fray Martín de Valencia, primer prelado y custodio en esta Nueva España: fue el primero que Dios envió a este Nuevo Mundo con autoridad apostólica.

Las cosas que aquí diré no querría que nadie las ponderase más de lo que las leyes divinas y humanas permiten y la razón demanda, dejando por juez a aquél que lo es de los vivos y de los muertos, en cuyo acatamiento todas las vidas de los mortales son muy claras y manifiestas, y dando la determinación a su Santa Iglesia, a cuyos pies toda esta obra va sometida; porque los hombres pueden ser engañados en sus juicios y opiniones, y Dios siempre recto en la balanza de su juicio y los hombres no; por lo cual dice San Agustín, que muchos tiene la Iglesia en veneración que están en el infierno, esto es, de aquellos que no están canonizados por la Iglesia Romana regida por el Espíritu Santo: y con esta protestación comenzaré a escribir en breve, lo más que a mí fuere posible, la vida del siervo de Dios Fray

Martín de Valencia, aunque sé que un fraile devoto suyo la tiene más largamente escrita.

Comienza la vida de fray Martín de Valencia

Este buen varón fue natural de la villa de Valencia, que dicen de Don Juan,
que es entre la ciudad de León y la villa de Benavente, en la ribera del río
que se dice Esla; es en el obispado de Oviedo. De su juventud no hay relación en esta Nueva España, más del argumento de la vida que en su media-
na y última edad hizo. Recibió el hábito en la villa de Mayorga, lugar del
conde de Benavente, que es convento de la provincia de Santiago y de las
más antiguas casas de España.

Tuvo por su maestro a Fray Juan de Argumanes que después fue provincial
de la provincia de Santiago; con la doctrina del cual, y con su grande estudio, fue alumbrado su entendimiento, para seguir la vida de nuestro Redentor
Jesucristo. Adonde, como ya después de profeso le entrasen a la villa de
Valencia, que es muy cerca de Mayorga, viéndose distraído, por estar entre
sus parientes y conocidos, rogó a su compañero que saliesen presto, de
aquel pueblo; y desnudándose el hábito púsole delante de los pechos, y
echase el cordón a la garganta como malhechor, y quedo en carnes con sólo
los paños menores, y así salió en medio del día, viéndole sus deudos y amigos, por mitad del pueblo, llevándole el compañero tirándole por la cuerda.
Después que cantó misa fue siempre creciendo de virtud en virtud; porque
además de lo que yo vi en él, porque le conocí por más de veinte años, oí
decir a muchos buenos religiosos, que en su tiempo no habían conocido religioso de tanta penitencia, ni que con tanto tesón perseverase siempre en
allegarse a la cruz de Jesucristo, tanto, que cuando iba por otros conventos
o provincias a los capítulos, parecía que a todos reprendía su aspereza,
humildad y pobreza: y como fuese dado a la oración procuró licencia de su
provincial para ir a morar a unos oratorias de la misma provincia de Santiago,
que están no muy lejos de Ciudad Rodrigo, que se llaman los Ángeles y el
Hoyo, casas muy apartadas de conversación y dispuestas para contemplar y
orar. Alcanzada licencia para ir a morar a Santa María del Hoyo, queriendo,
pues, el siervo de Dios recogerse y darse a Dios en el dicho lugar, el enemigo le procuró muchas maneras de tentaciones, permitiéndolo Dios para más

aprovechamiento de su ánima. Comenzó a tener en su espíritu muy gran sequedad y dureza, y tibieza en la oración; aborrecía el yermo; los árboles le parecían demonios; no podía ver los frailes con amor y caridad; no tomaba sabor en ninguna cosa espiritual; cuando se ponía a orar hacíalo con gran pesadumbre; vivía muy atormentado. Vínole una terrible tentación de blasfemia contra la fe, sin poderla alanzar de sí; parecíale que cuando celebraba y decía misa no consagraba, y como quien se hace grandísima fuerza y a regaña dientes comulgaba; tanto le fatigaba aquesta imaginación, que no quería ya celebrar, ni podía comer. Con estas tentaciones habíase parado tan flaco, que no parecía sino tener los huesos y el cuero, y parecíale a él que estaba muy esforzado y bueno. Esta sutil tentación le traía Satanás para derrocarle, de tal manera que cuando ya le sintiese del todo sin fuerzas naturales le dejase, y así desfalleciese, y no pudiese tornar en sí, y saliese de juicio; y para esto también le desvelaba, que es también mucha ocasión para enloquecer; pero como Nuestro Señor nunca desampara a los suyos, ni quiere que caigan, ni da a nadie más de aquella tentación que puede sufrir, dejole llegar hasta donde pudo sufrir la tentación sin detrimento de su ánima, y convirtiola en su provecho, permitiendo que una pobrecilla mujer le despertase y diese medicina para su tentación; que no es pequeña materia para considerar la grandeza de Dios; que no escoge los sabios, sino los simples y humildes, para instrumentos de sus misericordias; y así lo hizo con esta simple mujer que digo.

Que como el varón de Dios fuese a pedir pan a un lugar que se dice Robleda, que son cuatro leguas del Hoyo, la hermana de los frailes del dicho lugar viéndole tan flaco y debilitado díjole: «¡Ay padre! ¿Y vos qué habéis? ¿Cómo andáis que parece que queréis espirar de flaco; y cómo no miráis por vos, que parece que os queréis morir?» Así entraron en el corazón del siervo de Dios estas palabras como si se las dijera un ángel, y como quien despierta de un pesado sueño, así comenzó a abrir los ojos de su entendimiento, y a pensar cómo no comía casi nada, y dijo entre sí: «Verdaderamente ésta es tentación de Satanás»; y encomendándose a Dios que le alumbrase y sacase de la ceguedad en que el demonio lo tenía, dio la vuelta a su vida. Viéndose Satanás descubierto, apartóse de él y cesó la tentación. Luego el varón de Dios comenzó a sentir gran flaqueza y desmayo, tanto, que apenas se podía tener en los pies; y de ahí adelante comenzó a comer, y quedó avisado para sentir los lazos y astucias del demonio. Después que fue librado de aquellas tentaciones quedó con gran serenidad y paz en su espíritu; gozábase en el yermo, y los árboles, que antes aborrecía, con las aves que en ellos cantaban parecíanle un paraíso; y de allí le quedó que doquiera que estaba luego plantaba una arboleda, y cuando era prelado a todos rogaba que plantasen árboles, no sólo de frutales, pero de los monteses, para que los frailes se fuesen allí a orar.

Asimismo le consoló Dios en la celebración de las misas, las cuales decía con mucha devoción y aparejo, que después de maitines o no dormía nada o muy poco, por mejor se aparejar; y casi siempre decía misa muy de mañana, y con muchas lágrimas muy cordiales que regaban y adornaban su rostro como perlas: celebraba casi todos los días, y comúnmente se confesaba cada tercero día.

Otrosí: de allí adelante tuvo gran amor con los otros frailes, y cuando alguno venía de fuera, recibíale con tanta alegría y con tanto amor, que parecía que le quería meter en las entrañas; y gozábase de los bienes y virtudes ajenas como si fueran suyas propias; y así perseverando en aquesta caridad, trájole Dios a un amor entrañable del prójimo, tanto, que por el amor general de las ánimas vino a desear padecer martirio, y pasar entre los infieles a los convertir y predicar: aqueste deseo y santo celo alcanzó el siervo de Dios con mucho trabajo y ejercicios de penitencia, de ayunos, disciplinas, vigilias y muy continuas oraciones.

Pues perseverando el varón de Dios en sus santos deseos, quísole el Señor visitar y consolar en esta manera: que estando él una noche en maitines en tiempo de adviento, que en el coro se rezaba la cuarta matinada, luego que se comenzaron los maitines comenzó a sentir nueva manera de devoción y mucha consolación en su ánima; y vínole a la memoria la conversión de los infieles; y meditando en esto, los salmos que iba diciendo en muchas partes hallaba entendimientos devotos a este propósito, en especial en aquel salmo que comienza: *Eripe me de inimicis meis:* y decía el siervo de Dios entre sí: «¡Oh! ¿Y cuándo será esto? ¿Cuándo se cumplirá esta profecía? ¿No sería yo digno de ver este convertimiento, pues ya estamos en la tarde y fin de nuestros días, y en la última edad del mundo?»

Pues ocupado el varón de Dios todos los salmos en estos piadosos deseos, y lleno de caridad y amor del prójimo, por divina dispensación, aunque no era hebdomadario ni cantor del coro, le encomendaron que dijese las lecciones, y se levantó y las comenzó a decir, y las mismas lecciones, que eran del profeta Isaías y hacían a su propósito, levantábanle más y más su espíritu, tanto, que estándolas leyendo al púlpito vio en espíritu muy gran muchedumbre de ánimas de infieles que se convertían y venían a la fe y bautismo. Fue tanto el gozo y alegría que su ánima sintió interiormente, que no se pudo sufrir ni contener sin salir fuera de sí, y alabando a Dios y bendiciéndole dijo en alta voz tres veces: «Loado sea Jesucristo, loado sea Jesucristo, loado sea Jesucristo»; y esto dijo con muy alta voz, porque no fue en su mano dejarlo de hacer así. Los frailes, viéndole que parecía estar fuera de sí, no sabiendo el misterio, pensaron que se tornaba loco, y tomándole le llevaron a una celda, y enclavando la ventana y cerrando la puerta por defuera tornaron a acabar los maitines. Estuvo el varón de Dios así atónito en la cárcel hasta que fue buen rato del día, que tornó en sí, y como se halló encerrado y oscuro quiso abrir la ventana, porque no había sentido que la habían enclavado, y como no la pudo abrir dice que se sonrió, de que conoció el temor que los frailes habían tenido, de que como loco no se echase por la ventana; y desde que se vio así encerrado tornó a pensar y contemplar la visión que había visto y rogar a Dios que se la dejase ver con los ojos corporales, y desde entonces creció en él más el deseo que tenía de ir entre los infieles, y predicarles y convertirlos a la fe de Jesucristo.

Esta visión quiso Nuestro Señor mostrar a su siervo cumplida en esta Nueva España, adonde como el primer año que a esta tierra vino visitase siete u ocho pueblos cerca de México, y como se ayuntasen muchos a la doctrina, y viniesen muchos a la fe y al bautismo, viendo el siervo de Dios tanta muestra de cristiandad en aquellos, y creyendo (como de hecho fue así) que había de ir creciendo, dijo a su compañero: «Ahora veo cumplido lo que el Señor me mostró en espíritu»; y declarole la visión que en España había visto, en el monasterio de Santa María del Hoyo en Extremadura.

Antes de esto, no sabiendo él cuándo ni cómo se había de cumplir lo que Dios le había mostrado, comenzó a desear pasar a tierra de infieles, y a demandarlo a Dios con muchas oraciones; y comenzó a mortificar la carne, y a sujetarla con muchos ayunos y disciplinas; que además de las veces que la comunidad se disciplinaba, SE DISCIPLINABA él dos veces, porque así ejercitado mediante la gracia del Señor, se aparejase a recibir martirio; y como la regla de los frailes menores diga: «Si algún fraile por divina inspiración fuere movido a desear ir entre los moros ti otros infieles, pida licencia a su provincial para efectuar su deseo»; este siervo de Dios demandó esta licencia por tres veces; y una de estas veces había de pasar un río, el cual llevaba mucha agua e iba recio tanto, que tuvo que hacer en pasarse a sí solo, y fue menester que soltase unos libros que llevaba, entre los cuales iba una Biblia, y el río se los llevó un buen trecho; y él encomendando al Señor sus libros y rogándole que se los guardase, y suplicando a Nuestra Señora que no perdiese sus libros, en los cuales él tenía cosas notadas para su espiritual consolación, fuelos a tomar buen rato el río abajo, sin haber padecido detrimento ninguno del agua. En todas estas tres veces no le fue concedida por su provincial la licencia que demandaba; mas él nunca dejó de suplicarlo a Dios con muy continuas oraciones, y asimismo para alcanzar y merecer esto ponía por intercesora a la Madre de Dios, a la cual tenía singular devoción, y así celebraba sus fiestas, festividades y octavas con toda la solemnidad que podía, y con tan grande alegría, que bien parecía salirle de lo íntimo de sus entrañas. En este tiempo estaba en la custodia de la Piedad el padre de santa memoria Fray Juan de Guadalupe, el cual con otros compañeros vivían en suma pobreza; pues allí trabajó Fray Martín de Valencia por pasarse en su compañía, para lo cual alcanzar no le faltaron hartos trabajos. Y habida la licencia con harta dificultad, moró con él algún tiempo; pero como aun aquella provincia, que entonces era custodia, tuviese muchas contradicciones y contradictores, así de otras provincias, porque quizá les parecía que su extremada pobreza y vida muy áspera era intolerable, o porque muchos buenos frailes procuraban pasarse a la compañía del dicho Fray Juan de Guadalupe, el cual tenía facultad del Papa para los recibir, procuraron contra ellos favores de los Reyes Católicos y del rey de Portugal para los echar de sus reinos; y creció tanto esta persecución, que vino tiempo que, tomadas las casas y monasterios, y algunas de ellas derribadas por tierra, y ellos perseguidos de todas partes, se fueron a meter en una isla que se hace entre dos ríos, que ni bien es en Castilla ni bien en Portugal. Los ríos se llaman Tajo y Guadiana, adonde pasando harto trabajo estuvieron algunos días, hasta que pasada esta persecución y favoreciendo Dios a los que celaban y querían guardar perfectamente su estado, tornaron a reedificar sus monasterios, y añadir otros, de los cuales se hizo la provincia de la Piedad en Portugal, y quedaron otras cuatro casas en Castilla.

En este tiempo los frailes de la provincia de Santiago rogaron a Fray Martín de Valencia que se tornase a su provincia, y que le darían una casa cual él quisiese, en la cual pusiese toda la perfección y estrechura que él quisiese; y él aceptándolo edificó una casa junto a Belvis adonde hizo un monasterio que se llama Santa María del Berrocal, adonde moró algunos años, dando tan buen ejemplo y doctrina, así en aquella villa de Belvis como en toda aquella comarca, que le tenían por un apóstol, y todos le amaban y obedecían como a padre. Morando en la casa, como siempre tuviese en su memoria la visión que había visto, y en su ánima tuviese confianza de verla cumplida; en aquel tiempo crecía la fama de la sierva de Dios la beata del Barco de Ávila, a quien Dios comunicaba muchos secretos; determinó el siervo de Dios de ir a visitarla para tomar su parecer y consejo, sobre el cumplimiento de su deseo que era ir entre infieles. Ella oída su embajada y encomendándolo a Dios, respondiole: «Que no era la voluntad de Dios que por entonces procurase la ida, porque venida la hora Dios le llamaría, y que de ello fuese cierto». Pasado algún tiempo hízose la custodia de San Gabriel de aquellas cuatro casas que dije que tenían los compañeros de Fray Juan de Guadalupe, y de otras siete que dio la provincia de Santiago, una de las cuales era la de Belvis que el mismo Fray Martín había edificado: todas ellas caían debajo de los términos de la provincia de Santiago, y ayuntados los frailes de todas once casas año del Señor de 1516, vigilia de la Concepción de Nuestra Señora, fue elegido por primer custodio Fray Miguel de Córdoba, varón de alta contemplación. En este mismo capítulo rogó el conde de Feria que echasen al siervo de Dios Fray Martín de Valencia a San Onofre de la Lapa, que es un monasterio de los siete, y está a dos leguas de Zafra en tierra del conde: fue procurado por la fama de su santidad para consolación del conde, y llevole Dios para que pusiese paz y concordia entre las dos casas, que muy poco antes se habían ayuntado, a saber, la casa de Priego y la de Feria; y aunque el marqués y la marquesa eran buenos casados, y muy católicos cristianos, los caballeros y criados de aquellas casas estaban muy discordes; entonces el marqués envió por el padre Fray Martín, y estuvo con él en Montilla una cuaresma predicando y confesando, y también confesé al marqués; y puso tanta concordia y paz entre las dos casas, que más les pareció a todos ángel del Señor que no persona terrenal, y así todos atribuían a sus oraciones aquella concordia de las dos casas.

También hizo mucho fruto en los vecinos de aquel pueblo, y fueron muy edificados y consolados por el grande ejemplo que en aquella cuaresma les dio, y lo mismo era en todas las partes en donde moraba, así dentro de casa a los frailes, como de fuera a la tierra y comarca, porque todos le tenían por espejo de doctrina y santidad.

Después, en el año de 1518, vigilia de la Asunción de Nuestra Señora, fue aquella custodia de San Gabriel hecha provincia, y elegido por primer provincial el padre Fray Martín de Valencia, el cual la gobernó con mucho ejemplo de humildad y penitencia, predicando y amonestando a sus frailes, más por ejemplos que por palabras; y aunque siempre iba aumentando en su penitencia, en aquel tiempo se esforzó más, aunque siempre traía cilicio y muchos días ayunaba, además de los ayunos de la Iglesia y de la regla, y traía ceniza para echarla en la cocina, y a las veces en el caldo; y en lo que comía, si estaba sabroso, le echaba un golpe de agua encima por salsa, acordándose de la hiel y vinagre que dieron a Jesucristo.

Veníanse muchos frailes y buenos religiosos a la provincia por su buena fama, y el siervo de Dios recibíalos con entrañas de amor. Muchas veces cuando quería tener capítulo a los frailes y oír las culpas de los otros, primero se acusaba él a sí mismo delante de todos, no tanto por lo que a él tocaba cuanto por dar ejemplo de humildad, porque él se reputaba por indigno de que otro le dijese sus culpas, y luego allí delante de todos se disciplinaba, y levantándose besaba los pies a sus frailes: con tal ejemplo no había súbdito que no se humillase hasta la tierra. Acabado esto comenzaba su oficio de prelado, y asentado en su lugar con autoridad pastoral, todos los súbditos decían sus culpas, según es costumbre en las religiones, y el siervo de Dios reprendía caritativamente, y después hablaba cordialmente, ya de la virtud de la pobreza, ya de la obediencia y humildad, ya de la oración; y de ésta, como él siempre la tenía de ejercicio, hablaba más largo y más comúnmente.

Habiendo regido la provincia de San Gabriel, y estando siempre con su continuo deseo de pasar a los infieles, cuando más descuidado estaba le llamó Dios de esta manera. Como fuese ministro general el reverendísimo Fray Francisco de los Ángeles, que después fue cardenal de Santa Cruz, y viniendo visitando llegó a la provincia de San Gabriel, e hizo capítulo en el monasterio de Belvis en el año de 1523, día de San Francisco, en el tiempo que había dos años que esta tierra se había ganado por Hernando Cortés y sus compañeros; pues estando en este capítulo, el general llamó a Fray Martín de Valencia, e hízole un muy buen razonamiento, diciéndole cómo esta tierra de la Nueva España era nuevamente descubierta y conquistada, adonde, según las nuevas de la muchedumbre de las gentes y de su calidad, creía y esperaba que se haría muy gran fruto espiritual, habiendo tales obreros como él, y que él estaba determinado de pasar en persona al tiempo que le eligieron por general, el cual cargo le embarazó la pasada que él tanto deseaba; por tanto, que le rogaba que él pasase con doce compañeros, porque si lo hiciese, tenía él muy gran confianza en la bondad divina, que sería grande el fruto y convertimiento de gentes que de su venida esperaban.

El varón de Dios que tanto tiempo había que estaba esperando que Dios había de cumplir sus deseos, bien puede cada uno pensar qué gozo y alegría recibiría su ánima con tal nueva y por él tan deseada, y cuántas gracias debió de dar a Nuestro Señor; aceptó luego la venida como hijo de obediencia, y acordose bien entonces de lo que la beata del Barco de Ávila le había dicho: pues luego lo más brevemente que a él fue posible escogió los doce compañeros, y tomado la bendición de su mayor y ministro general, partieron del puerto de San Lúcar de Barrameda, día de la conversión de San Pablo, que aquel año fue en martes. Vinieron a la Gomera a 4 de febrero, y allí dijeron misa en Santa María del Paso, y recibieron el Cuerpo de Nuestro Redentor muy devotamente, y luego se tornaron a embarcar. Llegaron a la isla de San Juan y desembarcaron en

Puerto Rico en veinte y siete días de navegación, que fue tercero día de marzo, que en aquel día demedió la cuaresma aquel año. Estuvieron allí en la isla de San Juan diez días; partiéronse Dominica *in Passione,* y miércoles siguiente entraron en Santo Domingo. En la isla Española estuvieron seis semanas, y después embarcáronse, y vinieron a la isla de Cuba, adonde desembarcaron postrero día de abril. En la Trinidad estuvieron sólo tres días. Tornados a embarcar vinieron a San Juan de Ulúa a 12 de mayo, que aquel año fue vigilia de Pentecostés; y en Medellín estuvieron diez días. Y de allí, dadas a Nuestro Señor muchas gracias por el buen viaje que les había dado, vinieron a México y luego se repartieron por las provincias más principales. En todo este viaje el padre Fray Martín padeció mucho trabajo, porque como era persona de edad, y andaba a pie y descalzo, y el Señor que muchas veces le visitaba con enfermedades, fatigábase mucho; y por dar ejemplo, como buen caudillo, siempre iba delante, y no quería tomar para su necesidad más que sus compañeros, ni aun tanto, por no dar materia de relajación adonde venia a plantar de nuevo, y así trabajó mucho; porque demás de su disciplina y abstinencia ordinaria, que era mucha, y mucho el tiempo que se ocupaba en oración, trabajó mucho en aprender la lengua; pero como era ya de edad de cincuenta años, y también por no dejar lo que Dios le había comunicado, no pudo salir con la lengua, aunque tres o cuatro veces trabajó de entrar en ella. Quedó con algunos vocablos comunes para enseñar a leer a los niños, que trabajó mucho en esto; y porque no podía predicar en la lengua de los Indios, holgábase mucho cuando otros predicaban, y poníase junto a ellos a orar mentalmente y a rogar a Dios que enviase su gracia al predicador y a los que le oían. Asimismo a la vejez aumentó la penitencia a ejemplo del santo abad Hilarión, que ordinariamente ayunaba cuatro días en la semana con pan y legumbres; y en su tiempo muchos de sus súbditos, viendo que él con ser tan viejo les daba tal ejemplo, le imitaron. Añadió también hincarse de rodillas muchas veces en el día, y estar cada vez un cuarto de hora, en el cual parecía recibir mucho trabajo, porque al cabo del ejercicio quedaba acezando y muy cansado: en esto pareció imitar a los gloriosos apóstoles Santiago el Menor y San Bartolomé, que de entrambos se lee haber tenido este ejercicio.

Desde Dominica *in Passione* hasta la Pascua de Resurrección dábase tanto a contemplar en la Pasión del Hijo de Dios más que otro tiempo, que muy claramente se le parecía en lo exterior. Y una vez en este tiempo que digo, viéndole un fraile, buen religioso, muy flaco y debilitado, preguntándole dijo: Padre, ¿estáis mal dispuesto? Por cierto os veo muy flaco y debilitado. Si no es enfermedad, dígame Vuestra Reverencia la causa de su flaqueza. «Respondió: Creedme hermano, pues me compeléis a que os diga la verdad, que desde la Dominica in *Passione,* que el vulgo llama Domingo de Lázaro, hasta la Pascua, que estas dos semanas siente tanto mi espíritu, que no lo puedo sufrir sin que exteriormente el cuerpo lo sienta y lo muestre como veis». En la Pascua torné a tomar fuerzas de nuevo. Estas cosas no las decía el varón de Dios a todos, sino a aquellos religiosos que eran más sus familiares, y a quienes él sentía que convenía y cabía bien decirlas; porque era muy enemigo de manifestar a nadie sus secretos. Y que esto sea verdad, verse ha por lo que ahora contaré. Estando el siervo de Dios en España, en el monasterio de Belvis, predicando la Pasión, llegando al paso de cuando Nuestro Señor fue puesto y enclavado en la cruz, fue tanto el sentimiento que tuvo, que saliendo de sí fue arrobado, y se quedó yerto como un palo, hasta que le quitaron del púlpito. Otras dos veces le aconteció lo mismo, aunque la una, que fue morando en el monasterio de la Lapa, que tornó en sí más aína y quiso acabar de predicar la Pasión, era ya la gente ida del monasterio.

Por mucho que huía del mundo y de los frailes, para mejor vacar a sólo Dios, a tiempos no le valía esconderse, porque como colgaban de él tantos negocios, así de su oficio como de casos de conciencia que iban a comunicar con él, no le dejaban; y muchas veces los que le iban a buscar, hablándole le veían tan fuera de sí, que les respondía como quien despierta de algún pesado sueño. Otras veces, aunque hablaba y comunicaba con los frailes, parecía que no oía ni veía, porque tenía el sentido ocupado con Dios. Era tan enemigo de su cuerpo, que apenas le dejaba tomar lo necesario, así del sueño como de comer. En las enfermedades, con ser ya viejo, no quería más cama de un colchón o una tabla, ni beber un poco de vino, ni quería tomar otras medicinas. Aunque estuvo muchas veces enfermo, jamás le vimos curar con médico, ni curaba de otras medicinas sino de la que daba salud a su ánima.

Vivió el siervo de Dios Fray Martín de Valencia en esta Nueva España diez años, y cuando a ella vino había cincuenta, que son por todos sesenta. De los diez que digo los seis fue provincial, y los cuatro fue guardián en Tlaxcallán; y él edificó aquel monasterio, y le llamó «La Madre de Dios»; y mientras en esta casa moré enseñaba a los niños desde el A B C hasta leer por latín, y poníalos a tiempos en oración, y después de maitines cantaba con ellos himnos; y también enseñaba a rezar en cruz levantados y abiertos los brazos siete Pater Noster y siete Aves Marías, lo cual él acostumbró siempre hacer. Enseñaba a todos los Indios chicos y grandes, así por ejemplo como por palabra, y por esta causa siempre tenia intérprete: y es de notar que tres intérpretes que tuvo todos vinieron a ser frailes, y salieron muy buenos religiosos.

El año postrero que dejó de tener oficio por su voluntad, escogió de ser morador en un pueblo que se dice Tlalmanalco, que es ocho leguas de México, y cerca de este monasterio está otro que se visita de éste, en un pueblo que se dice Amaquemecán, que es casa muy quieta y aparejada para orar; porque está en la ladera de una terrecilla, y es un eremitorio devoto, y junto a esta casa está una cueva devota y muy al propósito del siervo de Dios, para a tiempos darse allí a la oración; y a tiempos salíase fuera de la cueva en una arboleda, y entre aquellos árboles había uno muy grande, debajo del cual se iba a orar por la mañana; y certifícanme que luego que allí se ponía a rezar, el árbol se henchía de aves, las cuales con su canto hacían dulce armonía, con lo cual sentía él mucha consolación, y alababa y bendecía al Señor; y como él se partía de allí, las aves también se iban; y que después de la muerte del siervo de Dios, nunca más se ayuntaron las aves de aquella manera. Lo uno y lo otro fue notado de muchos que allí tenían alguna conversación con el siervo de Dios, así en verlas ayuntar e irse para él, como en el no parecer más después de su muerte. He sido informado de un religioso de buena vida, que en aquel eremitorio de Amaquemecán aparecieron al varón de Dios San Francisco y San Antonio, y dejándole muy consolado se partieron de su presencia.

Pues estando muy consolado en esta manera de vida, llegósele la muerte debida, que todos debemos, y estando bueno, el día de San Gabriel dijo a su compañero: «Ya se acaba». El compañero respondió: «¿Qué, padre?» Y él callando, de ahí a un rato dijo: «La cabeza me duele»; y desde entonces fue en crecimiento su enfermedad. Fuese con su compañero al convento de San Luis de Tlalmanalco, y como su enfermedad creciese, habiendo recibido los sacramentos, por mandado y obediencia de su guardián le llevaban a curar a México, aunque muy contra su voluntad; y poniéndole en una silla le llevaron hasta el embarcadero, que son dos leguas de Tlalmanalco, para desde allí embarcarle y llevarle por agua hasta México. Iban con él tres frailes, y en llegando allí sintió serle cercana la muerte, y encomendando su ánima a Dios que la crió, espiró allí en aquel campo o ribera.

Él mismo había dicho muchos años antes, que no tenía de morir en casa ni en cama sino en el campo, y así pareció cumplirse. Estuvo enfermo no más de cuatro días. Falleció víspera del Domingo de Lázaro, sábado, día de San Benito, que es a 21 de marzo, año del Señor 1534. Volvieron su cuerpo a enterrar al monasterio de San Luis de Tlalmanalco.

Sabida la muerte de este buen varón por el provincial o custodio, que estaba ocho leguas de allí, vino luego, y habiendo cuatro días que estaba enterrado mandole desenterrar, y púsole en un ataúd, y dijo misa de San Gabriel por él, porque sabía que le era devoto; a la cual misa dijo una persona de crédito (según la manera y al tiempo que lo dijo), que vio delante de su misma sepultura al siervo de Dios Fray Martín de Valencia levantado en pie, con su hábito y cuerda, las manos compuestas metidas en las mangas y los ojos bajos; y que de esta manera le vio desde que se comenzó la Gloria hasta que hubo consumido. No es maravilla que este buen varón haya tenido necesidad de algunos sufragios, porque varones de gran santidad leemos haber tenido necesidad y ser detenidos en purgatorio, y por eso no dejan de hacer milagros. Hanme dicho que resucitó un muerto a él encomendado, y que sanó una mujer enferma que con devoción le llamó; y que un fraile que era afligido de una recia tentación fue por él librado: y otras muchas cosas, las cuales, porque de ellas no tengo bastante certidumbre, ni las creo ni las dejo de creer, más de que como a amigo de Dios, y que piadosamente creo que Dios le tiene en su gloria, le llamo e invoco su ayuda e intercesión.

Los nombres de los frailes que de España vinieron con este santo varón, son: Fray Francisco de Soto, Fray Martín de la Coruña, Fray Antonio de

Ciudad Rodrigo, Fray García de Cisneros, Fray Juan de Ribas, Fray Francisco Jiménez, Fray Juan Juárez, Fray Luis de Fuensalida, Fray Toribio, Motolinía: estos diez sacerdotes, y dos legos: Fray Juan de Palos, Fray Andrés de Córdoba: los sacerdotes todos tomaron el hábito en la provincia de Santiago. Otros vinieron después que han trabajado y trabajan mucho en esta santa obra de la conversión de los Indios cuyos nombres creo yo que tiene Dios escritos en el libro de la vida mejor que no de otros que también han venido de España, que aunque parecen buenos religiosos no han perseverado: y los que solamente se dan a predicar a los Españoles, ya que algún tiempo se hallan consolados, mientras que sus predicaciones son regadas con el agua del loor humano, en faltando este cebillo hállanse más secos que un palo, hasta que se vuelven a Castilla; y pienso que esto les viene por juicio de Dios, porque los que acá pasan no quiere que se contenten con sólo predicar a los Españoles, que para esto más aparejo tenían en España; pero quiere también que aprovechen a los Indios, como a más necesitados y para quien fueron enviados y llamados. Y es verdad que Dios ha castigado por muchas vías a los que aborrecen o desfavorecen a esta gente: hasta los frailes que de estos Indios sienten flacamente o les tienen manera de aborrecimiento, los trae Dios desconsolados, y están en esta tierra como en tormentos, hasta que la tierra los alanza y echa de sí como a cuerpos muertos y sin provecho: y a esta causa algunos de ellos han dicho en España cosas ajenas de la verdad, quizá pensando que era así, porque acá los tuvo Dios ciegos. Y también permite Dios que a los tales los Indios los tengan en poco, no los recibiendo en sus pueblos, y a veces van a otras partes a buscar los sacramentos: porque sienten que no les tienen el amor que sería razón. Y ha acontecido viniendo los tales frailes a los pueblos, huir los Indios de ellos, en especial en un pueblo que se llama Yeticlatlán, que yendo por allí un fraile de cierta orden que no les ha sido muy favorable en obra ni en palabra, y queriendo bautizar los niños de aquel pueblo, el Español a quien estaban encomendados puso mucha diligencia en ayuntar los niños y toda la otra gente, porque había mucho tiempo que no habían ido por allí frailes a visitar, y deseaban la venida de algún sacerdote; y como por la mañana fuese el fraile con el Español de los aposentos a la iglesia, a do la gente estaba ayuntada, y los Indios mirasen no sé de qué ojo al fraile, en un instante se alborotan todos y dan a huir cada uno por su parte, diciendo: *Amo, Amo,* que quiere decir: «No, no; que no queremos que éste nos bautice a nosotros, ni a nuestros hijos». Y ni bastó el Español ni los frailes a poderlos hacer juntar, hasta que después fueron los que ellos querían; de lo cual no quedó poco maravillado el Español que los tenía a cargo, y así lo contaba como cosa de admiración. Y aunque este ejemplo haya sido particular, yo lo digo por todos en general los frailes de todas órdenes que acá pasan, y digo: que los que de ellos acá no trabajan fielmente, y los que se vuelven a Castilla, que les demandará Dios estrechísima cuenta de cómo emplearon el talento que se les encomendó. ¿Pues qué diré de los Españoles seglares que con éstos han sido y son tiranos y crueles, que no miran más de a sus intereses y codicia que los ciega, deseándolos tener por esclavos y de hacerse ricos con sus sudores y trabajo? Muchas veces oí decir que los Españoles crueles contra los Indios morían a las manos de los mismos Indios, o que morían muertes muy desastradas, y de éstos oí nombrar muchos; y después que yo estoy en esta tierra lo he visto muchas veces por experiencia, y notado en personas que yo conocía y había reprendido el tratamiento que los hacían.

Capítulo III. De que no se debe alabar ninguno en esta vida; y del mucho trabajo en que se vieron hasta quitar a los Indios las muchas mujeres que tenían; y cómo se ha gobernado esta tierra después que en ella hay Audiencia

Según el consejo del Sabio no deben ser los hombres loados en esta caduca vida de absoluta alabanza, porque aún navegan en este grande y peligroso mar, y no saben si hallarán día para tomar el puerto seguro: a aquel se debe con razón loar, que Dios tiene guiado de manera que está ya puesto en salvamento, y llegado ya al puerto de salvación, porque al fin se canta la gloria. Y éste es mi intento, de no loar a ningún vivo en particular, sino decir loores de la buena vida y ejemplo que los frailes menores en esta tierra han tenido; los cuales obedeciendo a Dios salieron de su tierra dejando a sus parientes y a sus padres, dejando las casas y monasterios en que moraban, que todos están apartados de los pueblos, y muchos en las montañas metidos, ocupados en la oración y contemplación, con grande abstinencia y mayor penitencia; y muchos de ellos vinieron con deseos de martirio y lo procuraron mucho tiempo antes, y habían demandado licencia para ir entre infieles, aunque hasta ahora Dios no ha querido que padezcan martirio de sangre. Mas trájolos a esta tierra de Canaán para que le edificasen nuevo altar entre esta gentilidad e infieles y para que multiplicasen y ensanchasen su santo Nombre y fe, como parece en muchos capítulos de este libro, de los pueblos y provincias que convirtieron y bautizaron en el principio de la conversión cuando la multitud venía al bautismo, que eran tantos los que se venían a bautizar, que los sacerdotes bautizantes muchas veces les acontecía no poder levantar el jarro con que bautizaban por tener el brazo cansado, y aunque remudaban el jarro les cansaban ambos brazos, y de traer el jarro en las manos se les hacían callos y aun llagas. A un fraile aconteció que como hubiese poco que se hubiese rapado la corona y la barba, bautizando en un gran patio a muchos Indios, que aún entonces no había iglesias, y el sol ardía tanto, que le quemó toda la cabeza y la cara, de tal manera, que mudó los cueros de la cabeza y del rostro. En aquel tiempo acontecía a un solo sacerdote bautizar en un día cuatro, y cinco, y seis mil; y en Xochimilco bautizaron en un día dos sacerdotes más de quince mil; el uno ayudó a tiempos y a tiempos descansó; éste bautizó poco más de cinco mil, y el otro que más tuvo la tela bautizó más de diez mil por cuenta. Y porque eran muchos los que buscaban el bautismo, visitaban y bautizaban en un día tres y cuatro pueblos, y hacían el oficio muchas veces al día, y salían los Indios a recibirlos y a buscarlos por los caminos y dábanles muchas rosas y flores y algunas veces les daban cacao, que es una bebida que en esta tierra se usa mucho, en especial en tiempo de calor. Este acatamiento y recibimiento que hacen a los frailes vino de mandarlo el señor marqués del Valle Don Hernando Cortés a los Indios; porque desde el principio les mandó que tuviesen mucha reverencia y acatamiento a los sacerdotes, como ellos solían tener a los ministros de sus ídolos. Y también hacían entonces recibimientos a los Españoles, lo cual ya todos no lo han querido consentir, y han mandado a los Indios que no lo hagan, y aun con todo esto en algunas partes no basta. Después que los frailes vinieron a esta tierra dentro de medio año comenzaron a predicar, a las veces por intérprete y otras por escrito; pero después que comenzaron a hablar la lengua predican muy a menudo los domingos y fiestas, y muchas veces entre semana, y en un día iban y andaban muchas parroquias y pueblos; día hay que predican dos y tres veces, y acabado de predicar siempre hay algunos que bautizar. Buscaron mil modos y maneras para traer a los Indios en conocimiento de un solo Dios verdadero; y para apartarlos del error de los ídolos diéronles muchas maneras de doctrina. Al principio para les dar sabor enseñáronles, el Per signum Crucis, el Pater Noster, Ave María, Credo, Salve, todo cantado de un tono muy llano y gracioso. Sacáronles en su propia lengua de Anáhuac los mandamientos en metro y los artículos de la fe, y los sacramentos también cantados; y aún hoy día los cantan en muchas partes de la Nueva España. Asimismo les han predicado en muchos lenguas y sacado doctrinas y sermones. En algunos monasterios se ayuntan dos y tres lenguas diversas; y fraile hay que predica en tres lenguas todas diferentes, y así van discurriendo y enseñando por muchas partes, adonde nunca fue oída ni recibida la palabra de Dios. No tuvieron tampoco poco trabajo en quitar y desarraigar a estos naturales la multitud de las mujeres, la cual cosa era de mucha dificultad, porque se les hacía muy dura cosa dejar la antigua costumbre carnal, y cosa que tanto abraza la sensualidad; para lo cual no bastaban fuerzas ni industrias humanas, sino que el Padre de las misericordias les diese su divina gracia; porque no mirando a la honra y parentesco que mediante las mujeres con muchos contraían, y gran favor que alcanzaban, tenían con ellas mucha granjería y quien les tejía y hacía mucha ropa, y eran muy servidos, porque las mujeres principales llevaban consigo otras criadas. Después de venidos al matrimonio tuvieron muy gran trabajos y muchos escrúpulos hasta darles la verdadera y legítima mujer.

Por los muy arduos y muy nuevos casos y en gran manera intrincados contraimientos que en estas partes se hallan, habían éstos contraído con las hijas de los hombres o del demonio de do procedieron gigantes que son los enormes y grandes pecados: y no se contentaban con una mujer, porque un pecado llama y trae otro pecado, de que se hace la cadena de muchos eslabones de pecados con que el demonio los trae encadenados: mas ahora ya todos reciben el matrimonio y ley de Dios, aunque en algunas provincias aún no han dejado las mancebas y concubinas todas. El continuo y mayor trabajo que con estos Indios se pasó, fue en las confesiones, porque son tan continuas que todo el año es una cuaresma, a cualquiera hora del día y en cualquier lugar, así en las iglesias como en los caminos; y sobre todo son continuos los enfermos; las cuales confesiones son de muy gran trabajo; porque como lo agravian las enfermedades, y muchos de ellos nunca se confesaron, la caridad demanda ayudarlos y disponer como quien está *in articulo mortis* para que vayan en vía de salvación. Muchos de éstos son sordos, otros llagados, que cierto los confesores en esta tierra no tienen de ser delicados ni asquerosos para sufrir esta carga; y muchos días son tantos los enfermos, que los confesores están como un Josué rogando a Dios que detenga el sol y alargue el día para que se acaben de confesar los enfermos. Bien creo yo que los que en este trabajo se ejercitaren y perseveraren fielmente, que es género de martirio y delante de Dios muy acepto servicio; porque son éstos como los ángeles que señalan con el *tau* a los gimientes y dolientes: ¿qué otra cosa es bautizar, desposar, confesar, sino señalar siervos de Dios para que no sean heridos del ángel percuciente, y los así señalados trabajen de los defender y guardar de los enemigos que no los consuman y acaben? Tiempo fue, y algunos años duró, que los que de oficio debieran defender y conservar los Indios, los trataban de tal manera que entraban buenas manadas de esclavos en México, hechos como Dios sabe. Y los tributos de los Indios no pequeños, y las obras que sobre todo esto les cargaban encima no pocas, y los materiales a su costa, iba la cosa de tal manera, que como quien se come una manzana se iban a tragar los Indios; pero el pastor de ellos, al cual principalmente pertenecían de oficio, que fue el primer obispo de México Don Fray Juan de Zumárraga, y aquellos de quien al presente hablo, que son escorias y heces del mundo, opusiéronse de tal manera para que no tragasen la manzana sin las mondaduras, y así les amargaron las cortezas; que no se tragaron ni acabaron los Indios; porque Dios, que tiene a muchos de estos Indios y muchos de sus hijos y nietos predestinados para su gloria, lo remedió, y el Emperador desde que fue informado proveyó de tales personas que desde entonces les va a los Indios de bien en mejor. Bien son dignos de perpetua memoria los que tan buen remedio pusieron en esta tierra; éstos fueron, el obispo Don Sebastián Ramírez, presidente de la Audiencia Real, el cual tuvo singular amor a estos Indios y los defendió y conservó sabiamente, y rigió la tierra en mucha paz con los buenos coadjutores que tuvo, los cuales no menos gracias merecen, que fueron los oidores que con él fueron proveídos; de la cual Audiencia había bien que decir, y de cómo remediaron esta tierra, que la hallaron con la candela en la mano, que si mucho se tardaran bien le pudieran hacer la sepultura, como a las otras islas; más es de esto lo que siento que lo que digo; yo creo que son dignos de gran corona delante del Rey del cielo y del de la tierra también. Y para todo buen aprovechamiento trajo Dios al Señor Don Antonio de Mendoza, visorrey y gobernador, que ha echado el sello, y en su oficio ha procedido prudentemente y ha tenido y tiene grande amor a esta patria, conservándola en todo buen regimiento de cristiandad y policía. Los oidores fueron el licenciado Juan de Salmerón, el licenciado Alonso Maldonado, el licenciado Ceynos, el licenciado Quiroga.

Capítulo IV. De la humildad que los frailes de San Francisco tuvieron en convertir a los Indios, y de la paciencia que tuvieron en las adversidades

Fue tanta la humildad y mansa conversación que los frailes menores tuvieron en el tratamiento e inteligencia que con los Indios tenían, que como algunas veces en los pueblos de los Indios quisiesen entrar a poblar y hacer monasterios religiosos frailes de otras órdenes, iban los mismos Indios a rogar al que estaba en lugar de su majestad, que regía la tierra, que entonces era el señor obispo Don Sebastián Ramírez, diciéndole, que no les diesen otros frailes sino de los de San Francisco, porque los conocían y amaban, y eran de ellos amados; y como el señor presidente les preguntase la causa por qué querían más a aquellos que a otros, respondían los Indios: «Porque estos andan pobres y descalzos como nosotros, comen de lo que nosotros, asiéntanse entre nosotros, conversan entre nosotros mansamente». Otras veces queriendo dejar algunos pueblos para que entrasen frailes de otras órdenes, venían los Indios llorando a decir: «que si se iban y los dejaban, que también ellos dejarían sus casas y se irían tras ellos»; y de hecho lo hacían y se iban tras los frailes; esto yo lo vi por mis ojos. Y por esta buena humildad que los frailes tenían a los Indios, todos los señores de la Audiencia Real les tuvieron mucho miramiento, aunque al principio venían de Castilla indignados contra ellos, y con propósito de los reprender y abatir, porque venían informados que los frailes con soberbia mandaban a los Indios y se enseñoreaban de ellos; pero después que vieron lo contrario tomáronles mucha afición, y conocieron haber sido pasión lo que en España de ellos se decía.

Algunos trataron y conversaron con personas que pudieran ser parte, para les procurar obispados y no lo admitieron; otros fueron elegidos en obispos, y venidas las elecciones las renunciaron humildemente, diciendo que no se hallaban suficientes ni dignos para tan alta dignidad; aunque en esto hay diversos pareceres si acertaron o no en renunciar; porque para esta nueva tierra y entre esta humilde generación convenía mucho que fueran los obispos como en la primitiva Iglesia, pobres y humildes, que no buscaran rentas sino ánimas, ni fuera menester llevar tras sí más de su pontifical, y que los Indios no vieran obispos regalados, vestidos de camisas delgadas y dormir en sábanas y colchones y vestirse de muelles vestiduras, porque los que tienen ánimas a su cargo han de imitar a Jesucristo en humildad y pobreza, y traer su cruz a cuestas y desear morir en ella; pero como renunciaron simplemente y por se allegar a la humildad, creo que delante de Dios no serán condenados.

Una de las buenas cosas que los frailes tienen en esta tierra es la humildad, porque muchos de los Españoles los humillan con injurias y murmuraciones, pues de parte de los Indios no tienen de qué tomar vanagloria, porque ellos les exceden en penitencia y en menosprecio. Y así cuando algún fraile de nuevo viene de Castilla, que allá era tenido por muy penitente, y que hacía raya a los otros, venido aca es como río que entra en la mar, porque acá toda la comunidad vive estrechamente y guarda todo lo que se puede guardar; y si miran a los Indios, verlos han paupérrimamente vestidos y descalzos, las camas y moradas en extremo pobres; pues en la comida al más estrecho penitente exceden, de manera que no hallarán de que tener vanagloria ninguna; y si se rigen por razón muy menos tendrán soberbia; porque todas las cosas son de Dios, y el que afirma alguna cosa buena ser suya es blasfemia, porque es querer hacerse Dios; pues luego locura es gloriarse el hombre de las cosas ajenas, pues para esperar y recibir los bienes de gloria que por Jesucristo nos son prometidos y para sufrir los males y adversidades que a cada paso se ofrecen a los que piadosa y justamente quieren vivir, *patientia necessaria est.* Ésta sufre y lleva la carga de todas las tribulaciones y sufre los golpes de los enemigos sin ser herida el ánima; así como contra los bravos tiros de la artillería ponen cosas muelles y blandas en que ejecuten su furia, bien así contra las tribulaciones y tentaciones del demonio y del mundo y de la carne se debe poner la paciencia; que con lo contrario nuestra ánima será presto turbada y rendida. De esta manera ponían los frailes la paciencia por escudo contra las injurias de los Españoles; y cuando ellos muy indignados decían, que los frailes destruían la tierra en favorecer a los Indios contra ellos, los frailes para mitigar su ira respondían con paciencia: Si nosotros no defendiésemos los Indios, ya vosotros no tendríades quien os sirviese. Si nosotros los favorecemos, es para conservarlos, y para que tengáis quien os sirvan; y en defenderlos y enseñarlos, a vosotros servimos y vuestras conciencias descargamos; porque cuando de ellos os encargasteis, fue con obligación de enseñarlos; y no tenéis otro cuidado, sino que os sirvan y os den cuanto tienen y pueden haber. Pues ya que tienen poco o nada, si los acabásedes ¿quién os serviría?» Y así muchos de los Españoles, a lo menos los nobles y los virtuosos, decían y dicen muchas veces; que si no fuera por los frailes de San Francisco la Nueva España fuera como las Islas, que ni hay Indio a quien enseñar la ley de Dios ni quien sirva a los Españoles. Los Españoles también se quejaban y murmuraban diciendo mal de los frailes, porque mostraban querer más a los Indios que no a ellos, y que los reprendían ásperamente; lo cual era causa que les faltasen muchos con sus limosnas, y les tuvieran una cierta manera de aborrecimiento. A esto respondían los frailes diciendo: «Que siempre habían tenido a los Españoles por domésticos de la fe; y que si alguno o algunos de ellos alguna vez tenían alguna necesidad espiritual o corporal, más aína acudían a ellos que no a los Indios; mas como los Españoles en comparación de los Indios son muy pocos, y saben bien buscar su remedio, así espiritual como corporal, mejor que los Indios, que no tienen otros sino aquellos que han aprendido la lengua; porque los principales y casi todos son de los frailes menores, hay razón que se vuelvan a remediar a los Indios que son tantos y tan necesitados de remedio; y aun con éstos no pueden cumplir por ser tantos, y es mucha razón que se haga así, pues no costaron menos a Jesucristo las ánimas de estos Indios como las de los Españoles y Romanos, y la ley de Dios obliga a favorecer y a animar a éstos que están con la leche de la fe en los labios, que no a los que la tienen ya tragada con la costumbre».

Por la defensión de los Indios, y por les procurar algún tiempo en que pudiesen ser enseñados de la doctrina cristiana, y porque no los ocupasen en domingos ni fiestas, y por les procurar moderación en sus tributos, los cuales eran tan grandes que muchos pueblos no los pudiendo cumplir vendían a mercaderes que solía haber entre ellos, los hijos de los pobres y las tierras, y como los tributos eran ordinarios, y no bastase para ellos vender lo que tenían, algunos pueblos casi del todo se despoblaron, y otros se iban despoblando, si no se pusiera remedio en moderar los tributos, lo cual fue causa que los Españoles se indignasen tanto contra los frailes, que estuvieron determinados de matar algunos de ellos, que les parecía que por su causa perdían el interés que sacaban de los pobres Indios. Y estando por esta causa para dejar los frailes del todo esta tierra y volverse a Castilla, Dios que socorre en las mayores tribulaciones y necesidades, no lo consintió; porque siendo la católica majestad del emperador Don Carlos informado de la verdad, procuró una bula del papa Paulo III, para que de la vieja España viniesen a esta tierra ciento y cincuenta frailes.

Capítulo V. De cómo Fray Martín de Valencia procuró de pasar adelante en convertir nuevas gentes, y no lo pudo hacer, y otros frailes después lo hicieron

Después que el padre Fray Martín de Valencia hubo predicado y enseñado con sus compañeros en México y en las provincias comarcanas ocho años, quiso pasar adelante y entrar en la tierra de más adentro, haciendo su oficio de predicación evangélica; y como en aquella sazón él fuese prelado, dejó en su lugar un comisario, y tomando consigo ocho compañeros, se fue a Tecoantepec, puerto de la Mar del Sur, que está de México más de cien leguas, para embarcarse allí para ir adelante; porque siempre tuvo opinión que en aquel paraje de la Mar del Sur había muchas gentes que estaban por descubrir; y para efectuar este viaje, Don Hernando Cortés, marqués del Valle, le había prometido de darle navíos, para que le pusiesen adonde tanto deseaba, para que allí predicasen el Evangelio y palabra de Dios, sin que precediese conquista de armas. Estuvo en el puerto de Tecoantepec esperando los navíos siete meses, para el cual tiempo habían quedado los maestros de darlos acabados, y para mejor cumplir su palabra, el marqués en persona, desde Cuauhnahuac, que es un pueblo de su marquesado a do siempre reside, que está de México once leguas, fue a Tecoantepec a despachar y dar los navíos, y con toda la diligencia que él pudo poner no se acabaron; porque en esta tierra con mucha dificultad, y costa y tiempo, se echan los navíos al agua. Pues viendo el siervo de Dios que los navíos le faltaban dio la vuelta para México, dejando allí tres compañeros de los suyos para que acabados los navíos fuesen en ellos a descubrir.

En el tiempo que Fray Martín de Valencia, que fueron siete meses los que estuvo en Tecoantepec, siempre él y sus compañeros trabajaron en enseñar y doctrinar a la gente de la tierra, sacándoles la doctrina cristiana en su lengua que es de Zapotecas, y no sólo a éstos, pero en todas las lenguas y pueblos por donde iban, predicaban y bautizaban. Entonces pasaron por un pueblo que se dice Mictlán, que, en esta lengua quiere decir *infierno,* adonde hallaron algunos edificios más de ver que en parte ninguna de la Nueva España; entre los cuales había un templo del demonio y aposento de sus ministros, muy de ver, en especial una sala como de artesones. La obra era de piedra, hecha con muchos lazos y labores: había muchas portadas, cada una de tres piedras grandes, dos a los lados y una por encima, las cuales eran muy gruesas y muy anchas: había en aquellos aposentos otra sala, que tenía unos pilares redondos, cada uno de una sola pieza, tan gruesos, que dos hombres abrazados con un pilar apenas se tocaban las puntas de los dedos; serian de cinco brazas de alto. Decía Fray Martín que se descubrirían en aquella costa gentes más hermosas y de más habilidad que éstas de la Nueva España, y que si Dios le diese vida que la gastaría con aquellas gentes como había hecho con estotras; mas Dios no fue servido que por él fuese descubierto lo que tanto deseaba, aunque permitió que fuese descubierto por frailes menores: porque como uno de los compañeros del dicho Fray Martín de Valencia, llamado Fray Antonio de Ciudad Rodrigo, siendo provincial en el año de 1537, envió cinco frailes a la costa del Mar del

Norte, y fueron predicando y enseñando por los pueblos de Coatzacoalco y Puitel (aquí está poblado de Españoles, y el pueblo se llama Santa María de la Victoria; ya esto es en Tabasco), pasaron a Xicalanco, adonde en otro tiempo había muy gran trato de mercaderes e iban hasta allí mercaderes mexicanos, y aun ahora van algunos. Y pasando la costa adelante allegaron los frailes a Champotón y a Campech; a este Campech llaman los Españoles Yucatán. En este camino y entre esta gente estuvieron dos años, y hallaban en los Indios habilidad y disposición para todo bien, porque oían de grado la doctrina y palabra de Dios. Dos cosas notaron mucho los frailes en aquellos Indios, que fueron, ser gente de mucha verdad, y no tomar cosa ajena aunque estuviese caída muchos días. Saliéronse los frailes de esta tierra por ciertas diferencias que hubo entre los Españoles, y los Indios naturales. En el año de 1538 envió otros tres frailes en unos navíos del marqués del Valle que fueron a descubrir por la Mar del Sur: de éstos aunque se sonó y dijo que habían hallado tierra poblada y muy nea, no está muy averiguado, ni hasta ahora, que es en el principio del año de 1540, no ha venido nueva cierta. Este mismo año envió este mismo provincial Fray Antonio de Ciudad Rodrigo, dos frailes por la costa del Mar del Sur, la vuelta hacia el Norte por Xalisco y por la Nueva Galicia, con un capitán que iba a descubrir; y ya que pasaban la tierra que por aquella costa está descubierta y conocida y conquistada, hallaron dos caminos bien abiertos; el capitán escogió y se fue por el camino de la derecha, que declinaba la tierra adentro, el cual a muy pocas jornadas dio en unas sierras tan ásperas, que no las pudieron pasar; le fue forzado volverse por el mismo camino que había ido. De los dos frailes adoleció el uno, y el otro con dos intérpretes tomó por el camino de la mano izquierda, que iba hacia la costa, y hallole siempre abierto y seguido; y a pocas jornadas dio en tierra poblada de gente pobre, los cuales salieron a él llamándole mensajero del cielo, y como tal le tocaban todos y besaban el hábito: acompañábanle de jornada en jornada trescientas y cuatrocientas personas, y a veces muchas más, de los cuales algunos en siendo hora de comer iban a caza, de la cual había mucha, mayormente de liebres, conejos y venados, y ellos que se saben dar buena maña, en poco espacio tomaban cuanto querían; y dando primero al fraile, repartían entre sí lo que había. De esta manera anduvo más de trescientas leguas, y casi en todo este camino tuvo noticia de una tierra muy poblada de gente vestida, y que tienen casas de terrado, y de muchos sobrados. Estas gentes dicen estar pobladas a la ribera de un gran río, a do hay muchos pueblos cercados, y a tiempos tienen guerras los señores de los pueblos contra los otros; y dicen que pasado aquel río, hay otros pueblos mayores y más ricos. Lo que hay en los pueblos que están en la primera ribera dicen que son vacas menores que las de España, y otros animales muy diferentes de los de Castilla; buena ropa, no sólo de algodón mas también de lana, y que hay ovejas de que se saca aquella lana: estas ovejas no se sabe de que manera sean. Esta gente usan de camisas y vestiduras con que se cubren sus cuerpos. Tienen zapatos enteros que cubren todo el pie, lo cual no se ha hallado en todo lo hasta ahora descubierto. También traen de aquellos pueblos muchas turquesas, las cuales y todo lo demás que aquí digo había entre aquella gente pobre adonde llegó el fraile; no que en sus tierras se criasen, sitio que las traían de aquellos pueblos grandes adonde iban a tiempos a trabajar, y a ganar su vida como hacen en España los jornaleros.

En demanda de esta tierra habían salido ya muchas armadas, así por mar como por tierra, y de todos la escondió Dios, y quiso que un pobre fraile descalzo la descubriese; el cual cuando trajo la nueva, al tiempo que lo dijo, le prometieron que no la conquistarían a fuego y a sangre, como se ha conquistado casi todo lo que en esta tierra firme está descubierto, sino que se les predicaría el Evangelio: pero como esta nueva fue derramada, voló brevemente por todas partes, y como a cosa hallada muchos la quisieron ir a conquistar; por más bien o menos mal tomó la delantera el virrey de esta Nueva España Don Antonio de Mendoza, llevando santa intención y muy buen deseo de servir a Dios en todo lo que en sí fuere, sin hacer agravio a los prójimos.

En el año de 1539 dos frailes entraron por la provincia de Michuacán a unas gentes que se llaman Chichimecas, que va otras veces habían consentido entrar en sus tierras frailes menores, y los habían recibido de paz y con mucho amor, que de los Españoles siempre se han defendido y vedádoles la entrada, así por ser gente belicosa y que poco más poseen de un arco con sus flechas, como porque los Españoles ven poco interés en ellos. Aquí descubrieron estos dos frailes que digo, cerca de treinta pueblos pequeños, que el mayor de ellos no tendría seiscientos vecinos. Éstos recibieron de muy buena voluntad la doctrina cristiana, y trajeron sus hijos al bautismo; y por tener más paz y mejor disposición para recibir la fe, demandaron libertad por algunos años, y que después darían un tributo moderado de lo que cogen y crían en sus tierras; y que de esta manera darían la obediencia al rey de Castilla: todo se le concedió el vicerrey Don Antonio de Mendoza, y les dio diez años de libertad para que no pagasen ningún tributo. Después de estos pueblos se siguen unos llanos, los mayores que hay en toda la Nueva España: son de tierra estéril, aunque poblada toda de gente muy pobre, y muy desnuda, que no cubren sino sus vergüenzas; y en tiempo de frío se cubren con cueros de venados, que en todos aquellos llanos hay mucho número de ellos, y de liebres y conejos, y culebras y víboras; y de esto comen asado, que cocido ninguna cosa comen, ni tienen choza, ni casa, ni hogar, mas de que se abrigan bajo de algunos árboles, y aun de éstos no hay muchos sino tunales, que son unos árboles que tienen las hojas del grueso de dos dedos, unas más y otras menos, tan largas como un pie de un hombre, y tan anchas como un palmo; de una hoja de éstas se planta y van procediendo de una hoja en otra, y a los lados también van echando hojas, y haciéndose de ellas árbol. Las hojas del pie engordan mucho, y fortalécense tanto hasta que se hacen como pie o tronco de árbol. Este vocablo tunal, y tuna por su fruta, es nombre de las Islas, porque en ellas hay muchos de estos árboles, aunque la fruta no es tanta ni tan buena como la de esta tierra. En esta Nueva España al árbol llaman nopal, y a la fruta nochtli. De este género de nochtli hay de muchas especies; unas llaman montesinas, éstas no las comen sino los pobres; otras hay amarillas y son buenas; otras llaman picadillas, que son entre amarillas y blancas, y también son buenas; pero las mejores de todas son las blancas, y a su tiempo hay muchas y duran mucho, y los Españoles son muy golosos de ellas, mayormente en verano y de camino con calor, porque refrescan mucho. Hay algunas tan buenas, que saben a peras, y otras a uvas. Otras hay muy coloradas y no son nada apreciadas, y si alguno las come es porque vienen primero que otras ningunas. Tiñen tanto, que hasta la orina del que las come tiñen, de manera que parece poco menos que sangre; tanto, que de los primeros conquistadores que vinieron con Hernando Cortés, llegando un día adonde había muchos de estos árboles, comieron mucho de aquella fruta sin saber lo que era, y como después todos se viesen que orinaban sangre, tuvieron mucho temor pensando que habían comido alguna fruta ponzoñosa, y que todos habían de ser muertos; hasta que después fueron desengañados por los Indios. En estas tunas, que son coloradas, nace la grana, que en esta lengua se llama nocheztli. Es cosa tenida en mucho precio porque es muy subido colorado; entre los Españoles se llama carmesí. Estos Indios que digo, por ser la tierra tan estéril que a tiempo carece de agua, beben del zumo de estas hojas de nopal. Hay también en aquellos llanos muchas turmas de tierra, las cuales no sé yo que en parte ninguna de esta Nueva España se hayan hallado sino allí.

Capítulo VI. De unos muy grandes montes que cercan toda esta tierra, y de su gran riqueza y fertilidad, y de muchas grandezas que tiene la ciudad de México

No son de menos fruto y provecho las salidas y visitaciones que continuamente se hacen de los monasterios adonde residen los frailes que las ya dichas, porque además de los pueblos cercanos y que visitan a menudo, salen a otros pueblos y tierras que están apartadas cincuenta y cien leguas, de los cuales antes que acaben la visita, y vuelvan a sus casas, han andado ciento y cincuenta leguas y a veces doscientas; porque es cierto que adonde no llegan frailes no hay verdadera cristiandad; porque todos los Españoles pretenden su interés, no curan de enseñarlos y doctrinarlos, ni hay quien les diga lo que toca a la fe y creencia de Jesucristo, verdadero Dios y universal Señor, ni quien procure destruir sus supersticiones y ceremonias y hechicerías, muy anejas a la idolatría, y es muy necesario andar por todas partes. Y esta Nueva España está toda llena de sierras, tanto, que puesto uno en la mayor vega o llano, mirando a todas partes hallará sierra o sierras a seis y a siete leguas, salvo en aquellos llanos que dije en el capítulo pasado y en algunas partes de la costa de la mar. Especialmente va una cordillera de sierras sobre el Mar del Norte, esto es, encima del mar Océano, que es la mar que traen los que vienen de España. Estas sierras van muchas leguas de largo, que es todo lo descubierto, que son ya más de cinco mil leguas, y todavía pasan adelante y van descubriendo más tierra.

Esta tierra se ensangosta tanto, que queda de mar a mar en solas quince leguas, porque desde el Nombre de Dios, que es un pueblo en la costa del Mar del Norte, hasta Panamá, que es otro pueblo en la costa del Mar del Sur, no hay más de solas quince leguas; y estas sierras que digo, pasada esta angostura de tierra, hacen dos piernas; la una prosigue la misma costa del Mar del Norte, y la otra la vuelta de la tierra del Perú, en muy altas y fragosas sierras, mucho más sin comparación de los Alpes ni que los montes Pirineos; y pienso que en toda la redondez de la tierra no hay otras montañas tan altas ni tan ásperas, y puédense sin falta llamar estos montes los mayores y más ricos del mundo, porque ya de esta cordillera de sierras, sin la que vuelve al Perú, están como digo, descubiertas más de cinco mil leguas, y no las han llegado al cabo. Y lo que más es de considerar, y que causa grandísima admiración es, que tantos y tan grandes montes hayan estado encubiertos tanta multitud de años como ha que pasó el gran diluvio general, estando en el mar Océano, adonde tantas naos navegan, y los recios temporales y grandes tormentas y tempestades han echado y derramado tantas naos muy fuera de la rota que llevaban, y muy lejos de su navegación; y siendo tantas y en tantos años y tiempos, nunca con estas sierras toparon, ni estos montes parecieron. La causa de esto debemos dejar para el que es causa de todas las causas; creyendo que pues él ha sido servido de que no se manifestasen ni se descubriesen hasta nuestros tiempos, que esto ha sido lo mejor y que más conviene a la fe y religión cristiana. Lo más alto de esta Nueva España, y los más altos montes, por estar en la más alta tierra, parecen ser los que están alrededor de México. Está México toda cercada de montes, y tiene una muy hermosa corona de sierras a la redonda de sí, y ella está puesta en medio, lo cual le causa gran hermosura y ornato, y mucha seguridad y fortaleza; y también la viene de aquellas sierras mucho provecho, como se dirá adelante. Tiene muy hermosos montes, los cuales la cercan toda como un muro. En ella asiste la presencia divina en el Santísimo Sacramento, así en la iglesia catedral como en tres monasterios que en ella hay, de agustinos, dominicos y franciscos, y sin éstas hay otras muchas iglesias.

En la iglesia mayor reside el obispo con sus dignidades, canónigos, curas y capellanes. Está muy servida y muy adornada de vasijas y ornamentos para el culto divino, como de instrumentos musicales. En los monasterios hay muchos muy devotos religiosos, de los cuales salen muchos predicadores, que no sólo en lengua española mas en otras muchas lenguas de las que hay en las provincias de los Indios, los predican y convierten a la creencia verdadera de Jesucristo. Asimismo está en México representando la persona del Emperador y gran monarca Carlos V, el virrey y Audiencia Real que en México reside, rigiendo y gobernando la tierra y administrando justicia. Tiene esta ciudad su cabildo o regimiento muy honrado, el cual la gobierna y ordena en toda buena policía. Hay en ella muy nobles caballeros y muy virtuosos casados, liberalísimos en hacer limosnas. Tienen muchas y muy buenas cofradías, que honran y solemnizan las fiestas principales, y consuelan y recrean muchos pobres enfermos, y entierran honradamente los difuntos. Tiene esta ciudad un muy solemne hospital, que se llama de la Concepción de Nuestra Señora, dotado de grandes indulgencias y perdones, las cuales ganó Don Hernando Cortés marqués del Valle, que es su patrón. Tiene también este hospital mucha renta y hacienda. Está esta ciudad tan llena de mercaderes y oficiales como lo está una de las mayores de España. Está esta ciudad de México o Tenochtitlán muy bien trazada y mejor edificada de muy buenas, grandes y muy fuertes casas: es muy proveída y bastecida de todo lo necesario, así de lo que hay en la tierra como de cosas de España: andan ordinariamente cien harrias o recuas desde el puerto que se llama la Vera-Cruz proveyendo esta ciudad, y muchas carretas que hacen lo mismo; y cada día entran gran multitud de Indios, cargados de bastimentos y tributos, así por tierra como por agua, en acallis o barcas, que en lengua de las Islas llaman canoas. Todo esto se gasta y consume en México, lo cual pone alguna admiración, porque se ve claramente que se gasta más en sola la ciudad de México, que en dos ni en tres ciudades de España de su tamaño. La causa de esto es que todas las casas están muy llenas de gentes, y también que como están todos holgados y sin necesidad, gastan largo.

Hay en ella muchos y muy hermosos caballos; porque los hace el maíz y el continuo verde que tienen, que lo comen todo el año, así de la caña del maíz, que es muy mejor que alcacer, y dura mucho tiempo este pienso, y después entra un junquillo muy bueno, que siempre lo hay verde en el agua, de que la ciudad está cercado. Tiene muchos ganados de vacas, y yeguas, y ovejas, y cabras, y puercos. Entra en ella por una calzada un grueso caño de muy gentil agua, que se reparte por muchas calles: por esta misma calzada tiene una muy hermosa salida, de una parte y de otra llena de huertas que darán una legua. ¡O México, que tales montes te cercan y te coronan! ahora con razón volará tu fama, porque en ti resplandece la fe y Evangelio de Jesucristo. Tú que antes eras maestra de pecados, ahora eres enseñadora de verdad; y tú que antes estabas en tinieblas y oscuridad, ahora das resplandor de doctrina y cristiandad. Más te ensalza y engrandece la sujeción que tienes al invictísimo César Don Carlos, que el tirano señorío con que otro tiempo a todos querías sujetar. Eras entonces una Babilonia, llena de confusiones y maldades; ahora eres otra Jerusalem, madre de provincias y reino. Andabas e ibas a do querías, según te guiaba la voluntad de un idiota gentil, que en ti ejecutaba leyes bárbaras; ahora muchos velan sobre ti, para que vivas según leyes divinas y humanas. Otro tiempo con autoridad del príncipe de las tinieblas, anhelando amenazabas, prendías y sacrificabas, así hombres como mujeres, y su sangre ofrecías al demonio en cartas y papeles; ahora con oraciones y sacrificios buenos y justos adoras y confiesas al Señor de los señores. ¡O México! si levantases los ojos a tus montes, de que estás cercada, verías que son en tu ayuda y defensa más ángeles buenos, que demonios fueron contra ti en otro tiempo, para te hacer caer en pecados y yerros.

Ciertamente de la tierra y comarca de México, digo de las aguas vertientes de aquella corona de sierras que tiene a vista en rededor, no hay poco que decir sino muy mucho. Todos los derredores y laderas de las sierras están muy pobladas, en el cual término hay más de cuarenta pueblos grandes y medianos, sin otros muchos pequeños a estos sujetos. Están en sólo este circuito que digo nueve o diez monasterios bien edificados y poblados de religiosos, y todos tienen bien en que entender en la conversión y aprovechamiento de los Indios. En los pueblos hay muchas iglesias, porque hay pueblo fuera de los que tienen monasterio, de más de diez iglesias; y éstas muy bien aderezadas, y en cada una su campana o campanas muy buenas. Son todas las iglesias por de fuera muy lucidas y almenadas, y la tierra que en sí es alegre y muy vistosa, por causa de la frescura de las montañas que están en lo alto, y el agua en lo bajo, de todas partes parece muy bien, y adornan mucho a la ciudad.

Parte de las laderas y lo alto de los montes son de las buenas montañas del mundo, porque hay cedros y muchos cipreses, y muy grandes; tanto, que muchas iglesias y casas son de madera de ciprés. Hay muy gran número de pinos, y en extremo grandes y derechos; y otros que también los Españoles llaman pinos o hayas. Hay muchas y muy grandes encinas y madroños, y algunos robles. De estas montañas bajan arroyos y ríos, y en las laderas y bajos salen muchas y muy grandes fuentes. Toda esta agua y más la llovediza hace una gran laguna, y la ciudad de México está asentada parte dentro de ella, y parte a la orilla. A la parte de Occidente por medio del agua va una calzada que la divide; la una parte es de muy pestífera agua, y la otra parte es de agua dulce, y la dulce entra en la salada porque está más alta: y aquella calzada tiene cuatro o cinco ojos con sus puentes, por donde sale de la agua dulce a la salada mucha agua. Estuvo México al principio fundada más baja que ahora está, y toda la mayor parte de la ciudad la cercaba agua dulce, y tenía dentro de sí muchas frescas arboledas de cedros, y cipreses, y sauces, y de otros árboles de flores: porque los Indios señores no procuran árboles de fruta, porque se la traen sus vasallos, sino árboles de floresta, de donde cojan rosas y adonde se crían aves, así para gozar del canto como para las tirar con cerbatana, de la cual son grandes tiradores. Como México estuviese así fundada dentro de la laguna, obra de dos leguas adelante, hacia la parte de Oriente, se abrió una gran boca, por la cual salió tanta agua, que en pocos días que duró hizo crecer a toda la laguna, y subió sobre los edificios bajos o sobre el primer suelo más de medio estado: entonces los más de los vecinos se retrajeron hacia la parte de Poniente, que era tierra firme. Dicen los Indios que salían por aquella boca muchos peces, tan grandes y tan gruesos como el muslo de un hombre; lo cual les causaba grande admiración, porque en el agua salada de la laguna no se crían peces, y en la dulce son tan pequeños, que los mayores son como un palmo de un hombre. Esta agua que así reventó debe ser de algún río que anda por aquellos montes, porque ya ha salido otras dos veces por entre dos sierras nevadas que México tiene a vista delante de sí hacia la parte de Occidente y Mediodía: la una vez fue después que los cristianos están en la tierra, y la otra pocos años antes. La primera vez fue tanta el agua, que los Indios señalan ser dos tantos que el río grande de la ciudad de los Ángeles, el cual río por las más partes siempre se pasa por puente; y también salían aquellos grandes pescados como cuando se abrió por la laguna. Entonces el agua vertió de la otra parte de la sierra hacia Huexotzinco, y yo he estado cerca de donde salió esta agua que digo, y me he certificado de todos los Indios de aquella tierra. Entre estas dos sierras nevadas está el puente que al principio solían pasar yendo de la ciudad de los Ángeles para México, el cual ya no se sigue porque los Españoles han descubierto otros caminos mejores. A la una de estas sierras llaman los Indios sierra blanca, porque siempre tiene nieve; a la otra llaman sierra que echa humo: y aunque ambas son bien altas, la del humo me parece ser más alta, y es redonda desde lo bajo, aunque el pie baja y se extiende mucho más. La tierra que esta sierra tiene de todas partes es muy hermosa y muy templada, en especial la que tiene al Mediodía. Este volcán tiene arriba en lo alto de la sierra una gran boca, por la cual solía salir un grandísimo golpe de humo, el cual algunos días salía tres y cuatro veces. Había de México a lo alto de esta sierra o boca doce leguas, y cuando aquel humo salía parecía ser tan claro, como si estuviera muy cerca, porque salía con grande ímpetu y muy espeso; y después que subía en tanta altura y gordor como la torre de la iglesia mayor de Sevilla, aflojaba la furia, y declinaba a la parte que el viento le quería llevar. Este salir de humo cesó desde el año de 1528, no sin grande nota de los Españoles y de los Indios. Algunos querían decir que era boca del infierno.

Capítulo VII. De los nombres que México tuvo, y de quién dicen que fueron sus fundadores; y del estado y grandeza del señor de ella, llamado Moteuczoma

México, según la etimología de esta lengua, algunos la interpretan fuente o manadero; y en la verdad que en ella a la redonda hay muchos manantiales, por lo cual la interpretación no parece ir muy fuera de propósito; pero los naturales dicen, que aquel nombre de México trajeron aquellos sus primeros fundadores, los cuales dicen que se llamaban *Mexiti*, y aún después de algún tiempo los moradores de ella se llamaron Mexitis; el cual nombre ellos tomaron de su principal dios o ídolo, porque el sitio en que poblaron y a la población que hicieron llamaron Tenochtitlán, por causa de un árbol que allí hallaron, que se llamaba nochtli, el cual salía de una piedra, a la cual piedra llamaban tetl, de manera que se diría, fruta que sale de piedra. Después andando el tiempo y multiplicándose el pueblo y creciendo la vecindad, hízose esta ciudad dos barrios o dos ciudades: al más principal barrio llamaron México, y a los moradores de él llamaron Mexicanos; estos Mexicanos fueron en esta tierra como en otro tiempo los Romanos. En este barrio llamado México residía el gran señor de esta tierra, que se llamaba Moteuczoma, y nombrado con mejor crianza y más cortesía y acatamiento le decían Moteuczomatzín, que quiere decir hombre que está enojado o grave: aquí en esta parte, como más principal, fundaron los Españoles su ciudad, y este solo barrio es muy grande, y también hay en él muchas casas de indios, aunque fuera de la traza de los Españoles. Al otro barrio llaman Tlaltilolco, que en su lengua quiere decir isleta, porque allí estaba tu pedazo de tierra más alto y más seco que lo otro todo, que era manantiales y carrizales. Todo este barrio está poblado de Indios; son muchas las casas y muchos más los moradores. En cada ciudad o barrio de éstos hay una muy gran plaza, adonde cada día ordinariamente se hace un mercado grande, en el cual se junta infinita gente a comprar y vender: y en estos mercados que los Indios llaman tianquizco, se venden de cuantos cosas hay en la tierra, desde oro y plata hasta cañas y hornija. Llaman los Indios a este barrio San Francisco de México, porque fue la primera iglesia de esta ciudad y de toda la Nueva España. Al otro barrio llaman Santiago de Tlatilolco; y aunque en este barrio hay muchas iglesias, la más principal es Santiago, porque es una iglesia de tres naves; y a la misa que se dice a los Indios de mañana, siempre se hinche de ellos, y por de mañana que abran la puerta, ya los Indios están esperando; porque como no tienen mucho que ataviarse ni que se componer, en esclareciendo tiran para la iglesia.

Aquí en esta iglesia está el colegio de los Indios, con frailes que los enseñan y doctrinan en lo que tienen de hacer. En toda la tierra nombran los Indios primero el santo que tienen en su principal iglesia y después el pueblo, y así nombran: Santa María de Tlaxcallán, San Miguel de Huexotzinco, San Antonio de Tetzcoco &c.

No piense nadie que me he alargado en contar el blasón de México, porque en la verdad muy brevemente he tocado una pequeña parte de lo mucho que de ella se podría decir, porque creo que en toda nuestra Europa hay pocas ciudades que tengan tal asiento y tal comarca, con tantos pueblos a la redonda de sí, y tan bien asentados; y aún más digo y me afirmo, que dudo si hay alguna tan buena y tan opulenta cosa como Tenochtitlán; y tan llena de gente, porque tiene esta gran ciudad Tenochtitlán de frente de sí, a la parte de Oriente, la laguna en medio, el pueblo de Tetzcoco, que habrá cuatro o cinco leguas de traviesa, que la laguna tiene de ancho, y de largo tiene ocho, esto es la salada, y casi otro tanto tendrá la laguna dulce. Esta ciudad de Tetzcoco era la segunda cosa principal de la tierra, y asimismo el señor de ella era el segundo señor de la tierra: sujetaba debajo de sí quince provincias hasta la provincia de Tuzapán, que está a la costa del Mar del Norte, y así había en Tetzcoco muy grandes edificios, de templos del demonio, y muy gentiles casas y aposentos de señores; entre los cuales fue muy cosa de verla casa del señor principal, así la vieja con su huerta cercada de más de mil cedros muy grandes y muy hermosos, de los cuales hoy día están los más en pie, aunque la casa está asolada; otra casa tenía que se podía aposentar en ella un ejército, con muchos jardines, y un muy grande estanque, que por debajo de tierra solían entrar a él con barcas. Es tan grande la población de Tetzcoco, que toma más de una legua en ancho, y más de seis en largo, en la cual hay muchas parroquias e innumerables moradores. A la parte de Oriente tiene México Tenochtitlán a una legua la ciudad o pueblo de Tlacopán, adonde residía el tercero señor de la tierra, al cual estaban sujetas diez provincias: estos dos señores ya dichos se podrían bien llamar reyes, porque no les faltaba nada para lo ser. A la parte del Norte o Septentrión, a cuatro leguas de Tenochtitlán, está el pueblo de Cuautitlán, adonde residía el cuarto señor de la tierra, el cual era señor de otros muchos pueblos. Entre este pueblo y México hay otros grandes pueblos, que por causa de brevedad y por ser nombres extraños no los nombro.

Tiene México a la parte de Mediodía, a dos leguas, el pueblo de Coyoacán; el señor de él era el quinto señor, y tenía muchos vasallos: es pueblo muy fresco. Aquí estuvieron los Españoles después que ganaron a Tenochtitlán, hasta que tuvieron edificado en México, adonde pudiesen estar, porque de la conquista había quedado todo lo más y mejor de la ciudad destruido. Dos leguas más adelante, también hacia el Mediodía, que son cuatro de México, está la gran población de Xochimilco, y desde allí hacia donde sale el sol, están los pueblos que llaman de la laguna dulce, y Tlalmanalco con su provincia de Chalco, do hay infinidad de gente. De la otra parte de Tetzcoco, hacia el Norte, está lo muy poblado de Otompa y Tepepolco.

Estos pueblos ya dichos y otros muchos tiene Tenochtitlán a la redonda de sí dentro aquella corona de sierras, y otros muy muchos que están pasados los montes; porque por la parte más ancha de lo poblado hacia México, a los de las aguas vertientes afuera, hay seis leguas, y a todas las partes a la redonda va muy poblada y hermosa tierra. Los de las provincias y principales pueblos eran como señores de salva o de ditado, y sobre todos eran los más principales los dos, el de Tetzcoco y el de Tlacopán; y éstos con todos los otros todo lo más del tiempo residían en México, y tenían corte a Moteuczoma, el cual servía como rey, y era muy tenido y en extremo obedecido. Celebraba sus fiestas con tanta solemnidad y triunfo, que los Españoles que a ellas se hallaron presentes estaban espantados, así de esto, como de ver la ciudad y los templos y los pueblos de a la redonda. El servicio que tenía, y el aparato con que se servía, y las suntuosas casas que tenía Moteuczoma, y las de los otros señores; la solicitud y multitud de los servidores, y la muchedumbre de la gente, que era como yerbas en el campo, visto esto estaban tan admirados, que unos a otros se decían: «¿Qué es aquesto que vemos? ¿Ésta es ilusión o encantamiento? ¡Tan grandes cosas y tan admirables han estado tanto tiempo encubiertas a los hombres que pensaban tener entera noticia del mundo!» Tenía Moteuczomatzin en esta ciudad, de todos los géneros de animales, así brutos y reptiles, como de aves de todas maneras, hasta aves de agua que se mantienen de pescado, y hasta pájaros de los que se ceban de moscas, y para todas tenía personas que les daban sus raciones, y les buscaban sus mantenimientos; porque tenía en ello tanta curiosidad, que si Moteuczoma veía ir por el aire volando una ave que le agradase, mandábala tomar, y aquella misma le traían: y un Español digno de crédito, estando delante de Moteuczoma, vio que le había parecido bien un gavilán, que iba por el aire volando, o fue para mostrar su grandeza delante de los Españoles, mandó que se lo trajesen, y fue tanta la diligencia y los que tras él salieron, que el mismo gavilán bravo le trajeron a las manos.

Asimismo tenía muchos jardines y vergeles y en ellos sus aposentos: tenía peñones cercados de agua, y en ellos mucha caza: tenía bosques y montañas cercados, y en ellas muy buenas casas y frescos aposentos, muy barridos y limpios, porque de gente de servicio tenía tanta como el mayor señor del mundo.

Estaban tan limpias y tan barridas las calles y calzadas de esta gran ciudad, que no había cosa en que tropezar, y por do quiera que salía Moteuczoma, así en ésta como por do había de pasar, era tan barrido y el suelo tan asentado y liso, que aunque la planta del pie fuera tan delicada como la de la mano, no recibiera el pie detrimento ninguno en andar descalzo. ¿Pues qué diré de la limpieza de los templos del demonio, y de sus gradas y patios, y las casas de Moteuczoma y de los otros señores, que no sólo estaban muy encaladas, sino muy bruñidas, y cada fiesta las renovaban y bruñían? Para entrar en su palacio, a que ellos llaman *tecpan,* todos se descalzaban, y los que entraban a negociar con él habían de llevar mantas groseras encima de sí; y si eran grandes señores o en tiempo de frío, sobre las mantas buenas que llevaban vestidas, ponían una manta grosera y pobre; y para hablarle estaban muy humillados y sin levantar los ojos; y cuando él respondía era con tan baja voz y con tanta autoridad, que no parecía menear los labios, y esto era pocas veces, porque las más respondía por sus privados y familiares, que siempre estaban a su lado para aquel efecto, que eran como secretarios; y esta costumbre no la había solamente en Moteuczoma, sino en otros de los señores principales lo vi yo mismo usar al principio, y esta gravedad tenían más los mayores señores. Lo que los señores hablaban y la palabra que más ordinariamente decían al fin de las pláticas y negocios que se les comunicaban, eran decir con muy baja voz *tlaa*, que quiere decir «sí, o bien, bien».

Cuando Moteuczoma salía fuera de su palacio, salían con él muchos señores y personas principales, y toda la gente que estaba en las calles por donde había de pasar, se le humillaban y hacían profunda reverencia y grande acatamiento sin levantar los ojos a le mirar, sino que todos estaban hasta que él era pasado, tan inclinados como frailes en Gloria Patri.

182

Teníanle todos sus vasallos así grandes como pequeños gran temor y respeto, porque era cruel y severo en castigar. Cuando el marques del Valle entró en la tierra, hablando con un señor de una provincia le preguntó: «¿Si reconocía señorío o vasallaje a Moteuczoma?», y el Indio le respondió: «¿Quién hay que no sea vasallo y esclavo de Moteuczomatzin? ¿Quién tan grande señor como Moteuczomatzin?» queriendo sentir que en toda la tierra no había superior suyo ni aun igual.

Tenía Moteuczomatzin en su palacio enanos y corcobadillos, que de industria siendo niños los hacían jibosos, y los quebraban y descoyuntaban, porque de éstos se servían los señores en esta tierra como ahora hace el Gran Turco de eunucos.

Tenía águilas reales, que las de esta Nueva España se pueden con verdad decir reales, porque son en extremo grandes; las jaulas en que estaban eran grandes y hechas de unos maderos rollizos tan gruesos como el muslo de un hombre. Cuando el águila se allegaba a la red adonde estaba metida, así se apartaban y huían de ella como si fuera un león u otra bestia fiera: tienen muy fuertes presas, la mano y los dedos tienen tan gruesa como un hombre, y lo mismo el brazo: tienen muy gran cuerpo y el pico muy fiero. De sola una comida come un gallo de papada, que es tan grande y mayor que un buen pavo español: y este gallo que digo tiene más de pavo que de otra ave, porque hace la rueda como el pavo, aunque no tiene tantas ni tan hermosas plumas, y en la voz es tan feo como el pavo.

En esta tierra he tenido noticia de grifos, los cuales dicen que hay en unas sierras grandes, que están cuatro o cinco leguas de un pueblo que se dice Tehuacán, que es hacia el Norte, y de allí bajaban a un valle llamado Ahuacatlán, que es un valle que se hace entre dos sierras de muchos árboles; los cuales bajaban y se llevaban en las uñas los hombres hasta las sierras adonde se los comían, y fue de tal manera, que el valle se vino a despoblar por el temor que de los grifos tenían. Dicen los Indios, que tenían las uñas como de hierro fortísimas. También dicen que hay en estas sierras un animal que es como león, el cual es lanudo, sino que la lana o vello tira algo a pluma; son muy fieros, y tienen tan fuertes dientes, que los venados que toman comer hasta los huesos: llámase este animal ocotochtli. De estos animales he yo visto uno de ellos; de los grifos hay más de ochenta años que no parecen ni hay memoria de ellos.

Tornemos al propósito de Tenochtitlán, y de sus fundadores y fundamento. Los fundadores fueron extranjeros, porque los que primero estaban en la tierra llámase Chichimecas y Otomíes. Éstos no tenían ídolos, ni casas de piedra ni de árboles, sino chozas pajizas; manteníanse de caza, no todas veces asada, sino cruda o seca al sol; comían alguna poca de fruto que la tierra de suyo producía, y raíces y yerba; en fin, vivían como brutos animales.

Fueron señores en esta tierra, como ahora son y han sido los Españoles, porque se enseñorearon de la tierra, vio de la manera que los Españoles, sino muy poco a poco y en algunos años; y como los Españoles han traído tras sí muchas cosas de las de España, como son caballos, vacas, ganados, vestidos, trajes, aves, trigo, plantas, y muchos géneros de semillas, así de flores como de hortalizas, &c., bien así en su manera los Mexicanos trajeron muchas cosas que antes no las había, y enriquecieron esta tierra con su industria y diligencia; desmontáronla y cultiváronla, que antes estaba hecha toda bravas montañas, y los que antes la habitaban vivían como salvajes. Trajeron estos Mexicanos los primeros ídolos, y los trajes de vestir y calzar, el maíz, y algunas aves; comenzaron los edificios, así de adobes como de piedra, y así hoy día casi todos los canteros de la tierra son de Tenochtitlán o de Tetzcoco, y éstos salen a edificar y a labrar por sus jornales por toda la tierra, como en España vienen los Vizcaínos y Montañeses. Hay entre todos los Indios muchos oficios, y de todos dicen que fueron inventores los Mexicanos.

Capítulo VIII. Del tiempo en que México se fundó, y de la gran riqueza que hay en sus montes y comarca, y de sus calidades, y de otras muchas cosas que hay en esta tierra

Entraron a poblar en esta tierra los Mexicanos según que por sus libros se halla, y por memorias que tienen en libros muy de ver, de figuras y de caracteres muy bien pintadas, las cuales tenían para memoria de sus antigüedades, así como linajes, guerras, vencimientos, y otras muchas cosas de esta calidad dignas de memoria.

Por los cuales libros se halla, que los Mexicanos vinieron a esta Nueva España, contando hasta este presente año de 1540, cuatrocientos cuarenta y ocho años: y ha que se edificó Tenochtitlán doscientos y cuarenta años; y hasta hoy no se ha podido saber ni averiguar qué gente hayan sido estos Mexicanos, ni de adónde hayan traído origen; lo que por más cierto se tuvo algún tiempo fue, que habían venido de un pueblo que se dice Teocolhuacán, que los Españoles nombran Culiacán: está este pueblo de México doscientas leguas; mas después que este pueblo de Culiacán se descubrió y conquistó, hállase ser de muy diferente lengua de la que hablan los naturales de México; y demás de la lengua ser otra, tampoco en ella hubo memoria por do se creyese ni aun sospechase haber salido los Mexicanos de Culiacán. La lengua de los Mexicanos es la de los Nahuales. México en el tiempo de Moteuczoma, y cuando los Españoles vinieron a ella, estaba toda muy cercada de agua, y desde el año de 1524 siempre ha ido menguando. Entonces por solas tres calzadas podían entrar a México; por la una que es al Poniente salían a tierra firme a media legua, porque de esta parte está México cercana a la tierra; por las otras dos calzadas que son al Mediodía y al Norte, por la que está a Mediodía habían de ir una legua hasta salir a tierra firme; de la parte de Oriente está cercada toda de agua y no hay calzada ninguna. Estaba México muy fuerte y bien ordenada, porque tenía unas calles de agua anchas y otras calles de casas, una calle de casas y otra de agua; en la acera de las casas pasaba o iba por medio un callejón o calle angosta, a la cual salían las puertas de las casas. Por las calles de agua iban muchos puentes que atravesaban de una parte a otra. Además de esto tenía sus plazas y patios delante de los templos del demonio y de las casas del señor. Había en México muchas acallis o barcas para servicio de las casas, y otras muchas de tratantes que venían con bastimentos a la ciudad, y todos los pueblos de la redonda, que están llenos de barcas que nunca cesan de entrar y salir a la ciudad, las cuales eran innumerables. En las calzadas había puentes que fácilmente se podían alzar; y para guardarse de la parte del agua eran las barcas que digo, que eran sin cuento, porque hervían por el agua y por las calles. Los moradores y gente era innumerable. Tenía por fortaleza los templos del demonio y las casas de Moteuczoma, señor principal, y las de los otros señores; porque todos los señores sujetos a México tenían casas en la ciudad, porque residían mucho en ella, que por gran señor que fuese holgaba de tener palacio a Moteuczoma; y si de esto algún señor tenía exención era sólo el de Tetzcoco. Para Indios no era poca ni mala su misión, porque tenían muchas casas de varas con sus puntas de pedernal, y muchos arcos y flechas, y sus espadas de palo largas, de un palo muy fuerte, engeridas de pedernales agudísimos, que de una cuchillada cortaban a cercen el pescuezo de un caballo; y de estos mismos pedernales tenían unos como lanzones. Tenían también muchas hondas, que cuando comenzaban a disparar juntamente las hondas y las flechas y las varas, parecía lluvia muy espesa; y así estaba tan fuerte esta ciudad, que parecía no bastar poder humano para ganarla; porque además de su fuerza y munición que tenía, era cabeza y señora de toda la tierra, y el señor de ella Moteuczoma gloriábase en su silla y en la fortaleza de su ciudad, y en la muchedumbre de sus vasallos; y desde ella enviaba mensajeros por toda la tierra, los cuales eran muy obedecidos y servidos: otros de lejos, oída su potencia y fama, venían con presentes a darle la obediencia; mas contra los que se rebelaban o no obedecían sus mandamientos y a sus capitanes, que por muchas partes enviaba, mostrábase muy severo vengador. Nunca se había oído en esta tierra señor tan temido y obedecido como Moteuczoma, ni nadie así había ennoblecido y fortalecido a México; tanto, que de muy confiado se engañó, porque nunca él ni ningún otro señor de los naturales podían ni pudieran creer que había en el mundo tan bastante poder que pudiese tomar a México; y con esta confianza recibieron en México a los Españoles, y los dejaron entrar de paz, y estar en la ciudad, diciendo: «Cuando los quisiéremos echar de nuestra ciudad y de toda la tierra, será en nuestra mano, y cuando los quisiéremos matar los mataremos, que en nuestra voluntad y querer será». Pero Dios entregó la gran ciudad en las manos de los suyos, por los muy grandes pecados y abominables cosas que en ella se cometían; y también en esto es mucho de notar la industria y ardid inaudito que Don Hernando Cortés marqués del Valle tuvo en hacer los bergantines para tomar a México, porque sin ellos fuera cosa imposible ganarla según estaba fortalecida. Ciertamente esto que digo y la determinación que tuvo, y el ánimo que mostró cuando echó los navíos en que había venido, al través, y después cuando le echaron de México y salió desbaratado, y esos pocos compañeros que le quedaron, no tornar ni arrostrar a la costa por mucho que se lo requerían, y cómo se hubo sagaz y esforzadamente en toda la conquista de esta Nueva España, cosas son para le poder poner en el paño de la fama, y para igualar y poner su persona al parangón con cualquiera de los capitanes y reyes y emperadores antiguos, porque hay tanto que decir de sus proezas y ánimo invencible, que de solo ello se podría hacer un gran libro. Algunas veces tuve pensamiento de escribir y decir algo de las cosas que hay en esta Nueva España, naturales y criadas en ella, como de las que han venido de Castilla, cómo se han hecho en esta tierra, y veo que aun por falta de tiempo esto va remendado y no puedo salir bien con mi intención en lo comenzado; porque muchas veces me corta el hilo la necesidad y caridad con que soy obligado a socorrer a mis prójimos, a quien soy compelido a consolar cada hora; mas ya que he comenzado, razón será de decir algo de estos montes, que dije ser grandes y ricos. De la grandeza ya está dicho; diremos de su riqueza, y de la que hay en ellos, y en los ríos que de ellos salen, que hay mucho oro y plata, y todos los metales y piedras de muchas maneras, en especial turquesas, y otras que acá se dicen chalchihuitl; las finas de éstas son esmeraldas. En la costa de estos montes está la Isla de las Perlas, aunque lejos de esta Nueva España, y es una de las grandes riquezas del mundo. Hay también alumbres y pastel, la simiente de lo cual se trajo de Europa, y entre estos montes se hace en extremo muy buena, y se cogen más veces y de más paños que en ninguna parte de Europa. Hay también mucho brasil y muy bueno.

La tierra que alcanzan estas montañas, en especial lo que llaman Nueva España o hasta el Golfo Dulce, cierto es preciosísima, y más si la hubieran plantado de plantas que en ella se harían muy bien, como son viñas y olivares; porque estos montes hacen muchos valles y laderas y quebradas en que se harían extremadas viñas y olivares.

En esta tierra hay muchas zarzamoras; su fruta es más grande que la de Castilla. Hay en muchas partes de estos montes parras bravas muy gruesas, sin se saber quien las haya plantado, las cuales echan muy largos vástagos y cargan de muchos racimos y vienen a se hacer uvas que se comen verdes; y algunos Españoles hacen de ellas vinagre, y algunos han hecho vino, aunque ha sido muy poco. Dase en esta tierra mucho algodón y muy bueno. Hay mucho cacao, que la tierra adonde se da el cacao tiene de ser muy buena; y porque este cacao es comida y bebida, y moneda de esta tierra, quiero decir qué cosa es, y cómo se cría. El cacao es una fruta de un árbol mediano, el cual luego como le plantan de su fruto, que son unas almendras casi como las de Castilla, sino que lo bien granado es más grueso, en sembrándolo ponen par de él otro árbol que crece en alto, y le va haciendo sombra, y es como madre del cacao; da la fruto en unas mazorcas, con unas tajadas señaladas en ella como melones pequeños; tiene cada mazorca de estas comúnmente treinta granos o almendras de cacao, poco más o menos: cómese verde desde que se comienzan a cuajar las almendras, y es sabroso, y también lo comen seco, y esto pocos granos y pocas veces; mas lo que más generalmente de él se usa es para moneda y corre por toda esta tierra: una carga tiene tres números, vale o suma este número ocho mil, que los Indios llaman xiquipilli; una carga son veinte y cuatro mil almendras o cacaos: adonde se coge vale la carga cinco o seis pesos de oro, llevándolo la tierra adentro va creciendo el precio, y también sube y baja conforme al año, porque en buen año multiplica mucho; grandes fríos es causa de haber poco, que es muy delicado. Es este cacao una bebida muy general, que molido y mezclado con maíz y otras semillas también molidas, se bebe en toda la tierra y en esto se gasta; en algunas partes le hacen bien hecho, es bueno y se tiene por muy sustancial bebida.

Hállanse en estos montes árboles de pimienta, la cual difiere de la de Malabar porque no requema tanto ni es tan fina; pero es pimienta natural más doncel que la otra. También hay árboles de canela; la canela es más blanca y más gorda. Hay también muchas montañas de árboles de liquidámbar; son hermosos árboles, y muchos de ellos muy altos; tienen la hoja como hoja de hiedra; el licor que de ellos sacan llaman los Españoles liquidámbar, es suave en olor, y medicinable en virtud, y de precio entre los Indios; los Indios de la Nueva España mézclanlo con su misma corteza para lo cuajar, que no lo quieren líquido, y hacen unos panes envueltos en unas hojas grandes: úsanlo para olores, y también curan con ello algunas enfermedades. Hay dos géneros de árboles de que sale y se hace el bálsamo, y de ambos géneros se hace mucha cantidad; del un género de estos árboles que se llama xiloxochitl hacen el bálsamo los Indios y lo hacían antes que los Españoles viniesen; éste de los Indios es algo más odorífero, y no toma tan prieto como el que hacen los Españoles; estos árboles se dan en las riberas de los ríos que salen de estos montes hacia la Mar del Norte, y no a la otra banda, y lo mismo es de los árboles de donde sacan el liquidámbar, y del que los Españoles sacan el bálsamo; todos se dan a la parte del Norte, aunque los árboles del liquidámbar y del bálsamo de los Españoles también los hay en lo alto de los montes. Este bálsamo es precioso, y curan y sanan con él muchas enfermedades; hácese en pocas partes; yo creo que es la causa que aún no han conocido los árboles, en especial aquel xiloxochitl, que creo que es el mejor, porque está ya experimentado.

De género de palmas hay diez o doce especies, las cuales yo he visto: algunas de ellas llevan dátiles; yo creo que si los curasen y adobasen serían buenos; los Indios como son pobres, los comen así verdes, sin curarse mucho de los curar, hallándolos buenos porque los comen con salsa de hambre. Hay cañafístolos bravos, que si los ingeriesen se harían buenos, porque acá se hacen bien los otros árboles de la cañafístola. Este árbol plantaron en la Isla Española los frailes menores primero que otra persona los plantase, y acá en la Nueva España los mismos frailes han plantado casi todos los árboles de fruta, y persuadieron a los Españoles para que plantasen ellos también; y enseñaron a muchos a ingerir, lo cual ha sido causa que hay hoy muchas y muy buenas huertas, y ha de haber muchas más; porque los Españoles visto que la tierra produce ciento por uno de lo que en ella plantan, danse mucho a plantar e ingerir buenas frutas y árboles de estima. También se han hecho palmas de los dátiles que han traído de España, y en muy breve tiempo han venido a dar fruto. Hállase en estas montañas ruiponce, y algunos dicen que hay ruibarbo, mas no está averiguado. Hay otras muchas raíces y yerbas medicinales, con que los Indios se curan de diferentes enfermedades, y tienen experiencia de su virtud. Hay unos árboles medianos que echan unos erizos como los de las castañas, sino que no son tan grandes ni tan ásperos, y de dentro están llenos de grana colorada; son los granos tan grandes como los de la simiente del culantro. Esta grana mezclan los pintores con la otra que dije que es muy buena, que se llama nocheztli, de la cual también hay alguna en estos montes. Hay muchos morales y moreras; las moras que dan son muy menudas. Poco tiempo ha que se dan a criar seda; dase muy bien, y en menos tiempo que en España. Hay mucho aparejo para criar mucha cantidad andando el tiempo; y aunque se comienza ahora, hay personas que sacan trescientas y cuatrocientas libras, y aun me dicen que hay persona que en este año de 1540 sacará mil libras de seda. De la que acá se ha sacado se ha teñido alguna, y sube en fineza; y metida en la colada no desdice por la fineza de las colores. Las mejores colores de esta tierra son colorado, azul y amarillo; el amarillo que es de peña es el mejor. Muchas colores hacen los Indios de flores, y cuando los pintores quieren mudar el pincel de una color en otra, limpian el pincel con la lengua, por ser las colores hechas de zumo de flores.

Hay en estas montañas mucha cera y miel, en especial en Campech; dicen que hay allí tanta miel y cera y tan buena como en Safi, que es en África. A este Campech llamaron los Españoles al principio cuando vinieron a esta tierra Yucatán, y de este nombre se llamó esta Nueva España Yucatán; mas tal nombre no se hallará en todas estas tierras, sino que los Españoles se engañaron cuando allí llegaron: porque hablando con aquellos Indios de aquella costa, a lo que los Españoles preguntaban los Indios respondían: «Tectetán, Tectetán», que quiere decir: «No te entiendo, no te entiendo»: los cristianos corrompieron el vocablo, y no entendiendo lo que los Indios decían, dijeron: «Yucatán se llama esta tierra»; y lo mismo fue en un cabo que allí hace la tierra, al cual también llamaron cabo de Cotoch; y Cotoch en aquella lengua quiere decir casa.

Capítulo IX. En el cual prosigue la materia de las cosas que hay en la Nueva España, y en los montes que están a la redonda de México

Es tanta la abundancia y tan grande la riqueza y fertilidad de esta tierra llamada la Nueva España, que no se puede creer; mas lo más y mejor de ella, y lo que más ventaja hace a todas las tierras y provincias, son aquellos montes y corona de sierras, que como está dicho están en la redonda de la ciudad de México, en los cuales se halla en abundancia todo lo que está dicho y mucho más; y además de las muchas maneras de árboles y plantas y yerbas virtuosas que en ellos se hallan, tienen entre sí tres calidades o diferencias de tierra; porque en el medio en las cumbres es fría, pero no tanto que se cubra de nieve, sino en unas sierras altas que se hacen cerca del camino que va de la Vera-Cruz para México, o en algunas otras puntas de sierras, que se cuaja algún poco de nieve en años fuertes y tempestuosos y de mucho frío. En estos altos hay pinares muy grandes, y la madera es en extremo buena, y tan hermosa que cuando la labran parece de naranjo o de box. De lo alto, bajando hacia la costa del Norte, va todo tierra templada, y mientras más va y más se acerca a la costa es más caliente. Esta parte del Norte es muy fresca y muy fértil, y lo más del año o llueve o mollina, o en lo alto de las sierras hay nieblas. Hay muchos géneros de árboles no conocidos hasta ahora por los Españoles, y como son de diversos géneros, y de hoja muy diferente los unos de los otros, hacen las más hermosas y frescas montañas del mundo. Es muy propia tierra para ermitaños y contemplativos, y aun creo que los que vinieren antes de mucho tiempo, han de ver que como esta tierra fue otra Egipto en idolatrías y pecados, y después floreció en gran santidad, bien así estas montañas y tierra han de florecer, y en ella tiene de haber ermitaños y penitentes contemplativos, y aun de esto que digo comienza ya a haber harta muestra, como se dirá adelante en la cuarta parte de esta narración o historia, si Dios fuese servido de sacarla a luz; por tanto noten los que vinieren, y veremos cómo la cristiandad ha venido desde Asia, que es en Oriente, a parar en los fines de Europa, que es nuestra España, y de allí se viene a más andar a esta tierra, que es en lo más último de Occidente. ¿Pues por ventura estórbalo la mar? No por cierto, porque la mar no hace división ni apartamiento a la voluntad y querer del que la hizo. ¿Pues no llegará el querer y gracia de Dios hasta adonde llegan las naos? Sí; y muy más adelante, pues en toda la redondez de la tierra ha de ser el nombre de Dios loado, y glorificado, y ensalzado; y como floreció en el principio la Iglesia en Oriente, que es el principio del mundo, bien así ahora en el fin de los siglos tiene de florecer en Occidente, que es fin del mundo. Pues tornando a nuestro propósito, digo: que hay en esta tierra sierras de yeso muy bueno, en especial en un pueblo que se dice Cozcatlán: en toda la tierra lo hay, pero es piedra blanca, de lo cual se ha hecho y sale bueno; mas estotro que digo es de lo de los espejos, y es mucho y muy bueno. Hay también fuentes de sal viva, que es cosa muy de ver los manantiales blancos que están siempre haciendo unas venas muy blancas, que sacada la agua y echada en unas eras pequeñas y encaladas y dándoles el sol, en breve se vuelven en sal.

Entre muchas frutas que hay en estos montes y en toda la Nueva España, es una que llaman ahuacatl; en el árbol parece y así está colgando como grandes brevas, aunque en el sabor tiran a piñones. De estos aguacates hay cuatro o cinco diferencias: los comunes y generales por toda esta tierra, y que todo el año los hay, son los ya dichos, que son como brevas, y de éstos se ha hecho ya aceite, y sale muy bueno, así para comer como para arder; otros hay tan grandes como muy grandes peras, y son tan buenos, que creo que es la mejor fruta que hay en la Nueva España en sabor y virtud: otros hay mayores que son como calabazas pequeñas, y éstos son de dos maneras, los unos tienen muy grande hueso y poca carne, los otros tienen más carne y son buenos. Todos estos tres géneros de grandes se dan en tierra bien caliente. Otros hay muy pequeñitos, poco más que aceitunas cordobesas, y de este nombre pusieron los Indios a las aceitunas cuando acá las vieron, que las llamaron aguacates pequeños. Ésta es tan buena fruta que se da a los enfermos; de éstos se abstenían los Indios en sus ayunos por ser fruta de sustancia. Digo de todos estos géneros de aguacates cómenlos los perros y los gatos mejor que gallinas; porque yo he visto que después de un perro harto de gallina darle aguacates, y comerlos de muy buena gana, como un hombre harto de carne que come una aceituna. El árbol es tan grande como grandes perales; la hoja ancha y muy verde, huele muy bien, es buena para agua de piernas, y mejor para agua de barbas. Otras muchas cosas se hallan aguas vertientes de estas montañas a la costa del Norte, y he notado y visto por experiencia, que las montañas y tierra que está hacia el Norte y gozan de este viento Aquilón, está más fresca y más fructífera. La tierra adentro hacia la parte del Sur y Poniente en estos mismos montes es tierra seca, y no llueve sino cuando es el tiempo de las aguas, y aun menos que en las otras partes de esta Nueva España, y así es muy grande la diferencia que hay de la una parte a la otra; porque puesto uno en la cumbre de los montes de la parte del Norte, como está dicho que lo más del año llueve, o mollina, o niebla, tiene cubiertas las puntas de las sierras; y de la otra parte, a un tiro de ballesta, poco más, está lo más del tiempo seco; lo cual es muy de notar que en tan poco espacio haya dos tan grandes extremos.

En esta parte seca se hallan árboles diferentes de los de la otra parte, como es el guayacán, que es un árbol con que se curan los que tienen el mal de las bubas, que acá se llaman las infinitas; yo creo que este nombre han traído soldados y gente plática que de poco han venido de Castilla. Ahora de poco tiempo acá han hallado una yerba que llaman la zarzaparrilla; con el agua de ésta se han curado muchos y sanado de la misma enfermedad; de esta zarzaparrilla hay mucha.

Y porque sería nunca acabar si hubiese de explicar y particularizar las cosas que hay en estos montes, digo: que en la costa que es tierra caliente conforme a las Islas, aquí se hallan todas las cosas que en la Española y en las otras Islas, y otras muchas que allá no hay, así de las naturales como de las traídas de Castilla; aunque es verdad que no se han acá criado tantos árboles de cañafístola ni tantas cañas de azúcar; pero podríase criar y mucho más que allá, porque además de algunos ingenios que hay hechos, son los Indios tan amigos de cañas de azúcar para las comer en caña, que han plantado muchas y se dan muy bien, y los Indios mejor a ellas, y las venden en sus mercados todo el año como otra cualquiera fruta. En la tierra adentro, lo que ella en sí tenía, y con lo que se ha traído de España, y ella en sí es capaz de producir y criar, tiene aparejo para fructificar todo lo que hay en Asia, y en África, y en Europa; por lo cual se puede llamar otro Nuevo Mundo. Lo que esta tierra ruega a Dios es, que dé mucha vida a su rey y muchos hijos, para que le dé un infante que la señoree y ennoblezca, y prospere así en lo espiritual como en lo temporal, porque en esto le va la vida; porque una tierra tan grande y tan remota y apartada no se puede desde tan lejos bien gobernar, ni una cosa tan divisa de Castilla y tan apartada no puede perseverar sin padecer grande desolación y muchos trabajos, e ir cada día de caída, por no tener consigo a su principal cabeza y rey que la gobierne y mantenga en justicia y perpetua paz, y haga merced a los buenos y leales vasallos, castigando a los rebeldes y tiranos que quieren usurpar los bienes del patrimonio real.

Capítulo X. De la abundancia de ríos y aguas que hay en estos montes, en especial de dos muy notables fuentes; y de otras particularidades y calidades de estos montes; y de cómo los tigres y leones han muerto mucha gente

La mayor necesidad que la tierra tiene y lo que la hace ser buena es tener abundancia de agua, de la cual hay mucha en estos montes, así de la que llueve del cielo, de la cual muy a menudo es regada, como de fuentes y manantiales, que de todo es abundantísima, digo a la parte del Norte y Mediodía; que son tantos los arroyos y ríos que por todas partes corren de estos montes, que en la verdad me aconteció en espacio de dos leguas contar veinte y cinco ríos y arroyos, y esto no es en la tierra adonde más agua había, sino así acaso yendo de camino se me antojó de contar los ríos y arroyos que podía haber en dos leguas, para dar testimonio de la verdad, y hallé estos veinte y cinco ríos y arroyos que digo, y por otras muchas partes de estos montes se hallará esto que digo y mucho más, porque es la tierra muy doblada.

Hay en toda esta Nueva España muy grandes y muy hermosas fuentes, y algunas de ellas tan grandes, que luego como nacen de una fuente se hace un río, y esto he visto en muchas partes, entre las cuales dos me parecen ser dignas de memoria, y para dar gloria y alabar al Señor que las crió, porque todos los Españoles que las han visto les ha sido mucha materia de alabar y bendecir a Dios que tal crió, y todos dicen y confiesan no haber visto semejante cosa en todas las partidas que han andado. Ambas nacen al pie de estos montes y son de muy gentil y clara agua. La una llaman los Españoles la fuente de Ahuilizapán, porque nace en un pueblo que se llama de aquel nombre, que en nuestra lengua quiere decir agua blanca, y así lo es muy clara, y sale con mucho ímpetu. La otra fuente está en un pueblo que se llama Atiepac. Ésta es una fuente redonda, tan grande, que una persona tendrá que hacer con un arco echar un bodoque de la una parte a la otra; es en el medio muy honda, y por las orillas tiene siete u ocho estados de agua, y está en toda ella el agua tan clara, que en todas partes se ve el suelo, o por mejor decir las piedras, porque nace de entre unas grandes piedras y peñas, y vese todo tan claro como si fuese a medio estado; luego desde la fuente sale tanta agua, que se hace un grande río ancho y lleno de pescado, y en el mismo nacimiento hay muchos peces y buenos. Esta fuente que digo nace al pie de dos sierras, y tiene encima de sí un muy notable y hermosísimo peñón de muy graciosa arboleda, que ni pintado ni como dicen hecho de cera no podía ser más lindo, ni más entallado ni mejor proporcionado; es por debajo muy redondo, y ya subiendo y ensangostándose igualmente por todas partes; tendrá de altura más de cien estados, y así en el peñón como en la fuente, había antiguamente grandes sacrificios, como en lugares notables. Es cierto cosa muy de mirar y de grande admiración, ver algo desviado unos montes tan altos y tan grandes que parece cosa imposible que por allí pueda pasar río, y allá en lo profundo da Dios a los ríos sus canales y cursos, ya anchas, ya llanas, angostas, y apartadas; en partes corren con gran mansedumbre, y por otras partes corren con tanta furia, que ponen temor y espanto a los que los miran, de verlos ir por entre altas y grandes rocas de peña tajada, y ver entrar un grande río por muy estrecha canal; otras veces hace caer los ríos de tan grande altura, que apenas se ve lo profundo, ni hay quien se ose acercar a lo mirar, y si algún monte se le pone delante, con su furia lo mina y barrena, y hace paso por donde pueda colar y pasar su furia a la otra parte, dejando encima hecha puente firme y segura del mismo monte, por donde sin peligro se pueda pasar. En lo alto de estos montes y en lo bajo todo es tierra poblada, y también en las riberas de los ríos, y por las laderas hay poblaciones vistosas de lejos, que adornan y hermosean en gran manera toda aquella comarca.

Cuando los frailes de sus monasterios iban a predicar y a bautizar por los pueblos que están en estos montes, que están desviados de los monasterios, luego como por la tierra se sabe, salen al camino los señores de los pueblos, o envían a ellos sus mensajeros de treinta y cuarenta leguas, a rogarles que vayan a sus pueblos a bautizar a mucha gente que los están esperando, para que les enseñen la palabra de Dios; los unos pueblos están en lo alto de los montes, otros están en lo profundo de los valles, y por esto los frailes es menester que suban a las nubes, que por ser tan altos los montes están siempre llenos de nubes, y otras veces tienen de abajar a los abismos, y como la tierra es muy doblada y con la humedad por muchas partes llena de lodo y resbaladeros aparejados para caer, no pueden los pobres frailes hacer estos caminos sin padecer en ellos grandísimos trabajos y fatigas. Yo soy cierto que los que esta tierra anduvieren, que se les acuerde bien de lo que digo, y confiesen y digan ser todo esto verdad. Con todo esto los frailes los van a buscar, y a administrar los Sacramentos, y predicarles la palabra y Evangelio de Jesucristo; porque viendo la fe y necesidad conque lo demandan, ¿a qué trabajo no se pondrán por Dios y por las ánimas que él crió a su imagen y semejanza, y redimió con su preciosa sangre, por los cuales él mismo dice haber pasado días de dolor y de mucho trabajo?

Los pueblos que están más abajo a la costa, en sabiendo que los frailes andan visitando, luego van a los recibir y llevar en acallis o barcas, en que vengan a sus pueblos, que la tierra hacia la costa en muchas partes se anda por los ríos, por estar perdidos los caminos, por la falta de la gente, porque está muy despoblada según lo que solía ser bien poblada y abundante de gente, que por una parte los grandes tributos y servicios, y casas que hacían a los Españoles lejos de sus pueblos, y esclavos que sacaron y los hicieron sin lo ser, y en otras partes guerras y entradas, han quedado pocos Indios; y por otra parte los tigres y leones han comido mucha gente, lo cual no solían hacer antes que los Españoles viniesen; la causa de esto se cree que es, que cuando la gente era mucha, los tigres y leones no osaban salir ni bajar de las montañas altas a lo bajo, y después encarnizáronse en los Indios que morían por los caminos, o fue por permisión de Dios, porque cuando todos los otros pueblos de la tierra recibían la fe y el bautismo, entonces también fuera razón que ellos despertaran y buscaran al verdadero Dios, y no lo hicieron. Acontecioles a éstos como a los gentiles advenedizos que poblaron a Samaria, que porque no temieron a Dios ni le adoraron, mandó Dios a los leones que descendiesen de las montañas y los matasen y comiesen; de esta manera acá en este tiempo que digo los leones y tigres salían a los pueblos de las costas y mataron y comieron muchos Indios, y algunos Españoles a vueltas, tanto, que casi se despoblaron muchos pueblos, y a los Indios les fue forzado a desamparar la tierra, y los que quedaron en ella morar juntos, y hacer cercados y palenques, y aun con todo esto si de noche no se velaban no estaban seguros.

Otros pueblos vi yo mismo que los moradores de ellos cada noche se acogían a dormir en alto, que ellos tienen sus casillas de paja armadas sobre cuatro pilares de palo, y en aquella concavidad que cubre la paja, se hace un desván o barbacoa cerrado por todas partes, y cada noche se suben allí a dormir, y allí meten consigo sus gallinas y perrillos y gatos, y si algo se les olvida de encerrar, son tan ciertos los tigres y leones que comen todo cuanto abajo se olvida; pero están TAN diestros los perros y gatos y aves, que venida la tarde todos se ponen en cobro, sin que sea menester tañer a queda, porque todos tienen cuidado de ponerse en cobro a tiempo so pena de la vida, y de ser comidos de los leones y tigres. Después que se han bautizado y se confiesan y han hecho Iglesias ha cesado mucho la crueldad de aquellas animalias.

Los Españoles para defender y conservar a sus Indios buscaron buenos perros que trajeron de Castilla, con los cuales han muerto muchos tigres y leones. En un pueblo que se dice Chocamán se han muerto por cuenta ciento y diez tigres y leones, y en otro pueblo que se dice Amatlán, el Indio señor de este pueblo hubo dos perros de los de España, el uno de ellos era muy bueno, con los cuales ha muerto ciento y veinte leones y tigres; yo vi muchos de los pellejos. Cuando los matan es menester ayudar a los perros, porque en estas partes los tigres y leones en viéndose acosados, luego se encaraman por los árboles; y para echarlos abajo es menester flecharlos; porque muchas veces no alcanzan con una larga lanza adonde ellos se encaraman, porque suben por un árbol como un gato. Cuando algunos caminan en compañía por estas tierras y duermen en el campo, hacen a la redonda de sí muchos fuegos, porque los leones y tigres tienen mucho temor al fuego y huyen de él; por estas causas dichas lo más del trato y camino de los Indios en aquella tierra es por acallis o barcas por el agua. Acalli en esta lengua quiere decir casa hecha sobre agua; con éstas navegan por los grandes ríos, como son los de la costa, y para sus pesquerías y contrataciones; y con éstas salen a la mar, y con las grandes de estas acallis navegan de una isla a otra, y se atreven a atravesar algún golfo pequeño. Estas acallis o barcas cada una es de una sola pieza, de un árbol tan grande y tan grueso como lo demanda la longitud, y conforme al ancho que le pueden dar, que es de lo grueso del árbol de que se hacen, y para esto hay sus maestros como en Vizcaya los hay de navíos; y como los ríos se van haciendo mayores cuanto más se allegan a la costa, tanto son mayores estos acallis o barcas. En todos los ríos grandes de la costa, y muchas leguas la tierra adentro, hay tiburones y lagartos que son bestias marinas; algunos quieren decir que estos lagartos sean de los cocodrilos. Son algunos de tres brazas en largo, y aun me dicen que en algunas partes los hay mayores y son casi del grueso y cuerpo de un caballo; otros hay menores. Adonde éstos o los tiburones andan encarnizados nadie osa sacar la mano fuera de la barca, porque estas bestias son muy prestas en el agua, y cuanto alcanzan tanto cortan, y llévanse un hombre atravesado en la boca. También éstos han muerto muchos Indios y algunos pocos Españoles. Los lagartos salen fuera del agua, y están muy armados de su mismo cuero, el cual es tan duro, que no es más dar en él con una lanza o con una saeta que dar en una peña. Las noches que los indios duermen en el agua en aquellos acallis, no se tienen de descuidar por temor de las bestias marinas; y por temor de los tigres y leones no osan salir a tierra. También hacen los ríos antes que entren en el mar muy grandes esteros y lagunas muy anchas, tanto, que de la una parte a la otra y a la redonda casi se pierde la tierra de vista: con temporal recio hacen estas lagunas grandes olas, como en la mar, con tanta furia, que si toma dentro algunos Indios que van a pescar en aquellos acallis, los pone temor y hace peligrar algunos; de manera que, como dice San Pablo, todo este mundo está lleno de barrancos, y peligros, y lazos, y asechanzas, de lo cual todo libra Dios a los que entienden y se ocupan en su servicio; corno hace a los que entienden en la conversión de estos Indios, porque hasta hoy no se sabe que a ningún fraile hayan muerto bestias bravas, aunque algunos se han visto entre ellas, ni muerto ningún fraile en ninguna nao de las que han venido de España, ni se ha perdido nao en que viniesen frailes, porque Dios los guarda maravillosamente.

Capítulo XI, En el cual prosigue la materia, y nombra algunos grandes ríos que bajan de los montes, y de su riqueza; trata algo del Perú

Habiendo dicho algo de las montes, aunque sumariamente, justo será decir algo de los ríos que de ellos salen, que son muchos y grandes, según que parece por la carta del navegar, adonde claramente se ve su grandeza ser tanta, que de muchos de ellos se coge agua dulce dentro en la mar alta, y se navega y suben por ellos muchas leguas, y todas sus riberas solían ser muy pobladas de Indios, aunque ahora en muchas partes y provincias las conquistas y entradas que han hecho las armadas han despoblado mucho la tierra, y los Indios que han quedado, temerosos se han metido la tierra adentro. De estos ríos que digo he visto algunos, pero de sólo uno quiero aquí decir, que ni es de los mayores ni de los menores, y por éste se podrá entender la grandeza que los otros deben tener, y qué tales deben ser.

Este río de quien trato se llama en lengua de los Indios Papaloapán, y es buen nombre, porque él papa y recoge en sí muchos ríos. La tierra que este río riega es de la buena y rica que hay en toda la Nueva España, y adonde los Españoles echaron el ojo como a tierra rica; y los que en ella tuvieron repartimiento llevaron y sacaron de ella grandes tributos, y tanto la chuparon, que la dejaron más pobre que otra, y como estaba lejos de México no tuvo valedores. A este río pusieron los Españoles por nombre el río de Alvarado, porque cuando vinieron a conquistar esta tierra, el adelantado Pedro de Alvarado se adelantó con el navío que tenía, y entró por este río arriba la tierra adentro. El principio de este río y su nacimiento es de las montañas de Tzonquilica, aunque la principal y mayor fuente que tiene es la que dije de Aticpac. En este río de Papaloapán entran otros grandes ríos, como son el río de Quimichtepec y el de Huitzila, y el de Chinantla, y el de Quauhquepaltepec, y el de Tochtlán, y el de Teuhziyuca. En todos estos ríos hay oro y no poco, pero el más rico es el de Huitzila. Cada uno de estos ríos, por ser grandes, se navegan con acallis, y hay en ellos mucho pescado y muy bueno. Después que todos entran en la madre hácese un muy hermoso río y de muy hermosa ribera llena de grandes arboledas. Cuando va de avenida arranca aquellos árboles, que cierto es cosa de ver su braveza, y lo que hinche; antes que entre en la mar, revienta e hinche grandes esteros y hace grandes lagunas, y con todo esto cuando va más bajo lleva dos estados y medio de altura, y hace tres canales, la una de peña, la otra de lama, y la otra de arena. Es tanto el pescado que este río lleva, que todos aquellos esteros y lagunas están cuajados que parece hervir los peces por todas partes. Mucho habría que decir de este río y de su riqueza, y para que algo se vea quiero contar de un solo estero, que dura siete u ocho leguas, que se llama el Estanque de Dios.

Este estero o laguna que digo parte términos entre dos pueblos; al uno llaman Quauhquepaltepec, y al otro Otlatitlán; ambos fueron bien ricos y gruesos, así de gente como de todo lo demás: va tan ancho este estero como un buen río, y es bien hondo; y aunque lleva harta agua, como va por tierra muy llana, parece que no corre por ninguna parte; con el mucho pescado que en él hay suben por él tiburones, lagartos, bufeos: hay en este estero sábalos tan grandes como toninas, y así andan en manadas y saltando sobreaguadas como toninas: hay también de los sábalos de España y de aquel tamaño, y los unos y los otros son de escama y manera y nombre los unos como los otros; por este estero suben y se crían en él manatíes o malatíes; asimismo se ceban en este estero muchas aves de muchas maneras: andan muchas garzas reales y otras tan grandes como ellas, sino que son más pardas y oscuras, y no de tan gran cuello: andan otras aves como cigüeñas, y el pico es mayor, y es una cruel bisarma; hay garzotas, de muchas de las cuales se hacen hermosos penachos, por ser las plumas mucho mayores que las garzotas de España; hay de estas cosas sin número, alcatraces, cuervos marinos; algunas de éstas y otras aves somorguján-dose debajo del agua sacaban muchos peces. Las otras menores aves que no saben pescar están esperando la pelea que los pescados grandes tienen a los menores, y los medianos a los pequeños, y en este tiempo como se desbarata el cardumen del pescado, y van saltando los unos y los otros guareciéndose a la orilla, entonces se ceban las aves en los peces que saltan y en los que se van a la orilla del agua; y al mejor tiempo vienen de encima gavilanes y halcones a cebarse en aquellas aves que andan cebándose en los peces, y como son tantas tienen bien en que se cebar: lo uno y lo otro es tan de ver, que pone admiración ver cómo los unos se ceban en los otros, y los otros en los otros, y cada uno tiene su matador. Pues mirando a la ribera y prados, hay muchos venados y conejos y liebres en grande abundancia, mayormente venados, adonde vienen los tigres y leones a cebarse en ellos: además de esto, de una parte y de otra va muy gentil arboleda, que además de las aves ya dichas, hay unas como sierpes que los Indios llaman quaulitizpal, que quiere decir sierpe de monte; a los lagartos grandes llaman sierpe de agua. En las Islas llaman a las primeras *iguanas*. Éstas andan en tierra y entre tierra y agua, y parecen espantosas a quien no las conoce; son pintadas de muchas colores, y de largo de seis palmos, más y menos. Otras hay en las montañas y arboledas que son más pardas y menores; las unas y las otras comen en día de pescado, y su carne y sabor es como de conejo: éstas salen al sol, y se ponen encima de los árboles, en especial cuando hace día claro.

En este estero y en el río hay otros muchos géneros de aves, en especial unas aves muy hermosas, a que los Indios llaman teocacholli, que quiere decir dios cacholli. Éstas así por su hermosura como por su preciosidad, los Indios las tenían por dioses: toda la pluma que estas aves tienen es muy buena y fina para las obras que los Indios labran de pluma y oro; son mayores que gallos de Castilla. Entre otras muchas especies de patos y ánades, hay también unos negros, y las alas un poco blancas, que ni son bien ánsares ni bien lavancos; éstos también son de precio. De éstos sacan las plumas de que tejen las mantas ricas de pluma; solía valer uno de éstos en la tierra dentro un esclavo; ahora de los patos que han venido de Castilla y de los lavancos, los tienen los Indios para pelar y sacar pluma para tejer; la pluma de los de Castilla no es tan buena como la de los de esta tierra. En este río y sus lagunas y esteros se toman manatíes, que creo que es el más precioso pescado que hay en el mundo: algunos de éstos tienen tanta carne como un buey, y en la boca se parecen mucho al buey; tiene algo más escondida la boca, y la barba más gruesa y más carnuda que el buey; sale a pacer a la ribera, y sabe escoger buen pasto, porque de yerba se mantiene: no sale fuera del agua más de medio cuerpo, y levántase sobre dos manos o tocones que tiene algo anchos, en los cuales señala cuatro uñas como de elefante, sino que son mucho menores, y así tiene los ojos y el cuero como de elefante; la demás de su manera y propiedades pone bien el libro de la Historia general de las Indias: haylos en este estero, y aquí los arponan los Indios y los toman con redes.

De dos veces que yo navegué por este estero que digo, la una fue una tarde de un día claro y sereno, y en verdad que yo iba la boca abierta mirando aquel Estanque de Dios, y veía cuán poca cosa son las cosas de los hombres y las obras y estanques de los grandes príncipes y señores, de España, y cómo todo es cosa contrahecha adonde están los príncipes del mundo, que tanto trabajan por cazar las aves para volar las altanerías desvaneciéndose tras ellas; y otros en atesorar plata y oro y hacer casas y jardines y estanques; en lo cual ponen su felicidad: pues miren y vengan aquí, que todo lo hallarán junto, hecho por la mano de Dios, sin afán ni trabajo, lo cual todo convida a dar gracias a quien hizo y crió las fuentes y arroyos, y todo lo demás en el mundo criado con tanta hermosura; y todo para servicio del hombre, y con todo ello mal contentos; pues que desde una tierra tan rica y tan lejos como es España, muchos han venido no contentos con lo que sus padres se contentaron (que por ventura fueron mejores y para más que no ellos), a buscar el negro oro de esta tierra, que tan caro cuesta, y a enriquecerse y usurpar en tierra ajena lo de los pobres Indios, y tratarlos y servirse de ellos como de esclavos. Pues mirándolo y notándolo bien, todos cuantos ríos hay en esta Nueva España, ¿qué han sido sino ríos de Babilonia, adonde tantos llantos y tantas muertes ha habido, y adonde tantos cuerpos y ánimas han perecido? ¡O y cómo lloran esto las viudas y aun las casadas en España, por los ahogados en estos ríos y muertos en esta tierra, y a los acá olvidados y abarraganados sin cuidado de volver a sus casas, ni adonde dejaron sus mujeres, dadas por la ley y mandamiento de Dios; otros dilatando su partida, no queriendo ir hasta que estén muy ricos; y los más de éstos permite Dios que vienen a morir en un hospital! Había de haber para éstos un fiscal que los apremiase con penas; porque más les valdría ser buenos por mal, que dejarlos perseverar en su pecado: no sé si les cabrá parte de la culpa a los prelados y confesores; porque si éstos hiciesen lo que es en sí y los castigasen y reprendiesen, ellos volvieran a sus casas y a remediar a sus hijos. A los moradores de las Islas no les bastan los Indios que de ellas han acabado y despoblado, sino buscan mil modos y maneras para con sus armadas venir a hacer saltos a la tierra firme: denle cuanta buena color quisieren delante de los hombres, que delante de Dios yo no sé qué tal será.

¡O qué río de Babilonia se abrió en la tierra del Perú! ¡Y cómo el negro oro se vuelve en amargo lloro, por cuya codicia muchos vendieron sus patrimonios, con que se pudieran sustentar tan bien como sus antepasados! Y engañados en sus vanas fantasías, de adonde pensaban llevar con qué se gozar, vinieron a llorar, porque antes que llegaban al Perú, de diez apenas escapaba uno, y de ciento diez; y de aquellos que escapaban, llegados al

Perú han muerto mil veces de hambre y otras tantas de sed, sin otros muchos innumerables trabajos, sin los que han muerto a espada, que no han sido la menor parte. Y porque de mil ha vuelto uno a España, y éste lleno de bienes, por ventura mal adquiridos, y que según San Agustín no llegarán al tercero heredero, y ellos y el oro todos van de una color, porque con el oro cobraron mil enfermedades, unos tullidos de bubas, otros con mal de ijada, bazo, y piedra, y riñones, y otras mil maneras y géneros de enfermedades, que los que por esta Nueva España aportan en la color los conocen, y luego dicen «este perulero es»; y por uno que con todos estos males (sin el mayor mal que es el de su alma) aporta a España rico, se mueven otros mil locos a buscar la muerte del cuerpo y del ánima; y pues no os contentastes con lo que en España teníades, para pasar y vivir como vuestros pasados, en pena de vuestro yerro es razón que padezcáis fatigas y trabajos sin cuento. ¡O tierra del Perú, río de Babilonia, montes de Gelboe, adonde tantos Españoles y tan noble gente ha perecido y muerto, la maldición de David te comprendió, pues sobre muchas partes de tu tierra ni cae lluvia, ni llueve, ni rocía! ¡Nobles de España, llorad sobre estos malditos montes! pues los que en las guerras de Italia y África peleaban como leones contra sus enemigos, volaban como águilas siguiendo sus adversarios, en la tierra del Perú murieron no como valerosos ni como quien ellos eran, sino de hambre, y sed, y frío, padeciendo otros innumerables trabajos, unos en la mar, otros en los puertos, otros por los caminos, otros en los montes y despoblados! Oído he certificar que aunque la tierra del Perú ha sido de las postreras que se descubrieron, ha costado más vidas de Españoles, que costaron las Islas y Tierra Firme y Nueva España. ¿Adónde ha habido en tierra de infieles de tan pocos años acá tantas batallas como ha habido de cristianos contra cristianos tan crueles como en el Perú, y adonde tantos murieron? Bien señalado quedó el campo de la sangre que allí se derramó, y lo que después sucedió muestra el grande espanto de las crueles muertes. Porque como esta batalla se dio en unos campos rasos, adonde no hay árboles ni montes, fueron vistas muchas lumbres algunas noches, y muy temerosas y espantosas voces como de gente trabada en batalla, que decían: «Mueran, mueran, matarlos, matarlos, a ellos, a ellos, préndelo, llévale, no le deis vida!» &c.; y que esto sea verdad muchos Españoles que del Perú han venido a esta Nueva España lo han certificado, y también ha venido por testimonio, que quedó aquel lugar adonde fue la batalla tan temeroso, que aun de día no osaban pasar por allí; y los que de necesidad han de pasar parece que van como espantados y que los cabellos se les respeluzan, sin poder ser otra cosa en su mano. Mas bastante fue la avaricia de nuestros Españoles para destruir y despoblar esta tierra, que todos los sacrificios y guerras y homicidios que en ella hubo en tiempo de su infidelidad, con todos los que en todas partes se sacrificaban, que eran muchos; y porque algunos tuvieron fantasía y opinión diabólica que conquistando a fuego y a sangre servirían mejor los Indios, y que siempre estarían en aquella sujeción y temor, asolaban todos los pueblos donde llegaban: ¡cómo en la verdad fuera mejor haberlos ganado con amor, para que tuvieran de quien se servir! Y estando la tierra poblada estuviera rica, y todos ellos fueran ricos, y no tuvieran tanto de que dar estrecha cuenta al tiempo de la final residencia; pues el mismo Dios dice que por cada ánima de un prójimo darás la tuya y no otra prenda; porque Cristo como Señor Soberano, echa mano de lo bien parado y entrégase en lo mejor, así por el Indio que por el demasiado trabajo que le das muere en tu servicio o por tu causa, y más si por tu culpa el tal muere sin bautismo; pues mirad que sois sus guardas, y que se os dan en guarda y encomienda, y que tenéis de dar cuenta de ellos y muy estrecha, porque la sangre y muerte de éstos que en tan poco estimáis clamará delante de Dios, así de la tierra del Perú como de las Islas y Tierra Firme; por eso, ande buena olla y mal testamento, que el que no hace lo que debe, su muerte come en la olla; por eso no curéis de saber de dónde viene la gallina sin pagarla, y porqué se traen los conejos y codornices y los otros muchos presentes y servicios, que queréis que vuestra boca sea medida, descuidados de saber el daño que hacen vuestros ganados en las heredades y sementeras ajenas, las joyas al tiempo del tributo demasiadas, y mandar que den mantas y alpargatas a los criados y criadas, y den vestir y calzar a los esclavos, y que traigan miel y cera, sal y loza, y esteras y todo cuanto se les antoja a las señoras; y al negro y a la negra demandar esto, es de remediar y sentir que se recibe con mala conciencia, porque todas estas cosas serán traídas y presentadas en el día de la muerte, si acá primero no se restituyen, y no aguardar al tiempo del dar de la cuenta, cuando no se puede volver el pie atrás, ni hay lugar de enmienda. Ciertamente gran merced hace Dios a los que de esta parte de la muerte los retrae de los pecados y les da tiempo de penitencia y lumbre de conocimiento; a este fin se escriben semejantes cosas, para que despierte el que duerme.

Cuando los Españoles se embarcan para venir a esta tierra, a unos les dicen a otros se les antoja, que van a la isla de Ofir, de donde el rey Salomón llevó el oro muy fino, y que allí se hacen ricos cuantos en ella van; otros piensan que van a las islas de Tarsis o al gran Cipango, a do por todas partes es tanto el oro, que lo cogen a baldadas; otros dicen que van en demanda de las Siete Ciudades, que son tan grandes y tan ricas, que todos han de ser señores de salva. ¡O locos y más que locos! ¡Y si quisiese Dios y tuviese por bien que de cuantos han muerto por estas partes resucitase uno para que fuese a desengañar y testificar y dar voces por el mundo, para que no viniesen los hombres a tales lugares a buscar la muerte con sus manos Y son como las suertes, que salen en lleno y con preseas veinte, salen diez o doce mil en blanco.

Capítulo XII. Que cuenta del buen ingenio y grande habilidad que tienen los Indios en aprender todo cuanto les enseñan; y todo lo que ven con los ojos lo hacen en breve tiempo

El que enseña al hombre la ciencia, ese mismo proveyó y dio a estos Indios naturales grande ingenio y habilidad para aprender todas las ciencias, artes y oficios que les han enseñado, porque con todos han salido en tan breve tiempo, que en viendo los oficios que en Castilla están muchos años en los deprender, acá en sólo mirarlos y verlos hacer, han quedado muchos maestros. Tienen el entendimiento vivo, recogido y sosegado, no orgulloso ni derramado como otras naciones.

Deprendieron a leer brevemente así en romance como en latín, y de tirado y letra de mano. Apenas hay carta en su lengua de muchas que unos a otros se escriben, que como los mensajeros son baratos, andan bien espesas; todos las saben leer, hasta los que ha poco que se comenzaron a enseñar.

Escribir se enseñaron en breve tiempo, porque en pocos días que escriben luego contrahacen la materia que les dan sus maestros, y si el maestro les muda otra forma de escribir, como es cosa muy común que diversos hombres hacen diversas formas de letras, luego ellos también mudan la letra y la hacen de la forma que les da su maestro.

En el segundo año que les comenzamos a enseñar dieron a un muchacho de Tetzcoco por muestra una bula, y sacola tan a lo natural, que la letra que hizo parecía el mismo molde, porque el primer renglón era de letra grande, y abajo sacó la firma ni más ni menos, y un Jesús con una imagen de Nuestra Señora, todo tan al propio, que parecía no haber diferencia del molde a la otra letra; y por cosa notable y primera la llevó un Español a Castilla. Letras grandes y griegas, pautar y apuntar, así canto llano como canto de órgano, hacen muy liberalmente, y han hecho muchos libros de ello; y también han aprendido a encuadernaré iluminar, alguno de ellos muy bien, y han sacado imagen de planchas de bien perfectas figuras, tanto que se maravillan cuantos las ven, porque de la primera vez la hacen perfecta, de las cuales tengo yo bien primas muestras. El tercero año les impusimos en el canto, y algunos se reían y burlaban de ello, así porque parecían desentonados, como porque parecían tener flacas voces; y en la verdad no las tienen tan recias ni tan suaves como los Españoles, y creo que lo causa andar descalzos y mal arropados los pechos, y ser las comidas tan pobres; pero como hay muchos en que escoger, siempre hay razonables capillas. Fue muy de ver el primero que les comenzó a enseñar el canto: era un fraile viejo y apenas sabía ninguna cosa de la lengua de los Indios, sino la nuestra castellana, y hablaba tan en forma y en seso con los muchachos como si fuera con cuerdos Españoles; los que lo oíamos no nos podíamos valer de risa, y los muchachos la boca abierta oyéndole muy atentos ver qué quería decir. Fue cosa de maravilla, que aunque al principio ninguna cosa entendían, ni el viejo tenía intérprete, en poco tiempo le entendieron y aprendieron el canto de tal manera, que ahora hay muchos de ellos tan diestros que rigen capillas; y como son de vivo ingenio y gran memoria, lo más de lo que cantan saben de coro, tanto, que si estando cantando se revuelven las hojas o se cae el libro, no por eso dejan de cantar, sin errar un punto; y si ponen el libro en una mesa tan bien cantan los que están al revés y a los lados como los que están delante. Un Indio de estos cantores, vecino de esta ciudad de Tlaxcallán, ha compuesto una misa entera, apuntada por puro ingenio, aprobada por buenos cantores de Castilla que la han visto. En lugar de órganos tienen música de flautas concertadas, que parecen propiamente órganos de palo, porque son muchas flautas. Esta música enseñaron a los Indios unos ministriles que vinieron de España; y como acá no hubiese quien a todos juntos los recibiese y diese de comer, rogámosles que se repartiesen por los pueblos de los Indios, y que los enseñasen pagándoselo, y así los enseñaron. Hacen tambien chirimías, aunque no las saben dar el tono que han de tener.

Un mancebo indio que tañía flauta enseñó a tañer a otros Indios en Tehuacán, y en un mes todos supieron oficiar una misa y vísperas, himnos, y Magníficat, y motetes; y en medio año estaban muy gentiles tañedores. Aquí en Tlaxcallán estaba un Español que tañía rabel, y un Indio hizo otro rabel y rogó al Español que le enseñase, el cual le dio solas tres lecciones, en las cuales deprendió todo lo que el Español sabía; y antes que pasasen diez días tañía con el rabel entre las flautas, y dice cantaba sobre todas ellas. Ahora he sabido que en México hay maestro que tañe vihuela de arco, y tiene ya hechas todas cuatro voces: yo creo que antes del año sabrán tanto los Indios como su maestro, o ellos podrán poco.

Hasta comenzarles a enseñar latín o gramática hubo muchos pareceres, así entre los frailes como de otras personas, y cierto se les ha enseñado con harta dificultad, mas con haber salido muy bien con ello se da el trabajo por bien empleado, porque hay muchos de ellos buenos gramáticos, y que componen oraciones largas y bien autorizadas, y versos exámetros y pentámetros, y lo que en más se debe tener es el recogimiento de los estudiantes, que es como de novicios frailes, y esto con poco trabajo de su maestro; porque estos estudiantes y colegiales tienen su colegio bien ordenado, adonde a solos ellos se enseña; porque después que vieron que aprovechaban en el estudio, pasaron los del barrio de San Francisco de México al otro barrio que se llama Santiago de Tlatilolco, adonde ahora están con dos frailes que los enseñan, y con un bachiller indio que les lee gramática.

Una muy buena cosa aconteció a un clérigo recién venido de Castilla, que no podía creer que los Indios sabían la doctrina cristiana, ni Pater Noster, ni Credo bien dicho; y como otros Españoles le dijesen que sí, él todavía incrédulo; y a esta sazón habían salido los estudiantes del colegio, y el clérigo pensando que eran de los otros Indios, preguntó a uno, si sabía el *Pater Noster* y dijo que sí, e hízosele decir, y después hízole decir el Credo, y díjole bien; y el clérigo acusole una palabra que el Indio bien decía, y como el Indio se afirmase en que decía bien, y el clérigo que no, tuvo el estudiante necesidad de probar cómo decía bien, y preguntele hablando en latín: *Reverende Pater, eujus casus est?* Entonces como el clérigo no supiese gramática, quedó confuso y atajado.

Capítulo XIII. De los oficios mecánicos que los Indios han aprendido de los Españoles, y de los que ellos de antes sabían

En los oficios mecánicos, así los que de antes los Indios tenían, como los que de nuevo han aprendido de los Españoles, se han perfeccionado mucho; porque han salido grandes pintores después que vinieron las muestras e imágenes de Flandes y de Italia que los Españoles han traído, de las cuales han venido a esta tierra muy ricas piezas, porque adonde hay oro y plata todo viene, en especial los pintores de México, porque allí va a parar todo lo bueno que a esta tierra viene; y de antes no sabían pintar sino una flor o un pájaro, o una labor; y si pintaban un hombre o un caballero, era muy mal entallado; ahora hacen buenas imágenes. Aprendieron también a batir oro, porque un batidor de oro que pasó a esta Nueva España, aunque quiso esconder su oficio de los Indios, no pudo, porque ellos miraban todas las particularidades del oficio y contaron los golpes que daba con el martillo, y cómo volvía y revolvía el molde, y antes que pasase un año sacaron oro batido.

Han salido también algunos que hacen guadamaciles buenos, hurtando el oficio al maestro sin él se lo querer mostrar, aunque tuvieron harto trabajo en darla color dorado y plateado. Han sacado también algunas buenas campanas y de buen sonido; éste fue uno de los oficios con que mejor han salido. Para ser buenos plateros no les falta otra cosa sino la herramienta, que no la tienen, pero una piedra sobre otra hacen una taza llana y un plato: mas para fundir una pieza y hacerla de vaciado, hacen ventaja a los plateros de España, porque funden un pájaro que se le anda la lengua y la cabeza y las alas; y vacían un mono u otro monstruo que se le anda la cabeza, lengua, pies y manos; y en las manos pónenle unos trebejuelos que parece que bailan con ellos: y lo que más es, que sacan una pieza la mitad de oro y la mitad de plata, y vacían un pece con todas sus escamas, la una de oro y la otra de plata.

Han deprendido a curtir corambres, a hacer fuelles de herreros, y son buenos zapateros, que hacen zapatos y servillas, borceguíes, y pantuflos, chapines de mujeres, y todo lo demás que se hace en España: este oficio comenzó en Michuacán, porque allí se curten los buenos cueros de venados. Hacen todo lo que es menester para una silla gineta, bastos y fuste, coraza y sobrecoraza: verdad es que el fuste no le acertaban a hacer, y como un sillero tuviese un fuste a la puerta, un Indio esperó a que el sillero entrase a comer, y hurtole el fuste para sacar otro por él, y luego otro día a la misma hora estando el sillero comiendo, tornole a poner el fuste en su lugar; y desde a seis o siete días vino el Indio vendiendo fustes por las calles, y fue a casa del sillero y díjole si le quería comprar de aquellos fustes, de lo cual creo yo que pesó al sillero, porque en sabiendo un oficio los Indios, luego abajan los Españoles los precios, porque como no hay más de un oficial de cada uno, venden como quieren, y para esto ha sido gran matador la habilidad y buen ingenio de los Indios.

Hay Indios herreros, y tejedores, y canteros, y carpinteros, y entalladores; y el oficio que mejor han tomado y con que mejor han salido ha sido sastres, porque hacen unas calzas, y un jubón, y sayo, y chupa, de la manera que se lo demandan, tan bien como en Castilla, y todas las otras ropas que no tienen número sus hechuras, porque nunca hacen sino mudar trajes y buscar invenciones nuevas. También hacen guantes y calzas de aguja de seda, y bonetillos de seda, y también son bordadores razonables. Labran bandurrias, vihuelas y arpas, y en mil labores y lazos. Sillas de caderas han hecho tantas, que las casas de los Españoles están llenas. Hacen también flautas muy buenas. En México estaba un reconciliado, y como traía sambenito, viendo los Indios que era nuevo traje de ropa, pensó uno que los Españoles usaban aquella ropa por devoción en la cuaresma, y luego fuese a su casa e hizo sus sambenitos muy bien hechos y muy pintados; y sale por México a vender su ropa entre los Españoles, y decía en lengua de Indios «Tic cohuaznequi sambenito», que quiero decir: ¿quieres comprar sambenito? Fue la cosa tan reída por toda la tierra, que creo que llegó a España, y en México quedó como refrán: «Ti que quis benito».

Capítulo XIV. De la muerte de tres niños, que fueron muertos por los Indios, porque les predicaban y destruían sus ídolos, y de cómo los niños mataron al que se decía ser dios del vino

Al principio, cuando los frailes menores vinieron a buscar la salud de las ánimas de estos Indios, parecioles que convenía que los hijos de los señores y personas principales se recogiesen en los monasterios; y para esto dio mucho favor y ayuda el marqués del Valle que a la sazón gobernaba, y para todo lo demás tocante, a la doctrina cristiana; y como los Indios naturales le amaban y temían mucho, obedecían de buena gana su mandamiento en todo, hasta dar sus hijos, que al principio se les hizo tan cuesta arriba, que algunos señores escondían sus hijos, y en su lugar ataviaban y componían algún hijo de su criado o vasallo, o esclavillo, y enviábanle acompañado con otros que le sirviesen por mejor disimular, y por no dar al hijo propio. Otros daban algunos de sus hijos, y guardaban los mayores y los más regalados. Esto fue al principio hasta que vieron que eran bien tratados y doctrinados los que se criaban en la casa de Dios, que como conocieron el provecho, ellos mismos los venían después a traer y a rogar con ellos, y luego se descubrió también el engaño de los niños escondidos; y porque viene a propósito contaré de la muerte que los niños dieron a un Indio que se hacía dios, y después la muerte que un padre dio a su hijo, y las muertes de otros dos niños indios ya cristianos.

Como en el primer año que los frailes menores poblaron en la ciudad de Tlaxcallán recogiesen los hijos de los señores y personas principales para los enseñar en la doctrina de nuestra santa fe, los que servían en los templos del demonio no cesaban en el servicio de los ídolos, e inducir al pueblo para que no dejasen sus dioses, que eran más verdaderos que no los que los frailes predicaban, y que así lo sustentarían; y por esta causa salió uno de los ministros del demonio (que por venir vestido de ciertas insignias de un ídolo o demonio Ometochtli, y ser su ministro se llamaba ometoch cotoya, según que aquí se pintará), salió al tianquizco o mercado. Este demonio Ometochtli era uno de los principales dioses de los Indios, y era adorado por el dios del vino, y muy temido y acatado, porque todos se embeodaban, y de la beodez resultaban todos sus vicios y pecados; y estos ministros que así estaban vestidos de las vestiduras de este demonio, salían pocas veces fuera de los templos o patios del demonio, y cuando salían teníanles tanto acatamiento y reverencia, que apenas osaba la gente alzar los ojos para mirarles: pues este ministro así vestido salió y andaba por el mercado comiendo e mascando unas piedras agudas de que acá usan en lugar de cuchillos, que son unas piedras tan negras como azabache, y con cierta arte las sacan delgadas y del largor de un jeme, con tan vivos filos como una navaja, sino que luego saltan y se mellan: este ministro para mostrarse feroz y que hacía lo que otros no podían hacer, andaba mascando aquellas navajas por el mercado; a esta sazón venían los niños que se enseñaban en el monasterio del río de lavarse, y habían de atravesar por el tianquizco o mercado; y como viesen tanta gente tras aquel demonio, preguntaron qué era aquello, y respondieron unos Indios diciendo: «Nuestro dios Ometochtli»; los niños dijeron: «No es dios sino diablo, que os miente y engaña». Estaba en medio del mercado una cruz, adonde los niños de camino iban a hacer oración, y allí se detenían hasta que todos se ayuntaban, que como eran muchos iban derramados. Estando allí, vínose para ellos aquel mal demonio, o que traía sus vestiduras, y comenzó de reñir a los niños y mostrarse muy bravo, diciéndoles: «Que presto se morirían todos, porque le tenían enojado, y habían dejado su casa e ídose a la de Santa María». A lo cual algunos de los grandecillos que tuvieron más ánimo le respondieron: «Que él era el mentiroso, y que no le tenían ningún temor porque él no era Dios sino el diablo, y malo engañador». A todo esto el ministro del demonio no dejaba de afirmar que él era dios y que los había de matar a todos, mostrando el semblante muy enojado, para les poner más temor. Entonces dijo uno de los muchachos: «Veamos ahora quién morirá, nosotros o éste»; y abajose por una piedra y dijo a los otros: «Echemos de aquí este diablo, que Dios nos ayudará»; y diciendo esto tirole con la piedra, y luego acudieron todos los otros: y aunque al principio el demonio hacía rostro, como cargaron tantos muchachos comenzó a huir, y los niños con gran grita iban tras él tirándole piedras, e íbaseles por pies; mas permitiéndolo Dios y mereciéndolo sus pecados, estropezó y cayó, y no hubo caído cuando lo tenían muerto y cubierto de piedras, y ellos muy regocijados decían: «Matamos al diablo que nos quería matar. Ahora verán los macehuales (que es la gente común) cómo éste no era dios sino mentiroso, y Dios y Santa María son buenos». Acabada la lid y contienda, no parecía que había muerto hombre sino al mismo demonio. Y como cuando la batalla rompida los que quedan en el campo quedan alegres con la victoria y los vencidos desmayados y tristes, así quedaron todos los que creían y servían a los ídolos, y la gente del mercado, quedaron todos espantados, y los niños muy ufanos diciendo: «Jesucristo, Santa María nos han favorecido a matar a este diablo». En esto ya habían venido muchos de aquellos ministros, muy bravos, y querían poner las manos en los muchachos, sino que no se atrevieron porque Dios no lo consintió ni les dio ánimo para ello; antes estaban como espantados en ver tan grande atrevimiento de muchachos. Vanse los niños muy regocijados para el monasterio y entran diciendo cómo habían muerto al diablo. Los frailes no los entendían bien, hasta que el intérprete les dijo cómo habían muerto a uno que traía vestidas las insignias del demonio. Espantados los frailes y queriéndolos castigar y amedrentar, preguntaron ¿quién lo había hecho? A lo cual respondieron todos juntos: «Nosotros lo hicimos». Pregunteles otra vez su maestro: «¿Quién tiró la primera piedra?» Respondió uno y dijo: «Yo la eché». Y luego el maestro mandábale azotar diciéndole: «Que cómo había hecho tal cosa, y había muerto hombre?» El muchacho respondió: «Que no habían ellos muerto hombre sino demonio; y que si no lo creían que lo fuesen a ver». Entonces salieron los frailes y fueron al mercado, y no vieron sino un gran montón de piedras, y descubriendo y quitando de ellas, vieron cómo el muerto estaba vestido del pontifical del diablo, y tan feo como el mismo demonio. No fue la cosa de tan poca estima, que por sólo este caso comenzaron muchos Indios a conocer los engaños y mentiras del demonio, y a dejar su falsa opinión, y venirse a reconciliar y confederar con Dios y a oír su palabra.

En esta ciudad de Tlaxcallán fue un niño encubierto por su padre, porque en esta ciudad hay cuatro cabezas o señores principales, entre los cuales se reduce toda la provincia, que es harto grande, de la cual se dice que salían cien mil hombres de pelea. Además de aquellos cuatro señores principales, había otros muchos que tenían y tienen muchos vasallos. Uno de los más principales de éstos, llamado por nombre Aexotecatl, tenía sesenta mujeres, y de las más principales de ellas tenía cuatro hijos; los tres de éstos envió al monasterio a los enseñar, y el mayor y más amado de él y más bonito, e hijo de la más principal de sus mujeres, dejole en su casa como escondido. Pasados algunos días y que ya los niños que estaban en los monasterios descubrían algunos secretos, así de idolatrías como de los hijos que los señores tenían escondidos, aquellos tres hermanos dijeron a los frailes cómo su padre tenía escondido en casa a su hermano mayor, y sabido, demandáronle a su padre, y luego le trajo, y según me dicen era muy bonito, y de edad de doce o trece años. Pasados algunos días y ya algo enseñado, pidió el bautismo y fuele dado, y puesto por nombre Cristóbal. Este niño, además de ser de los más principales y de su persona muy bonito y bien acondicionado y hábil, mostró principios de ser muy buen cristiano, porque de lo que él oía y aprendía enseñaba a los vasallos de su padre, y al mismo padre decía, que dejase los ídolos y los pecados en que estaba, en especial el de la embriaguez, porque todo era muy gran pecado, y que se tornase y conociese a Dios del cielo y a Jesucristo su Hijo, que él le perdonaría, y que esto era verdad, porque así lo enseñaban los padres que sirven a Dios. El padre era un Indio de los encarnizados en guerras y envejecido en maldades y pecados, según después pareció, y sus manos llenas de homicidios y muertes. Los dichos del hijo no le pudieron ablandar el corazón ya endurecido, y como el niño Cristóbal viese en casa de su padre las tinajas llenas del vino con que se embeodaban él y sus vasallos, y viese los ídolos, todos los quebraba y destruía, de lo cual los criados y vasallos se quejaron al padre, diciendo: «Tu hijo Cristóbal quebranta los ídolos tuyos y nuestros, y el vino que puede hallar todo lo vierte. A ti y a nosotros echa en vergüenza y en pobreza». Ésta es manera de hablar de los Indios, y otras que aquí van, que no corren tanto con nuestro romance. Demás de estos criados y vasallos que esto decían, una de sus mujeres muy principal, que tenía un hijo del mismo Acxotecatl, le indignaba mucho e inducía para que matase aquel hijo Cristóbal, porque, aquel muerto, heredase otro suyo que se dice Bernardino, y así fue que ahora este Bernardino posee el señorío del padre. Esta mujer se llamaba Xochipapalotzín, que quiere decir Flor-de-mariposa. Ésta también decía a su marido: «Tu hijo Cristóbal te echa en pobreza y en vergüenza». El muchacho no dejaba de amonestar a la madre y a los criados de casa que dejasen los ídolos y los pecados juntamente, quitándoselos y quebrantándoselos. En fin, aquella mujer tanto indignó y atrajo a su marido, y él que de natural era muy cruel, que determinó de matar a su hijo mayor Cristóbal, y para esto envió a llamar a todos sus hijos, diciendo que quería hacer una fiesta y holgarse con ellos; los cuales llegados a casa del padre, llevolos a unos aposentos dentro de casa, y tomó a aquel su hijo Cristóbal que tenía determinado de matar, y mandó a los otros hermanos que se saliesen fuera; pero el mayor de los tres, que se dice Luis (del cual yo fui informado, porque este vio cómo pasó todo el caso), éste como vio que le echaban de allí y que su hermano mayor lloraba mucho, subiose a una azotea, y desde allí por una ventana vio cómo el cruel padre tomó por los cabellos a aquel hijo Cristóbal y le echó en el suelo dándole muy crueles coces, de las cuales fue maravilla no morir (porque el padre era un valentazo hombre, y es así porque yo que esto escribo lo conocí), y como así no lo pudiese matar, tomó un palo grueso de encina y diole con él muchos golpes por todo el cuerpo hasta quebrantarle y molerle los brazos, y piernas, y las manos con que se defendía la cabeza, tanto, que casi de todo el cuerpo corría sangre: a todo esto el niño llamaba continuamente a Dios diciendo en su lengua: «Señor Dios mío, haced merced de mí, y si tú quieres que yo muera, muera yo; y si tú quieres que viva, líbrame de este cruel de mi padre». Ya el padre cansado, y según afirman, con todas las heridas el muchacho se levantaba y se iba a salir por la puerta afuera, sino que aquella cruel mujer que dije que se llamaba Flor-de-mariposa le detuvo la puerta, que ya el padre de cansado le dejara ir. En este sazón súpolo la madre del Cristóbal, que estaba en otro aposento algo apartado, y vino desalada, las entrañas abiertas de madre, y no paró hasta entrar adonde su hijo estaba caído llamando a Dios; y queriéndole tomar para como madre apiadarle, el cruel de su marido, o por mejor decir el enemigo estorbándola, llorando y querellándose decía: ¿Por qué me matas a mi hijo? ¿Cómo has tenido manos para matar a tu propio hijo? Matárasme a mí primero, y no viera yo tan cruelmente atormentado un solo hijo que parí. Déjame llevar mi hijo, y si quieres mátame a mí, y deja al que es niño e hijo tuyo y mío». En esto aquel mal hombre tomó a su propia mujer por los cabellos y acoceola hasta se cansar, y llamó quien se la quitase de allí, y vinieron ciertos Indios y llevaron a la triste madre, que más sentía los tormentos del amado hijo que los propios suyos. Viendo, pues, el cruel padre que el niño estaba con buen sentido, aunque muy mal llagado y atormentado, mandole echar en un gran fuego de muy encendidas brasas de leña de cortezas de encina secas, que es la lumbre que los señores tienen en esta tierra, que es leña que dura mucho y hace, muy recia brasa; en aquel fuego le echó y le revolvió de espaldas y de pechos cruelmente, y el muchacho siempre llamando a Dios y a Santa María: y quitado de allí casi por muerto, algunos dicen que entonces el padre entró por una espada, otros que por un puñal, y que a puñaladas le acabó de matar; pero lo que yo con más verdad he averiguado es que el padre anduvo a buscar una espada que tenía y que no la halló. Quitado el niño del fuego, envolviéronle en unas mantas, y él con mucha paciencia encomendándose a Dios estuvo padeciendo toda una noche aquel dolor que el fuego, y las heridas le causaban con mucho sufrimiento, llamando siempre a Dios y a Santa María. Por la mañana dijo el muchacho que le llamasen a su padre, el cual vino, y venido, el niño le dijo: «¡O padre! no pienses que estoy enojado, porque yo estoy muy alegre, y sábete que me has hecho más honra que no vale tu señorío». Y dicho esto demandó de beber y diéronle un vaso de cacao, que es en esta tierra casi como en España el vino, no que embeoda, sino sustancial, y en bebiéndolo luego murió.

Muerto el mozo mandó el padre que le enterrasen en un rincón de una cámara, y puso mucho temor a todos los de su casa que a nadie dijesen la muerte del niño; en especial habló a los otros tres hijos que se criaban en el monasterio diciéndoles: «No digáis nada, porque si el Capitán lo sabe, ahorcarme ha». Al marqués del Valle al principio todos los Indios le llamaban el Capitán, y teníanle muy gran temor.

No contento con esto aquel homicida malvado, mas añadiendo maldad a maldad, tuvo temor de aquella su mujer y madre del muerto niño, que se llamaba Tlapaxilotzín, de la cual nunca he podido averiguar si fue bautizada o no, porque hay cerca de doce años que aconteció hasta ahora que esto escribo, en el mes de marzo del año de 39. Por este temor que descubriría la muerte de su hijo, la mandó llevar a una su estancia o granjería, que se dice Quimichocán, no muy lejos de la venta de Tecoac, que está en el camino real que va de México al puerto de la Veracruz, y el hijo quedaba enterrado en un pueblo que se dice Atlihuetzia, cuatro leguas de allí y cerca dos leguas de Tlaxcallán: aquí a este pueblo me vine a informar y vi adonde murió el niño y adonde le enterraron, y en este mismo pueblo escribo ahora esto: llámase Atlihuetzia, que quiere decir adonde cae el agua, porque aquí se despeña un río de unas peñas y cae de muy alto. A los que llevaron a la mujer mandó que la matasen y enterrasen muy secretamente: no he podido averiguar la muerte que le dieron.

La manera con que se descubrieron los homicidios de aquel Acxotecatl fue, que pasando un Español por su tierra, hizo un maltratamiento a unos vasallos de aquel Acxotecatl, y ellos viniéronsele a quejar, y él fue con ellos adonde quedaba el Español, y llegado tratole malamente; y cuando de sus manos se escapó dejándole cierto oro y ropas que traía, pensé que le había hecho Dios mucha merced, y no se deteniendo mucho en el camino llegó a México, y dio queja a la justicia del maltratamiento que aquel señor indio le había hecho, y de lo que le había tomado: y venido mandamiento, prendiole un alguacil español que aquí en Tlaxcallán residía; y como el Indio era de los más principales señores de Tlaxcallán, después de los cuatro señores, fue menester que viniese un pesquisidor con poder del que gobernaba en México, a lo cual vino Martín de Calahorra, vecino de México, conquistador, y persona de quien se pudiera bien fiar cualquiera cargo de justicia. Y éste hecha su pesquisa y vuelto al Español su oro y ropa, cuando el Acxotecatl pensó que estaba libre, comenzáronse a descubrir ciertos indicios de la muerte del hijo y de la mujer, como parecerá por el proceso que el dicho Martín de Calahorra hizo en forma de derecho, aunque algunas cosas más claramente las manifiestan ahora que entonces, y otras se podrían entonces mejor averiguar, por ser los delitos más frescos, aunque yo he puesto harta diligencia por no ofender a la verdad en lo que dijere.

Sentenciado a muerte por estos dos delitos y por otros muchos que se le acumularon, el dicho Martín de Calahorra ayuntó los Españoles que pudo para con seguridad hacer justicia, porque tenía temor que aquel Aexotecatl era valiente hombre y muy emparentado, y aunque estaba sentenciado no parecía que tenía temor; y cuando le sacaron que le llevaban a ahorcar iba diciendo: «¿Esta es Tlaxcallán? ¿Y cómo vosotros, Tlaxcaltecas, consentís que yo muera, y no sois para quitarme de estos pocos Españoles?» Dios sabe si los Españoles llevaban temor; pero como la justicia venía de lo alto, no bastó su ánimo, ni los muchos parientes, ni la gran multitud del pueblo, sino que aquellos pocos Españoles le llevaron hasta dejarle en la horca. Luego que se supo adonde el padre le había enterrado, fue de esta casa un fraile, que se llamaba Fray Andrés de Córdoba, con muchos Indios principales por el cuerpo de aquel niño, que ya había más de un año que estaba sepultado, y afírmanme algunos de los que fueron con Fray Andrés de Córdoba, que el cuerpo estaba seco, mas no corrompido.

Dos años después de la muerte del niño Cristóbal vino aquí a Tlaxcallán un fraile domingo llamado Fray Bernardino Minaya, con otro compañero, los cuales iban encaminados a la provincia de Oaxyecac: a la sazón era aquí en Tlaxcallán guardián nuestro padre de gloriosa memoria Fray Martín de Valencia, al cual los padres dominicos rogaron que les diese algún muchacho de los enseñados, para que les ayudase en lo tocante a la doctrina cristiana. Preguntados los muchachos si había alguno que por Dios quisiese ir a aquella obra, ofreciéronse dos muy bonitos e hijos de personas muy principales; al uno llamaban Antonio; éste llevaba consigo un criado de su edad que decían Juan, al otro llamaban Diego; y al tiempo que se querían partir díjoles el padre Fray Martín de Valencia: «Hijos míos, mirad que habéis de ir fuera de vuestra tierra, y vais entre gente que no conoce aún a Dios, y que creo que os veréis en muchos trabajos: yo siento vuestros trabajos como de mis propios hijos, y aun tengo temor que os maten por esos caminos; por eso antes que os determinéis miradlo bien». A esto ambos los niños conformes, guiados por el Espíritu Santo respondieron: «Padre, para eso nos has enseñado lo que toca a la verdadera fe; ¿pues cómo no había de haber entre nosotros quien se ofreciese a tomar trabajo para servir a Dios? Nosotros estamos aparejados para ir con los padres, y para recibir de buena voluntad todo trabajo por Dios; y si él fuere servido de nuestras vidas, ¿por qué no las pondremos por él? ¿No mataron a San Pedro crucificándole, y degollaron a San Pablo, y San Bartolomé no fue desollado por Dios? ¿Pues por qué no moriremos nosotros por él, si él fuese servido?» Entonces, dándoles su bendición, se fueron con aquellos dos frailes, y llegaron a Tepeyacac, que es casi diez leguas de Tlaxcallán. En aquel tiempo en Tepeyacac no había monasterio como le hay ahora, mas de que se visitaba aquella provincia desde Huexotzinco, que está otras diez leguas del

217

mismo Tepeyacac, e iba muy de tarde en tarde, por lo cual aquel pueblo y toda aquella provincia estaba muy llena de ídolos, aunque no públicos. Luego aquel padre Fray Bernardino Minaya envió a aquellos niños a que buscasen por todas las casas de los Indios los ídolos y se los trajesen, y en esto se ocuparon tres o cuatro días, en los cuales trajeron todos los que podían hallar. Y después apartáronse más de una legua del pueblo a buscar si había más ídolos en otros pueblos que estaban allí cerca: al uno llamaban Cuaulitinchán, y al otro porque en la lengua española no tiene buen nombre le llaman el pueblo de Orduña, porque está encomendado a un Francisco Orduña. De unas casas de este pueblo sacó aquel niño llamado Antonio unos ídolos, e iba con él el otro su paje llamado Juan: ya en esto algunos señores y principales se habían concertado de matar a estos niños, según después pareció; la causa era porque les quebraban los ídolos y les quitaban sus dioses. Vino aquel Antonio con los ídolos que traía recogidos del pueblo de Orduña, a buscar en el otro que se dice Cuautitlán si había algunos; y entrando en una casa, no estaba en ella más de un niño guardando la puerta, y quedó con él el otro su criadillo; y estando allí vinieron dos Indios principales con unos leños de encina, y en llegando, sin decir palabra, descargan sobre el muchacho llamado Juan, que había quedado a la puerta, y al ruido salió luego el otro Antonio, y como vio la crueldad que aquellos sayones ejecutaban en su criado, no huyó, antes con grande ánimo les dijo: «¿Por qué me matáis a mi compañero que no tiene él la culpa, sino yo, que soy el que os quito los ídolos, porque sé que son diablos y no dioses? Y si por ellos los habéis, tomadlos allá, y dejad a ese que no os tiene culpa». Y diciendo esto, echó en el suelo unos ídolos que en la falda traía. Y acabadas de decir estas palabras ya los Indios tenían muerto al niño Juan, y luego descargan en el otro Antonio, de manera que allí también le mataron. Y en anocheciendo tomaron los cuerpos, que dicen los que los conocieron que eran de la edad de Cristóbal, y lleváronlos al pueblo de Orduña, y echáronlos en una honda barranca, pensando que echados allí nunca de nadie se pudiera saber su maldad; pero como faltó el niño Antonio, luego pusieron mucha diligencia en buscarlo, y el fraile Bernardino Minaya encargolo mucho a un alguacil que residía allí en Tepeyac, que se decía Álvaro de Sandoval, el cual con los padres dominicos pusieron grande diligencia; porque cuando en Tlaxcallán se los dieron, habíanles encargado mucho a aquel Antonio, porque era nieto del mayor señor de Tlaxcallán, que se llamó Xicotencatl, que fue el principal señor que recibió a los Españoles cuando entraron en esta tierra, y los favoreció y sustentó con su propia hacienda, porque éste Xicotencatl y Maxiscatzín mandaban toda la provincia de Tlaxcallán, y este niño Antonio había de heredar al abuelo, y así ahora en su lugar lo posee otro su hermano menor que se llama Don Luis Moscoso. Parecieron los muchachos muertos, porque luego hallaron el rastro por do habían ido y adonde habían desaparecido, y luego supieron quién los había muerto; y presos los matadores, nunca confesaron por cuyo mandado los habían muerto; pero dijeron que ellos los habían muerto, y que bien conocían el mal que habían hecho y que merecían la muerte; y rogaron que los bautizasen antes que no los matasen. Luego fueron por los cuerpos de los niños, y traídos, los enterraron en una capilla adonde se decía la misa, porque entonces no había iglesia. Sintieron mucho la muerte de estos niños aquellos padres dominicos, y más por lo que había de sentir el padre Fray Martín de Valencia, que tanto se los había encargado cuando se los dio, y parecióles que sería bien enviarle los homicidas y matadores, y diéronlos a unos Indios para que los llevasen a Tlaxcallán. Como el señor de Coatlinchán lo supo y también los principales, temiendo que también a ellos les alcanzaría parte de la pena, dieron joyas y dádivas de oro a un Español que estaba en Coatlinchán, porque estorbase que los presos no fuesen a Tlaxcallán; y aquel Español comunicolo con otro que tenía cargo de Tlaxcallán, y partió con él el interés, el cual salió en el camino e impidieron la ida. Todas estas diligencias fueron en daño de los solicitadores, porque a los Españoles aquel alguacil fue por ellos, y entregados a Fray Bernardino Minaya, pusieron al uno de cabeza en el cepo, y al otro atado, los azotaron cruelmente y no gozaron del oro. A los matadores como se supo luego la cosa en México, envió la justicia por ellos y ahorcáronlos. Al señor de Coatlinchán como no se enmendase, mas añadiendo pecados a pecados, también murió ahorcado con otros principales. Cuando Fray Martín de Valencia supo la muerte de los niños que como a hijos había criado, y que habían ido con su licencia, sintió mucho dolor y llorábalos como a hijos, aunque por otra parte se consolaba en ver que había ya en esta tierra quien muriese confesando a Dios; pero cuando se acordaba de lo que le habían dicho al tiempo de su partida, que fue: «¿Pues no mataron a San Pedro y a San Pablo, y desollaron a San Bartolomé, pues que nos maten a nosotros no nos hace Dios muy grande merced?» no podía dejar de derramar muchas lágrimas.

Capítulo XV. De la ayuda que los niños hicieron para la conversión de los Indios, y de cómo se recogieron las niñas indias, y del tiempo que duró, y de dos cosas notables que acontecieron a dos indias con dos mancebos

Si estos niños no hubieran ayudado a la obra de la conversión, sino que solos los intérpretes lo hubieran de hacer todo, paréceme que fueran lo que escribió el obispo de Tlaxcallán al Emperador diciendo: «Nos los obispos sin los frailes intérpretes, somos como falcones en muda». Así lo fueran los frailes sin los niños, y casi de esta manera fue lo que las niñas indias hicieron, las cuales, a lo menos las hijas de los señores, se recogieron en muchas provincias de esta Nueva España, y se pusieron so la disciplina de mujeres devotas españolas, que para el efecto de tan santa obra envió la Emperatriz, con mandamientos y provisiones para que les hiciesen casas adonde las recogiesen y enseñasen. Esta buena obra y doctrina duró obra de diez años y no más, porque como estas niñas no se enseñaban más de para ser casadas, y que supiesen coser y labrar, que tejer todas lo saben, y hacer telas de mil labores; y en las telas, ora sea para mantas de hombres, ora sea para camisas de mujeres, que llaman huipillis, mucha de esta ropa va tejida de colores, porque aunque las llaman los Españoles camisas, son ropas que traen encima de toda la otra ropa, y por esto las hacen muy galanas y de muchos colores, de algodón teñido, o de pelo de conejo, que es como sirgo, o seda de Castilla, de lo cual también hacen camas, más vistosas que costosas, la cual aunque se lave no recibe detrimento, antes cada vez queda más blanca, por ser teñida en lana. La seda que en estas partes se hace, aunque hasta ahora es muy poca, es tan fina que aunque la echen en colada fuerte no desdice. La labor que es de algodón no se sufre lavar, porque todo lo que toca mancha, porque el algodón es teñido en hilo. De lana merina de las ovejas hacen muy buenas obras, y los Indios hacen mucho por ella. De toda esta obra labraban aquellas niñas: después como sus padres vinieron al bautismo no hubo necesidad de ser enseñadas, más de cuanto supieron ser cristianas y vivir en la ley de matrimonio. En estos diez años que enseñaron, muchas que entraron ya algo mujercillas, se casaban y enseñaban a las otras. En el tiempo que estuvieron recogidas deprendieron la doctrina cristiana y el oficio de Nuestra Señora, el cual decían siempre a sus tiempos y horas, y aun algunas les duró esta buena costumbre después de casadas, hasta que con el cuidado de los hijos y con la carga de la gobernación de la casa y familia lo perdieron. Y fue cosa muy de ver en Huexotzinco un tiempo, que había copia de casadas nuevas y había una devota ermita de Nuestra Señora, a la cual todas o las más iban luego de mañana a decir sus horas de Nuestra Señora muy entonadas y muy en orden, aunque ninguna de ellas no sabía el punto del canto. Muchas de estas niñas a las veces con sus maestras, otras veces acompañadas de algunas Indias viejas, que también hubo algunas devotas que servían de porteras y guardas de las otras, con éstas salían a enseñar, así en los patios de las iglesias como en las casas de las señoras, y convertían a muchas a se bautizar y a ser devotas cristianas y limosneras, y siempre han ayudado mucho a la doctrina cristiana.

En México aconteció una cosa muy de notar a una India doncella, la cual era molestada y requerida de un mancebo soltero; y como se defendiese de él, el demonio dispertó a otro y puso en la voluntad que intentase la misma cosa; y como ella tan bien se defendiese del segundo como del primero, ayuntáronse ambos los mancebos y concertáronse de tomar de la doncella por fuerza lo que de grado no habían podido alcanzar: para lo cual la anduvieron aguardando algunos días; y saliendo ella de la puerta de su casa a prima noche, tomáronla y lleváronla a una casa yerma adonde procuraron forzarla, y ella se defendió varonilmente, y llamando a Dios y a Santa María, ninguno de ellos pudo haber acceso a ella; y como cada uno por sí no pudiese, ayuntáronse ambos juntos, y como por ruegos no pudiesen acabar nada con ella, comenzaron a maltratar y a dar de bofetadas y puñadas y a amenazarla cruelmente; a todo esto ella siempre perseverando en la defensión de su honra. En esto estuvieron toda la noche, en la cual no pudieron acabar nada, porque Dios a quien la moza siempre llamaba con lágrimas y buen corazón, la libró de aquel peligro; y como ellos la tuviesen toda la noche, y nunca contra ella pudiesen prevalecer, quedó la doncella libre y entera; y luego a la mañana ella por guardarse con más seguridad, fuese a la casa de las niñas y contó a la madre lo que le había acontecido, y fue recibida en la compañía de las hijas de los señores, aunque era pobre, por el buen ejemplo que había dado y porque Dios la tenía de su mano.

En otra parte aconteció que como una casada enviudase, siendo moza, requeríala y aquejábala un hombre casado, del cual no se podía defender; y un día viose él solo con la viuda, encendido en su torpe deseo, al cual ella dijo: «¿Cómo intentas y procuras de mí tal cosa? ¿Piensas que porque no tengo marido que me guarde, has de ofender conmigo a Dios? Ya que otra cosa no mirases, sino que ambos somos confrades de la hermandad de Nuestra Señora, y que en esto la ofenderíamos mucho, y con razón se enojaría de nosotros, y no seríamos dignos de nos llamar sus confrades ni tomar sus benditas candelas en las manos; por esto sería mucha razón que tú me dejases, y ya que tú por esto no me quieres dejar, sábete que yo estoy determinada de antes morir que cometer tal maldad». Fueron estas palabras de tanta fuerza e imprimiéronse de tal manera en el corazón del casado, y así le compungieron, que luego en aquel mismo instante respondió a la mujer diciéndola: «Tú has ganado mi ánima que estaba ciega y perdida. Tú has hecho como buena cristiana y sierva de Santa María. Yo te prometo de me apartar de este pecado, y de me confesar y hacer penitencia de él, quedándote en grande obligación para todos los días que yo viviere».

Capítulo XVI. De qué cosa es provincia, y del grandor y término de Tlaxcallán, y de las cosas notables que hay en ella

Tlaxcallán es una provincia en la Nueva España, y el mismo nombre tiene toda la tierra, aunque en ella hay muchos pueblos. Esta provincia de Tlaxcallán es una de las principales de toda la Nueva España, de la cual como ya tengo dicho solían salir cien mil hombres de pelea. El señor y la gente de esta provincia anduvieron siempre con el marqués del Valle y con los Españoles que con él vinieron en la primera conquista, hasta que toda la tierra tuvieron de paz y asosegada. En esta tierra al pueblo grande que tiene debajo de sí otros pueblos menores, está en costumbre de llamarle provincia; y muchas de estas provincias tienen poco término y no muchos vecinos. Tlaxcallán que es la más entera provincia y de más gente, y de las que más términos tienen en esta tierra, en lo más largo, que es viniendo de la Veracruz a México, tiene quince leguas de término, y de ancho tiene diez leguas. Nace en Tlaxcallán una fuente grande a la parte del Norte, cinco leguas de la principal ciudad; nace en un pueblo que se llama Atzompa, que en su lengua quiere decir cabeza, y así es, porque esta fuente es cabeza y principio del mayor río de los que entran en la Mar del Sur, el cual entra en la mar por Zacatollán. Este río nace encima de la venta de Atlancatepec, y viene rodando por cima de Tlaxcallán, y después torna a dar vuelta y viene por un valle abajo, y pasa por medio de la ciudad de Tlaxcallán; y cuando a ella llega viene muy poderoso, y pasa regando mucha parte de la provincia. Sin éste tiene otras muchas fuentes y arroyos, y grandes lagunas que todo el año tienen agua y peces pequeños. Tiene muy buenos pastos y muchos, adonde ya los Españoles y naturales apacientan mucho ganado.

Asimismo tiene grandes montes, en especial a la parte del Norte tiene una muy grande sierra, la cual comienza a dos leguas de la ciudad y tiene otras dos de subida hasta lo alto. Toda esta montaña es de pinos y encinas: en lo alto los más de los años tiene nieve, la cual nieve en pocas partes de esta Nueva España se cuaja, por ser la tierra muy templada; esta sierra es redonda; tiene de cepa más de quince leguas, y casi todo es término de Tlaxcallán. En esta sierra se arman los nublados, y de aquí salen la nubes cargadas que riegan a Tlaxcallán y a los pueblos comarcanos; y así tienen por cierta señal que tiene de llover, cuando sobre esta sierra ven nubes, las cuales nubes se comienzan comúnmente a ayuntar desde las diez de la mañana hasta medio día, y desde allí hasta hora de vísperas se comienzan a esparcir y a derramarse, las unas hacia Tlaxcallán, otras hacia la ciudad de los Ángeles, otras hacia Huexotzinco, lo cual es cosa muy cierta y muy de notar; y por esta causa antes de la venida de los Españoles tenían los Indios en esta sierra grande adoración e idolatría, y venía toda la tierra de la comarca aquí a demandar aguas, y hacían muchos y muy endiablados sacrificios en reverencia de una diosa que llamaban Matlalcueye, que en su lengua quiere decir camisa azul, porque ésta era su principal vestidura de aquella diosa, porque la tenían por diosa del agua; y porque el agua es azul vestíanla de vestidura azul. A esta diosa y al dios Tlaloc tenían por dioses y señores del agua. A Tlaloc tenían por abogado y por señor en Tetzcoco y en México y sus comarcas, y a la diosa en Tlaxcallán y su provincia (esto se entiende que el uno era honrado en la una parte y el otro en la otra); mas en toda la tierra a ambos juntos demandaban el agua cuando la habían menester.

Para destruir y quitar esta idolatría y abominaciones de sacrificios que en esta tierra se hacían, el buen siervo de Dios Fray Martín de Valencia subió allá arriba a lo alto y quemo todos los ídolos, y levantó y puso la señal de la cruz, e hizo una ermita a la cual llama San Bartolomé, y puso en ella a quien la guardase, y para que nadie más allí invocase al demonio trabajó mucho dando a entender a los Indios como sólo Dios verdadero es el que da el agua y que a él se tiene de pedir.

La tierra de Tlaxcallán es fértil; cógese en ella mucho maíz, frijoles, y ají: la gente de ella es bien dispuesta, y la que en toda la tierra más ejercitada era en las cosas de la guerra: es la gente mucha y muy pobre, porque de sólo el maíz que cogen se han de mantener y vestir, y pagar los tributos.

Está situada Tlaxcallán en buena comarca, porque a la parte de Occidente tiene a México a veinte leguas, al Mediodía tiene la ciudad de los Ángeles a cinco leguas, y al puerto de la Veracruz a cuarenta leguas.

Está Tlaxcallán partida en cuatro cabezas o señoríos. El señor más antiguo y que primero la fundó, edificó en un cerrejón alto, que se llama Tepeticpac, que quiere decir encima de sierra, porque desde lo bajo por adonde pasa el río y ahora está la ciudad edificada, a lo alto del cerrejón que digo, hay una legua de subida. La causa de edificar en lugares altos era las muchas guerras que tenían unos a otros; por lo cual para estar más fuertes y seguros buscaban lugares altos y descubiertos, adonde pudiesen dormir con menos cuidado, pues no tienen muros ni puertas en sus casas, aunque en algunos pueblos había albarradas y reparos, porque las guerras eran muy ciertas cada año. Este primer señor que digo tiene su gente y señorío a la parte del Norte. Después que se fue multiplicando la gente, el segundo señor edificó más bajo en un recuesto o ladera más cerca del río, la cual población se llama Ocotelolco, que quiere decir pinar en tierra seca. Aquí estaba el principal capitán de toda Tlaxcallán, hombre valeroso y esforzado que se llamó Maxiscatzín, el cual recibió a los Españoles y les mostró mucho amor, y les favoreció en toda la conquista que hicieron en toda esta Nueva España. Aquí en este barrio era la mayor frecuencia de Tlaxcallán, y adonde concurría mucha gente por causa de un gran mercado que allí se hacía. Tenía este señor grandes casas y de muchos aposentos; y en una sala de esta casa tuvieron los frailes de San Francisco su iglesia tres años, y después de pasados a su monasterio tomó allí la posesión el primer obispo de Tlaxcallán, que se llamaba Don Julián Garcés, para iglesia catedral, y llamola Santa María de la Concepción. Este señor tiene su gente y señorío hacia la ciudad de los Ángeles, que es a Mediodía.

El tercero señor edificó más bajo el río arriba; llámase el lugar Tizatlán, que quiere decir lugar adonde hay yeso o minero de yeso; y así hay mucho y muy bueno. Aquí estaba aquel gran señor anciano, que de muy viejo era ya ciego; llamábase Xicotencatl. Éste dio muchos presentes y bastimentos al gran capitán Hernando Cortés; y aunque era tan viejo y ciego, se hizo llevar hasta lejos a recibirle al dicho capitán; y después le proveyó de mucha gente para la guerra y conquista de México, porque es el señor de más gente y vasallos que otro ninguno. Tiene su señorío al Oriente.

El cuarto señor de Tlaxcallán edificó el río abajo, en una ladera que se llama Quiahuiztlán. Éste también tiene gran señorío hacia la parte de Poniente, y ayudó también con mucha gente para la conquista de México; y siempre estos Tlaxcaltecas han sido fieles amigos y compañeros de los Españoles en todo lo que han podido; y así los conquistadores dicen que Tlaxcallán es digna de que su majestad la haga muchas mercedes, y que si no fuera por Tlaxcallán, que todos murieran cuando los Mexicanos echaron de México a los cristianos, si no los recibieran los Tlaxcaltecas.

Hay en Tlaxcallán un monasterio de frailes menores razonable; la iglesia es grande y bueno. Los monasterios que hay en la Nueva España para los frailes que en ella moran bastan, aunque a los Españoles se les hacen pequeños, y cada día se van haciendo las casas menores, y más pobres: la causa es, porque al principio edificaban según la provincia o pueblo era grande o pequeño, esperando que vendrían frailes de Castilla, y también los que acá se criarían, así Españoles como naturales; pero, como han visto que vienen pocos frailes, y que las provincias y pueblos que los buscan son muchos, y que les es forzado repartirse por todos, una casa de siete u ocho celdas se los hace grande; porque fuera de los pueblos de Españoles, en las otras casas no hay más de cuatro o cinco frailes. Tornando a Tlaxcallán, hay en ella un buen hospital y más de cincuenta iglesias pequeñas y medianas, todas bien aderezadas.

Desde el año de 1537 hasta éste de 40 se ha ennoblecido mucho la ciudad, porque para edificar son ricos de gente y tienen muy grandes canteras de muy buena piedra. Ha de ser esta ciudad muy populosa y de buenos edificios; porque se han comenzado a edificar en lo llano par del río, y lleva muy buena traza; y como en Tlaxcallán hay otros muchos señores después de los cuatro principales, y que todos tienen vasallos, edifican por muchas calles, lo cual ha de ser causa que en breve tiempo ha de ser una gran ciudad. En la ciudad y dos y tres leguas a la redonda casi todos son Nahuales, y hablan la principal lengua de la Nueva España que es de nahuatl. Los otros Indios desde cuatro leguas hasta siete, que esto tiene de poblado, y aun no por todas partes, son Otomíes, que es la segunda lengua principal de esta tierra. Sólo un barrio o parroquia hay de Pinomes.

Capítulo XVII. De cómo y por quién se fundó la ciudad de los Ángeles, y de sus calidades

La ciudad de los Ángeles que es en esta Nueva España en la provincia de Tlaxcallán, fue edificada por parecer y mandamiento de los señores presidente y oidores de la Audiencia Real que en ella reside, siendo presidente el señor obispo Don Sebastián Ramírez de Fuenleal, y oidores el licenciado Juan de Salmerón, y licenciado Alonso Maldonado, el licenciado Ceinos, y el licenciado Quiroga. Edificose este pueblo a instancia de los frailes menores, los cuales suplicaron a estos señores, que hiciesen un pueblo de Españoles, y que fuesen gente que se diesen a labrar los campos y a cultivar la tierra al modo y manera de España, porque la tierra había muy grande disposición y aparejo; y no que todos estuviesen esperando repartimiento de Indios: y que se comenzarían pueblos en los cuales se recogerían muchos cristianos que al presente andaban ociosos y vagabundos; y que también los Indios tomarían ejemplo y aprenderían a labrar y cultivar al modo de España; y que teniendo los Españoles heredades y en qué se ocupar, perderían la voluntad y gana que tenían de se volver a sus tierras, y cobrarían amor con la tierra en que se viesen con haciendas y granjerías; y que juntamente con esto haciendo este principio, sucederían otros muchos bienes; y en fin, tanto lo trabajaron y procuraron, que la ciudad se comenzó a edificar en el año de 1530, en las octavas de Pascua de Flores, a diez y seis días del mes de abril, día de Santo Toribio, obispo de Astorga, que edificó la iglesia de San Salvador de Oviedo, en la cual puso muchas reliquias que él mismo trajo de Jerusalem. Este día vinieron los que habían de ser nuevos habitadores, y par mandado de la Audiencia Real fueron ayuntados aquel día muchos Indios de las provincias y pueblos comarcanos, que todos vinieron de buena gana para dar ayuda a los cristianos, lo cual fue cosa muy de ver porque los de un pueblo venían todos juntos por su camino con toda su gente, cargados de los materiales que era menester, para luego hacer sus casas de paja. Vinieron de Tlaxcallán sobre siete u ocho mil Indios, y pocos menos de Huexotzinco, y Calpa, y Tepeyacac, y Cholollán. Traían algunas latas y ataduras y cordeles, y mucha paja de casas, y el monte que no está muy lejos para cortar madera, entraban los Indios cantando con sus banderas y tañiendo campanillas y atabales, y otros con danzas de muchachos y con muchos bailes. Luego este día, dicha misa, que fue la primera que allí se dijo, ya traían hecha y sacada la traza del pueblo, por un cantero que allí se halló; y luego sin mucho tardar los Indios limpiaron el sitio, y echados los cordeles repartieron luego al presente hasta cuarenta suelos a cuarenta pobladores, y porque me hallé presente digo que no fueron mas a mi parecer los que comenzaron a poblar la ciudad.

Luego aquel día comenzaron los Indios a levantar casas para todos los moradores con quien se habían señalado los suelos, y diéronse tanta prisa que las acabaron en aquella misma semana; y no eran tan pobres casas que no tenían bastantes aposentos. Era esto al principio de las aguas, y llovió mucho aquel año; y como el pueblo aún no estaba sentado ni pisado, ni dadas las corrientes que convenían, andaba el agua por todas las casas, de manera que había muchos que burlaban del sitio y de la población, la cual está asentada encima de un arenal seco, y a poco más de un palmo tiene un barro fuerte y luego está la tosca. Ahora ya después que por sus calles dieron corrientes y pasada al agua, corre de manera que aunque llueva grandes turbiones y golpes de agua, todo pasa, y desde a dos horas queda toda la ciudad tan limpia como una Génova. Después estuvo esta ciudad tan desfavorecida, que estuvo para despoblarse, y ahora ha vuelto en sí y es la mejor ciudad que hay en toda la Nueva España después de México; porque informado su majestad de sus cualidades, le ha dado privilegios reales.

El asiento de la ciudad es muy bueno y la comarca la mejor de toda la Nueva España porque tiene a la parte del Norte a cinco leguas a la ciudad de Tlaxcallán; tiene al Poniente a Huexotzinco, a otras cinco leguas; al Oriente tiene a Tepeyacac, a cinco leguas; a Mediodía es tierra caliente, están Itzocán y Cuauhquechollán a siete leguas; tiene a dos leguas a Chololán, Totomiahuacán; Calpa está a cinco leguas: todos éstos son pueblos grandes. Tiene el puerto de la Veracruz al Oriente a cuarenta leguas; México a veinte leguas. Ya el camino del puerto a México por medio de esta ciudad; y cuando las recuas van cargadas a México, como es el paso por aquí, los vecinos se proveen y compran todo lo que han menester en mejor precio que los de México; y cuando las recuas son de vuelta cargan de harina, y tocino, y bizcocho, para matalotaje de las naos: por lo cual esta ciudad se espera que irá aumentándose y ennobleciéndose.

Tiene esta ciudad una de las buenas montañas que tiene ciudad en el mundo; porque comienza a una legua del pueblo, y va por partes cinco y seis leguas de muy grandes pinares y encinares, y entra esta montaña por una parte a tres leguas aquella sierra de San Bartolomé que es de Tlaxcallán. Todas estas montañas son de muy gentiles pastos, porque en esta tierra aunque los pinares sean arenosos, están siempre llenos de muy buena yerba, lo cual no se sabe que haya en otra parte en toda Europa. Además, de esta montaña tiene otras muchas dehesas y pastos, adonde los vecinos traen mucho ganado ovejuno y vacuno. Hay mucha abundancia de aguas, así de ríos como de fuentes. Junto a las casas va un arroyo en el cual están ya hechas tres paradas de molinos, de a cada dos ruedas: llevan agua de pie que anda por toda la ciudad. A media legua pasa un gran río, que siempre se pasa por puentes: este río se hace de dos brazos, el uno viene de Tlaxcallán, y el otro desciende de las sierras de Huexotzinco. Dejo de decir de otras aguas de fuentes y arroyos que hay en los términos de esta ciudad, por decir de muchas fuentes que están junto o cuasi dentro de la ciudad, y éstas son de dos calidades. Las más cercanas a las casas son de agua algo gruesa y salobre, y por esto no se tienen en tanto como las otras fuentes, que están de la otra parte del arroyo de los molinos, adonde ahora está el monasterio de San Francisco. Estas son muy excelentes fuentes, y de muy delgada y sana agua: son ocho o nueve fuentes; algunas de ellas tienen dos y tres brazadas de agua. Una de estas fuentes nace en la puerta del monasterio de San Francisco; de éstas bebe toda la ciudad, por ser el agua tan buena y tan delgada. La causa de ser mala el agua que nace junto a la ciudad es, porque va por mineros de piedra de sal, y estotras todas van y pasan por vena y mineros de muy hermosa piedra, y de muy hermosos sillares como luego se dirá.

Tiene esta ciudad muy ricas pedreras o canteras, y tan cerca, que a menos de un tiro de ballesta se saca cuanta piedra quisiese, así para labrar como para hacer cal; y es tan buena de quebrar por ser blanda, que aunque los más de los vecinos la sacan con barras de hierro y almadana, los pobres la sacan con palancas de palo, y dando una piedra con otra quiebran toda la que han menester. Están estas pedreras debajo de tierra a la rodilla y a medio estado, y por estar debajo de tierra es blanda, porque puesta al sol y al aire se endurece y hace muy fuerte; y en algunas partes que hay alguna de esta piedra fuera de la tierra, es tan dura, que no curan de ella por ser tan trabajosa de quebrar, y lo que está debajo de la tierra, aunque sea de la misma pieza es tan blanda como he dicho.

Esta piedra que los Españoles sacan es extremada de buena para hacer paredes, porque la sacan del tamaño que quieren, y es algo delgada y ancha para trabar la obra, y es llena de ojos para recibir la mezcla; y como esta tierra es seca y cálida hácese con argamasa muy recia, y sácase más de esta piedra en un año, que se saca en España en cinco. La que sale piedra menuda y todo el ripio de la que se labra guardan para hacer cal, la cual sale muy buena, y se hace mucha de ella, porque tienen los hornos junto adonde sacan la piedra, y los montes muy cerca, y el agua que no falta; y lo que es más de notar es, que tiene esta ciudad una pedrera de piedra blanca de buen grano, y mientras más van descopetando a estado y medio y a dos estados, es muy mejor. De ésta labran pilares y portadas y ventanas, muy buenas y galanas. Esta cantera está de la otra parte del arroyo, en un cerro, a un tiro de ballesta del monasterio de San Francisco, y a dos tiros de ballesta de la ciudad. En el mismo cerro hay otro venero de piedra más recia, de la cual los Indios sacan piedras para moler su centli o maíz; yo creo que también se sacarán buenas piedras para de molino. Después de esto escrito se descubrió un venero de piedra colorada de muy lindo grano y muy hermosa: está una legua de la ciudad. Sácanse ya también, junto a la ciudad muy buenas ruedas de molino; las paradas de molino que tiene son cuatro, de cada dos ruedas cada uno. Hay en esta ciudad muy buena tierra para hacer adobes, ladrillo y teja; aunque teja se ha hecho poca, porque todas las casas que se hacen las hacen con terrados. Tiene muy buena tierra para tapias, y cercados de tapia; y aunque en esta ciudad no ha habido muchos repartimientos de Indios, por el gran aparejo que en ella hay están repartidos más de doscientos suelos bien cumplidos y grandes, y ya están muchas casas hechas, y calles muy largas y derechas, y de muy hermosas delanteras de casas; y hay disposición y suelo para hacer una muy buena y gran ciudad; y según sus calidades, y trato, y contratación, yo creo que tiene de ser antes de mucho tiempo muy populosa y estimada.

Capítulo XVIII. De la diferencia que hay de las heladas de esta tierra a las de España, y de la fertilidad de un valle que llaman el Valle de Dios; y de los morales y seda que en él se cría, y de otras cosas notables

El invierno que hace en esta Nueva España y las heladas y fríos, ni duran tanto ni es tan bravo como en España, sino tan templado, que ni dejar la capa da mucha pena, ni traerla en verano tampoco da pesadumbre. Pero por ser las heladas destempladas y fuera de tiempo, quémanse algunas plantas y algunas hortalizas de las de Castilla, como son árboles de agro, parras, higueras, granados, melones, pepinos, berenjenas, &c.; y esto no se quema por grandes fríos y helada, que no son muy recias, sino porque vienen fuera de tiempo; porque por Navidad o por los Reyes vienen diez o doce días tan templados como de verano; y como la tierra es fértil, aunque no han mucho dormido los árboles, ni pasado mucho tiempo después que dejaron la hoja, con aquellos días que hace caliente vuelven luego a brotar;

y como luego vienen otros dos o tres días de heladas, aunque no son muy recias, por hallar los árboles tiernos llévales todo aquello que han brotado; y por la bondad y fertilidad de la tierra acontece muchos años tornar los árboles a brotar y a echar dos y tres veces hasta el mes de abril, y quemarse otras tantas veces. Los que esto ignoran y no lo entienden, espántanse de que en Castilla adonde son las heladas tan recias, no se hielen las plantas de la manera que acá se hielan (esto que aquí digo no va fuera de propósito de contar historias y propiedades de esta tierra, ni me aparto de loar y encarecer la tierra y comarca de esta ciudad de los Ángeles); por lo cual digo, que en esta Nueva España cualquier pueblo para ser perfecto, ha de tener alguna tierra caliente, adonde tenga sus viñas, y huertas, y heredades, como lo tiene ésta de que hablamos.

A cuatro leguas de esta ciudad está un vago que se llama el Val de Cristo, adonde los vecinos tienen sus heredades, y huertas, y viñas con muchos árboles, los cuales se hacen en extremo bien de toda manera de fruta, mayormente de granados; y en las tierras cogen mucho pan todo lo más del año, que en tierra fría no se da más de una vez como en España; mas aquí donde digo, como es tierra caliente y no le hace mal la helada, y como este valle tiene mucha agua de pie, siembran y cogen cuando quieren, y muchas veces acontece estar un trigo acabado de sembrar, y otro que brota, y otro estar en berza, y otro espigando, y otro para segar; y lo que más ricas hace estas heredades son los morales que tienen puestos y ponen cada día, porque hay muy grande aparejo para criar seda.

Es tan buena esta vega adonde está este valle que dicen el Val de Cristo, que en toda la Nueva España no hay otra mejor; porque personas que se les entiende y saben conocer las tierras, dicen que es mejor esta vega que la Vega de Granada en España, ni que la de Orihuela; por lo cual será bien decir algo en suma de tan buena como esta vega es.

Esta es una vega que llaman los Españoles el Valle de Atlixco; mas entre los Indios tiene muchos nombres, por ser muy gran pedazo de tierra. Atlixco quiere decir en su lengua, ojo o nacimiento de agua. Es este lugar propiamente dos leguas encima del sitio de los Españoles o de Val de Cristo, adonde nace una muy grande y hermosa fuente, de tanta abundancia de agua, que luego se hace de ella un gran río, que va regando muy gran parte de esta vega, que es muy ancha, y muy larga, y de muy fértil tierra: tiene otros ríos y muchas fuentes y arroyos. Junto a esta grande fuente está un pueblo que tiene el mismo nombre de la fuente, que es Atlixco. Otros llaman a esta vega Cuauhquechollán la Vieja, porque en la verdad los de Cuauhquechollán la plantaron y habitaron primero; esto es adonde ahora se llama Acapetlahuacán, que para quien no sabe el nombre es adonde se hace el mercado o tianquizco de los Indios; esto aquí es de lo mejor de toda esta vega. Como los de Cuauhquechollán se hubiesen aquí algo multiplicado, cerca del año 140, ensoberbecidos se determinaron y fueron a dar guerra a los de Calpa, que está arriba cuatro leguas al pie del volcán, y tomándolos desapercibidos mataron muchos de ellos; y los que quedaron retrajéronse y fuéronse a Huexotzinco, y aliáronse y confederáronse con ellos, y todos juntos fueron sobre los de Acapetlahuacán, y mataron muchos más, y echáronlos del sitio que tenían tomado; y los que quedaron se retrajeron dos o tres leguas, el río grande abajo, adonde ahora se llama Coatepec.

Pasados algunos años, los de Cuauhquechollán o Acapetlahuacán, arrepentidos de lo que habían hecho, y conociendo la ventaja que había del lugar que habían dejado al que entonces tenían, ayuntáronse, y con muchos presentes, conociéndose por culpados en lo pasado, rogaron a los de Huexotzinco y Calpa que los perdonasen, y los dejasen tornar a poblar la tierra que habían dejado; lo cual les fue concedido, porque todos los unos y los otros eran parientes, y descendían de una generación. Vueltos éstos a su primer asiento tornaron a hacer sus casas y estuvieron algunos años en paz y sosegados, hasta que ya olvidados de lo que había sucedido a sus padres, volvieron a la locura primera y tornaron a mover guerra a los de Calpa; los cuales vista la maldad de sus vecinos, tornáronse a juntar con los de Huexotzinco y fueron a pelear con ellos, y matando muchos, los compelieron a huir y a dejar la tierra que ellos les habían dado, y echáronlos adonde ahora están, y edificaron a Cuauhquechollán; y por que éstos fueron los primeros pobladores de esta vega, llamáronla Cuauhquechollán la Vieja. Y desde aquella vez los de Huexatzinco y de Calpa repartieron entre sí lo mojar de esta vega, y desde entonces la poseen. A esto llaman los Españoles Tochimilco, entiéndese toda aquella provincia, la cabeza de la cual se llama Acapetlayocán; ésta es la cosa más antigua de este valle. Está a siete leguas de la ciudad de los Ángeles, entre Cuauhquechollán y Calpa, y es muy buena tierra y poblada de mucha gente. Dejadas las cosas que los Indios en esta vega cogen, que son muchas, y entre ellos son de mucho provecho, como frutas y maíz, que se coge dos veces en el año, danse también frijoles, ají, y ajos, algodón &c. Es valle adonde se plantan muchos morales, y ahora se hace una heredad para el rey, que tiene ciento y diez mil morales, de los cuales están ya traspuestos más de la mitad, y crecen tanto, que en un año se hacen acá mayores que en España en cinco. En la ciudad de los Ángeles hay algunos vecinos de los Españoles, que tienen cinco y seis mil pies de morales, por lo cual se criará aquí tanta cantidad de seda que será una de las ricas cosas del mundo, y éste será el principal lugar del trato de la seda; porque ya hay muchas heredades de ella, y con la que por otras muchas partes de la Nueva España se cría y se planta, desde aquí a pocos años se criará más seda en esta Nueva España que en toda la cristiandad; porque se cría el gusano tan recio, que ni se muere porque le echen por ahí, ni porque le dejen de dar de comer dos ni tres días, ni porque haga los mayores truenos del mundo (que es lo que más daño les hace), ningún perjuicio sienten como en otras partes, que si truena al tiempo que el gusano hila, se queda muerto colgado del hilo. En esta tierra antes que la simiente viniese de España yo vi gusanos de seda naturales y su capullo, mas eran pequeños y ellos mismos se criaban por los árboles sin que nadie hiciese caso de ellos, por no ser entre los Indios conocida su virtud y propiedad; y lo que más es de notar de la seda es que se criará dos veces en el año, porque yo he visto los gusanos de la segunda cría en este año de 1540, en principio de junio ya grandecillos, y que habían dormido dos o tres veces. La razón porque se criará la seda dos veces es, porque los morales comienzan a echar hoja desde principio de febrero, y están en crecida y con hoja tierna hasta agosto; de manera que cogida la primera semilla, la tornan a avivar, y les queda muy buen tiempo y mucho, porque como las aguas comienzan acá por abril, están los árboles en crecida mucho más tiempo que en Europa ni en África.

Hácense en este valle melones, cohombros, y pepinos, y todas las hortalizas que se hacen en tierra fría, porque este valle no tiene otra cosa de tierra caliente, sino es el no le hacer mal la helada; en lo demás es tierra muy templada, especialmente el lugar adonde los Españoles han hecho su asiento; y así hace las mañanas tan frescas como dentro en México, y aún tiene este valle una propiedad bien notada de muchos y es, que siempre a la hora de medio día viene un aire fresco como embate de mar, y así le llaman los Españoles que aquí residen, el cual es tan suave y gracioso que da a todos muy gran descanso. Finalmente se puede decir de este valle, que le pusieron el nombre como le convenía al llamarle Val de Cristo, según su gran fertilidad y abundancia, y sanidad y templanza de aires.

Antiguamente estaba muy gran parte de esta vega hecha eriales, a causa de las guerras, porque por todas partes tiene este valle grandes pueblos, y todos andaban siempre envueltos en guerra unos contra otros antes que los Españoles viniesen, y aquí eran los campos adonde se venían a dar las batallas, y adonde peleaban; y era costumbre general en todos los pueblos y provincias, que en fin de los términos de cada parte dejaban un gran pedazo yermo y hecho campo, sin labrarlo, para las guerras; y si por acaso alguna vez se sembraba, que eran muy raras veces, los que lo sembraban nunca lo gozaban, porque los contrarios sus enemigos se lo talaban y destruían. Ahora ya todo se va ocupando de los Españoles con ganados, y de los naturales con labranzas, y de nuevo se amojonan los términos; y algunos que no están bien claros determínanlos por pleito, lo cual es causa que entre los Indios haya siempre muchos pleitos, por estar los términos confusos.

Volviendo pues al intento y propósito digo: que en aquella ribera que va junto a las casas y ciudad, hay buenas huertas, así de hortaliza como de árboles de pepita, como son perales, manzanos y membrillos; y de árboles de cuesco, como son duraznos, melocotones y ciruelos: a éstos no les perjudica ni quema la helada; y paréceme que debía ser como ésta la tierra que sembró Isaac en Palestina, de la cual dice el Génesis que cogió ciento por uno; porque yo me acuerdo que cuando San Francisco de los Ángeles se edificó, había un vecino sembrado aquella tierra que estaba señalada para el monasterio, de trigo, y estaba bueno; y preguntado qué tanto había sembrado y cogido, dijo: que había sembrado una fanega y había cogido ciento; y esto no fue por ser aquel el primer año que aquella tierra se sembraba, porque antes que la ciudad allí se edificase sembraban la ribera de aquel arroyo para el Español que tenía el pueblo de Cholollán en encomienda, y había ya más de quince años que cada uno se sembraba; y así es costumbre en esta Nueva España que las tierras se siembren cada año, y no las estercolando producen el fruto muy bien. En otra parte de esta Nueva España he sido certificado que de una fanega se cogieron más de ciento y cincuenta fanegas de trigo castellano; verdad es que esto que así acude se siembra a mano como el maíz, porque hacen la tierra a camellones, y con la mano escarban y ponen dos o tres granos, y de palmo a palmo hacen otro tanto, y después sale una mata llena de cañas y espigas. Maíz se ha sembrado en término de esta ciudad que ha dado una fanega trescientas. Ahora hay tantos ganados que en toda parte vale de balde. Labran la tierra con yuntas de bueyes al modo de España. También usan carretas como en España, de las cuales hay muchas en esta ciudad, y es cosa muy de ver las que cada día entran cargadas; unas de trigo, otras de maíz, otras de leña para quemar cal, otras con vigas y otras maderas. Las que vienen del puerto traen mercaderías, y a la vuelta llevan bastimentos y provisiones para los navíos.

Lo principal de esta ciudad y que hace ventaja a otras más antiguas que ella es la iglesia principal, porque cierto es muy solemne, y más fuerte y mayor que todas cuantas hasta hoy hay edificadas en toda la Nueva España: es de tres naves, y los pilares de muy buena piedra negra y de buen grano, con sus tres puertas, en las cuales hay tres portadas muy bien labradas, y de mucha obra: reside en ella el obispo, con sus dignidades, canónigos, curas y racioneros, con todo lo conveniente al culto divino; porque aunque en Tlaxcallán se tomó primero la posesión, está ya mandado por su majestad que sea aquí la catedral, y como en tal residen aquí los ministros. Tiene también esta ciudad dos monasterios, uno de San Francisco y otro de Santo Domingo. Hácese también un muy buen hospital. Hay muy buenas casas y de buen parecer por defuera y de buenos aposentos. Está poblada de gente muy honrada, y personas virtuosas y que hacen grandes ayudas a los que nuevamente vienen de Castilla, porque luego que desembarcan, que es desde mayo hasta septiembre, adolecen muchos y mueren algunos, y en esto se ocupan muchos de los vecinos de esta ciudad, en hacerles regalos, y caricias, y caridad. Tiene esta ciudad mucho aparejo para poderse cercar, y para ser la mayor fuerza de la Nueva España, y para hacerse en ella una muy buena fortaleza, aunque por ahora la iglesia basta según es fuerte. Y hecho esto, que se puede hacer con poca costa y en breve tiempo, dormirían seguros los Españoles de la Nueva España, quitados de los temores y sobresaltos que ya por muchas veces han tenido; y sería gran seguridad para toda la Nueva España, porque la fortaleza de los Españoles está en los caballos y tierra firme, lo cual todo tiene esta ciudad: los caballos, que se crían en aquel valle y vega que está dicho, y la tierra firme el asiento que la ciudad tiene. Asimismo está en comarca y en el medio para ser señora y sujetar a todas partes, porque hasta el puerto no hay más de cinco días de camino; y para guardar la ciudad bastan la mitad de los vecinos que tiene, y los demás para correr el campo y hacer entradas a todas partes en tiempo de necesidad. Y hasta que en esta Nueva España haya una casa fuerte, y que ponga algún temor, no se tiene la tierra por muy segura, por la gran multitud que hay de gente de los naturales; pues se sabe que para cada Español hay quince mil Indios y más. Y pues que esta ciudad tiene tantas y tan buenas partes, y tantas buenas cualidades, y con haber tenido hartas contradicciones en el tiempo de su fundación, y haber sido desfavorecida, ha venido a subir y a ser tan estimada, que casi quiere dar en barba a la ciudad de México, será justo que de su majestad el Emperador y Rey Don Carlos su señor y monarca del mundo, sea favorecida y mirada no más de como ella misma lo merece, sin añadir ninguna cosa falsamente; y con esto se podrá decir de ella que sería ciudad perfecta y acabada, alegría y defensión de toda la tierra. Es muy sana, porque las aguas son muy buenas y los aires muy templados; tiene muy gentiles y graciosas salidas; tiene mucha caza y muy hermosas vistas; porque de una parte tiene las sierras de Huexotzinco, que la una es el volcán y la otra la sierra nevada; a otra parte y no muy lejos la sierra de Tlaxcallán y otras montañas en derredor; a otras partes tiene campos llanos y rasos. En conclusión, que en asiento y en vista, y en todo lo que pertenece a una ciudad para ser perfecta, no le falta nada.

Capítulo XIX. Del árbol o cardo llamado maguey, y de muchas cosas que de él se hacen, así de comer como de beber, calzar y vestir, y de sus propiedades

Metl es un árbol o cardo que en lengua de las Islas se llama maguey, del cual se hacen y salen tantas cosas, que es como lo que dicen que hacen del hierro: es verdad que la primera vez que yo le vi sin saber ninguna de sus propiedades dije: gran virtud sale de este cardo. Él es un árbol o cardo a manera de una yerba que se llama zábila, sino que es mucho mayor. Tiene sus ramas o pencas verdes, tan largas como vara y media de medir: van seguidas como una teja, del medio gruesa, y adelgazando los lados del nacimiento: es gorda y tendrá casi un palmo de grueso: va acanalada, y adelgázase tanto a la punta, que la tiene tan delgada como una púa o como un punzón: de estas pencas tiene cada maguey treinta o cuarenta, pocas más o menos, según su tamaño, porque en unas tierras se hacen mejores y mayores que en otras. Después que el metl o maguey está hecho y tiene su cepa crecida, córtanle el cogollo con cinco o seis púas, que allí las tiene tiernas. La cepa que hace encima de la tierra, de donde proceden aquellas pencas, será del tamaño de un buen cántaro, y allí dentro de aquella cepa le van cavando y haciendo una concavidad tan grande como una buena olla; y hasta gastarle del todo y hacerle aquella concavidad tardarán dos meses, más o menos según el grueso del maguey; y cada día de éstos van cogiendo un licor en aquella olla, en la cual se recoge lo que destila. Este licor luego como de allí se coge es como agua miel: cocido y hervido al fuego, hácese un vino dulcete, limpio, lo cual beben los Españoles y dicen que es muy bueno y de mucha sustancia y saludable. Cocido este licor en tinaja como se cuece el vino, y echándole unas raíces que los Indios llaman ocpatli, que quiere decir medicina o adobo de vino, hácese un vino tan fuerte, que a los que beben en cantidad embeoda reciamente. De este vino usaban los Indios en su gentilidad para embeodarse reciamente, y para se hacer más crueles y bestiales. Tiene este vino mal olor, y peor el aliento de los que beben mucho de él; y en la verdad bebido templadamente es saludable y de mucha fuerza. Todas las medicinas que se han de beber se dan a los enfermos con este vino; puesto en su taza o copa echan sobre él la medicina que aplican para la cura y salud del enfermo. De este mismo licor hacen buen arrope y miel, aunque la miel no es de tan buen sabor como la de las abejas; pero para guisar de comer dicen que está mejor y es muy sana. También sacan de este licor unos panes pequeños de azúcar, pero ni es tan blanco ni es tan dulce como el nuestro. Asimismo hacen de este licor vinagre bueno; unos lo aciertan o saben hacer mejor que otros. Sácase de aquellas pencas hilo para coser. También hacen cordeles y sogas, maromas y cinchas, y jáquimas, y todo lo demás que se hace del cáñamo. Sacan también de él vestido y calzado; porque el calzado de los Indios es muy al propio del que traían los Apóstoles, porque son propiamente sandalias. Hacen también alpargatas como las de Andalucía, y hacen mantas y capas; todo de este metl o maguey.

Las púas en que se rematan las hojas sirven de punzones, porque son agudas y muy recias, tanto, que sirven algunas veces de clavos, porque entran por una pared y por un madero razonablemente; aunque su propio oficio es servir de tachuelas cortándolas pequeñas. En cosa que se haya de volver a roblar no valen nada, porque luego saltan; y pueden las hacer que una púa pequeña al sacar la saquen con su hebra, y servirá de hilo y aguja.

Las pencas también por sí aprovechan para muchas cosas. Cortan estas pencas, porque son largas, y en un pedazo ponen las Indias el maíz que muelen, y cae allí; que como lo muelen con agua, y el mismo maíz ha de estar bien mojo, ha menester cosa limpia en que caiga; y en otro pedazo de la penca lo echan después de hecho masa. De estas pencas hechas pedazos se sirven mucho los maestros que llaman amantecatl, que labran de pluma y oro; y encima de estas pencas hacen un papel de algodón engrudado, tan delgado como una muy delgada toca; y sobre aquel papel y encima de la penca labran todos sus dibujos; y es de los principales instrumentos de su oficio. Los pintores y otros oficiales se aprovechan mucho de estas hojas. Hasta los que hacen casas toman un pedazo y en él llevan el barro. Sirven también de canales y son buenas para ello.

Si a este metl o maguey no le cortan para coger vino, sino que le dejan espigar, como de hecho muchos espigan, echa un pimpollo tan grueso como la pierna de un hombre, y crece dos y tres brazas, y echada su flor y simiente sécase. Y adonde hay falta de madera sirve para hacer casas, porque de él salen buenas latas, y las pencas de los verdes suplen por tejas.

238

Cuando ha echado su árbol se seca todo hasta la raíz, y lo mismo hace después que le han cogido el vino.

Las pencas secas aprovechan para hacer lumbre, y en las más partes es ésta la leña de los pobres: hace muy buen fuego y la ceniza es muy buena para hacer lejía.

Es muy saludable para una cuchillada o para una llaga fresca, tomada un penca y echada en las brasas, y sacar el zumo así caliente es muy bueno.

Para la mordedura de la víbora han de tomar de estos magueyes chiquitos, del tamaño de un palmo y la raíz que es tierna y blanca, y sacar el zumo, y mezclado con zumo de ajenjos de los de esta tierra, y lavar la mordedura, luego sana; esto yo lo he visto experimentar y ser verdadera medicina; esto se entiende siendo fresca la mordedura.

Hay otro género de estos cardos o árboles de la misma manera, sino que el color es algo más blanquecino, aunque es tan poca la diferencia, que pocos miran en ello, y las hojas o pencas son un poco más delgadas: de éste que digo sale mejor el vino que dije que bebían algunos Españoles, y yo lo he bebido. El vinagre de éste también es mejor. Éste cuecen en tierra, las pencas por sí y la cabeza por sí, y sale de tan buen sabor como un diacitrón no bien adobado o no muy bien hecho. Lo de las pencas está tan lleno de hilos que no se sufre tragarlo, sino mascar y chupar aquel zumo, que es dulce; mas si las cabezas están cocidas de buen maestro, tiene tan buenas tajadas que muchos Españoles lo quieren tanto como buen diacitrón; y lo que es de tener en más es, que toda la tierra está llena de estos metles, salvo la tierra caliente: la que es templada tiene más de estos postreros. Éstas eran las viñas de los Indios; y así tienen ahora todas las linderas y valladeras llenas de ellos.

Hácese del metl buen papel: el pliego es tan grande como dos pliegos del nuestro, y de esto se hace mucho en Tlaxcallán, que corre por gran parte de la Nueva España. Otros árboles hay de que se hace en tierra caliente, y de éstos se solía gastar gran cantidad: el árbol, y el papel se llama amatl, y de este nombre llaman a las cartas y a los libros y al papel amate, aunque el libro su nombre se tiene. En este metl o maguey hacia la raíz se crían unos gusanos blanquecinos, tan gruesos como un cañón de una avutarda y tan largos como medio dedo, los cuales tostados y con sal son muy buenos de comer;

yo los he comido muchas veces en días de ayuno a falta de peces. Con el vino de este metl se hacen muy buenas cernadas para los caballos, y es más fuerte y más cálido y más apropiado para esto que no el vino que los Españoles hacen de uvas. En las pencas u hojas de este maguey hallan los caminantes agua, porque como tiene muchas pencas y cada una como he dicho tiene vara y media de largo, y cuando llueve algunas de ellas retienen en sí el agua, lo cual como ya los caminantes lo sepan y tengan experiencia de ello, vanlo a buscar, y muchas veces les es mucha consolación.

Capítulo XX. De cómo se han acabado los ídolos, y las fiestas que los Indios solían hacer, y la vanidad y trabajo que los Españoles han puesto en buscar ídolos

Este capítulo, que es el postrero, se ha de poner en la segunda parte de este libro, adonde se trata esta materia.

Las fiestas que los Indios hacían, según que en la primera parte está dicho, con sus ceremonias y solemnidades, desde el principio que los Españoles anduvieron de guerra, todo cesó, porque los Indios tuvieron tanto que entender en sus duelos, que no se acordaban de sus dioses ni aun de sí mismos, porque tuvieron tantos trabajos, que por acudir a remediarlos cesó todo lo principal.

En cada pueblo tenían un ídolo o demonio al cual principalmente como su abogado tenían y llamaban, y a éste honraban y ataviaban de muchas joyas y ropas, y todo lo bueno que podían haber le ofrecían, cada pueblo como era y más en las cabezas de provincias. Estos principales ídolos que digo, luego como la gran ciudad de México fue tomada de los Españoles con sus joyas y riqueza, escondieron los Indios en el más secreto lugar que pudieron mucha parte del oro que estaba con los ídolos, y en los templos, y dieron en tributo a los Españoles a quien fueron encomendados: porque no pudieron menos de hacer, porque al principio los tributos fueron tan excesivos, que no bastaba cuanto los Indios podían arañar ni buscar, ni lo que los señores y principales tenían, sino que compelidos con iniquidad, también dieron el oro que tenían en los templos de los demonios; y aun esto acabado, dieron tributo de esclavos, y muchas veces no los teniendo, para cumplir daban libres por esclavos.

Estos principales ídolos con las insignias y ornamentos o vestidos de los demonios, escondieron los Indios, unos so tierra, otros en cuevas y otros en los montes. Después cuando se fueron los Indios convirtiendo y bautizando, descubrieron muchos, y traíanlos a los patios de las iglesias para allí los quemar públicamente. Otros se podrecieron debajo de tierra, porque después que los Indios recibieron la fe, habían vergüenza de sacar los que habían escondido, y querían antes dejarlos podrecer, que no que nadie supiese que ellos los habían escondido; y cuando los importunaban para que dijesen de los principales ídolos y de sus vestiduras, sacábanlo todo podrido, de lo cual yo soy buen testigo porque lo vi muchas veces. La disculpa que daban era buena, porque decían: «Cuando lo escondimos no conocíamos a Dios, y pensábamos que los Españoles se habían de volver luego a sus tierras; y ya que veníamos en conocimiento, dejábamoslo podrir, porque teníamos temor y vergüenza de sacarlo». En otros pueblos estos principales ídolos con sus atavíos estuvieron en poder de los señores o de los principales ministros de los demonios, y éstos los tuvieron tan secreto que apenas sabían de ellos sino dos o tres personas que los guardaban, y de éstos también trajeron a los monasterios para quemarlos grandísima cantidad. Otros muchos pueblos remotos y apartados de México, cuando los frailes iban predicando, en la predicación y antes que bautizasen les decían, que lo primero que habían de hacer era, que habían de traer todos los ídolos que tenían, y todas las insignias del demonio para quemar; y de esta manera también dieron y trajeron mucha cantidad que se quemaron públicamente en muchas partes; porque adonde ha llegado la doctrina y palabra de Dios no ha quedado cosa que se sepa ni de que se deba hacer cuenta; porque si desde aquí a cien años cavasen en los patios de los templos de los ídolos antiguos, siempre hallarían ídolos, porque eran tantos los que hacían; porque acontecía que cuando un niño nacía hacían un ídolo, y al año otro mayor, y a los cuatro años hacían otro, y como iba creciendo así iban haciendo ídolos, y de éstos están los cimientos y las paredes llenos, y en los patios hay muchos de ellos. En el año de 39 y en el año de 40 algunos Españoles, de ellos con autoridad y otros sin ella, por mostrar que tenían celo de la fe y pensando que hacían algo, comenzaron a revolver y a desenterrar los muertos, y apremiar a los Indios porque les diesen ídolos; y en algunas partes llegó a tanto la cosa, que los Indios buscaban los ídolos que estaban podridos y olvidados debajo de tierra, y aun algunos Indios fueron tan atormentados, que en realidad de verdad hicieron ídolos de nuevo, y los dieron porque los dejasen de maltratar.

Mezclábase con el buen celo que mostraban en buscar ídolos una codicia no pequeña, y era que decían los Españoles, en tal pueblo o en tal parroquia había ídolos de oro y de chalchihuitl, que es una piedra de mucho precio, y fantaseábaseles que había ídolo de oro que pesaría un quintal o diez o quince arrobas; y en la verdad ellos acudieron tarde, porque todo el oro y piedras preciosas se gastaron y pusieron en cobro, y lo hubieron en su poder los Españoles que primero tuvieron los Indios y pueblos en su encomienda. También pensaban hallar ídolo de piedra que valiese tanto como una ciudad; y cierto aunque yo he visto muchos ídolos que fueron adorados y muy tenidos entre los Indios, y muy acatados como dioses principales, y algunos de chalchihuitl, el que más me parece que podría valer, no pienso que darían en España por él diez pesos de oro: para esto alteraban y revolvían y escandalizaban los pueblos con sus celos en la verdad indiscretos; porque ya que en algún pueblo hay algún ídolo, o está podrido o tan olvidado o tan secreto, que en pueblo de diez mil ánimas no lo saben cinco, y tiénenlos en lo que ellos son que es tenerlos o por piedras o por maderos. Los que andan escandalizando a estos Indios que van por su camino derecho, parecen a Laban, el cual salió al camino a Jacob a buscarle el hato y a revolverle la casa por sus ídolos, porque de esto que aquí digo yo tengo harta experiencia, y veo el engaño en que andan y las maneras que traen para desasosegar y desfavorecer a estos pobres Indios, que tienen los ídolos tan olvidados como si hubiera cien años que hubieran pasado.

Carta de Fray Toribio de Motolinía al Emperador Carlos V

S C. C. M. -Gracia i misericordia é paz à Deo patre nostro et Dño. Jesu-Xpo. Tres cosas principalmente me mueven a escrivir esta a V. M., í creo serán parte para quitar parte de los escrúpulos quel de las Casas, Obispo que fué de Chiapa, pone a V. M. i a los de vuestros Consejos, i mas con las cosas que agora escrive i hace imprimir: la primera será hacer saber a V. M. Como el principal señorío desta nueva España quando los Españoles en ella entraron, no havia muchos años questava en México ó en los Mexicanos, i cómo los mismos Mexicanos lo havian ganado ó osurpado por guerra; por que los primeros i propios moradores desta nueva España era una gente que se llamava Chichimecas i Otomíes, i estos vivian como salvajes, que no tenian casas sino chozas i cuevas en que moravan: estos ni senbravan ni cultivaban la tierra, mas su comida i mantenimiento eran yervas i raices, i la fruta que allavan por los campos, i la caza que con sus arcos i flechas cazavan seca al sol la comian; i tampoco tenian ídolos ni sacrificios, mas de tener por dios al Sol, i inbocar otras criaturas: despues destos vinieron otros indios de lejos tierra que se llamaron de Culhua, estos truxeron maiz i otras semillas i aves domésticas; estos comenzaron a edificar casas i cultivar la tierra, i a la desmontar; i como estos se fuesen multiplicando i fuese gente de mas havilidad i de mas capacidad que los primeros abitadores, poco a poco se fueron enseñoreando en esta tierra que su propio nombre es Anávac: despues de pasados muchos años vinieron los Indios llamados Mexicanos, i este nombre lo tomaron o les pusieron por un ídolo ó principal dios que consigo truxeron, que se llamaya Mexitie, i por otro nombre se llama Texcatlicupa; i este fué el ídolo ó demonio que mas generalmente se adoró por toda esta tierra, delante el qual fueron sacrificados mui muchos hombres: estos Mexicanos se enseñorearon en esta nueva España por guerras; pero el señorío principal de esta tierra primero estuvo por los de Culhua en un pueblo llamado Culhuacan questá dos leguas de México; i despues también por guerras estuvo el señorío en un señor i pueblo que se llama Ascapulco (Azcapotzalco), una legua de México, segund que mas largamente yo le escriví al Conde de Venavente en una relacion de los ritus i antiguallas desta tierra.

Sepa V. M. que quando el Marques del Valle entró en esta tierra, Dios nuestro Señor era mui ofendido i los hombres padescian mui cruelíssimas muertes, i el demonio nuestro adversario era mui servido con las mayores idolatrías i homecidios mas crueles que jamas fueron; porque el antecesor de Motecçuma señor de México, llamado Abicoci (Ahuizotl), ofresció a los Indios *(sic)* en un solo templo i en un sacrificio que duró tres o quatro dias ochenta mill i quatrocientos hombres, los quales traian a sacrificar por quatro calles en quatro ileras hasta llegar delante de los ídolos al sacrificade-

243

ro: i quando los Cristianos entraron en esta nueva España, por todos los pueblos i provincias della havia muchos sacrificios de hombres muertos mas que nunca, que matavan i sacrificavan delante de los ídolos, i cada dia i cada ora ofrescian a los demonios sangre humana por todas partes i pueblos de toda esta tierra, sin otros muchos sacrificios i servicios que a los demonios siempre i públicamente hacian, no solamente en los templos de los demonios, que casi toda la tierra estava llena dellos, mas por todos los caminos i en todas las casas i toda la gente bacava al servicio de los demonios i de los ídolos; pues impedir i quitar estas i otras muchas abominaciones i pecados i ofensas que a Dios i al próximo públicamente eran hechas, i plantar nuestra santa fee cathólica, levantar por todas partes la cruz de Jesu-Cristo i la confision de su santo nombre, i haver Dios plantado una tan grande conbersion de gentes donde tantas almas se han salvado i cada dia se salban, i edificar tantas Iglesias i Monesterios, que de solos Frayles menores hay mas de cinquenta Monesterios habitados de Frayles, sin los Monesterios de Guatemala é Yucatan, i toda esta tierra puesta en paz i en justicia, que si V. M. viese cómo por toda esta nueva España se celebran las Pasquas i festividades, i quán devotamente se celebran los oficios de la Semana Santa i todos los Domingos i fiestas, daria mill veces alabanzas i gracias a Dios. No tiene razon el de las Casas de decir lo que dice i escrive i emprime, i adelante, porque será menester, yo diré sus celos i sus obras hasta donde allegan i en qué paran, si acá ayudó a los Indios ó los fatigó: i a V. M. omilmente soplico por amor de Dios, que agora que el Señor ha descubierto tan cerca de aquí la tierra de la Florida, que desde el rio de Pánuco, ques desta governacion de México, hasta el rio grande de la Florida donde se paseó el capitan Soto mas de cinco años, no hay mas de ochenta leguas, que en estos nuestros tiempos i especialmente en esta tierra es como ocho leguas, i los pueblos a V. M. subjetos pasan de aquella parte del rio de Pánuco, i antes del rio de la Florida hay también muchos pueblos, de manera que aun la distancia es mucho menos: por amor de Dios V. M. se compadezca de aquellas ánimas, i se compadezca i duela de las ofensas que allí se hacen a Dios, é inpida los sacrificios é idolatrías que allí se hacen a los demonios, i mande con la mas brevedad i por el mejor medio que segund hombre i unjido de Dios i Capitan de su Santa Iglesia, dar órden de manera que aquellos Indios infieles se les pedrique el santo ebangelio, i no por la manera quel de las Casas ordenó, que no se ganó mas que de echar en costa a V. M. de dos ó tres mill pesos de aparejar i proveer un navío, en el qual fueron unos Padres Dominicos a predicar a los Indios de la Florida con la instruccion que les dió, i en saltando en tierra sin llegar a pueblo, en el puerto luego mataron la mitad dellos, i los otros bolvieron huyendo a se meter en el navío, i acá tenian qué contar cómo se havian escapado: i no tiene V. M. mucho que gastar ni mucho que embiar de allá de España, mas de mandarlo, i confio en nuestro Señor que mui en breve se siga una grande ganancia Espiritual i temporal, i acá en esta nueva España hay mucho caudal para lo que se requiere, porque hay Religiosos ya esperimentados, que mandándoselo la obidiencia irán i se pornan a todo riesgo para ayudar a la salvacion de aquellas ánimas: asimismo hay mucha gente Despañoles i ganados i cavallos, i todos los que acá aportaron que escaparon de la compañía de Soto, que no son pocos, desean bolver allá por la bondad de la tierra: i esta salida de gente conviene mucho, para esta tierra, porque se le dé una puerta para la mucha gente que hay ociosa, cuyo oficio es pensar y hacer mal. Y esta es la segunda cosa que yo pobre de parte de Dios a V. M. suplico.

La tercera cosa es rogar por amor de Dios a V. M. que mande ver i mirar a los Letrados, así de vuestros Consejos como a los de las Vnibersidades, si los conquistadores encomenderos i mercaderes desta nueva España están en estado de rescibir el sacramento de la penitencia i los otros Sacramentos, sin hacer instrumento público por escritura i dar caucion juratoria, por que afirma el de las Casas que sin estas i otras diligencias no pueden ser absueltos, i a los confesores pone tantos escrúpulos, que no falta sino ponellos en el infierno, i así es menester esto se consulte con el sumo Pontífice, por que qué nos aprobecharia a algunos que hemos babtizado mas de cada trecientas mill ánimas i desposado i velado otras tantas i confesado otra grandísima multitud, si por haver confesado diez ó doce conquistadores, ellos i nos hemos de ir al infierno: dice el de las Casas que todo lo que acá tienen los Españoles, todo es mal ganado, aunque lo hayan havido por granjerías; i acá hay muchos labradores i oficiales i otros muchos que por su industria i sudor tienen de comer. Y para que mejor se entienda cómo lo dice o inprime, sepa V. M. que puede haver cinco ó seis años que por mandado de V. M. i de vuestro Consejo de Indias me fué mandado que recojiese ciertos confisionarios quel de las Casas dejava acá en esta nueva España escriptos de mano entre los Frayles menores, i los dí a Don Antonio de Mendoza vuestro Visorrey, i él los quemó por que en ellos se contenian dichos i sentencias falsas i escandalosas: agora en los postreros navíos que aportaron a esta nueva España han venido los ya dichos confisionarios impresos, que no pequeño alboroto i escándalo han puesto en toda esta tierra, porque a los conquistadores i encomenderos i a los mercaderes los llama muchas veces, tiranos robadores, violentadores, raptores, predones; dice que siempre é cada dia están tiranizando los Indios: asi mismo dice que todos los tributos de Indios son i han sido mal llevados, injusta i tiránicamente; si así fuese buena estava la conciencia de V. M. pues tiene i lleva V. M. la mitad ó mas de todas las provincias i pueblos mas principales de toda esta nueva España, i los encomenderos i conquistadores no tienen mas de lo que V. M. les manda dar, i que los Indios que tuvieren sean tasados moderadamente, i que sean mui bien tratados i mirados, como por la bondad de Dios el dia de hoy lo son casi todos, i que les sea administrada dotrina i justicia, así se hace: i con todo esto el de las Casas dice lo ya dicho i mas, de manera que la principal injuria o injurias hace a V. M. i condena a los Letrados de vuestros Consejos llamándolos muchas veces injustos i tiranos: i tanbien injuria i condena a todos los Letrados que hay i ha havido en toda esta nueva España, así Eclesiásticos como siculares, i a los Presidentes y Abdiencias de V. M.; porque ciertamente el Marques del Valle, i Don Sebastian Ramirez, Obispo, i Don Antonio de Mendoza, i Don Luis de Velasco que agora govierna con los Oydores, han regido i governado i goviernan mui bien ambas repúblicas de Españoles é Indios: por cierto para con unos poquillos cánones quel de las Casas oyó, él se atreve a mucho, i mui grande parece su desórden i poca su humilldad; i piensa que todos yerran i quel solo acierta, porque tanbien dice estas palabras que se siguen a la letra: todos los conquistadores han sido robadores, raptores i los mas calificados en mal i crueldad que nunca jamas fueron, como es a todo el mundo ya manifiesto: todos los conquistadores dice, sin sacar ninguno; ya V. M. sabe las instrucciones i mandamientos que lle-

246

ban i han llevado los que van a nuevas conquistas, i cómo las trabajan de guardar, i son de tan buena vida i conciencia como el de las Casas, i de mas reto i santo celo. Yo me maravillo cómo V. M. i los de vuestros Consejos han podido sufrir tanto tiempo a un hombre tan pesado, inquieto é importuno, i bullicioso i pleitista en ábito de religion, tan desasosegado, tan mal criado i tan injuriador i perjudicial, i tan sin reposo: yo ha que conozco al de las Casas quince años, primero que a esta tierra viniese, i él iva a la tierra del Perú, i no pudiendo allá pasar estuvo en Nicaragua i no sosegó allí mucho tiempo; i de allí vino a Guatemalla, i menos paró allí, i despues estuvo en la nascion de Guaxaca, i tan poco reposo tuvo allí como en las otras partes; i despues que aportó a México estuvo en el Monesterio de Santo Domingo, i en él luego se hartó, i tornó a vaguear i andar en sus bullicios i desasosiegos, i siempre escriviendo procesos i vidas agenas, buscando los males i delitos que por toda esta tierra habian cometido los Españoles, para agraviar i encarecerlos males i pecados que han acontecido: i en esto parece que tomava el oficio de nuestro adversario, aunquel pensava ser mas celoso y mas justo que los otros Cristianos i mas que los Religiosos, i él acá apenas tuvo cosa de religion: una vez estava él hablando con unos Frayles i decíales, que era poco lo que hacia que no havia resistido ni derramado su sangre; como quiera que el menor dellos era mas siervo de Dios, i le servian mas, i velaban mas las ánimas i la religion i virtudes que no él, con muchos quilates, por que todos sus negocios han sido con algunos desasosegados para que le digan cosas que escriva conformes a su apasionado espíritu contra los Españoles, mostrándose que ama mucho a los Indios i quel solo los quiere defender i favorescer mas que nadie; en lo qual acá mui poco tiempo se ocupó si no fué cargándolos i fatigándolos: vino el de las Casas siendo Frayle simple i aportó a la Cibdad de Tlascala é traia tras de sí cargados 27 ó 37 Indios que acá llaman Tamemes, i en aquel tiempo estavan ciertos Obispos i Perlados exsaminando una bula del Papa Paulo que habla de los matrimonios i baptismo, i en este tiempo pusiéronnos silencio que no baptizásemos a los Indios adultos, i havia venido un Indio de tres ó quatro jornadas a se baptizar, i había demandado el babtizmo muchas veces, i estava bien aparejado, catetizado i enseñado: entonces yo con otros Frayles rogamos mucho al de las Casas que babtizase aquel Indio por que venia de lexos, i despues de muchos ruegos demandó muchas condiciones de aparejos para el babtizmo, como si él solo supiera mas que todos, i ciertamente aquel Indio estava bien aparejado: i ya que dixo que lo babtizaria, vistióse una sobrepelliz con su estola; i fuimos con él tres ó quatro Religiosos a la puerta de la Iglesia do el Indio estava de rodillas, i no sé qué achaque se tomó que no quiso bautizar al Indio, i dejónos i fuése: yo entonces dixe al de las Casas: cómo, Padre, todos vuestros celos i amor que decís que teneis a los Indios se acaba en traerlos cargados, i andar escriviendo vidas de Españoles i fatigando los Indios, que solo vuestra caridad traeis cargados mas Indios, que solo vuestra caridad traeis cargados mas Indios que treinta Frayles; i pues un Indio no bautizais ni dotrinais, bien seria que pagásedes a quantos traeis cargados i fatigados: entonces como está dicho traia 27 ó 37 cargados, que no me recuerdo bien el número, i todo lo mas que traia en aquellos Indios eran procesos i escripturas contra Españoles, i bujerías de nada, i cuando fué allá a España, que bolvió Obispo, llevava ciento i veinte Indios cargados sin pagarles nada, i agora procura allá con V. M. i con los del Consejo de Indias, que acá ningun Español pueda traer Indios cargados pagándolos mui bien, como agora por todas partes se pagan, i los que agora demandan no son sino tres ó quatro para llevar la cama i comida, porque por los caminos no se halla: despues desto acá siempre anduvo desasosegado, procurando negocios de personas principales, i lo que allá negoció fué venir Obispo de Chiapa, i como no cumplió lo que acá prometió negociar, el Padre Fray Domingo de Betanzos, que lo tenia bien conocido, le escrivió una carta bien larga, i fué mui pública, en la cual le declaraba su vida i sus desasosiegos i bullicios, i los perjuicios i daños que con sus informaciones i celos indiscretos havia cabsado por do quiera que andava; especialmente cómo en la tierra del Perú havia sido cabsa de muchos escándalos i muertes, i agora no cesa allá do está de hacer lo mismo, mostrándose que lo hace con celo que tiene a los Indios; i por una carta que de acá alguno le escrive, i no todas veces verdadera, muéstrala a V. M. ó a los de su Consejo, i por una cosa particular que le escriven procura una cédula general, i así turba i destruye acá la governacion i la república, i en esto paran sus celos: quando vino Obispo i llegó a Chiapa, cabeza de su Obispado, los de aquella cibdad le rescibieron, por envialle V. M., con mucho amor i con toda humilldad, i con palio le metieron en su Iglesia, i le prestaron dineros para pagar debdas que de España traia, i dende a mui pocos dias descomúlgalos i póneles 15 ó 16 leyes, i las condiciones del confisonario, i déjalos i vase adelante; a esto le escrivia el de Betanzos, que las ovejas havia vuelto cabrones, i de buen carretero hechó el carro delante i los vueyes detrás: entonces fué al reyno que llaman de la Verapaz, del qual allá ha dicho ques grandísima cosa i de gente infinita; esta tierra es cerca de Guatemalla, é yo he andado visitando i enseñando por allí, i llegué mui cerca, porquestava dos jornadas della, i no es de diez partes la una de la que allá han dicho i sinificado. Monesterio hay acá en lo de México que dotrina i besita diez tanta gente que la que hay en el reyno de la Verapaz, i desto es buen testigo el Obispo de Guatemalla: yo ví la gente ques de pocos quilates i menos que otra: despues el de las Casas tornó a sus desasosiegos, i vino a México, i pidió licencia al Visorrey para bolver allá a España, i aunque no se la dió no dejó de ir allá sin ella, dejando acá mui desamparadas i mui sin remedio las ovejas i ánimas a él encomendadas, así Españoles como Indios; fuera razon, si con él bastase razon, de hacerle luego dar la vuelta para que siquiera perseverara con sus ovejas dos ó tres años; pues como mas santo i mas sabio es este que todos quantos Obispos hay i han havido, i así los Españoles dice que son incorrejibles, trabajara con los Indios i no lo dejara todo perdido i desamparado: havrá quatro años que pasaron por Chiapa i su tierra dos Religiosos, i vieron cómo por mandado del de las Casas, aun en el artículo de la muerte no absolvian a los Españoles que pedian la confision, ni havia quien bautizase los niños hijos de los Indios que por los pueblos buscavan el bautizmo, i estos Frayles que digo bautizaron mui muchos. Dice en aquel su confisionario que los encomenderos son obligados a enseñar a los Indios que le son encargados, i así es la verdad; mas decir adelante que nunca ni por entresueño lo han hecho, en esto no tiene razon, porque muchos Españoles por sí i por sus criados los han enseñado segun su posibilidad, i otros muchos a do no alcanzan Frayles han puesto Clérigos en sus pueblos, i casi todos los encomenderos han procurado Frayles, ansí para los llevar a sus pueblos como para que los vayan a enseñar i a les administrar los santos sacramentos: tiempo hovo que algunos Españoles ni quisieran ver Clérigo ni Frayle por sus pueblos, mas dias ha que muchos Españoles procuraran Frayles, i sus Indios han hecho Monesterios, i los tienen en sus pueblos, i los encomenderos proveen a los Frayles de mantenimiento, i vestuario, i ornamentos, i no es maravilla quel de las Casas no lo sepa, por quel no procuró de saber sino lo malo i no lo bueno, ni tuvo sosiego en esta nueva España, ni deprendió lengua de Indios, ni se humilló ni aplicó a les enseñar: su oficio fué escrivir procesos i pecados que por todas partes han hecho los Españoles, i esto es lo que mucho encarece, i ciertamente solo este oficio no lo llebará al cielo, i lo que así escrive no es todo cierto ni mui averiguado; i se mira i notan bien los pecados i delitos atroces que en sola la cibdad de Sevilla han acontecido, i los que la justicia ha castigado de treinta años a esta parte, se hallarían más delitos i maldades i mas feas que quantas han acontecido en toda esta nueva España despues que se conquistó, que son treinta i tres años: una de las cosas ques de haver compasion en toda esta tierra es de la cibdad de Chiapa i su subgeto, que despues quel de las Casas allí entró por Obispo quedó destruida en lo temporal i en lo espiritual, que todo lo enconó, i plega a Dios no se diga dél que dejó las ánimas en las manos de los lobos i huyó; quia mercenarius est et non pastor, et non pertinet ad eum de ovibus. Cuando algun Obispo renuncia el Obispado, para dejar una Iglesia que por esposa recibió, tan grande obligacion i mayor es el vínculo que a ella tiene que otra profesion de mas baxo estado, i así se da con gran solenidad; i para dejar i desampararla, grandísima cabsa ha de haver, i donde no la hay, la tal renunciacion mas se llama apostasía, i apostatar del alto i mui perfecto estado Obispal, que no otra cosa; i si fuera por cabsa de mui grandes enfermedades, o para meterse en un Monesterio mui estrecho para nunca ver hombre ni negocios mundanos, aun entonces rio sabemos si delante de Dios está mui seguro el tal Obispo; mas para hacerse procurador en Córte, i para procurar como agora procura que los Indios le demanden por Proptetor; quando la carta en que aquesto demandava se vió en una Congregacion de Frayles menores, todos se rieron della, i no tuvieron qué responder ni qué hablar en tal desvarío, i no mostrará él allá carta de capítulo o congregacion de Frayles menores, i también procura que de acá le enbien dineros i negocios. Estas cosas ¿a quien parecerán bien? Yo creo que V. M. las aborrecerá, porques clara tentacion de nuestro adversario para desasosiego suyo i de los otros. V. M. le devia mandar encerrar en un Monesterio porque no sea cabsa de mayores males, que si no yo tengo temor que ha de ir a Roma i será cabsa de turbacion en la corte Romana: a los Estancieros, Calpixques i Mineros, llámalos verdugos, desalmados, inhumanos i crueles, i dado caso que algunos haya havido codiciosos i mal mirados, ciertamente hay otros muchos buenos Cristianos i piadosos é limosneros, i muchos dellos casados viven bien: no se dirá del de las Casas lo de San Lorenzo, que como diese la mitad de su sepultura al cuerpo de San Estevan, llamáronle el Español cortes. Dice en aquel confisionario, que ningun Español en esta tierra ha tenido buena fee cerca de las guerras, ni los Mercaderes en llebarles a vender mercaderías, i en esto juzga los corazones: asimismo dice que ninguno tuvo buena fee en el comprar i vender esclavos, i no tubo razon, pues muchos años se vendieron por las plazas con el yerro de V. M., i algunos años estuvieron muchos Cristianos bona fide i en inorancia invencible: más dice, que siempre é oy dia están tiranizando los Indios. Tanbien esto va contra V. M., i si bien me acuerdo los años pasados, despues que V. M. embio a Don Antonio de Mendoza, se ayuntaron los Señores i principales de esta tierra i de su voluntad solenemente dieron de nuevo la obidiencia a V. M. por verse en nuestra Santa fee libres de guerras i de sacrificios, i en paz i en justicia: también dice que todo quanto los Españoles tienen, cosa ninguna hay que no fuese robada, i en esto injuria a V. M. i a todos los que acá pasaron, así a los que truxeron haciendas como a otros muchos que las han comprado i adquirido justamente, i el de las Casas los desonrra por escripto i por carta impresa: pues cómo así se ha de infamar por un atrevido una nacion Española con su príncipe, que mañana lo leerán los Indios i las otras naciones? Dice mas, que por estos muchos tiempos i años nunca havrá justa conquista ni guerra contra Indios; de las cosas questán por venir contengibles, de Dios es la providencia i él es el sabidor dellas, y aquel a quien su Divina Majestad las quisiere revelar, i el de las Casas en lo que dice quiere ser adevino ó profeta, i será no verdadero profeta, porque dice el Señor será predicado este Evangelio en todo el uniberso, antes de la consumacion del mundo: pues a V. M. conviene de oficio darse priesa que se predique el Santo Evangelio por todas estas tierras, i los que no quisieren oir de grado el Santo Evangelio de Jesu-Cristo, sea por fuerza; que aquí tiene lugar aquel proberbio, mas vale bueno por fuerza que malo por grado: i segund la palabra del Señor, por el tesoro hallado en el campo se deven dar i vender todas las cosas, i comprar luego aquel campo, i pues sin dar mucho prescio puede V. M. haver i comprar este tesoro de preciosas margaritas, que costaron el mui rico prescio de la Sangre de Jesu-Cristo, porque si esto V. M. no procura, ¿quién hay en la tierra que pueda i deva ganar el precioso tesoro de ánimas que hay derramadas por estos campos i tierras? ¿Cómo se determina el de las Casas a decir que todos los tributos son i han sido mal llevados, i vemos que preguntando al Señor si se daria el tributo a César ó no, respondió que sí, i él dice que son mal llevados? Si miramos cómo vino el señorío é imperio Romano, hallamos que primero los Bavilónicos en tiempo de Nabuc-donosor Magno tomaron por guerra el señorío a los Asirios, que segun San Gerónimo duró aquel reyno mas de mill é trecientos años, i este reyno de Nabuc-donosor fué la cabecera de oro de la estatua quel mismo vió, segun la interpretacion de Daniel cap. 2.º; i Nabuc-donosor fué el primero Monarca i cabeza de imperio. Despues los Persas i Medos destruyeron a los Babilónicos en tiempo de Ciro i Darío, y este señorío fueron los pechos i brazos de la misma estatua: fueron dos brazos, conviene a saber, Ciro i Darío, i Persas i Medos; despues los Griegos destruyeron a los Persas en tiempo de Alexandre Magno, i este señorío fué el vientre i muslos de metal, i fué de tanto sonido este metal que se oyó por todo el mundo, salvo en esta tierra, i salió la fama i temor del grande Alexandre questa escripto: siluit terra in conspectu eius; i como conquistase a Asia, los de Europa i África le enbiaron Embajadores, i le fueron a esperar con dones a Bavilonia, i allí le dieron la ovidiencia: despues los Romanos subgetaron a los Griegos, i estos fueron las piernas i piés de yerro, que todos los metales consume i gasta: despues la piedra cortada del monte sin marzos, cortó i disminuyó la estatua é idolatría, i este fué el reyno de Xpo. Durante el señorío de los Emperadores Romanos, dijo el Señor que se diese el trivuto a César; yo no me meto en determinar si fueron estas guerras mas ó menos lícitas que aquellas, ó quál es mas lícito trivuto, este ó aquel; esto determínenlo los Consejos de V. M. Mas es de notar lo que el Profeta Daniel dice en el mismo capítulo, que Dios muda los tiempos i edades, i pasa los reynos de un señorío en otro, i esto por los pecados, segun paresce en el reyno de los Cananeos que los pasó Dios en los hijos de Isrrael, con grandísimos castigos, i el reyno de Judea, por el pecado i muerte del Hijo de Dios, lo pasó a los Romanos, i los imperios aquí dichos: lo que yo a V. M. suplico, es el quinto reyno de Jesu-Cristo significado en la piedra cortada del monte sin manos, que ha de henchir i ocupar toda la tierra, del cual reino V. M. es el caudillo i Capitan, que mande V. M. poner toda la diligencia que sea posible para queste reyno se cumpla i ensanche, i se predique a estos infieles, ó a los mas cercanos, especialmente a los de la Florida, questán aquí a la puerta: quisiera yo ver al de las Casas quince ó veinte años perseverar en confesar cada dia diez o doce Indios enfermos llagados, i otros tantos sanos viejos que nunca se confesaron, i entender en otras cosas muchas espirituales tocantes a los Indios; i lo bueno es que allá a V. M. i a los demas sus Consejos para mostrarse mui celoso dice: Fulano no es amigo de Indios, es amigo de Españoles, no le deis crédito: plega a Dios que acierte él a ser amigo de Dios i de su propia ánima; lo que allá cela es de daños que hacen a los Indios, o de tierras que los Españoles demandan acá en esta nueva España, ó de estancias questán en perjuicio i de daños a los Indios: ya no es el tiempo que solia por quel que hace daño de dos pesos paga cuatro, i el que hace daño de cinco paga ocho; quanto al dar de las tierra podria V. M. dar de las sobradas baldíos i tierras heriales para los Españoles avecindados que se quieren aplicar a labrar la tierra, i otros acá nascidos que algo han de tener, i esto de que está sin perjuicio: i como de diez años a esta parte entre los Indios ha habido mucha mortandad i pestilencias grandes, falta mui mucha gente, que donde menos gente falta de tres partes faltan las dos, i en otros lugares de cinco partes faltan las quatro, i en otros de ocho partes faltan las siete, i a esta cabsa sobran por todas partes muchas tierras, demas de los baldíos i tierras de guerra que no sembravan; i haviendo de dar, si V. M. mandare, de los baldíos i tierras de guerra, questos eran unos campos que dejaban entre Provincia é Provincia, i entre Señor i Señor, adonde salian a darse guerra, que antes que entrase la fee eran mui continuas, porque casi todos los que sacrificaban a los ídolos eran los que prendian en las guerras, i por eso en mas tenian prender uno que matar cinco; estas tierras que digo no las labravan;

en estas hay lugar, si los Indios no tuviesen ya algunas ocupadas i cultivadas, paresciendo ser lícito, i podríalas V. M. dar con menos perjuicio i sin perjuicio alguno. Quanto a las estancias de los ganados, ya casi por todas partes se han sacado los ganados que hacian daño, especialmente los ganados mayores, no por falta de grandes campos, mas porque los traian sin guarda, i como no los recogen de noche a que duerman en corrales, corrian mucha tierra i hacian daño, i para el agostadero les han puesto i señalado tiempo en que han de entrar i salir, con sus penas, que acá por la vondad de Dios hay quien lo remedie, ques la justicia, i quien lo cele tan bien como el de las Casas: para ganados menores hay muchas tierras i campos por todas partes, i aun mui cerca de la gran Cibdad de Tenuxtitlan México hay muchas estancias sin perjuicio; i en el Valle de Toluca, que comienza a seis ó siete leguas de México, hay muchas estancias de ganado mayor i menor; así mismo cerca de la Cibdad de los Ángeles, i en la Cibdad de Taxcala, i en los pueblos de Tepeyaca é Itemachalco; i en todos estos pueblos i en sus términos hay mui grandes campos i dehesas donde se pueden apacentar mui muchos ganados sin perjuicio, especialmente ganados menores, que en nuestra España los traen muchas veces cerca de los panes, i el que hace daño págalo: acá hay muchos valdíos i mui grandes campos donde podrian por todas partes andar muchos mas ganados de los que hay, y quien otra cosa dice, es ó porque no lo sabe ó por que no lo ha visto; sola la provincia de Taxcala tiene de ancho diez leguas, i a partes once, i de largo quince, i a partes diez i seis leguas, i boja mas de quarenta, i poco menos tiene la de Tecamachalco, i otros muchos pueblos tienen muchos valdíos, porque de cinco partes de término, no ocupan los Indios la una. I pues los ganados son tan provechosos i nescesarios, i usan dellos anvas repúblicas de Españoles i Indios, así de Bueyes i bacas i de caballos, como de todos los otros ganados, por qué no les darán lo que sobra i que se apacienten sin perjuicio, pues es bien para todos, i pues que ya muchos Indios usan de cavallos, no seria malo que V. M. mandase que no se diese licencia para tener cavallos sino a los principales señores, porque si se hacen los Indios a los cavallos, muchos se van haciendo jinetes y querránse igualar por tiempo a los Españoles, i esta ventaja de los cavallos i tiros de artillería es mui necesaria en esta tierra, porque da fuerza i ventaja a pocos contra muchos; i sepa V. M. que toda esta nueva España está desierta i desamparada sin fuerza ni fortaleza alguna, i nuestro adversario enemigo de todo bien, que siempre desea i procura discordias i guerras, i de entre los piés levanta peligros, i aunque no fuese mas de por que estamos en tierra agena i los negros son tantos que algunas veces han estado concertados de se levantar i matar a los Españoles, i para esto la cibdad de los Ángeles está en mejor medio i comedio que ningun otro pueblo de la nueva España para se hacer en ella una fortaleza, i podríase hacer a menos costa por los muchos i buenos materiales que tiene, i seria seguridad para toda la tierra: a los pueblos que V. M. mas obligacion tiene en toda esta Nueva España son Tezcuco i Tlacuba i México; la razon es que cada Señorio destos era un reyno i cada Señor destos tenia diez provincias i muchos pueblos a sí subjetos, i demas desto entre estos Señoríos se repartian trivutos de ciento i sesenta provincias i pueblos, i cada Señor destos era un no pequeño Rey, i estos Señores luego que los cristianos llegaron i les fué requerido rescibiesen la fee, dieron la ovidiencia a V. M., i Tezcuco i Tlacuba ayudaron a los Españoles en la conquista de México; los otros Señores de la tierra tienen i poseen sus señoríos i tributan a V. M., porques su Rey i Señor i por que les administra V. M. dotrina y sacramentos i justicia, i les tiene en paz, que mas les da V. M. que dellos recive, aunquel de las Casas no lo quiere considerar. Los Señores de Tezcuco i Tlacuba i México, aun de las estancias subjetas a sus cabeceras les quitaron y repartieron algunas, i estos se contentarán con que V. M. mande dar un pueblo pequeño ó mediano que sirva al Señor de Tezcuco, i otro a su pueblo ó república, i otro tanto al Señor i pueblo de Tlacuba, i esto quanto a las cosas temporales, i cuanto a las espirituales, estas ánimas reclaman por ministros; i porque de España han salido i salen cada dia muchos Religiosos para estas tierras, si V. M. mandase, en Flandes y en Italia hai muchos Frayles siervos de Dios mui dotos i muy deseosos de pasar a estas partes i de emplear en la conbersion de infieles, i destas nasciones que digo han estado en esta tierra é hoy dia hay algunos siervos de Dios que han dado mui buen exemplo i han mucho trabajado con estos naturales; demas desto la Iglesia mayor de México, ques la Metropolitana, está mui pobre, vieja, arremendada, que solamente se hizo de prestado veinte é nueve años ha; razon es que V. M. mande que se comience a edificar i la favorezca, pues de todas las Iglesias de la Nueva España es cabecera, madre y Señora, i así esta Iglesia como las otras Cathedrales las mande V. M. dar sendos pueblos como antes tenian, que no había repartimientos tan bien empleados en toda la nueva España, i destos pueblos tienen mucha nescesidad, para reparar, trastejar, varrer y adornar las Iglesias i las casas de los Obispos, que todos están pobres i adebdados; pues acá han tenido i tienen repartimientos zapateros i herreros, mucha mas nescesidad tienen las Iglesias, pues no tienen rentas, i lo que tienen es mui poco: todo esto digo con deseo de servir i informar a V. M. de lo que desta tierra siento i he visto por espacio de treinta años que ha que pasamos acá por mandado de V. M., cuando truximos los breves y bullas de Leon i Adriano que V. M. procuró, i havian de pasar acá i traer las dichas bulas el Cardenal de Santa Cruz Fr. Francisco de Quiñones i el padre Fray Juan Clapion, que Dios tiene, i de doce que al principio de la conversion de esta gente venimos, ya no hay mas de dos vivos; i reciva V. M. esta carta con la intincion que la escrivo i no valga mas de quanto fuere conforme a razon, justicia i verdad; i quedo como mínimo capellan rogando a Dios su santa gracia siempre more en la vendita ánima de V. M. para que siempre haga a su santa voluntad. Amen.

Despues de lo arriba dicho ví i leí un tratado quel de las Casas compuso sobre la materia de los esclavos hechos en esta nueva España i en las Islas, i otro sobre el parecer que dió sobre que si habria repartimiento de Indios: el primero dice haver compuesto por Comision del Consejo de las Indias, i el segundo por mandado de V. M., que no hay hombre humano de qualquier nascion, ley ó condicion que sea que los lea, que no cobre aborrecimiento i odio mortal i tenga a todos los moradores desta nueva España por la mas cruel i mas abominable i mas infiel i detestable gente de quantas nasciones hay debajo del cielo, i en esto paran las escripturas que se escriven sin caridad i que proceden de ánimo ageno de toda piedad i humanidad: yo ya no sé los tiempos que allá corren en la vieja España porque ha mas de treinta años que della salí, mas muchas veces é oido a Religiosos siervos de Dios i a Españoles buenos cristianos temerosos de Dios que bienen de España, que hallan acá mas cristiandad, mas fee, mas frecuentacion de los Santos Sacramentos i mas caridad i limosna a todo género de pobres, que no en la vieja España: i Dios perdone al de las Casas que tan gravísimamente deshonra i disfama, i tan terriblemente injuria i afrenta una i muchas Comunidades, i una nacion Española, i a su Príncipe i Consejos con todos los que en nombre de V. M. administran justicia en estos Reynos, i si el de las Casas quiere confesar verdad, a él quiero por testigo quántas y quán largas limosnas alló acá i con quánta humilldad soportaron su recia condicion, i cómo muchas personas de calidad confiaron dél muchos é importantes negocios, i ofreciéndose guardar fidelidad diéronle mucho interese, i apenas en cosa alguna guardó lo que prometió, de lo cual entre otros muchos se quejaba el siervo de Dios Fray Domingo de Betanços en la carta ya dicha: bastar debiera al de las Casas haber dado su voto y decir lo que sentia cerca del encomendar los Indios a los Españoles, i que le quedara por escripto, i que no lo imprimiera con tantas injurias, deshonrras i vituperios: sabido está qué pecado comete el que deshonrra i disfama a uno, i mas el que disfama a muchos, i mucho mas el que disfama a una republica i nascion; si el de las Casas llamase a los Españoles y moradores desta nueva España de tiranos, i ladrones, i robadores, i omecidas, i crueles salteadores, é cien veces pasaria; pero llamárselo cien veces ciento, más de la poca caridad i menos piedad que en sus palabras i escripturas tiene, i demas de las injurias i agravios i afrentas que a todos hace, por hablar en aquella escriptura con V. M., fuera mucha razon que se templara i hablara con alguna color de humildad; i qué pueden aprovechar i edificar las palabras dichas sin piedad i sin humanidad; por cierto poco; yo no sé por qué razon por lo que uno hizo quiera el de las Casas condenar a ciento, i lo que cometieron diez, por qué lo quiere atribuir a mill, i disfama a cuantos acá han estado i están. ¿Dónde se halló condenar a muchos buenos por algunos pocos malos? Si el Señor hallara diez buenos en tiempo de Abraham i de Lot, perdonara a mui muchos; como por que en Sevilla i en Córdoba se hallan algunos ladrones i homeciados i erejes, los de aquellas Cibdades son todos ladrones, i tiranos i malos; pues no ha tenido México Tenochtitlan menos ovidencia i lealtad a su Rey con las otras Cibdades i villas de la nueva España, i es mucho mas de agradecer quanto mas lexos está de su Rey; si las cosas quel de las Casas ó Casaus escrive fueran verdaderas, por cierto V. M. había de tener mucha queja de quantos acá ha inviado, i ellos serian dinos de gran pena, así los Obispos como Perlados mayores i mas obligados a se oponer a morir por sus ovejas, i clamar a Dios i a V. M. por remedio para conservar su grey, i así vemos que los Obispos desta nueva España, los buenos perseveran en los trabajos de sus cargos i oficios que apenas reposan de dia ni de noche, i también ternia V. M. queja de los Oydores i de los Presidentes que ha proveido en las Abdiencias por todas partes con largos salarios, i en sola esta nueva España está Abdiencia en México, i en la nueva Galicia, i en Guatemalla; pues todos estos duermen i echan sobre sus conciencias tantos pecados agenos como el de las Casas dice: no está V. M. tan descuidado ni tan dormido como lo significa el de las Casas, ni deja V. M. de punir ni castigar a los que no le guarden fidelidad; cosa es de notar la punicion que V. M. mandó hacer i castigo que dió a una Abdiencia que apenas habia comenzado a hacer su oficio quando los Oidores fueron allá presos, i el Presidente i Gobernador de la nueva España estuvo acá mas de un año preso en la cárcel pública, i allá fué a se acavar de pagar de sus culpas; i tambien ha V. M. de estar indiñado contra los Cavildos desta nueva España, así de las Iglesias como de las Cibdades, pues todos son proveidos por V. M. para descargo i regimiento de vuestros vasallos i repúblicas, si no hiciesen lo que deben, i la misma queja debria V. M. tener de los Religiosos de todas las órdenes que acá V. M. inbia, no con poca costa ni travajo de los sacar de las provincias Despaña, i acá les manda hacer los Monesterios, i que les den cálices y campana, i algunos han recibido preciosos ornamentos; con razon podria V. M. decir, pues cómo todos son canes mudos,que sin ladrar ni dar voces consientan que la tierra se destruya; no por cierto, mas antes casi todos cada uno en su oficio hacen lo que deben: quando yo supe lo que escribia el de las Casas tenia quexa de los del Consejo por que consentian que tal cosa se imprimiese: despues bien mirado vi que la impresion era hecha en Sevilla al tiempo que los navíos se querian partir, como cosa de hurto i mal hecho, i creo ha sido cosa permitida por Dios, i para que se sepan i respondan a las cosas del de las Casas, aunque será con otra templanza i caridad, i mas de lo que sus escripturas merecen, porquel se convierta a Dios i satisfaga a tantos como ha dañado i falsamente infamado, i para que en esta vida pueda hacer penitencia, i tambien para que V. M. sea informado de la verdad i conozca el servicio quel capitan D. Hernando Cortés y sus compañeros le han fecho, i la mui leal fidelidad que siempre esta nueva España ha tenido a V. M., por cierto dina de remuneracion; i sepa V. M. por cierto, que los Indios desta nueva España están bien tratados, i tienen menos pecho i tributo que los Labradores de la vieja España, cada uno en su manera; digo casi todos los Indios, porque algunos pocos pueblos hay que su tasacion se hizo antes de la gran pestilencia, que no están modeficados sus tributos; estas tasaciones ha de mandar V. M. que se tornen a hacer de nuevo, i el dia de oy los Indios saben y entienden mui bien su tasacion, i no darán un tomin de mas en ninguna manera, ni el encomendero les osará pedir un cacao mas de lo que tienen en su tasacion, ni tampoco el confesor los absolverá si no lo restituyese, i la justicia le castigaria cuando lo supiese, i no hay aquel descuido ni tiranías que el de las Casas tantas veces dice, porque, gloria sea a Dios, acá a havido en lo espiritual mucho cuidado i celo en los predicadores, i vigilancia en los confesores, i en los que administran justicia obidiencia para executar lo que V. M. manda cerca del buen tratamiento i defension destos naturales; i en realidad de verdad pasa así esto que digo: de diez años a esta parte falta mucha gente destos naturales, i esto no lo han cabsado malos tratamientos, por que ha muchos años que los Indios son bien tratados, mirados y defendidos, mas hálo cabsado mui grandes enfermedades i pestilencias que en esta nueva España ha havido, i cada dia se van mucho apocando estos naturales; qual sea la cabsa Dios es el sabidor por que sus juicios son muchos, y a nosotros escondidos: si la cabsan los grandes pecados é idolatrías que en esta tierra havia, no lo sé; empero veo que la tierra de promision que poseían aquellas siete generaciones idólatras, por mandado de Dios fueron destruidas por Josué, i despues se pobló de hijos de Isrrael, en tanta manera, que quando David contó el pueblo lo halló en los diez tribus de solos varones fuertes de guerra ochocientos mill; i del tribu de Judá i Venjamin quinientos mill, y despues en el tiempo del Rey Asá de los dos tribus en la batalla que dió Zara al Rey de los Etiopes se hallaron quinientos y ochenta mill hombres de guerra, i fué tan pobladísima aquella tierra quen sola la Cibdad de Jerusalem se lee que habia mas de ciento i cincuenta mill vecinos, i agora en todos aquellos reinos no hay tantos vecinos como solia haber en Jerusalem, ni como la mitad:

la cabsa de aquella destruicion i la de esta tierra é islas, Dios la sabe, que quantos mas medios i remedios V. M. i los Reyes Católicos de santa memoria humanamente han sido posible proveer, los han proveido, i no basta, ni ha bastado consejo ni poderío humano para lo remediar; gran cosa es que se hayan salvado muchas ánimas i cada dia se salvan, i se han impedido i estorvado muchos males é idolatrías, i omecidios, i grandes ofensas de Dios: lo que al presente mucho conviene es, que V. M. mande dar asiento a esta tierra, que así como agora está padece mucho detrimento, i para esto asaz informaciones tiene V. M. i mui bien entendido lo que mas conviene, i en los Consejos de V. M. hay muchas informaciones para con brevedad poner el asiento que Dios i V. M. sean servidos; i esto conviene mucho a ambas repúblicas de Españoles i de los Indios, por que así como en España para la conservacion de paz i justicia hay guarniciones, i en Italia un exército, i en las fronteras siempre hay gente de armas, no menos conbiene en esta tierra. Decia D. Antonio de Mendoza, Visorrey desta tierra: si a esta tierra no se le da asiento no puede mucho durar; durará diez ó doce años, i con mucho detrimento, i si mucha priesa se le diere, no durará tanto.

Toda esta tierra está carísima i falta de bastimentos, lo cual solia mui mucho avundar i muy varato todo, i ya que la gente estaba pobre tenian que comer: agora los Españoles pobres i debdados, mucha gente ociosa i deseosa que hoviese en los naturales la menor ocasion del mundo para los robar, por que dicen que los Indios están ricos i los Españoles pobres i muriendo de hambre; los Españoles que algo tienen procuran de hacer su pella y bolverse a Castilla; los navíos que de acá parten van cargados de oro é plata, así de V. M. como de Mercaderes i hombres ricos, i quedan los pobres en necesidad: ya V. M. podrá ver en qué puede parar una tierra que tiene su rey é gobernacion dos mill leguas de sí; é ya el asiento desta tierra mas conviene a los Indios que a los Españoles; dexo de decir las razones por no ser mas prolixo, i para dar asiento a esta tierra sé que V. M. tiene buena voluntad i ciencia i espiriencia para el cómo, i no faltan oraciones para que Dios dé su gracia; tengo confianza que se a de acertar i que ha de ser Dios servido con lo que V. M. determinare, i esta tierra remediada.

En el tratado que imprimió el de las Casas ó Casaus, entre otras cosas principalmente yerra en tres, esto es, en el hacer de los esclavos, en el número i en el tratamiento; quanto al hacer de los esclavos en esta nueva España, pone allí trece maneras de hacellos, que una ninguna es así como él escrive; bien parece que supo poco de los ritos i costumbres de los Indios desta nueva España: en aquel libro que dió, en la 4.ª parte, en el capítulo 22 i 23, se hallarán once maneras de hacer esclavos, i aquellas son las que dimos al Obispo de México: tres ó quatro Frayles emos escrito de las antiguallas i costumbres questos naturales tuvieron, é yo tengo lo que los otros escrivieron, i por que a mi me costó mas trabajo i mas tiempo no es maravilla que lo tenga mejor recopilado i entendido que otro: así mismo dice de Indios esclavos que se hacian en las guerras, i gasta no poco papel en ello, i en esto tanbien paresce que sabe poco de lo que pasava en las guerras destos naturales, por que ningun esclavo se hacian en ellas, ni rescataban ninguno de los que en las guerras prendian, mas todos los guardavan para sacrificar, porquesta era la gente que generalmente se sacrificava por toda esta tierra; mui poquitos eran los otros que sacrificavan, sino los tomados en guerra, por lo qual las guerras eran mui continuas, por que para cumplir con sus crueles Dioses, i para solenizar sus fiestas, i honrrar sus templos andaban por muchas partes haciendo guerra i salteando hombres para sacrificar a los demonios i ofrecerles corazones i sangre humana; por la cual cabsa padecian muchos inocentes; i no paresce ser pequeña cabsa de hacer guerra a los que ansí oprimen i matan los inocentes, i estos con gemidos i clamores demandaban a Dios i a los hombres ser socorridos, pues padescian muerte tan injustamente, i esto es una de las cabsas, como V. M. sabe, por la qual se puede hacer guerra; i tenian esta costumbre, que si algun señor ó principal de los presos en guerra se soltava, los mismos de su pueblo lo sacrificavan, i si era hombre baxo que se llamaba Macebal, su Señor le daba mantas; i esto i lo demas que pasava en las guerras paresce en el mismo libro, en la quarta parte capítulo 14, 15, 16.

Quanto al número de los esclavos, en una parte pone que se havrán fecho tres cuentos desclavos i en otra dice quatro cuentos; las provincias i parte quel de las Casas dice haberse hecho los dichos esclavos son estas: México, Quaçacualco, Pánuco, Xalisco, Chiapa, Quautimala, Honduras, Yucatan, Nicaragua, la costa de San Miguel, Venezuela; no fuera malo que tanbien dixera siquiera por humildad de la costa de Parique i Cubaua, ya que fué allá i cómo le fue allá; casi todas las partes que pone son en esta nueva España; yo tenia sumadas las provincias i partes que dice haberse hecho esclavos, i antes mas que menos, que por no ser prolijo dejo de particularizar, i por todos no allegan a doscientos mill: i comunicado este número con otros que tienen espiriencia i son mas antiguos en la tierra, me certifican que no son ciento i cinquenta mill, ni pasan de cien mill; yo digo que fuesen doscientos mill; quanto al número de tres qüentos escede i pone de mas dos qüentos i ochocientos mill, i quanto al número de quatro qüentos, pone de mas tres qüentos i ochocientos mill: i así son muchos de sus encarecimientos, en los quales a V. M. pone en grande escrúpulo i agravia malamente i deshonra a sus próximos por carta impresa; i este número desclavos cosa es que se puede saber por los libros de V. M., por los quintos que ha rescivido; i quanto, al tratamiento, yo de la nueva España hablo, en la qual ya casi todos están hechos libres: segun lo que tengo entendido, en todo el mundo podrá haber mill esclavos por libertar, i estos cada dia se van livertando, i antes de un año apenas queda esclavo Indio en la tierra; por que para los libertar V. M. hizo lo que debia, i aun mas, pues mandó que los que poseian esclavos provasen cómo aquellos eran verdaderos esclavos, lo qual era casi inposible, i de derecho incumbia lo contrario, i convino lo que V. M. mandó, por que los menos eran bien hechos: dice que en todas las Indias nunca hovo cabsa justa para hacer uno ni ningun esclavo; tal sabe: él dice quel que no ha salido de México ni de sus alrededores, que no es maravilla que sepa poco desto: el de las Casas estuvo en esta tierra obra de siete años, i fué como dicen que llevó cinco de calle; Frayle a havido en esta nueva España que fué de México hasta Nicaragua, que son quatrocientas leguas, que no se le quedaron en todo el camino dos pueblos que no predicase, i dijese misa, i enseñase, y babtizase niños ú adultos, pocos ó muchos, i los Frayles acá han visto i sabido un poco mas quel de las Casas cerca del buen tratamiento de los esclavos, así la justicia de su oficio como los frayles predicadores i confesores, que desde el principio hovo frayles menores, i despues vinieron los de las otras órdenes; estos siempre tuvieron especial cuidado que los Indios, especialmente los esclavos, fuesen bien tratados i enseñados en toda dotrina i cristiandad, i Dios ques el principal obrador de todo bien; luego los Españoles comenzaron a enseñar i a llevar a las Iglesias a sus esclavos a babtizar, i a que se enseñasen, i a los casar, i a los questo no hacian no los absolvian, i muchos años ha que los esclavos i criados Despañoles están casados in facie ecclesiae; é yo he visto mui muchos, así en lo de México, Guaxaca i Guatemalla como en otras partes, casados con sus hijos, é sus casas, é su peculio, buenos cristianos i bien casados, i no es razon quel de las Casas diga quel servicio de los Cristianos pesa mas que cien torres, i que los españoles estiman en menos los Indios que las vestias, i aun quel estiercol de las plazas; parésceme ques gran cargo de conciencia atreverse a decir tal cosa a V. M.; i hablando con grandísima temeridad. dice: quel servicio que los Españoles por fuerza toman a los Indios, que en ser incomportable i durísimo ecede a todos los tiranos del mundo, sobrepuja é iguala al de los demonios; aun de los vivientes sin Dios é sin ley no se debria decir tal cosa; Dios me libre de quien tal osa decir; el yerro que se llama de rescate de V. M. vino a aquesta nueva España el año 1524, mediado mayo; luego que fué llegado a México el Capitan D. Hernando Cortés que a la sazon gobernaba, ayuntó en San Francisco con Frayles los letrados que liabia en la Cibdad, é yo me allé presente é ví que le pesó al Gobernador por el yerro que venia i lo contradijo, i desque mas no pudo limitó mucho la licencia que traia para herrar esclavos, i los que se hicieron fuera de las limitaciones fué en su absencia, porque se partió para las Higuerras: i algunos que murmuraron del Marques del Valle, que Dios tiene, i quieren ennegrecer i escurecer sus obras, yo creo que delante de Dios no son sus obras tan acetas como lo fueron las del Marques; aunque como hombre fuese pecador, tenia fee i obras de buen cristiano, i mui gran deseo de enplear la vida i hacienda por anpliar i abmentar la fee de Jesu-Cristo, i morir por la conbersion destos gentiles, i en esto hablava con mucho espíritu, como aquel a quien Dios havia dado este don i deseo, i le habia puesto por singular Capitan desta tierra de Ocidente; confesávase con muchas lágrimas i comulgava devotamente, i ponia a su ánima i hacienda en manos del confesor para que mandase i dispusiese della todo lo que convenia a su conciencia, i así buscó en España mui grandes confesores Letrados con los quales ordenó su ánima, é hizo grandes restituciones i largas limosnas, i Dios le visitó con grandes afliciones, trabajos i enfermedades para purgar sus culpas i alinpiar su ánima, i creo ques hijo de salvacion, i que tiene mayor corona que otros que lo menosprecian: desde que entró en esta nueva España trabajó mucho de dar a entender a los Indios el conocimiento de un Dios verdadero i de les hacer predicar el Santo evangelio, i les decia cómo era mensajero de V. M. en la conquista de México, i mientras en esta tierra anduvo cada dia trabajaba de oir misa, ayunava los ayunos de la iglesia i otros dias por devocion; deparóle Dios en esta tierra dos intérpretes, un Español que se llamava Aguilar i una India que se llamó Doña Marina; con estos predicaba a los Indios i les dava a entender quién era Dios i quién eran sus Ídolos, i así destruia los Ídolos i quanta idolatría podia: trabajó de decir verdad i de ser hombre de su palabra, lo cual aprovechó mucho con los Indios; traia por vandera un cruz colorada en campo negro, en medio de unos fuegos azules i blancos, i la letra decia: amigos, sigamos la cruz de Cristo, que si en nos huviere fee, en esta señal venceremos. Do quiera que llegaba luego levantava la cruz; cosa fué maravillosa del esfuerzo, i ánimo, i prudencia que Dios le dió en todas las cosas que en esta tierra aprendió, i mui de notar es la osadía i fuerzas que Dios le dió para destruir i derribar los Ídolos prencipales de México, que eran unas estatuas de mas de quince piés en alto, i armado de mucho peso de armas tomó una varra de hierro, i se lebantava tan alto hasta llegar a dar en los ojos i en la cabeza de los Ídolos; i estando para derrivallos envióle a decir el gran Señor de México Moteczuma que no se atreviese a tocar a sus Dioses, por que a él i a todos los Cristianos mataria luego: entonces el capitan se bolvió a sus compañeros con mucho espíritu, i medio llorando les dixo: hermanos, de cuanto hacemos por nuestras vidas i intereses, agora muramos aquí por la honrra de Dios, i por que los Demonios no sean adorados; i respondió a los mensajeros, que deseaba poner la vida i que no cesaria de lo comenzado, i que aquellos no eran Dioses sino piedras i figuras del Demonio, i que viniesen luego; i no siendo con el Gobernador sino 130 cristianos i los Indios eran sin número, así los atemorizó Dios i el ánimo que vieron en su Capitan, que no se osaron menear: destruidos los Ídolos puso allí la imágen de nuestra Señora; en aquel tiempo faltava el agua y secávanse los maizales, i trayendo los Indios muchas cañas de maiz que se secavan dijeron al Capitan, que si no llovia que todos perecerian de hambre; entonces el marques les dio confianza diciendo: que ellos rogarian a Dios i a Santa María para que les diese agua, i a sus compañeros rogó que todos se aparejasen, i aquella noche se confesasen a Dios i le demandasen su misericordia i gracia: i otro dia salieron en procesion, i en la misa se comulgó el Capitan, i como estuviese el cielo sereno, súpito vino tanta agua, que antes que allegasen a los aposentos, que no estaban rnui lexos, ya iban todos hechos agua; esto fué grande edificacion i predicacion a los Indios, por que desde allí adelante llovió bien, i fué mui buen año: siempre quel Capitan tenia lugar, despues de haber dado a los Indios noticia de Dios, les decia que lo tuviesen por amigo, como a mensajero de un gran Rey i en cuyo nombre venia, i que de su parte les prometia serian amados i bien tratados, por que era grande amigo del Dios que les predicava: ¿quién así amó i defendió los Indios en este mundo nuevo como Cortés? amonestava i rogava mucho a sus compañeros que no tocasen a los Indios ni a sus cosas, i estando toda la tierra llena de maizales, apenas havia Español que osase cojer una mazorca; i por que un Español llamado Juan Polanco cerca del puerto entró en casa de un Indio i tomó cierta ropa, le mandó dar cien azotes, i a otro llamado Mora por que tomó una gallina a Indios de paz le mandó ahorcar, i si Pedro de Albarado no le cortase la soga allí quedara i acavara su vida: dos negros suyos, que no tenian cosa de mas valor, por que tomaron a unos Indios dos mantas i una gallina los mandó ahorcar; otro español por que desgajó un árbol de fruta i los Indios se le quejaron, le mandó afrentar: no queria que nadie tocase a los Indios ni los cargase, sopena de cada quarenta pesos: i el día que yo desenbarqué viniendo del puerto para Medellin cerca de donde agora está la Vera-Cruz, como viniésemos por un arenal i en tierra caliente, i el sol que ardia, havia hasta el pueblo tres leguas, rogué a un Español que consigo llevaba dos Indios, que el uno me llevase el manto, i no lo osó hacer afirmando que le llevarian quarenta pesos de pena, i así me traxe el manto acuestas todo el camino: donde no podia escusar guerra, rogaba Cortés a sus compañeros que se defendiesen quanto buenamente pudiesen sin ofender, y que cuando mas no pudiesen decia que era mejor herir que matar, i que mas temor ponia ir un Indio herido que quedar dos muertos en el canpo; siempre tuvo el Marques en esta tierra émulos é contrarios que trabajaron escurecer los servicios que a Dios i a V. M. hizo, i allá no faltaron, que si por estos no fuera, bien sé que V. M. siempre le tuvo especial aficion i amor, i a sus compañeros; por este Capitan nos abrió Dios la puerta para predicar su Santo evangelio, i este puso a los Indios que tuviesen reverencia a los santos Sacramentos, i a los Ministros de la Iglesia en acatamiento; por esto me he alargado, ya ques difunto, para defender en algo su vida: la gracia del Espíritu Santo more siempre en el ánima de V. M. Amen. De Taxcala, 2 de enero de 1555 años: humilde siervo y mínimo capellan de V. M. -MOTOLINIA, FR. TORIBIO.

(Simancas. Indias. J o. *Cartas de Nª España*, de Frayles: de 550-70. -Visto: MUÑOZ. Real Academia de la Historia. Col. de Muñoz. Indias. 1554-55. T. 87. fª 213-32.)

Varios documentos del siglo XVI

Itinerario de la armada del rey católico a la isla de Yucatán, en la India, el año 1518, en la que fue por Comandante y Capitán General Juan de Grijalva Escrito para su alteza por el capellán mayor de la dicha armada.

Sábado, primer día del mes de mayo del dicho año (1518), el dicho capitán de la armada salió de la isla Fernandina (Cuba), de donde emprendió la marcha para seguir su viaje; y el lunes siguiente, que se contaron tres días de este mes de mayo, vimos tierra, y llegando cerca de ella vimos en una punta una casa blanca y algunas otras cubiertas de paja, y una lagunilla que el mar formaba adentro de la tierra; y por ser el día de la Santa Cruz, llamamos así a aquella tierra; y vimos que por aquella parte estaba toda llena de bancos de arena y escollos, por lo cual nos arrimamos a la otra costa de donde vimos la dicha casa mas claramente. Era una torrecilla que parecía ser del largo de una casa de ocho palmos y de la altura de un hombre, y allí surgió la armada casi a seis millas de tierra. Llegaron luego dos barcas que llaman canoas, y en cada una venían tres Indios que las gobernaban, los cuales se acercaron a los navíos a tiro de bombarda, y no quisieron aproximarse más, ni pudimos hablarles, ni saber cosa alguna de ellos, salvo que por señas nos dieron a entender que al día siguiente por la mañana vendría a los navíos el cacique, que quiere decir en su lengua el señor del lugar; y al día siguiente por la mañana nos hicimos a la vela para reconocer un cabo que se divisaba, y dijo el piloto que era la isla de Yucatán. Entre esta punta y la punta de Cozumel donde estábamos, descubrimos un golfo en el que entramos, y llegamos cerca de la ribera de la dicha isla de Cozumel, la que costeamos. Desde la dicha primera torre vimos otras catorce de la misma forma antedicha; y antes que dejásemos la primera volvieron las dichas dos canoas de Indios, en las que venía un señor del lugar, nombrado el cacique, el cual entró en la nao capitana, y hablando por intérprete, dijo: que holgaría que el capitán fuese a su pueblo donde sería muy obsequiado. Los nuestros le demandaron nuevas de los cristianos que Francisco Fernández, capitán de la otra primera armada, había dejado en la isla de Yucatán, y él les respondió: que uno vivía y el otro había muerto; y habiéndole dado el capitán algunas camisas españolas y otras cosas, se volvieron los dichos Indios a su pueblo.

Nosotros nos hicimos a la vela y seguimos la costa para encontrar al dicho cristiano, que fue dejado aquí con un compañero para informarse de la naturaleza y condición de la isla; y así andábamos apartados de la costa sólo un tiro de piedra, por tener la mar mucho fondo en aquella orilla. La tierra parecía muy deleitosa; contamos desde la dicha punta catorce torres de la forma ya dicha; y casi al ponerse el sol vimos una torre blanca que parecía ser muy grande, a la cual nos llegamos, y vimos cerca de ella muchos Indios de ambos sexos que nos estaban mirando, y permanecieron allí hasta que la armada se detuvo a un tiro de ballesta de la dicha torre, la que nos pareció ser muy grande; y se oía entre los Indios un grandísimo estrépito de tambores, causado de la mucha gente que habita la dicha isla. Jueves, a 6 días del dicho mes de mayo, el dicho capitán mandó que se armasen y apercibiesen cien hombres, los que entraron en las chalupas y saltaron en tierra llevando consigo un clérigo: creyeron estos que saldrían en su contra muchos Indios, y así apercibidos y en buena orden llegaron a la torre, donde no encontraron gente alguna, ni vieron a nadie por aquellos alrededores. El capitán subió a la dicha torre juntamente con el alférez, que llevaba la bandera en la mano, la cual puso en el lugar que convenía al servido del rey católico; allí tomó posesión en nombre de su alteza y pidiólo por testimonio; y en fe y señal de la dicha posesión, quedó fijado un escrito del dicho capitán en uno de los frentes de la dicha torre; la cual tenía diez y ocho escalones de alto, con la base maciza, y en derredor tenía ciento ochenta pies.

Encima de ella había una torrecilla de la altura de dos hombres, uno sobre otro, y dentro tenía ciertas figuras, y huesos, y cenís, que son los ídolos que ellos adoraban, y según su manera se presume que son idólatras. Estando el capitán con muchos de los nuestros encima de la dicha torre, entró un Indio acompañado de otros tres, los cuales quedaron guardando la puerta, y puso dentro un tiesto con algunos perfumes muy olorosos, que parecían estoraque. Este Indio era hombre anciano; traia cortados los dedos de los pies, e incensaba mucho a aquellos ídolos que estaban dentro de la torre, diciendo en alta voz un canto casi de un tenor; y a lo que pudimos entender creímos que llamaba a aquellos sus ídolos. Dieron al capitán y a otros de los nuestros unas cañas largas de un palmo, que quemándolas despedían muy suave olor. Luego al punto se puso en orden la torre y se dijo misa; acabada esta mandó el capitán que inmediatamente se publicasen ciertos capítulos que convenían al servicio de su alteza, y en seguida llegó aquel mismo Indio, que parecía ser sacerdote de los demás; venían en su compañía otros ocho Indios, los quales traían gallinas, miel y ciertas raíces con que hacen pan, las que llaman *maíz*: el capitán les dijo que no quería sino oro, que en su lengua llaman *taquin,* e hízoles entender que les daría en cambio mercancías de las que consigo traía para tal fin. Estos Indios llevaron al capitán, junto con otros diez o doce, y les dieron de comer en un cenáculo todo cercado de piedra y cubierto de paja, y delante de este lugar estaba un pozo donde bebió toda la gente; y a las nueve de la mañana, que son cerca de las quince en Italia, ya no parecía Indio alguno en todo aquel lugar, y de este modo nos dejaron solos: entramos en aquel mismo pueblo cuyas casas eran todas de piedra, y entre otras había cinco con sus torres encima muy gentilmente labradas, *excepto tres torres.* Las bases sobre que están edificadas cogen mucho terreno y son macizas y rematan en pequeño espacio: estos parecen ser edificios viejos, aunque también los hay nuevos.

Esta aldea o pueblo tenía las calles empedradas en forma cóncava, que de ambos lados van alzadas y en medio hacen una concavidad, y en aquella parte de en medio la calle va toda empedrada de piedras grandes. A todo lo largo tenían los vecinos de aquel lugar muchas casas, hecho el cimiento de piedra y lodo hasta la mitad de las paredes, y luego cubiertas de paja. Esta gente del dicho lugar, en los edificios y en las casas, parece ser gente de grande ingenio: y si no fuera porque parecía haber allí algunos edificios nuevos, se pudiera presumir que eran edificios hechos por Españoles. Esta isla me parece muy buena, y diez millas antes que a ella llegásemos se percibían olores tan suaves, que era cosa maravillosa. Fuera de esto se encuentran en esta isla muchos mantenimientos, es decir, muchas colmenas, mucha cera y miel: las colmenas son como las de España, salvo que son mas pequeñas: no hay otra cosa en esta isla según que dicen. Entramos diez hombres tres o cuatro millas la tierra adentro, y vimos pueblos y estancias separadas unas de otras, muy lindamente aderezadas. Hay aquí unos árboles llamados jarales, de que se alimentan las abejas; hay también liebres, conejos, y dicen los Indios que hay puercos, ciervos y otros muchos animales monteses; así en esta isla de Cozumel, que ahora se llama de Santa Cruz, como en la isla de Yucatán, adonde pasamos al día siguiente.

Viernes a 7 de mayo *comenzó a descubrirse la isla de Yucatán* Este día nos partimos de esta isla llamada Santa Cruz, y pasamos a la isla de Yucatán atravesando quince millas de golfo. Llegando a la costa vimos tres pueblos grandes que estaban separados cerca de dos millas uno de otro, y se veían en ellos muchas casas de piedra y torres muy grandes, y muchas casas de paja. Quisiéramos entrar en estos lugares si el capitán nos lo hubiese permitido; mas habiéndonoslo negado, corrimos el día y la noche por esta costa, y al día siguiente, cerca de ponerse el sol, vimos muy lejos un pueblo o aldea tan grande, que la ciudad de Sevilla no podría parecer mayor ni mejor; y se veía en él una torre muy grande. Por la costa andaban muchos Indios con dos banderas que alzaban y bajaban, haciéndonos señal de que nos acercásemos; pero el capitán no quiso. Este día llegamos hasta una playa que estaba junto a una torre, la más alta que habíamos visto, y se divisaba un pueblo muy grande; por la tierra había muchos ríos. Descubrimos una entrada ancha rodeada de maderos, hecha por pescadores, donde bajó a tierra el capitán; y en toda esta tierra no encontramos por donde seguir costeando ni pasar adelante; por lo cual hicimos vela y tornamos a salir por donde habíamos entrado.

Dominica siguiente Este día tomamos por esta costa hasta reconocer otra vez a la isla de Santa Cruz, en la cual volvimos a desembarcar en el mismo lugar o pueblo en que antes habíamos estado; porque nos faltaba agua.

Desembarcados que fuimos no encontramos gente ninguna, y tomamos agua de un pozo, porque no la hallamos de río; aquí nos proveimos de *managi,* que son frutos de árboles de la grandeza y sabor de melones, y asimismo de ages, que son raíces como zanahorias al comer; y de *ungias,* que son animales que en Italia se llaman *schirati.* Permanecimos allí hasta el martes, e hicimos vela y tornarnos a la isla de Yucatán por la banda del Norte; y anduvimos por la costa, donde encontramos una muy hermosa torre en una punta, la que se dice ser habitada por mujeres que viven sin hombres; creese que serán de raza de Amazonas. Se veían cerca otras torres al parecer con pueblos: mas el capitán no nos dejó saltar en tierra. En esta costa se veía gente y muchas humaredas una tras otra: y anduvimos por ella buscando al cacique o señor Lázaro, el cual era un cacique que hizo mucha honra a Francisco Fernández, capitán de la otra armada, que fue el primero que descubrió esta isla y entró en el pueblo. Dentro del dicho pueblo y asiento de este cacique está un río que se dice *río de Lagartos:* como estábamos muy necesitados de agua, el capitán nos mandó que bajásemos a tierra para ver si había en ella agua, y no se halló; pero se reconoció la tierra. Nos pareció que estábamos cerca del dicho cacique, y anduvimos por la costa y llegamos a él; y surgimos a cosa de dos millas de una torre que estaba en el mar, a una milla del lugar que habita el dicho cacique. El capitán mandó que se armasen cien hombres, con cinco tiros y ciertos arcabuces para saltar en tierra.

Otro día de mañana, y aun toda la noche, sonaban en tierra muchos tambores, y se oían grandes gritos, como de gente que vela y hace guardia, pues estaban bien apercibidos. Antes del alba saltamos nosotros en tierra y nos arrimamos a la torre, donde se puso la artillería, y toda la gente quedó al pie; y los espías de los Indios estaban cerca mirándonos. Las barcas de los navíos volvieron por el resto de la gente, que había quedado en la nave, que fueron otros cien hombres, y aclarando el día vino un escuadrón de Indios; nuestro capitán mandó a la gente que callase, y al intérprete que les dijese: que no queríamos guerra, sino solamente tomar agua y leña, y que al punto nos marcharíamos: y luego fueron y vinieron ciertos mensajeros, y creímos que el intérprete nos engañaba, porque era natural de esta isla y pueblo; pues como viese que le hacíamos guardia y no se podía ir, lloraba, y de esto tomamos mala sospecha; por último hubimos de seguir en ordenanza la vuelta de otra torre que estaba más adelante. Los Indios nos dijeron que no prosiguiéramos, sino que retrocediésemos a tomar agua de una peña que había quedado atrás, la cual era poca y no se podía coger, y seguimos nuestro camino la vuelta del pueblo deteniéndonos los Indios cuanto podían, y así hubimos de llegar a un pozo donde Francisco Fernández, capitán de la otra armada, tomó agua el primer viaje. Los Indios llevaron al capitán una gallina cocida y muchas crudas, y el capitán les preguntó si tenían oro para cambiar por otras mercaderías, y ellos trajeron una máscara de madera dorada y otras dos piezas como patenas de oro de poco valor, y nos dijeron que nos fuéramos, que no querían que tomáramos agua. En esto al oscurecer vinieron los Indios a regalarse con nosotros, trayendo maíz, que es la raíz de que hacen el pan, y asimismo algunos panecillos de la dicha raíz; mas todavía rogaban que nos fuésemos, y toda aquella noche hicieron muy bien su vela y tuvieron buena guarda. Otro día de mañana salieron y se hicieron en tres escuadrones, y traían muchas flechas y arcos; y los dichos Indios iban vestidos de colores: nosotros estábamos apercibidos. Vinieron un hermano y un hijo del cacique a decirnos que nos marchásemos, y el intérprete les respondió: que a otro día nos iríamos y que no queríamos guerra, y así nos quedamos. En esto ya tarde volvieron los Indios a vista de nuestro ejército, y toda la gente estaba desesperada porque el capitán no los dejaba pelear con los Indios. Los cuales aquella noche estuvieron asimismo con buena guarda; y a otro día de mañana se apercibieron y puestos en ordenanza volvieron a decirnos que nos fuésemos; y al punto pusieron en medio del campo un tiesto con cierto sahumerio, diciéndonos que nos fuéramos antes que aquel sahumerio se consumiese, que de no hacerlo así nos darían guerra. Y acabado el sahumerio nos empezaron a tirar muchas flechas, y el capitán mandó disparar la artillería, con que murieron tres Indios, y nuestra gente empezó a perseguirlos hasta que huyeron al pueblo; quemamos tres casas de paja y los ballesteros mataron algunos Indios. Ocurrió aquí un grave accidente; que algunos de los nuestros siguieron el estandarte y otros al capitán; y por estar entre muchos hirieron cuarenta cristianos y mataron uno; y cierto que según su determinación, si no fuera por los tiros de artillería nos hubieran dado bien en qué entender, y así nos retiramos a nuestro real donde se curaron los heridos, y no volvió a parecer Indio alguno. Pero ya tarde vino uno trayendo una máscara de oro, y dijo que los Indios querían paz, y todos nosotros rogamos al capitán que nos dejase vengar la muerte del cristiano, mas no quiso, antes nos hizo embarcar aquella noche; y ya que estuvimos embarcados no vimos más Indios, salvo uno sólo; el cual vino a nosotros antes de la batalla, y era esclavo de aquel cacique o señor, según que nos dijo; éste nos dio señas de un paraje donde dijo que había muchas islas, en las cuales había carabelas y hombres como nosotros, sino que tenían las orejas grandes, y que tenían espadas y rodelas, y que habla allí otras muchas provincias: y dijo al capitán que quería venir con nosotros, y él no quiso traerlo, de lo cual fuimos todos descontentos. La tierra que corrimos hasta el 29 de mayo que salimos del pueblo del cacique Lázaro, era muy baja y no nos contentó nada, porque era mejor la isla de Cozumel, llamada de Santa Cruz. De aquí reconocimos hasta Champotón donde Francisco Fernández, capitán de la otra armada, había dejado la gente que le mataron, que es lugar distante treinta y seis millas, poco más o menos, de este otro cacique; y por esta tierra vimos muchas sierras y muchas barcas de Indios, que dicen *canoas,* con que pensaban darnos guerra. Y como se llegasen a un navío les tiraron dos tiros de artillería, los cuales les pusieron tanto temor, que huyeron. Desde las naves vimos las casas de piedra, y en la orilla del mar una torre blanca en la que el capitán no nos dejó desembarcar.

El día último de mayo encontramos por fin un puerto muy bueno, que llamamos *Puerto Deseado,* porque hasta entonces no habíamos hallado ninguno; aquí asentamos y salió toda la gente a tierra, e hicimos una enramada y algunos pozos de donde se sacaba muy buena agua; y aquí aderezamos una nave y la carenamos, y estuvimos en este puerto doce días, porque es muy deleitoso y tiene mucho pescado; y el pescado de este puerto es todo de una suerte; se llama jurel y es muy buen pescado. En esta tierra encontramos conejos, liebres y ciervos, y por este puerto pasa un brazo de mar por el que navegan los Indios con sus barcos, que llaman canoas; de esta isla pasan a rescatar a tierra firme de la India, según dijeron tres Indios que tomó el general de Diego Velázquez, quienes afirmaron las cosas arriba dichas. Y los pilotos declararon, que aquí se apartaba la isla de Yucatán de la isla rica llamada *Valor*, que nosotros descubrimos. Aquí tomamos agua y leña, y siguiendo nuestro viaje fuimos a descubrir otra tierra que se llama Mulua y a acabar de reconocer aquella. Comenzamos a 8 días del mes de junio; y yendo la armada por la costa unas seis millas apartada de tierra, vimos una corriente de agua muy grande que salía de un río principal, el que arrojaba agua dulce cosa de seis millas mar adentro. Y con esta corriente no pudimos entrar por el dicho río, al que pusimos por nombre el río *de Grijalva*. Nos iban siguiendo más de dos mil Indios y nos hacían señales de guerra. En este puerto, luego que llegamos, se echó al agua un perro, y como lo vieron los Indios creyeron que hacían gran hazaña, y dieran tras él y lo siguieron hasta que lo mataron. También a nosotros nos tiraron muchas flechas, por lo que asestamos un tiro de artillería y matamos un Indio. A otro día pasaron, de la otra banda hacia nosotros más de cien canoas o barcas, en las que podría haber tres mil Indios, quienes mandaron una de las dichas canoas a saber qué queriamos; el intérprete les respondió que buscábamos oro, y que si lo tenian y lo querian dar, que les dariamos buen rescate por ello. Los nuestros dieron a los Indios de la dicha canoa ciertos vasos y otros útiles de las naves para contentarles, por ser hombres bien dispuestos. Un Indio de los que se tomaron en la canoa del Puerto Deseado fue conocido de algunas de los que ahora vinieron, y trajeron cierto oro y lo dieron al capitán. Otro día de mañana vino el cacique o señor en una canoa, y dijo al capitán que entrase en la embarcación; hízolo así y dijo el cacique a uno de aquellos Indios que consigo traía, que vistiese al capitán: el Indio le vistió un coselete y unos brazaletes de oro, borceguíes hasta media pierna con adornos de oro, y en la cabeza le puso una corona de oro, salvo que la dicha corona era de hojas de oro muy sutiles. El capitán mandó a los suyos que asimismo vistiesen al cacique, y le vistieron un jubón de terciopelo verde, calzas rosadas, un sayo, unos alpargates y una gorra de terciopelo. Luego el cacique pidió que le diesen el Indio que traia el capitán, y éste no quiso; entonces el cacique le dijo, que lo guardase hasta el otro día, que se lo pesaría de oro; mas no quiso aguardar. Este río viene de unas sierras muy altas, y esta tierra parece ser la mejor que el sol alumbra; y si se ha de poblar más, es preciso que se haga un pueblo muy principal: llámase esta provincia Potonchán. La gente es muy lucida, que tiene muchos arcos y flechas, y usa espadas y rodelas: aquí trajeron al capitán ciertos calderos de oro pequeños, manillas y brazaletes de oro. Todos querían entrar en la tierra del dicho cacique, porque creían sacar de él más de mil pesos de oro, pero el capitán no quiso. De aquí se partió la armada y fuimos costeando hasta encontrar un río con dos bocas, del que salía agua dulce, y se le nombró de San Bernabé, porque llegamos a aquel lugar el día de San Bernabé. Esta tierra es muy alta por lo interior, y presúmese que en este río haya mucho oro; y corriendo por esta costa vimos muchas humaredas una tras otra, colocadas a manera de señales, y más adelante se parecía un pueblo, en el cual dijo un bergantín que andaba registrando la costa, que había visto muchos Indios que se descubrían desde la mar, y que andaban siguiendo la nave, y traían arcos, flechas y rodelas relucientes de oro, y las mujeres brazaletes, campanillas y collares de oro. Esta tierra junto al mar es baja, y de dentro alta y montuosa; y así anduvimos todo el día costeando para descubrir algún cabo y no pudimos hallarlo.

Y llegados cerca de los montes, nos encontramos en el principio o cabo de una isleta que estaba en medio de aquellos montes, distante de ellos unas tres millas; surgimos y saltamos todos en tierra en esta isleta, que llamamos *Isla de los Sacrificios:* es isla pequeña y tendrá unas seis millas de bojeo; hallamos algunos edificios de cal y arena, muy grandes, y un trozo de edificio asimismo de aquella materia, conforme a la fábrica de un arco antiguo que está en Mérida, y otros edificios con cimientos de la altura de dos hombres, de diez pies de ancho y muy largos; y otro edificio de hechura de torre, redondo, de quince pasos de ancho, y encima un mármol como los de Castilla, sobre el cual estaba un animal a manera de león, hecho asimismo de mármol, y tenía un agujero en la cabeza en que ponían los perfumes; y el dicho león tenía la lengua fuera de la boca, y cerca de él estaba un vaso de piedra con sangre, que tendría ocho días, y aquí estaban dos postes de altura de un hombre, y entre ellos había algunas ropas labradas de seda a la morisca, de las que llaman almaizares; y al otro lado estaba un ídolo con una pluma en la cabeza, con el rostro vuelto a la piedra arriba dicha, y detrás de este ídolo había un montón de piedras grandes; y entre estos postes, cerca del ídolo, estaban muertos dos Indios de poca edad envueltos en una manta pintada; y tras de las ropas estaban otros dos Indios muertos, que parecía haber tres días que lo fueron, y los otros dos de antes llevaban al parecer veinte días de muertos. Cerca de estos Indios muertos y del ídolo había muchas cabezas y huesos de muerto, y había también muchos haces de pino, y algunas piedras anchas sobre las que mataban a los dichos Indios. Y había allí también un árbol de higuera y otro que llaman *zuara*, que da fruto. Visto todo por el capitán y la gente, quiso ser informado si esto se hacía por sacrificio, y mandó a las naves por un Indio que era de esta provincia, el que viniendo para donde estaba el capitán, cayó de repente desmayado en el camino, pensando que lo traían a quitarle la vida. Llegado a la dicha torre le preguntó el capitán, porqué se hacia tal cosa en esa torre, y el Indio le respondió que se hacía por modo de sacrificio; y según lo que se entendió degollaban a estos en aquella piedra ancha y echaban la sangre en la pila, y les sacaban el corazón por el pecho, y lo quemaban y ofrecían a aquel ídolo; les cortaban los molledos de los brazos y de las piernas y se los comían; y esto hacían con sus enemigos con quienes tenían guerra. Mientras el capitán hablaba, desenterró un cristiano dos jarros de alabastro, dignos de ser presentados al Emperador, llenos de piedras de muchas suertes. Aquí hallamos muchas frutas, todas comibles, y a otro día por la mañana vimos muchas banderas y gente en la tierra firme, y el general mandó al capitán Francisco de Montejo en una barca con un Indio de aquella provincia, a saber lo que querían: y en llegando le dieron los Indios muchas mantas de colores, de muchas maneras y muy hermosas, y Francisco de Montejo les preguntó si tenían oro, que les daría rescate; ellos se respondieron que lo traerían a la tarde, y con esto se volvió a las naves. Luego a la tarde vino una canoa con tres Indios que traían mantas como las otras, y dijeron que a otro día traerían más oro, y así se fueron. Otro día por la mañana aparecieron en la playa con algunas banderas blancas y comenzaron a llamar al capitán el cual saltó en tierra con cierta gente, y los Indios le trajeron muchos ramos verdes para sentarse, y así todos incluso el capitán se sentaron; diéronle al punto unos cañutos con ciertos perfumes, semejantes al estoraque y al benjuí, y en seguida le dieron de comer mucho maíz molido, que son aquellas raíces de que hacen el pan, y tortas y pasteles de gallina muy bien hechos; y por ser viernes no se comieron: luego trajeron muchas mantas de algodón muy bien pintadas de diversos colores. Aquí estuvimos diez días, y los Indios todas las mañanas antes del alba estaban en la playa haciendo enramadas para que nos pusiésemos a la sombra; y si no íbamos pronto se enojaban con nosotros, porque nos tenían muy buena voluntad, y nos abrazaban y hacían muchas fiestas; y a uno de ellos, llamado Ovando, le hicimos cacique dándole autoridad sobre los demas, y él nos mostraba tanto amor que era cosa maravillosa. El capitán les dijo que no queríamos sino oro, y ellos le respondieron que lo traerían; al día siguiente trajeron oro fundido en barras, y el capitán les dijo que trajesen más de aquello; y a otro día vinieron con una máscara de oro muy hermosa, y una figura pequeña de hombre con una mascarilla de oro, y una corona de cuentas de oro, con otras joyas y piedras de diversos colores. Los nuestros les pidieron oro de fundición, y ellos se lo enseñaron y les dijeron que salía del pie de aquella sierra, porque se hallaba en los ríos que nacían de ella; y que un Indio solía partir de aquí y llegar allá a medio día, y hasta la noche tenía tiempo de llenar un cañuto del grueso de un dedo; y que para cogerlo se metían al fondo del agua y sacaban las manos llenas de arena, para buscar luego en ella los granos, los que se guardaban en la boca; por donde se cree que en esta tierra hay mucho oro. Estos Indios lo fundían en una cazuela, donde quiera que lo hallaban, y para fundirlo les servían de fuelles unos cañutos de caña, con los que encendían el fuego; y así lo vimos hacer en nuestra presencia. El dicho cacique trajo de regalo a nuestro capitán un muchacho como de veinte y dos años, y él no quiso recibirlo.

Esta es una gente que tiene mucho respeto a su señor, porque delante de nosotros cuando no nos aparejaban presto las sombras les daba de palos el cacique. Nuestro capitán los defendía, y nos prohibía que cambiáramos nuestras mercaderías por sus mantas; y por esto los Indios venían ocultamente a nosotros sin temor ninguno, y uno de ellos se acercaba sin recelo a diez cristianos, trayéndonos oro y excelentes mantas, y nosotros tomábamos éstas y dábamos el oro al capitán. Había aquí un río muy principal donde teníamos asentado el real; y los nuestros viendo la calidad de la tierra tenían pensamiento de poblarla por fuerza, lo cual pesó al capitán. Y él fue quien de todos mas perdió, porque le faltó ventura para enseñorearse de tal tierra, donde tiénese por cierto que dentro de seis meses no hubiera habido quien hallase menos de dos mil castellanos; y el rey tuviera más de los dos mil: cada castellano vale un ducado y un cuarto: y así partimos del dicho lugar muy descontentos por la negativa del capitán. Al tiempo de partirnos, los Indios nos abrazaban y lloraban por nosotros; y trajeron al capitán una India tan bien vestida, que de brocado no podría estar más rica. Creemos que esta tierra es la más rica y más abundante del mundo en piedras de gran valor, de las que se trajeron muchas muestras, en especial una que se trajo para Diego Velázquez, lo cual se presume, según su labor, que vale más de dos mil castellanos. De esta gente no sé qué decir más, porque aun quitando mucho de lo que se vió, apenas puede creerse.

De aquí dimos a la vela para ver si al fin de aquella sierra se acababa la isla: la corriente del agua era muy fuerte. Para allá nos dirigimos y navegamos hacia un lugar asentado bajo la dicha sierra, al que llamamos Almería por causa de la otra que está llena de mucho ramaje. De este lugar salieron cuatro canoas o barcas que se allegaron al bergantín que traíamos, y le dijeron que prosiguiese su viaje porque ellos se alegraban de su venida; y con tanto empeño lo rogaban a los del bergantín, que hasta parecía que lloraban; más por causa de la nao capitana y de las otras naves que venían más atrás, nada se hizo ni llegamos a ellos. Más adelante encontramos otra gente más fiera; y como vieron los navíos salieron doce canoas de Indios de un gran pueblo, que visto desde el mar no parecía menos que Sevilla, así en las casas de piedra como en sus torres y en su grandeza. Estos Indios salieron contra nosotros con muchas flechas y arcos, y derechamente vinieron a atacarnos, con intención de hacernos prisioneros, por creerse bastantes para ello; mas como llegaron y vieron que los navíos eran tan grandes, se alejaron y comenzaron a tirarnos flechas; visto lo cual mandó el capitán que se descargasen la artillería y ballestas, con que murieron cuatro Indios y se echó a fondo una canoa, por lo que no atreviéndose a más, huyeron los dichos Indios. Nosotros queríamos entrar en su pueblo, y nuestro capitán no quiso.

Este día ya tarde vimos un milagro bien grande, y fue que apareció una estrella encima de la nao después de puesto el sol, y partió despidiendo continuamente rayos de luz, hasta que se puso sobre aquel pueblo grande, y dejó un rastro en el aire que duró tres horas largas; y vimos además otras señales bien claras, por donde entendimos que Dios quería para su servicio que poblásemos en aquella tierra; y llegando así al dicho pueblo, después de visto el referido milagro, la corriente del agua era tan grande, que los pilotos no osaban ir adelante, y determinaron de volver atrás, y dimos vuelta: y siendo la corriente así tan grande y el tiempo no muy bueno, el piloto mayor puso la proa al mar: después que hubimos virado pensamos pasar delante del pueblo de San Juan, que es donde estaba el cacique antes dicho que se llama Ovando, y se nos rompió una entena de una nave; por lo que no dejamos de voltejear por el mar, hasta que arribamos a tomar agua. En quince días no anduvimos sino cosa de ciento veinte millas desde que venimos a reconocer la tierra donde estaba el río de Grijalva; y reconocimos otro puerto que se llama San Antonio, al cual nosotros pusimos nombre, porque entramos en él por falta de agua para la despensa; y aquí estuvimos aderezando la entena rota y tomando el agua necesaria, en lo que gastamos ocho días. En este puerto encontramos un pueblo que se veía de lejos, y el capitán no nos dejó ir a él: tanto más que una noche garraron ocho navíos y vinieron a chocar contra los otros y se rompieron ciertos aparejos de los dichos navíos. Queríamos sin embargo permanecer allí; pero el capitán no quiso, y saliendo de aquel puerto, la nao capitana dio en un bajo y se le rompió una tabla; y como viéramos que se anegaba, pusimos en tierra una barcada de treinta hombres; y puestos que fueron en tierra vimos unos diez Indios de la otra parte, y traían treinta y tres hachuelas, y llamaron a los cristianos que se acercasen, haciéndoles señas de paz con la mano, y según su costumbre se sangraban la lengua y escupían en el suelo en señal de paz. Dos de nuestros cristianos fueron a ellos; pidiéronles las dichas hachuelas, que eran de cobre, y ellos las dieron de buen grado. Como estaba rota la dicha nave capitana fue necesario desembarcar todo lo que tenía dentro, y asimismo toda la gente; y así en el dicho puerto de San Antonio hicimos nuestras casas de paja, que nos fueron de mucho provecho por el mal tiempo; pues determinamos quedarnos en el dicho puerto para adobar la nave, que fueron quince días, en los cuales los esclavos que traíamos de la isla de Cuba andaban en tierra, y hallaron muchas frutas de diversas suertes, todas comibles: y los Indios de aquellos lugares traían mantas de algodón y gallinas, y dos veces trajeron oro; pero no osaban venir con seguridad por temor de los cristianos, y nuestros esclavos dichos no tenían temor de ir y venir por aquellos pueblos y la tierra adentro. Aquí cerca de un río vimos que una canoa o barca de Indios había pasado de la otra banda, y traían un muchacho y le sacaban el corazón y lo degollaban ante el ídolo; y pasando de la otra banda el batel de la nao capitana, vieron una sepultura en la arena, y cavando hallaron un muchacho y una muchacha que parecían muertos de poco tiempo; tenían los dichos muertos al cuello unas cadenillas que podían pesar unos cien castellanos, con sus pinjantes; y los dichos muertos estaban envueltos en ciertas mantas de algodón. Cuatro de nuestros esclavos salieron del real y fueron al dicho pueblo de los Indios, quienes les recibieron muy bien, les dieron de comer gallinas, los aposentaron y les enseñaron ciertas cargas de mantas y mucho oro, y les dijeron por señas que habían aparejado las dichas cosas para traerlas a otro día al capitán. Ya que vieron que era tarde y que era hora de volver, les dijeron que se volviesen a las naves, dando a cada uno dos pares de gallinas: y si hubiésemos tenido un capitán como debiera ser, sacáramos de aquí más de dos mil castellanos; y por él no pudimos trocar nuestras mercaderías, ni poblar la tierra, ni hacer letra con él. Aderezada la nave, dejamos este puerto y salimos al mar; rompiose el árbol mayor de una nave, y fue menester remediarlo. Nuestro capitán dijo que no tuviésemos cuidado, y aunque estábamos flacos por la mala navegación y poca comida, nos dijo que quería llevarnos a Champotón, que es adonde los Indios mataron los cristianos que trajo Francisco Fernández, capitán, como hemos dicho, de la otra armada; y así nosotros con buen ánimo comenzamos a aparejar las armas y poner a punto la artillería. Estábamos a más de cuatro millas del pueblo de Champotón, y así desembarcamos cien hombres en los bateles, y fuimos a una torre bien alta que estaba en tierra a un tiro de ballesta del mar, donde nos quedamos a esperar el día. Había muchos Indios en la dicha torre, y luego que nos vieron venir dieron un grito y se embarcaron en sus canoas y comenzaron a rodear los bateles; los nuestros les tiraron algunos tiros de artillería, y ellos se fueron a tierra y desampararon la torre, y nosotros la ocupamos. Acercáronse las barcas con la gente que había quedado en los navíos, la cual toda saltó en tierra, y el capitán comenzó a tomar el parecer de la gente, y todos con buen ánimo querían entrar a vengar la muerte de los cristianos dichos y quemar el pueblo; mas después se acordó no entrar y nos embarcamos dirigiéndonos al otro pueblo de Lázaro donde salimos a tierra y tomamos agua, leña y mucho maíz, que es la raíz ya dicha con que hacen el pan, del cual hubimos bastante para toda la travesía. Atravesamos por esta isla e hicimos rumbo a este puerto de San Cristóbal, y encontramos otro navío que el Señor Diego Velázquez había enviado contra nosotros, creyendo que habíamos poblado algún lugar, y apartose del camino, que no nos halló; y tenía otros siete navíos, que hacía doce días que nos andaba buscando; y como supo nuestra venida y que no habíamos poblado hubo pena de ello, y mandó a toda la gente que no pasase de esta provincia, proveyéndola de todo lo necesario para la vida; y que al punto, siendo Dios servido, quería que fuésemos tras los otros.

Después del viaje referido escribe el capitán de la armada al Rey Católico, que ha descubierto otra isla llamada Ulúa, en la que han hallado gentes que andan vestidas de ropas de algodón; que tienen harta policía, habitan en casas de piedra, y tienen sus leyes y ordenanzas, y lugares públicos diputados a la administración de justicia. Adoran una cruz de mármol, blanca y grande, que encima tiene una corona de oro; y dicen que en ella murió uno que es mas lúcido y resplandeciente que el sol. Es gente muy ingeniosa, y se advierte su ingenio en algunos vasos de oro y en muy primas mantas de algodón con figuras tejidas, de pájaros y animales de varias suertes; cuyas cosas dieron los habitantes de la dicha isla al capitán, quien luego mandó buena parte de ellas al Rey Católico; y todos comúnmente las han tenido por obras de mucho ingenio. Y es de saberse que todos los Indios de la dicha isla están circuncidados; por donde se sospecha que cerca se encuentren Moros y Judíos, pues afirmaban los dichos Indios que allí cerca había gentes que usaban naves, vestidos y armas como los Españoles; que una canoa iba en diez días adonde están, y que puede ser viaje de unas trescientas millas.

Aquí acaba el Itinerario de la isla de Yucatán; la cual fue descubierta por Juan de Grijalva, capitán de la armada del rey de España: escribiolo su capellán.

Itinerario de larmata del re catholico in india verso la isola de luchathan del anno m. D. XVIII. Alla qual fu presidente & capitán general Ioan de Grisalva El qual e facto per el capellano maggior de dicta armata a sua altezza.

Sabbato il primo giorno del mese de Mazo de questo sopradito anno parti il dicto capitaneo de larmata de lisola Fernandina dove se prese el suo camino per seguir el suo viaggio: el luni sequente che fu tre giorni de questo mese de Mazo vedessimo terra, et giongendo cerca della vedessemo una ponta una casa biancha et alchune altre coperte de paglia et uno laghetto che nasceva de lacqua corrente del mare fra terra, et per esser el giorno de Sancta Croce, et vedessimo che per quella parte era tutta piena de scani et scogli per la qual cosa noi andassimo per laltra costa donde vedessemo la predicta casa piu chiaramente, et era una torre piccola che parve esser de longheza de una casa de VIII palmi et altezza de statura de uno homine et li sorgiete larmata quasi sei miglia da terra, donde veneno doi barchete quale appellano canoe, et chada una haveo tre indiani che le navigava alli quali gionsero uno trar de bbarda lontano da le navi, et non volsi piu approximarsi, nelli possemo parlare ne sapere cosa alcuna de loro, excepto che ne deteno signali che laltro di sequente la mata ne veneria alle nave el cacique che vol dir in la sua lingua il signor del loco et laltro giorno da matina ne facessemo a la vela per veder una pota q'l apparea, et disse il piloto che era lisola de luchathan: tra questa pta et la pta de Coçumel dove eravamo trovamo uno golfo per el qual trassemo et gigemo circa alla terra di dieta isola de Coçumel, et andamo la costigido per la qual da dicta pra torre vedesserno altre XIIII torre de la medema forma sopradicta, et inante che partissemo de la torre tornarno le dicte doi barchete de indiani le quale era un signor del luoco dicto el cacique. El qual tro a la nave capitanea et parlo per terprete et disse che li capitaneo andasse i suo vilaggio over loco che li faria molto honore: et gli nostri dimandarno delli christiani che Francesco Fernandez capitán de laltra prima armata havea lassato ne lisola de luchathan: et lui le respose che uno di loro era vivo et laltro morto: et havendoli donato el capitaneo camise spagnole et altre cose, li diti Indiani se ritornorno a casa sua.

Et noi facemo vela et partissemo per la costa per ritrovar dicto xpiano qual era stato lassato ivi con suo cpagno per informarsi la natura et condition della isola. Cosi andavamo lontan della terra uno tirar de pietra per haver quella costa el mare molto fondo. Questa terra pareva molto piacevole, ctammo dalla dicta pta quatordesse torre la forma sopradetta, et quasi tramontando el sole vedessemo una torre biancha che parca esser molto grande alla quale gigessemo et vedessemo appresso la molti Indiani homini et donne che ne stavano guardando, et stetteno ivi fin ch'larmata si fermo uno trar de balestra lontan dalla dieta torre, la quale ne aparse esser molto grande; et sonava tra li Indiani grandissimo strepito de tburi: la quale era causato da la molta gente che habita in dicta isola.

Giobia a sei giorni del dicto mese de Magio el dicto capitaneo comando che se armasse et apparechiasse C homini li quali posti in le barche saltorno in terra, et uno prete insieme con loro, li quali credete haver assai al incontro: et cosi apparechiati et posti in ordenanza gigeno alla torre dove non apparse in essa gente alcuna, ne per tutto el territorio vedessemo persona alchuna: et li el capitaneo monto sa la dicta torre insieme col bandirale c la bandera in mano la quale pose in loco che conveniva al servitio del Re catolico: et ivi fu preso la possessione in nome de sua altezza, et ne prese testimonio; et fu attacada per fede et testimonianza de la dicta possessione una patente del dicto capitaneo in una da le fazzade do la dicta torre la quale e de XVIII gradi de altura et tutta massiza al pede et tenía a torno a torno CLXXX piedi, et incima do essa era una torre piccola la quale era de statura de homini doi uno sopra laltro: et dentro teniva certe figure et ossi et de cenise de idoli che cono quelli ch' adoravano loro, et secondo le sue maniere se presume che sono idolatri: stando el capitaneo con molti degli nostri incima de dicta torre intro uno Indiano accompagnato de altri tre quali guardavano alla porta et pose dentro una testola con alcuni profumi molto odoriferi che parevano storazze: et questo Indiano era huomo vecchio et portava li diti de li pedi tagliati, et dava molti profumi a quelli idoli che erano dentro in la torre, et dicea ad alta voce uno canto quasi de uno tenore, et secondo quello potessemo cprendere credemo che lui chiamava quelli suoi idoli, et dettero al capitaneo et altre persone delle nostre alchune canne de doi palmi longhe luna, et brusandole facevano molti suavi odori, et incontinente se pose in ordine in questa torre, et se dice la Messa, et finito de dir la Messa incontinente comando el capitaneo che se publicasseno certi capituli che convenivano al servitio de sua altezza: et subito venne quello Indiano medemo che se presume essere sacerdote degli altri et haveva in sua compagnia altri octo Indiani li quali portarno galline mieli et certe radice de le quale fanno el pane le quale chiamano maiz, et lo capitaneo li disse che non volcano si non oro: quelli dicono in sua lengua taquin: et li dimostro volere dare el contracambio de mezze che portavano per darli: et questi Indiani guidarno el capitaneo insieme con altri X o dodeci et li di dettero da mangiare in un cenaculo murato de piedra acerca acerca, et coperto de paglia et denze de questo luocho stava uno pozzo donde bevete tutta la gente et alle nove ore de giorno, che sono circa qudese a la Italiana gia non appareva piu Indiano alchuno in tutto quel luocho et cosi ne lassarno soli et intrammo per quello medemo luoco dove erano tutte case de pietra, et fra le altre gli ne erano cinque con le sue torre incima fate molto gentilmente excepto tre torre gli piedi sopra li quali sono edifichate tengono gran campo et son massici et le cime de sopra sono picchole, et questi parano esser edefici vecchi: ben che gli ne sono alchuni de novi.

Questo vilagio overo populo teniva le strade saligiate de piedra inconcavo che da le bande via stava alzata et in mezzo declinava inconcavata et quella parte de mezzo de la strada era saligiata tutta pietre grande per el longo haveano anchora li habitanti de quel locho molte case facte de gli fondamenti de pietre et de terra fin al mezo de li muri et poi coperti de paglia. Queste gente de dicto locho in li edificii et in le case parano essere gente de gran ingegno: et si non fusse per che pareva che li fussero alchuni edificii novi se haveria presumesto che fussero stati edificii facti per Spagnoli: questa isola me pare molto bona, et avanti che li agiungessemo a dieci miglia olevano alchuni odori tanti suavi che era cosa maravigliosa. Oltra questo sia a trovar in essa molte cose da mangiare zoe molti alochari molta cera: et miele. Sono li aluchari cosi come quelli de Spagna salvo che sono piccoli: non tiene questa isola altra cosa secondo che dicono. Entrammo fra terra diece homini fina tre o quatro miglia, et trovamo casali stantie deseparate una da laltra, molto politamente apparade sono ivi arbori che si dimandano sarales li qual se pascono le ape et livi sono anche lepore conigli et dicono li Indiani che li sono porci et cervi et molti altri animali de monte et a questa isola de Cocumel che ahora se adimanda Santa Croce: et pare la isola de lucathan a la qual passemo il di sequente.

Venere a sette de Mazo comenzo a trovarsi la isola de luchathan In questo giorno partissemo de questa isola chiamata Sancta Croce: et traversamo a la isola de luchathan che he XV miglia de golfo: et giongendo alla costa de lei vedessemo tre vilagi grandi che stavano circa doi miglia discosto uno da laltro et peva in essi molte case pietra et torre molto grande, et molti casali de paglia. In questi lochi noi volevemo intrare sel capitán avesse voluto, ma negando celo scorremo el di et la nocte per questa costa, et laltro giorno circa del tramontar del sole vedessemo molto da longe uno populo overo vilaggio si grande che la citta de Siviglia non potea parer magior ne miglior et apparse una torre molto grande in lui; et per la costa erano molti Indiani et portavano due bandiere le qual alzavano et bassavano dandoli segnal che andassemo da loro: el capitán non li volse andare: et in questo giorno giongemo fin ad una spiaza che stava giunto ad una torre la piu alta che havemo visto et apparevano uno populo overo vilagio molto grande et molti fiumi erano per la terra: et apparse una bocca de una caravana circundata de legniame facta per piscatori dove dismouto in terra il capitaneo et per tutta questa terra non trovamo per dove scorrere questa costa ne passar inanti, et per questo facemo vela et tornamo ad uscire per dove eravamo intracti.

Dominica sequente In questo giorno tornamo per questa costa fina che recognossemo una altra volta lisola de Sancta Croce la qual tornamo a desimbarcare in nel medemo loco over vilagio in nel qual inanti gieravamo stati per che ne mancava lacqua.

Et disimbarcati che fussemo non trovammo gente alchuna et prendessemo acqua uno pozo per che non vedessemo fiumare et qui ne provedessemo de molti managi che sono fructi de arbori che sono della grandezza et sapore de meloni et similmente de ages che sono radice como pastenaghe al mangiare: et de ungias che sono animali che se dicono in Italia schirati: stesserno li fino al marti et de li facessemo vela et tornamo a la isola de luchathan per la banda de tramontana et andassemo per la costa dove trovamo una torre molto bella in una ponta la qual se diceva esser habitada da donne che viveno senza homini: se crede che siano de la stirpe de le amazone: et parevano altre torre cerca che parevano haver vilaggi: el capitaneo non ne lasso saltar in terra: in questa costa pareva gente et molti fumi uno avanti laltro et andmo per efla cercando del cacique Lazaro overo signore qual era un cacique che fece molto bonore a Francesco Fernandez capitán de laltra armata che fu el primo che descoprite questa insola ct che intro nel vilaggio: et intra el dicto vilaggio et loco de questo cacique e un fiume che se dice fiuine de Lagartos et essendo noi in molta necessita de acqua el capitaneo ne comando che saltasdemo in terra in questa costa per veder se gliera acqua et non se trovo salvo che se cognoscette la terra: et ne apparse che stavami cerca del dicto cacique et andassemo per la costa et giongenio a lui et surgessemo cercha doi miglia appresso una torre che stava posta sul mare lontano dal loco dove habita el dicto cacique un miglio. El capitaneo comando che se armasseno C hi. et V pezi de bombarda et certi schiopetti per saltar in terra: laltro giorno da matina et anche tutta la nocte sonavano in terra molti tburi et se facevano grandi gridi ce gente che vegliavano et facevano guardia stavano ben apparechiati et noi altri avanti de lalba saltamo in terra: et ne ponessemo giontamente alla torre in la quale se poseno lartegliarie et tutta la gente al pie della: et le spie de Indiani ne stavano a cercha mirandone et le barche de le nave ritornorno a levar el resto della gente che era rimasta in la nave che furono altri cento homini: et facendose claro el giorno venne una squadra de Indiani: e lo capitaneo nostro comando alla gente che tacesse: e a lo turcimano che lo dicesse non volevano guerra ma solamente pigliar acqua et legne et che incontinente volevamo partire et incontinente andorono et ritornorono certi messagieri et credemo chel turcimano ne inganasse per che era naturale de questa isola et vilaggio: per che come el viste che noi facevamo la guardia et che non se poteva andar piangeva et questo prendemo mal suspecto: in fine havessemo andare inanci in nostra ordenanza alla volta una altra torre che stava piu inanci: et li Indiani ne disseno che non passassemo et che ritornassemo a prender acqua de uno sasso che era rimasto a drieto: la quale era pocha et non se poteva pigliar: et noi seguitamo el nostro camino alla volta del vilaggio: et li Indiani ne detenivano quanto potevano: et cosi havessemo do gionger ad uno pozo dove Francesco Fernandez capitaneo de laltra armata prese acqua il primo viaggio: et li Indiani portorno al capitaneo una gallina alessada et molte cruda, et el capitaneo li dimando se havevano oro per cambio de altre merce et essi ne portorno una maschera de legno adorata et doi altre pece come patene doro poco valore et ne dissero che se partessemo che non volevano che prendessemo acqua. In questo di sul tardi veneno diti Indiani a far buona ciera con noi altri et ne portarno maíz ch' e quella radice de la qual fanno el pane et similmente alchuni pani piccoli de la dicta radice: imperho tutta via solicitavano si che partissemo et tutta quella nocte feceno la veglia molto ben et tenero la sua guarda: et laltro giorno da matina uscirno et se feceno in tre squadroni et portavano molte freze et molti archi et erano dicti Indiani vestiti colore et nui altri stavamo aparechiati et vene uno fratello et uno figliolo del cacique et ne disse che ne partessimo et lo torciman li respose che laltro giorno nui ptissemo et che non volevano guerra et cosi stessemo: in questo di sul tardi ritornorono li Indiani a veder el nostro exercito et tutta la nostra gente stavano desperada per che el capitaneo non li lassava combattere con li Indiani li quali quella nocte similmente feceno la guarda molto ben: et laltro giorno da mattina se apparechiorno et posti in ordenanza ne tornorno a dirne che ne partissemo et incontinente essi possono in mezzo al cpo una testola con alchuni pfi et ne disserono che ne partissemo inanti che finisse quel perfumo altramente ne daria guerra, et finendo el perfumo ne scomenzorno forte a tirarne de le frixe, et lo capitaneo comando che se scharicasse lartegliaria quale amazarno tre Indiani et la gente nostra comenzorno a perseguitarli fina che fugiteno nel vilaggio et brusamo tre casali de paglia et li balestrieri amazorno certi Indiani et qui intravenne uno grande inconveniente che alchuni delli nostri seguitorno la bandera et altri el capitaneo et esser tra molti feriteno quaranta christiani et ne amazorno uno: et la verita e che secondo la sua deliberatione se non fusse stato li tiri de lartegliarie ne haveriano dato molto da fare et cosi ne retirassemo al nostro allogiamento et se medicorono li feriti, et non so viste piu Indiano alchuno, ma quando fu sul tardi ne venne uno che porto una altra maschera doro e disse che li Indiani volevano pace et tutti nui altri pregassemo el capitaneo che ne lassasse vendicare la morte del xpiano il qual non volse ancine fece imbarcare quella nocte et dapoi che fusseno imbarcati non vedessemo piu Indiani salvo che uno solo: el quale vene a noi altri inanci el conflito el qual era schiavo de quel cacique over signore secondo chel ne disse et ne fece signal de un circuito dove disse che li erano molte isole ne le qual erano caravelle et homini de la corte nostra excepto che teniva lorechie grande et che teniano spate et rodelle et che li erano molte altre provincie et disse al capitaneo che voleva venire con noi altri et lui non volse portare de la qual cosa restamo tutti discontenti et tutta la terra che noi schorressimo fino a XXIX di mazo che uscissemo del cacique Lazaro era stata molto bassa et non ne contentava niente per che megliore teniva lisola de Cocumel deta de Sancta Croce, et de qui scorremo fin a Champonton dove Francesco Fernandez capitán de laltra armata havea lassato la gente che li amazorno che e loco Itano trenta sei miglia vel circa da questo altro cacique et per questo paese vedemo molti monti et molte barche de Indiani quale dicono canoan con che stavano in pensamento de farne guerra: et dapuoi che gionsero ad uno navilio li tirarno doi tiri de lartegliaria li quali li posserono in tanta pagura che fugitero et vedessemo fin da le nave le case de pietra et una torre biancha su la ripa del mare in la qual torre il capitaneo non ne lasso desmontare.

Lultimo giorno magio finalmente se incontramo con uno porto molto bono al qual ponessemo nome porto Desiderato per che fina qui non havevamo trovato porto alcuno et qui se affermamo et salto tutta la gente in terra et facemo una fraschata et alchune buse in terra dove se cavava molto buona acqua et qui acconciamo una nave et li dessemo carena et stessemo in questo porto dodese zorni perche e molto piacevole et tiene molto pesce et tutto el pesce de questo porto e tutto duna sorte et se chiama zurello et e pesce molto buono: in questa terra trovamo conigli: lepore et cervi et per questo porto passa uno brazo de mare per lo qual vengono lo mare de li Indiani che domandano chanoas: da questa isola passamo a rescatar a terra ferma de lindia secondo che disseno tre Indiani li quali se prenderon el loco tenente Diego Velazquez: li quali affermarno le sopradicte cose et li piloti dechiarorno ch' ivi se tiva la isola de Iuchathan con la isola riccha chiamata Ualor la quale noi altri descoprimo et qui prendemo acqua e legna, et seguimo el nostro viaggio et andamo a descoprir una altra terra che se dice Mulua e finir de cognoscer quella et comenzamo a otto giorni del mese de Jugno andando larmata la costa lontano da terra sei miglia vel circa vedessimo una corrente daque molto grande che uschiva de uno fiume principale el qual buttava acqua dolce sei miglia vel circa in mare et con questa corrente non potessemo montare el dicto fiume al quale ponessimo nome el fiume de Grigelva, et qui seguitorono piu de doi miglia Indiani et ne faceano molti signali de guerra in questo porto incontinente che giongemo se buto uno cane allaque et li Indiani como lo visteron cresseno che facesseno gran fato et andorono drieto a lui: et lo seguitorono fin che lamazzorono et tirano de molte freze ad noi altri onde ch' amolamo un tiro de artigliaria e amazamo uno Indiano: et laltro giorno sequente passorno da laltra banda verso nuoi altri piu de 100 canoe over barche in le quale podeano essere tre millia Indiani li quali mandorno una de le dicte canoe che sapesse quello che cercavamo: et lo torciman le rispose che cercavano oro: et che se lo teniano et se lo volesseno dar che li daressemo bon contracambio per esso et li nostri dete a li Indiani de dicta canoa certi vasi et altri mobili de nave per contentarli maxime che essi erano homini ben disposti e uno Indio de quelli che preseno in la canoa nel Porto Desiderato fu conosciuto da alchuni che veneno allhora et portarno certo oro el qual detteno al cap e laltro giorno da mattina vene el cacique over signor una canoa et disse al ca. che se intrasseno nel batello: ge intro et disse el cacique ad uno de quelli Indiani che menava seco che vestisse el capi. el qual lo vestite de uno corsaletto doro: et alchuni brazali doro escarpe fina a meza gamba alte et arnese doro et incima la testa li pose una corona de oro exceto che la dicta corona era foglie doro molto sutile e a loro comando el cap. che vestisseno medemamente el cacique al qual li vestiron uno de veludo verde et calze de rosato et un saio et alcune meze scarpe et una beretta de veludo. Da poi el cacique domando che li desse quel Indiano che portava el capitaneo et lo cap. non volse, ma il cacique li disse che lo guardasseno a laltro giorno che lui lo pesaria a oro et non volse aspectar: questo fiume viene da alchune montagne molto alte et questa terra par la meglior che scalda el sol et questa terra si se ha de habitar piu fa bisogno che sia un vilaggio overo loco molto principal et chiamase questa provincia Protont: dove e la gente molto lucida che tene molti archi et molte frezze: et che usa spada et rodelle, et qui portaron el capitán certe chaldere doro piccole et maniglie et brazzaleti doro: desideravano tutti intrare in la terra del dicto cacique: perche credeva chavare de lui piu de mille pesi doro imperho el capitán non volse et de qui se parti larmata et andamo perseguendo per la costa de longo et trovo uno fiume con doi bocche dove usciva acqua dolce et se li pose nome S. Bernaba perche giongemo in quel loco il giorno de S. Bernaba et questa terra e molto alta per de dentro e presumese che in questi fiumi li sia molto oro et scorrendo per questa costa vedessemo molte femene una inanci a laltra le quale stavano per la costa a maniera signali et avanti apareva uno villagio nel quale disse un bergantin che andava costizando la costa che hebe vista de molti Indiani che stavano alla vista del mare et che andavano seguitando drieto a la nave et portavano archi freze et rodelle che reluceano de oro et era li donne con brazzaleti doro et campanelle et colari doro: questa terra verso il mare era bassa, et de dentro molto alta et fra li monti cosi andavano costizando per trovare capo tutto el giorno ma non potessemo trovarlo.

Et gionti appresso li monti giongemo nel principio o vero capo de una isoletta che stava in mezo de quelli monti circa tre miglia lontano da loro et sorgiesse et saltassemo tutti in terra in questa isoletta alla qual ponessemo nome la isola de Sacrificii et e isola piccola et tene de circuito circa sei miglia: trovamo alchuni edificii de calcina et sabia molto grandi et uno pezo de edificio simelmente de quella materia conforme a li edificii de uno arco antico che sta in Merida et altri edificii con fondamento de alteza de statura de doi homini et de largeza de diece piedi et molto longi et un altro edificio de factura de torre retondo de XV pasi de largho et in cima un marmore come quelli de Castiglia, sopra el quale era uno animale in forma de lione che era facto similmente de marmoro et havea un buso in la testa in lo qual metevano li perfumi et dicto leone tenea la lingua fuora de boccha et appresso a lui era un vaso de pietra nel qual era certo sangue che parea esser octo giorni et qui stavano doi pali de altura de un homo et fra elli stavano alchuni panni lavorati de seda a la moreschas quelli se adimandano almaizares et da laltra banda era uno idolo con una penna in la testa et la faza sua era volta verso la pietra sopradicta et dedreto da questo idolo stavano uno muchio de pietre grande et fra questi pali appresso lo idolo stavano doi Indiani morti de pocha eta involti in una coperta de pincta et dedreto da li panni stavano altri doi Indiani morti che parevano che gia tre giorni fusseno morti et li altri doi prima poteva essere XX giorni che erano morti et a cercha de questi Indiani morti et idolo erano molte teste et ossi de morti et erano ivi molti fassi de pino et alchune pietre larghe sopra le quale amazavano dicti Indiani et ivi anchora vi era uno arboro fico et uno altro che adimandano zuara che fa fructo et el capitaneo visto el tutto et la gente volse esser informato se questo so facea sacrificio et mando alle nave per uno Indiano qual era di questa provincia et subito venendo al capitaneo esso casco tramortito el camino pensando che lo menavano a far morire et giongendo a la dicta torre li dimando el capitaneo che se faceva tal cosa in dicta torre, et lo Indiano li respose che se facea modo de sacrificio: et quanto se intese quelli Indiani decolavano li altri in quella pietra larga et poneano el sangue en la pilla et gli cavavano el core per la via del pecto e li brusavano e li offerivano e quello idolo et che li cavavano li golpe de le braze et gambe et che limangiavano et che questo faceano a li soi inimici con le quali tenevano guerra: et in questo tempo che parlava el capitaneo uno christiano trovo de sotto terra doi boccali de alabastro che se poteano appresentar a lo Imperator piene de pietre de molte sorte et qui trovamo molte frutte che sono tutte da mangiar et laltro giorno da mattina vedessemo molte bandere et gente in la terra ferma et lo capitaneo mando la Francesco da Montegio capitaneo in una barcha con uno Indiano de quella provincia per saper quello che voleano et iungendo li Indiani li deteno molte cote de pinte de molte sorte et molto belle, et Francesco Montegio li dimando se tenivano oro che li daressemo contracambio et loro resposeno che lo portariano sul tardi et cosi Francesco se ritorno a la nave et dapoi sul tardi venne una canoa con tre Indiani che portorno alchune coperte ut supra et disseno che laltro giorno porteriano molto oro et cosi se parteno: et laltro giorno da mattina compareteno in la spiaza con alcune bandere bianche et scomenzorno a chiamare el capitaneo el qual salto in terra con certa gente et li Indiani li portarono molti rami verdi in li quali se assentassemo et cosi tutti et il capitaneo se assentorno: et incontinenti li deteno alcuni peze di canna con certi perfumi che sono simiglite de storaze et belzui el incontanente li deteno anchora da mangiare molto maíz masenado: che sono do quelle radice che fano el pane et torte et pastelli galline molto ben fati: et perche era venere non se mangiorono et incontinente portorono molte cote de panno de bambaso molto ben pintade de diversi colori et qui stessemo

X giorni et li Indiani ogni mattina inanci el giorno stavano su la spiaza facendo fraschate dove noi havessemo a star al ombra et si non andamo presto si corociavano con nui perche ne vedevano molto voluntieri et ne abbrazavano et facevano molte feste et noi facessemo uno de loro cacique che se chiamava Ovando et cosi le nominassemo sopra li altri et lui ne mostrava tanto amore che era cosa maravigliosa et el capitaneo li disse che non volevano se non oro et loro responseno che lo portariano laltro giorno portorono oro fondido in verghe et lo capitaneo li disse che portasseno molto quello: et laltro giorno portorono una maschera de oro molto bella et uno homo piccolo de oro con una mascherola de oro et una corona de pater nostri doro et altre gioie et pietre de diversi colori, et portorono da mangiare et li nostri li dimandorono oro da fondere et loro gelo insignorono et li disseron che li cavava alli piedi de quella montagna per che se cognosceano in li fiumi che nascevano da quella et che uno Indiano solea tir de li et gionger la a mezo giorno et che fino a la nocte impiva uno canolo grosso come el deto et per trovarlo se butavano nel fondo de lacqua et cavava le mane piene de sabia et ivi circava li grani le qual se ponevano in bocca dove se crede che in quel loco sia molto oro questi Indiani fondevano loro in una cazola in ogni loco dove gli acascha et per fonderli fano li mtesi over folli de fistole de canavere et accendono con loro el foco: et cosi noi vedessemo fare in ntra presentia: el dicto cacique porto al nostro capitaneo presente un garzon de eta de circa XXII anni et lui non volse prenderlo.

Questa e una gente che tene molta reverentia al suo signore che in sentia de noi altri quando non aechiavano ci loco cosi presto dove havevamo a star albra: el suo cacique li dava delle bastonate et lo nostro capitanco li deffendea et hibiva a noi altri che non baratassemo le nostre merce con le mante over cote loro e questi li Indiani venivano ascosamente fra noi senza timore alcuno et veniva liberalmente uno de essi fra X xpiani et ne portava oro et fecte cote et noi le prendevemo et remettevemo loro al capitaneo: ivi era uno fiume molto principal dove tenivamo el nostro alogiamento et la gente ra vedendo la qualita della terra stava de opinione de populare quel paese forza: de la qual cosa increbbe al capitaneo: et lui fu quello che dete piti de tutti che li manco ventura li signoregiar in tal terra per che se crede fra sei mesi non se haveria trovato alcuno che se havesse ritrovata la valuta de mco de doi miglia castigliani et lo Re haveria hauto piu de doi milia castigliani: et ogni castigliano vale uno ducato et un quarto: et cosi tissemo del dicto loco molto desperati el descontento del capitaneo al tempo che noi partissemo li diti Indiani ne abrazavano et piangevano noi altri et portaron el capitaneo una Indiana tanto ben vestita che de brocato non potria esser piu ricca et credemo che questa terra e la piu ricca et piu prospera che sia nel mondo de pietre de molto valore de le quale ne portarono molte peci specialmente una che se porto per Diego Velazquez la qual se sume secondo che stata lavorata che val piu de II milia castigliani: de sta gente non so che dir altro per che quello se visto ne tanto gran cosa che apena se puo credere.

De qui facemo vela per veder se in capo de quelli monti se finiva la isola: el corrente delle aque era molto grande. Verso la partissemo, et navigassemo ad uno loco populato sotto de li monti fatti al qual ponessemo nome Almerie per causa de laltra che e piena de molte frasche et de rame de arbori questo loco usitero IIII canoe over barchete de Indiani le qual se accostorono al bergantino che menavamo con noi et ge dissero che andassero al suo viaggio che loro se allegravano della sua venuta et con tanto ao dimandavano quelli del dicto bergantino che pareva che piangesseno et causa de la nave capitanea et delli altri navilii che andavano piu alargo non se feceno cosa alchuna nandassemo a loro et piu avanti trovassemo altra gente piu superba la qual incontinente como videno li navilii usciteno XII canoe de Indiani de un grosso villagio che al parere et vista del mare non parea meno che Seviglia si ne le case de pietra come in le torre: et grandeza sua et essi Indiani veneteno contra noi con molte freze et molti archi et dritamente ne veneno ad asaltar et ne voleano prendere credendo esser bastanti de far ne captivi et dapoi che gionsero et videro che li navilii erano tanto grandi se partirono da noi et ne incominzorono a tirarne delle frezze: et visto questo el capitán comando che se descargase le artegliarie et balestre le quale amazorono IIII Indiani et sfondrorno una canoa et questo non se atrigando piu fugitteno tutti li dicti Indiani et noi altri volevamo intrare nel suo vilaggio et el nostro capitaneo non volse.

In questo giorno sul tardi vedessemo miracolo ben grande el qual fu che apparve una stella incima la nave dapoi el tramontar del sole et partisse

sempre buttando razi fino che se pose sopra quel vilagio over populo grande et lasso uno razo ne laiere che duro piu de tre hore grande et anchora
vedessimo altri signal ben chiari dove comprendessemo che dio volea per
suo servitio populassemo la dicta terra et cosi giungendo al sopradicto vilagio dapoi visto el nciato miracolo la corrente dellaque era tanto grande che
li piloti non osavano andare piu avanti et determinamo tornar in drieto et
dessemo volta et essendo cosi grande la corrente et el tempo non molto
bono el piloto magior dete la sponda della nave al mare et dapuoi che
havessemo dato la volta pensassemo passar denanci al populo over il vilagio de S. Ioan che e dove stava el cacique sopradicto che se dice Ovando
et rompessemo una antena de una nave et per questo non lassassemo de
voltigiar el mare et venisse apprender acqua in XV giorni non andassemo
piu de C el XX miglia vel circa de qui venissemo a recognoscere la terra
dove era el fiume de Grialva, et cognoscemo un altro porto che se chiama
Sancto Antonio al qual nui altri li ponessemo none che ge intrassemo man-
camento de acqua per la conserva et qui stessemo aconciando la antena
rota sopradicta et pndendo acqua per el bisogno stessemo VIII giorni et in
questo porto trovmo un vilagio che la se vedeva da longe et lo capi. non li
lasso andar specialmente che una nocte se desparorono VIII navalii et
venendo urtorono sopra li altri et si rupeno certi instrumenti over ordeni de
esse nave tutta via volevamo restar li ma el capi. non volse, et partendone
da quel porto la nave capitanea ando rastilando per larena et rompette una
tavola et dapoi che vedessimo che se anegavemo metessemo una barchada
de XXX hi in terra et posti che furono in terra visteno circa X Indiani da laltra parte et portono 33 cete et chiamorono li xpiani che andaseemo da loro
facendoli col deto segno de pace et faceva secondo el coste loro sangui-
narse la lengua et sputavano in terra in segno le pace et doi de li tri xpiani
andorono da loro dimandoli le dicte cete le qual erano de ramo et elli gli
detteno volentiera et essendo rota la sopradicta nave capitanea fu necesario desimbarcare tutto quello che li era dentro et similmente tutta la gente
et cosi in dicto porto de Sancto Antonio facessemo le nostre case de paglia
le qual ne giovorono molto el mal tempo che determinassemo de star in dito
porto adobarla che fu de XV giorni in li quali li schiavi tri che portavemo de
la insula de Cuba andavano fra terra et trovavano molti frutti de diverse

293

sorte tutte da manzare et li Indiani de quelli lochi portavano mante over copte de bombaso et gale et doi fiate portarono oro: ma non osavano venir seguramente per timor de li xpiani et li tri schiavi sopradecti non tenivano paura de andare et venire per quelli vilagii et dentro la terra et qui appresso un fiume trovamo che una canoa over barcheta de li Indiani haveano passati de laltra banda et havean portato uno puto et li cavavano el core et lo decolavano dinanci a uno idolo et passando el batel de la nave capitanea da laltra banda viste uno tumulo ne larena over sabia et cavando trovorono un puto et una puta che pareano morti di poco tempo tenivano li diti morti al collo alchune cadenelle che potevano pesar circa cento castigliani fate come peri piccoli et diti morti erano involuti in certi manti over coperte de panno de bombaso et IIII tri schiavi se partirono del ro logiamento et andorno dentro dito vilagio de li Indiani li quali receveteno molto ben in nel suo vilagio li detteno a manzar galline et li detteno alogiamento et li insignorono certe balle de mante et molto oro et ge dissero per signale che haveano parechiato le sopradicte cose portarle laltro giorno al capi. et poi che visteno chera tardi et chera hora de ritornarsi li disseno che ritornasseno a le nave dandoli a cada uno de loro doi para galline et si havessemo havuto sufficiente cap. cavavemo de qui piu de doi miglia castigliani et questo non potessemo ne mutar merce tre ne populare la terra ne far cosa bona con lui da poi conciata la nave timo da questo porto et ne metessemo al mare et se rompete uno arbore mazor de una nave et fu mestier remediarli et el ro capi. che non tenessimo cura ben che stavamo fiachi la mala giornata et haver manzato poco ne disse che ne volea metere in Campoton che e dove li Indiani amazorono li xpiani che ivi havea porto Franc. Fernandez cap. sopradicto de laltra armata et cosi nui altri con bono ao commenzassemo a apechiar le re arme et metter in ponto le artelarie: stavamo lontani dal popolo de Camponton piu de IIII miglia et cosi saltamo C hi netti batelli et andassemo ad una torre ben alta che stava lontana dal mare un tirar de balestra da terra et li stessemo aspettar el zorno: stavano molti Indiani in ditta torre et dapoi che ne visteno andare detteno un crido et se imbarcaron in le sue canoe et incomenzorono a circundar li batelli et li tri li tirarno colpi de arteliaria et essi se partiron verso terra et sparechiorno la torre et noi la prendessemo et ivi se avistorno le barche con la gente chera resta nelli navilii la qual salto tutta in terra el cap. cominzo a prender el parer do la gente le qi tutte con bon ao volea intrare a vendicar la morte delli xpiani sopraditi et brusare el vilagio: ma poi se acordassemo de non reintrare et ne imbarcassemo partendo verso laltro vilagio de Lazaro e li saltamo in terra et prendemo aqua et legna et molto maiz: che e la sopradita radice che fanno el pane del quale ne havessemo abastanza tutto il camino et traversamo per questa isola et inviassemo a questo porto dove se chiama S. Xpoforo et trovamo un altro naviglio chel signor Diego Velazquez ne havea mandato contra noi altri credendo che havessemo populato qual che loco et partisse del camino che non ne trovo e tenía altri sette navilii che gia XII giorni giva cerchando noi altri et ce sepe la venuta ra e che non havevamo hintato la terra hebe dispiacer et comando a tutta la gente che non passase de questa provincia vedendoli del vivere de tutto quel gli facea bisogno et che incontinente piacendo a Dio vole che ritornemo dietro alti altri.

Dapoi il sopradito viagio scrive il capitaneo larmata al Re Catholico che ha scoperto un altra Isola dita Uloa in la qual hanno trovato gente che vanno vestiti de panni de bambaso, che son assai civili e htano in case murate et hno leze et constitutie tra essi e lochi publici deputadi a la administratione de iustitia: adorano una croce do marmoro bianca et grde che incima tiene una corona doro et dicon loro che sopra vi he morto uno che e piu lucido et resplendente chel sole sono gente molte ingeniose et si comprende el suo ingegno it alcuni vasi doro et in cime cote bambaso ne le qual sono inteste molte figure de ucelli et aali de diverse sorte le qual cose li htanti dita isola hanno donato al capitaneo el qual dapoi ne ha mandato al Re Catholico bona parte de esse et da tutti communamente sono state iudicate opere ingeniosissime et e da saper che tutti li Indiani delle sopradicte isole sono circuncisi donde che se dubita che ivi appresso se atrovano mori et iudei in cio che affirmavano li sopraditi Indiani che ivi appresso erano gente che usavano nave vestimente et arme come li spagnoli et che dove habitano una canoa li andava in dieci giorni et che po essere viaggio de CCC miglia vel circa.

Qui finisse lo Itinerario de lisola de Iuchathan la qual e ritrovata per il signor Ioan de Grisalve capitán de larmata del Re de Spagna: et facta per il suo capellan.

Sacóse con todo cuidado esta copia del original impreso al fin del «Itinerario de Ludovico de Varthema, boloñés, en Siria, en la Arabia Desierta y Feliz, en Persia, en la India y en Etiopía.» (Venecia, 1522, en 8.°) Al itinerario precede este título: *Qui comincia lo itinerario de lisola et luchatan novamente ritrovata per il signor Joan de Grisalve capitan generale del armata del re de Spania, &c., per il suo capellano composta* (sic). No recuerdo haber visto en otra parte esta relacion, ni impresa ni manuscrita. En caso de no hallarse el original, esta traduccion, por mala que sea, puede servir. El ejemplar de que he hablado perteneció a Don Hernando Colon; está anotado de su puño, y existe en la biblioteca de la Santa Iglesia de Sevilla, est. V., tab. 115, n.° 21. (Nota, al parecer de Muñoz, al fin de la traduccion francesa de Ternaux-Compans: *Voyages, Relations et Mémoires Originaux pour servir à l'histoire de la Découverte de l'Amérique*; t. X, pág. 46.)

Vida de Hernán Cortés. Fragmento anónimo

Creemos haber tratado ya bastante de quiénes son los Antictones, y los que propiamente se nombran Indios; también de la causa de llamarse *Indias* este Nuevo Mundo, de que pensamos escribir; asimismo de quién fue su primer descubridor, y cómo aconteció el descubrimiento. Dejamos indicado además en otro lugar lo que del Nuevo Mundo pensaron o escribieron Demócrito, Herodoto, Platón, Séneca y otros muchos. Vengamos ahora, pues, a las hazañas que ejecutó en las Indias vuestro padre, a cuya dirección y hacienda se debió principalmente, según más a la larga se explicará adelante, el que este otro mundo se descubriese y ganase; y no sólo quedara bajo el yugo de los monarcas españoles, sino también, lo que es mucho más ilustre y glorioso, que viniera al conocimiento del verdadero Dios.

Nació Hernán Cortés en Medellín, de Extremadura, el año de 1485, siendo sus padres Martín Cortés de Monroy y Catalina Pizarro, Altamirano: ambos en cuanto al linaje nobles, o *Hidalgos*, que llaman los Españoles, como quien dice *Itálicos*, esto es, que gozan del derecho itálico. Las familias de Cortés, Monroy, Pizarro y Altamirano son ilustres, antiguas y honradas. Mas si se atiende a los bienes de fortuna, lo pasaban a la verdad muy medianamente, aunque siempre llevaron arregladísima vida, pues Catalina no fue inferior a ninguna mujer de su tiempo en honradez, modestia y amor conyugal. Martín, aunque fue capitán de cincuenta caballos ligeros en la guerra que gobernando los reyes Don Fernando y Doña Isabel sostuvo Alonso de Cárdenas, maestre de Santiago, contra Alonso Monroy, clavero de Alcántara, y Beatriz Pacheco condesa de Medellín, se distinguió no obstante toda su vida por su piedad y religión. El niño recibió de sus padres, en su misma casa, una educación noble y cristiana. Fue su nodriza María de Esteban, vecina de Oliva. Enviado a Salamanca a los catorce años de edad para que estudiase, pasó dos aprendiendo gramática, hospedado en casa de su tía paterna Inés de Paz, casada con Francisco Núñez Valera. Tanto por aborrecimiento al estudio, como por aspirar a cosas más altas (pues para ellas había nacido), salió de allí y se volvió a su casa. Llevaron muy a mal sus padres aquel paso, pues por ser hijo único cifraban en él todas sus esperanzas, y deseaban que se dedicase al estudio de la jurisprudencia; profesión que siempre y en todas partes es tenida en tan alto honor y estima. Era el mozo de fácil ingenio, de elevación de ánimo superior a sus años, e inclinado por naturaleza al ejercicio de las armas. Vivía, pues, sin sosiego en el hogar paterno, revolviendo en su ánimo a qué país iría. Fijose por último en la resolución de pasar a Indias, a cuya conquista y población acudían entonces en tropel los Españoles incitados del cebo del mucho oro y plata que sin cesar se nos traía. Por el tiempo en que Cortés dejó los estudios y se volvió a Medellín, estaba en Cáceres Nicolás de Ovando, comendador de Lares en la orden de Alcántara, que luego fue comendador mayor de la misma orden. Por mandato y a costa de los reyes Católicos aprestaba una armada de treinta naves, la mayor parte carabelas, para ir a la Española con el empleo de presidente y gobernador, no sólo de ella sino también de todas las islas adyacentes. Con este capitán debía marchar Cortés lo mismo que otros muchos nobles españoles; pero en el intermedio, andando una vez por tejados ajenos (pues tenía amores con una joven), cayó de una pared ruinosa. Poco faltó para que así medio enterrado como estaba le atravesara un vecino con su espada, si no fuera porque saliendo una vieja de su casa, en cuya puerta vino a chocar con estrépito el broquel que Cortés llevaba, detuvo a su yerno, que también había acudido al mismo ruido, rogándole que no hiriese a aquel hombre hasta saber quién fuese. De suerte que a aquella vieja debió Cortés su salvación en este primer lance.

De este accidente le resultó una larga enfermedad, a que luego vinieron a agregarse unas cuartanas, que le fatigaron mucho y por largo tiempo. A causa de esta indisposición no pudo ir con Ovando; y a los diez y nueve años de edad, es decir en el de 1504, mismo en que falleció la reina Doña Isabel, pasó a Sevilla (la antigua Hispalis) donde por entonces iba a darse a la vela para la isla Española una nave mercante de que era capitán Alonso Quintero, de Palos. En ella, después de pedir a Dios feliz viaje, se embarcó la noche anterior al día en que salió del puerto. Logró próspera navegación hasta la Gomera, una de las islas Canarias. Quintero aprovechó el silencio de la noche para salir del puerto sin que le sintiesen otras cuatro naves que estaban allí cargadas de las mismas mercancías, con el fin de vender más caras las suyas, si lograba arribar antes a la Española, adonde todas se dirigían. Pero llegando a vista de la isla del Hierro, la fuerza de los vientos quebró el árbol de la embarcación, por la parte donde la gavia se fija al mastelero, o a lo menos no mucho más abajo, trayéndose consigo con grande estruendo la entena, velas y demas aparejos. Todo aquello hubiera sin duda matado a muchos, pasajeros o marineros, que poco antes dormían o paseaban en el cobertizo de la nave, si a la sazón no se hallaran todos en la popa comiendo de las viandas y confituras que Cortés había hecho embarcar para su propia despensa. Roto así el mástil, viéronse obligados los navegantes a volver al mismo punto de donde poco antes habían salido. Remediado allí el daño como se pudo, salió la nave con las otras cuatro que estaban todavía en el puerto; pues éstas no quisieron dar vela hasta que se compusiese el mástil de la en que iba Cortés. Luego que vio Quintero bien engolfadas las naves, intentó de nuevo adelantarse, y desplegó todas las velas de su velocísima embarcación, puesta como antes en la celeridad toda esperanza de lucro. Persona, sin embargo, de todo crédito y autoridad me refirió que Quintero había obrado por otra causa muy distinta de la que acabo de señalar; es a saber, que no pudiendo sufrir que Francisco Niño, de Huelva, piloto de la nave, hubiese sido preferido a su padre para aquel cargo, quería impedirle seguir su camino recto, con cuyo fin Quintero y su padre sedujeron o sobornaron a los que manejaban el timón mientras el piloto dormía, para que unas veces a diestra y otras a siniestra apartasen la nave de su derrota. Preferían estos perversos que la embarcación fuese a dar entre escollos, o en manos de Caribes o de Antropófagos, o se perdiese de cualquiera otra manera, más bien que el que llegase salva a la Española, con Niño por piloto. Tan profundo era el odio que abrigaban contra este hombre, que no pensaron en la suerte propia ni ajena. Por donde vino a acontecer que extraviando camino lo más del tiempo, ni el engañado ni los que le engañaron pudieron ya saber ni dar razón de los lugares por donde andaban. Admirados estaban los marineros; admirado y atónito el piloto; todos tristes y afligidos, sin hallar medio alguno para entender la navegación hecha ni por hacer. Porque no atinaban cuál estrella deberían seguir, puesto que ignoraban bajo qué región del cielo se veían, ni qué rumbo habían de tomar para alcanzar al cabo alguna tierra, aunque fuese de Antropófagos. Comenzaban ya a faltarles los víveres y les afligía la sed, pues en veinte días no bebieron otra agua que la llovediza que podían recoger en los lienzos y velas. Ni acababan aquí los males; que tenían la muerte en las fauces. Descubierto por fin el engaño y traición, Quintero y su padre, el mayor par de perversos que hubo jamás en la tierra, confesaban su culpa, pedían perdón y a todos suplicaban. El piloto Niño, al contrario, amenazaba, prorrumpía en imprecaciones y maldecía a los autores de la maldad. Los demás acusaban a la fortuna, se lamentaban, confesaban sus pecados, se perdonaban mutuamente, implorando tristes y rendidos el auxilio del Todopoderoso. En tan grave riesgo de muerte se hallaban aquellos desdichados y ya la noche se acercaba, cuando vieron una paloma revoloteando suavemente en el tope del mástil (era Viernes Santo), sin espantarse de los gemidos de los navegantes. Por mucho tiempo les pareció, no que volaba en derredor del mástil, sino que estaba fija; asentose al fin, y les trajo señal cierta de salvación. Grande ánimo cobraron los poco antes medrosos y desesperados; y pareciéndoles aquello un prodigio, lloraban todos de alegría, alzaban las manos al cielo, y daban gracias al clementísimo Dios, Señor de todas las cosas. Quién decía que la tierra ciertamente no estaba lejos; quién que era el Espíritu Santo, que bajo la forma de aquella ave se había dignado venir para consuelo de los tristes y afligidos. Seguían con su nave el vuelo de la paloma; pero ésta desapareció al día siguiente de su venida. Increíble fue la tristeza, miedo y dolor que sintieron cuantos iban en el navío; la esperanza, única compañera del hombre, era el solo sostén de sus miserables vidas. Al cuarto día, Cristóbal Zorno, vigía de la embarcación, descubrió una tierra blanquecina y comenzó a gritar *tierra!* A sus voces, como si despertasen de un profundo sueño, y cobrado nuevo ánimo, volaron todos a la proa donde Zorno estaba, para ver por sus propios ojos lo que tanto habían ansiado. Vista, pues, y reconocida la tierra, comenzaron a derramar lágrimas de alegría, saltaban de gozo, y se abrazaban mutuamente. El piloto Francisco Niño afirmaba que la costa que todos veían, era la de las Higueras, y el promontorio de Saman. «Si no es ella, cortadme la cabeza, decía, y echad a cocer mi cuerpo en esa caldera que está al fuego.» Quintero y su padre, obstinadísimos en aquel punto, sostenían porfiadamente no ser verdad. Sin embargo, al cuarto día de haberse presentado Saman a vista de los navegantes, entraron en el tan deseado puerto, donde estaban ya las cuatro naves antes mencionadas; en ellas eran considerados y llorados como perdidos Cortés y cuantos iban en la embarcación de Quintero. Mientras echaban anclas y aseguraban el navío con las amarras, Medina, secretario de Ovando y amigo de Cortés, luego que supo el arribo de la nave de Quintero, saltó en un esquife para ir al encuentro del amigo cuya feliz llegada le llenaba de placer. Saludáronse ambos, diéronse las manos y se abrazaron. Luego Medina, pasadas las mutuas felicitaciones, entre las cosas que refirió de las leyes de indígenas y conquistadores, añadió lo que a su juicio parecía más importante para Cortés, a saber, que en llegando a la ciudad de Santo Domingo, situada a la embocadura del río Ozamá donde estaba también el puerto, luego que saliera de la lancha, fuera a asentarse por vecino, pues de no hacerlo, no tendría derecho a los privilegios de tal, ni a las mercedes de conquistador; cuando, por otra parte, si entraba en el número de los vecinos, obtendría fácilmente un campo y un solar en la ciudad donde pudiera labrar su casa, con certeza de ser pronto señor de algunos Indios: por lo demás, pasados cinco años, durante los cuales debía permanecer precisamente en la isla, dando fiadores de no salir de ella sin licencia del gobernador, quedaba Cortés dueño de su voluntad, y libre para vender y cambiará su gusto cuanto tuviera, e irse donde creyera conveniente. A lo que respondió Cortés: «Ni en esta isla, ni en ninguna otra de este Nuevo Mundo, quiero ni pienso estar tanto tiempo; por lo mismo no me quedaré aquí con semejantes condiciones:» cuya respuesta tuvo a mal Medina. Cortés, sin aguardar la llegada del gobernador, se dispuso para ir, con los criados que había traído de España, a sacar oro, abundantísimo en aquella isla. Cuando llegó la nave de Quintero estaba ausente Nicolás de Ovando; mas luego que volvió, hizo llamar a Cortés, y después de haberse informado de las noticias de España, le asentó por vecino. Al tiempo de la llegada de Cortés a la Española vivían los Indios pacíficamente; pero poco después los de Baoruco, Aniguayagua, Higuey y otros, se alzaron contra los Españoles. Ovando les declaró guerra, porque negaban la obediencia, y no habían de hacer ya lo que se les mandaba; reunió soldados, formó un ejército, marchó contra los enemigos, peleó con ellos y los sujetó. Cortés, sin conocimiento ni práctica de la guerra hasta entonces, ejecutó en esta campaña muchos y muy notables hechos de armas, dando ya anuncios de su futuro esfuerzo: lo cual bastó para que desde entonces lo apreciase el jefe, y tuviera un lugar distinguido entre los soldados. Según era uso, los Indios con sus tierras fueron repartidos a los Españoles. Diéronle los suyos a Cortés, señalándole un campo que pudiera sembrar y cultivar: esta fue la primera recompensa de su valor. Arregladas a su gusto las cosas de la provincia, despachó Ovando el ejército a cuarteles de invierno, y él también volvió triunfante a la ciudad.

Alonso de Ojeda y Diego de Nicuesa, no habiendo por entonces guerra en la isla, resolvieron ir a buscarla fuera; y tomando por pretexto el rescatar oro, acordaron pasar a Cuba, donde hasta entonces no se había hecho entrada. Comunicado el proyecto con los amigos, aprestaron tres naves, muy bien provistas de víveres y armas, y escogieron los compañeros de expedición. Cortés era uno de los señalados para la empresa; pero estaba enfermo de un tumor en el muslo derecho, que se extendía hasta la pantorrilla, y mantenía la pierna inflamada e inmóvil. Como la enfermedad le duró muchos meses no pudo ir a aquella expedición; pero disfrutaba de tanto crédito por su notorio esfuerzo, que Ojeda y Nicuesa, provistos ya de cuanto era necesario para la campaña, le aguardaron anclados tres meses, retardando todo ese tiempo el día de la partida.

Dada orden de cesar en el gobierno de la isla a Nicolás de Ovando, que administró la provincia con tanto acierto como integridad, envió el rey por sucesor suyo a Don Diego Colón, hijo de Don Cristóbal y heredero de los derechos de su difunto padre. Apenas llegó Don Diego a la Española, como todo allí estuviese pacífico, y él no olvidase el nombre y la gloria de su padre, pensó entrar de guerra en Cuba, tanto para sujetar por armas, si por razones no era posible, una isla de las primeras que su padre descubrió, como para evitar que los Españoles se enervasen con el descanso y la ociosidad. Así pues, preparó para aquella expedición armas, naves, víveres y gente, nombrando por capitán a Diego Velázquez, de Cuéllar. Era Diego, para darle aquí a conocer de una vez, soldado veterano, práctico en cosas de guerra, pues sirvió diez y siete años en la Española, hombre honrado, conocido por su riqueza, linaje y crédito; ambicioso de gloria, y algo más de dinero. Nombrado, pues, Velázquez por jefe, tomó grande empeño en llevar consigo a Hernán Cortés, buen soldado y su amigo, cuya actividad, talento y valor eran públicos desde la guerra del Baoruco. De modo que Velázquez rogó e importunó a Cortés para que le acompañase, prometiéndole mares y montes, como él le prometiese su ayuda en aquella guerra; y porque él era poco a propósito para ella por su obesidad, hizo a Cortés consultor y ejecutor de todos sus acuerdos. Cortés, tanto por su amistad con Velázquez en los siete años que había pasado en la isla, como por falta de otras guerras, a que él también era aficionadísimo, se dejó fácilmente persuadir; fuera de que no creyó oportuno perder tal ocasión de adelantar, esperando que lo futuro sería mejor que lo presente. Armose esta expedición el año del Señor de 1511. Dista de Cádiz la isla Española por vía recta (para decir algo de su situación y costumbres de sus naturales, antes que de ella salga Cortés), cinco mil millas, o mil doscientas cincuenta leguas, como dicen los Españoles: cada legua tiene cuatro millas. La isla corre a lo largo seiscientos mil pasos, y la mitad a lo ancho. Hacia el medio es por donde más se extiende, y mide de bojeo casi mil y quinientas millas. Tiene al Oriente la isla de Boriquen, llamada por los nuestros San Juan: al Poniente Cuba y Jamaica. Por la parte del Norte están las islas nombradas de los Caribes: la parte que mira al Sur queda bañada por el mar Veneciano, llamado así de Venezuela, que es el continente donde está el lago de Maracaibo, de admirable grandeza. Los indígenas llaman a esta isla Haití: Cristóbal Colón, de cuyo linaje, vida y hechos largamente hemos hablado en otra parte, le dio el nombre de Española: hoy se le llama comúnmente Santo Domingo, a causa de la ciudad del mismo nombre, capital de toda la isla, de la cual era obispo cuando esto escribíamos, Alonso de Fuenmayor, varón doctísimo e irreprensible. Esta isla es el centro y emporio mas célebre de todas las vecinas. Cuenta por principales ríos el Ozamá, Neiva, Nizao, Yuna, Macorix, Cotuy y Cibao; los dos últimos famosísimos por el oro que llevan. El color de la gente es cetrino, y la benignidad del clima tanta, que les permite andar casi desnudos, cubiertos solamente con una manta de algodón sin teñir, que anudan sobre el hombro y baja hasta media pierna. Llevan en los pies *culponcas* o sandalias de lino: la cabeza descubierta: dejan crecer el cabello y se arrancan la barba. Las mujeres, si son casadas, cubren lo preciso; si vírgenes, van del todo desnudas. Son frecuentes los desórdenes entre hombres y mujeres; muy dados a liviandad y aun a sodomía. La gente común sólo toma una mujer; el rey, los señores y los ricos, cuantas pueden mantener, con tal que una sea superior a las demás. Nunca se casan con madre, hija o hermana; antes tienen por cierto que quien con ellas se junta, acaba al fin en muerte desastrada. Consideran también como gravísimo delito el llegar a la mujer durante el embarazo y la lactancia. Los pueblos tienen bastante vecindario: las casas son de maderos y zarzos en forma cónica o abovedada. Usan hamacas para dormir: guisan sus alimentos y celebran convites. El agua es su bebida; pero se embriagan con frecuencia, no con vino, que no tienen, sino lo que es más extraño, con humo. Tienen sus bailes y cantares, a lo que llaman *areitos*, donde refieren a una los hechos de sus dioses y varones ilustres. No tienen otros monumentos históricos sino los areitos, ni hay cosa que más estimen. Estos pasan tradicionalmente de padres a hijos, por vía de enseñanza y ejemplo, contentándose sólo con la palabra, a falta de letras. Daban a sus dioses gran reverencia y culto: tenían al demonio (que los Indios llaman Zemí) por el mayor de los dioses y como a tal le adoraban: sólo de él esperaban cuanto bueno y malo había de sucederles, teniendo en todas partes pintada su descomunal y horrenda efigie. Sus sacerdotes eran llamados Bohitios, o también Zemíes, por el nombre del mismo demonio, y a ellos pertenecía toda la ciencia y poder de la medicina y la adivinación. En la guerra usaban de picas, espadas, dardos, hondas, petos de algodón, flecha y arco, que manejan con gran destreza. A los prisioneros los matan y comen. Teniendo tanta abundancia de todos metales, no conocen el uso del oro ni la plata. Para partir cualquiera cosa se sirven de pedernales. En vez de trigo, se mantienen de maíz, cazabe y batatas (*camotes*), como también de una excelente especie de ají. Aquella tierra, de tan dichosa fertilidad por otra parte, carecía de caballos, asnos, toros y carneros. Oro tienen mucho; pero no saben aprovecharlo. Hay pepitas de este metal en ríos, arroyos y lagos; y acontece haber entre las piedras o terrones, granos de oro de increíble magnitud, que valen tres mil castellanos. Los trueques causaban risa, fuera por desprecio que hacían del oro, o por ansia de adquirir los artículos comunes de comercio. Navegan en pequeñas embarcaciones de un solo tronco, llamadas por los Indios *canoas*. Entierran a los muertos en el suelo: con los reyes, o caciques, y con los nobles, entierran cuantas cosas apreció el difunto en vida, y una o dos de sus mujeres, de las que él mas quería: éstas eran tenidas comúnmente por muy dichosas y honradas. Entre las leyes que dicen tenía aquella gente, una merece mencionarse en primer lugar; y era que al ladrón, aunque lo fuese por primera vez y el hurto muy despreciable, lo empalaban. Por lo demás, con el trato de Españoles todo ha venido a mejor, salvo que de tantos miles de hombres como poblaban la isla, apenas queda vivo uno que otro.

Velázquez, pues, a los pocos días de partido de la Española llegó a Cuba, la que, parte por el trato y persuasión, parte por guerra, dejó sujeta en mucho menos tiempo del que esperaba. No entra en nuestro propósito referir los encuentros que hubo, el tiempo, la diligencia y los manejos que costó a Velázquez la conquista de Cuba: bastará decir lo que toque a Hernán Cortés. Luego que este vino a Cuba con Velázquez, a nada atendió tanto como a granjearse por todos los medios posibles la voluntad del comandante. En la guerra se condujo con tal bizarría, que en breve tiempo vino a ser el más experto de todos. Parecía multiplicarse en maniobras, marchas y vigilias: jamás lastimó el crédito ajeno, como suele hacerlo la ambición desordenada; mas nunca permitió tampoco que otro se le adelantase en el consejo o la ejecución: antes él se adelantaba a muchos; por cuyos medios fue muy pronto querido de los soldados, y estimadísimo del jefe. Conocido, pues, por Velázquez y hecho público el mérito de Cortés, aquel le juzgó capaz de arreglar cuantos negocios pudieran ofrecerse, y por lo mismo le dio participio en todos sus planes y secretos, según antes le tenía prometido, concediéndole el primer lugar entre todos sus amigos. Cuantas cosas difíciles y arduas ocurrían, las despachaba por medio de Cortés, a quien estimaba más y más cada día. Grande odiosidad se le suscitó por el favor y gracia del jefe. Había por entonces en el ejército muchos nobles españoles, y muchos aventureros; turbulentos, validos de Velázquez más que honrados. Estos se empeñaban todo lo posible en infundir a Velázquez sospechas y odio contra Cortés; pero en especial dos Antonios Velázquez, y un Baltasar Bermúdez, grandes amigos del gobernador, eran los más contrarios y enemigos de Cortés, por envidia de su favor y autoridad. Llevando a mal que Cortés fuese preferido a ellos en la dirección de los negocios, a la primera ocasión que hallaron de atacar al enemigo, fueron a Velázquez denunciándole un supuesto crimen, y acusando a Cortés de querer mudanzas en el gobierno, de manejar los negocios con intención torcida, y ejecutar sus mandatos de mala fe. Amigos sin duda fieles, pero en demasía oficiosos, todo lo descompusieron, pues encubriendo su malevolencia con capa de amistad y respeto, trataron de cebar su odio en el inocente que había hecho tan grandes servicios a su general. Velázquez, hombre por otra parte excelente, oyó primero los cargos, y al fin comenzó a darles crédito, pues prestaba atento oído a las acusaciones de envidiosos y calumniadores. Acontece a menudo que una vez creída la mentira viene a ocupar el lugar de la verdad; y a reyes, capitanes y poderosos suelen infundir más recelo los buenos que los malos, pues el mérito ajeno siempre les causa sobresalto. Así anda el mundo. Velázquez, pues, llevado de ira y odio al mismo tiempo, dio más crédito a las palabras de los contrarios que a los hechos de Cortés; le censuró públicamente, le apartó de sí, mandó luego prenderle, y una vez preso le entregó al alcaide de la fortaleza para que le custodiase. Hacíalo así por temor de que si se levantaba en el ejército un nuevo tumulto, los soldados proclamarían general a Cortés; pues bien sabía que en el aposento de éste habían tenido reuniones nocturnas muchos de los principales Españoles para conspirar contra él. Quejábanse aquellos de que Velázquez, sin consideración a los valientes y nobles, repartía no sólo los despojos que el valor había quitado a los enemigos, sino también los terrenos e Indios, dividiéndolo todo entre él, sus amigos y clientes. Fácilmente calmó Cortés con su influjo aquella agitación; y reprendiendo con palabras suaves a los autores de la conjuración, alcanzó con sus razones que ellos se arrepintieran de su conato y no rehusasen cumplir con su deber. Así libró de todo daño a Velázquez.

Una vez enviado a la fortaleza, como queda dicho, espiaba Cortés cualquier ocasión de evadirse. Temía la cólera del gobernador, no porque le acusase la conciencia, sino por las acriminaciones de algunos malévolos. Poníale grima la mala traza y asquerosidad de la cárcel, y le incomodaban mucho las prisiones. Pues padeciendo en su ánimo esta inquietud y aflicción, trató por la noche de romper la cadena de hierro y cordeles que le sujetaban. Logró al cabo, aunque con dificultad, romper los cordeles, por medio de un palo pequeño que para el caso había prevenido, y de la cadena se deshizo fácilmente. Pero al limar el cerrojo, hizo ruido. Rotas, pues, sus prisiones, echó mano a una estaca que estaba junto a la pared, y a pasos acelerados se fue para el lecho donde dormía el alcaide, con objeto de romperle la cabeza con la estaca, si antes de que él llegara daba voces, o se empeñaba en seguir gritando. Pero Cristóbal de Lagos (que así se llamaba el alcaide), o no oyó venir a Cortés, o si le oyó tuvo por bien hacerse sordo, puesto que ni se atrevió a chistar. Cortés tomó la espada y rodela, que estaba colgada a la cabecera del alcaide, y ceñida la una, y embrazada la otra, forzó una ventanilla y se descolgó por ella. Dirigiose inmediatamente a la cárcel donde estaban presos los amigos y compañeros que eran tenidos por partidarios suyos. Después de saludarles, alentándoles con la esperanza de verse pronto libres, pero previniéndoles que no saliesen sin orden del gobernador, se acogió a una iglesia de la ciudad. El alcaide Cristóbal luego que supo la fuga de Cortés, juntó a los soldados puestos en guarda de la fortaleza, precisamente para quitar toda ocasión y tiempo a tal fuga, les acusó de descuido y convivencia, y llenó todo de gritos, amenazas y alboroto. Al fin marchó a dar parte a Velázquez de lo sucedido, con no pequeño temor de verse acusado de descuido, o de traición, que era peor y más grave; pues era imposible que estando Cortés aherrojado en el mismo aposento en que él dormía, no le sintiera romper la cadena y la ventana. Mas si hemos de decir verdad, Cristóbal de Lagos fingió no sentir nada, por miedo no por amistad, como algunos le han imputado falsamente. Despertado Velázquez con aquella noticia, y alterado más de lo regular y debido, dio orden de buscar a Cortés. Cuando supo que estaba en la iglesia, quiso sacarle de ella, primero por tratos y después por fuerza; mas aprovechándole poco, porque Cortés defendía con resolución su persona y asilo, puso guardia a la iglesia. Discurría entretanto Velázquez qué medio hallaría de castigarle. Grandísima incomodidad e impaciencia le causaba, así el que se hubiera escapado de la cárcel, como que se atreviera a salir de sagrado y pasearse a vista suya delante de la iglesia, porque juzgaba ser hecho todo esto con ánimo de ofenderle y despreciarle, según aseguraban Bermúdez, los Antonios y demás émulos. Creciendo cada día su irritación, y desconfiando ya de prender a Cortés sin engaño, le preparó una emboscada. Por un postigo a espaldas del templo, introdujo en él a los soldados, previniéndoles que cuando Cortés, descuidado y sin sospechar tal cosa, pasease por delante de la puerta, salieran de repente, le prendiesen, y una vez preso le guardasen con gran cuidado. Ejecutose esto más pronto de lo que se pensó y esperaba, porque paseándose indefenso le acometió un alguacil llamado Juan Escudero, y antes que Cortés pudiera desasirse de él, le abrazó y le mantuvo estrechamente sujeto. Conociendo Cortés que toda esperanza de fuga consistía en la fuerza, comenzó a luchar con el alguacil, intentando soltarse de sus brazos antes que los soldados acudiesen, y con cuanto vigor y destreza podía le iba llevando para la iglesia. Pero cuando ya llegaba al quicio de la puerta, dio con los soldados que venían en auxilio del alguacil, quienes le estorbaron la entrada a la iglesia, y le llevaron a presencia del gobernador con las manos atadas a la espalda. Encendido Velázquez más de lo regular en ira y odio, mandó llevarle a una embarcación y tenerle allí encadenado: puso además guardia en la nave, para evitar otra fuga. Hizo conducir igualmente al navío a otros muchos Españoles, que le eran odiosos por la misma causa: así andan las cosas de los hombres. Acrecentáronse con esto los cuidados de Cortés, quien revolviendo mil ideas en su ánimo, trazaba todo género de proyectos, miraba y reconocía a cada momento la cadena y el cordel. Determinose por último a tentar la suerte, jugándolo todo a un golpe de dados, como dicen, ya que se veía en el estrecho punto de que pendían su vida y su fortuna. Corrían igual peligro otros muchos Españoles, cuyo empeño e indignación incomodaban infinito a Velázquez. Cortés de noche se quitaba de los pies la cadena con el mayor silencio, para no ser oído de un amigo que dormía preso en el mismo buque. Mas llegándolo éste a entender, comenzó a llorar quejándose de su mala suerte, fuese por temor o por pena. Cortés le rogaba por todos los santos y santas del cielo, que con nadie se diese por entendido de aquello, y le consolaba con esperanzas de verse pronto en libertad. A poco tiempo fue trasladado aquel compañero a otra parte. Nada pudo acontecer más deseado ni más oportuno para Cortés, quien la noche misma del día en que se vio solo, cambió vestidos con su criado, y para poder trepar a la cubierta desbarató la bomba. Una vez arriba, y antes de salir, asomó la cabeza, registró todo con la vista, nada dejó sin examen, y se acercó al fogón para engañar a los marineros y a sus guardas. Estos aunque le vieron, no pudieron conocerle por ir vestido con la ropa del criado. Viendo Cortés que todo le salía a medida del deseo, fingió hacer otra cosa, y se dejó caer en el esquife: soltó en seguida la cuerda con que estaba atado a la nave, tomó el remo y se fue para otra embarcación que estaba en el mismo puerto. Llegado que hubo, desató también la cuerda que sujetaba el esquife de aquella nave, para que le llevasen lejos las olas, y en caso de ser descubierta su fuga, no tuvieran modo de alcanzarle. A fuerza de remo llegó por último a la embocadura del río Macaguanigua que pasa por la villa de Barucoa; mas al ir a tomar tierra, la corriente del río y el reflujo del mar le rechazaron. No por eso perdió ánimo Cortés, antes empujando con más vigor la lancha hacia el río, logró alcanzar tierra. Apenas había escapado de este peligro, cuando se halló amenazado de otro no menos temible, y que debía sobre todo evitar. Había por allí un destacamento de soldados y marineros, de modo que por no caer en manos de los centinelas, hubo de apartarse algo del camino real. Descansó un rato hasta recobrar ánimo y fuerzas, y al fin tomando ciertas veredas para burlar mejor la vigilancia de los centinelas, llegó a casa de Juan Juárez, allegado suyo, donde se proveyó de espada, broquel y coraza. Fue de ahí a ver a los amigos que estaban encarcelados por su causa, y después de haberles saludado, infundiéndoles ánimo y buenas esperanzas, se acogió por fin a la iglesia, que aseguró cuanto pudo. Apenas había amanecido cuando acudió también a refugiarse en el templo el patrón de la nave de donde acababa de escaparse Cortés. No quiso este admitirle en la sacristía, lugar muy fuerte y seguro que él ocupaba, tanto por falta de confianza en el hombre, como porque no viniesen a faltar los víveres si el asedio se prolongaba demasiado.

Informado Velázquez de que Cortés se hallaba en la iglesia, conoció que no era ya tiempo de llevar adelante su enemistad, y reunió en su casa una junta para tratar de que se enviasen a Cortés personas que procurasen restablecer la paz y amistad. Consultado el punto, tuvo por conveniente enviar dos mensajeros, y los envió a pesar de los émulos de Cortés. Los encargados de aquel paso dieron su embajada en estos términos: comenzaron por recordar la pasada amistad, afirmando estar ya aplacado Velázquez, quien le ofrecía, no sólo ser su amigo como antes, sino serlo más todavía; y concluyeron prometiéndole que no se le impondría ningún castigo si quería reconciliarse con Velázquez. A todo respondió Cortés, que le eran muy gratas las expresiones de los enviados, y mucho más las del gobernador, cuya autoridad había siempre tenido y estimado en tanto: quejábase, sin embargo, de que Velázquez, grande amigo suyo en otro tiempo, le hubiese dado tal pago, porque había atentado a su vida, por engaño y por fuerza. De mucho tiempo atrás había puesto el mayor empeño en merecer la aprobación del gobernador y de todos los hombres honrados; pues por sus merecimientos, no por intrigas, había procurado siempre ganar el afecto de Velázquez; y por lo mismo que se había portado bien y con valor, estaba menos dispuesto a tolerar una ofensa. Ni tampoco necesitaba de la amistad de un superior cuyo afecto le era dudoso; pero que si Velázquez deseaba una reconciliación, estaba dispuesto a aceptarla, con tal que en lo sucesivo no volviera a servirse de él para nada; porque habiendo dado el gobernador más crédito a unos perversos calumniadores que a su mejor y más fiel amigo, ya no debía contar con los servicios de éste. Con tal respuesta despidió Cortés a los que trajeron el empeño de componer aquellas amistades. Parecía que por excusarse odios estaba más dispuesto a reconocer a Velázquez como superior que como amigo. Pero entretanto, para quitar a sus contrarios la ocasión de apoderarse de su persona, no quiso dar un paso fuera de la iglesia.

Impuesto Velázquez por sus enviados, de la resolución de Cortés, dispuso rodear de soldados la iglesia, para que no pudiera escaparse por alguna salida oculta. Mandó en seguida pregonar jornada a la provincia de Xaragua, llamada después Trinidad, que se había rebelado, y hechos los preparativos necesarios para la expedición, marchó contra el enemigo. El mismo día de la salida de Velázquez llamó Cortés a Juan Juárez, y le confió sus proyectos; mandole que tomase lanza, ballesta y demás cosas necesarias para viaje y pelea; que fuese a un lugar que le señaló y allí aguardara para hacer lo que le ordenase. Al cerrar la noche, antes que viniera la guardia de la iglesia, se salió de callada, llegó al lugar convenido, tomó las armas, mandó a Juan que le siguiese de cerca, le dio sus instrucciones, y le impuso de lo que debía ejecutar. Habiendo caminado hasta muy entrada la noche, llegó por último a los reales de Velázquez, sentados en una granja propia de éste, quien por hallarse en tierra de paz no tenía puestos centinelas, causa de que Cortés pudiera llegar sin tropiezo hasta los aposentos del general. Una vez allí, atisbó y registró todo con gran cuidado; y no descubriendo a nadie fuera, se acercó a la puerta de la casa y vio a Velázquez hojeando un cuaderno de cuentas. «Hola, señores, gritó Cortés (pues había algunos con Velázquez además de los criados); Cortés está a la puerta, y saluda al Señor Velázquez, su excelente y bizarro capitán.» A la voz y saludo de Cortés quedó atónito el general por la novedad del caso. Admirole tanta seguridad, y se alegró de la venida de su amigo: rogole con empeño que entrase sin temor, porque siempre le había considerado como amigo y hermano muy querido. Ordenó a los criados y pajes que a punto preparasen cena, y dispusiesen mesa y cama. Entonces dijo Cortés: «Mandad que nadie se me acerque, porque a quien tal haga, le pasaré con este chuzo: si tenéis de mí alguna queja, decídmela claramente: por lo que a mí toca, como nada he temido más en mi vida que la nota de traidor, preciso me es vindicarme, y que no quede de mí sospecha. Por lo demás, os suplico me recibáis en vuestra gracia con la misma buena fe que yo a ella vuelvo». «Ahora creo, contestó Velázquez, que no cuidáis menos de mi nombre y fama, que de vuestra lealtad». Dicho esto, tendió la mano a Cortés, quien entró a la casa cuando hubo dado y recibido seguro; y pasados los mutuos saludos y cumplimientos, comenzaron de nuevo las explicaciones. Cortés negó los delitos que se le habían imputado, cargando la culpa a sus calumniadores; y en fin, por ahorrar palabras, asentada paz y concordia, en concepto de ambos perpetua, cenó Cortés y se acostó con Velázquez en la misma cama. Al otro día de la fuga de Cortés, el correo Diego Orellana, que venía a avisarla, quedó no poco sorprendido al ver acostados juntos a Cortés y Velázquez. Mas no pudiendo éste, a pesar de las paces hechas, alcanzar de Cortés que le prometiese su ayuda en aquella campaña, le despachó por entonces a su casa muy honrado, mientras él seguía contra el enemigo. No fue obstáculo, sin embargo, la negativa de Cortés para que dejara de ir a juntarse con su jefe luego que hubo dispuesto todo lo que necesitaba para aquella expedición. Su vuelta al ejército fue tanto más agradable al general, cuanto menos la esperaba. En aquella guerra, como en las pasadas, todo lo hizo por dictamen de Cortés, y todo le salió como deseaba. Rotos y sujetos los enemigos, regresó en triunfo Velázquez con su ejército victorioso; y desde entonces disfrutó Cortés de mayor honra y estimación que antes.

Quiero contar ahora el peligrosísimo naufragio, digno de referirse y lamentarse, que padeció el que después llegó a ser tan gran capitán. Búrlense cuanto quieran los que piensan que las cosas humanas dependen del acaso; yo para mí tengo que de toda eternidad está señalado a cada uno por decreto inmudable el camino que debe correr. Cuando faltaban guerras, solía Cortés ir a visitar con frecuencia, unas veces a sus Indios ocupados en sacar oro, y otras a los trabajadores que labraban sus campos. Pues navegando cierta ocasión de las bocas de Bani a Barucoa, soplaba un vientecillo terral blando y suave, pero que arreció más de lo acostumbrado durante la travesía. No se curó de él Cortés al principio; mas luego que hubo caminado un poco, como el viento arreciase más y más a cada instante, púsole gran temor, y vino a perder la esperanza de arribar salvo al puerto que llaman Escondido, porque la fuerza de los vientos le había llevado mucho mas allá; y si quería mudar rumbo volviendo a otra parte la canoa, era seguro que esta había de volcarse y hundirse en el mar. Así fue que cerrando ya la noche, y empeñado en ir más allá de punto de su destino, dio en una marejada donde arrebatada la canoa por las olas, y derrotando de costado, no obedecía al remo. Habíase ya quitado la ropa para echarse al agua; pero dudaba entre el peligro de nadar y el de seguir navegando. Trabajaban con doblado vigor los remos, luchando cuanto en fuerza humana cabe para contrarestar al empuje de las olas. Parecía que cada una iba a anegar la canoa, echándola a lo profundo. Volcose al fin; pero siendo Cortés hombre de grande ánimo y serenidad en el peligro, se asió de ella, como un recurso si el viento y las olas no le dejaban llegar a tierra nadando. Y no se equivocó, porque mientras más se esforzaba por alcanzarla, con más violencia se lo impedían y le rechazaban las encrespadas olas. Fuele allí de gran provecho la canoa. En toda la playa no había lugar de seguro acceso sino Macaguanigua, distante aún. Aquella costa está en su mayor parte ceñida de rocas y peñas tajadas, sin dejar más que entradas estrechas y arenosas entre los escollos. Quiso la fortuna que por ser lugar abrigado, hubiesen encendido allí lumbre unos Indios, quienes oían muy bien las voces de Cortés y de sus compañeros de peligro; pero no podían verlos por la oscuridad de la noche. Sospechando lo que era, atizaron y revolvieron la lumbrada, para que brillase más, y los náufragos tuviesen en su luz un punto fijo adonde encaminarse. Mucho valió por cierto a Cortés aquel fuego; pero mucho más los Indios, que le socorrieron a tiempo, cuando estaba ya rendido y casi ahogado, después de haber resistido tres horas el embate de las aguas.

Velázquez, adelantado de Cuba, por consejo y con ayuda de Cortés fundó siete poblaciones cuya cabecera fue Baracoa, a la que llamó Santiago en honra del apóstol, y está situada orillas del río Macaguanigua, con puerto capaz y seguro. Estableció cajas reales, casa de fundición y hospital, trazando además otros muchos edificios principales. Cortés fue el primer Español que halló en Cuba minas de oro, de las que después ha salido tanto que parece cosa increíble; fue también el primero que tuvo hato, habiendo hecho traer de la Española toda clase de ganados. De suerte que Cortés, casado ya (pues referir por puntos toda su historia sería largo y fastidioso), gozaba felizmente de su hacienda, que no era poca, aunque bien adquirida. No será fuera de propósito decir algo de Cuba y de sus habitantes, ya que tanto hablamos de Españoles. A la isla que los Indios llaman Cuba, los nuestros dan por nombre Fernandina, en honra del rey D. Fernando. Corre de Oriente a Occidente; tiene al Norte las islas Lucayas y las Guanajas, muchas en número y casi juntas. Dícese que son doscientas. Al Sur está Jamaica. De largo tiene unas trescientas leguas, o mil doscientas millas: de anchura cincuenta leguas. Dicen ser su figura semejante a una hoja de sauce. El color de la gente, su traje, costumbres, religión, ritos y leyes, todo es lo mismo que en la Española. La lengua es tan parecida, que aunque hay algunas diferencias, se entienden unos a otros fácilmente. Son muy mentirosos; toman muchas mujeres, unos cinco, otros diez y otros más, según su riqueza; pero nadie tantas como los reyes. De donde resulta, que distraído el ánimo con tal multitud, a ninguna tienen por compañera, y a todas las desprecian por igual. Por motivos leves deja el marido a la mujer; pero menos necesita la mujer para dejar al marido... La tierra es abundante en oro, cobre y rubia. De los indígenas quedan pocos o ninguno, consumidos todos por pestes o guerras; bien que en gran parte fueron trasportados a la tierra firme de México a poco de haber ganado Cortés esa ciudad.

A los siete años de la llegada de Velázquez y los Españoles a Cuba, es decir, el de 1517, estando la isla ya pacificada, Francisco Fernández de Córdoba, Lope Ochoa de Salcedo, Cristóbal Morante, antiguos vecinos de la isla, y otros muchos Españoles notables por su nombre y riqueza, ajustada compañía entre todos y nombrado por comandante de la expedición Francisco Fernández de Córdoba, aprestaron cuatro naves, las cargaron de víveres y armas, y allegaron gente, disponiéndose a partir en el día convenido, con dirección a las Lucayas y Guanajas. Era su objeto cautivar por fuerza o por engaño a aquellos insulares, gente bárbara e indómita, y traerlos a Cuba como esclavos. Yacen dichas islas entre el Sur de Cuba y el Norte del cabo de Honduras. A ellas, pues, pensaron ir los arriba dichos a invadir y robar; no a Yucatán, como con poca verdad escribe Gonzalo Fernández de Oviedo. A causa de estar Yucatán rodeado de agua casi por todas partes y parecer una isla, Pedro Mártir dice que lo es; pero se equivoca como en otras muchas cosas. Al tiempo de partir Córdoba con sus compañeros, el adelantado Diego Velázquez les dio una barca de las que servían para llevar provisiones a los Indios de las minas, bajo condición que le diesen parte de los Guanajos que cautivasen. Partidas las naves y distantes ya del puerto, sobrevino un viento muy fuerte y contrario, de manera, que en vez de arribar a las Guanajas, que era adonde iban, fueron a parar a la punta de Mujeres. Diéronle entonces este nombre, porque en un adoratorio hallaron muchas figuras de mujeres o diosas, colocadas en hileras; el edificio era de piedra. No se había encontrado ni visto hasta entonces en aquellas tierras ningún edificio tal, sino sólo de madera o paja. Partiendo de allí Córdoba con la proa a Poniente, navegó hasta el cabo Cotoche. Llamose así porque los Indios, como ignoraban la lengua española, respondían *cotoche, cotoche,* a cuanto los nuestros les preguntaban. *Cotoche* significa *casa,* y querían decir que no estaban lejos las *casas* y el poblado. Puestos en tierra sus soldados acometió Córdoba a los naturales que se le presentaron con armas; pero el ataque fue para él desgraciado, pues perdió veinte y seis Españoles: los Indios muertos fueron casi innumerables. Ya fuese por aquella desgracia, o por haber perdido la esperanza de poblar y rescatar oro, se reembarcó disgustado, y siguió navegando hasta llegar a una ciudad que se veia no lejos de la costa, llamada por los naturales Campeche, donde mandó a sus compañeros que bajasen a tierra. Acercábanse los Indios al mar atraídos de curiosidad; les admiraba aquella nueva especie de hombres, y no menos la grandeza de los navíos, quedando atónitos con tan extraño espectáculo. Al principio acogieron los Campechanos a los nuestros muy de buenas, engolosinados por las bujerías de rescate; pero no les dejaron acercarse más al pueblo. Los Españoles entretanto hicieron aguada en un pozo, por ser la tierra escasa de aguas, tanto que en toda aquella comarca no hay fuente ni río alguno, excepto dos medianos arroyos. A otro día de haber llegado los Españoles, los de la ciudad enviaron un embajador a intimarles que de no irse, los exterminarían; y como no obedeciesen, los Indios comenzaron a atacarlos. Aceptaron los nuestros la batalla con denuedo; mas pelearon con poca fortuna, y este nuevo contratiempo les obligó a reembarcarse. No navegaron mucho para llegar a Mochocoboco (que en otra lengua se llama Champoton), donde se determinaron a saltar otra vez en tierra armados. Ya los vecinos les aguardaban de guerra por las noticias que los Campechanos les habían enviado relativas a los Españoles; y confiados en su muchedumbre querían probar la suerte de las armas. Acometen con intrepidez y algazara, derrotan a los Españoles y les ponen en fuga. Veinte quedaron allí, y Córdoba recibió veinte heridas; pero alarmado más que por ellas por la gravedad del peligro, se entró en los navíos con los que escaparon. Casi ninguno iba ileso; pero tampoco los Indios lograron sin sangre la victoria. Córdoba, Salcedo, Morante y los demás que quedaron vivos, perdida la esperanza, y sin haber siquiera reconocido la tierra, regresaron tristes y apesarados. De cuanto vieron, hicieron y les aconteció dieron cuenta al adelantado Velázquez, quien impuesto de todo, concibió grandes esperanzas, aprestó tres navíos pequeños, juntó soldados y dio el mando de la armada a Juan de Grijalva, amigo y pariente suyo, a quien comunicó sus instrucciones. Cargó las naves de bastimento y mercaderías para el rescate de oro, pues sabía por Córdoba que le había con abundancia en aquella tierra, y que le usaban mucho los Indios con quienes tan desgraciadamente habían peleado los Españoles. Mandó además a Grijalva que explorase todas las entradas de la costa de Yucatán, y que una vez desembarcado se internase cuanto fuera posible, averiguando con toda diligencia las cosas de la provincia, para lo cual le serviría de intérprete un Indio Julián, cautivado por Córdoba en Cozumel. Recibidas las instrucciones, puestos a bordo ciento treinta Españoles, y hechos los acostumbrados actos religiosos, salió Grijalva del cabo de San Antonio el 1º de mayo de 1518, llevando por piloto a Antón Alaminos que navegó antes con Córdoba. Al segundo día arribó a la isla de Cozumel, de que luego hablaremos largamente, y dejándola llegó a Cotoche el 14 del mismo mes. Pretenden algunos que Grijalva arribó a Champoton y no a Cotoche. Al día siguiente de su llegada echó a tierra los soldados, y como empezara a sentirse ya falta de agua, adelantó algunos en busca de ella, y él les siguió con el resto de la gente. Trabajo le costó hacer aguada, porque se lo estorbaban los de Champoton, quienes le enviaron mensajeros intimándole que saliera lo más presto de la tierra, si no quería probar el poder de los Champotones, que eran muy numerosos. Grijalva despachó también mensajeros a los Indios con el intérprete Julián para que les apartasen de su obstinada resolución de pelear, convenciéndolos con razones, o aterrándolos con amenazas; puesto que por crecido que fuese su número, era una temeridad y el colmo de la demencia pelear hombres inermes y desnudos contra otros armados; y además los Españoles ni les habian hecho mal, ni pensaban hacérselo. De modo que si querían deponer las armas, les recibiría por amigos; pero de lo contrario, serían tratados como enemigos. La respuesta de los Indios fue con flechas, que no con palabras. Entonces se embistieron ambas tropas, trabando reñida pelea, en que Grijalva perdió dos dientes, con algún daño de la lengua, y Juan de Guetaria murió peleando como bueno. Quedaron además heridos muchos Españoles. Conociendo Grijalva que había obrado con imprudencia, embarcó la gente y todo lo demás, y se hizo a la vela hacia Poniente. Pocos días después arribó al río de Tabasco, al que dio su nombre y se llamó *de Grijalva*. Allí tuvo consejo en su nave con los principales Españoles y pilotos; y por voto de todos envió para informar a su tío Velázquez del descalabro padecido y de la navegación hecha, a Pedro de Alvarado, durante cuya ausencia se proponía continuar el descubrimiento. Cuéntase que cuando Velázquez recibió la infausta nueva dijo: «No debía yo esperar otra cosa de ese necio; justamente pago la pena de mi imprudencia, ya que le envié.» Cuando Alvarado llegó, había ya despachado Velázquez a Cristóbal de Olid con una carabela en busca de Grijalva, para saber cómo andaban las cosas. Pero viéndose en el preciso caso de acometer de nuevo la obra, ya que la fortuna había desvanecido sus primeras esperanzas, y reflexionando que tantas desgracias habían prevenido de la temeridad, negligencia e ignorancia de los capitanes Córdoba y Grijalva, mandó llamar a Hernán Cortés, vuelto había poco a su casa, pues se hallaba ausente cuando Alvarado trajo la nueva de la derrota. Trató con él acerca del modo de seguir aquella guerra, y de aprestar otra armada, mezclando en la conversación muchas protestas de amistad. Díjole que no había en toda la isla persona a quien con más gusto encomendara aquella empresa, pues confiaba en su probado valor; y que como él quisiese, no habría tampoco quien mejor pudiera y debiera poner mano en tal expedición, así por su hacienda como por su pericia militar. Podía además ir con el pretexto de llevar a Grijalva el socorro que Alvarado pedía. Y finalmente, que sería muestra de poco discurso y ánimo, dejar ir de entre las manos tal ocasión de ejecutar grandes hechos, y la esperanza de dar cima a las más gloriosas hazañas.

Gustoso aprovechó Cortés como venida de lo alto tan favorable coyuntura, sin desconocer por eso la fuerza del enemigo con quien iba a combatir. Y como siempre había deseado guerra nueva, ejército numeroso y mando absoluto en que pudiera brillar su valor, meditando ya cosas más altas, y lleno de esperanzas, dio a Velázquez gracias muy expresivas; aunque correspondientes a la dignidad de ambos, por su buena disposición hacia él. Aceptó el cargo de general, y ofreció su cooperación para el apresto de la armada. Pero a fin de que el negocio se hiciera más llanamente, rogó a Velázquez que por ser cosa importantísima para lo venidero, escribiese a los Padres Alfonso de Santo Domingo, Luis de Figueroa y Bernardino de Manzanedo, monjes gerónimos, gobernadores entonces de la Española, sin cuya licencia él no osaría emprender nada; el objeto era que informados ellos de la nueva jornada, diesen poderes a Cortés, así para llevar socorros a Grijalva como también para rescatar oro. Velázquez escribió a los frailes, cuya contestación no tardó en venir: en ella no sólo daban permiso a Cortés y Velázquez para enviar armada, sino aún mandaban que cuanto antes marchase Cortés, pues era el capitán nombrado. Confirmado éste en su empleo por la dicha carta, y autorizado para mover guerra, comenzó a alistar naves y hacer gente. En tales aprestos no sólo gastó su hacienda, sino que contrajo deudas considerables. Tenía ya prontas cinco carabelas, y fletó otras dos, que hizo aderezar y cargar de muchas mercaderías y ropas para el rescate; armas, artillería, anclas, cables, velas y demás pertrechos para las naves. Aunque al principio había estado contento Velázquez, vino luego a arrepentirse de haber nombrado general a Cortés, pensando que el mérito de éste acabaría por dañar a su gloria, por no decir a su codicia. Asustábale la propensión de Cortés al mando, la confianza que mostraba en sí propio, y su largueza en el apresto de la armada: temía por lo mismo que una vez ido Cortés, ningún fruto había de resultarle a él, ni en honra ni en provecho. Así pues, cavilaba día y noche buscando medio de apartar a Cortés de la empresa, y al efecto empezó a tratar de persuadirlo por bajo de cuerda valiéndose del tesorero real Amador de Lares, y sin darse él por entendido. Mas nada se ocultó a la perspicacia de Cortés, quien muy bien comprendió adonde iba a parar el tesorero, o más bien Velázquez por su mano. De manera que mientras más procuraba Velázquez apartar a Cortés del armamento, mayores esfuerzos hacia éste; pues aunque tenía ya gastados de su hacienda seis mil pesos de oro, tomó en préstamo otros seis mil ducados a Andrés de Duero, Pedro de Jerez, Antonio de Santa Clara y otros varios. Todo lo empleó en aumentar la armada y mantener la tropa, sin contar lo que le había prestado Velázquez, así en dinero como en mercancías. Más podía en él la esperanza que el dispendio. Considerando que nada hay que descuidar cuando la gloria va por medio, arengó a los soldados, sedientos de oro y fama, y por lo mismo contrarios de Velázquez, y mal vistos de él. Les animó infundiéndoles grandes esperanzas; quejose de que el adelantado en quien esperaba encontrar su principal apoyo, le suscitaba dificultades; mostroles las pruebas que tenía de su mala voluntad y de que envidiaba su gloria; y se dio por muy sentido de que Velázquez, por malignidad y envidia, quisiera arrebatarle la honra de tan grande empresa. Llenos entonces de esperanzas los soldados, ofrecieron su cooperación a Cortés. Introducida ya entre ambos mútua sospecha, Cortés empezó a usar una cota debajo del vestido, se rodeaba de gente armada cuya fidelidad ganó con promesas; y lleno de indignación y recelo daba calor a los aprestos, mostrando no tener el ánimo en otra cosa sino en el pronto despacho de la armada. Pero, por Dios, ¿en qué pensaba Velázquez? ¿Acaso en malquistarse con Cortés y tantos otros Españoles? Además, hacer tentativas inútiles, y a fuerza de fatigas concitarse odios, es el colmo de la demencia. Viendo aprestar la nueva armada, se despertaba en Velázquez el pesar de la que había perdido, y miraba como enemigo a quien disponía una flota más numerosa y mejor provista que la que él proyectaba. Admirábale de dónde había podido enaltecerse tanto Cortés, que sus esperanzas excedieran a sus fuerzas, y su ánimo fuese superior a su fortuna. Negaba que aquel debiera emprender semejante expedición, porque era de temerse más daño que provecho. Añadía que importaba averiguar los designios de Cortés; que el mandar soldados era grave cargo, peligrosa aquella navegación, y dudoso el éxito de la guerra. Todo esto divulgaba Velázquez. Pero le inquietaba al mismo tiempo el temor de que se originase alguna sedición o guerra intestina; porque estando los Españoles divididos en dos bandos, uno seguía a Cortés, quien era además temible por su poder y valor; los Españoles le eran apasionadísimos, y de muchos se había apoderado el deseo de acompañarle, contando cada uno con regresar breve a su casa cargado de laureles y despojos. Rodeado, pues, Velázquez de tantas dificultades, y convencido de que no lograría apartarle de su intento, ni por fuerza, porque estaba armado, ni con persuasión o engaño, porque era muy precavido, vino a fijarse en negarle los víveres. Mandó al efecto que nadie vendiera ni regalara nada a Cortés; pero el resultado fue en verdad muy distinto de lo que se proponía, porque siendo Cortés hombre activo e ingenioso, dispuso que de noche, con el mayor silencio y brevedad posibles, cuidasen los suyos de traerle a las naves cuanto maíz, cazabe y carne tuviesen; él entretanto tomó todos los bueyes, carneros y cerdos del mercado, quitándolos al obligado de la carnicería, Hernando Alfonso, a pesar de su oposición y protestas. Mas para que no pagase de sus bienes la multa que le imponía su compromiso con la ciudad, le dejó en prenda una cadena de oro que llevaba al cuello. Detuviérase todavía Cortés por la falta de bastimento, si no le diera prisa el temor de que se le obligara a quedarse. Recelaba además que si Grijalva volvía a Cuba antes que él se apartase de Velázquez, le estorbaría éste la ida; y sintiendo así la inquietud consiguiente a la gravedad del caso, resolvió partir, por no perder su trabajo y hacienda. Al salir Cortés del puerto de Santiago llevaba seis naves, pues aunque tenía siete, dejó allí la otra para aderezarla y proveerla. Llevó hasta trescientos hombres, entre soldados y voluntarios, juntamente con mucha ropa y mercancías de rescate. A un tal Diego, Español, compró una tienda entera de buhonería. En disponer todo esto empleó cerca de quince mil pesos de oro, sin que Velázquez gastara un maravedí.

Ya que hablamos del gasto, la ocasión pide que aclaremos con brevedad, si Velázquez puso o no algo de su hacienda para el apresto de la armada, pues veo que muchos están creídos de que él compró o fletó todas las naves a su costa, y las entregó a Cortés con la licencia para la jornada. Todos saben que por ignorancia, cuando no por malicia, propagó esta especie Gonzalo Fernández de Oviedo en el libro de la *Historia Natural de las Indias,* que escribió en castellano. Refiere que Córdoba, Grijalva, Pánfilo de Narváez y Cortés recibieron de Velázquez las naves de que fueron capitanes. De Grijalva y Narváez bien dijo; mas no de Córdoba ni Cortés. Así lo asegura Pedro Mártir, diciendo que Córdoba, Salcedo y Morante alistaron tres naves a su costa, y cuando habla de las diez carabelas de Cortés, sólo dice que la armada se hizo con licencia del gobernador. Viven todavía muchos Españoles honrados, que presenciaron el apresto de la armada en cuestión, y que cuando fue acusado Cortés en el Real Consejo de Indias, afirmaron con juramento que Velázquez no gastó nada de su hacienda en la flota de Cortés; antes a varios de la expedición vendió muchas cosas muy caras, les prestó a logro, y les llevó mucho más de lo justo por el flete de dos barquichuelos suyos. El precio de todo lo exigió después en México a los deudores, por medio de su apoderado Juan Díez, a quien envió en la expedición con tal objeto. Mas como en su lugar diremos, pereció él con todo el dinero, cuando Cortés fue echado de México. Lo que a éste prestó Velázquez fueron ropas, mercaderías y muchas cosas para cambios y rescate de oro.

Pues para que no permanezcan en igual error los que interpretan malignamente los esclarecidos hechos de Cortés, cuya grandeza aún no puede graduarse, pero cuya verdad está fuera de duda, diremos que Oviedo escribe haber visto y leído en la ciudad de Santiago el convenio que Velázquez y Cortés celebraron ante Alonso Escalante escribano público; mas debe entenderse que aquel concierto se refería al mandato e instrucciones, no a los caudales y gastos. Porque Velázquez sólo dio poderes a Cortés para llevar socorro a Grijalva, y permutar oro por mercaderías; mas no para poblar ni hacer guerra en Yucatán. Juan de Saucedo, testigo en la defensa de Cortés, que fue a Yucatán con Grijalva, y trajo a Velázquez la noticia del regreso de éste a Cuba, afirma con juramento haber dicho el gobernador que había enviado a Cortés sólo para auxiliar y recoger a Grijalva. Este mismo testigo fue despachado por Velázquez a los monjes gerónimos de la Española para conseguir que Cortés pudiese hacer guerra en Yucatán y poblar en la tierra firme; lo que sin dificultad obtuvo con pretexto de los gastos hechos en la armada. De esto hay muchos testigos. Córdoba, Salcedo y Morante denunciaron ante la Audiencia de Cuba a Velázquez por haber dicho falsamente a los monjes, que las naves que ellos habían armado a su costa, lo habían sido a expensas de él, obteniendo de ese modo el permiso de pasar a tierra firme, en virtud del cual despachó a Grijalva. De igual modo se condujo Velázquez en lo que informó de la armada de Cortés. De suerte que Oviedo, el más diligente historiador de cuantos han escrito de cosas de Indias, me parece haberse expresado con poca libertad, aunque era por lo demás hombre honrado. No puedo dejar de creer que al escribir de Cortés cosas falsas, más bien lo hizo engañado por Velázquez, gobernador entonces de Cuba y por lo mismo poderoso, que llevado de odio o amistad.

Declaremos ahora, lo que pone en duda Pedro Mártir. Refiere que Velázquez por medio de su apoderado citó en juicio a Cortés llamándole reo de lesa majestad, y que el Consejo de Indias no llegó a dar sobre esto sentencia alguna. Mas ya que Pedro Mártir dice: «corren aquí muchas especies de infidelidad de Cortés, que algún día se aclararán, y al presente omito»; por Dios quisiera me dijesen ¿qué infidencia pudo haber donde no se debía fidelidad? Lo que hizo Cortés en Yucatán, no fue a nombre de Velázquez, ni por su orden, pues antes trató de estorbarle la ida, ni a su costa, ni siquiera bajo sus auspicios; sino por consejo propio, a sus propias expensas, y bajo los auspicios del Emperador. ¿Quién fue nunca tan fiel a su rey como Cortés a Carlos V? ¿Quién llevó más lejos sus estandartes, ni ensanchó más sus dominios? Pero digamos al cabo cómo vino a ser absuelto Cortés en aquel juicio. Juan de Fonseca, obispo de Burgos y primer presidente del Consejo de Indias, protegía con empeño la causa de Velázquez, cuando se acusaba a Cortés de traición, intriga y crimen de majestad. A pedimento de Francisco Núñez de Paz, hombre activísimo, procurador y pariente de Cortés, se inhibió al obispo de conocer en los negocios de éste en el Consejo, por sospecha de parcialidad. Dio margen a la sospecha el verle tan inclinado a favor de Velázquez, a quien había prometido una sobrina en matrimonio. Apesarado el obispo de no poder tomar conocimiento de aquella causa, y desconfiando del éxito, se retiró del Consejo, y poco después falleció.

Hallábase el Emperador en Valladolid el año de 1522, y como Manuel de Rojas y Cristóbal de Tapia, procuradores de Velázquez, esforzasen cada día mas sus acusaciones y cargos contra Cortés, nombró seis jueces que sentenciasen aquel pleito, pendiente tan de antiguo en el Consejo, y fueron Mr. de Laxao, camarero mayor; de la Roche, Flamenco; Fernando de Vega, comendador mayor de Castilla; Vargas, tesorero general de Castilla; el doctor Lorenzo Galíndez de Carbajal, y Mercurino de Gatinara, Italiano, gran canciller del Emperador, que fue nombrado presidente. Todos absolvieron a Cortés, no tanto por admiración de sus hazañas, cuanto por justo derecho; y como iban tan prósperamente los negocios de aquella tierra, le prorrogaron el gobierno por muchos años. Francisco de las Casas, pariente cercano de Catalina Pizarro, fue quien hizo saber a Cortés en Nueva España la sentencia del Consejo; y ella, según Oviedo dice, fue causa de que Diego Velázquez muriese a poco de haber sido pregonada en Cuba. Con lo referido se prueba claramente, si no me engaño, que Cortés alistó la armada a su costa. Es verdad que el primer pensamiento y la autorización vinieron de Velázquez; mas el trabajo, el empeño y el gasto fueron de Cortés.

Volviendo, pues, al punto en que dejamos nuestra narración, diremos que salido Cortés del puerto de Santiago, fue a Macaca, ciudad y puerto de la isla de Cuba. Al tiempo de partir adelantó a Pedro González de Trujillo a Jamaica con una carabela, a fin de que trajese bastimento para la escuadra. Compró éste en Jamaica mil y quinientos tocinos, y dos mil cargas de cazabe, mantenimiento de los indígenas. Las cargas eran de hombre, y los Indios llaman *tamenes* a los que las llevan a cuestas. Compró también aves, y otras muchas provisiones de esta especie. Mientras tanto, compró Cortés en Macaca mil cargas de maíz de las ya dichas, y algunos cerdos al tesorero real Tamayo; y como se decía que Grijalva había vuelto a la isla, fuele forzoso apresurar la partida, no sucediese que Velázquez, tan empeñado en detenerle, o los frailes, le revocasen la comisión, puesto que era vuelto Grijalva, a quien iba a llevar socorro. Enviadas por delante las naves al cabo de San Antonio, con orden de que allí le aguardasen, navegó Cortés con dos carabelas hacia el puerto de la Trinidad. Luego que hubo llegado compró a Alonso Guillén un navío y quinientas cargas de maíz: en esto arribó Francisco de Salcedo con la carabela que Cortés dejó aderezando en el puerto de Santiago, y trajo nueve caballos con un refuerzo de ochenta voluntarios. Por entonces dieron noticia a Cortés de que iba para unas minas un navío bien cargado de bastimento. Mandó luego a Diego de Ordaz que fuese a buscarle, lo apresase, y en seguida lo trajese al cabo de San Antonio. Ordaz fue, lo tomó y trajo. Luego que el capitán Juan Núñez Sedeño y los mercaderes bajaron a tierra, recibieron orden de presentarse a Cortés, en cuyas manos pusieron el registro de las mercancías y provisiones que llevaban, señalando su valor. Eran dos mil cargas de *tamène*, mil y quinientos tocinos secos, y muchas gallinas del tamaño de pavos. Todo lo pagó Cortés por su justo precio, y aun compró el navío a Sedeño, quien se avino a seguirle en aquella guerra, y hoy vive en México. Del puerto de la Trinidad pasó Cortés a La Habana, mandando que la tropa fuese por tierra. Está situada dicha ciudad en la embocadura del río Onicaginal, y entonces tenía buen vecindario; hoy se halla casi despoblada. Al llegar Cortés encontró dispuesto cuanto era necesario para la partida, menos los víveres, que nadie osaba vender ni dar, por la prohibición del adelantado Velázquez. Estaban a la sazón en La Habana un Rodrigo de Quesada, colector de diezmos del obispo, y otro a quien llamaban receptor de bulas; a éstos compró Cortés cuanta carne, maíz y cazabe habían recogido de los vecinos en pago de diezmos y bulas, pues no podían esperar otra ocasión de venta, por no sacarse allí ningún oro. Ya iba a salir Cortés de La Habana, cuando llegaron en un navío Pedro de Alvarado, Cristóbal de Olid, Francisco de Montejo, Alonso de Ávila y otros muchos de los que fueron con Grijalva. Vino entre ellos un Garnica, a quien Velázquez había dado cartas para Cortés y otros varios, en que rogaba al primero aguardase un poco mientras iba a conferenciar con él sobre cosas de la mayor entidad. Y a Diego de Ordaz, gran partidario suyo, le instigaba para que se apoderase de Cortés por cualquier medio, aun usando de la fuerza. Ordaz, jefe del bando de Velázquez, dispuso un banquete en la nave de su cargo, que era quizá la mayor y la que juzgó más propia para una celada, y convidó a Cortés. Mas éste, pretextando indisposición de estómago, despidió a los que habían venido para acompañarle al navío, y dejó burlado a Ordaz. Armose luego, dio la señal de partir, y entró en su navío para hacerse a la vela. Tenía Cortés cuando salió de La Habana, once embarcaciones, hechas, compradas o fletadas a su costa, y otras dos más de transporte, que por entonces arribaron y quisieron hacer con él aquella expedición. Llevó veinte y cuatro caballos, y quinientos treinta infantes: víveres pocos; de maíz y cazabe cinco mil cargas de Indio, dos mil tocinos, y nada de dinero. Tal fue el armamento con que Cortés movió guerra a un Nuevo Mundo: tan escasas las fuerzas con que ganó para Carlos aquel grande imperio, y abrió, el primero, a la española gente, el reino de Nueva España donde está la nobilísima ciudad de México. Y a no ser porque esto nos apartaría mucho de nuestro propósito, encareceríamos ahora la inmensa gloria de los Españoles, que después

323

de haber mostrado su valor con Franceses, Italianos y Turcos, llevaron sus armas a remotas tierras, de que no alcanzaron noticia los Romanos.

De rebus gestis Ferdinandi Cortesii. Incerto auctore

Qui sint Antichthones, qui proprie dicantur Indi, cur etiam Indiae Novus hic Orbis, de quo scribere instituimus, appellentur, quis, quove casu mortalium primus Indias, ut vocaut, invenerit, abunde a nobis dictum esse arbitror. Praterea, quid Democritus, Herodotus, Plato, Seneca et multi alii de Novo terrarum Orbe vel senserint vel scripserint, suo loco indicavimus. Nunc ad res in Indiis a patre tuo fortissime gestas veniamus; cujus ductu et impensis, ut latius paulo post explicabitur, alter hic terrarum Orbis potissimum est et inventus et debellatus; quique non modò in regum Hispanorum ditionem venit, verùm etiam, quod multò est pricelaritis atque gloriosius, in cognitionem veri Dei.

Ferdinandus Cortesius, Martini Cortesii Monroii et Catharinae Pizarrae Altamiranae filius, Metellini ortus est anno quinto et octogesimo supra millesimum ac quadrigentesimum humanae salutis. Parentes, si genus spectes, nobiles: *Idalgos* quasi *Italicos*, hoc est, jure Italico donatos, Hispani vocant. Cortesiorum, Monroiorum, Pizarrorum et Altamiranorum familiae clarae, antiquae atque honorate. Si fortunam vitamque inspexeris, mediocrem quidem vitam egerunt; vixerunt tamen innocentissime. Catharina namque probitate, pudicitia et in conjugem amore, nulli aetatis suae feminae cessit. Martinus verò, tametsi in eo bello, quod auspiciis Ferdinandi regis et Elisabethae Alphonsus Cardenas, equitum Divi Jacobi magister, contra Alphonsum Monroium, Alcantarae, ut vocant, clavigerum, et Beatricem Paciecam Metellini comitem gessit, levis armaturae equitum quinquaginta dux fuerit; pietate tamen et religione toto vitae tempore clarus. Puer sanctè ac liberaliter educatus atque institutus domi est a parentibus. [Maria Stephana ex oppido Oliva nutrix.] Quartodecimo aetatis suae anno Salmanticam studiorum gratià missus, biennium in contubernio amitae Agnetis Pazae, quae Francisco Nonio Valerae nupta erat, mansit. Grammaticaeque studuit. Inde, cùm studii taedio, tum rerum majorum exspectatione (ad maxima ením natua erat) abscessit, patriumque solum revisit. Id aegre atque impatienter parentes tulerunt, quippe quod spem omnem in eum qui unicus erat filius, collocaverant, cuperentque illum Juris scientiae, quae ubique gentium in magno honore atque praetio semper habita est, operam navare. Erat in puero mira ingenii docilitas, animi praeter aetatem altitudo, et armorum tractandorum innata cupido. Ergo cùm domi apud parentes esset, aetatemque inquietus agitaret, fluctuabat animo, quonam terrarum sese conferret. Stat tamdem animo sententia in Indias navigare, ad quas eà tempestate inhabitandas, belloque subigendas, Hispani, auri et argenti cupidine illecti, quod multum crebròque ad nos convebebatur, frequentissimi confluebant. Erat Gereae, nune *Cáceres* dicimus, per id tempus quo ab studiis Cortesius Metellinum redierat, Nicolaus Ovandus, Laris commendatarius, militiae ut dicitur Alcantarae, qui postea major ejusdem equestris ordinis commendatarius est factus. Is, jussu et impensis Ferdinandi et Isabellae regum, classem triginta navium, cujus magna pars carabelis constabat, paraverat, in Hispanam insulam trajecturus, ut ibi non tautùm illius, verùm omnium quoque circumjacentium insularum gubernator praesesque esset. Hunc Cortesius, ut plerique nobiles Hispani, ducem secuturus erat. Sed interim dum per aliena tecta incedit (tenebatur enim puellae cujusdam consuetudine) e caduco pariete cadit. Parum abfuit quin ille, ita ut erat obrutus, telo fuerit a quodam confossus, ni anus quaedam domunculam egressa, ostiolum cujus parva pelta ferrea quam ipse gestabat, magno cum strepitu impegerat, generum, qui et ipse eodem strepitu domo fuerat excitus, detinuisset, precata ne hominem feriret, priusquam quis is esset nosset. Beneficio itaque hujus aniculae tunc primum est Cortesius servatus.

Longam eo casu traxit valetudinem. Accesit ad id malum non multò post quartana febris, quae illum diu multùmque anxit. His malis implicitus, Ovandum sequi non potuit. Undevigesimo aetatis anno, qui salutis millesimus quingentesimus quartus fuit, quo et Isabella regina moritur, Seviliam (Hispalis olim fuit) pergit, quo tempore oneraria quaedam navis, cujus erat magister Alphonsus Qunterus Palensis, in procinctu ad navigandum in Hispanam insulam erat. Eam navim, faustum precatus cursum, eà nocte ascendit quae diem quo e portu solvit, praecessit. Prosperà es navegatione usus Gomeram usque, quae una Fortunatarurn insularum est. Quinterus de nocte, ne ab aliis quatuor navibus quae in eodem portu eisdem mercibus onustae erant, preesentiretur, silentio inde abscedit, ut cariùs suae quam illarum merces venderentur, si celeriùs ad Hispanam, quo iter suum oranes intenderant, adpellere contigisset. Ceterùm cùm in conspectum insulae quam vocant Ferri pervenisset, navis arbor, qua parte carchesium malo figitur, aut certe non multò inferiùs, vi ingrentium ventorum frangitur, secumque maximo cum fragore antenam, vela, ceteraque impedimenta deorsum trahit. Quae quidem multos dubio procul vel ex vectoribus, vel ex navitis, qui paulo ante in stego aut jacebant aut deambulabant, confecissent, ni omnes in puppim ivissent ad edenda conditanea ac bellaria quaedam, quae Cortesius in navim sibi pro penu importari fecerat. Malo itaque fracto, coacti sunt navitae cursum eo flectere unde paulo ante solverant. Refecto ibi utcumque malo, navis cum aliis quatuor quae in portu adhuc erant, solvunt: illae namque solvere noluerant antequàm arbor navís qua Cortesius vehebatur, reficeretur. Quinterus, cùm multum essent in altum naves progressae, omnibus, velocissimae navi datis velis, iterum progredi tentat, omni spe lucri, uti priùs, in celeritate posità. Quidam tamen magnae auctoritatis atque fidei aliam mihi causam, multum ab eà quanì modò dixi diversam, Quinterio fuisse retulit. Videlicet ne Franciscus Nignus Huelvensis, navis gubernator, quem ipse molestissimè ferebat patri suo in gubernandà navi esse praelatum, reetà iter quo tendebant, agere posset, Quinterus paterque, seductis vel pecuniis corruptis qui clavurn dum nauclerus dormitabat reggebant, dextrorsùm modò, modò sinistrorsùm, aliò navim quàm quò ibat, ducere. Malebant pessimi illi mortales navim in scopulos, in Caribes, in Antropophagos incidere, aut quovis alio modo perditum iri, quàm reducem in Hispanam adpellere, Nigno nauclero. Adeò hominis odium altè illis insederat, ut neque sui neque aliorum rationern haberent ullam. Quo accidit ut dum plurimum temporis errant, nec qui falsus est, nev qui illum fefellerant, scire cognoscereve possent ubi locorurn aut terrarum agerent. Mirari nautae, mirari stupereque nauclerus, tristes maestique cuncti esse. Quippe quod neque navigationis actae, neque deinceps navigandi ullo modo iniri poterat ratio. Namque parùm constabat, quam stellarum sequi deberent, cùm, sub qua caeli plagà essent, nescirent, aut quà, quòve cursum intenderent, ut terram tamdem aliquam vel Antropophagorum attingere daretur. Commeatus penurià laborare inceperant. Siti adeò premebantur, ut aquam non nisi pluviatilem, quam linteis ac velis congregare poterant, per viginti dies biberent. Nec is finis malorum. Mors penè in faucibus erat. Cognità demum fraude atque proditione, Quinterus paterque, omnium quos terra aluit umquam scelestissimi, fateri culpam, precari veniam, prehensare omnes. Contrà verò Nignus nauclerus minitari, mala imprecari, diris agere qui eum dolum fecerant. Cuncti praetereà fortunam incusare, lamentari, peccata fateri, omnia omnibus condonare, Dei O.M. auxilium supplices maestique implorare. In hoc vitae discrimine erant miseri illi mortales, jamque nox appetebat, cùm supra arboris summitatem placidè volantem columbam vident [die crucis Domini] navigantium gemitibus haud territam. Diu circa navim pendenti magis quàm volanti similis apparuit: sedit monstravitque haud dubium felicitatis auspicium. Ingens porrò alacritas aut fiducia paulò ante deterritos deque salute desperantes cepit, et quod digna res admiratione visa est, collacrimare prae gaudio omnes, in caelum manus tendere, gratias clementissimo Deo rerum omnium domino agere: clamare alius, haud quidem terram longe abesse; alius, Sanctum esse Spiritum, qui in illius alitis specie, ut maestos et afflictos solaretur, venire erat dignatus. Quò columba volabat, eò navis ducebatur. Ceterùm altero die quàm eò venerat, columba disparuit. Quantum maeroris metùsque et luctùs qui in nave erant contraxerint, incredibile est memoratu. Ceterùm altero die quàm sola comitatur mortales, vitam trahebant maestissimi. Quarto deinde die Cristophorus Zorzus, navis proreta, albicantem terram videt, clamitatque se terram conspexisse. Ad ejus acclamationem cuncti, velux ex altissimo somno experrecti, omni animi languore pulso, ad proram ubi Zorzus erat, advolant, propriis oculis inspecturi quod tantopere expetiverant. Visà itaque atque terrà agnità, oculis lacrimae prae laetitia manare coeperunt; gestire omnes, alter alterum amplecti. Franciscus Nignus nauclerus affirmabat eam terrarum oram, quae ab omnibus conspiciebatur, Higueram, et Samanae esse promontorium. «Id ni ita est, inquit, caput mihi abscindite, et corpus, ut coquatur, in istum cacabum qui in foco est, injicite.» Quinterus tamen et pater pertinaciter, ut ea in re animo erant obstinatissimo, verum illud non esse contendebant. Ceterùm die quarto quàm Samana se navigantibus videndam obtulit, optatissimum intrant portum, quem jampridem quatuor illae naves, quarum supra mentio facta est, tenuerant, quaeque pro perditis ac deploratis Cortesium et ceteros qui in Quinteri navi erant, habuerant. Interim dum jaciuntur anchorae, rudentibusque navis obfirmatur, Medina, Ovandi secretarius, Cortesiique amicus, ut primùm accepit Quinteri navem portum ingressam, cymbam intrat, amicoque, quem salvum advenisse gaudebat, obviam ire pergit. Salutant sese ambo, dextram dextrae jungunt, mutuò sese amplectuntur. Ceterùm Medina, post mutuam gratulationem, inter ea quae de insulanorum debellatorumque legibus retulit, illud addit quod Cortesio maximè conducere, ut ipse putabat, videbatur: ut cùm primùm ad Sancti Dominici civitatem ad Ozamae fluminis os sitam, ubi et portus erat, e scapha descendisset, civis conscriberetur: namque alioqui neque civis jure, neque debellatoris munere frui licebat. Ceterùm si in civium ordinem esset relatus, agrorum partem, et in oppido solum, ubi domum facere posset, facilè obtenturus, et brevi aliquot Indorum dominus erat futurus. Praetereà Cortesium, transactis quìnque annis, quibus vellet nollet in insulà, datis etiam vadibus ab eà non discedendi sine praesidis commeatu, manendum erat, sui juris fore. Vendere commutareque omnia arbitratu suo posse, et quoquò vellèt migrare. Ad quae Cortesius: «Ego, inquit, nec in hac insulà, nec in quavis alià hujus Novi Orbis esse volo aut spero tantum temporis. Quapropter hic loci haud equidem conditione ista manebo.» Molestè tulit id responsum Medina. Cortesius, ne exapectato quidem praesidis adventu, cum his famulis quos ex Hispanià secum adduxerat, ad effodiendum aurum, cujus ea insula feracissima est, ire parat. Aberat Nicolaus Ovandus tunc temporis cùm Quinteri navis eò adpulit. Sed ut primùm domum redit, Cortesium accersire jubet: eum, ut est de rebus patriis certior factus, civem dixit. Sub id tempus quo ad Hispanam Cortesius venit, pacatè aetatem agebant indigenae. Sed haud multò post Baorucani, Aniguiaguani, Higuey et alii populi ab Hispanis desciverunt. Ovandus bellum hostibus, quia imperium detrectaverant, facturique imperata non essent, indicit: delectum habet militum, exercitum comparat, in hostes movet, pugnat denique, atque hostes debellat. Cortesius, rudis antea et ignarus belli, multa in eà pugnà et praeclara rei militaris facinora fecit, specimenque futurae virtutis dedit. Quo factum est ut jam inde duci carus, et inter milites clarus fuerit. Partiti de more Indi cum eorum agro inter Hispanos sunt. Cortesio Indi dati sunt, attributus ager qui coli serique possit. Id fuit Cortesio primum virtutis praemium. Ovandus, hoste debellato, rebusque in provincià ex voto compositis, exercitum in hiberna dimittit: ipse ovanti similis in civitatem revertitur.

Alphonsus Ojeda et Didacus Nicuesa cùm domi eà tempestate bellum deesset, foris quarere decernunt; in Cubamque, quae nondum fuerat bello tentata, ire statuunt, auri redimendi praetentà causà. Hi itaque consilio cum amicis communicato, naves tres parant, commeatibus complent et armis, socios sibi ad eam expeditionem deligunt. Erat Cortesius illorum comes iturus, ni apostemate quodam ejus femur dextrum ad suram usque eo maxime tempore distentum tetanicumque fuisset. Et quia plures menses is morbus tenuit, ad id belli ire non potuit. Ceterùm tantae dignationis Cortesius ob praeclaram virtutem est habitus, ut Ojeda et Nicuesa, omnibus quae bello usui forent paratis, tres ipsum menses in anchoris exspectaverint; diesque profectionis sit dilatus.

Nicolao Ovando, qui optimè se sanctissimè provinciam administrarat, ab insulà discedere jusso, Didacus Columbus, Cristophori filius, in demortui patris locum suffectus, succesor est a Rege datus. Is cùm primùm in Hispanam venit, et omnia pacata essent, paterni nominis et gloriae haud immemor, animum ad Cubam insulam bello petendam adjecit, tum ut eam insulam, quam pater omnium ferè primam repererat, ipse armis, si verbis fieri non posset, domaret, cùm ne Hispani otio ac desidià torpescerent. Arma igitur ad id bellum, naves, commeatum, militem comparat; ducem ejus expeditionis Didacum Velazquium Cuellarensem creat. Erat Didacus, ut hoc in loco de eo semel tantùm dicamus, veteranus miles, rei militaris gnarus, quippe qui septem et decem annos in Hispanà militiam exercitus fuerat, homo probus, opibus, genere et famà clarus, honoris cupidus, pecuniae aliquanto cupidior. Velazquius igitur dux designatus, pro magno habuit negotio Ferdinandum Cortesium, strenuum militem et sibi amicum, cujus a bello Baorucano diligentia, solertia et virtus nota erat, secum ducere. Ergo Velazquius diu multùmque Cortesium rogat, ut secum eat: maria ac montes pollicetur, si operam ad id bellum polliceatur. Et quoniam ipse minus aptus bello ob corporis habitudinem erat, socium et ministrum consiliorum omnium adsumit. Cortesius, tum ob amicitiam qua Velazquio illud septenium quo in insula egerat, obstrictus erat, tum etiarn quod bellum, cujus ipse esset cupidissimus, deerat, facilè exorari est passus. Ad haec captandarum quoque majorum rerum occasionem illam non esse praetermittendam censuit, praesentibus futura meliora sperans. Fuit is annus quo expeditio haec fieri contigit, undecimus post Christum natum millesimusque ac quingentesimus. Distat Hispana insula, rectà a Gadibus navigatione (ut de ejus situ ac gentis moribus, antequàm Cortesius ab eà digrediatur, aliquid dicamus) milliaria quinque mille, mille ducentas quinquaginta leucas, ut Hispani dicunt. Harum singulae quaternis constant milliaribus. Ejus longitudo pasuurn sexcenta millia. Latitudo duplo minor. Maximè circa sui medium patet. Ambitus mille ferè quingenta milliaria. Ab ortu Boriquenam insulam, quam nostri Sancti Joannis appellant, habet. Ab occasu Cubam et Jamaicam. Quà boream spectat, insulae sunt cognomento Canibalum. Quà austro obversa est, mari Veneto alluitur; a Venetiola, quae continens est in qua Macaibus lacus visendae magnitudinis, appellari placuit. Eam insulam Haity vocant indigenae. Cristophorus Columbus, de cujus origine, vità et gestis abunde alibi diximus, Hispanam nuncupavit. Nunc Sancti Dominici vulgò dicitur, ab urbe ejusdern nominis, totius insulae metropoli. Cujus, cùm haec commentaremur, erat episcopus Alphonsus Fuenmayor, vir doctissimus atque integerrimus. In eà omnium finitimarum insularum conventus: emporium celeberrimum. Fluvii in eà insulà maximi, Ozama, Neiva, Nizaus, Yuna, Macorix, Cotuyus, Zibaus: quorum duo postremi auro nobilissimi. Gentis color subfuscus. Aeris tanta temperies, ut nudi ferè agitent, sericà tantum induti chlamyde nativi coloris, ad media crura demissà, nodoque humeris collectà. Culponcas [aliter, lineas soleas] pedibus inducunt: nullum capiti tegumentum: comam promittunt: barbam deglabrant. Feminae, si nuptae, ab umbilico crus usque pudenda obtegunt: si virgines, nihil obtegunt. Facilis cum femini virorurum congressus. Libidini supra quàm dici possit deditissimi: paedicones, cinaedi. Unicam tantùm uxorem vulgo ducere: rex, dynasta, dives, quotquot alere potest, modò una ceteris dignitate praestet. Matrem, filiam aut sororem numquam ducere. Persuasum habuit natio illa, qui cum filià, matre aut sorore congrederetur, infelicissimae mortis exitum subiturum. Cum conjuge, si uterum gestet vel lactet, cubare piaculum maximum. Urbes frequentes: domicilia ex pluteis cratibusque, in pyri aut testudinis speciem. Lecti pensiles. Obsonia condiunt, convivia celebrant. Aqua potus: inebriari tamen crebrò, non quidem vino quo carent, sed quod magis mireris, fumo. Choreas ducunt, cantilenam accinunt, *areitum* ipsi dicunt, deorum virorumque illustrium facta complexim. Nulla alia rerum monumenta quàm quae in areito: quo nihil illis antiquius. Id liberis ad vite institutionem parentes per manus tradere, ut voce tantùm, quando litterarum nullus esset usus, referrent. Maxima circa deos religio et cultus; daemonem (*Zemi* appellant indigene) deorum maximum et credere et colere: ab eo uno omnia prospera aut adversa sperare. Illius immane atque horrendum simulacrum ubique locorum depingi. Ejus sacerdotes *Buhiti* dicuntur, atque ab ipso etiam daemone *Zemii.* Penes hos omnis augurandi atque medendi scientia et auctoritas. In bello hastà, ense, veruto, fundà, gossipino thorace, sagittà et arcu, quo potissimùm valent, utuntur. Quos bello capiunt vivos, mactant et comedunt. Argenti aurive usus in omnifarià metallorum copià, nullus. Pyrità (idem est silex) ad quamcumque rem scíndendam utuntur. Cereris loco, maizo, cazabo et batavis vesci; vesci et axi probatissimà specie. Equis, asinis, bove et ove tellus ea, ubertate alioqui beatissima, carebat. Auro gens abundantissima, sed quo frui nesciret. Flumina, rivuli, lacus, ramenta auri habent. Inter saxa, inter glebas, aureas pilas temere jacentes incredibili magnitudine reperiri, trium millia aureorum valore. Ridicula rerum permutatio: tum auri contemptu, cùm desiderio earum rerum quae commercio parantur. Navigabant parvis navigiis uniligneis: *canoas* Indi, Latini lintrum dicunt. Solo corpora sepeliri. Cum regibus, quos *caciques* vocant, cum dynastis omnia quae fuerant vivis cara, et ex uxoribus singulae binaeve quae omnium maxmè a viris essent dilectae, sepeliebantur. Dari id vulgò felicitati et honori. Ex legibus quibus ea gens usa dicitur, illa in primis memorabilis, quod fur vel primo vel minimo quoque furto, vivus palo figebatur. Ceterùm Hispanorum commercio omnia in melius mutari contigit, praeterquàm quod ex tot mortalium millibus qui insulam incolebant, vix unus aut alter superstes.

Velazquius, igitur, paucis diebus quàm est ab Hispanà profectus, Cubam venit; quam multò breviori temporis intervallo quàm speraverat, in ditionem redegit, cùm commercio et suasione, tum bello. Quot praeliis, quanto temporis spatio, qua industrià, quibusve artibus sit tandem Cuba a Velazquio debellata, haud est nostri instituti dicere. Sat erit quae ad Ferdinandum

Cortesium attinent, commemorare. Itaque Cortesius postquam in Cubam cum Velazquio venit, nihil antiquius ducere quàm modis omnibus gratissimum esse duci. In bello adeò se strenuè gerere, ut sollertissimus omnium paucis tempestatibus factus sit. In operibus, in agmine, ad vigilias quoque multus esse. Interim praetereà nullius famam, quod ambitio prava solet, laedere. Tantummodò neminem aut manu aut consilio priorem pati: plerosque antevenire quoque. Quibus artibus brevi est factus militibus carus, duci verò carissimus. Velazquius ergo, cognità notàque Cortesii virtute, idoneum illum esse judicat per quem negotia omnia transigi possint. Participem consiliorum secretorurnque omnium, quod antea promisserat, facit. In amicis primo loco habet. Res omnes arduas difficilesque per Cortesium, quem in dies magis magisque amplectebatur, agit. Ex eo ducis favore et gratià, magna Cortesio invidia est orta. Fuere eà tempestate in exercitu nostro multi Hispani nobiles, novique homines, factiosi, magis apud ducern clari quàm honesti. Hi Cortesium, quàm maximè poterant, invisum suspectumque Velazquio reddere conabantur: praecipuè tamen duo Antonii Velazquii et Balthasar Bermudus, duci in primis carissimi, Cortesio autem, ob dignationis et auctoritatis aemulationem, adversi infestique. Hi aegre ferentes Cortesium sibi in rerum administratione antehabitum esse, ut primùrn premendi inimici tempus sunt nacti, ad Velazquium deferunt, falsum crimen objectant, res novare Cortesium velle criminantur, negotia malignè agere, mandata fide non bonà exsequi. Amici sanè fideles, sed molestè seduli omnia turbant, dum odio suo amicitiae et pietatis speciem preferentes, innoxium ac bene de duce meritum opprimere laborant. Velazquius, vir alioqui optimus, audire primùm ea; postremò, quod invidorum obtrectatorumque criminationibus ejus aures adapertae sunt, credere coepit. Saepe quod falso semel creditur, veri vicem obtinet; regibus, ducibus atque potentioribus, quibus aliena virtus semper est formidolosa, boni quàm mali suspectiores sunt. Ita se mores habent. Velazquius itaque, irà simul et odio stimulatus, inimicorum verba ante Cortesii facta ponit, propalam carpit, abs se submovet, submotum capi jubet, captum victumque arcis custodi asservandum tradit. Valdè namque timebat ne si quis novus in exercitu motus oriretur, Cortesius ab hispanis militibus dux consalutaretur. Compertum habebat Hispanorum primores noctu in Cortesii casam, ut in se conspirarent, frequentes coivisse. Querebantur illi quod Velazquius non praedam solùm quam ex hoste viri fortes tulissent, sed agrum quoque et Indos ipsos sibi suisque tantùm amicis et clientibus daret, nullà virorum fortium aut nobilium ratione habità. Eum motum Cortesius facilè auctoritate suà pressit. Conjurationis auctores leniter verbis increpitos eò rationibus adduxit, ut et eos coepti poeniteret, et in officio esse non detrectarent. Sicque Velazquium ab injurià prohibuit.

Cortesius igitur, ut suprà dictum est, in arce adservari jussus, in omnem evadendi occasionem erat intentus. Timere ducis iram, non quidem facti conscientià, sed malevolentissimorum quorundarn hominum odio. Pedorem situmque carceris exhorrescere, vincula molestissimè ferre. Ergo cùm his animi curis ac sollicitudinibus angeretur, ferream catenam et nervum, quibus erat adstrictus, noctu abrumpere tentat. Nervum, tametsi difficulter, fusticulo tamen quem ad id ipsum paraverat, obrumpit: catenam facilè exuit. At ferreum pestillum cùm serrà effringeretur, perstrepuit. Ruptis itaque vinculis, sudem qui praeter parietem erat, arripit; ad lectum ubi arciscustos jacebat, citato gradu tendit, ne si antequàm eò ipse veniret, clamaret, vel si clamare pergeret, sude caput tunderet. Sed Christophorus Lagus (id nomen arcis praesidi fuit) vel venientem Cortesium non sensit, vel si sensit, bellè dissimulavit; nam ne mutire quidem est ausus. Ejus Cortesins gladium peltamque, quae ad lecti caput pendebat, capit. Hanc brachio, illum cinctui adaptat, rectàque ad effringendam fenestellam quamdam it: eà effractà pendulum deorsùm se mittit. Ceterùm primùm omnium ad carcerem, ubi amici et commilitones; qui ejus partes sequi dicebantur, vincti erant, tendit. Quibus consalutatis, et in spem brevi e carcere liberandi erectis, jussisque ne sine ducis jussu e loco ahirent, in oppidi teplum confugit. Christophorus vorò arcis custos, cùm primùm Cortesium abisse novit, milites qui arci praesidio, ne Cortesio elabendi locus tempusve daretur, locati erant, compellat; negligentiae eos ac proditionis taxat, omnia tumultu, vociferatione atque minis complet atque interturbat. Ad Velazquium denique it nunciaturus quae acta erant. Valdè enim sibi timebat, ne negligentiae, vel, quod pejus graviusque erat, proditionis accusaretur: quando fieri non poterat quin ipse Cortesium, qui in eodem cubiculo erat compeditus in quo et ipse cubabat, catenam fenestramque effringentem non senserit. Cristophorus Lagus, si verum fateri volumus, metu, non amicità, ut falsò quidam putant, se nihil sentire finxit.

Velazquius, eo nuncio expergefactus, prater aequum et bonum commotus. Cortesium conquiri jubet. Ceterùm ubi comperit eum in ecclesià esse, conatus est verbis primùm, deinde vi e loco sacro illum abstrahere. Verùm cùm id parùm procederet, quod Cortesius se atque sacras aedens fortissimè tutaretur, praesidio templum munit. Experiri interea Velazquius quonam pacto de Cortesio poenas sumat. Molestissimè atque impatientissimè ferebat, tum carcerem Cortesium effugisse, tum e sacro loco exire, et coram se ad templi fores inambulare. Namque existimabat (quod et Bermudus, Antoniique et ceteri invidi affirmabant) id in sui contumeliam et contemptum fieri. Ceterùm cùm in dies magis animus accenderetur, quod Cortesium capi posse sine dolo diffideret, insidias illi parat, et quàm occultius potest, per posticum a Cortesio aversum, templum milite occupat, jubetque ut dum Cortesius ante templi januam incederet, incautum illum, nihilque tale suspicantem repentè invaderent, caperent, captum diligentissimè custodirent. Id cogitatione ipsà atque exspectatione celeriùs fit. Nam deambulantem et inermem officialis praefecti [Joannes Scuderus], quem nos alguacirum dicimus, aggreditur; et antequàm sese Cortesius expedire posset, prehendit, prehensum arctissimè tenet. Cortesius autem non ignarus spem omuem elabendi in viribus sitam esse, luctari coepit cum illo, conatusque est de manibus, antequàm adessent milites, delabi. Hominem itaque vi, arte ac technis, quantus erat, in templum agit. Tamen cùm ad januae limen ventum est, offendit milites qui auxilium laturi officiali venerant, a quibus est et templum ingredi prohibitus, et ad ducem, religatis post terga manibus, ductus. Velazquius majore quàm decebat irà simul et odio exasperatus, in navim eum tradi, victumque asservari jubet; milites praesidio in nave, ne inde effugere posse, locat. Plerique etiam Hispani, quos ob eamdem causam invisos habebat, ad navem sunt rapti. Ita pleraque mortalium habentur. Accedunt Cortesio jam inde majoris sollicitudinis curae. Multa animo volvere, experiri cuncta, nervum subinde catenasque intueri ac pertentare. Tentandae tandem fortunae, omnemque, ut dicitur, jaciendi aleam consilium capit, quando eò ventum esset ubi magnum fortunae vitaeque discrimen subeundum erat. Multi quoque Hispani, quorum studium atque indignatio Velazquio erat molestissima, in eodem periculo versabantur. Cortesius igitur catenis de nocte adeò silenter pedes eximebat, ut ne ab accubante amico qui in eamdem navem missus fuerat, audiretur. Quod cùm ille intellexit, illacrimari coepit vicem suam questus; vel quod timeret, vel quod doleret. Rogare hominem Cortesius per divos divasque omnes, ne quis ejus rei conscius esset: solari praeterea, spemque brevi illinc abeundi ostendere. Nec multò post, qui cum Cortesio erat, aliò abducitur. Nihil optatius, nihilque oportunius contingere potuit Cortesio, qui nocte ipsà ejus dici quo solus mansit, vestem cum famulo commutat, organum pneumaticum quo ad superius navis tectum scanderet, demolitur; ascendit, ac priusquàm exeat, caput eximit, oculis omnia lustrat, cunctos intentus intuetur, ad focum accedit, ut nautas et eos quibus se observandi cura fuerat demandata, falleret. Illi tametsi Cortesium sunt intuiti, quod famuli vestes erat indutus, non tamen cognoverunt. Ergo Cortesius, cùm ex sententià omnia caderent, velut aliud agens, per navis latus so ad scapham infert; funem, quo erat navi ligata, dissolvit, remum manu capit, ad alteram navim quae in eodem portu erat, scapham adplicat: ad eam ut pervenit, funem etiam, quo ad navim sua scapha revinciebatur, solvit, ut ea maris fluctibus agitata longiùs subtraheretur; ne, si conspectus esset, capi in fuga posset. Eremigans denique ad os Macaguaniguae fluvii, qui Barucoam urbem interfluit, applicat. Ceterùm jam portum ingressurum, undae refluxusque maris simul et fluminis retrò propellunt. Nec ob id animum Cortesins despondit, verùm multò enixius scapham flumen versùs impellit, terramque capit. Vix hoc periculum evaserat, cùm alterum non minus formidandum, a quo maximè cavendum erat, Cortesio imminet. Excubabant in statione milites et nautae. Ipse itaque, ne ab excubiis caperetur, paululùm a viâ publicà divertit: tantisper conquiescit quo animum viresque recipit. Deinde per diverticula quaedam, quo facilius excubitores falleret, ad Joannis Xuaris clientis sui domum venit. Ibi ensem, peltam et thoracern capit. Inde digressus, ad amicos qui in carcere ipsius causà vincti tenebantur, contendit. Quibus consalutatis et in meliorem spem confirmatis, bonoque animo esse jussis, in aedeis sacras se tandem contulit: eas quantùm potuit, munit. Vix dies illucescerat cùm magister navis quam Cortesius effugerat, in templum confugit. Cortesitis eum in sacrarium, locum tutissimum ac munitissimum quem ipse occupaverat, non recipit, tum quod se homini credere noluit, cùm ne si diuturnior obsidio contingeret, commeatus deficerent.

Velazquius, ubi certior est factus Cortesium in templo esse, ratus ulteriùs exercendi inimicitias tempus non esse, de mittendis qui cum Cortesio de pace deque amicitià reconciliandà agerent, domum concionem convocat, consilium adhibet, duos mittendos esse censuit, mittit vel reclamantibus ipsius Cortesii invidis. Qui missi sunt, Cortesio mandata exponunt haec: Veterem in primis amicitiam commemorant; affirmant mitigatum esse Didacum; eumdem illi amicitiae gradum patere apud ducem, vel multò etiam ampliorem; impunitatem pollicentur, tantùm ipse in gratiam redire velit. Ad ea Cortesius ita respondit: Gratissimam sibi esse eorum orationern, verùm gratiorem multò ducis fuisse, cujus sibi neque majus quicquam, neque cariùs auctoritate unquam fuisset: queri tamen, eam sibi a duce Velazquio, carissimo et amicissimo quondam, relatam gratiam: Didacum dolis ac vi vitae suae insidiatum esse: se ab multo tempore ita enisum, ut ab ipso duce et ab optirno quoque probaretur virtute enim, non malitià, Didaco summo viro semper placuisse: ceterùm quo plura benè atque strenuè ipse fecisset, eò animum suum minus injuriam tolerare; duci enim amico opus non esse de cujus benevolentià dubitet: ceterùm quia ultrò Velazquius gratiam secum inire vellet, eam ipsum libentissime amplecti, eà tamen conditione, ne in posterum suà operà in quoquam utatur: ducem enim, quoniam malevolentissimis quibusdam obtrectatoribus, quàm amico optimo atque fidissimo fides sit habita, ex se nihil ampliùs exspectare debere. Cum his eos qui secum de sarciendà amicitià egerant; dimissit Cortesius. Ipse ad declinandam invidiam, libentius imperium quàm amicitiam accepturus videbatur. Verùm interim e sacris aedibus, ne occasio sui capiundi adversariis daretur ulla, pedem non extulit.

Velazquius ab internuntiis pacis certior de Cortesii voluntate factus, milites cingere undique templum imperat, ne occulto aditu elabi posset. Ipse Xaraguam, quae postea Trinitatis est dicta, quoniam rebellaverat, profectionem edixit militibus. Paratis itaque quae itineri usui erant, in hostem movet. Eo ipso die quo ad id bellum est Velazquius profectus, vocat Cortesius Joannem Xuarem, cui quid sibi in animo sit, aperit. Jubet hastam, scorpionem, ceteraque quae itineri et praelio opus erant, capiat: ad praescriptum locum eat, ibique jussa facturus exspectet. Ipse noctis crepusculo, antequàm praesidium ad templum custodiendum locaretur, tacitus inde digreditur, ad condictum locum pergit, arma capit, Joannem ponè sequi jubet, mandatis instruit, et quid opus sit facto, edocet. Ceterùm cùm ad multam noctem iter egisset, pervenit tandem ad Velazquii castra, quae in propià villà metatus erat: excubias, quia in pacato ageret, non locaverat. Quo factum est ut ducis domum liberè petere potuerit. Ad quam ubi est perventum, lustrat, circumspicit omnia, et quoniam foris aderat nemo, accedit ad domùs fores, intuetur Velazquium rationum libellos lectitantem. Inde: «Heus, inquit, vos» (erant enim et alii cum ipso Velazquio praeter domesticos); «Cortesius adest pro foribus, salvere jubet Velazquium, ducem optimum et fortissimum.» Ad eam Cortesii vocem salutemque dux rei novitate attonitus, stupuit. Mirari hominis fiduciam, laetari de amici adventu; rogare obtestarique ingredi ne timeret, quando sibi amici loro et fratris carissimi semper fuerit. Famulis ad haec et pueris imperat, coenam citi parent, mensam sternant et lectum. Ad quae Cortesius: «Fac, inquit, nemo huc accedat; alioqui tragulà trajiciam: tu verò si quid de me quereris, coram expostula. Nam quoad me attinet, qui nihil unquarn timui magis quàm famam perfidiae, satius est purgatum esse quàm suspectum. Proinde eàdem, precor, fide redi in gratiam mecum, qua ipse tecum revertor.» Velazquius «nunc credo, ait, te non minus pro meà dignitate et glorià, quàm pro tua fide esse sollicitum.» Haec locutus, dextram Cortesio offert. Cortesius, acceptà priùs datàque fide, domum ingreditur. Post mutuam salutern et congratulationem consedent, ac denuò expostulant. Cortesius objecta diluit crimina, culpà in obtrectatores rejectà. Ceterùm, ut paucis multa comprehendam, firmatà in perpetuam, ut arbitrabantur, pace ac concordià, coenat cubatque Cortesius cum Velazquio eodem in lecto. Qui postero die fugae Cortesii nuncius [Didacus Orellana] venerat, Velazquium et Cortesium juxtà accubantes intuitus miratur. Didacus, rebus ita compositis, a Ferdinando impetrare non potuit, ut ad id bellum operam polliceretur. Ceterùm pro tempore laudatum domum dimittit, ipse ad hostes ire pergit. Cortesius, tametsi duci operam non est pollicitus ad id belli, comparatis tamen omnibus quae necessaria sibi ad eam expeditionem erant, subsequitur. Ejus ad exercitum adventus eò gratior duci fuit, quò minus exspectabatur. Omnia in eo bello, ut in retroactis bellis, ex Cortesii consilio dux fecit. Cuncta ex animi sententià ceciderunt. Victis debellatisque hostibus, victorem exercitum domum Velazquius ovanti similis reduxit. Cortesius majore quàm antea honore atque aestimatione deinceps est habitus.

Referre libet hujus viri, qui tantus postea dux fuit, naufragium maximum, relatu atque miseratione dignissimum. Eludant qui velint, quibusque humanarum negotia rerum fortè ac temere volvi agique sit persuasum. Equidem crediderim aeternà constitutione seaum quaeque destinatum ordinem immuttabili lege, percurrere. Solitus erat Cortesius, cùm a bellis vacaret, aut Indos qui fodiendo auro operam navabant, aut colonos qui rem ejus rusticam exercebant, frequenter invisere. Cùm semel itaque ab ore Bani Barucoam navigasset, aura cùm solverat, lenis facilisque e terra spirabat. Sed dum navigat, ventus solito vehementius cooriri flareque coepit. Nihili ventum principio Cortesius facere: cùm verò paululùm proccessisset, quod ventus magis magisque in horas flaret, valdè meturre: postremò posse tuto capi portum Absconditum (sic vocant), quem ingruente procellà fuerat praetervectus, desperare. Quippe quod si canoae proram aliò quàm quò rectà tendebat, ducere vertereque vellet, linter dubio procul erat invertendus, fluctibusque immergendus. Ob id itaque, nocte jam appetente, ire ultrà quò coeperat, conatus, in fluctuantes aestus incidit, quibus intorta,obliqua, et remorum impatiens agebatur canoa. Jam vestem detraxerat corpori, projecturus semet in mare; sed apparebat anceps periculum, tam nataturi quàm navigare perseverantis. Ergo ingenti certamine concitat remos, quantaque vis humana esse poterat, admota est, ut fluctus qui se invehebant, everberarentur. Mergi singulis quibusque undis crederes canoam, et in imum usque descendere: quibus tandem inversa est canoa. Cortesius, ut erat in periculis imperterrito atque prasentissimo animo, inversam canoam manibus prehendit, ut nataturo adjumento esset, si per ventum fluctusque terram minus commode attingere liceret. Nec eum sua fefellit opinio. Nam quò magis ad terram accedere conabatur, eò violentius, ne accedere posset, ab urgentibus undis impellebatur. Maximum illi juvamentum canoa fuit. Nullus toto littore locus erat ad quem adplicare tutò posset, praeter Macaguanigam quae longè aberat. Rupibus et crepidinibus preruptissimis mare eà maximè partecingitur. Parvae tantùm sabulosaeque angustiae in medio scopulorum. Ibi fortè fortunà pauci indigenae, quòd apricus esset locus, ignem incenderant. Hi audire quidem vociferationem Cortesii et illorum qui in eodem vitae periculo versabantur; videre tamen vociferantes in caliginosae noctis tenebris haud poterant. Ceterùm id quod erat suspirati, ignem ut melius adluceat, vellicant irritantque, ut qui naufragium fecerant, ad ejus splendorem, tamquam ad certum scopum allucinantes iter intenderent. Equidem plurimùm ignis ille Cortesium juvit; sed plus multò Indi, qui naufrago, fesso jam ac penè submerso, quippe qui tres horas fluctibus fuerat jactatus, opportunè suppetias tulerunt.

Cortesii potissimùm operà et consilio Velazquius Cubae insulae progubernator septem deduxit colonias, quarum caput Barucoa, quam Sancti Jacobi in ejus divi honorem appellare placuit. Ad ostium fluminis Macaguaniguae sita est: portum magnum ac tutum habet. Erarii domum, et eam quam conflatorii vocant, aedificavit. Xenodochium (hospitale dicitur), fecit. Multa alia praetereà insignia aedificia molitus est. Cortesius, Hispanorum primus omnium, aurifodinas in Cubà invenit: e quibus tantum auri effosum est, ut prope fidem excedat. Pecuariam primus quoque habuit, in insulamque induxit, omni pecorum genere ex Hispanà petito. Ceterùm, Cortesius ductà uxore (nam omnia ejus viri acta in historiam redigere, longum atque ingratum etiam esset), re familiari amplà quidem, sed virtute partà, beatè fruebatur. Non ab re erit, pauca de Cubà deque ejus incolis dicere, cùm multa de Hispanis hominibus loquamur. Quam Indi Cubam vocant, nostri, in gratiam. et honorem regis Ferdinandi, Fernandinam dixere. Extenditur insula inter ortum et occasum: hinc ad boream Lucayorum Guanaxorumque insulae sunt, multae numero, parvà intercapedine divisae; ducentae esse perhibentur. Inde ad meridiem Jamaica. Longitudo ejus tercentum leucae, aut mille ducenta milliaria: latitudo quincuaginta leucae. Folio salicis perquàm similis esse dicitur. Gentis color, indumentum, mores, religio, ritus et leges, eaedem sunt quae Hispanae Indorum, de quibus alibi diximus. Lingua ferè eadem, etsi non nihil dissimilis, facilè ab utrisque tamen intelligitur. Homines ut plurimùm mendaces. Quamplurimas uxores quisque ducere: alii quinas, denas alii, alii pro opibus plures habent: sed eò ampliùs reges: ita animus multitudine distrahitur, pro socià nullam habet, viles pariter omnes sunt. Levibus de causis viri cum uxoribus divortium faciunt; sed levioribus cum viris feminae. Qua nocte uxorem quis ducit, omnes cum eà congrediuntur, ipsa a coitu brachio extento: «Euge, clamat, viri, fortis sum.» Tellus auri abundans, et aeris atque rubiae. Insulani nulli aut pauci nunc: cuncti aut bellis aut peste absumpti: magna verò pars in continentem ad Mexicum abiit cùm primùm est ea urbs a Cortesio bello victa.

Septimo anno post Didaci et Hispanorum in Cubam adventum, qui Christi nati millesimus fuit et quingentesimus decimus septimus, cùm pacatissima insula esset, Franciscus Fernandus Cordubensis, Lupus Ochoa Salcedus, Christophorus Morantes, antiqui insulae cives, et alii multi Hispani, nomine et pecuniis haud obscuri, foedere inter se icto, duceque expeditionis creato Francisco Fernando Corduba, naves quatuor comparant, armis et commeatu onerant, milite complent, proficisci in insulas quas Lucayorum et Guanaxorum dicunt, die omnibus placito parant, ut insulanos, gentem barbaram atque indomitam, bello aut dolo captos, pro servis ad Cubam agerent. Guanaxorum Lucayorumque insulae, de quibus paulò superius diximus, jacent inter Cubam, ad austrum, et promontorium quod Fondurarum vocant, ad septentrionem. In has igitur insulas ad grassandum et praedandum, ut ita dicam, ire hi de quibus suprà dictum est, constituerant; non in lucatanam, ut parùm fide integrà Gonzalus Fernandus Oviedus scribit. Iucatanam, quia magnà ex parte fluctibus cingitur, et speciem insulae praebet, insulam esse Petrus Martyr scribit, sed falsò, ut pleraque aha. Cordubae itaque et sociis, cùm in procinctu ad navigandum esssent, Didacus Velazquius progubernator cymbam qua Indis e minis aurum fodientibus penu portari consuerat, dat, conditione pactà ut certa Guanaxorum pars, si capi contingeret, sibi daretur. Digressas itaque naves, plurimùmque progressas, ventus vehementissimus flans aliò quàm quo ire animo destinaverant, egit: sicque non ad Guanaxos, quos petebant, appulerunt, sed ad Mulierum promontorium. Sic eò tunc primùm Hispanis appulsis appellare libuit, quod feminarum dearumve plurima simulacra in sacello quodam fuerint reperta. Erat sacellum illud, in quo per ordinem, velut in classes, simulacra illa posita erant, lapideum. Nullum aliud ad id tempus marmoreurn aedificium fuerat in illis terris inventum aut visum: lignea tantùm vel stramentitia omnia. Corduba inde digressus, oramque occasum versùs legens, ad promontorium usque Cotochae adnavigat. Cotocha eo dicta est, quod Indi, hispani sermonis ignari, ad omnia quae ab nostris rogabantur, *Cotoche*, *Cotoche*, respondebant. *Domum* Cotoche sonat: indicabant enim domus et oppidum haud longè abesse. Corduba itaque cùm militem in terram exposuisset, cum Cotochensibus qui in agmine armati erant, congreditur: congressus infeliciter pugnat: occisi sunt in eo praelio sex et viginti Hispani: Indi propè innumeri. Corduba, tum propter occisos socios, cùm quod nulla manendi aurique redimendi esset spes, navim malè affectus ascendit, ultrà navigare pergit, in oppidum non longè a littore conspectum, quod indigenae Campechum dicunt, e scaphis socios jubet ad terram descendere. Properare ad mare mortales illi videndi cupidi, mirari novum genus hominum, mirari navium molem, rei novitate attoniti. Magnà primum laetitià sunt nostri a Campechiis excepti, rerum commercio pellectis. Ceterùm ad oppidum propriùs accedere sunt prohibiti. Aquari interim Hispani ex puteo. Regio aquarum inops. Nullus fons fluviusve, praeter duos modicos rivulos, toto illius provinciae tractu est. Altero quàm eò Hispani venerant die, oppidani ad eos caduceatorem praemittunt qui denunciaret, ni abirent, ultima ipsos esse passuros. Hispanos a suis finibus excedere jussos, quod non paruerunt, bello Indi petunt. Hispani impigre praelium ineunt pugnantque, sed parùm prospere. Re itaque infeliciter gestà, naves repetunt. Nec diu navigaverant, cùm Mochocobocum perveniunt: id oppidum diversà linguà Champotum appellatur. Terram iterum nostri armati petere decernunt. Oppidani a Campechiis de Hispanis certiores facti, ad bellum erant intenti: Martis experiri eventum, multitudine freti, se velle ajunt: pugnam intrepidi alacresque capessunt, Hispanos fundunt fugantque. Cecidere ex nostris co praelio viginti. Corduba viginti est ictus vulneribus; verùm majore periculo quàm vulneribus affectus, cum his qui evaserant, naves conscendit. Ceterùm vix quisquam nisi saucius ad naves revertitur. Indis haud incruenta victoria obtigit. Corduba, Salcedus, Morantes, ceterique omnes qui vivi remanserant, spe frustrati, nullàque earum terrarum ratione inità, domum tristes maestique repetunt: cuncta quae viderant, fecerant, quaeque acciderant, Didacum progubernatorem edocent. Velazquius, re ut acta fuerat cognità, in spem maximam adductus, tria parva navigia parat, milites deligit, Joannem Grijalvam, necessarium consanguineumque suum, ducem creat, mandatis instruit, commeatu mercibusque ad aurum redimendum onerat. Intellexerat enim a Corduba, eam terram auro abundare, Indosque illos, quibuscum malè Hispani pugnaverant, auri plurimum gestare. Jubet praetereà Grijalvae sinus omnes illius tractus Iucatanae legere, et cùm sit in terram expositus, ad mediterranea loca quam maximè possit, penetrare, deque rebus omnibus provinciae diligenter per Julianum, Cozumellum interpretem qui a Corduba captus fuerat, exquirere sciscitarique. Grijalva acceptis mandatis, centum triginta Hispanis in naves impositis, Antonio Alamino, qui cum

Corduba navigarat, in nauclerum assumpto, reque sacrà priùs de more factà, e Sancti Antonii promontorio solvit, primo die Maii anni millesimi quingentessimi decimi octavi humanae salutis. Secundo post die Cozumellam insulam, de qua posteà latiùs loquemur, venit. Quartodecimo ejus mensis die inde profectus, Cotocham appulit. Sunt qui malunt Grijalvam Champotum appulisse, quàm Cotocham. Altero die quàm eò appulerat, exponit Grijalva in terram milites: et quia aquae penuria sentiri coeperat, aquatum cohortem praemittit, ipse cum reliquà manu subsequitur. Aegrè aquari potuit, Champotonis id fieri prohibentibus. Indi ad Grijalvam mittunt qui suo nomine juberent a finibus quàm ociùs exire, ni Champotonorum vires, qui multitudine abundarent, experiri malit. Grijalva caduceatores cum Juliano interprete ad Indos legat, qui eos a pugnandi obstinato animo, vel persuasionibus avertant, vel minis deterreant; tum quod inermes ac nudos, sint quantum velint innumeri, cum armatis congredi temerarium atque extremae dementiae sit; tum etiam quod Hispani nihil mali aut fecissent, aut vellent facere. Ceterùm si arma velint ponere, in amicitiam esse recipiendos: sin nolint, pro hostibus futuros. Ad haec illi sagittis respondent, non verbis. Tum acies utrimque concurrunt. Acre praelium committitur, quo Grijalva duos dentes, linguà leviter saucius, amittit. Joannes Guetaria fortiter dimicans occumbit. Vulnerati sunt praetereà Hispanorum plerique. Grijalva conscientià rei malè gestae affectus, viris rebusque omnibus in naves impositis, vela occasum versùs facit, ad Tabascum flumen, quod ex suo nomine Grijalvam dixit, paucis post diebus applicat. Ibi concionem, consiliumque primorum Hispanorum et nauclerorum in navem cogit: Petrum Alvaradum omnium sententià nuncium cladis acceptae, navigationisque actae, ad Velazquium patruum mittit; ipse, interim dum ille redeat, plura loca investigaturus. Velazquius, hoc tristi nuncio accepto, dixisse fertur: «Haud quidem aliud me sperare a fatuo illo oportebat: meritò paenas luo imprudentiae meae, qui illum miserim.» Jam tunc Didacus, cùm Alvaradus venit, Christophorum Olitum cum parvo navigio ad Grijalvam miserat, ut in quo statu res esset, cognosceret. Ceterùm Velazquius, quem omnia experiri cogebat necessitas, quippe cujus primas spes fortuna destituere videbatur, animadvertens cas tantas clades temeritate, negligentiàve aut inscità Grijalvae ac Cordubae ducum accidisse, Ferdinandum Cortesium, qui nuper domum redierat, convenit: aberat enim Cortesius cùm Alvaradus nuncium de adversà pugnà tulerat. Consilium de ratione belli, deque parandà classe cum eo communicat. Multa interim de amicità commemorans; neminem, inquit, in tota insulà esse cui libentiùs eam proviaciam, virtuti pristinae haud diffisus, committeret: neque item esse qui melius possit debeatque, modò velit, ad eam expeditionem operam polliceri, tum propter facultatem, tum propter rei militaris peritiam: atque etiam quod Grijalvae praetentà causà auxilii ferendi quod Alvaradus postulabat, ire licebat. Quapropter si occasionem tantarum rerum gerendarum, et spem maximarum futurarumque rerum e manibus elabi pateretur, minimi esse judicii atque animi.

Cortesius tantarum rerum occasionem, velut divinitus oblatam, libens arripuit, haud tamen ignarus quàm cum strenuo hoste res esset futura. Ceterùm quoniam sibi semper novum bellum, multum exercitum, magnumque imperium exoptaverat, ubi virtus enitescere posset, altiora jam meditans, et spei plenus, gratias maximas, sed utroque dignissimas, Velazquio pro optimo atque gratissimo in se animo agit. Ducis munus recipit, operam in apparandà classe pollicetur. Ceterùm ut commodiùs id negotium agatur, Velazquium rogat, quod in rem erat maximè futurum, scribat ad Alphonsum a Sancto Dominico, Ludovicum Figueroam et Bernardinum Manzanedum, fratres Hieronymianosqui in Hispanà tunc insulà progubernatores erant, quorum injussu nihil ipse movere auderet, ut illi de novà expeditione certiores facti, potestatem Cortesio facerent eundi ad Iucatanam; tam ut Grijalvae suppetias ferat, quàm ut aurum redimere possit. Scribit Velazquius ad fratres, a quibus non multò post litteras accipit, quibus Velazquio et Cortesio classis expediendae non dabatur solùm facultas, sed jubebatur quoque ut quàm celerrimè Cortesius ipse, qui dux declaratus erat, proficiscatur. His litteris Cortesius confirmatus, potestateque belli gerendi factà, classem parare, Hispanorum militum delectum habere coepit, in qua comparandà non solum proprias opes, verùm etiam multum alieni aeris contraxit. Comparaverat jam Cortesius quinque caravelas, duasque alias conduxerat, quas multis ad permutationem mercibus et vestibus, armis, bellicisque tormentis (bombardas vocant), anchoris, rudentibus, velisque et rebus omnibus quae ipsis navibus opus erant, ornarat atque onerarat; cùm Velazquium, tametsi principio laetus fuerat, poenituit quod Cortesium ducem declarasset, existimans illius virtutem gloriae suae, ne dicam cupiditati, obstare posse. Deterrebat eum Cortesii natura imperii avida, fiducia sui inegns, et nimius sumptus in classe parandà. Timere itaque Velazquius ne si Cortesius cum eà classe iret, nihil ad se vel honoris vel lucri rediturum. Ob quae multa diu noctuque animo suo volvere, ut Cortesium ab incoepto avertat. Ceterùm cum eo clam per regium quaestorem [Amatorem Larem] agere, quasi id ipse nesciat, coepit. Neque id Cortesium latuit, quippe qui quò quaestor, vel potiùs per quaestorem Velazquius tenderet, optimè, ut erat animo perspicaci, intellexit. Ergo quò magis Velazquius a classe parandà Cortesium deterrere conatur, eò majora ille est moliri aggressus. Namque Cortesius, tametsi jam sex millia numorum aureorum ex propriis bonis impenderat, altera tamen sex auri ducatorum millia mutuatur ab Andreà Duero, Petro Xerezio, Antonio Sanctà Clarà, et a plerisque aliis, quae omnia et in parandà majori classe, et in alendo milites insumpserat, praeter id quod initio ab ipso Velazquio mutuatus fuerat, vel in pecunià vel in mercimonio. Spes enim sumptus vincebat. Cortesius nihil parvum in quo magnae gloriae laus esset, ducens, Hispanos milites pecuniae et glorie avidos, quos invisos ob eamdem causam adversosque Velazquio esse noverat, alloquitur ac in tantae rei spem crigit atque hortatur. Queritur praetereà de progubernatore conatibus suis adversante, quem vel precipuum adjutorem speraverat: animi a se alienati et invidentis gloriae suae ostendit indicia. Ad haec adimi sibi malignitate et invidià Velazquii tantae rei gloriam queribundus dolet. Hispani milites in spem maximam et ipsi erecti, operam Cortesio suam pollicentur. Cortesius suspectus jam Didaco, atque cum suspiciens, loricà ab eo tempore sub veste munitus, stipatusque armatis militibus, quos spe sibi fidos amicos fecerat, incedere, iràque et metu moliri, parare, atque ea modò in animo habere, quibus classis brevi confici posset. Sed, per Deum immortalem, quò Velazquii consilium pertinuit? an ut Cortesium et plerosque Hispanos infensos invisosque sibi faceret? Frustra igitur niti, neque aliud nisi odium se fatigando quaerere, extremae dementiae est. Velazquio secretas cogitationes intra se versanti, ex comparatione novae classis desiderium excitabatur amissae. Pro hoste erat Cortesius, quod paratiorem paraverat classem, quàm animo ipse conceperat. Mirari Velazquius tanti animi spiritus unde Cortesius haurire potuisset, qui majora quàm caperet, speraret, quique animum supra fortunam gereret. Negare id expeditionis a Cortesio omnino esse suscipiendum, cùm major damni metus, quàm emolumenti spes ostenderetur. Intuere oportere quid Cortesius petat. Praegrave esse, ajebat, imperium in milites, navigationem periculosam, belli eventum dubium. Haec propalam Velazquius. Ceterùm quoniam Cortesii factio (erant enim Hispani in duas partes divisi), potentiaque et virtus formidolosa crat, et Hispanorum studia in eum accensa, (tanta enim libido cum Cortesio eundi plerosque invaserat, ut sese quisque praedà locupletem fore, victoremque domum brevi rediturum speraret) ne qua seditio aut bellum oriretur, anxius erat Didacus Velazquius. His itaque difficultatibus circumventus, ubi videt neque vi, quod armatus esset, neque dolis aut persuasionibus, quod maximè caveret, hominem ab incepto flecti posse, statuit commeatus illi prohibere. Ergo edixit ne quid quisquam Cortesio vendat aut donet. At verò ea res longè aliter ac ratus erat, evenit. Nam Cortesius, ut erat impiger acrique ingenio, dat operam ut noctu amici quàm ociùs occultiùsque possint, quidquid carnium, maizi atque cazabi haberent, ad naves importandum curent. Ipse intereà loci boves, arietes suosque omnes qui macello erant, ab Ianione [Ferdinando Alphonso], vel invito atque reclamante, capit. Ceterùm illi, ne mulctam subiret qui communitati erat auctoratus, torquem aureum oppignorat quem collo ipse gestabat. Commeatùs inopia paululùm quidem exspectare, sed timor etiam ne manere juberetur, festinare cogebat. Ad haec verebatur quoque ne si in Cubam Grijalva, antequàm ipse a Velazquio discederet, veniret, coactus esset manere. Itaque haud secus quàm par erat commotus, profectionem, ne operam et opes perderet, maturat. Habuit Cortesius cùm e Sancti Jacobi urbe et portu solvit, naves sex; alià, nam septem habuit, in portu, ut sarciretur reficereturque, relictà; gregarios voluntariosque milites tercentos; vestium atque mercium ad rerum permutationem, plurimum. [Mercium tabernam emit a Didaco quodam Hispano.] In bis omnibus comparandis, circiter quindecim mille aureos nummos impenderat. Velazquius ne unum quidem obolum expendit.

Res postulare videtur, quando sumptùs mentio incidit, paucis exponere, utrùm Velazquius aliquid e suo in classem hanc comparandam insumpserit. Nam, ut video, multis persuasum est ipsum Velazquium naves classis omnes aut comparasse aut conduxisse propriis pecuniis, Cortesioque cum navigandi facultate dedisse. Id ignorantià, ne dicam malitià, Gonzali Fernandi Oviedi, qui Naturalis Indicae Historiae librum hispanicè scripsit, factum esse nemo nescit. Is ait Cordubam, Grijalvam, Pamphilum atque Cortesium naves quarum illi duces fuerunt, a Velazquio accepisse. Grijalva et Pamphilus acceperunt quidem: Corduba et Cortesius non accepere. Quod et Petrus Martyr affirmat. Scribit enim Cordubam, Salcedum et Morantem propriis impensis tria paravisse navia; cùm autem de decem Cortesii caravelis loquitur, gubernatore annuente classem esse tantùm paratam dicit. Sunt preterreà multi Hispani viri boni qui et nunc vivunt, et qui cùm ea classis de qua agimus, apparabatur, aderant. Hi in hujus causae defensione, cujus apud Consilium Regium Indicum Cortesius est accusatus, testes jurati asserunt Velazquium nihil omnino ex proprià facultate in Cortesii classem impendisse: ceterùm Velazquium ipsum multa multis et aequo cariùs vendidisse, et vel cum foenore mutuasse; et duo navigiola quae habuit, multò quàm aequiùs crat, conduxisse. Quarum omnium rerum posteà procurator ipsius [Joannes Diezius] praetia ab obaeratis Mexici recepit: miserat enim, eum Velazquius ad id ipsum cum expeditione; sed, ut suo loco dicemus, ille cum omni pecunià, cùm Cortesius fuit e Mexico expulsus, periit. Quae verò Cortesius est ab eo mutuatus, fuere vestes mercesque, et res ad rerum permutationem, et auri redemptionem plurimae.

Et ne in pari errore sint qui malignè res a Cortesio praeclarissimè gestas interpretantur, quae nobis pro magnitudine parùm compertae, pro veritate verò sat quidem sunt; scribit Oviedus, se vidisse legisseque in Sancti Jacobi urbe conventionem quam Velazquius et Cortesius coram Alphonso Scalante tabellione contraxerunt. Id ità accipiendum est ut intelligatur, conventionem illam de jussione ac mandatis, non de pecuniis et expensis intelligi debere. Nam Velazquius potestatem tantùm Cortesio permisit auxilium Grijalvae ferendi et auri cum merce permutandi; non colonias deducendi, aut belli in lucatanà gerendi. Joannes Saucedus, testis in defensione Cortesii accusationis, qui cum Grijalvà in lucatanam ivit, quique ad Velazquium nuncius de illius in Cubam reditu venit, jurat gubernatorem Velazquium dixisse, Cortesium missum esse solùm ad Grijalvam auxiliandum reducendumque. Hic ipse a Velazquio est ad fratres Hieronymianos in Hispanam missus, ad obtinendum ut Cortesius bellum gereret, et colonias in continenti deduceret. Quod facilè a fratribus, sumptùs in classem facti praetextu, obtinuit. De re hac plures sunt testes. Corduba, Salcedus et Morantes detulerunt ad judices qui tunc in Cuba regias vices gerebant, Velazquium, quod falsò fratribus retulisset naves quas ipsi propriis impensis compararunt, sumptu suo esse paratas; ob idque facultatem in continentem eundi illi datam esse, cujus auctoritate Grijalvam misisset. Eo modo in classis Cortesii relatione fecit Velaquius. Oviedus itaque, qui diligentissimè omnium qui rerum Indicarum meminere, historiam est persecutus, parùm libero ore locutus mihi esse videtur; vir alioqui bonus. Nec adduci possum ut non credam illum in Cortesii relatione a Velazquio, tunc insulae Cubae gubernatore, et ob id imperioso, falsum deceptumque esse, potius quàm invidià aut amicitià ad falso de Cortesii rebus scribendum adductum fuisse.

Ea verò quae in dubium Petrus Martyr vocat, declaremus. Ait ille Velazquium Cubae gubernatorem per procuratorem laesae majestatis reum appellasse Cortesium, ac in jus vocasse; Senatum verò Indicum de hac re nihil statuisse. Sed quoniam Martyr sic scribit: «Hic multa contra Cortesium feruntur de infidià, quae aliquando apertius intelligentur: misssa nunc fiant:» per Deum mihi velim respondeas, quae infidia fuit, ubi nulla debebatur fides? Cortesius non Velazquii nomine, non jussu (nam profectionem impedire conatus est), non sumptu, non denique auspiciis res in lucatanà gessit; sed suo ductu, suisque impensis, et Caroli auspiciis. Quis unquam regi tam fidus fuit, quàm Carolo Cortesius? quis longius latiusque íllius arma movit; et imperium propagavit? Ceterùm, quo modo Cortesius in jus vocatus sit absolutus, accipite jam tandem. Joannes Fonseca, episcopus Burgensis, qui primus Indici Consilii praefectus fuit, maximè Velazquii partes tuebatur eo tempore quo Cortesius infidiae, ambitùs et majestatis laesae accusabatur. Is Francisco Nonio Pazo, viro diligentissimo, necessario, Cortesiique procuratore postulante, in suspicionem adductus, Consilio Indico est amotus, ne Cortesii cause interesset. Causa suspicionis fuit favor ipsius in Velazquium propensissimus, cui neptim in uxorem spoponderat. Episcopus cùm causae interesse non posset, negotio difisus Curiam moestissimus egreditur, brevique postea moritur.

Anno salutis vigesimo secundo supra millesimum ac quingentessimum, Carolus Imperator cùm Pintiae esset, Emmanuele Roja et Christophoro Tapia

Velazquii procuratoribus magis magisque in dies Cortesium criminantibus ac in jus vocantibus, sexviros creat qui causam et litem Cortesii et Velazquii, diu in Consilio Indico agitatam, decidant. Hi fuere Laxaus, regius procubicularius; Roiya, homo Flamencus; Ferdinandus Vega, Castellae commendatarius major; Vargas, quaestor Castellae maximus; Laurentius Galindez Caravajalis, doctor; et Mercurinus Gatinara, Italus, magnus Imperatoris chancellarius, quem ceteris Carolus praefecit. Hi omnes, non tam virtutis admiratione quàm jure, causà Cortesium absolverunt, imperiumque in plures annos, rebus in provincià prosperè decedentibus, prorogarunt. Id Consilii consultum in Hispaniam Novam ad Cortesium pertulit Franciscus Casas, Catharinae Pizarrae pernecessarius. Quod, ut Oviedus ait, in causà fuit ut non multò post quàm est in Cubà praeconio declaratum, Didacus Velazquius moreretur. His itaque rebus dissertè, ni falli volumus, declaratur Cortesium propriis pecuniis classem expedivisse. Consilium initio quidem et auctoritas parandae classis Velazquii fuit; opera verò, diligentia et sumptus Cortesii.

Ex Sancti Jacobi portu, ut eò unde digressi sumus redeamus, solvens, Macacam Cortesius venit. Maraca et portus et oppidum in Cubà insulà. Sed cùm solveret, Petrum Gonzalium Truxillum in Jamaicam insulam praemissit cum caravelà unà ad commeatum inde supplementum in naves convehendum. Ille emit in Jamaicà suillae salitae mille quingentos petasones, cazabi, quo insulani victitant, duo millia bajulorum onera: *tamenes* Indi vocant humeris onera portantes. Emit praetereà aves, et id genus commeatùs alia multa. Macacae interim Cortesius mille tamenum onera maizi, et nonnullos sues a Tamayo proquaestore regio mercatur. Et quoniam ferebatur in insulam Grijalvam appulisse, maturare coactus est discessum, ne vel a Velazquio qui tantopere ipsum detinere curaverat, vel a fratribus revocaretur; quando Grijalva, cui suppetias latum ibat, redierat. Cortesius, praemissis ad Sancti Antonii promontorium navibus, jussisque ibi opperiri, eum duabus caravelis ad Trinitatis portum adnavigat. Quò cùm pervenit, comparat ab Alphonso Guilleno navigium unum, et maizi onera quingenta. Illuc interim venit Franciscus Salcedus cum caravelà quam Cortesius in portu Sancti Jacobi, ut reficeretur, reliquerat. Is novem equos, octoginta voluntarios milites in supplementum adduxit. Adfertur sub id tempus Cortesio, navem unam multo penu onustam in quasdam minas navigare. Eò ire Didaco Ordae jubet, ut eam aggrediatur, aggressam capiat, captam ad promontorium Sancti Antonii ducat. It Ordas, capit, adducitque ad promontorium. Joannes Nonius Sedegnus, navis magister, et mercatores, cùm in terram exponerentur, jussi sunt ad Cortesium ire. Eunt: mercium penuque regestum indicant, praetium poscunt. Erant enim tamenum duo millia onerum, duratae suillae mille quingenti petasunculi, gallinae (quae pavos magnitudine aequant) multae. Omnia Cortesius valore justo solvit, atque navim etiam ipsam a Sedegno comparat, cui ad id bellum cum Cortesio ire placuit: is nunc Mexici aetatem agit. Ex Trinitatis portu, milite terrà iter facere jusso, Havanam Cortesius venit. Ea ad os Onicaxinalis fluvii sita est: incolebatur tunc temporis, nunc maximà ex parte infrequens est. Cùm eo appulit, omnia quae ad profectionem opus erant, parata esse comperit, praeter commeatus, quos nemo propter Velazquii progubernatoris edictum vendere dareve audebat. Erant eò tempore Havanae quidam Rodericus Quesada, vectigaliurn episcopi exactor, et alter quem bullarum proquaestorem vocabant. Ab his Cortesius emit quidquid carnium maizique et cazabi ab oppidanis pro bullarum vectigaliumque solutione receperant. Id illi nequaquam aliter vendere potuissent, quod aurum ibi loci non foditur. Solvere ex Havanà Cortesius parahat, cum eò appulerunt in nave unà Petrus Alvaradus, Christophorus Olitus, Franciscus Montejus, Alphonsus Avila et multi alii qui cum Grijalvà iverant. Venit eò etiam...Garnica, cui ad Cortesium et plerosque alios litteras Velazquius dedit: quibus et Cortesium rogabat, paululùm exspectaret, dum eo ipse de rebus maximis consulturus adplicuisset. Et Didacum Ordam, suarum partium fautorem precipuum, sollicitabat ut Cortesium quovis modo, vel vi intentatà, caperet. Ordas Velazquii partium princeps in nave omnium ferè maxima, cujus ipse erat dux, quamque dolo et insidiis aptam erat ratus, Cortesio lautum convivium parat, invitatque. Cortesius verò, stomachi cruditatem causatus ac nauseabundus, his qui ut ipsum in navem comitarentur venerant missis, eludit Ordam, atque arma indutus signum solvendi dat, et navem ascendit vela facturus. Habuit Cortesius cùm Havanà solvit, naves undecim proprio sumptu vel factas, vel emptas, vel conductas: duas pretereà alias onerarias, quae sub id tempus eò venerant, quaeque sub eo militare stipendium facere voluerant. Habuit equos viginti quatuor, milites triginta et quingentos: cibaria modica; maizi et cazabi quinque millia onera tamenum, duo millia petasonum; stipendium nullum. Tantus fuit armorum apparatus quo alterum terrarum orbem bellis Cortesius concutit: ex tam parvis opibus tantum imperium Carolo facit, aperitque omnium primus Hispanae genti Hispaniam Novam, in qua est nobilissima urbs Mexicum. Et ni ea res longiùs nos ab instituto traheret, ingentem Hispanorum gloriam explicaremus, qui cùm Gallis, Italia, Turcis quantum virtute bellicà Hispani valeant, ostenderint, arma in longissimas terras, nullique Romanorum cognitas, promoverunt.

El original de esta obra hallé en el Archivo de Simancas, Sala de Indias, legajo intitulado: *Relaciones y papeles tocante a entradas y poblaciones*. Está escrito en once hojas folio, de buena letra, con algunas correcciones y notas al margen, al parecer de mano del autor. Precede la siguiente advertencia: *Envíómele de Osma Francisco Beltrán, año de 1572, en* septiembre. Y de otra letra: *Céspedes*, nombre que se halla al frente de muchos papeles, que sin duda estuvieron en poder de ese docto cosmógrafo. Es parte de una obra *De Orbe Novo*, según consta del mismo principio. Anteriormente dice haber escrito copiosamente de Cristóbal Colón, («Cristóbal Colón, de cuyo linaje, vida y hechos largamente hemos hablado en otra parte»). Páginas atrás se refiere a la continuación de este escrito. En la misma página y poco después expresa escribirlos viviendo aún muchos de los que estuvieron con Hernán Cortés en su expedición primera. Podría ser de Calvet de Estrella, cronista de Indias, que ofreció la Historia de ellas en cumplimiento de su oficio, según Don Nicolás Antonio, el estilo no lo desmerece: conviene el tiempo, y también parece indicarlo el método de escribir la Historia del Nuevo Mundo dando las vidas de algunos hombres que se distinguieron en aquellas partes. Tenemos de él veinte libros *De rebus gestis Vaccae Castri*, MSS., que se conservan en el Colegio del Sacro Monte de Granada. Y podrían ser compañeras de esa obras las *De origine, vita et gestis Christophori Columbi*, y a la presente a que he dado título: *De rebus gestis Ferd. Cortesii*, y de que sin duda es este el primer libro completo. Lo he copiado y cotejado con mucho cuidado, conservando hasta los que juzgo errores del escribiente, o equivocaciones del autor en ciertas palabras, las cuales he notado con esta señal. Sólo al comienzo he mudado *quatuordecimo* en *quartodecimo*, y en otro lugar *octuaginta* en *octiginta*. Las noticias que en el original van en el margen enfrente de lo escrito, he colocado al pie, añadiendo llamadas en sus lugares.

Simancas, a 6 de enero de 1782 JUAN BAUT. MUÑOZ

Carta del licenciado Alonso Zuazo al padre Fray Luis de Figueroa, prior de la Mejorada

Después de la dicha nueva vino una carta al dicho padre prior de la Mejorada, la cual le envió el licenciado Zuazo desde la isla Cuba, donde al presente reside por gobernador, que fue escrita y enviada de la dicha isla Cuba a 14 de noviembre del año 1521 años, y la recibió el dicho padre prior en la Mejorada en principio de abril del año de 522; la cual carta relata grandes nuevas maravillosas de aquellas partes, y son muy ciertas, porque el que las escribe es tal persona: y para lo de las nuevas dice, así:

Ya V. P. sabe cómo fuimos principio y principal fundamento para que en este Nuevo Mundo de Yucatán se descubriese, y las largas instrucciones que a Francisco de Peñalosa, que haya gloria, se dieron, como a veedor que era de la armada que a la sazón envió Diego Velázquez, y la carta que en aquel tiempo yo escribí al dicho adelantado Diego Velázquez, en la cual le relaté grandes secretos de la tierra e ciudades que en ella se habían de descubrir, e la calidad de los moradores della, que ha salido todo verdadero como si yo fuera profeta. Hame mostrado después el dicho adelantado la carta como fuera de sí, diciendo ¿que de dónde pude yo saber lo en ella contenido? Y como persona que entonces supe sin ver lo que después sucedió, bien podrá Vuestra Merced creer que la gana y voluntad que yo tenía de armar era justísima, aunque fuistes la principal parte para estorbarla, y por mejor, porque yo así lo tomo, como señor y padre mío que con justísimo celo os movistes, y por mi bien, y así lo afirmo e confieso, porque en cosas tan grandes siempre hay controversias que impiden los frutos de los trabajos, como acá ha sucedido con Hernando Cortés.

Venerable Padre: porque no hay razón que a los nuevos inventores, o que con su autoridad dan ocasión a grandes hazañas, se les quite la gloria que merecen, cuando ésta no se puede pagar con precio, baste que los que ésta leyeren sepan el fruto que se hizo &c., en este Nuevo Mundo que en el tiempo de nuestra gobernación se ha hallado y descubierto.

Y digo, que pasada toda esta isla Cuba, más al Poniente se halla otra a que llaman Cozumel: e de ahí al Norte hay otra tierra que se llama Yucatán; y costeando la dicha tierra siempre al Poniente, se nos descubren tierras maravillosas, y nunca vistas ni traídas a la memoria de los pasados, a las cuales llaman las provincias de Cempoal, Caluacán, México, Taxtaltecle (Tlaxcallan), Chelurla (Cholollan), Tenecatán (Tenochtitlán?), donde hay ciudades en grande admiración de a diez mil, treinta mil, cincuenta mil, sesenta e ochenta mil vecinos; todas están labradas de piedra, e cal, e tierra maravillosamente de muy grandes e ricos edificios, excepto que no se halla alguno con bóveda: la gente muy diestra, especialmente en las cosas de la guerra. Hay grandes señores, a que llaman en su lengua *Tectes,* especialmente uno a que llaman Monteuzuma, que es señor de toda la provincia de México, y él reside en una ciudad della a que llaman Tenestután (Tenochtitlán), fundada sobre el agua en una laguna salada que boja al derredor más de treinta leguas, por la cual laguna desde tierra entran por encima del agua ciertos puentes de a dos y tres leguas, e a cuatro; por la una de ellas viene un caño de agua dulce muy hermosa hasta entrar en la dicha ciudad, como entra el agua en Sevilla por los caños de Carmona: esta ciudad me dicen que es de grandeza mayor que Sevilla mucho: están al derredor della todos los días del mundo por la dicha laguna sesenta y setenta mil canoas de las grandes, en que vienen provisiones a la ciudad, en la cual está un lugar destinado a que llaman *tianquiz:* todos los días del mundo se hace un mercado en que entran, desde poco antes que se pone el sol hasta la media noche, ochenta mil personas que venden y compran todas las cosas necesarias a la vida humana, así al comer y beber como al vestir e calzar; oro y plata, piedras de valor, con otros plumajes e argenterías maravillosas, y con tanto primor fabricadas, que excede todo ingenio humano para comprenderlas y alcanzarlas. Yo vi tres cabezas de animales fieros, con sus cuerpos hechos de pluma, que se viste un hombre tomando cualquiera de las dichas cabezas sobre la suya: e viéndole venir al hombre a gatas, como fiero animal, no hay nadie que a los primeros movimientos no haga grandes semblantes de miedo; porque la dicha cabeza e cuero con su cola y brazos, está tan propiamente compuesto, que ni Circe ni la Pitonisa pudieron volver en sus tiempos tan aparentemente los dichos hombres en bestias, como la sutileza de los dichos Indios obra en cosas semejantes. Vi ciertos follajes, pájaros, mariposas, abejones sobre unas varas temblantes, negras e tan delgadas, que apenas se veían, y de tal manera que realmente se hacían vivas a los que las miraban un poquito de lejos: todo lo demás que estaba cerca de las dichas mariposas, pájaros e abejones correspondía naturalmente a boscajes de yerbas, ramos e flores de diversos colores y formas. Vi muchas mantas de a dos haces, labradas de plumas de papos de aves, tan suaves, que trayendo la mano por encima a pelo y a pospelo, no era más que una marta cebellina muy bien adobada: hice pesar una dellas, no pesó mas de seis onzas. Dicen que en el tiempo del invierno una abasta para encima de la camisa, sin otro cobertor, ni más ropa encima de la cama. Vi muchas rodelas labradas de oro y de cueros de tigres, e otras de plumas; con otra diversidad de ropas tejidas e pintadas de tantas labores, que a quererlas expresar aquí sería dar causa de nunca acabar.

En el dicho mercado se venden por su orden muchas y diversas ropas de vestir, e para la cama, y tapicería para entoldar las casas; gallinas e gallos, a que nosotros llamamos pavos; estos vivos, muertos, asados, cocidos, hechos en cazuela e en otros guisados diversos. Véndense águilas, halcones, anadones bravos e mansos, con otra infinita diversidad de aves a que no puedo poner nombre. Véndense huevos asados, crudos, en tortilla, e diversidad de guisados que se suelen guisar, con otras cazuelas y pasteles, que en el mal cocinado de Medina, ni en otros lugares de Flamencos dicen que no hay ni se pueden hallar tales trujamanes.

Véndense asimismo muchas frutas, manzanas, ciruelas blancas, andrinas negras, e ciruelas coloradas, uvas muy buenas, aunque dicen que son salvajes; con otro gran género y especies de frutas, cuyos nombres no escribo, pues por ello V. R. no caerá en la calidad de la fruta, como en cosa semejante para comprenderlo hay necesidad de tres sentidos, vista, y olor, y sabor.

Véndese asimismo miel de abejas, miel de cañas de maíz, que es tan bueno como lo de abejas; miel de maguey, que son unas matas como de lirios, que tienen al cabo de las hojas una espina recia. Destas matas quitan el cogollo, y de allí sale un brebaje que es tan bueno, según dicen, como vino; e cuecen las hojas e de allí sacan otra manera de miel, que cocida en cierta forma se vuelve en azúcar, aunque negro; de lo que queda de las dichas hojas se aprovechan como de lino muy delgado, o de Holanda, de que hacen lienzos muy primos para vestir, e bien delgados.

Hay una moneda entre ellos con que venden y compran, que se llama caca-huate; es fruta de ciertos árboles muy preciados, de que hacen otro breba-je para grandes señores, que dicen ser cosa muy suavísima.

Hay en el dicho mercado fieles que discurren por él de noche e de día, que son para que lo que se comprare e vendiere en el dicho mercado no haya engaño.

Hay casa de justicia, en la cual se asientan cuatro jueces a juzgar; y acaes-ce que por una espiga de maíz o poco más que hurte uno, le mandan matar con una porra con que le dan tras la cabeza. Hay ganapanes en el dicho mercado, que se alquilan como en Medina del Campo. Véndese asimismo madera labrada y por labrar, ladrillo, adobes, cal. Véndese oro y plata, y otras muchas joyas.

Dicen que tenía aquel Monteuzuma casas y palacios y salas en que se per-dían los hombres, sin saber salir dellas, y cajas y arcas tan grandes, que tenían llenas de ropa, hechas de madera con sus tapaderas que se abren y cierran con unos colgadizos, e que serían los cuerpos de las cajas e arcas como casas de a setenta y ochenta pies de largo, con anchura proporcio-nada. Tenía este Monteuzuma una cámara llena de joyas de oro labradas a las mil maravillas, que no había nadie que pudiese apodar el valor de pesos de oro, ni de marcos, ni de otra cantidad con que se pueda numerar.

Hay asimismo mucha plata de que los Indios han hecho grandes vajillas al modo nuestro; puesto que yo vi algunas piezas y no me parecieron tan pri-mamente labradas como las nuestras. Tenía Monteuzuma por grandeza una casa en que tenía mucha diversidad de sierpes e animalías bravas, en que había tigres, osos, leones, puercos monteses, víboras, culebras, sapos, ranas e otra mucha diversidad de serpientes y de aves, hasta gusanos; e cada cosa de éstas en su lugar, e jaulas como era menester, y personas diputadas para les dar de comer y todo lo necesario, que tenían cuidado dello. Tenía otras personas monstruosas, como enanos, corcobados, con un brazo, e otros que les faltaba una pierna, e otras naciones monstruosas que nacen ocasionadas.

Cuando salía a festejar llevaba cuatro hombres, decían que eran sus justicias, con varas, e no tocaba con las manos en ellas, salvo sobre un paño revuelto sobre cada una de las dichas varas; dicen que en veneración de la dicha justicia: al tiempo que salía juntábanse muchos principales con él, muy bien vestidos, y echaba él los brazos sobre los hombros de alguno dellos, y así salía en medio de gran multitud de hombres.

Tenía templos y casas muy altas, muy pintadas y doradas, donde tenía sus ídolos; y los más preciados y en que más veneración tienen las gentes, son hechos de harinas de ciertas simientes mezclados con sangre de hombres e de muchachos; y de aquella masa y mezcla, que es de harina de maíz e simientes de bredos e otras gomas odoríferas, hacen aquellos bultos grandes dedicados al sol, e para que en sus guerras, pesquerías y monterías e maizales los favorezcan.

Todos los días del mundo sacrifican persona humana viva, y tienen casa diputada en que tienen mucho número de muchachos e hombres habidos en la guerra, para el tal ejercicio y sacrificio. Toman al que han de sacrificar, por la mañana, y traenle por la ciudad con muchas trompetas y atabales, e el tal que ha de ser sacrificado bien vestido e con muchos plumajes, hasta que llegan al lugar destinado para el tal sacrificio, y allí le hacen asentar en un banco con respaldar, e le hacen tener la cabeza de manera que pueda tener el pecho alto; y con ciertas navajas de pedernal destinadas para el tal ejercicio, le dan por el pecho una cuchillada tajante, que luego le sale el pulmón, e allí tienen ciertas espinas e punzones con que le punzan el corazón, para que salga la sangre derecha hacia el sol, y luego incontinenti se lo sacan palpitando e bullendo e le presentan al sol; y con la sangre que da dan al ídolo por la cara y pescuezo: lleva el sacerdote del tal sacrificado las manos y los pies para comer, porque dicen ser lo mejor y más preciado de todo el cuerpo humano: lo demás dan a sus amigos, o llévanlo a la plaza a venderlo.

Hay templo destos a quien llaman *cues* que tienen cierta torre toda ciega de tres maneras de confacción o mezcla: primera, tierra escogida; segunda, polvos de goma odoríferos; tercera, oro molido o por hundir. Hase hecho la experiencia tomando una batea de aquella tierra, y lavando una bateada della salieron cinco castellanos de oro. Creen que si así responde lo demás, hay en el dicho torrejón más de un millón.

Tienen hazas de maíz como en campos de trigo y cebada; pueden ir siete, ocho, diez leguas, que por espacio de lo que la vista se pudiere extender todo es maizales: haylas pequeñas y mayores y de sazón para coger, de manera que todo el año lo cogen.

Dicen que hacia el Hueste o Poniente, cuarta al Sudueste, hay unas sierras altas, de las cuales dice que vienen gigantes de maravillosa estatura; llevan al Emperador Nuestro Señor un hueso desde la rodilla hasta el vértebro de la cadera en que hay cinco palmos y medio grandes, y lo que podrían corresponder las otras partes, hállase que llegaría con longura de una lanza gineta pequeña. Afírmase por ciertas conjeturas, que detrás de las dichas sierras está una gran casa a manera de monasterio de mujeres, donde está una dama principal que llaman los castellanos Señora de la plata: dicen cosas acerca desto que yo no las oso escribir a V. R. porque son cosas increíbles: baste que dice que tiene esta señora tanta plata, que dice que todos los pilares de su casa son hechos della, cuadrados, ochavados, torcidos, e todos macizos de plata.

En el nacimiento de estas gentes se guardan ciertas ceremonias, y son, que al tiempo del parto de la madre de cualquiera criatura se llegan algunas mujeres como parteras, y otras como testigos para ver si el parto es supuesto o natural; y al tiempo del nacer no permiten que la criatura llegue a la tierra con la vid; e antes que se la corten le hacen ciertas señales en el corpezuelo; lávanlo tres veces, e acabada la tercera le llevan acompañado, según el cuyo hijo es, al templo donde le reciben los sacerdotes con ciertas ofrendas e oraciones; vuélvenle el niño a casa, y están en ella hasta dos, tres, cinco años o a albedrío de cada uno, porque en esto no hay regla cierta; e pasado el dicho tiempo circuncídanle a manera de Moro o Judío.

Los casamientos de éstos se hacen cada uno con la suya, según nosotros, excepto los grandes señores, que tienen muchas mujeres; y concertado el desposorio, los parientes del desposado van a casa de la desposada, e por el contrario los de la desposada a casa del desposado, e dura esta visitación un mes; dos, tres veces cada día; y en este tiempo se envían de una parte a la otra muchas joyas, ropa y otras preseas de por casa, hasta la semana postrera del dicho mes, que todo lo que entonces se envían son cosas de comer. En todo este tiempo nunca se han visto ni hablado los desposados, hasta que la traen a la señora muy atapada, e se la entregan al desposado, e celebran después las bodas a manera de Moros.

En la muerte de esta gente se guarda esta costumbre. Luego que el difunto ha espirado llaman ciertas mujeres y hombres que están salariados de público para hacer lo siguiente. Toman el cuerpo desnudo sobre las rodillas un hombre o mujer, y tiénelo abrazado por las espaldas, y allí lléganse otras personas diputadas para lavar al finado, y lávanlo muy bien; y llega un hombre con un huso o palo a manera de crenchas de mujeres, y mételo entre los cabellos del difunto con ciertas ceremonias, con las cuales divide los dichos cabellos en unas partes y otras; y así lavado el difunto con ciertos endines en sus cabellos, vístenlo todo de blanco, muy bien vestido, y con el rostro de fuera, y asiéntanlo sobre una silla poniendo sobre su cabeza y sobre todo su cuerpo grandes penachos y plumajes de diversas colores y formas; y está así por espacio de una hora o dos; y pasado este tiempo vienen otras mujeres e hombres a la manera de los de arriba y desnudan al difunto todas las ropas blancas y plumajes que tenía, y tórnanlo a lavar segunda vez como de primero, y vístenlo de vestiduras coloradas con otros penachos que acuden a la misma color, y pónenle en su silla como de primero por otro tanto espacio de las dos horas, y allí hacen cierto planto o lamentación, mayor o menor como es la calidad del difunto. Tornan tercera vez otras mujeres a desnudarle todo lo colorado, y lávanle como de primero, y vístenle todo de negro con plumajes o penachos negros, y llevan todas estas tres maneras de vestiduras al templo con el difunto a enterrar; y estas vestiduras no vuelven a uso humano, salvo que quedan a los sacerdotes para servicio del templo.

Llegado el difunto al templo, quémanle con mucha suavidad hasta que quedan los huesos y cenizas muy menudas: éstos cogen y métenlos en un hoyo e entiérranlos, y ponen encima del dicho hoyo ciertos bultos hechos de diversas maneras, e veletas y banderas, que quedan allí tanto cuanto es la voluntad de sus parientes de él, o que dura una tumba en España sobre la sepultura del difunto.

Tienen tanta obediencia y acatamiento a sus Tecles, que no hay nadie por principal que sea que venga a le hablar derechamente ni le ose mirar al rostro; e luego que el tal vasallo entra por la puerta de la sala adonde está el Tecle, va al rincón más apartado de la puerta y junto a la pared muy corcobado, e llega por las espaldas del señor hasta ponerse a su lado; y allí hincadas las rodillas y los ojos en tierra dice su embajada, e dicha, luego se aparta y pone en cuquillas esperando si el Tecle le habla alguna palabra. Veces hay que habla alguna, e otras no ninguna, salvo algún semblante de despedirle, y tórnase a salir con aquel mesmo acatamiento con que entró.

Hay entre ellos algunos caballeros de los que arman en el castillo de Triana con sus sambenitos en que dice que traen pintadas ciertas cruces por el delito de la herejía, e a los que hallan pertinaces quémanles gentilmente: cosa en verdad fue ésta de que yo más admiración tuve que de todas las pasadas.

Estas gentes tienen la *tria peccatela* que decía el Italiano: no creen en Dios; son casi todos sodomitas: comen carne humana: sacrifican todos los días del mundo gentes vivas, como arriba digo. Hay entre ellos muchos pobres a que llaman *motolíneas*: tienen tal orden que si el tal motolínea es huérfano de padre y madre, y mozo, pónenlo luego con señor, de cuyo poder no ha de salir, so pena de muerte, hasta que sea hombre y lo casen.

Hay muchas ciudades y villas muy hermosas, sobre agua e fuera de agua. Cempoal que tenía once o doce mil vecinos, donde hay mercado todos los días del mundo, en que entran treinta mil ánimas: dura este mercado desde que amanece hasta media noche. Hay otra ciudad que dice que se llama Temizquitán: adelante hay otra ciudad en un valle que se dice Zacata de diez mil vecinos.

Está otra ciudad y provincia que se llama Tazcaltecle de más de veinte mil vecinos. Está la ciudad de México o Teneztután, que será de sesenta mil vecinos. Está otra ciudad que se llama Tezcuco de ciento e veinte mil vecinos; e otras muchas ciudades y villas y lugares, que por su prolijidad dejo. Destos señores destas ciudades y villas y lugares, hay unos mas principales y otros menos principales que pagan unos a otros tributos: e este tributo e rentas se paga a día adiado, así en oro como en plata, como en ropas y animales salvajes, aves extrañas y cosas otras muchas de comer, vestir e calzar, hasta que en señal de sujeción y reconocimiento de señorío hay algunas gentes que traen de tributo un cabello del señor de ellos, e otro un piojo. E entran en sus cabildos e ayuntamiento, y hacen sus consultas, mayormente en cosas de guerra; y luego que se ha acordado lo que se ha de hacer por los mayores, se hace saber por las provincias, y a la mesma hora destinada están todos a punto de guerra apercibidos.

Están todas estas ciudades, con otras muchas que dejo de decir, desde 21 hasta 28 grados. Hay sierras nevadas y muy grandes nortes e muy fríos, en manera que desde octubre hasta mediado marzo a causa de los dichos nortes e frialdades dellos es muy peligrosa la navegación. Han de ser avisados los pilotos cuando los tales nortes escomienzan a correr, y hacerse luego a la mar, porque no hay cable ni ancla que baste para que pueda sufrir la fortaleza del viento. Y esto baste para la primera parte.

Cuanto a la segunda parte ha de presuponer V. R. una orden y religión santísima de sacerdotes clérigos y frailes que hay entre ellos a quienes tienen en mucha veneración. Estos desde que nacen hasta que mueren nunca peinan sus cabellos, ni navaja ni tijera sube sobre su cabeza, como se lee del bienaventurado Santiago el Menor, a quien llaman hermano del Señor. Tienen más; que jamás llegan a mujer ni tienen acceso a ella *direte* ni *indirete,* pues por su limpieza y su muy mayor honestidad, antes que lleguen al altar o a hacer sacrificio, se entregan a los más repugnantes excesos; y para esto nunca están ciegos. Hállanse sin ninguna vergüenza diez, doce, quince juntos en este pecado abominable, y luego incontinente y tras él, para que del ayuno o abstinencia pasada sean más aceptos al sol, matan un hombre o muchacho en la forma y manera que arriba digo, y sácanle el corazón, y preséntanle al sol para que les sea favorable en todas sus necesidades.

Gran confianza en verdad debemos tener los pecadores en la misericordia de Dios, pues por tantos siglos ha dilatado el castigo de tan abominables ofensas. Él sea loado y bendito por siempre jamás, cuyos juicios son investigables, y nadie los puede alcanzar.

Muy Reverendo Señor: pocas veces se halla diciendo mucho acertar en todo: supla V. P. con oficio de caridad los defectos deste vuestro servidor, suplicándoos que a todos esos mis señores religiosos de esa insigne casa de la Mejorada, a quien con entrañable amor deseo servir y conocer, dé V. M. mis encomiendas; y baste que V. R. sea el padre, para que yo sea hermano de obediencia de todos, en cuyas oraciones devotísimas me encomiendo, y así le pido a V. R. por caridad, pues sin Dios y ayuda de tan excelentes varones no se puede hacer nada que bueno sea; conque así mesmo cuando V. R. escribiere a mi padre el prior de San Juan de Ortega, le envíe mis encomiendas.

Desta ciudad de Santiago de esta isla de Cuba a 14 de noviembre, DXXI (1521) años. -A obediencia y mandado de Vuestra Paternidad Licenciado Zuazo.

Despues desta se pusieron de molde la segunda, e *tercera*, e cuarta cartas que Hernando Cortés envió al Emperador, destas dichas tierras y ciudades nuevamente descubiertas; las cuales cartas más largamente hablan de las nuevas desta dicha carta que envió el licenciado Zuazo, y de cómo y con qué trabajos las sojuzgaron. *(Añadido de letra posterior lo que sigue)*. Y tambien hay otra quinta carta, que no se imprimió segun creo, y hube después la sexta carta que no se imprimió. (Copia de otra coetánea que está en la Colección Diplomática de la Real Academia, al año 1516, doc. *2Contuli* MUÑOZ.)

El conquistador anónimo. Relación de algunas cosas de la Nueva España, y de la gran ciudad de Temestitán México; escrita por un compañero de Hernán Cortés

Esta tierra de la Nueva España es semejante a España, y los montes, valles y llanos son casi de la misma manera, excepto que las sierras son mas terribles y ásperas; tanto, que no se pueden subir sino con infinito trabajo, y hay sierra, a lo que se sabe, que se extiende más de doscientas leguas. Hay en esta provincia de la Nueva España grandes ríos y manantiales de agua dulce muy buena; extensos bosques en los montes y llanos, de muy altos pinos, cedros, robles y cipreses, encinos y mucha diversidad de árboles de monte. En lo interior de la provincia hay lomas muy amenas, y cerca de la costa, hay montes que corren de mar a mar. La distancia de un mar a otro es, por la parte menor, de ciento cincuenta leguas, en otra ciento sesenta, en otra doscientas, en otra pasa de trescientas, y por otra parte tiene cerca de quinientas; ya más arriba es la distancia tan grande, que no se sabe el número de leguas, porque no la han visto los Españoles, ni la acabarán de ver de aquí a cien años; y cada día se descubren tierras nuevas.

En esta provincia hállanse minas de oro, plata, cobre, estaño, acero, y hierro. Hay muchas especies de frutos semejantes en la apariencia a los de España, aunque al gustarlos no tienen aquella perfección, ni en el sabor ni en el color. Bien es verdad que hay muchos excelentes, y tan buenos como pueden ser los de España; pero esto no es lo general. Los campos son muy agradables, muy llenos de yerba hermosísima que crece hasta media pierna. La tierra es muy fértil y abundante, produce cualquiera cosa que en ella se siembra, y en muchos lugares da dos o tres cosechas al año.

II De los animales

Hay muchos animales de diversas especies, como son tigres, leones y lobos, y asimismo adives, que son entre zorro y perro, y otros entre león y lobo. Los tigres son del mismo tamaño, o acaso algo mayores que los leones, salvo que son mas robustos, fuertes y feroces: tienen todo el cuerpo lleno de pintas blancas, y ninguno de estos animales hace daño a los Españoles, siendo así que a los naturales no les hacen muchas fiestas, antes se los comen. También hay ciervos y zorros salvajes, gamos, liebres y conejos. Los puercos tienen el ombligo en el espinazo, y hay otros muchos y diversos animales, en especial uno, poco mayor que un gato, que tiene una bolsa en el vientre, en la cual esconde a sus hijuelos cuando quiere huir con ellos, para que no se los quiten, y allí los lleva sin que se vea ni conozca que lleva cosa alguna; y cuando va de huida trepa con ellos por los árboles. Esta provincia de Nueva España está por la mayor parte muy poblada: hay en ella grandes ciudades y pueblos, tanto en los llanos como en las montañas; las casas son de cal y canto, y de tierra y adobe, todas con sus azoteas. Esto es entre los que viven en la tierra adentro; pero los que habitan cerca del mar tienen casi todas sus casas y paredes de adobes, tierra y tablas, con los techos de paja. Solían tener los naturales de esta tierra bellísimas mezquitas, con grandes torres y habitaciones, en las cuales daban culto a sus ídolos y les hacían sacrificios. Muchas de aquellas ciudades están mejor ordenadas que las de acá, con muy hermosas calles y plazas, donde hacen sus mercados.

III De los soldados

La gente de esta tierra es bien dispuesta; antes alta que baja. Todos son de color trigueño, como pardos, de buenas facciones y gesto; son por la mayor parte muy diestros, robustos e infatigables, y al mismo tiempo la gente más parca que se conoce. Son muy belicosos, y con la mayor resolución se exponen a la muerte. Solía haber entre ellos grandes guerras y diferencias, y todos los presos en guerra se los comían o los hacían esclavos. Cuando ponían sitio a un pueblo y se rendía sin resistencia, los habitantes quedaban solamente por vasallos de los vencedores; pero si había que usar de fuerza, eran reducidos a esclavitud. Guardan cierto orden en sus guerras, pues tienen sus capitanes generales, y además otros capitanes particulares de cuatrocientos y de doscientos hombres. Cada compañía tiene su alférez, quien lleva la bandera en su asta, de tal manera atada en la espalda, que no le molesta nada para pelear, ni para hacer todo cuanto quiera; y la lleva tan bien ligada al cuerpo, que si no le hacen pedazos no se la pueden desatar ni quitar de modo alguno. Acostumbran por lo regular gratificar y pagar muy bien a los que sirven con valor en la guerra, señalándose y dándose a conocer con alguna hazaña, pues aunque sea entre ellos el más vil esclavo, lo hacen capitán y señor y le dan vasallos, y lo estiman de manera, que por donde quiera que va lo sirven y lo tienen en tanto respeto y reverencia como si fuese el señor mismo. A éste que así se ha distinguido le hacen una señal en el cabello, para que sea conocido por su hazaña, y todo el mundo lo advierta a primera vista, porque no acostumbran traer cubierta la cabeza. Cada vez que hace alguna otra acción notable, le ponen otra señal parecida en testimonio de su valor, y los señores le hacen siempre otras mercedes.

IV De sus armas ofensivas y defensivas

Las armas defensivas que usan en la guerra son ciertos sayetes a guisa de jubones de algodón acolchado, de dedo y medio de grueso, y a veces de dos dedos, que son muy fuertes, y sobre ellos se ponen otros jubones y calzas todo de una pieza, que se atacan por detrás. Son de una tela gruesa, y tanto los jubones como las calzas los cubren por encima de plumas de diversos colores, que hacen muy buena vista: unas compañías de soldados las usan blancas y encarnadas, otras azules y amarillas, y otras de diversas maneras. Los señores llevan encima ciertos sayetes como jacos, que entre nosotros se usan de malla, pero ellos los hacen de oro o plata sobredorada. Estos vestidos de pluma son de fuerza proporcionada a sus armas, de manera que no les entran saetas ni dardos, sino que rechazan sin herir, y aun con las espadas es difícil atravesarlos. Para guardar la cabeza llevan unas como cabezas de serpientes, tigres, leones o lobos, con sus quijadas; y la cabeza del hombre queda dentro de la del animal, como si este lo devorase: son de madera cubiertas por encima de plumas, y de adornos de oro y piedras preciosas, que es cosa maravillosa de ver; usan rodelas de diversas maneras, hechas de buenas cañas macizas (otates) que se dan en aquella tierra, entretejidas con algodón grueso doble, y encima ponen plumas y planchas redondas de oro, con lo que quedan tan fuertes, que no se pasan si no es con una buena ballesta. Hay sin embargo algunas que las pasan; pero la saeta no hace ya daño. Y porque acá en España se han visto algunas de estas rodelas, digo, que no son de las que llevan a la guerra, sino de las que usan en sus fiestas y bailes que acostumbran hacer. Sus armas ofensivas son arco y flechas, y dardos, que tiran con una ballesta hecha de otro palo; los hierros que tienen en la punta son de piedra cortante, o de un hueso de pescado muy recio y agudo. Algunos dardos tienen tres puntas con las que hacen tres heridas, porque en un palo encajan tres puntas de jara con sus hierros de la manera dicha, y así dan tres heridas en una lanzada. Tienen también espadas que son de esta manera: hacen una espada de madera a modo de montante, con la empuñadura no tan larga, pero de unos tres dedos de ancho, y en el filo le dejan ciertas canales en las que encajan unas navajas de piedra viva, que cortan como una navaja de Tolosa. Yo vi un día que combatiendo un Indio con un caballero, dio el Indio al caballo de su contrario tal cuchillada en el pecho, que se lo abrió hasta las entrañas, y cayó muerto al punto. Y el mismo día vi a otro Indio dar también a otro caballo una cuchillada en el cuello, con que lo tendió muerto a sus pies. Usan hondas con las cuales alcanzan muy lejos; y comúnmente llevan todas estas armas. Es una de las cosas más bellas del mundo verlos en la guerra por sus escuadrones, porque van con maravilloso orden y muy galanes, y parecen tan bien, que no hay mas que ver. Hállanse entre ellos hombres de grande ánimo, y que arrostran la muerte con la mayor resolución. Yo vi a uno de éstos defenderse valerosamente de dos caballos ligeros, y a otro de tres y cuatro; y viendo los Españoles que no lo podían matar, perdió uno de ellos la paciencia y le arrojó su lanza; pero el Indio antes que le alcanzara la cogió en el aire, y con ella peleó todavía mas de una hora, hasta que llegaron dos peones que lo hirieron de dos o tres flechazos, con lo que habiendo cerrado el Indio con el uno, el otro lo abrazó por detrás y le dio de puñaladas. Mientras pelean cantan y bailan; y a vueltas dan los más horribles alaridos y silbos del mundo, especialmente si notan que van alcanzando ventaja; y es cierto que a quien no los ha visto pelear otras veces ponen gran temor con sus gritos y valentías. En la guerra es la gente más cruel que darse puede, porque no perdonan a hermano, pariente, ni amigo, ni dejan con vida a ninguno que prenden, pues aunque sean mujeres y hermosas, las matan todas y se las comen. Cuando no pueden llevarse el botín y los despojos del enemigo, lo queman todo. Sólo a los señores no era permitido matarlos, sino que se los llevaban presos bien guardados, y luego disponían una fiesta, para la cual en medio de las plazas de las ciudades había ciertos macizos redondos de cal y canto, tan altos como altura y media de hombre. Se subía a ellos por gradas, y encima quedaba una plazoleta redonda como un tejo, y en medio de esta plazoleta estaba asentada una piedra, también redonda, con un agujero en el centro. Aquí subía el señor prisionero y lo ataban por la garganta del pie con una cuerda larga y delgada, le daban espada y rodela, y luego el mismo que lo había hecho prisionero venía a pelear con él. Si tornaba de nuevo a vencerlo, era tenido por hombre valerosísimo, y le daban un distintivo por tan gran muestra de valor, con otras mercedes que su señor le hacía; pero si el señor preso vencía a éste y a otros seis, de manera que fuesen siete los vencidos, lo dejaban en libertad, y estaban obligados a restituirle todo cuanto le habían quitado en la guerra. Pues sucedió que peleando una vez los de un señorío llamado Huecicingo (Huexotzinco), con los de otra ciudad llamada Tula, el señor de ésta se metió tanto entre los enemigos, que no pudo volver a reunirse con sus compañeros, y aunque hizo maravillosos hechos de armas, cargaron tanto sobre él los contrarios, que lo prendieron y llevaron a la ciudad. Allí dispusieron su fiesta según costumbre, subiéndolo a la piedra, y vinieron a pelear con él siete guerreros muy esforzados, a todos los cuales mató, uno tras otro, estando él atado según era usanza. Viendo esto aquellos de Huecicingo pensaron que si soltaban a un hombre tan valiente y esforzado, no pararía hasta acabar con ellos; por lo que resolvieron matarlo y así lo hicieron, cuyo hecho les acarreó nota de infames en toda aquella tierra, quedando por traidores y desleales, pues habían quebrantado contra aquel señor la ley y costumbre general, no guardándola con él como se guardaba con todos los demás señores.

V Vestidos de los hombres

Los vestidos de esta gente son unas mantas de algodón como sábanas, aunque no tan grandes, labradas de lindos dibujos y con sus franjas u orlas: cada uno tiene dos o tres de estas mantas, y se las ponen anudando las puntas sobre el pecho. En invierno se cubren con una especie de zamarros hechos de una pluma muy fina que parece carmesí, o como nuestros sombreros de pelo, y los tienen encarnados, negros, blancos, pardos y amarillos. Cubren sus vergüenzas, así por delante como por detrás, con unas toallas muy vistosas, que son como pañuelos grandes de los que se usan en la cabeza para caminar, de varios colores y adornados de diferentes maneras, con sus borlas que al ponérselas viene a caer la una delante y la otra atrás. Usan zapatos solo con la suela y sin pala, y con los talones muy adornados; de entre los dedos salen unas correas anchos que se aseguran en la garganta del pie con unos botones. En la cabeza no llevan cosa alguna sino cuando van a la guerra, o en sus fiestas y bailes: usan los cabellos largos y atados de varios modos.

VI Vestidos de las mujeres

Las mujeres gastan unas camisas de algodón sin mangas, como sobrepellices; largas y anchas, llenas de labores muy lindas, con sus franjas u orlas, que parecen muy bien. Se ponen dos, tres o cuatro camisas de estas, todas distintas, y unas más largas que otras para que asomen por debajo como zagalejos. Usan además de la cintura abajo otra suerte de traje de puro

365

algodón, que les baja hasta los tobillos, asimismo muy lucido y bien labrado. No usan nada en la cabeza, ni aun en las tierras frías, sino que dejan crecer sus cabellos, que son muy hermosos, aunque por lo general negros o tirando a castaño; de modo que con este vestido y los cabellos largos y sueltos que les cubren la espalda, parecen muy bien. En las tierras calientes cercanas al mar usan unos como velos de redecilla de color leonado.

VII Del hilo de labrar

El hilo con que labran es que toman el pelo del vientre de las liebres y conejos, y lo tiñen en greña del color que quieren, cuyos tintes dan con tanta perfección, que no hay más que pedir. Después lo hilan, y con este hilo hacen tan lindas labores, casi como con nuestra seda. Aunque se lave nunca pierde el color, y las telas hechas con él duran largo tiempo.

VIII Las comidas que tienen y usan

El grano con que hacen el pan es a modo de garbanzo, y lo hay blanco, encarnado, negro y bermejo. Sembrado produce una caña alta como media pica, que echa dos o tres mazorcas, donde está el grano como en el panizo. Para hacer el pan toman una olla grande en que caben cuatro o cinco cántaros de agua, y le ponen fuego debajo hasta que el agua hierve. Entonces retiran el fuego, echan dentro el grano que ellos llaman Tayul, y encima añaden un poco de cal para que suelte el hollejo que lo cubre. A otro día, o bien a las tres o cuatro horas cuando ya se ha enfriado, lo lavan muy bien en el río o en las casas con muchas aguas, de manera que viene a quedar muy limpio de toda la cal, y luego lo machacan en unas piedras hechas a propósito. Conforme lo van machacando le echan agua y se va haciendo una pasta, y así moliéndolo y amasándolo a un tiempo, hacen el pan. Lo ponen a cocer en unas como cazuelas grandes, poco mayores que una criba, y según se cuece el pan lo van comiendo, porque es mucho mejor caliente que frío. Tienen también otro modo de prepararlo, y es que hacen unos bollos de aquella masa, los envuelven en hojas, y poniéndolos en una cilla grande con alguna agua, los cubren muy bien, de suerte que con el calor y con tenerlos tapados se cuecen. También los guisan en sartenes, con otras cosas que acostumbran comer. Crían muchas gallinas grandes a modo de pavos, muy sabrosas: hay crecido número de codornices, de cuatro o cinco especies, y algunas de ellas son como perdices. También tienen ánades y patos de muchas clases, así domésticos como silvestres, de cuyas plumas hacen sus vestidos para las guerras y fiestas: usan estas plumas para muchas cosas, porque son de diversos colores, y todos los años las quitan a estas aves. Hay también papagayos grandes y pequeños, que los tienen en las casas, y de sus plumas asimismo se aprovechan. Matan para comer un crecido número de ciervos, corzos, liebres y conejos, de que hay gran cantidad en muchas partes. Cultivan diversidad de plantas y hortalizas, a que son muy aficionados, y las comen tanto crudas como en varios guisos. Tienen una como pimienta para condimentar, que llaman Chile, y no comen cosa alguna sin ella. Es gente que con muy poco mantenimiento vive, y la que menos come de cuantas hay en el mundo. Sólo los señores se alimentan con gran variedad de viandas, salsas y menestras, tortas y pasteles de todos los animales que tienen, frutas, verduras y pescados, que hay en abundancia. Les disponen todas estas cosas, y se las sirven en platos y escudillas sobre unas esteras de palma muy lindamente labradas, que hay en todos los aposentos, así como sillas para sentarse hechas de diversas maneras, pero tan bajas que no levantan del suelo un palmo. Traen la comida a los señores, juntamente con una toalla de algodón para que se limpien las manos y la boca: los sirven dos o tres maestresalas, y los señores comen de lo que más les agrada, haciendo luego que el sobrante se reparta a los otros señores vasallos suyos que están allí para hacerles corte.

IX Las bebidas que usan

Hacen diversas clases de vino; pero la bebida más principal y excelente que usan es una que llaman Cachanatle (Chocolate). Hácese de ciertas semillas que produce un árbol, cuyo fruto es a manera de cohombro, y dentro tiene unos granos gruesos, casi como cuescos de dátil. El árbol que produce este fruto es el más delicado de todos, y no nace sino en tierras fuertes y cálidas; antes de sembrarlo plantan otros dos árboles muy copados, y así que éstos están ya como de la altura de dos hombres, siembran entre los dos éste que produce el dicho fruto, para que aquellos otros, por ser éste tan delicado, lo guarden y defiendan del viento y del sol, y lo tengan a cubierto. Estos árboles son tenidos en grande estima, porque los tales granos son la principal moneda que corre en la tierra, y vale cada uno como un medio *marchetto* de los nuestros. Esta moneda, aunque muy incómoda, es la más común después del oro y la plata, y la que más se usa de cuantas hay en aquella tierra.

X Cómo se hace el Cacao

Estas semillas, que llaman almendras o Cacao, se machacan y reducen a polvo, y también se muelen otros granos pequeños que ellos tienen, y ponen aquel polvo en ciertas vasijas con un pico. Luego le echan agua y lo revuelven con una cuchara; y después de haberlo batido muy bien, lo pasan de una vasija a otra, de manera que haga espuma, la que se recoge en otro vaso a propósito. Cuando quieren beberla, la baten con unas cucharitas de oro, de plata o de madera, y la beben; pero al beberla se ha de abrir bien la boca, pues por ser espuma es necesario darle lugar a que se vaya deshaciendo, y entrando poco a poco. Esta bebida es el más sano y más sustancioso alimento de cuantos se conocen en el mundo, pues el que bebe una taza de ella, aunque haga una jornada, puede pasarse todo el día sin tomar otra cosa; y siendo frío por su naturaleza, es mejor en tiempo caliente que frío.

XI Otra clase de vino que tienen

Hay ciertos árboles, o más bien entre árboles y cardos, que tienen las hojas gruesas como la pierna de un hombre por la rodilla, y del largo de un brazo, poco más o menos, según su edad. Echa en medio un tronco que llega a tener de alto dos o tres veces la estatura de un hombre próximamente, y el grueso de un muchacho de seis o siete años. En cierta estación en que llega a su madurez, le hacen un barreno en el pie, por donde destila un licor que guardan en unas cortezas de árbol a propósito. De allí a uno o dos días lo beben con tanto exceso, que no paran hasta caer como muertos de puro ebrios, y tienen a grande honra beber mucho y embriagarse. Es tan útil este árbol, que de él sacan vino, vinagre, miel y arrope; hacen vestidos para hombres y mujeres, zapatos, cuerdas, vigas para las casas y tejas para cubrirlas, agujas para coser y dar puntos a las heridas, y otras cosas. Recogen asimismo las hojas de este árbol o cardo, que llaman maguey y equivale por allá a nuestras viñas; pónenlas a cocer en hornos subterráneos, y después de remojarlas machácanlas con un ingenio de madera que sirve para el caso, quitándoles las cortezas o raíces que suelen tener; y beben de este vino hasta embriagarse. Hacen otra bebida del grano que comen, la cual se llama Chicha, y es de diversas clases, blanca y encarnada.

XII Del orden del gobierno

Tenían estas gentes un gran señor que era como emperador, y además tenían y tienen otros como reyes, duques, y condes, gobernadores, caballeros, escuderos y hombres de armas. Los señores ponen en sus provincias gobernadores, administradores y otros oficiales. Son estos señores tan temidos y obedecidos, que sólo falta adorarlos como a dioses. Había tanta justicia entre estas gentes, que por el menor delito que cualquiera hiciese, era muerto o reducido a esclavitud. El hurto o asesinato era castigado severamente; y sobre todo el entrar en las heredades ajenas a robar los frutos o granos que ellos tienen, puesto que el que entraba en un campo y robaba tres o cuatro mazorcas o espigas de aquel grano, quedaba por esclavo del dueño del campo robado. Y si alguno hacia traición o cometía cualquier otro delito contra la persona del emperador o rey, era condenado a muerte con todos sus parientes, hasta la cuarta generación.

XIII De su religión, culto y templos

Tenían muy grandes y hermosos edificios para sus ídolos, donde les rezaban, ofrecían sacrificios y daban culto. Había sacerdotes destinados al servicio de los templos, como nuestros obispos, canónigos y demás dignidades, los cuales servían en ellos, y allí vivían y residían ordinariamente, porque en estos templos había buenas y grandes habitaciones donde se criaban todos los hijos de los señores sirviendo a sus ídolos, hasta que llegaban a edad de casarse. Mientras permanecían en el templo no se apartaban de allí, ni se cortaban el cabello, si no era después de salidos, y ya al tiempo de casarse. Estas mezquitas o templos tenían sus rentas señaladas para mantener y proveer de lo necesario a los sacerdotes que en ellos servían. Los ídolos que adoraban eran unas figuras del tamaño de un hombre y aun mas, hechas de una pasta de todas las semillas que conocen y comen, amasadas con sangre de corazones humanos: de esta materia eran, pues, sus ídolos. Los tenían sentados en unas sillas como cátedras, con rodela en una mano y espada en la otra; y los lugares donde los tenían eran unas torres de esta manera.

XIV Cómo son estas torres

Fabrican una torre cuadrada de ciento cincuenta pasos o poco más de largo, y ciento quince o ciento veinte de ancho. Empieza este edificio todo macizo, y en llegando a una altura como de dos hombres, dejan por tres lados una calle de cosa de dos pasos, y por uno de los lados largos van haciendo escalones hasta volver a levantar como otros dos cuerpos de hombre; y va la fábrica toda maciza de cal y canto. Aquí por los tres lados dejan la calle de los dos pasos, y por el otro van poniendo los escalones; y de esta manera suben tanto, que los escalones llegan a ser ciento veinte o ciento treinta. Queda arriba una plazoleta razonable, y en el medio empiezan otras dos torres que llegan a la altura de diez o doce cuerpos, con sus ventanas por arriba. En estas torres altas están los ídolos muy en orden y bien aderezados, y también toda la estancia muy adornada. Donde tenían su dios principal a nadie era permitido entrar, sino al sumo pontífice; y este dios tenía distintos nombres según la provincia; porque el de la gran ciudad de México se llamaba Horchilobos (Huitzilopochtli), y en otra ciudad que se llama Chuennila (Cholula), Quecadquaal (Quetzalcoatl), y así en las demás. Siempre que celebraban las fiestas de sus ídolos, sacrificaban muchos hombres y mujeres, muchachos y muchachas; y cuando padecían alguna necesidad, como falta o exceso de lluvias, o se veían apretados de sus enemigos, o sufrían cualquiera otra calamidad, entonces hacían estos sacrificios del modo siguiente.

XV De los sacrificios

Toman al que ha de ser sacrificado, y primero lo llevan por calles y plazas, muy bien adornado y con gran fiesta y alegría. Cada uno le cuenta sus necesidades, diciéndole que pues va adonde está su dios, se las diga para que las remedie; y le dan algo de comer u otras cosas. De esta manera recoge muchos regalos, como suele suceder con los que llevan por los pueblos las cabezas de lobo, y todo va a poder de los sacrificadores. Llévanlo al templo, donde bailan y hacen una gran fiesta, y él también se regocija y baila con los demás. En seguida el sacrificador lo desnuda y lo lleva luego a las escaleras de la torre donde está un ídolo de piedra; allí lo acuesta de espaldas, atándole una mano a cada lado, y lo mismo hace con los pies. En esto comienzan todos de nuevo a cantar y bailar alrededor, y le dicen la principal embajada que ha de llevar a su dios. Viene luego el sacrificador, que no es menor oficio entre ellos, y con una navaja de piedra, que corta como si fuera de hierro, pero tan grande como un gran cuchillo, y en menos que tardaría uno en persignarse, le clava la navaja en el pecho, se lo abre, y le saca el corazón caliente y palpitante. Al punto lo toma el sumo pontífice, y con la sangre unta la boca del ídolo principal; y sin detenerse toma de aquella sangre y la arroja hacia el sol, o hacia alguna estrella, si es de noche; después untan la boca a los otros ídolos de piedra y de madera, y la cornisa de la puerta de la capilla donde está el ídolo principal. En seguida queman el corazón, conservando sus cenizas por gran reliquia, y asimismo queman el cuerpo del sacrificado, y estas cenizas las conservan en otro vaso distinto del que tiene las del corazón. Otras veces los sacrifican lentamente, y asan el corazón, guardando los huesos de las piernas o de los brazos envueltos en muchos papeles como una gran reliquia. Así en cada provincia tienen los habitantes su uso particular, y sus ceremonias de idolatría y sacrificio; porque según los lugares adoran el sol, la luna, las estrellas, las serpientes, los leones u otras fieras semejantes. De todo tienen figuras y estatuas en sus mezquitas; y en otras provincias, particularmente en la de Pánuco, adoran objetos indecentes, que tienen en sus mezquitas, y asimismo en las plazas, juntamente con figuras obscenas de bulto. En esta provincia de Pánuco los hombres son grandes sodomitas, cobardes, y tan borrachos que son increíbles los medios de que se valen para satisfacer este vicio. Es cosa notoria que aquellas gentes veían al diablo en esas figuras que hacían y tenían por ídolos, y que el demonio entraba en éstos, y les hablaba mandándoles que les sacrificaran y dieran corazones humanos,

371

porque no comían otra cosa. De aquí venía su empeño en sacrificarles hombres, y en ofrecerles corazones y sangre. También les mandaba otras muchas cosas, que ellos hacían puntualmente conforme les decía. Son estas gentes las más devotas y observantes de su religión de cuantas Dios ha criado, tanto que ellos mismos se ofrecían voluntariamente a ser sacrificados, creyendo con esto salvar sus ánimas: se sacaban también sangre de la lengua, de las orejas, de las piernas y de los brazos, para ofrecerla en sacrificio a sus ídolos. Tienen en las afueras y por los caminos muchos adoratorios donde los caminantes van a derramar su sangre y ofrecerla a los ídolos: hay también de estos adoratorios en montañas altísimas, que eran lugares muy venerados, donde hacían estas ofrendas de sangre.

XVI De las ciudades que hay en esta tierra, y descripción de algunas de ellas

Hay grandes ciudades, en especial la de Tascala (Tlaxcala), que en unas cosas se parece a Granada y en otras a Segovia, aunque está mas poblada que cualquiera de ellas. Es señoría (república) gobernada por varios señores, aunque en cierta manera reconocen a uno sólo por principal, el cual tenía y tiene un capitán general para la guerra. Es buena tierra de llano y monte; la provincia es muy poblada y se coge en ella mucho grano. A seis leguas largas hay en un llano otra ciudad muy hermosa que se parece a Valladolid, en la cual conté ciento noventa torres, entre mezquitas y casas de señores. Es asimismo señoría gobernada por veinte y siete principales; todos reverenciaban y respetaban a un viejo, que pasaba de ciento veinte años y lo traían en litera. La comarca es bellísima y muy abundante de árboles frutales, principalmente cerezos y manzanos, y produce mucho pan. A seis leguas de allí hay otra ciudad llamada Huexocingo que está en la bajada de un monte, y se parece a Burgos. También es señoría gobernada por cónsules; tiene muy hermosa comarca, llanos fertilísimos y lomas amenas y productivas.

XVII La laguna de México

La ciudad de Temistitán México está rodeada de montes por todos lados, excepto entre Norte y Oriente. Por la parte del Sur tiene montañas muy ásperas, y entre ellas el volcán Popocatepetl, redondo como un montón de trigo, y de cuatro leguas o poco más de altura. En lo mas alto hay una boca de un cuarto de legua de circuito, por la cual dos veces al día y a ocasiones en la noche, salía con ímpetu una grandísima humareda, que sin desvanecerse, por fuerte que fuera el viento, subía hasta la primera región de las nubes, y allí se mezclaba con ellas y se desvanecía, dejando de verse entera. Se halla este monte a once leguas de México, y cerca de esta ciudad hay otras montañas altísimas y casi tanto como esta otra, las que por unas partes quedan a diez leguas de México y por otras a siete u ocho. Todas estas montañas están cubiertas de nieve la mayor parte del año, y al pie de ellas, de uno y otro lado, hay hermosísimas villas y pueblos. Los otros montes que hay no son muy altos, sino entre monte y llano; y ambos lados de estas sierras se ven cubiertos de espesos bosques de pinos, encinas y robles. Al pie de las sierras comienza un lago de agua dulce, el cual se extiende tanto que boja más de treinta leguas: la mitad de él, hacia las dichas sierras, es agua dulce muy buena; y conforme nace, con el caudal que lleva va corriendo por el Norte; y de ahí adelante toda la otra mitad es de agua salada. En la dulce hay muchos cañaverales y muy lindas poblaciones, tales como Cuetavaca, que hoy se llama Venezuela (Tlahuac), lugar grande y bueno; otro pueblo mayor que se dice Mezquique (Mixquic), y otro nombrado Caloacán (Culuacán), del tamaño de los otros, o poco menos. También está otro llamado Suchimilco, que es el mayor de todos ellos, y queda ya algo fuera del agua y más arrimado que los demás a la orilla de la laguna. Hay todavía otro pueblo nombrado Huichilubusaco (Churubusco), y otro llamado Mexicalcingo, que está en medio del agua dulce y la salada. Todas estas poblaciones están en el agua dulce, como llevo dicho, y la mayor parte de ellas en el medio. El lago dulce es largo y angosto: el salado casi redondo. En esta parte de agua dulce hay ciertos peces pequeños; pero los de la parte salada son aún más pequeños.

XVIII De la gran ciudad de Temistitán México

La gran ciudad de Temistitán México está edificada en la parte salada del lago, no enteramente en medio, sino como a un cuarto de legua de la orilla, por la parte más cercana. Puede tener esta ciudad de Temistitán más de dos leguas y media, o acaso tres, de circunferencia, poco más o menos. La mayor parte de los que la han visto juzgan que tiene sesenta mil habitantes, antes más que menos. Se entra a ella por tres calzadas altas, de piedra y tierra, siendo el ancho de cada una de treinta pasos o más: una de ellas corre por más de dos leguas de agua hasta llegar a la ciudad, y la otra por legua y media. Estas dos calzadas atraviesan el lago y entran a lo poblado, en cuyo centro vienen a reunirse, de modo que en realidad son una sola. La otra corre como un cuarto de legua, de la tierra firme a la ciudad, y por ella viene de tres cuartos de legua de distancia, un caño o arroyo de agua dulce y muy buena. El golpe de agua es más grueso que el cuerpo de un hombre, y llega hasta el centro de la población: de ella beben todos los vecinos. Nace al pie de un cerro, donde forma una fuente grande, de la cual la trajeron a la ciudad.

XIX De las calles

La gran ciudad de Temistitán México, tenía y tiene muchas calles hermosas y anchas; bien que entre ellas hay dos o tres principales. Todas las demás eran la mitad de tierra dura como enladrillado y la otra mitad de agua, de manera que salen por la parte de tierra y por la parte de agua en sus barquetas y canoas, que son de un madero socavado, aunque hay algunas tan grandes que caben dentro cómodamente hasta cinco personas. Los habitantes salen a pasear, unos por agua en estas barcas y otros por tierra, y van en conversación. Hay además otras calles principales todas de agua, que no sirven más que para transitar en barcas y canoas, según es usanza como queda dicho, pues sin estas embarcaciones no podrían entrar a sus casas ni salir de ellas. Y de esta manera son todos los demás pueblos que hemos dicho estar en este lago en la parte de agua dulce.

XX Las plazas y mercados

Hay en la ciudad de Temistitán México muy grandes y hermosas plazas, donde se venden todas las cosas que aquellos naturales usan, y especialmente la plaza mayor que ellos llaman el Tutelula (Tlateloleo), que puede ser tan grande como tres veces la plaza de Salamanca. Todo alrededor tiene portales, y en ella se reúnen todos los días veinte o veinticinco mil personas a comprar y vender; pero el día de mercado, que es cada cinco días, se juntan cuarenta o cincuenta mil. Hay mucho orden, tanto en estar cada mercancía en su lugar aparte, como en el vender; porque de un lado de la plaza están los que venden el oro, y en otro, junto a éstos, los que venden piedras de diversas clases montadas en oro figurando varios pájaros y animales. En otro lado se venden cuentas y espejos; en otro plumas y penachos de todos colores para adornar las ropas que usan en la guerra y en sus fiestas: más adelante labran piedras para navajas y espadas, que es cosa maravillosa de ver y de que por acá no se tiene idea; y con ellas hacen espadas y rodelas. Por una parte venden mantas y vestidos de varias clases para hombres; y por otra vestidos de mujer. En otro lugar se vende el calzado, en otro cueros curtidos de ciervos y otros animales, y aderezos para la cabeza hechos de cabello, que usan todas las Indias. Aquí se vende el algodón, allá el grano con que se alimentan; más adelante pan de diversas suertes; en seguida pasteles, luego gallinas, pollos y huevos. Cerca de allí liebres, conejos, ciervos, codornices, gansos y patos. Luego se llega a un lugar donde se vende vino de diversas clases, y a otro en que se encuentra toda suerte de verduras. En esta calle se expende la pimienta; en aquella las raíces y yerbas medicinales, que son infinitas las que estos naturales conocen; en otra diversas frutas; en la de mas allá madera para las casas, y allí junto la cal, y en seguida la piedra; en suma, cada cosa está aparte y por su orden. Además de esta plaza grande hay otras, y mercados en que se venden comestibles, en diversas partes de la ciudad.

XXI De los templos y mezquitas que tenían

Solía haber en esta gran ciudad muy grandes mezquitas o templos en que honraban y ofrecían sacrificios humanos a sus ídolos; pero la mezquita mayor era cosa maravillosa de ver, pues era tan grande como una ciudad. Estaba rodeada de una cerca alta de cal y canto, y tenía cuatro puertas principales: encima de cada una de ellas había unos aposentos, como fortaleza, llenos todos de diversas clases de armas de las que usan en sus guerras. Su señor principal Montezuma las tenía aquí guardadas para lo que diré; y tenía además una guarnición de diez mil hombres de guerra, todos escogidos por valientes, quienes guardaban y acompañaban su persona. Cuando había algun motín o rebelión en la ciudad o en los alrededores, salían éstos, o una parte de ellos por delante; y si acaso se necesitaba más gente, pronto se juntaba en la ciudad y su término. Antes, de partir iban todos a la mezquita mayor, y en ella se armaban con estas armas que estaban encima de las puertas; luego ofrecían un sacrificio a sus ídolos, y recibida su bendición, se partían para la guerra. Había en el recinto del templo mayor grandes aposentos y salas de diversas maneras, y en algunas podían caber sin estorbo mil personas. Dentro de este recinto se contaban más de veinte torres, que eran de la manera que dejo referida, aunque entre las demás había una mayor, más larga, ancha y alta, por ser el aposento del ídolo principal, a quien todos tenían mayor devoción. En lo alto de la torre tenían sus dioses, y los miraban con gran veneración: en los demás aposentos y salas se alojaban y vivían los sacerdotes que servían en el templo, y en otras estancias los sacrificadores. En las mezquitas de otras ciudades cantan de noche como si rezasen maitines, y lo mismo hacen a muchas horas del día, dividiéndose en dos coros, unos a un lado y otros al otro, y van por su orden, entonando unos los himnos y respondiendo los otros, como si rezasen vísperas o completas. Dentro de esta mezquita tenían fuentes y lavaderos para el servicio de ella.

XXII De las habitaciones

Había y hay todavía en esta ciudad muy hermosas y muy buenas casas de señores, tan grandes y con tantas estancias, aposentos y jardines, arriba y abajo, que era cosa maravillosa de ver. Yo entré más de cuatro veces en una casa del señor principal, sin más fin que el de verla, y siempre andaba yo tanto que me cansaba, de modo que nunca llegué a verla toda. Era costumbre que a la entrada de todas las casas de los señores hubiese grandísimas salas y estancias alrededor de un gran patio: pero allí había una sala tan grande, que cabían en ella con toda comodidad más de tres mil personas. Y era tanta su extensión, que en el piso de arriba había un terrado donde treinta hombres a caballo pudieran correr cañas como en una plaza. Esta gran ciudad de Temistitán es algo más larga que ancha, y en el medio de ella, donde estaban la mezquita mayor y las casas del señor, se edificó el barrio y fortaleza de los Españoles, tan bien ordenado y de tan hermosas plazas y calles como cualquiera otra ciudad del mundo. Las calles son anchas y extensas, formadas con hermosas y magníficas casas de mezcla y ladrillo, todas de la misma altura, salvo algunas que tienen torres; y por esta igualdad parecen mucho mejor que las demás. Se cuentan en este barrio o ciudadela de los Españoles más de cuatrocientas casas principales, que ninguna ciudad de España las tiene por tan gran trecho mejores ni más grandes; y todas son casas fuertes, por ser labradas de cal y canto. Hay dos grandes plazas, y la principal tiene muy lindos portales todo alrededor; se ha hecho una iglesia mayor en la plaza grande, y es muy buena. Hay convento de San Francisco, que es edificio bastante hermoso, y otro de Santo Domingo, una de las más grandes, sólidas y buenas fábricas que pueda haber en España. En estos monasterios viven frailes de ajustada vida, grandes letrados y predicadores: hay un buen hospital y otras ermitas. Las casas de los Indios quedan alrededor de este castillo, cuartel o ciudadela de los Españoles, de modo que están cercados por todas partes. En el barrio de los Indios hay más de treinta iglesias donde los naturales vecinos de la ciudad oyen misa y son instruidos en las cosas de nuestra santa fe. La gente de esta ciudad y su comarca es muy hábil para cualquiera cosa, y la de más ingenio e industria que existe en el mundo. Hay entre ellos maestros de toda suerte de oficios, y para hacer cualquiera cosa no necesitan más que verla hacer una vez a otro. No hay gente entre todas las del mundo, que menos estime las mujeres, pues no les comunicarían nunca lo que hacen, aunque conocieran que de ello les había de resultar ventaja. Tienen muchas mujeres como los Moros; pero una es la principal y la ama; y los hijos que tienen de ésta heredan lo que ellos poseen.

XXIII De los matrimonios

Toman muchas mujeres, y tantas cuantas pueden mantener, como los Moros, aunque como se ha dicho, una es la principal y señora; los hijos de ésta heredan, y los de las otras no, antes son tenidos por bastardos. En las bodas con esta mujer principal hacen algunas ceremonias que no acostumbran en las de las otras.

XXIV De los entierros

Hacían en la tierra un hoyo revestido de pared de cal y canto, y en él ponían al muerto sentado en una silla. Al lado colocaban su espada y rodela,
enterrando también ciertas preseas de oro: yo ayudé a sacar de una sepultura cosa de tres mil castellanos. Ponían allí mismo comida y bebida para
algunos días; y si era mujer le dejaban al lado la rueca, el huso, y los demás
instrumentos de labor, diciendo que allá adonde iba, había de ocuparse en
alguna cosa; y que aquella comida era para que se sustentara por el camino. Muchas veces quemaban los muertos y enterraban sus cenizas.

Todos los de esta provincia de la Nueva España, y aun los de otras provincias vecinas comen carne humana, y la tienen en más estima que cualquier
otro alimento, tanto que muchas veces van a la guerra y ponen sus vidas en
peligro, sólo por matar a alguno y comérselo. Son comúnmente sodomitas,
como dejo dicho, y beben sin medida.

Relatione di alcune cose della nuova Spagna, & della gran città di
Temestitán Messico; fatta per uno gentil'homo del signor Fernando Cortese
Il paese della nuova Spagna è à guisa di Spagna, & quasi della medesima
maniera son le montagne, le valli & le campagne, eccetto che le montagne
son piu terribili & aspre da non potervisi ascender se non con infiniti trava-
gli, & vi è montagne, per quel che si sa, che durano meglio di dugento
leghe. Sono in questa provincia della nuova Spagna gran fiumi & fonti di
acque dolci & molto belli, gran boschi ne monti, & pianure di altissimi pini,
cedri, rovere, & cipressi, elci, & molte diverse sorte di alberi di montagne. I
colli son molto ameni nei mezzo della provincia, & vicino alla costa del mare
son monti spiccati da l'un Mare all'altro. La distantia che è dall'un mare
all'altro, per il piu corto è di cento cinquanta leghe, & per un'altra cento
sessanta, & dall'altra dugento, & da un'altra passan trecento, & da un'altra
banda presso cinquecento, & piu sopra, è distantia cosi grande, & tanta che
non se ne sa il numero delle leghe, perche non si è veduto da Spagnuoli, &
ci è da veder anchora di qua à cento anni, & ogni di si vede cosa nuova.

Sono in questa provincia mine d'oro, & di argento, di rame, & di stagno, di
acciaio, & di ferro. Vi sono molte sorte di frutti, che paion assimiglianti à
quei di Spagna, avenga che nel gusto non sieno in quella perfettione ne nel

sapore, ne nel colore. Anchora che ce ne sien molti bonissimi & cosi buoni come son quei di Spagna ma non generalmente. Le campagne son dilettevoli, molto piene di bellissime herbe alte fina à mezza gamba. Il paese è molto fertile & abbondante, & produce qualunche cosa che ci vien seminata, et in molti luoghi rende il frutto due ò tre volte l'anno.

De gli Animali Vi son molti animali di diverse maniere come sono tigri, leoni & lupi, & similmente Adibes, che son tra volpi & cani, & altri che son fra leoni, & lupi. I tigri son della grandezza, ò forse qualche poco maggiori, che i leoni, eccetto che son piu grossi, & forti, & piu feroci, hanno tutto'l corpo pieno di macchie bianche, & niuno di questi animali fa male à Spagnuoli, ancor che alle genti del paese non faccino carrezze, anzi se gli mangiano, vi sono anche cervi, & volpe salvatiche, daini, lepri, & conigli. I porci hanno l'ombelico sopra il fil della schiena, & vi sono molti altri & diversi animali, & specialmente ve ne è uno che è poco maggior che il gatto, che ha una borsa nel ventre, dove asconde i figliuoli quando vuol fuggir con essi, per che non gli sien tolti, & quivi gli portano senza che si conosca ne si veda se vi porta cosa alcuna, & con essi monta fuggendo sopra gli alberi. La provincia di questa nuova Spagna è molto ben popolata per la maggior parte, vi sono di gran città & terre, cosi nella pianura come nelle montagne, & le case sono fatte di calcina & pietre, & di terra & quadrelli crudi, & tutte con le sue terrazze, quei popoli però che vivon nel mezzo del paese: ma quei che habitano vicini al mare hanno quasi tutti le case & pareti di quadrelli crudi & terra, & di tavole, col tetto di paglia. Solevano havere i naturali del paese bellissimi meschite con gran torri & habitationi, nelle quali honoravano & sacrificavano i loro Idoli, & molte di quelle città son meglio ordinate che quelle di qua, con molto belle strade, & piazze dove fanno i lor mercati.

La sorte de i soldati loro La gente di questa provincia è ben disposta, piu tosto grande che picciola, son tutti di colore berrettino come pardi, di buone fazzioni & gesti, sono per la maggior parte molto destri, gagliardi & sopportatori delle fatiche, & è gente che si mantiene con manco cibo de ogni altra. E gente molto bellicosa, & che molto determinatamente hanno ardimento di morire. Solevano haver gran guerre & gran differentie fra loro, & tutti quei che si pigliavano nella guerra, ò erano mangiati da loro, ò erano tenuti per schiavi. Se i nemici andavano à porre assedio à qualche villaggio, se gli assediati se gli rendevono senza far resistentia ò guerra, restavano solamente vassalli de i vincitori, ma se erano presi per forza, restavano per schiavi tutti. Hanno i loro ordini nella guerra, che hanno i loro Capitani generali, & hanno i particolari capitani di quattrocento, & dugento huomini, ha ogni compagnia il suo Alfiere con la sua insegna inhastata, & in tal modo ligata sopra le spalle, che non gli da alcun disturbo di poter combattere ne far cioche vuole, & la porta cosi ligata bene al corpo, che se non fanno del suo corpo pezzi, non se gli puo sligare, ne torgliela mai. Hanno per costume di gratificare & pagar molto bene coloro che servono ben su la guerra, & che si faccino cognoscere segnalatamente con qualche opera virtuosa, che anchora che sia il piu disgratiato schiavo fra loro, lo fanno Capitano, & Signore, a gli danno vassalli & lo stimano, in modo che per tutto dove lui va lo servono, & l'hanno in tanto rispetto e reverentia come al proprio Signore, & nella persona propria di questo tale segnalato gli fanno un segno ne i capegli, accioche sia conosciuto per quell'opera virtuosa che ha fatto, & ciascuno lo veda apertamente, perche cui non usano di portare berrette, & ogni volta che fa qualche buona opra nuova, gli fanno addosso in testimonio di virtu qualche altro simile segnale, & da i Signori se gli concede sempre altre gratie.

L'arme offensive che portano & diffensive Le arme diffensive che portano in guerra, sono certi saietti à guisa de giubboni di cottone imbotito cosi grosso come un ditto & mezzo, & tali come duoi dita, che vengono à esser molto forti, & sopra di essi portano altri giubboni, & calze che sono tutti insieme, che si allacciano dalla parte di dietro, & sono di una tela grossa, & il giubbone & le calze sono coperte di sopra, di piume di diversi colori, che sono molto galanti. Et una compagnia di soldati le portano bianche & rosse, & altri azzurre & gialle, & altre di diverse maniere. I signori portano di sopra certi saietti come giacchi, che fra noi si usano di maglia, ma sono d'oro ò d'argento indorato, & quel vestito che portano di piuma è forte al proposito delle sue armi, accio che non riceva saette ne dardi, anzi ritornano à dietro senza farvi colpo, ne anco le spade non possono molto bene prenderne, portano in testa per difesa una cosa come teste di serpenti, ò di tigri, ò di leoni, ò di lupi, che ha le mascelle, & è la testa dell'huomo messa nella testa di questo animale come se lo volesse divorare: sono di legno, & sopra vi è la penna, & di piastra d'oro & di pietre preciose coperte, che è cosa maravigliosa da vedere. Portano rotelle di diverse maniere fatte di buone canne massiccie, che sono in quel paese tessute con cotone grosso doppio, & sopra vi sonno penne, & piastre rotonde di oro, & sono cosi forte, che se non è una buona balestra non la passa, però ve ne sono di tali che la passano, ma la saetta non gli fa male, & perche qua in Spagna sono state vedute alcune di queste rotelle, dico, che non sono di quelle: quelle che portano su la guerra, ma sono di quelle che essi portano nelle loro feste & balli solazzevoli che usauo di fare. Le arme offensive che portano sono archi, & frezze, & dardi che essi tirano con un mangano fatto di un'altro bastone: i ferri che hanno in punta sono o di pietra viva, ò d'un osso di pesce, che è molto forte & acuto. Alcuni dardi hanno tre ferri con che fanno tre ferite, perche in una mazza inseriscono tre punte di bacchette con loro ferri della sorte sopradetta, & cosi di un colpo tirano tre botte in una lanciata. Hanno le spade che sono di questa maniera: fanno una spada di legno come à duoi manì, anchora che non sia si lunga la impugnatura, ma larga tre dita, & nel taglio di essa lasciano certe incavature nelle quali inseriscono un rasoio di pietra viva, che taglia come un resoio di Tolosa. Io vidi che combattendosi un dì, diede uno Indiano una cortellata à un cavallo sopra il qual era un cavalliero con chi combatteva, nel petto, che glielo aperse fin alle interiora, & cadde incontanente morto, & il medesimo giorno vidi che un'altro Indiano diede un'altra cortellata à un'altro cavallo su il collo che se lo gettò morto à i piedi. Portano frombe con le quali tirano molto lungi: & molti, ò la maggior parte di essi portano tutte queste sorti di armi con che combattono, & è una delle belle cose del mondo vederli à la guerra in compagnia, per che vanno maravigliosamente in ordine & galanti, & compariscono cosi bene quanto si possa vedere. Sono fra loro di valentissimi huomini & che osano morir ostinatissimamente. Et io ho veduto un di esse diffendersi valentemente da duoi cavalli leggieri, & un altro da tre, & quattro, ne potendolo essi uccidere, da disperatione un di loro gli lanciò la lancia, & egli prima che gli arrivasse addosso la raccolse in aere, & con essa combattente piu d'un'hora con esso loro, fin che quivi giunsero duoi pedoni che lo feriron di due, ò tre saette, onde egli mossosi contra un di loro, uno di quelli pedoni l'abbracciò di dietro & gli diede delle pugnalate. Nel tempo che combattono cantano & ballano & tal volta danno i piu fieri gridi & fischi del mondo, & specialmente so conoscano d'haverne il meglio, et è con certa che à quei che non gli hanno veduti combattere altre volte mettono gran terrore con le loro grida, & bravura. Et è gente la piu crudele che si truovi in guerra, perche non perdonano, ne à fratello, ne à parente, ne à amico, ne gli pigliano à vita anchora che fussino donne & belle, che tutte le occidono & se le mangiano, & quando non posson portarsene la preda & le spoglie de nemici, l'abbruciano. solo i Signori non è licito di uccidere, ma gli portavano presi sotto buona custodia, & dopo ordinate certe feste, in mezzo di tutte le piazze delle città erano certi circuiti murati con calcina, & pietre masiccie tanto alti, quanto una statura & mezza d'huomo che ascendevano in essi per gradi, & di sopra era una piazza come un giuoco di tegola rotondo, & nel mezzo di questa piazza era una pietra rotonda ficata con un buso in mezzo: & quivi montava il Signor prigione & lo legavano lungo, con una sottil corda al collo del piedi, & li davano una spada & una rotella, & cosi veniva a combatter con esso lui colui che l'havea preso, & se questo tale che l'havea preso, di nuovo tornava a vincerlo, era tenuto per valentissimo huomo, & gli davano un certo segno per la valente prova c'havea fatta, & il Signore li facea gratia, & se il Signore preso vincea lui, & sei altri in modo che fussero in numero di sette, lo liberavano & erano obligati di restituirgli tutto quel che gli havessero tolto nella guerra. Et avenne che combattendo un giorno quelli di una Signoria chìamata Huecicingo, con quei d'un'altra città chiamata Tula, il Signore di Tula si posse tanto fra gli nemici che si perse da suoi, & ancora che facesse cose maravigliose in arme, caricarono nondimeno tanto i nemici sopra di lui che lo presero & lo condussero alla città loro, & fecero essi secondo il costume le loro feste, ponendolo nel circuito, contra il quale vennero sette valenti huomini a combattere, i quali tutti uccise ad uno ad uno essendo egli legato secondo l'usanza. Veduto questo da quei di Huecicingo, fecero pensiero che se essi lo havessero sciolto, essendo egli cosi valente huomo & di gran cuore, non sarebbe mai restato fin tanto che non gli avesse destrutti, onde si risolvettero di ucciderlo, & cosi fecero, del qual atto rimase à loro una infamia grande per tutto quel paese di traditori, et disleali per haver rotta la legge, & il costume contra quel Signore & per non haver osservato con esso lui tutto quel che si soleva osservare con tutti quelli che erano Signori.

La maniera del restire de gli huomini I vestimenti loro son certi manti di bambagia come lenzuola, ma non cosi grandi, lavorati di gentili lavori di diverse maniere, & con le lor franze & orletti, & di questi ciascun n'ha duoi ò tre & se gli liga per davanti al petto. Al tempo dell'inverno si cuoprono con certi pellizzoni fatti di una piuma molto minuta, che pare che sia cremesino, come i nostri capelli pelosi, de quali n'hanno rossi, negri, & bianchi, berretini & gialli. Cuoprono le loro parti vergognose cosi di dietro come dinanzi, di certi sciugattoi molto galanti, che son come gran fazzuoli che si legano il capo per viaggio, di diversi colori et orlati di varie foggie, & di colori similmente diversi, con i suoi fiocchi, che nel cingersegli, viene l'un capo davanti, & l'altro di dietro: portano scarpe che non hanno tomara, ma solamente le suola, & i calcagni molto galanti, & di dentro da le dita de i piedi vengono al collo del piede certe correggie larghe che con certi bottoni si ligano quivi, non portano in testa cosa veruna eccetto che nella guerra, ò nelle loro feste & danze, & portano i capegli lunghi ligati in diverse foggie.

Del vestire delle donne Le donne portano certe lor camicie di bambagia senza maniche, che assomigliano à quelle che in Spagna chiamano sopra pelize, sono lunghe & larghe, lavorate di bellissimi, & molto gentili lavori sparsi per esse, con le loro frangie, ò orletti ben lavorati che compariscono benissimo; et di queste portano due, tre & quattro di diverse maniere, & una è piu lunga dell'altre, perche si vedano come sottane: portano poi dalla cintura à basso una altra sorte di vestire di bambagia pura, che gli arriba al collo del piede, similmente galante & molto ben lavorate. Non portano sopra la testa cosa alcuna, specialmente in terra fredda, se non che portano i capegli lunghi, & gli hanno belli, anchora che negri et castagnini, onde con queste loro veste & i capegli lunghi sparsi che gli cuoprono le spalle, fanno bellissimo vedere. Ne i paesi caldi che sono vicini al mare, portano le donne una foggia di velo fatto à reticello di colore leonato.

La Seta con che lavorano La seta con che lavorano, è che pigliano i peli della pancia del lepre & conigli, & gli tengono in lana di quel colore che vogliono, & glielo danno in tanta perfettione che non si puo dimandare meglio, dopo lo filano & con esso lavorano, & fanno si gentili lavori quasi come con la nostra seta, & ancora che si lavi, mai perde il suo colore, et il lavoro che si fa con essi dura gran tempo.

I cibi che hanno, & usano Il grano di che fanno il pane è un grano à guisa di cece, alcuni bianchi & altri rossi, & altri negri & vermigli, lo seminano, & fa una canna alta come una mezza lancia, & buta duoi, ò tre panocchie dove è quel grano à guisa di panico. Il modo con che fanno il pane è che mettono una pignatta grande sopra il fuoco che tiene quattro ò cinque cantara d'acqua, & gli accendano sotto il fuoco fin che bolla l'acqua, & allhora gli lievano il fuoco & dentro vi gettano il grano che da loro si chiama Tayul, & sopra esso gettano poi un poco di calcina perche gli lievi la scorza che lo copre, et l'altro giorno, ò vero di li à tre ò quattro hore che si è rafredato, lo lavano molto bene al fiume ò in casa con molte acque, onde resta molto netto della calcina, & dopo lo macinano con certe pietre fatte à posta, & secondo che lo vengano macinando, gli vengono gettando l'acqua, & si va faccendo pasta, & cosi in un punto macinandolo, & impastandolo fanno il panne, & cuochonlo in certe cose come teghie grandi, poco magiori che un crivello, & cosi faccendo il pane, subito lo mangiano, per esser meglio caldo che freddo. Hanno ancho altri modi da farlo, che fanno certi pani buffetti della massa & gli involtano in certe foglie di herbe, & dopo li mettono in una gran pignatta con poca acqua, & la cuoprono molto bene, & quivi col caldo & col tenerli stufati li cuocono, & ancho in padelle con diverse cose che mangiano. Hanno molte galline grandi à guisa di pavoni molto saporite, & hanno molte coturnici di quattro, ò cinque sorti, & sono alcune di esse come pernici, hanno molte Oche & anatri di molte sorte, cosi domestiche, come salvatiche della piuma delle quali fanno i loro vestimenti per la guerra & festa, & di queste penne si prevagliono molto, per piu cose, perche hanno diversi colori, & ogni anno la levano à questi loro uccelli. Hanno pappagalli grandi & piccioli che gli tengono in casa, & si prevagliano similmente della loro peuna. Occidono per loro mangiare molti Cervi, cavrioli, lepri, & conigli, che in molte parte ce ne sono molti. Hanno varie sorti di herbe di horto, & da mangiar di diverse maniere, di che essi sono molto amici, che le mangiano tal hor verdi, & tal hora in varie minestre. Hanno una sorte di pepe da condire che si chiama Chil, che niuna cosa mangiano senza esso. Sono genti che con manco cibo si sostentano, & che meno mangiano di quante altre sono al mondo. I Signori mangiano molto sontuosamente, molte sorte di vivande, sapori, & minestre, focaccie, & pasticci di tutti gli animali che hanno, frutti verdure, & pesci che hanno in buona quantità. Si portano à i Signori tutte queste sorte di cibi, & gliele portano inanzi ne i piatti, & scodelle, & sopra certe store di palma molto gentilmente lavorate, & in tutti gli alloggiamenti ve ne sono, & vi sono ancho delle sedie di diverse sorti fatte, ove seghono, tanto basse che non sono piu alte di un palmo. Questi cibi gli mettono ancho inanzi à Signori, & una tovaglia di bambagia con che si nettano le mani & la bocca, & sono serviti da duoi, ò tre scalchi & maestri di sala, & mangiano di quel che piu loro piace, & dopo fanno che il restante sia dato ad altri Signori suoi vassalli che stanno quivi à fargli corte.

Le bevande che usano Fanno il vino di diverse sorti che bevono, però la principale, & piu nobile che usano, è una bevanda che si chiama Cachanatle, & son certi semi fatti del frutto di un'albero, il qual frutto è à guisa di cocomero, & dentro ha certi grani grossi che sono quasi della sorte dell'ossa de i dattili. L'albero che fa questo frutto, è il piu delicato di tutti gli altri alberi, non nasce se non in terra calda & grossa, & prima che si semini, seminansi duoi altri alberi che hanno gran foglia, & come questi sono all'altezza di due stature di huomini, in mezzo à tutti duoi seminano questo altro che produce questo frutto, accioche quei duoi altri alberi, per esser questo delicato, lo guardino, & diffendino dal vento & dal Sole, & lo tengano coperto. Sono questi alberi in grande stimatione perche quei grani sono tenuti per la principal moneta che corra in quel paese, & val ciascuno come un mezzo marchetto fra noi, & è moneta la piu comune: ma molto incomoda dopo l'oro & l'argento, & che piu si costuma di quante sono in quel paese.

*Come si faccia il Cacao*Questi semi che chiamano mandorle, ò Cacao si macinano, & si fanno polvere & macinansi altre semenze picciole che hanno, et gettano quella polvere in certi bacini che hanno con una punta, poi vi gettano l'acqua & la mescolano con un cucchiaro, & dopo l'averlo molto ben mescolato lo mutano da un bacino all'altro, in modo che leva una spuma, la quale racogliono in un vaso fatto à posta, & quando lo vogliano bevere, lo rivoltano con certi cucchiari piccoli d'oro ò d'argento, ò di legno, & lo bevono, & nel bever si ha da aprir ben la bocca, perche essendo spuma, è necessario di darli luogo che la si venga disfacendo & mandando giu à poco à poco. E questa bevanda la piu sana cosa & della maggior sustanza di quanti cibi si mangiano, & bevanda che si beva al mondo, perche colui che beve una tazza di questo liquore, potra quantunche cammini, passarsene tutto il di senza mangiare altro, & è meglio al tempo del caldo che del freddo, per esser di sua natura fredda.

Un'altra sorte di vino che hanno Vi sono certi alberi, ò vero fra alberi & cardi, che hanno le foglie grosse come il ginocchio, è lunghe quanto un braccio, poco piu ò meno secondo il tempo che hanno, & gettano nel mezzo un tronco che si fa cosi alto come sono duoi, ò tre altezze di huomo, poco piu ò manco, & cosi grosso come un fanciullo di sei, ò sette anni, & in certo tempo del anno che è maturo & ha la sua stagione, con una trivella forano questo albero da basso donde stilla un'humore che lo mettono in conserva in certe scorze d'alberi che hanno: & di li à un dì, ò duoi lo beono cosi smisuratamente che fin che cadano in terra briachi senza sentimento non lassano di bere, & si reputano honore grande beverne assai & imbriacarsi. Et è di tanta utilità questo albero che di esso fanno vino, & aceto, mele & sapa, fanno veste per vestirsi huomini & donne, ne fanno scarpe, ne fanno corde, legnami per case, et tegoli per coprirle, & aghi per cuscire s& serrare le ferite, & altre cose. Et similmente cogliono le foglie di questo albero, ò cardo che si tengono là, come qua le vigne, & chiamanlo magueis, & mettono à cuocer queste foglie in forni bassi da terra, & dipoi struchono con certo loro artificio di legno, dette foglie arrostite levandoli via le scorze, ò radici che sogliono havere: & di questa bevanda bevono tanto che si imbriacano. Hanno un'altra sorte di vino di grano che mangiano, che si chiama Chicha di diverse sorti, rosso & bianco.

Il modo di fare i commandamenti Havevano queste genti un gran Signore che era come l'Imperatore, & haveano poi, & hanno altri come Re & Duchi & Conti, governatori, cavallieri, scudieri, & huomini di guerra. I Signori mettono i loro governatori, et rettori nelle loro terre, & altri officiali. Sono i Signori tanto temuti, & obediti che non gli manca altro che esser adorati come Dii. Era cosi gran giustitia fra loro, che per il minor delitto che uno avesse fatto, era morto, ò era fatto schiavo. Qualunche furto ò assassinamento che si fosse fatto si castigava molto severamente & massimamente quando altri entravano nelle possessioni altrui per rubbare frutti, ò il grano che essi hanno, che per entrar in un campo, & rubbare tre ò quattro mazzocche ò spighe di quel loro grano, lo facevano schiavo del patrone di quel campo rubbato. Et se qualche uno faceva tradimento, ò commetteva delitto alcuno contra la persona dello Imperatore, ò Re, era ucciso insieme con tutti i suoi parenti fin alla quarta generatione.

La Fede & l'adoratione, che facevano & i loro tempi Havevano grandissimi & bellissimi casamenti de i loro Idoli, dove gli facevano oratione, sacrificavano & honoravano, et vi erano persone religiose deputate al servigio di esse, come Vescovi & Canonici, et altre dignità: i quali servivano il tempio & in esso viveano & residevano la maggior parte del tempo, perche in essi loro tempii erano di buoni & grandi alloggiamenti dove poteano stare, & dove si allevavano tutti i figliuoli de i Signori, servendo i loro Idoli, fin che erano in età di pigliar moglie, & in tutto il tempo che vi stavano, giamai si partivano di lì, ne si tagliavano i capegli, ma levandoli via all'hora li tagliavano che si maritavano. Queste meschite ò tempii hanno le sue entrate ordinate per riparare, & provedere di quel che haveano di bisogno quei relligiosi che gli servivano. Gli Idoli che adoravano erano certe statue della grandezza di un huomo, & maggiori, fatte di una massa di tutte le semenze che essi hanno, & che mangiano, & le impastavano con sangue di cuori di huomini, & di questa materia erano i loro Iddii. Gli teneano posti à sedere in certe seddie come cattedre, con la rotella in un braccio, & nell'altro la spada: & i luoghi dove gli teneano, erano certe Torri di questa maniera.

La sorte di queste Torri Fanno uno edificio di una Torre in quadro di cento & cinquanta passi, ò poco piu di lunghezza, & cento quindeci, ò cento & venti di larghezza, & comincia questo edificio tutto massiccio, & dopo che è tanto alto come due stature di un huomo, per le tre parti all'intorno lasciano una strada di larghezza di duo passi, & dalla parte del lungo cominciano à montare scalini, & dopo tornano a sallire con altre due stature di huomo in alto, & la materia è tutta massiccia fatta di calcina & pietre, & quivi poi per tre parte lasciano la strada di duo passi, & per l'altra salliscono li scalini, & salliscono tanto in questo modo che vanno in alto cento venti & cento trenta gradi, & di sopra resta una piazzeta ragionevole, et in mezzo di essa cominciano altre due torri di dentro che vanno in alto dieci, ò dodeci stature di huomo, & nella cima vi sono le sue finestre. In queste torri alte, tengono i loro Idoli molto ben ordinati, & apparati, & è anco ben concia & ordinata tutta la stanza, & dove haveano il lor Dio principale (che secondo le provincie cosi era il nome di esso) per che il Dio principal della gran città di Messico si chiamava Horchilovos, & in un'altra città che si chiama Chuennila, Quecadquaal, & in altre di diversi nomi, & in quella stanza dove stava questo Idolo principale, non era concesso à niuno entrarvi, eccetto al sommo pontefice che hanno. Et tutte le volte che facevano festa à i loro Idoli, sacrificavano molti huomini donne, & fanciulli, & fanciulle, & quando havevano qualche necessità come della pioggia, ò che cessi di piovere, quando piove troppo, ò che siano assediati da i lor nemici, ò per altre necessità gli fanno i sacrificii in questo modo.

Il modo di Sacrificare Pigliano quello che hanno da sacrificare, & prima lo conducono per le strade, & per le piazze molto bene adornato & con gran festa & allegrezza. & ciascuno gli racconta i suoi bisogni, dicendogli che poi che ha da andare dove stà il suo Dio, che gli dica quel bisogno che ha, accioche vi rimedii, & gli da qualche cosa da mangiare, ò altra robba: & in questo modo raccoglie molte cose, come sogliano avere coloro che portano in volta le testo di lupo, il che tutto viene à i sacrificatori, & lo portano al tempio dove fanno una gran festa & balli, nella quale egli anchora festeggia & balla con esso loro. Dopo colui che l'ha da uccidere lo spoglia & lo conduce all'ato alle scalle della Torre dove è un Idolo di pietra, & lo appoggia sopra le spalle ligandoli una mano, et dall'altra parte l'altra, et poi un piedi legato ad una parte & l'altro dall'altra, & quivi di nuovo tutti ricominciano à ballare & cantare à torno à lui, & gli dicono la principale ambasciata che ha da fare à quello Iddio loro, & viene il sacrificatore che non è il minor ufficio fra loro, & con un rasojo di pietra che taglia come se fosse di ferro, però assai grande come un gran coltello, & in tanto quanto uno si farebbe segno di croce, gli da con esso nel petto, & glielo apre & gli cava il cuore cosi caldo & bollente, il quale piglia incontanente il sommo pontefice, & con il sangue di esso unge la bocca del loro Idolo principale, & subito getta di quel sangue verso il Sole, ò alcuna Stella (se è di notte,) & dopo unghano la bocca à gli altri idoli di pietra & di legno che essi hanno, & la cornice della porta della capella dove sta l'Idolo principale: di poi abbrucciano il cuore, riserbando la polvere di esso per gran reliquia, & similmente abbruciano il corpo del sacrificato, & la polvere di esso conservano in un altro vaso separato da quel del cuore. Altre volte gli sacrificano per punti & hore, & arrostiscono il cuore & l'ossa delle gambe, ò braccia, involti in molte carte, le conservano per una gran reliquia: & cosi in ciascuna provincia hanno gli habitatori il loro particolar modo, & cirimonie de Idolatria & sacrificio: perche in altri luoghi adorano il Sole, in altri la Luna, & in altri le Stelle, in altri i Serpi, & in altri i Leoni ò altri simili feroci animali, delle quali cose tengono le imagine & statue nelle loro meschite, & in altre provincie & particolarmente in quella di Panuco adorano il membro che portano gli huomini fra le gambe, & lo tengono nella meschita, & posto similmente sopra la piazza insieme con le imagini di rilievo di tutti i modi di piaceri che possono essere fra l'huomo & la donna, & gl'hanno di ritratto con le gambe alzate in diversi modi. In questa Provincia di Panuco sono gran sodomiti gli huomini è gran poltroni & briachi, in tanto che stanchi di non poter bere piu vino per bocca, si colcano & alzando le gambe se lo fanno metter con una cannella per le parti di sotto fin tanto che il corpo ne puo tenere. E cosa molto notoria che quelle genti vedeano il diavolo in quelle figure che essi facevano, & que tengono i loro idoli, & che il demonio si metteva dentro à quelli Idoli & di lì parlava con esso loro, & gli comandava che sacrificassero, & à loro dessero i cuori degli huomini percio che essi non mangiavano altra cosa, et per questo effetto erano tanto solliciti à sacrificar huomini, & gli davano i cuori & il sangue di essi, & gli commandava anchora molte altre cose che essi facevano puntalmente come glele diceva. Sono queste le piu devote genti & piu osservatrici della religion loro di quante nationi habbia create Iddio: in tanto che essi istessi si offerivano volontariamente à dover esser sacrificati, pensandosi di salvare con questo modo l'anime loro, et si cavavano essi istessi il sangue dalle lingue, & dall'orecchie, et dalle cosae, et dalle braccia per sacrificarlo & offerirlo à gli Idoli loro. Hanno di fuora & per cammini molti heremitorii, dove i viandanti vanno à sparger il lor sangue & offerirlo à gli Idoli, & ne hanno ancora su le montagne altissimi di questi heremitorii, che erano luoghi di gran devotione sacrificandosi il sangue, & offerendosi à i Loro Iddii.

Delle città che vi sono, & della maniera di alcune di esse Vi sono di gran città, & specialmente quella di Tascala, che in alcune cosi si assimiglia à Granata, & in altro à Segovia: anchora che sia piu popolosa di alcuna di esse: è signoria & governata da alcuni Signori, anchora che in certo modo si habbia rispetto à uno che è il maggior Signore, che tiene & teneva un

Capitano generale per la guerra, ha bel paese di pianure & montagne, & è provincia popolosa & vi si raccoglie molto pane. A sei leghe lunge da questa è un'altra città piana et molto bella che si assimiglia à Vagliadolid, nella quale io vi contai cento & novanta torri, fra Meschite & case di Signori, che similmente è signoria & governata da venti sette huomini honorati, fra quali tutti havevano in riverenza & rispetto un vecchio, che passaba cento venti anni, che era portato in lettiga: ha paese & sito bellissimo & di molti arbori fruttifera & specialmente di Cerase & pomi, & produce molto pane. A sei altre leghe lontano vi è un'altra città chiamata Huezucingo che sta in una costa di un monte che si assimiglia à Burgos: similmente signoria che è governata da Consoli, & ha paese bellisimo fertili pianure, & colli ameni & buoni.

Il lago di Messico Da tutte le bande è circondata da montagne la città di Temistitan Messico, eccetto dalla banda fra tramontana & levante. Da alcun lato ha montagne asprissime, che è quel del mezzo di, che è il monte di vulcano & Pocatepeque, & è simile à un monte di grano rotondo, & ha quattro leghe di altezza o poco piu: nello alto di essa è un vulcano che tiene in circuito un quarto di legha, per la bocha del quale, due volte il di, & qualche volta la notte usciva di esso la maggior furia di fumo del mondo, & andava per l'aere cosi intiero anchora che facesse gran vento, fino alla prima regione delle nuvole, & ivi si mescolava con esse & si dissolveva, ne piu si vedeva intero. E questo monte undici leghe lontano da Messico. Vicino a questa sono altre montagne altissime, & quosi dell'alteza di questa altra, che da alcuna parte sono diece leghe lontana da Messico & da l'altra sette, ò otto. Tutte queste montagne sono coperte di neve la maggior parte de l'anno, & al pie di esse da una parte & l'altra sonodi bellissime ville & vilaggi habitati, l'altre montagne che vi sono molte alte, ma tra monti et pianure, & in tutte queste montagne da una parte & dall'altra sono bellissimi boschi pieni di molti pini, elci, & Roveri, et al pie di queste montagne nasce un lago di acqua dolce che si fa cosi grande, che tiene trenta leghe di circuito o piu: la metà di esso verso la banda di quelle montagne dove nasce, è acqua dolce & molto buona: et come nasce con la furia che mena va correndo verso settentrione: & dopo due leghe fino alla città, un'altra una legha & mezza. Queste due strade attraversano il lago, & entrano per mezzo de la città, & nel mezzo si vengono à congiongere insieme, in modo che si potrebbe dire che sono tutte una. L'altra strada vien dalla terra ferma qualche un quarto di legha alla città, & per questa strada vien per spatio di tre quarti di legha una seriola ò ruscello d'acqua alla città da terra ferma, che è dolce & molto buona & piu grossa che il corpo d'un huomo & arriva fin dentro la terra: della qual bevono tutte le genti, & nasce al pie di un sasso & colle, & quivi si fa uno fonte grande, & di li è poi stata tirata alla città.

Le strade che ví sono Haveva & ha la gran città di Temistitan Messico assai, belle strade & larghe, ancora che ce ne sieno due o tre principale: tutto l'altre erano la meta di terra come mattonata: & l'altra metà d'acqua, & se nescano per la parte di terra & per la parte dell'acqua nelle lor barchette & Canoe che sono di un legno concavo, anchora che ce ne sieno di cosi grande che agitamente vi stanno dentro cinque persone per ciascuna, & se ne vanno à solazzo le genti: altri per acqua, in queste lor barche, & altri per terra ragionando insieme. Vi sono molte altre strade pur maestre che tutte sono di acqua, né servano ad altro che à ricever barche & Canoe secondo l'usanza loro, che si è detto, per che senza esse non possono entrar ne uscir dalle lor case. Et di questa maniera sono tutte l'altre terre che habbiamo detto, poste in queste lago nella parte dell'acqua dolce.

Le piazze & i mercati Sono nella città di Temestitan Messico grandissime & bellissime piazze, dove si vendono tutte le cose che usano fra loro, & specialmente la piazza maggiore che essi chiamano el Tutelula, che puo esser cosi grande come sarebbe tre volte la piazza di Salamanca, & sono all'intorno di essa tutti portici: in questa piazza sono comunalmente ogni di à comprare & vendere venti ò venticinque mila persone: & il giorno del mercato, che si fa di cinque in cinque giorni, vi sono da quaranta ò cinquanta mila persone. Ha il suo ordine, cosi in essere ogni mercantia separata al luogo suo, come nel vendere: perche da una banda della piazza sono coloro che vendono l'oro: & dall'altra vicini à questa sono quei che vendono pietre di diverse sorti legate in oro in forma di varii ucelli & animali. Dall'altra parte si vendono e paternostri & gli spechi: dall'altra, penne & pennacchi di ogni colore da lavorare et cuscir in veste, per portar alla guerra & nelle lor feste. Dall'altra parte, cavano le pietre da rasoi et di spade, che è cosa di maraviglia à vederle: che di qua da noi non si puo intendere: & ne fanno le spade & rotelle. Dall'una banda vendono i panni & vestimenti de gli huomini di varie sorte: & dall'altra i vestimenti delle donne. & dall'altra si vendono le scarpe: & dall'altra parte i cuori acconci di Cervi & altri animali, concieri di testa fatti di capelli che usano tutte l'indiane: & dall'altra il bambace: dove si vende il grano che essi usano: & dove il parte de diverse sorti, et dove si vendono pasticci: et dove le galline & polli & le uova, et quivi vicino, lepri, conigli, Cervi, cotornici, oche & annatre. In un'altra parte poi si vende il vino di varie sorti, et nell'altra l'herbe de lorto di diverse sorti: il pepe in quella strada: in un'altra le radici & lherbe da medicine che fra loro vene sono infinite: & in altra i frutti varii: in altra legname per le case: & quivi vicino la calcina & appresso le pietre. & finalmente ogni cosa sta da sua parte per ordine. Et oltra questa gran piazza ve ne sono dell'altre & mercati in che si vendono cose da mangiare in diverse parti della città.

De i tempii, & Meschite che havevano Solevano essere in questa gran città molte gran Meschite ò tempii ne quali honoravano & sacrificavano le genti àsuoi Idoli, pero la maggiore Meschita era cosa maravigliosa da vedere per cioche era cosi grande quanto una città: era circondata da una alta muraglia fatta di calce & di pietra, & havea quattro porte principali, & sopra ogni porta era uno edificio di casa come fortezza, i quali tutti erano pieni di diverse sorti d'armi, di quelle che essi portavano alla guerra, che il Signor maggior loro Montezuma, quivi le teneva in conserva per questo effetto, & di piu vi havea una guarnigione di dieci milla huomini di guerra, tutti eletti per huomini valenti, & questi accompagnavano & guardavano la sua persona, & quando si facea qualche rumore ò ribellione nella città ò nel paese circumvicino, andavano questi, ò parte di essi per capitani: & un'altra maggior quantità, se era bisogno si facea presto nella città & fuora à i confini, & prima che si partissero andavano tutti alla Meschita maggiore & quivi si armavano di queste armi, che erano sopra queste porte, & faceano subito sacrificio à i loro Idoli, & pigliando la lor benedittione si partivano per andare alla guerra. Erano in quel circuito del tempio maggiore, grandi alloggiamenti & sale di diverse maniere: che vi erano sale, dove potevano star senza darsi fastidio l'un l'altro, mille persone. Vi erano dentro à questo circuito piu di venti torri, che erano della sorte che ho gia narrato: posto che fra l'altre ce ne fusse una maggior & piu lunga & larga & piu alta, per che era lo alloggiamento dello Iddio principale & maggior, nel quale haveano lor tutti maggior devotione. Et nell'alto della torre haveano i loro Iddii, & tenevangli iu gran veneratione: & in tutti gli altri alloggiamenti & sale stantiavano & vivevano i loro relligiosi che servivano al tempio, & i sacrificatori in altre stanze. Nelle altre Meschite di altre terre cantano di notte come se dicessero i Mattutini, & in molte hore del giorno per ordine intonando una parte di essi da una banda, & una parte dall'altra, che dicono gli inni, & rispondono gli altri come se dicessero vespro ò compieta, & havevano dentro questa Meschita fontane & luoghi da lavarsi per servitio di essa.

De i Casamenti Erano, & sono anchora in questa città molte belle & buone case de i Signori, cosi grande & con tante stanze, appartamenti & giardini alti & bassi, che era cosa maravigliosa da vedere, & io entrai piu di quattro volte in una casa del gran Signor non per altro effetto che per vederla, & ogni volta vi camminavo tanto che mi stancavo, & mai la fini di vedere tutta. Havevano per costume che in tutte le case de i Signori all'intorno di una gran corte fossero prima grandissime sale & stantie, però vi era una sala cosi grande che vi poteano star dentro senza dar l'un fastidio all'altro piu di tre mila persone. Et era si grande che nel corridore dell'alto di essa cassa, vi era una si gran piazza che vi havrebbono potuto giocar al giuoco delle canne, come in altra gran piazza, trenta huomini à cauallo.

Questa gran città di Temistitan è alquanto piu lunga che larga, & nel cuore & mezzo di essa dove era la meschita maggior & le case del Signor si riedificò la contrada & castello de gli Spagnuoli, cosi ben ordinato & di si belle piazze & strade, quanto di altre città che siano al mondo, che sono le strade larghe & spatiose, & all'intorno di essa vi sono edificii di belle & sontuose case di calcina & mattoni tutto uguale, che l'una non è piu alta dell'altra, eccetto alcune che hanno le Torri, & per questa ugualità compariscono assai meglio che l'altre della città. Sono in questa contrada ò castel di Spagnuoli piu di quattrocento case principale, che in niuna città in Spagna per si gran tratto l'ha migliore ne piu grande, & tutte sono case forti, per esser tutte di calcina e pietra murate. Vi sono due gran piazze, una grande, à torno alla quale sono molti belli porticali: si è fatta una chiesa maggior, nella piazza grande, & è molto buona. Vi è un monasterio di San Francesco che è assai bello edificio. Vi è un'altro Monasterio di San Domenico, che è uno de i grandi & forti edificii & buoni che sia in Spagna. Et in questi monasterii sono frati di bonissima vita & gran litterati & predicatori. Vi è un buono hospitale & altri heremitorii. Le habitationi de gli Indiani sono à torno à questo castello & contrada ò citadella di questi Spagnuoli, in modo che stanno circondati da tutti i lati: & in esso sono meglio di trenta chiese, dove i cittadini della città nativi odano messa, & sono instrutti nelle cose della nostra fede. La gente di questa città, & del suo territorio, è molto habile per tutte le cose & i piu ingegnosi & industriosi di quanti sono al mondo. Sono fra essi maestri in ciascuna sorte di essercitio: & per fare una cosa non hanno bisogno d'altro che di vederla una volta fare ad altri, & è gente che stima meno le donne di quante nationi sono al mondo, perche non gli comunicherebbe mai i fatti loro, anchora che conoscesse che il farlo gli potesse metter conto. Hanno molte mogli, come i Mori, però una è la principale & patrona, & i figliuoli che hanno di questa hereditano quel che hanno.

De i matrimonii Tengono molte moglie, & tante quante ne possono mantenere come i mori, però come si è detto, una è la principale & patrona & i figliuoli di questa hereditano, & quei dell'altre no, che non possono anzi son tenuti por bastardi. Nelle nozze di questa patrona principale fanno alcune cirimonie, il che non si osserva nelle nozze dell'altre. Hanno un costume gli huomini di pisciare, stando acosciati come le nostre donne, & le donne stanno in piedi.

Del Seppellire Facevano una fossa murata di calcina & pietra sotto la terra, & quivi poneano il morto assiso sopra una sedia & gli poneano appresso la sua spada & rotella, & con esso mettevano certe gioie di oro, & io aiutai à cavar di una sepoltura tre mila Castigliani poco piu ò meno. Gli mettevano quivi cose da mangiare & da bere per certi giorni. Et se era femina gli mettevano appresso la roccha & il fuso, & tutti i suoi instrumenti da lavorare, dicendo che la dove andava haveva da attendere à fare qual che cosa, & che quel che gli ponevano da mangiare, era por sostentarsi nel cammino, molti altri poi abbruciavano, & seppellivauo la polvere.

Tutti quei di questa provincia della nuova Spagna, & anchora quei dell'altre Provincie della sua circonvicinanza mangiano carne humana, et la stimano piu che tutte l'altre imbandigioni del mondo, tanto che molte volte vanno à la guerra, & pongono in sbaraglio le vite loro per uccidere qualch'uno &

mangiarselo, sono como si è detto, per la maggior parte sodomiti, & beono smisuratamente.

Carta que Diego Velázquez escribió al licenciado Figueroa, para que hiciese relación a sus majestades de lo que le había hecho Fernando Cortés

Muy noble señor En 26 días de octubre pasado que llegó al puerto de esta ciudad de Santiago un navío que venía del puerto desa ciudad de Santo Domingo, recibí dos cartas de V. Merced, que Manuel de Rojas y Francisco de Santa Cruz me dieron, que en su recomendación venían, con las cuales y con cada una dellas, yo recibí tanta merced como fuera y es razón, así por ser de V. Merced, como por saber de su disposición y salud, que Dios Nuestro Señor siempre le prospere; y asimismo por ser V. Merced servido de me enviar en ellas a mandar alguna cosa que su servicio fuese; porque muchas veces las manos de V. Merced beso, y le suplico que ofreciéndose caso en que mi persona en su servicio se pueda ocupar, me lo mande, porque será muy cierto que con todas mis fuerzas y posibilidad será todo puesto en ejecución y ejercicio, conforme a sus letras y mandado; y así se hará con el dicho Manuel de Rojas y Francisco de Santa Cruz todo lo que V. Merced manda, y de manera que claramente ellos conozcan que por respeto de la letra e mandado de V. Merced les resulta todo favor y acrecentamiento de provecho. Y porque en la dicha letra de V. Merced no se contiene otra cosa a que responder, haré relación a V. Merced de lo que en estas partes se ha ofrecido acerca de la postrera armada, e tierras nuevamente descubiertas. Los días pasados envié, así para que V. Merced tenga entera relación de todo, como para suplicarle que sea servido de me mandar hacer merced de hacer dello relación al Emperador e Rey nuestro señor, representándole mis claros y leales servicios, informando a S. M. y a los del su muy alto Consejo tan grande maldad y feo caso como se ha cometido, en muy grandes deservicios de Dios Nuestro Señor y de su Cesárea Majestad; y como V. Merced tendrá relación, envié hará siete u ocho meses a tierras e islas nuevamente por mí e en nombre e servicio de SS. AA. descubiertas, una armada que fue la única que fue, que después que se descubrieron para ellas armé, en la cual después de enviarla muy copiosa y proveída de todo lo necesario, envié en ella seiscientos hombres, entre los cuales nombré por capitán y principal caudillo della y dellos, a un Hernando Cortés, así por parecerme cuerdo y haberle tenido en esta isla mucho tiempo por muy mi criado y amigo, y como a tal le había hecho siempre mucha honra, y honrádole con mi persona y mucho de mi hacienda, como por este cargo le había dado, y encargado en esta isla otros de mucha honra; e por esto, e por la experiencia que era razón que él tuviese de haberme visto a mí tratar las gentes, Españoles e naturales destas partes, y por la mucha confianza que de él hacia, me pareció que con él pudiera en aquellas partes adelantar e mejor servir a SS. AA. que con otro, puesto que con los dichos seiscientos hombres que con él envié, había muchos dellos unos y otros caballeros de mucha más calidad que él; y en pago de escogerle y honrarle entre todos, y le confiar la mi persona y toda mi honra, e estando al cabo de siete meses con estas congojas, esperando la nueva de él y de todo lo que en tal viaje se le había ofrecido, para hacer dello entera y verdadera relación a SS. AA., y proveyéndolo con otros tres navíos, de todos mantenimientos y de lo demás necesario, llegáronme nuevas desta isla abajo de San Cristóbal de La Habana y de punta (sic), donde se tomó la derrota para las dichas tierras, de cómo en 23 días de agosto pasado había llegado a un Puerto Escondido de la dicha Habana una carabela que venía de las dichas tierras, la que yo había nombrado por capitana en la dicha armada, y que venía dentro en ella un Antón de Alaminos, piloto mayor, que desde el principio que a se descubrir aquellas tierras, le he traído siempre muy salariado e pagado aventajadamente a su voluntad; y que de gente de la tierra que se pudieron conocer, venían un Francisco de Montejo y otro Alonso Hernández Puerto Carrero; y que llegados al dicho puerto habían tomado un Español que estaba en una estanza del dicho Montejo, cerca del dicho pueblo, y lo juramentaron que no los descubriese; y que tomaron de la dicha estanza todo el pan, cazabe y puercos, y todos los otros mantenimientos que pudieron, y cuarenta botas de agua, y hurtaron ciertos Indios de los desta isla; y metiendo todo en el dicho navío, mostraron al Español mucha parte del oro y riquezas que en la dicha carabela llevaban; y con juramento que de él se ha tomado dice, que vio tanto, que cree que iba lastrada dello, ademas de piezas señaladas de trescientos mil castellanos arriba; y que de entre las otras cosas que de aquellas partes le dijeron, fue una y la principal, que en lugar de seguirse dicho Cortés para la pacificación de las gentes della conformándose con mi instrucción, tuvo tanta fuerza con la codicia, como muchas veces es raíz de los males, que como se vio forzado mi poder y mano, y en las dichas otras tierras, y con tan copioso ejército, e vio la manera dellas, que por robarlas alborotó y mató mucha cantidad de los Indios dellas en un río grande, donde por ello peleó con ellos, de que sobre todo en mucho grado me ha pesado, porque yo pensaba traer todas las gentes de aquellas partes en el conocimiento de nuestra santa fe, y ponerlas debajo la real corona con el menos mal y detrimento dellas que posible fuese, conformándome con la instrucción y voluntad de S. M.: e demás de esto decía el dicho Español, que salido que se hubo atrás, se hicieron con el navío a la vela los dichos que con él venían, e sin dar parte al justicia ni a otra ninguna persona, tomar la derrota y seguir su viaje hasta las islas de los Lucayos, por parte y navegación no sabida ni usada, por muy escondido e peligroso viaje, así por ir por entre islas, como por nunca se haber por allí navegado para los reinos de España; por donde se cree e tiene por cierto lo que se puede colegir, según de los indicios y la manera y calidad de las personas que en los dichos navíos van, que se van a reinos e tierras e país extraño.

Yo hice hacer comprobación de todo, así del oro que parece que llevaban, como de todo lo demás que me pareció que convenía, e la envié al Emperador y Rey nuestro señor con Gonzalo de Guzmán, como tesorero que es de SS. AA. en aquellas partes, que partió desta isla a 5 días de octubre pasado, y para que como tesorero siga en demanda del dicho navío y de lo que en él llevan, por donde, puesto que no se vayan a otros reinos e tierras extrañas, por no atreverse a poder salir con su instancia, y no puedan hacer otra cosa sino se presentar ante su Real Alteza con el oro, podrían hacer en ello mucha fraude y engaño, según la mucha cantidad que llevan; y suplico a S. M. sea servido de mandar ver en su muy alto Consejo tan gran maldad y caso, y castigar la turbación que estos malos y los demás que en ello han sido han puesto en su real servicio. Ahora a V. Merced muchas veces suplico, puesto que mis servicios aun no lo hayan merecido, que por lo merecer el deseo que es de su servicio tengo, que V. Merced me haga merced de que en el primer navío que desta isla para España partiere, V. Merced haga relación a S. M. de todo, y al señor obispo de Burgos, e a los demás de su muy alto Consejo que convenga, favoreciendo mis claros y leales servicios, y afeándoles la maldad y exceso e hurto tan grande como éstos han cometido, para que sean muy castigados; porque demás de aventurarse tanta cantidad de oro, han puesto tan grande alboroto en esta isla e entre los vecinos e moradores e tratantes della, considerando el atrevimiento que éstos tuvieron, que las rentas e intereses que en esta isla S. A. tiene serán el año presente harto menoscabados; y si las justicias e gobernadores que en estas partes S. M. tiene e pone no fuesen muy castigados, sería bastante para que lo tal pusiese atrevimiento a que todo lo destas partes se pusiese en condición, según los nuestros Españoles son deseosos de revueltas e novedades, y para dar atrevimiento a que muchos malos hiciesen lo mismo. Yo quisiera mucho ir a las dichas islas y tierras nuevamente descubiertas, por dar orden como en ellas no se hagan más daños e deservicios de SS. AA. de los que se han ofrecido, e las gentes naturales de aquellas partes padecían desaguisadamente, y a ponerlas e dejarlas en tal estado, que Dios Nuestro Señor y SS. AA. fuesen muy servidos; pero considerando como esta isla está muy inficionada desta dolencia de las viruelas, e que con mi ausencia podrían los Indios della padecer, e asimismo considerando a que los hombres son obligados a cumplir más que con su sola voluntad, he acordado de para todo ello enviar a ellas a Pánfilo de Narváez, con todos los navíos que se han podido haber, e con los más mantenimientos que en ellos se han podido meter, y con mi información de todo lo que se ha de facer; e para que con más diligencia todo se ponga en efecto, me parto hoy día de la fecha desta, del puerto desta ciudad a la villa de la Trinidad e a San Cristóbal de La Habana e Guaniguanigo, desde donde con toda brevedad pienso despacharle, y despachado volverme por la tierra adentro viendo y visitando todas las villas e pueblos desta isla, e los caciques e Indios della, e saber cómo son tratados e curados desta enfermedad. A Dios Nuestro Señor por su infinita clemencia plega de lo guiar e encaminar como más a su servicio fuere, y al de su Cesárea Majestad conviene. Nuestro Señor la muy noble persona de V. Merced por largos tiempos guarde, con acrecentamientos e todo lo demás que por V. Merced se desea. De la ciudad de Santiago del Puerto desta isla Fernandina, 17 de noviembre de 1519 Besa las manos de V. Merced Diego Velázquez.

Estaba escrito a las espaldas de la dicha carta lo siguiente: «Al muy noble Señor, el Señor Licenciado Rodrigo de Figueroa, juez de residencia por SS. AA., reformador de los Indios destas partes: De Diego Velázquez».

Contuli LEMBKE. *Id* H. W.

El proceso y pesquisa hecho por la Real Audiencia de la Española e tierra nuevamente descubierta

Va para el consejo de su majestad.

En la ciudad de Santo Domingo desta isla Española, sábado 24 días del mes de diciembre, año del nacimiento de Nuestro Señor Jesucristo de 1519 años; ante el muy noble Señor Licenciado Rodrigo de Figueroa, Juez de Residencia e Justicia Mayor e Juez de la Audiencia, Juzgado de las Apelaciones que reside en esta dicha ciudad e isla Española, e de las otras islas e Tierra Firme del Mar Océano, por el Emperador Don Carlos e la Reina Doña Juana su madre, nuestros señores, e en presencia de mí, Pedro de Ledesma, escribano de SS. AA. e de la dicha Audiencia e Juzgado, presentó el Licenciado Juan Carrillo, promotor fiscal en esta dicha ciudad, un escrito, su tenor del cual es éste que se sigue:

Muy poderosos Señores. -El Licenciado Juan Carrillo, promotor fiscal e público de V. A. en estas partes, digo: que a mi noticia es venido, e así es público e notorio, que Diego Velázquez, teniente e capitán en la isla Fernandina, e adelantado e gobernador de Yucatán e de las islas por él nuevamente descubiertas por V. M., envió a Hernando Cortés, vecino de la dicha isla Fernandina, con ciertos navíos e seiscientos hombres de guerra, por capitán para conquistar e poblar las dichas islas nuevamente descubiertas y el dicho capitán Hernando Cortés fue con los dichos navíos e gente, e descubrió ciertas tierras e islas, e sin expreso mandado e licencia de V. M. hizo guerra a los Indios de dichas tierras, e mató muchos dellos, e les entró e tomó la tierra, e se alzó con la dicha gente e armada contra la obediencia del dicho Diego Velázquez, e juntando consigo la dicha gente por fuerza, por se haber más asiento contra el dicho Velázquez, tomó otra mucha gente de otra armada que había hecho Francisco de Garay, teniente e alcalde por V. A. de la isla de Jamaica, y envió los navíos de la dicha armada que había hecho el dicho Francisco de Garay, sin gente, que apenas había quien los pudiera llevar; y el dicho capitán Hernando Cortés hizo e cometió otros muchos delitos e escándalos e alborotos, por lo que el dicho Diego Velázquez ha hecho juntar mucha gente de guerra e muchos navíos, e ha ido o enviado un gran ejército e gente de guerra contra el dicho capitán Hernando Cortés a le hacer guerra e combatir e conquistar; e si la dicha gente hubiese de pelear los unos contra los otros, siendo como todos son vasallos e súbditos de V. R. M., se recreciera mucho daño, e viendo los Indios las guerras entre los cristianos, se alzaran con la tierra; e demás desto, así el dicho capitán Hernando Cortés por haber cometido lo sobredicho, como el dicho Diego Velázquez en haber juntado gente e navíos de guerra, y enviado contra el dicho Hernando Cortés, e más en hacer guerra sin expreso mandado e licencia de V. M., han cometido muchos e graves delitos, e han caído e incurrido en muy grandes e graves penas, e perdimiento de bienes e capitales, en las cuales a V. R. M. pido y suplico les mande condenar e condene, mandándolas ejecutar en sus personas e bienes; e porque la dicha guerra e alboroto no venga a efecto, e causen los escándalos e muertes de hombres, ante todas cosas pido y suplico a V. R. M. mande al juez e oidor desta Real Audiencia, que luego vaya en persona, e si no pudiere por estar muy ocupado en su real servicio, envíe persona o personas sabias e diligentes e de autoridad, con poder e poderes de V. M. e del juez desta Real Audiencia, para conocer de los dichos delitos, alborotos e escándalos e guerras e ayuntamientos de gentes e alborotos e muertes de hombres; e para castigar a los culpados e hacer cesar las dichas guerras e ayuntamientos de gentes e alborotos, e para todo lo a ello anexo e dependiente le mande dar poder cumplido, porque así cumple al servicio de V. R. M., y el dicho su juez es obligado a proveer en ello, por manera que cesen dichos alborotos e guerras e muertes de hombres. Digo que a V. M. e al juez e oidor desta Real Audiencia pertenece proveer en lo sobredicho, por ser los delitos por los dichos Diego Velázquez e Hernando Cortés e los favorecedores dellos cometidos, en ofensa de V. R. M. e casos de corte, cuyo conocimiento pertenece al juez oidor desta su Real Audiencia, e porque en lo proveer e remediar V. M. recibirá mucho servicio, e sus vasallos mucho provecho; e así pido e suplico, que brevemente habida información, lo mande proveer e remediar e castigar.

E para esta información de lo sobredicho, digo que hago presentación de los capítulos de las cartas que ha escrito el dicho Diego Velázquez al juez oidor desta su Real Audiencia, e al dicho Miguel de Pasamonte, e a Pedro de Izázaga, contador mayor de cuentas por V. M. en esta isla; e pido que sean sacados los dichos capítulos por fe de escribano e puestos en el proceso; e asimismo pido manden recibir juramento de Gonzalo de Montoro que vino ahora de la dicha isla Fernandina, e de otras personas que de la dicha isla han venido e lo saben; e habida la dicha información mande hacer en el dicho caso justicia, mandando prender e tener presos a los culpados, y servir y secuestrar sus bienes, y proveer en tal manera que vaya persona o personas con poderes de V. M. e del dicho su juez oidor, que haga cesar la dicha guerra e muertes e alborotos, e ponga paz entrellos, e haga todo lo más que necesario sea e convenga de se hacer para los poner en paz e dejar pacífica la dicha tierra: para lo cual en todo el real oficio de V. A. imploro e pido en el dicho caso, e hacer cumplimiento de justicia El licenciado Carrillo.

E así presentado, el dicho Señor Licenciado mandó que el dicho promotor fiscal dé información de lo que dice, e lo verá e hará lo que sea justicia.

E después desto, en tres días del mes de enero de quinientos e veinte años, ante el dicho Señor Licenciado pareció el dicho Licenciado Juan Carrillo, e presentó por testigos en razón de lo susodicho a Pedro de Ortega, e Alonso de Morales, e Gonzalo de Montoro, de los cuales e de cada uno dellos recibió juramento en forma debida de derecho.

E luego en este dicho día, en 4 de enero del dicho año, ante el dicho Señor Licenciado pareció el dicho Licenciado Juan Carrillo, promotor fiscal susodicho; e para en prueba de lo contenido en la dicha su denunciación, hizo presentación de tres cartas misivas, las dos dellas que presentó que el dicho Diego Velázquez envió al dicho Señor Licenciado Rodrigo de Figueroa, e la otra al licenciado Ayllón; e asimismo otra que parece que envió Francisco de Santa Cruz al dicho Señor Licenciado Rodrigo de

Figueroa, las cuales están delante de lo que los testigos presentados por el dicho fiscal depusieron.

E después desto, en el dicho día del dicho mes del dicho año, ante el dicho Señor Licenciado, e en presencia de mí el dicho escribano, pareció el dicho Licenciado Juan Carrillo e presentó por testigo en razón de lo susodicho a Martín Alonso, el cual juró en forma debida de derecho.

E lo que los otros testigos dijeron e depusieron es lo siguiente. El dicho Pedro de Ortega, minero, testigo presentado en la dicha razón, habiendo jurado e sido preguntado por el tenor de la dicha denunciación, dijo: que lo que sabe de cierto es que puede haber cincuenta días poco más o menos, que estando este testigo en Cuba oyó decir a muchas personas que Hernando Cortés se había alzado con Yucatán; e desde a ciertos dias vio que Diego Velázquez tomó ciertos navíos, que no se le acuerda a este testigo qué tantos eran, salvo que oyó decir que serían diez e seis, sin los que había enviado de antes; e que este testigo vio salir del puerto de Santiago seis navíos; e el dicho Diego Velázquez hizo cierta gente, que sería cuatrocientos hombres poco más o menos, e se embarcaron con la dicha gente, e se hicieron a la vela; e que este testigo oyó decir a muchas personas en la dicha isla, que el dicho Diego Velázquez iba con la dicha gente contra el dicho Hernando Cortés, a le tomar la tierra por fuerza, e otros decían que iba a la Trinidad a depositar la dicha gente y enviar contra el dicho Cortés a Pánfilo de Narváez por capitán; e que estando este testigo en la dicha isla a la sazón, oyó decir que el dicho Diego Velázquez envió con una carabela a uno ... de Guzmán a los reinos de Castilla, e le mandó que no tocase en esta isla; e que esto es lo que sabe para el juramento que hizo: no lo firmó porque dijo que no sabía escribir; e que a su parecer deste testigo si los susodichos se juntaran con el dicho Cortés, e hubieran de pelear se seguirá muchísimo daño en aquellas partes.

El dicho Alonso Morales Martínez, testigo presentado en la dicha razón, habiendo jurado e siendo preguntado por el tenor de la dicha denunciación, dijo: que lo que sabe de cierto es que puede haber dos meses, poco más o menos tiempo, que estando este testigo en la isla de Cuba oyó decir que había enviado Hernando Cortés estando en Yucatán, una carabela a los reinos de Castilla cargada de oro, e que se había alzado con la tierra; e que como se supo esta nueva, desde a ciertos dias vio este testigo que Diego Velázquez hizo juntar mucha gente, e tomó ciertos navíos, e oyó decir este testigo que con los que tenía en la Trinidad e en otras partes serian diez e seis, grandes e pequeños; e se embarcó en el puerto de Santiago con la dicha gente; e decían muchas personas en la dicha isla, que el dicho Diego Velázquez iba con la dicha gente en persecución del dicho Hernando Cortés a le tomar la tierra; e otros decían que él no había de pasar de la Trinidad, e que había de enviar con la dicha gente e armada contra el dicho Cortés, a Pánfilo de Narváez por capitán, e que la dicha gente iba apercibida como gente de guerra, e que a su parecer deste testigo cree que si se juntan con el dicho Cortés, según se decía que estaba pertrechado, se seguiría mucho daño, e muertes de hombres, e otros alborotos e inconvenientes; y que esto es lo que sabe, por el juramento que hizo: e no lo firmó porque dijo que no sabía escribir.

Este dicho día se recibió juramento de Gonzalo de Montoro, vecino en esta isla, el cual habiendo jurado, fue preguntado por el tenor e forma de la denunciación e pedimento fecho por el dicho promotor fiscal, el cual dijo que lo que este testigo sabe es que este testigo viniendo de Tierra firme llegó a la isla Fernandina en un día del mes de octubre pasado, donde dice que estuvo mes y medio poco más o menos, en la ciudad del puerto de Santiago, donde se halló que estaba el adelantado Diego Velázquez; e al tiempo que estuvo este testigo en la dicha isla, halló que habían venido nuevas y se decía públicamente entre todos los de la dicha isla, cómo había pasado una carabela que enviaba Hernando Cortés, capitán que el dicho Diego Velázquez había enviado por capitán a las partes de Yucatán, que pasaba para Castilla, la cual había tocado en una estancia de un Montejo, que es en la dicha isla de Cuba, a tomar bastimentos; la cual decían que llevaba mucha cantidad de oro a España; e que de esta nueva vio este testigo que el dicho Diego Velázquez estaba muy alterado, e ayuntaba gentes, e se proveía de navíos, bastimentos e tiros de pólvora e otras armas para ir contra el dicho Hernando Cortés; e que vio este testigo estando en el dicho puerto de Santiago de la dicha isla, como dicho Diego Velázquez tomó todos los navíos que en el dicho puerto había, que serían hasta seis o siete navíos los que a la sazón estaban; e aun en la carabela en que este testigo vino de Tierra Firme vio este dicho testigo como el dicho Diego Velázquez metió mucha gente, e muchos bastimentos, e tiros de pólvora, e armas; e se partió de dicho puerto en un día de Jueves del mes de noviembre pasado, e era público e notorio en el dicho puerto de Santiago, que él iba en persona contra el dicho Hernando Cortés a le castigar e tomar la tierra, que decían que se había alzado, e que unos decían que él iba en persona a lo susodicho, e otros que se había de quedar en el pueblo de la Trinidad, e de allí había de enviar con los dichos navíos a Pánfilo de Narváez por capitán; e que este testigo oyó decir en la dicha isla públicamente a muchas personas de cuyos nombres no se acuerda, que si sabiéndolo en la isla Española y de allí no se remediase lo susodicho, se esperaba entre los dichos Diego Velázquez y Hernando Cortés que habrá muchos rompimientos, muertes de hombres e muchos escándalos, que Dios Nuestro Señor e SS. AA. sean deservidos, e la dicha isla recibirá mucho daño: e que estando en este estado, este testigo se partió de la isla Fernandina para esta isla Española: e que esto es lo que sabe, e no sabe más, por el juramento que fizo, e firmolo de su nombre Gonzalo de Montoro.

En 8 de enero de 1520 años, Martín Alonso de Castilla juró en forma de decir verdad de lo que supiese e le fuese preguntado en esta causa de que era presentado por testigo; e lo que de este negocio sabe es, que este testigo estaba en la isla de Cuba en el mes de noviembre pasado, e estando allí vio e oyó decir este testigo como había venido una carabela a la dicha isla, a la parte del puerto de La Habana, en la cual dicha carabela decían que enviaba Hernando Cortés (a quien Diego Velázquez había enviado por capitán a Yucatán) a España al Rey nuestro señor cierto oro, e que iba en ella por capitán un Portocarrero, uno que dicen Bautista, e por piloto Alaminos; e que como la dicha nueva llegó a la dicha isla de Cuba, este testigo vio como el dicho Diego Velázquez luego apercibió toda la gente de la dicha isla, así caballeros como escuderos, a pie y a caballo, e tomó todos los navíos que en el dicho puerto de Santiago había, dellos cargados con sus mercaderías como habían llegado al dicho puerto, que podrían ser hasta trece navíos, en los cuales este testigo vio como se embarcó toda la gente, que podrían ser hasta trescientos hombres poco más o menos, e se hicieron a la vela, e que decían iban la Trinidad y a La Habana a tomar bastimento e más gente, si se hallasen; e de allí oyó decir este testigo que el dicho Diego Velázquez con toda la dicha gente se partía adonde el dicho Hernando Cortés estaba, para le tomar la tierra con que decían que estaba alzado; preguntado si de lo susodicho sabía este testigo que la dicha isla quedaba despoblada e recibía daño, dijo que sí, porque vio este testigo que la dicha isla quedaba casi sin gente ninguna, e que a su parecer deste testigo, de hacer lo que el dicho Diego Velázquez ... Dios nuestro Señor e SS. AA. serán deservidos, e la dicha isla e vecinos della quedaban destruidos, porque no se podría coger en la dicha isla oro como había ... la dicha gente que de la dicha isla salían, e de los muchos Indios que el dicho Diego Velázquez e los que con él iban llevaban; e que a su parecer deste testigo si lo susodicho no se remediase, se podría seguir mucho daño, así por lo que dicho es, como por no quedar gobernador en la dicha isla de Cuba; e que esto es lo que sabe por el juramento que hizo, e no sabe más del dicho caso que salga del juramento que hizo, e firmolo de su nombre.

«Las palabras omitidas en la copia faltan también en el original.»-LEMBKE. *Contuli*,-H. W.

Probanza hecha en la Villa Segura de la Frontera por Juan Ochoa de Lejalde, a nombre de Hernán Cortés

En la Villa Segura de la Frontera desta Nueva España del Mar Océano, 4 días del mes de octubre, año del nacimiento de Nuestro Salvador Jesucristo de 1520 años, ante el muy virtuoso Señor Pedro de Ircio, alcalde ordinario de la dicha villa por el Emperador e Rey Don Carlos e la Reina Doña Juana nuestros señores, e por presencia de mí, Alonso de Villanueva, escribano público de la dicha villa e del Consejo, e de los testigos ... pareció Juan Ochoa de Lejalde, estante en dicha villa ... hizo por ... el dicho escribano un escrito de pedimento ... con ... e interrogatorio, e un poder que pareció ... otorgado ... el Señor Hernando Cortés, capitán general e justicia mayor en estas partes por SS. AA., ante Hernando de Alanis, escribano de SS. AA., su tenor del cual dicho pedimento e poder, uno en pos de otro, de verbo *ad verbum*, es este que se sigue:

Muy virtuoso Señor Pedro de Ircio, alcalde ordinario en esta Villa Segura de la Frontera desta Nueva España por el Emperador e Rey Don Carlos e la Reina Doña Juana, nuestros señores: Yo Juan Ochoa de Lejalde, en nombre del magnífico Señor Hernando Cortés, capitán general e justicia mayor desta dicha Nueva España por SS. AA., cuyo poder tengo, de que hago presentación, ante V. Merced parezco e digo: que por cuanto a noticia del dicho señor capitán es venido que Diego Velázquez, alcalde e capitán e repartidor de los caciques e Indios de la isla Fernandina por SS. AA., ha hecho relación a SS. MM., que todos los gastos e dispensas que se hicieron en el armada que el dicho señor capitán general Hernando Cortés trujo cuando a esta tierra vino, las había el dicho Diego Velázquez hecho, e asimismo las que más se hacían en la conquista e pacificación desta tierra; e porque la verdad es en contrario, porque el dicho señor capitán Hernando Cortés las ha hecho, como presentará e averiguará en su tiempo e lugar; e porque las escrituras e cartas de pago que dello tenía se le perdieron en la salida de la ciudad de Temistitán, a causa de la guerra que los Indios dieron, e porque dello quieren hacer relación a SS. MM. y conste la verdad acerca dello, quiero presentar ciertos testigos; por tanto, a V. Merced pido que los testigos que presentare sobre lo susodicho, los mande recibir, e con juramento que para ello será recibido, les mande tomar e declarar sus dichos secreta e apartadamente, e lo que dijeren e depusieren me lo mande dar en limpio, cerrado e sellado en pública forma en manera que haga fe, para lo presentar ... e convendrá, para lo cual imploro su noble oficio de justicia, e las preguntas por donde han de ser ... y desaminados los dichos testigos son las siguientes.

1. Primeramente, si conocen al dicho señor capitán general Hernando Cortés y al dicho Diego Velázquez.

2. Ítem: si saben o vieron o oyeron decir, que puede haber dos años, poco más o menos, que el dicho señor capitán Hernando Cortés partió de la ciudad de Santiago, que es en la isla Fernandina, para venir a estas partes de la Nueva España, con cierta armada de navíos y gente.

3. Ítem: si saben &c., que todo el dicho tiempo que la dicha armada e gente estuvo en el puerto de la dicha ciudad de Santiago, estuvo a su costa y les

dio de comer siempre, así a la gente de la mar como de la tierra, desde que la dicha armada se comenzó, hasta que del dicho puerto salió con ella.

4. Ítem: si saben &c., que para atraer la gente, que viniese con él en la dicha armada, puso en poder de Juan Derves e de Antonio de Santa Clara, mercaderes que a la sazón residían en la dicha ciudad, mil e doscientos e tantos pesos de oro, los cuales los susodichos repartieron e dieron por cédulas del dicho señor capitán general Hernando Cortés a los compañeros que con él pasaron, para que comprasen lo que hubieren menester para el dicho viaje.

5. Ítem: si saben &c., que todo el dicho tiempo, nunca el dicho Diego Velázquez sirviera de gobernador de la dicha isla Fernandina, dio bastimento ninguno, así para los navíos e gente de ellos, como para la gente de tierra; y que el dicho señor capitán Hernando Cortés tomó treinta puercos, que no había más en la carnicería de la dicha ciudad, e veinte e cinco puercos que él tenía en su estancia; y de la de Juan Bautista, maestre de la nao capitana, e de otra estancia de SS. AA., hizo pan que se comió en la dicha armada fasta llegar al puerto de Macaca.

6. Ítem: si saben &c., que el dicho señor capitán general Hernando Cortés pagó a Diego de Mollinedo, mercader que residía en la dicha ciudad, mil e tantos pesos de oro, de vino e de vinagre y aceite y resgate y herramientas e ropa para el dicho viaje; e que todo se metió en los dichos navíos, e se gastó en el dicho viaje las cosas de bastimentos, e la ropa se dio en la villa de la Trinidad a las personas que la hubieron menester, e armas e otras cosas.

7. Ítem: si saben &c., que de todo no ha habido paga ninguna, ni lo ha pedido a las personas que lo recibieron.

8. Ítem: si saben &c., que demás de lo susodicho pagó a Juan Derves, e Antonio de Santa Clara, e a Juan de Benito, e a Gardilla, e a Ramos, mercaderes, otros mil pesos de oro, con algunos que les quedó a deber, lo cual todo fue de cosas e bastimentos para la dicha armada.

9. Ítem: si saben &c., que el dicho señor capitán general Hernando Cortés tuvo necesidad de dineros para gastar en la dicha armada demás de los que tenía, e le prestó Pedro de Xerez, almojarife, quinientos e cincuenta pesos de oro, e pidió al dicho Diego Velázquez que le prestase algunos, e que le

prestó dos mil pesos de oro fundido, con condición que le dejase tres mil pesos de oro por fundir en prendas, e que se los dejó, e que se pagó de ellos en la fundición.

10. Ítem: si saben &c., que en el puerto de Macaca hubo el dicho señor capitán general Hernando Cortés cien cargas de pan de Rodrigo de Tamayo para los dichos navíos, e una ancla.

11. Ítem: si saben &c., que en la villa de la Trinidad, que es en la dicha isla Fernandina, estuvo un mes y mas, e que toda la gente estaba a su costa del dicho señor capitán Hernando Cortés, e les dio de comer todo aquel tiempo, e compró el pan a medio peso la carga, de las estancias de SS. AA., e lo quedó a pagar por él Baltasar de Mendoza, vecino de la dicha villa, del cual compró ciento e cincuenta puercos para que comiese la gente, e se comieron, así allí como por la mar.

12. Ítem: si saben &c., que en la dicha villa de la Trinidad, el dicho señor capitán general Hernando Cortés compró un navío nuevo de Alonso Guillén, vecino de la dicha villa.

13. Ítem: si saben &c., que el dicho señor capitán general Hernando Cortés pagó a Cristóbal Sánchez, herrero en la dicha villa, cien pesos de oro de una fragua e de cierta obra que fizo para unos paveses, y de anzuelos e arpones que hizo para el dicho viaje.

14. Ítem: si saben &c., que en la dicha villa el dicho señor capitán general Hernando Cortés pagó setenta pesos de oro a Villanueva, por una yegua que trajo en la dicha armada.

15. Ítem: si saben &c., que asimismo el dicho señor capitán Hernando Cortés pagó a Juan Núñez Sedeño, vecino de San Cristóbal de La Habana, e a ciertos marineros e personas que traían un navío del dicho Señor Juan Núñez Sedeño cargado de pan, y que había mil cargas, a medio peso la carga, que son quinientos pesos: e si saben que asimismo le compró el navío en que traía el dicho pan, e lo trujo en la dicha armada, cargado de gente e bastimento e yeguas.

16. Ítem: si saben &c., que porque en la dicha villa de la Trinidad no falló el dicho señor capitán general Hernando Cortés a comprar tantos bastimentos como para su viaje eran necesarios, se fue a un puerto de la villa de San Cristóbal de La Habana, adonde y hasta salir de la dicha isla, tardó desde

el día que salió del puerto de Santiago, que fue a 23 de octubre, hasta 23 de febrero, que fueron cuatro meses; e que siempre cuatrocientos hombres de tierra, sin los marineros, estuvieron a su costa, e que todos comían en su posada; e a los que allí no querían venir a comer, les daban su ración de pan y carne.

17. Ítem: si saben &c., que en la dicha villa de San Cristóbal de La Habana compró asimismo el dicho señor capitán general Hernando Cortés de Francisco de Montejo, ciento y cincuenta puercos a un peso y *dos reales*, los cuales se comieron en la dicha armada.

18. Ítem: si saben &c., que en la dicha villa el dicho señor capitán general Hernando Cortés asimismo compró de Pedro Castellar e Villaroel, su compañero, doscientos puercos al dicho precio, los cuales se gastaron en la dicha armada.

19. Ítem: si saben &c., que en la dicha villa el dicho señor capitán general Hernando Cortés asimismo compró sesenta puercos de Pedro de Orellana, e seiscientas cargas de pan, que fue e se gastó en la dicha armada.

20. Ítem: si saben &c., que en la dicha villa asimismo el dicho señor capitán general Hernando Cortés compró de Pero Barba quinientas cargas de pan, e las pagó por él Diego de Ordaz, las cuales vinieron y se gastaron en la dicha armada.

21. Ítem: si saben &c., que en la dicha villa asimismo el dicho señor capitán general Hernando Cortés compró de Francisco de Montejo e de Juan de Rojas, quinientas cargas de pan para la dicha armada, las cuales vinieron y se gastaron.

22. Ítem: si saben &c., que en la dicha villa asimismo el dicho señor capitán general Hernando Cortés compró de Cristóbal de Quesada, factor del señor obispo de la dicha isla Fernandina, todo el pan e puercos de los diezmos que allí se debían.

23. Ítem: si saben &c., que en la dicha villa asimismo el dicho señor capitán general Hernando Cortés compró de un receptor de la Santa Cruzada mucho pan y puercos, en que le pagaron los vecinos de aquella villa las bulas que debían, pues allí no había dineros.

24. Ítem: si saben &c., que ciento y tantos hombres que estaban esperando al dicho señor capitán general Hernando Cortés en Guaniguanico, en

una estancia del dicho Diego Velázquez, siempre que allí estuvieron comieron de pan que el dicho señor capitán general compró, e no de la estancia de dicho Diego Velázquez; e si algunos della comieron, fue de los ... de los Indios; e que el dicho Diego Velázquez no tenía ... de comer.

25. Ítem: si saben &c., que asimismo el dicho señor capitán general Hernando Cortés pagó a Pero Gonzalo, maestre, diez y ocho pesos de oro por renta de cada mes de los que con él trujo una carabela suya en la dicha armada, e por su persona por maestre y piloto; e que fueron los meses que con el dicho señor capitán general Hernando Cortés anduvo, diez o once meses; e después le compró la dicha carabela, e se la pagó, e se perdió en el dicho viaje.

26. Ítem: si saben &c., que Alonso Dávila compró un navío de Hernando Martínez, que es uno que vino en la dicha armada, el cual el dicho señor capitán general pagó.

27. Ítem: si saben &c., que trujo el dicho señor capitán general Hernando Cortés en la dicha armada un bergantín suyo, el cual tenía, e se perdió en la dicha armada.

28. Ítem: si saben &c, que cuando salió del puerto de la ciudad de Santiago el dicho señor capitán general Hernando Cortés, dejó en el dicho puerto una carabela latina suya grande, muy bien marinada e aderezada, y otro navío que asimismo tenía en el puerto del Rey, que es en la dicha isla en la parte del Norte; e también dejó en él maestre y marineros e buen recaudo para que luego viniesen tras de él con bastimentos; los cuales partieron de la dicha isla cargados de bastimentos e gente e bestias en su busca; y al venir se perdió en la costa de la dicha isla, y el otro llegó a esta tierra, e después de descargado se perdió.

29. Ítem: si saben &c., que pagó el dicho señor capitán general Hernando Cortés de sueldo de los marineros de la dicha armada, seiscientos pesos de oro.

30. Ítem: si saben &c., que al piloto mayor que el dicho señor capitán general Hernando Cortés trajo, dio doscientos pesos de oro, y al maestre de la nao capitana ciento.

31. Ítem: si saben &c., que después de llegada el armada a esta tierra, le sobró de pan que el dicho señor capitán traía, casi dos mil cargas, e los

alcaldes e regidores de la dicha villa de la Vera Cruz las compraban para repartir por los vecinos, e le daban dos pesos de oro por la carga, y no las quiso vender, antes se lo dio gracioso, sin les llevar precio alguno.

32. Ítem: si saben &c., que todos los bastimentos que el dicho señor general Hernando Cortés metió en la dicha armada, se gastaron en ella, sin vender cosa alguna dello. E si saben que todo lo que el dicho Diego Velázquez metió, se vendió a los compañeros, y a precios muy excesivos, que se hizo dello casi diez mil pesos de oro.

33. Ítem: si saben &c., que al tiempo que se daban las partes del oro de los compañeros, cobró dello Pedro Hernando, escribano, para el dicho Diego Velázquez, casi siete mil pesos de oro. E si saben que si se acabaran de dar todas las partes se cobrara todo.

34. Ítem: si saben &c., que el dicho señor capitán general Hernando Cortés compró de un Hernando López doscientos pesos de oro de vino, e de vinagre, e de aceite, y conserva, y ferraje que traían en los dichos navíos para la villa de la Trinidad.

35. Ítem: si saben &c., que de una estancia que el dicho Diego Velázquez tenía en La Habana, compró el dicho señor capitán general Hernando Cortés doscientas cargas de pan para la dicha armada, e las pagó a un estanciero suyo, que se dice...

36. Ítem: si saben &c., que después que el dicho señor capitán general Hernando Cortés vino a esta tierra, todo el hilado e almacén, e algunas de las ballestas que se han gastado en la guerra, ha sido del dicho señor capitán general e a su costa, e que lo ha comprado y pagado.

37. Ítem: si saben &c., que todo el herraje que han gastado los caballos que en esta tierra han servido, ha sido suyo, del dicho señor capitán general Hernando Cortés, e a su costa.

38. Ítem: si saben &c., que a todos los dolientes e heridos que en compañía del dicho señor capitán Hernando Cortés ha habido, siempre en su casa se les ha dado las medecinas e ungüentos e cosa de dieta que han habido menester, y atendido, sin por ello les llevar cosa alguna.

39. Ítem: si saben &c., que de caballos que el dicho señor capitán general Hernando Cortés ha comprado para servir en la dicha conquista, que son diez e ocho, que le han costado a cuatrocientos cincuenta e a qui-

nientos pesos, ha pagado, e que debe más de ocho mil pesos de oro dellos.

40. Ítem: si saben &c., que el dicho señor capitán general Hernando Cortés debe a mercaderes, de cédulas que ha dado a los compañeros que han servido e sirven, para cosas que han habido menester, porque a ellos no se lo querían fiar los dichos mercaderes, otros cuatro mil pesos y más.

41. Ítem: si saben &c., que después que el dicho señor capitán general Hernando Cortés vino a estas partes, ha dado por diversas veces a los naturales dellas muchas joyas e ropas, e cosas de rescate, e ropas de la tierra, e otras cosas que ha comprado de los compañeros, que podrían valer más de tres mil pesos de oro.

42. Ítem: si saben &c., que todo lo susodicho es público e notorio en todas estas partes.

Sepan cuantos esta carta vieren, como yo Hernando Cortés, capitán general e justicia mayor de la Nueva España del Mar Océano, por el Emperador y Rey Don Carlos, y la Reina Doña Juana, nuestros señores, otorgo...

E así presentado el dicho escrito de pedimento, e poder, e leído por mí el dicho escribano en la manera que dicho es, el dicho Señor Alcalde mandó al dicho Juan Ochoa de Lejalde traiga ante él los testigos que quisiere e viere que convienen para en prueba de lo susodicho; e que él estaba pronto de recibir dellos juramento en forma de derecho, e sus dichos, e de le mandar dar traslado dello, estratado en limpio en pública forma, para guarda de su derecho, y en todo saber administraría justicia: testigos que fueron presentes, Cristóbal Martínez, Alonso Caballero e Martín de Espinosa, estantes en esta dicha villa.

E luego el dicho Juan Ochoa presentó por testigos para prueba de su instrucción a Alonso Dávila, alcalde mayor, y a Bernardino Vázquez de Tapia, factor, e a Rodrigo Álvarez Chico, veedor, oficial de SS. AA., e a Cristóbal Corral, e a Francisco Orozco, e a Cristóbal Martín, regidor desta dicha Villa Segura, e a Pedro Sánchez, e a Jorge de Alvarado, e a Alonso Hernández Caballero, estantes en la dicha villa al presente; de los cuales e de cada uno dellos, el dicho Señor Alcalde recibió juramento en forma de derecho, e poniendo las manos en la señal de la cruz de la vara de la justicia, e prometieron de decir verdad de lo que en este caso supieren.

E después de lo susodicho, en Viernes, 5 días del mes de octubre del dicho año, ante el dicho Señor Alcalde, e por presencia de mí el dicho escribano, pareció el dicho Juan Ochoa de Lejalde en el dicho nombre, e presentó por testigos a Diego de Ordaz, regidor de la villa de la Vera Cruz, e a Francisco de Solís, regidor desta dicha Villa Segura, e a Pedro de Alvarado, alcalde ordinario de la villa de la Vera Cruz, e al Padre Fray ... los cuales juraron en forma de decir verdad en este caso de lo que supieren.

E después de lo susodicho en 7 días del mes de octubre del dicho año, ante el dicho Señor Alcalde, e por presencia de mí el dicho escribano, pareció el dicho Juan Ochoa en el dicho nombre, e presentó por testigos a Alonso de Grado, contador de SS. AA., e a Gonzalo Mejía, estantes en el presente en la dicha villa, los cuales juraron en forma de decir verdad de lo que en este caso supieren.

E después de lo susodicho, en diez y ocho días de los dichos mes e año, el dicho Juan Ochoa presentó por testigos en la dicha razón, a Baltasar Bermúdez e a Hernando López, los cuales juraron en forma de derecho.

Testigos: Alonso Caballero, maestre, estante en esta Villa Segura de la Frontera; Pedro Sánchez Farfán, estante en esta Villa Segura de la Frontera; Cristóbal Corral, regidor desta Villa Segura de la Frontera; el dicho Francisco de Solís, regidor desta Villa Segura de la Frontera; Jorge de Alvarado, estante en esta Villa Segura de la Frontera; Diego de Ordaz, regidor de la Villa Rica de la Vera Cruz; Bernardino Vázquez de Tapia, factor de SS. AA.; Pedro de Alvarado, alcalde de la Villa Rica de la Vera Cruz; Fray Bartolomé, de la orden de Nuestra Señora de la Merced, estante en esta Villa Segura de la Frontera; Gonzalo Mejía, estante en esta Villa Segura de la Frontera; Rodrigo Álvarez Chico, veedor de SS. AA.; Alonso Dávila, alcalde mayor desta Nueva España; Hernán López de Ávila, tenedor de los bienes de los difuntos; Francisco Orozco, regidor desta Villa Segura de la Frontera; Baltasar Bermúdez, estante en esta Villa Segura de la Frontera; Alonso de Grado, contador de SS. AA,: todos conformes con el interrogatorio.

E después de lo susodicho, en 20 días del dicho mes de octubre del dicho año, el dicho Señor Alcalde Pedro de Ircio, de pedimento del dicho Juan Ochoa de Lejalde, dijo: que mandaba e mandó a mí el dicho escribano, que de la dicha probanza sacase e escribiese, o hiciese sacar e escribir un traslado, o dos o más, cuales e cuantos el dicho Juan Ochoa quisiese, para guarda del derecho del dicho señor capitán general; e sacados en limpio, e signados e firmados de mi signo e firma en pública forma, se los dí y entregué, en manera que hagan fe: testigos, Juan de Rivera, escribano de SS. AA., e Juan López, e Juan Núñez, estantes en esta dicha villa. -Pedro de Ircio, alcalde.

E yo el dicho escribano, de mandamiento del dicho Señor Alcalde, e de pedimento del dicho Juan Ochoa en el dicho nombre, los saqué: que es hecho e pasó en la dicha Villa Segura de la Frontera, día e mes e año susodicho: en fe de lo cual lo firmé En fe e testimonio de verdad hice aqueste mi signo atal. -Alonso de Villanueva, escribano público.

*Contuli*LEMBKE. IdH. W.

Sobre las diligencias que el dicho capitán hi Probanza hecha en la Nueva España del mar Océano a pedimento de Juan Ochoa de Lejalde, en nombre de Hernando Cortés, Capitán General e Justicia Mayor de la dicha N. España por SS. MM. zo para que no se perdiese el oro e joyas de SS. MM. que estaban en la ciudad de Temistitán.

Primera pregunta

Primeramente: si conocen al dicho señor capitán Hernando Cortés; y dicen los testigos que lo conocen.

Segunda pregunta

Ítem: si saben, creen, vieron, oyeron decir que al tiempo que el dicho Pánfilo de Narváez llegó al puerto e bahía de San Juan, que dicen de Chalchicueca, que es en la costa de la dicha villa de la Vera Cruz., el dicho señor capitán, en la tierra que hasta entonces había en nombre de SS. AA. ganado e pacificado, había habido de los Indios naturales de ella cierta suma de oro, e joyas, e plumajes, e rodelas de diversas maneras, de lo que a S. A. perteneció e cupo de quinto treinta e dos mil pesos de oro fundido, y en patenas y collares e otras joyas de oro, e rodelas e plumajes, que podrían valer hasta la cantidad de cien mil ducados de oro, poco más o menos; e digan lo que acerca desto sabenRodrigo Álvarez, veedor de la Villa Rica de Vera Cruz: Cristóbal Dolid, regidor de la villa de la Vera Cruz: Bernardino Vázquez de Tapia, factor de SS. AA.: Gonzalo de Alvarado, regidor de la Villa Rica de Vera Cruz: Cristóbal Corral, estante en esta provincia de Tepeaca, que es desta Nueva España: Fray Bartolomé de Olmedo, estante en esta provincia de Tepeaca: Gerónimo de Aguilar, lengua e intérprete de los Indios desta Nueva España: Juan Rodríguez de Villafuerte, regidor de la Villa Rica de la Vera Cruz: Diego de Ordaz, regidor de la Villa Rica de la Vera Cruz: Alonso Dávila, alcalde mayor desta Nueva España: Juan Díaz, clérigo: todos conformes, porque lo vieron y se hallaron presentes.

Tercera pregunta

Ítem: si saben &c., que el dicho oro fundido e joyas que a SS. AA. perteneció, estando en la ciudad de Temistitán, el dicho señor capitán e oficiales de SS. AA. lo dieron e entregaron a Alonso de Escobar para que lo tuviese hasta tanto que hubiese navíos e disposición para lo poder enviar a SS. AA., e dello se le hizo cargo en los libros de SS. AADicen los testigos que la saben como en ella se contiene, porque se hallaron presentes a todo lo contenido en esta pregunta.

Cuarta pregunta

Ítem: si saben &c., que estando en la dicha ciudad el dicho señor capitán supo como el dicho Pánfilo de Narváez había llegado a dicho puerto de San Juan con ciertos navíos e gente de armada, e que a su causa del dicho Narváez conoció e vio que los dichos Indios andaban levantados e alborotados, por les haber dicho e hecho entender que él venía a lo prender e a soltar a Montezuma su señor, a quien él tenía preso, de cuya prisión se seguía estar pacífica toda la tierra; e fue necesario salir de la dicha ciudad con ciertos Españoles e dejar como dejó en ella todo el dicho oro e joyas de SS. AA., e suyo e de algunos Españoles, en cuya guarda dejó ciento e cincuenta Españoles; e irse donde el dicho Narváez estabaTodos conformes, porque lo vieron y se hallaron presentes.

Pregunta cinco

Ítem: si saben &c., que después que el dicho señor capitán volvió a la dicha ciudad de Temistitán desde a ciertos días, entró pacíficamente; e luego en otro día entraron los dichos Indios, cercaron al dicho señor capitán e a los Españoles que con él estaban, en la casa e fortaleza donde estaban aposentados, e les dieron combate e muy recia guerra seis días enterosDicen que la saben, porque lo vieron y se hallaron presentes.

Pregunta seis

Ítem: si saben &c., que todos los más de los dichos Españoles, e asimismo los dichos oficiales e alcaldes e regidores, viendo la necesidad extrema en que los dichos Indios los ponían, e como los ofendían, e ellos no podían ofender a los dichos Indios a causa de la disposición de la dicha ciudad, e ser fundada sobre agua, e las casas della tener todas azoteas, requirieron e importunaron al dicho señor capitán, que se saliese de la dicha ciudad, porque los más de los dichos Españoles e caballos estaban heridos e no podían pelear, e los que quedaban estaban fatigados del trabajo del pelear e de la hambre que padecían: e si saben que el dicho señor capitán dilataba de cada día la dicha salida, porque creía que en ella se había de perder mucho oro e joyas, así de SS. AA. como suyo, e se había de ver en mucho peligro, a causa de ser la salida muy peligrosa, por las muchas puentes que habían de pasar, que los dichos Indios tenían quitadas, e por la ofensa que les podían hacer a la salida, en las muchas canoas que tenían en el aguaTodos conformes, porque lo vieron e se hallaron presentes a los muchos requerimientos que le hicieron los alcaldes, regidores e oficiales para que saliese de la ciudad.

Pregunta siete

Ítem: si saben &c., que el dicho señor capitán, viendo como los dichos Españoles, alcaldes e regidores e oficiales lo requerían e importunaban con mucha instancia que se saliese de la dicha ciudad, e como los dichos Indios perseveraban en la dicha guerra muy reciamente, e que los dichos Españoles estaban los más heridos, e asimismo los caballos, e los otros fatigados e trabajados, con acuerdo e parecer de los dichos alcaldes e regidores e oficiales e otras personas, acordó de salir de la dicha ciudad, e teniéndolo así acordado hizo sacar el oro e joyas de SS. AA., e lo dio e entregó a los dichos oficiales, alcaldes e regidores, e les dijo a la sazón que así se lo entregó, que todos viesen el mejor modo e manera que había para lo poder salvar, que él allí estaba para por su parte hacer lo que fuese posible e poner su persona a cualquier trance e riesgo que sobre lo salvar le vinieseTodos conformes, porque lo vieron y se hallaron presentes.

Pregunta ocho

Ítem: si saben &c., que los dichos alcaldes e regidores e oficiales acordaron que el dicho oro se sacase en una bestia, e dijeron al dicho señor capitán, que así era el mejor medio; el cual les dio para ello una muy buena yegua, e cuatro o cinco Españoles de mucha confianza, a quien se entregó la dicha yegua cargada con el dicho oro; e ciertas joyas e rodelas e plumajes de diversas maneras que sobraron, no se pudieron sacar, puesto que el dicho señor capitán rogó e requirió a todos los dichos Españoles, que procurasen de sacar todo lo más que pudiesen de las dichas joyas de SS. AA. para las salvar, e que de lo suyo no se sacasenTodos conformes, porque lo vieron y se hallaron presentes.

Pregunta nueve

Ítem: si saben &c., que el dicho señor capitán viendo que se quedaban perdidas muchas joyas e plumajes e rodelas, e otras piezas de diversas maneras que los Españoles no podian sacar; porque S. A. no lo perdiese, demás que lo que dio e entregó a los dichos oficiales e alcaldes e regidores, dio e entregó a un cacique de la provincia de Guaxocingo e a ciertos Indios suyos, mucha cantidad de las dichas joyas, para que lo salvasen e sacasen; e asimismo dio e entregó a otros ciertos Indios otra parte en cantidad de las dichas joyas, para lo sacar e salvarTodos conformes, porque lo vieron y se hallaron presentes.

Pregunta diez

Ítem: si saben &c., que saliendo el dicho señor capitán general con los dichos Españoles e Indios, con todo el dicho oro e joyas, a la salida en los puentes de la dicha ciudad sobrevino tanta gente en número de los dichos Indios, así por las calzadas e calles e puentes, como por el agua en canoas, resistiendo la salida a los dichos Españoles, en tal manera que allí mataron más de doscientos cristianos; e de ochenta caballos e yeguas mataron los cincuenta e seis; e asimismo mataron más de dos mil Indios de los dichos Españoles, que salían cargados, e se perdió todo el dicho oro e joyas de SS. AA., e mataron la yegua que lo traía, e asimismo a los Españoles que venían en su guarda; e el dicho señor capitán e Españoles que con él quedaron, se salvaron con mucho trabajo e peligroTodos conformes

Pregunta once

Ítem: si saben &c., que si el dicho señor capitán no había enviado oro ni joyas algunas a SS. AA. de lo que así les había pertenecido, fue por no tener navíos ni manera para lo poder enviarDicen los testigos que el dicho señor capitán había mandado hacer un navío para enviarlo a Castilla con el dicho oro y joyas, pues no había en la dicha tierra un navío, hasta que Pánfilo de Narváez llegó con la armada.

Pregunta doce

Ítem: si saben &c., que el dicho señor capitán puso todas las diligencias que le fueron posibles para poder salvar el dicho oro e joyas de SS. AA., en tal manera, que por su parte no quedó cosa alguna por hacer para lo salvar: y como dicho es, no quería salir de la dicha ciudad hasta que muchas veces fue requerido que saliese, por salvar las vidas de los dichos Españoles e suyaTodos conformes, porque lo vieron y se hallaron presentes.

Pregunta trece

Ítem: si saben &c., que demás del oro e joyas que se perdió de SS. AA., se perdieron obra de sesenta mil pesos de oro de los dichos Españoles, que no se les había dado por no estar presentes en la dicha ciudad, porque andaban por la tierra en servicio de SS. AA. en lo que convenía a la pacificación e población; e asimismo se perdió mucho oro e joyas del dicho señor capitánDicen los testigos, que los dichos sesenta mil pesos de oro de la comunidad estaban por repartirse; mas no se habían repartido por estar en servicio de SS. AA. muchos Españoles; los cuales se perdieron con todo lo demás.

Pregunta catorce

Ítem: si saben &c., que demás de lo susodicho se perdieron otros catorce mil castellanos que Juan Velázquez de Leon había habido de ciertos principales, los cuales se dieron e entregaron a Francisco de Molina que los llevara a la dicha ciudad, el cual mataron en el camino los dichos Indios, e se perdió el dicho oro; de lo cual pertenecía a SS. AA. el quinto del dicho oro; e asimismo se perdieron otros siete mil pesos de oro fundido del dicho señor capitán, e toda la plata que traía para su servicio, e muchas ropas de su vestir e otras cosas, e muchos bastimentos; todo lo cual el dicho Francisco de Molina llevaba con cinco de caballo e cuarenta e cinco peones, los cuales todos mataron los Indios con el dicho Francisco de Molina: e mataron asimismo doscientos Indios de los naturales de la provincia de Tlaxcala que iban cargados con todo lo susodicho.
*Contuli*LEMBKE. IdH. W.

Carta del ejército de Cortés al emperador

Muy alto y muy poderoso Príncipe, y muy católico y muy grande Emperador, Rey y SeñorLos vasallos de V. R. M. que de yuso firmamos nuestros nombres, que en su real servicio estamos conquistando e pacificando estas partes de la Nueva España, besamos las imperiales manos de V. M., e con el acatamiento que debemos le hacemos saber e decimos, que algunos de nosotros pasamos en su real servicio a estas partes de esta dicha Nueva España con Hernando Cortés, su capitán general e justicia mayor en ellas; e desque a estas partes llegamos de asiento, a V. M. enviamos la relación de las riquezas e cosas de esta tierra, y que fuese servido de nos hacer merced de confirmar los dichos oficios en el dicho Hernando Cortés, según que todo muy largamente por nuestra relación e suplicación se contenía; e nosotros viendo ser cumplidero a su real servicio, poblamos e hicimos una villa nombrada la Vera Cruz, e de ahí adelante acabamos de poblar e pacificar más tierras de que se tenía noticia; para que V. M., vista nuestra relación e suplicación que sobre ello le suplicamos, mandase proveer lo que a su real servicio más cumpliese; e así es que después de la dicha relación, el dicho Hernando Cortés, como su capitán general e justicia mayor, con ánimo e voluntad de le hacer más mayores e más señalados servicios, desde entonces acá ha procurado de conquistar e pacificar muchas ciudades e tierras que ha conquistado e pacificado; especialmente conquistó e pacificó e puso debajo del dominio e señorío de V. R. M. una grande e maravillosa e muy rica ciudad, que se dice Temistitán, que está cercada de agua de una laguna o ojo de mar, e muy fuerte, con otras muchas ciudades e lugares a ella sujetos, poniendo, como ha puesto, su persona e de los que con él iban, a mucho riesgo e peligro; e estando en la dicha ciudad entendiendo en lo que a su real servicio convenía, e dando orden para ir o enviar a otras muchas tierras, de que tenía noticia por un señor de la dicha ciudad e de las otras a ella sujetas e de otras muchas, que tenía preso por seguridad de la tierra e para saber los secretos de ella, el cual se decía Moteuzuma, para descubrir muchas riquezas de diversas maneras, especialmente las minas de la plata, de que tenía él fundada muy grande muestra, supo e vino a su noticia, cómo a un puerto que dicen San Juan, de esta tierra, habían llegado ciertos navíos e gente; y de a ciertos días fue informado que era Pánfilo de Narváez que venía de guerra por Diego Velázquez, alcalde e capitán e repartidor de la isla Fernandina, contra él e contra nosotros, deshonrando e disfamando nuestras personas, diciendo e publicando que éramos traidores, porque habíamos enviado la relación de las cosas de esta tierra a partes de V. M. e no al dicho Diego Velázquez, como el dicho Narváez hacía; e intentó de hacer, como saltó en tierra en el dicho puerto, muchos desaguisados e cosas no lícitas ni cumplideras a su real servicio, ni a la buena población ni pacificación de estas partes; antes siendo sabedor de cierta ciencia que el dicho Hernando Cortés e todos los que en estas partes con él estábamos en su real servicio, que teníamos hecha e poblada la villa de la Vera Cruz, que el dicho Hernando Cortés tenía por V. A. los dichos cargos e oficios de capitán general e justicia mayor en estas partes, e que estaba en el uso y ejercicio de ellos, no lo pudiendo ni debiendo hacer, ni teniendo para ello derecho ni título alguno, e si lo tenía sin nos lo mostrar ni requerir con él como en tal caso se requiere, intentó de hacer una villa en el dicho puerto, nombrando e haciendo alcaldes e regidores a las personas que con él venian, nombrándose e intitulándose de teniente, e gobernador, e capitán general en estas partes por el dicho Diego Velázquez, en mucho perjuicio de su jurisdicción real, e alborotando e escandalizando los Indios naturales de estas partes, diciéndoles, como les decía e hacia entender a todos los que lo iban a ver, que él era el capitán e justicia mayor, e no el dicho Hernando Cortés; e no contento con lo suso-dicho, dijo e publicó a muchos Indios señores de tierras que venían a verlo de las dichas ciudades, que venía a prender al dicho capitán general Hernando Cortés e a muchos de nosotros que con él estábamos, e a soltar el dicho Moteuzuma; e que en prendiendo e soltando al dicho Moteuzuma se había de ir desta tierra, que no quería oro ninguno; habiéndose con los dichos Indios en tal manera, les dio a entender lo que dicho es, e les dijo otras cosas, por manera que los dichos Indios, viendo que todos los Españoles estábamos deficientes, según lo que el dicho Narváez les dijo, así los Indios de la ciudad de Temistitán como todos los otros a ellos suje-tos, e de otras provincias que estaban puestas de paz, se alzaron e rebela-ron contra todos los Españoles, que en estas partes estaban, en tal mane-ra, que al tiempo que se rebelaron, el dicho capitán e nosotros estábamos en la dicha ciudad de Temistitán para ir a servir a V. M. adonde por el dicho capitán nos fuese mandado, los dichos Indios nos cercaron dándonos muy recio combate e guerra, en tal manera, que viendo el dicho riesgo que tení-amos e peligro en que estábamos, por ser la dicha ciudad muy fuerte, e las casas de ella de azoteas e terrados cercados de agua, e que los Indios se aprovechaban en la dicha guerra de los dichos Españoles desde las dichas azoteas e terrados, desde donde los herían y fatigaban, y los dichos Españoles no se podían aprovechar de ellos, e que la salida de la dicha ciu-dad era muy mala, por tener en ella los dichos Indios recias fuerzas en muchas puentes que en ella hay, e que cada día las fortalecían más; e que tardándose en salir de la dicha ciudad, ninguno podía escapar; por manera que el dicho capitán, por importunidad de muchos de los que con él en la dicha ciudad estábamos, acordó de salir della, e a la salida se recrecieron innumerables Indios defendiéndola, en lo cual mataron cierto número de Españoles e caballos, e tomaron mucho oro e joyas, así de V. A. como de muchos de nosotros, en más cantidad de cuatrocientos mil pesos de oro; e los dichos Indios en el dicho alzamiento por otras partes han hecho otros muchos daños, en tal manera, que se halla por cuenta que así en la dicha ciudad como en sus provincias y en las otras que se rebelaron, han muerto más de quinientos Españoles que iban a la dicha ciudad en seguimiento del dicho capitán general para servir a V. M. en lo que les fuera mandado, según que de todo a V. M. será hecha por nuestra parte más entera relación; e aun con todo el dicho alzamiento, de que ha sido causa el dicho Diego Velázquez e Pánfilo de Narváez, el dicho capitán con todo amor e benevolencia e por las vías que han sido más necesarias, ha tornado a pacificar e poner debajo de su real señorío muchas provincias de las que se habían alzado y rebelado; por manera que a nosotros nos ha movido, viendo los muy señalados servicios que el dicho capitán ha fecho en estas partes, poniéndose, como ha puesto, a mucho riesgo e peligro de su persona, e se espera, según está informado de muchas más tierras e riquezas que en estas partes hay, que a V. M. hará en ella muy más señalados servicios; e porque nos parece que a su real servicio conviene que en el dicho capitán estén los dichos cargos e oficios e no en otro ninguno, por lo que dicho es, y porque todos los que en su real servicio andamos en estas partes en conquistar e pacificar los Indios e naturales dellas lo deseamos tener por nuestro capitán e justicia mayor, porque de él somos tenidos en paz e justicia, e conviene que así sea para la buena pacificación e población de estas partes, porque los dichos Indios que han venido e vienen para servir a V. M., de él han sido e son bien tratados; e fama del buen tratamiento que les ha fecho e hace, muchos de los Indios que se rebelaron han venido e vienen a él a se someter debajo del dominio e señorío de V. M. como lo habían fecho, e así esperamos que vengan muy presto los Indios, así de la dicha ciudad como de las otras ciudades e tierra a ella sujetas; e si otro viniese con los dichos cargos e oficios, como el dicho Narváez se nombraba que los tenía, sería causa que se tornasen a rebelar los dichos Indios, como lo hicieron cuando el dicho Narváez vino, por no saberse que los trujese; e alzándose e rebelándose otra vez, para los tornar a ganar e poner de paz, sería con mucho trabajo, e costas, e daños, e muertes; e por ser las gentes de estas partes innumerables, e tener muchas fuerzas, e ser guerreros, como lo hemos visto por experiencia e obra en lo hasta ahora descubierto; por lo que a V. M. suplicamos e pedimos, que pues los dichos Diego Velázquez e Pánfilo de Narváez han sido causa de tantas muertes e daños, como dicho es; e pues al dicho Diego Velázquez no pertenecen los dichos oficios e cargos ni alguno de ellos, no embargante cualquiera merced que V. M. le hiciese justamente, la dicha merced no fue fecha verdadera relación, porque si de la verdad fuera V.M. informado, la dicha merced no le fuera concedida ni fecha, como si necesario fuese por nuestra parte será hecha; e en semejantes tierras que nuevamente se empiezan a poblar e pacificar, como ésta, de nuevo, que por V. M. al presente conquistamos e poblamos, porque no se impida y cese de hacer, no se debe de dar lugar a pleitos, ni debates, ni diferencia, especialmente siendo esta tierra como es tan grande e rica, e por cualquiera impedimento que en ella hubiese, a V. M. será hecho gran deservicio por todo lo que dicho es; e pues que el dicho capitán Hernando Cortés en todo lo hecho hasta agora, a V. M. ha hecho muy señalados servicios, e esperamos que hará, por estar informado de las cosas de estas partes y de las riquezas de ellas; e pues que conviene a la buena población e pacificación de esta tierra, que V. M. sea servido de nos le mandar dar por nuestro capitán e justicia mayor en estas partes por V. M., como lo ha sido e al presente lo es, antes que a otro ninguno, porque en ello a nosotros será hecha muy señalada merced, e excusarse han los impedimentos e debates que se esperan haber, a causa que por parte del dicho Diego Velázquez no fue hecha a V. M. verdadera relación para poder hacer la dicha merced de los dichos oficios e de cada uno de ellos: e en todo mande proveer aquello que más convenga a su real servicio, e a la buena población e pacificación de la tierra.

Pedro de Alvarado, alcalde. Diego de Ordaz, regidor. Cristóbal Dolí. Juan Rodríguez de Villafuerte. Luis de Marín, alcalde. Pedro de Ircio, alcalde. Francisco de Orozco, regidor. Cristóbal Martín de Gamboa. Francisco de Solís. Cristóbal Corral, regidor. Alonso Dávila. Rodrigo Álvarez Chico. Diego de Valdenebro. Juan de Salamanca. Bernardino Vázquez de Tapia. Gonzalo de Sandoval. Juan Jaramillo. Juan de Mansilla. Sebastián de Porras. Antonio Quiñones. Martín Paz. Pedro Rodríguez de Escobar. Antonio de Villaroel. Luis de Ojeda. Francisco de Vargas. Sebastián de

Grijalva. Francisco de San Martín. Juan Bono de Quexo. Cristóbal de Guzmán. El bachiller Alonso Pérez. Gutierre de Badajoz. Gerónimo de Aguilar. Alonso de Mendoza. Andrés de Tapia. Gómez de Alvarado. Vasco Porcallo. Pedro de ... Alonso de Castillo Hernando de Lerma. Hernán Gutiérrez. Alonso de Morales. Hernando *Hallaus*. Pedro de Villalobos. Juan del Valle. Antonio de Villafranca. Alonso Romero. Andrés de Portillo. Lope de Ávila. Hernando Jerez. Gutierre de Samos. Alonso de *Alduines*. Alonso Nortes. Nicolás Gómez. Juanes Terrón. Francisco de Estrada. Lucas Juan López. Pero Sánchez. Martín García. Juan de León. Juan Díaz, clérigo. Francisco Daza de Alconchel. Bartolomé Franco. Francisco Maldonado. Juan Rico de Alanis. Antonio de Quemada. Mendo Juárez. Juan López. Pedro Bamba Cabeza de Vaca. Juan López. Juan Navarro. Juan Zamudio. Juan Bueno. Juan Volante. Rodrigo de Salazar. Alonso González. Juan García Méndez. Diego de Mola. Francisco Velázquez. Alonso de la Puente. Francisco Montaño. Juan de Vergara. Alonso de Trujillo. Alonso de... Juan Rodríguez. Alonso de Contreras. Cristóbal Ortiz. Andrés Campos. Alonso Álvarez. Agustino Pérez. Martín Vélez. Pedro Nieto. Alonso Quintero. Bautista Genovés. Francisco García, teniente. Bartolomé Alonso de la Puebla Juan Rubio. Diego Naipes. Pedro Romero. Cristóbal Rodríguez. Juan de *Axeces*. Francisco de Casanova. Alonso Morcillo. Francisco de Alburquerque. García de Bibriesca. Domingo Martín. Francisco Márquez. Sancho de Barahona. El comendador Leonel de Cervantes. Miguel de Villasanta. Alonso de Ojeda. Francisco de Lugo. Francisco de Arévalo. Francisco García. Alonso de... Antón de Molina. Francisco Quintero. Francisco Bernal. Juan de Alcántara. Pedro López. Ramón Ginovés. Luis de Cárdenas. Hernando de *Llanimpinto*. Luis de Frías. Andrés Valiente. Martín de Jaén. Antonio de Saldaña. Benito de Vejer. Pedro Rodríguez Carmona. Rodrigo de Nájara. Francisco Vázquez. Juan de Cárdenas. Francisco Marroquí. Rodrigo de Castañeda. Juan de Zamudio. Alonso de Salvatierra. Bartolomé Tamayo. Juan Durán. Pedro Romero. Juan de Villacorta. Pedro Zamorano. Alonso de Salamanca. Sebastián Benítez. Pedro Gómez. Juan Bautista. Diego Fernández. Luis Velázquez. Diego Sanabria. Gonzalo Sobrino. Cristóbal Martín. Francisco de Castro. García de Aguilar. Pedro de Sepúlveda. Diego Moreno. Nicolás *Palacios*. Alonso de Navarrete. Pedro de Benavente. Blasco Hernández. Martín de Vergara. Alonso *Cabello*. Pedro de Villaverde. Pedro Romero. Pedro Moreno. Juan Larios. Pedro Vizcaíno. Alonso del Rio. Juan Ballesteros. Gaspar de Tarifa. Gonzalo de Solís. Marcos Ginovés. Pedro Gallego. Hernando de Torres. Juan Rodríguez. Juan de Leiva. Esteban de Ponte. Francisco Rodríguez. Alonso de Pastrana. Juan *Tomboria*. Pedro Gallardo. Sebastián de Lorca. Francisco de... Francisco de Utrera Núñez. Pedro Valencia. Hernando de Aguilar. Hernando Dozma. Alonso Rieros. Juan Sedeño. Diego Juárez. Diego Rubio. Pedro Ruiz. Alonso Esturiano. Juan de Cabra. Cristóbal Gallego. Diego Castellano. Juan Rico. Juan Pérez. Domingo Ginovés. Pedro de Abarca. Juan de Placencia. Francisco López. Juan de Nájara. Alonso de Gibraltar. Martín de Chaves. Juan Ortiz. Juan de Santana. Pedro Hernández. Francisco de Evia. Hernán Martín. Andrés García. Juan de Grijalva. Pedro Sabiote. Pedro Calvo. Rodrigo Fernández. Martín Soldado. Pedro de Villoria. Martín de la Cruz. Alonso Núñez. Diego Díaz. Andrés Farfán. Francisco Velázquez. Pedro García. Gonzalo de Al... Rodrigo Ramírez. Miguel Jiménez. Diego de Santiago. Juan Fernández Macías. Felipe Napolitano. Nuño Gentil *Rey*. Esteban *Can...* Diego de Ayamonte. Diego Montero. Francisco de Gil. Bartolomé de Campos. Juan Vizcaíno. García Martín. Miguel Gómez. Juan Flamenco. Antón de Veintemilla. Alonso García. Tomás de Riscola. Juan Cermeño. Pedro de Rodas. Martín de las Casas. Álvaro González. Gonzalo Sánchez, Andrés Alonso. Nicolás Rodríguez. Bartolomé de Villanueva. Jorge de Alvarado. Sebastián Olanos. Francisco de Alvarado. Hernando Lozano. Juan de Arriaga. Juan Ramos de *Torres*. Pedro de Alanis. Cristóbal Pacheco. Antonio de Silva. Bartolomé Román. Francisco de Santa Cruz. Álvaro Becerra. Pedro de Abascal. Andrés de Monjaraz. Diego Holguín. Gómez Gutiérrez. Julián de la Muda. Pedro González de Harinas Alcázar. Alonso Fernández. García de Espíndola. Andrés de Santiesteban. Bernardino de Santiago. Juan Méndez. Juan de Aparicio. Alonso Quiñones de Herrera. Juan Fraile. Juan de... Juan Pérez de *Aquitiano*. Juan de *Yajestas*. Francisco *Moralesnetros*. García del Pilar. Francisco de... Juan de... Cristóbal Hernández. Diego de Villareal. Pedro de Guzmán. Andrés Alonso. Gonzalo Gutiérrez. Gonzalo Mejía. Hernando de Frías. Andrés de Eibar. Pedro del Arnés de Sopuerta.

Francisco de Oliveros. Alonso de Jerez. Francisco de Bernal. Guillen *Tillalo*. Hernando Burgueño. Hernán Llanos. Francisco Martín. Hernando de Toral. Francisco Vázquez. Fray Bartolomé. Alonso de Villanueva. Francisco López. Francisco Rodríguez. Diego de Porras. Alonso de Herrera. Pedro González. Diego Badales. Maestre Juan. Cristóbal Díaz. Juan de Ávila. Juan Bellido. Pedro de Solís. Hernando de Rojas. Alonso Bello. Gonzalo Domínguez. Gerónimo Salinas. Juan de Cuéllar. Juan Ochoa de Elexalde. Alonso de Portillo. Pedro Gutiérrez de Valdelomar. Alonso Basurto. Juan Pérez. Francisco Dolanos. Juan de Cuéllar. Alonso de Torres. Lorenzo *Dava*. Hernando de Tapia. Alonso de Ledesma. Juan Moreno. Gregorio Sedeño. Diego de Soto. Bartolomé López. Ginés Pinzón. Juan Pinzón. Luis de... Hernando de Robles. Alberto de Cisneros. Juan García. Garci Caro Gutiérrez. Juan Gómez. Diego Martín. Diego de Llerena. Diego de Salamanca. Juan Álvarez. Pedro Fernández. Gaspar Alemán. Hernán de Trujillo. Hernando Juárez. Gonzalo de Lagos. Juan Carlos de San Remón. Juan del Puerto. Andrés Núñez. Cristóbal Garrido. Cristóbal Flores. Francisco Flores. Sebastián de Duero. Ochoa de Azúa. Tomás de Gaona. Esteban Colmenero. Juan Ceciliano. Gonzalo López. Martín López. Andrés de Trujillo. Francisco del Barco. Gerónimo Tebiano. Juan Bono. Hernando Porego. Alonso de Yerena. Pedro de Jibaja. Alonso de Villanueva. Juan Jiménez. Hernando de Illescas. Maestre Pedro. Bartolomé Sánchez. Sancho de Salcedo. Juan de Ávila. Pedro de las Asturias. Cristóbal Farfán. Diego... Alonso de Cárdenas. Pedro Gutiérrez. Antón Bravo. Gaspar Gutiérrez. Alonso Pérez. Martín del Puerto. Domingo Gómez. Álvaro Pérez. Gómez de Balderrama. Pedro Rodríguez. Simón López Gabriel. Juan Mayor. García... Juan de Valladolid. El bachiller Alonso Pérez. Pedro Centeno. Alonso Gutiérrez Nájera. Juan de Valladolid. Juan Muñoz. Pedro Álvarez. Alonso Hidalgo. Martín Dorantes. Pedro González Nájara. Francisco García. Pedro de Ocaña. Pedro Blanes. Melchor de San Miguel. Rodrigo de Peña. Juan de Manzanilla. Pedro de Trujillo. Martín Fernandez. Martín Barahona. Pedro Fernandez. Diego de Fonseca. Francisco de Aguilar. Lucas Montañés. Bartolomé de Paredes. Lucas de Escalona. Cristóbal Martín. Juan de Rivera. Juan Rodríguez. Pedro Calvo. Juan de Carmona. Antón de Rodas. Francisco de Salazar.

Juan *Avalano*. Gonzalo de Uriola. Juan de Cáceres. Alonso de *Nasciel*. Gonzalo de Medina. Juan Melgarejo. Alonso Fernández. Andrés de Hoces. Antón Gabarro. Gonzalo Martín...Gonzalo Hernando Cortés de Mérida. Lorenzo Payno. Benito Gallego. Alonso de Toledo. Juan Montañés. Bernardino de Oviedo. Juan de Morales. Juan... Martín de Morales. Rodrigo de Valladolid. Hernando Rodríguez de Prado. Gregorio Muñoz. Alonso de Salamanca. Diego Gómez Cornejo. Lorenzo González. Juan de Trevejo. Pedro del Barco. Pedro de Palma. Pedro de S... Juan de Espinosa. El Vizcaíno. Gonzalo de *Valte*. Martín de Segura. Rodrigo González. Rodrigo de Moguer. Bartolomé Pardo. Esteban de Carmona. Martín de *Oredo*. Sebastián Rodríguez. Diego Martín. Pedro de *Xorista*. Rodrigo Rengel. Antonio de Arizavalo. Simón de Cueva. Pedro de Maluenda. Francisco Solís. Juan Díaz. Juan de Jerez. Juan Ruiz de Viana. Martín Dircio. Juan Vélez de Abella. Pedro Domínguez. Pedro de Villar. Benito Pérez Cuenca. Juan de Almodóvar. Juan de Maya. Pedro de Mendía. Juan Gómez. Gonzalo de Robles. Juan de Espinar. Francisco de Vega. Juan Durán. Diego Bermúdez. Bartolomé de Porras. Juan Álvarez. Rodrigo de Ávila. Juan de Moguer. Francisco Díaz. Alonso *Lores* Baena. Juan Salgado, Gonzalo García, García Paz, Juan García Camacho. Juan... Juan García. Francisco de Escobedo. Francisco Ballesteros. Pedro Báez, Juan de Aguilera. Juan Antón *Reciño*. Gonzalo Rellero. Andrés de Mola. Juan de Tapia. Francisco Miguel de Salamanca. Gaspar de Ávila. Bartolomé Xanuto. Juan de Madrigal. Tomás Rojo. Francisco Gallego. Francisco Morales. García Alonso Galeote. Juan de Solórzano, Diego de Porras. Hernando de Rivera. Hernán Muñoz. Juan de Avo. Hernando Cabrero. Alonso Fernández. Alonso Sánchez de Montejo. Hernando de Porras. Alonso Fernández Pablos. Juan Álvarez Galeote. Alonso Ortiz. Alonso de Moro. Diego Ruiz de *Yesares*. Cristóbal Lobato. Alonso Montes. Gonzalo de Arcos Cervera. García Fernández. Gonzalo GordilloHernando de *Avesalla,* escribano de S. M.

Son quinientos cuarenta y cuatro, que en aquella época era la mayor parte del ejército de Hernán Cortés. Es notable que no se halle el nombre de Bernal Díaz del Castillo. -(Dice en el cap. 134 de su *Historia*, que estaba muy enfermo de calenturas hacia el tiempo en que fue escrita esta carta, la que probablemente acompañó a la segunda de Cortés, cuya fecha es de octubre de 1520 *W. H. Prescott.*)

Por copia fehaciente en el legajo 4º de la Residencia de Hernan Cortés, pieza 1ª, desde fol. 12 hasta 22 v.

Contuli LEMBKE. *Id.* H. W.

Demanda de Ceballos en nombre de Pánfilo de Narváez, contra Hernando Cortés y sus compañeros

M. P. S Hernando de Ceballos, en nombre de Pánfilo de Narváez, gobernador e capitán general de las tierras y provincias de la Florida &c., e adelantado de las dichas tierras, e por virtud del poder que de él tengo para en todas sus causas civiles y criminales, e licencia de V. M. para poder acusar en su nombre, por estar, como está, ocupado en vuestro servicio, en la conquista e pacificación de las dichas tierras; me querello criminalmente ante V. M. de Hernando Cortés, e de Alonso Dávila, e de Jorge de Alvarado, e de Gómez de Alvarado, e de Luis Marín, e de Juan Jaramillo, e de Andrés de Tapia, e de Pedro Sánchez Farfán, e de Juan Rodríguez de Villafuerte, e de Rodrigo de Villandrando, e de... de Valdelomar, e de Juan de Limpias, e de Francisco Álvarez, e de Cristóbal Martín de Gamboa, e de Francisco Maldonado, e de Francisco de Solís, e de Martín Vázquez, e de Francisco Bonal, e de Alonso Romero, e de Juan Ochoa de Lejalde, e de Francisco de Mesa, e de Francisco Rodríguez, e de Francisco Rodríguez Flores, e de Juan Siciliano, e de Juan Castaño, e de Bartolomé Fernández, e de Antón del Río, e de Guillén de Loa, e de Andrés Martínez, e de Bartolomé López, e de Diego Sánchez Sopuerta, e de Rodrigo de Segura, e de Francisco de Terrazas, e de Alonso de la Serna, e de Andrés de Monjaraz, e de Gerónimo del Águila, e de Hernando Martín Herrero, y de Cristóbal Corral, difunto, y de Gonzalo de Sandoval, difunto, de Rodrigo Rangel, difunto, e de Gonzalo de Alvarado, difunto, e de Hernando López Dávila, difunto, e de Rodrigo Álvarez Chico, difunto, e de Domingo García, difunto, e de Pedro de Ircio, difunto; e de otros sus consortes, que articulando protesto declarar; e haciendo relación de lo dicho, digo: que siendo Diego Velázquez gobernador e capitán general por V.M. en las tierras e provincias que descubriese e hiciese descubrir e enviase a poblar, envió por capitán con una armada que hizo, al dicho Hernando Cortés, desde la isla de Cuba, e con él a todos los susodichos e a otras muchas personas que con él vinieron a estas partes; e habiendo llegado e desembarcado en ellas, viendo el dicho Cortés la riqueza de la tierra e disposición de ella, e la mucha gente que en ella había para se poder ayudar, e la buena voluntad con que lo recibían, e la gran distancia que había desde estas partes a los reinos de España, que la costa no tenía puertos do pudiese estar armada, como el dicho Hernando Cortés era persona de baja condición e manera, que el dicho Diego Velázquez le había sacado de ser teniente de escribano en Azúa, e lo había llevado consigo a la dicha isla de Cuba, donde le honró con cargos e oficios, e le envió a esta tierra, como dicho es; e que los otros sus consortes que con él envió, eran mancebos que estaban en la dicha isla sin tener ninguna cosa, e que habían de hacer su voluntad, poniéndole, como les puso, en esta tierra; reinando el diablo en el pensamiento del dicho Hernando Cortés, como hizo Lucifer trató de se levantar, no solamente contra el dicho Diego Velázquez, que así de nada le había hecho más, y aun contra V. M.; e platicándolo con los susodichos, que los más eran de su tierra, e con otros que trujo a su luciferino pensamiento, a ciertos días de los meses de mayo e junio del año pasado de 1519 años, el dicho Hernando Cortés tuvo artes e mañas para se desistir del dicho cargo e capitanía que del dicho Diego Velázquez traía, con que los susodichos e otros de la comunidad que consigo traía, que para ello le ayudaron, le eligiesen, como le eligieron, por su capitán; queriendo un Juan Escudero e otros tres o cuatro ir a un bergantín, a dar mandado al dicho Diego Velázquez de la dicha maldad del dicho Hernando Cortés, los prendió, e ahorcó al dicho Juan Escudero e a Rodrigo Cermeño, e a otro cortó un pié, e dio con todos los navíos del armada al través, excepto dos de ellos que dejó; y esto hecho, el dicho Hernando Cortés comenzó a capitanear y gobernar en estas partes con la dicha su comunidad, donde hizo muchas crueldades de muertes e prisiones e tiranías, robos e sacos, fuerzas, matando a los naturales de estas partes que de tan buena voluntad lo habían recibido, robándoles sus haciendas e haberes, e teniendo a los señores en cepos e prisiones porque se lo diese, asándolos vivos algunos de los criados de los dichos señores, porque le descubriesen los tesoros, e dellos tomándoles sus mujeres e hijas, teniendo formas e maneras que ellos e los Españoles que consigo tenía le temiesen como a tirano; e siendo el dicho Diego Velázquez de la dicha maldad informado e sabidor, se envió a quejar a V. M., e V. M. le mandó dar sus provisiones reales de gobernador e de otras partes, con las cuales e con su poder subdelegado, el dicho Diego Velázquez envió al dicho Pánfilo de Narváez por su teniente a gobernar en esta tierra por V. M.: el cual vino con una gruesa armada e mucha gente de pie e de caballo, bastimentos, artillería e munición a la gobernación; como el dicho Hernando Cortés tenía pensado e platicado con todos los susodichos la traición que quería cometer, tenía al dicho Gonzalo de Sandoval por su teniente en la Villa Rica, que tenía poblada para resistir a los que viniesen; y estando el dicho Hernando Cortés en esta ciudad de México, el dicho mi parte llegó con la dicha armada por el mes de abril o mayo del año de 1520 años, a un puerto de esta tierra que se llama San Juan de Lua, que es cerca de donde la dicha Villa Rica estaba poblada, e desde allí envió el treslado autorizado de las dichas provisiones de V. M. e de sus poderes, al dicho Hernando Cortés e al dicho Gonzalo de Sandoval, con... de Guevara, clérigo, e con Alonso de Vergara, escribano, e con Antonio de Maya, para los notificar e requerir que obedeciesen las dichas provisiones; e sabido esto por el dicho Gonzalo de Sandoval, no mirando ni acatando la denidad sacerdotal del dicho Guevara, ni la facultad que el dicho escribano tenía, como tenía platicada la dicha traición el dicho Hernando Cortés con él, prendió a los susodichos, e con prisiones los envió a esta ciudad al dicho Hernando Cortés; y esto hecho, el dicho Gonzalo de Sandoval tomó juramento a todos los vecinos de la dicha villa para que no obedeciesen las dichas provisiones ni acudiesen al dicho Pánfilo de Narváez, salvo al dicho Hernando Cortés; e luego alzó e despobló el dicho pueblo de la Villa Rica, y se fue con los vecinos a un pueblo de Indios que se llama Papulo, que está cerca de allí en un lugar fuerte; e el dicho Hernando Cortés recibió los dichos presos, y ellos le dijeron a lo que iban; e luego el dicho Cortés envió a Rodrigo Álvarez Chico, e a Pedro Hernández, escribano, con un mandamiento, en que mandaba al dicho Pánfilo de Narváez, que luego saliese de la tierra e se tornase a embarcar, so pena de muerte e perdimiento de bienes; e a la sazón que esto pasó, un... Pinedo habiendo visto la traición del dicho Cortés, e sabido que el dicho Pánfilo de Narváez venía con provisiones de V. M., escondidamente se partió de esta ciudad para ir donde estaba el dicho Narváez, e el dicho Hernando Cortés mandó a Montezuma, señor de esta ciudad, que luego lo enviase a buscar e lo hiciese matar; el cual lo hizo así, e lo mataron, e muerto se lo trujeron al camino al dicho Hernando Cortés en una hamaca; y el dicho Rodrigo Álvarez Chico, e Pedro Hernández, escribano, fueron a Zempoal, donde el dicho Pánfilo de Narváez estaba, e allí le notificaron el mandamiento del dicho Hernando Cortés, a los cuales, e a Fray Bartolomé a otros que de parte del dicho Hernando Cortés fueron, el dicho Pánfilo de Narváez les mostró las provisiones reales de V. M. e poderes que traía para gobernar; e por no alterar más al dicho Cortés ni dalle materia para más errar, con mucho seso e concierto le respondía para le aplacar: que él le tenía por hijo, e que lo había de tener e tratar como a hijo, a él e a todos los que con él venían, e que obedeciesen las provisiones de V. M. e no se pusiesen en hacer lo contrario; e tornó a enviar a Alonso de Mata, escribano, e a Bernardino de Quesada con el treslado autorizado de las dichas provisiones e poderes, para los notificar al dicho Hernando Cortés, e les requerir que las obedeciesen e le dejasen libremente gobernar esta tierra por V. M., los cuales hallaron en Tlaxcala, que iban de camino contra el dicho Pánfilo de Narváez, e allí se las notificaron; e el dicho Hernando Cortés, como traidor e tirano, fue tan rebelde, que no sólo no quiso obedecer las dichas provisiones de V. M. ni entregarles la dicha tierra e jurisdicción, mas prendió al dicho Alonso de Mata, escribano, porque se las notificaba, e púsole preso en su pie de amigo, e proveyó ciertos capitanes para que fuesen a apercibir los Indios infieles naturales de esta tierra, que fuesen en favor contra el dicho Pánfilo de Narváez, el uno de los cuales dichos capitanes se llamaba Heredia, que fue al dicho Mitlata, de donde sacó y llevó contra el dicho mi parte tres mil hombres, poco más o menos, armados con picas e otras armas de la tierra; e estando el dicho Pánfilo de Narváez en la ciudad de Zempoal, salvo e seguro debajo de la protección e amparo de V. M. e de sus provisiones, con intención e propósito de no romper con el dicho Hernando Cortés, por no alterar los Indios de la tierra, ni dalle materia para que los alterase, o más errase, trabajando de llevar los negocios con él por bien, el dicho Hernando Cortés rió de V. M. como traidor alevoso, sin apercibir al dicho mi parte, con un diabólico pensamiento e infernal osadía, en contento, e menosprecio de V. M. e de sus provisiones reales, no mirando ni acatando la lealtad que debía a V. M., presidiendo en la Iglesia de Dios Nuestro Señor, nuestro muy Santo Padre... Séptimo, e reinando en estos reinos e señoríos de España V. M., que Dios deje vivir e reinar por largos tiempos e buenos, el dicho Cortés dio un mandamiento al dicho Gonzalo de Sandoval para que prendiese al dicho Pánfilo de Narváez, e si se defendiese, que lo matase; y esto hecho, en un día del mes de mayo del año del Señor de mil y quinientos e veinte años, el dicho Hernando Cortés e el dicho Sandoval, e todos los sobredichos con ellos, fueron sobre el dicho Pánfilo de Narváez de noche a media noche, a los aposentos de la dicha ciudad de Zempoal donde estaba aposentado, e con mucha otra gente que consigo llevaba, todos armados de fuste e de hierro a punto de guerra, con armas ofensivas e defensivas, dándose favor los unos a los otros, e los otros a los otros, combatieron al dicho Pánfilo de Narváez e pusieron fuego a un cuarto donde estaba aposentado con cierta gente, e allí le dieron muchas heridas, lanzadas e cuchilladas, de que le cortaron el cuero e la carne, e le salió mucha sangre, e le quebraron el ojo izquierdo, e le prendieron, e el dicho Alonso Dávila le sacó las dichas provisiones reales de V. M. del seno, teniéndolo preso e abrazado el dicho Pero Sánchez Farfán, e dando voces el dicho Pánfilo de Narváez de cómo se las sacaban, haciendo testigos a los circunstantes; e allí le mataron quince hombres que murieron de las heridas que les dieron, e les quemaron seis hombres del dicho incendio, que después parecieron las cabezas dellos quemadas, e pusieron a sacomano todo cuanto tenían los que venían con el dicho mi parte, como si fueran Moros, y al dicho mi parte robaron e saquearon todos sus bienes, oro e plata e joyas e jaeces, e tres caballos, e tres esclavos negros, e todas las escrituras de deudas que se le debían, e armas e artillería e munición e provisiones e mantenimientos, no sólo de la dicha ciudad de Zempoal, mas de los navíos que el dicho mi parte trujo, e estaban señores en el dicho puerto, e dio con los once navíos que el dicho mi parte allí tenía, al través, e les hizo quemar; e así preso el dicho Narváez, sin darle lugar a que curase, sino ensangrentado de las dichas heridas que le dieron, e el dicho ojo quebrado, el dicho Cortés le envió preso a la Villa Rica; e luego desde a dos días que esto pasó, llegó a la dicha ciudad de Zempoal el dicho Heredia, capitán con el dicho Cortés, con los dichos tres mil hombres Indios infieles que llevaba derechamente armados como dicho es, los cuales entraron dando grita por los patios de la dicha ciudad de Zempoal; en el cual dicho saco, el dicho Cortés e los susodichos que con él iban robaron e saquearon al dicho mi parte los dichos sus bienes e cosas, que podían valer cien mil castellanos de buen oro; y preso y saqueado el dicho mi parte, el dicho Cortés le tuvo preso con muy ásperas prisiones tres años, poco más o menos, e con guardias que nadie no le pudiese ver; e aquellos pasados, le quitó las prisiones e le tuvo preso otros dos años, que no le dejó salir desta tierra, de cuya causa el dicho mi parte perdió otros doscientos mil castellanos de buen oro que pudiera haber en esta tierra de provechos e granjerías de las cosas della e derechos de su capitanía e gobernación, si el dicho Cortés e los susodichos que con él estaban obedecieran las dichas provisiones de V. M. como eran obligados, e dejaran la dicha gobernación al dicho mi parte, e no lo prendieran como le prendieron: e demás desto digo: que perseverando el dicho Cortés e los susodichos que con él estaban, en su mal propósito, añadiendo ferror a ferror e delito a delito, llevando adelante su traición y tiranía, cuando V. M. tornó a enviar con sus provisiones reales a gobernar esta tierra a Cristóbal de Tapia, habiendo desembarcado en la Villa Rica, el dicho Hernando Cortés envió contra él a los susodichos e otra mucha gente, ficiéronle volver del camino, que venía a esta ciudad, e por fuerza muy aviltadamente le hicieron embarcar en sus navíos; e no contentos con esto, añadiendo más delito a delito e ferror a ferror, rebelación a rebelación, traición a traición, enviando como enviaba V. M. a gobernar la provincia de Pánuco a Francisco de Garay, para tener por alguna parte entrada en la tierra e que un tan bajo hombre como el dicho Cortés no se le desmandase; el dicho Cortés envió sobre el dicho Garay a la dicha provincia de Pánuco mucha gente de pie e de caballo a punto de guerra, con Pedro de Alvarado e Diego de Ocampo, los cuales saltearon los capitanes del dicho Francisco de Garay, e les tomaron sus armas e caballos, e le derramaron la gente que traía para conquistar e poblar la dicha provincia, e trujeron al dicho Francisco de Garay en son de preso a esta ciudad, de cuya causa viendo los Españoles derramados, los Indios de la dicha provincia se alzaron e mataron trescientos Españoles e más, de los que el dicho Francisco de Garay consigo traía; lo cual el dicho Hernando Cortés e los sobredichos e todos los otros que para ello le dieron favor e ayuda, cometieron gravísimos e atrocísimos delitos, e incurrieron en pena de traidores, alevosos, tiranos, incendiarios, homicidas, salteadores, robadores e saqueadores, e son por ello dinos e merecedores de muy grayes penas criminales capitales, establecidas en derecho contra los que tan atrocísimos crímenes e delitos cometen; por lo que pido e suplico a V. M. pronuncie e declare los susodichos ser hechores, cometedores e perpetradores de los dichos delitos e maleficios, e ser dinos e merecedores de muchas e graves penas civiles e criminales, establecidas en derecho contra los que semejantes delitos e maleficios hacen e cometen, en las cuales les condene, e las mande ejecutar en sus personas e bienes, y en los bienes de los muertos, por ser como son infamados de tan enormes delitos; porque justo es que pues no pueden ser punidos en las personas, que sean penados en sus bienes; e incidente de vuestro real oficio que imploro, pido e suplico a V. M. les condene en los dichos trescientos mil pesos de oro que así robaron e saquearon al dicho mi parte e le hicieron de daño, según dicho es; e condenados, que los mande dar e pagar con las costas, e sobre todo serme hecho cumplimiento de justicia, e en lo necesario vuestro real oficio imploro; e juro a Dios e a Santa María y a la señal de la Cruz, que esta querella no la doy maliciosa, sino por alcanzar cumplimiento de justicia.

Otrosí pido e suplico a V. M. que me mande recibir testigos de información cerca de lo susodicho, e les mande preguntar por el escrito de interrogatorio que para ello dieron, e me mande dar mandamiento para prender los que se hallaren culpados, e albalá de pregones para llamar los ausentes, e citatoria para llamar a pregones a los herederos de los difuntos, para que parezcan a los defender cerca de lo susodicho, y estar conmigo a derecho sobre la dicha razón; e sobre ello pido serme fecho entero cumplimiento de justicia &c.

Va esta demanda en la Residencia que se tomó a Nuño de Guzmán en 531, de letra de un malvado escribiente que puso mil *desatinos*ContuliMUÑOZ. «Falta la fecha». -LEMBKE. H.W.

Ordenanzas militares y civiles mandadas pregonar por don Hernando Cortés en Tlaxcala, al tiempo de partirse para poner cerco a México

Este día a voz de pregonero publicó sus ordenanzas, cuyo proemio es éste: Porque por muchas escrituras y crónicas auténticas nos es notorio e manifiesto cuanto los antiguos que siguieron el ejercicio de la guerra, procuraron e trabajaron de introducir tales y tan buenas costumbres y ordenaciones, con las cuales y con su propia virtud y fortaleza, pudiesen alcanzar y conseguir victoria y próspero fin en las conquistas y guerras que hubiesen de hacer y seguir; e por el contrario vemos haber sucedido grandes infortunios, desastres e muertes a los que no siguieron la buena costumbre y orden que en la guerra se debe tener, e les haber sucedido semejantes casos con poca pujanza de los enemigos, según parece claro por muchos ejemplos antiguos e modernos que aquí se podrían expresar; e porque la orden es tan loable, que no tan solamente en las cosas humanas, mas aun en las divinas se ama y sigue, y sin ella ninguna cosa puede haber cumplido efecto, como que ella sea un principio, medio y fin para el buen regimiento de todas las cosas: por ende, yo Hernando Cortés, capitán general y justicia mayor en esta Nueva España del Mar Océano, por el muy alto, muy poderoso e muy católico Don Carlos, nuestro señor, electo rey de Romanos, futuro Emperador *semper augusto*, rey de España e de otros muchos grandes reinos e señoríos; considerando todo lo susodicho, y que si los pasados fallaron ser necesario hacer ordenanza e costumbres por donde se rigiesen e gobernasen aquellos que hubiesen de seguir e ejercer el uso de la guerra, a los Españoles que en mi compañía ahora están e estuvieren e a mí nos es mucho más necesario e conveniente seguir e observar toda la mejor costumbre y orden que nos sea posible, así por lo que toca al servicio de Dios Nuestro Señor y de la sacra católica Majestad, como por tener por enemigos y contrarios a la más belicosa y astuta gente en la guerra, e de más géneros de armas que ninguna otra generación, especialmente por ser tanta que no tiene número, e nosotros tan pocos y tan apartados y destituidos de todo humano socorro; viendo ser muy necesario e cumplidero al servicio de su Cesárea Majestad e utilidad nuestra, mandé hacer e hice las Ordenanzas que de yuso serán contenidas e irán firmadas de mi nombre e del infrascrito, en la manera siguiente.

Primeramente: por cuanto por la experiencia que habemos visto e cada día vemos, cuanta solicitud y vigilancia los naturales de estas partes tienen en la cultura y veneración de sus ídolos, de que a Dios Nuestro Señor se hace gran deservicio, y el demonio por la ceguedad y engaño en que los trae, es de ellos muy venerado; y en los apartar de tanto error e idolatría, y en los reducir al conocimiento de nuestra santa fe católica, Nuestro Señor será muy servido, y demás de adquirir gloria para nuestras ánimas con ser causa que de aquí adelante no se pierdan ni condenen tantos, acá en lo temporal sería Dios siempre en nuestra ayuda y socorro: por ende, con toda la justicia que puedo y debo, exhorto y ruego a todos los Españoles que en mi compañía fueren a esta guerra que al presente vamos, y a todas las otras guerras y conquistas que en nombre de S. M. por mi mandado hubieren de ir, que su principal motivo e intención sea apartar y desarraigar de las dichas idolatrías a todos los naturales destas partes, y reducirlos, o a lo menos desear su salvación, y que sean reducidos al conocimiento de Dios y de su santa fe católica; porque si con otra intención se hiciese la dicha guerra, sería injusta, y todo lo que en ella se hubiese obnoxio e obligado a restitución: e S. M. no tendría razón de mandar gratificar a los que en ellas sirviesen. E sobre ello encargo la conciencia a los dichos Españoles; e desde ahora protesto en nombre de S. M., que mi principal intención e motivo en hacer esta guerra e las otras que hiciere, por traer y reducir a los dichos naturales al dicho conocimiento de nuestra santa fe e creencia, y después por los sojuzgar e supeditar debajo del yugo e dominio imperial e real de su sacra Majestad, a quien jurídicamente el señorío de todas estas partes...

Ítem: por cuanto de los reniegos e blasfemias Dios Nuestro Señor es mucho deservido, y es la mayor ofensa que a su Santísimo Nombre se puede hacer, y por eso permite en las gentes recios y duros castigos; y no basta que seamos tan malos que por los inmensos beneficios que de cada día de él recibimos no le demos gracias, mas decimos mal y blasfemamos de su Santo Nombre; y por evitar tan aborrecible uso y pecado, mando que ninguna persona de cualquiera condición que sea, no sea osado decir no creo en Dios, ni pese, ni reniego, ni del cielo, ni no ha poder en Dios; y que lo mismo se entienda de Nuestra Señora y de todos los otros santos, so pena que demás de ser ejecutadas las penas establecidas por las leyes del reino contra los blasfemos, la persona que en lo susodicho incurriere, pague quince castellanos de oro, la tercera parte para la primera cofradía de Nuestra Señora que en estas partes se hiciere, y la otra tercera parte para el fisco de S. M., y la otra tercera parte para el juez que sentenciare.

Ítem: porque de los juegos muchas y las más veces resultan reniegos y blasfemias, e nacen otros inconvenientes, y es justo que del todo se prohíban y defiendan; por ende mando que de aquí adelante ninguna persona sea osada de jugar a naipes ni a otros juegos vedados, dineros ni preseas ni otra cosa alguna, so pena de perdimiento de todo lo que jugare, e de veinte pesos de oro; la mitad de todo ello para la cámara, e la otra mitad para el juez que lo sentenciare. Pero por cuanto en las guerras es bien que tenga la gente algún ejercicio, y se acostumbra y permítese que jueguen porque se eviten otros mayores inconvenientes; permítese que en el aposento donde yo estuviere se jueguen naipes e otros juegos moderadamente, con tanto que no sea a los dados; porque allí excusarse han de no decir mal, e a lo menos si lo dijeren serán castigados.

Ítem: que ninguno sea osado de echar mano a la espada o puñal, o otra arma alguna para ofender a ningún Español, so pena que el que lo contrario hiciere, si fuere hidalgo pague cien pesos de oro, la mitad para el fisco de S. M. y la otra mitad para los gastos de la justicia; y al que no fuere hidalgo se le han de dar cien azotes públicamente.

Ítem: por cuanto acaece que algunos Españoles por no velar e hacer otras cosas se dejan de apuntar en las copias de los capitanes que tienen gente; por ende mando que todos se alisten en las capitanías que yo tengo hechas e hiciere, excepto los que yo señalare que queden fuera dellas; con apercibimiento que desde ahora se les hace, que al que así no lo hiciere, no se le dará parte ni partes algunas.

Otrosí: por cuanto algunas veces suele acaecer que en burlas e por pasar tiempo algunas personas que están en una capitanía burlan e porfían de algunas de las otras capitanías, y los unos dicen de los otros y los otros de los otros, de que se suelen recrecer quistiones e escándalos; por ende mando que de aquí adelante ninguno sea osado de burlar ni decir mal de ninguna capitanía ni la perjudicar, so pena de veinte pesos de oro, la mitad para la cámara, y la otra mitad para los gastos de justicia.

Otrosí: que ninguno de los dichos Españoles no se aposente ni pose en ninguna parte, excepto en el lugar e parte donde estuviese aposentado su capitan, so pena de doce pesos de oro, aplicados en la forma contenida en el capítulo antecedente.

Ítem: que ningún capitán se aposente en ninguna población o villa o ciudad, sino en el pueblo que le fuere señalado por el maestre de campo, so pena de diez pesos de oro, aplicados en la forma susodicha.

Ítem: por cuanto cada capitán tenga mejor acaudillada su gente, mando que cada uno de los dichos capitanes tenga sus cuadrillas de veinte en veinte Españoles, y con cada una cuadrilla un cuadrillero o cabo de escuadra, que sea persona hábil y de quien se deba confiar, so la dicha pena.

Otrosí: que cada uno de los dichos cuadrilleros o cabos descuadra ronden sobre las velas todos los cuartos que les cupiere de velar, so la dicha pena; e que la vela que hallaren durmiendo o ausente del lugar donde debiere velar, pague cuatro castellanos, aplicados en la forma susodicha, y demas que esté atado medio día.

Otrosí: que los dichos cuadrilleros tengan cuidado de avisar y avisen a las velas que hubieren de poner, que puesto que haya recaudo en el real, no desamparen ni dejen los portillos o calles o pasos donde les fuere mandado velar, y se vayan de allí a otra parte, por ninguna necesidad que digan que les constriñe, hasta que sean mandados, so pena de cincuenta castellanos, aplicados en la forma susodicha al que fuese hidalgo; y si no lo fuere, que le sean dados cien azotes públicamente.

Otrosí: que cada capitán que por mí fuere nombrado, tenga y traiga consigo su tambor y bandera, para que rija y acaudille mejor la gente que tenga a su cargo; so pena de diez pesos de oro, aplicados en la forma susodicha.

Otrosí: que cada Español que oyere tocar el tambor de su compañía, sea obligado a salir e salga a acompañar su bandera, con todas sus armas en forma y a punto de guerra; so pena de veinte castellanos, aplicados en la forma arriba declarada.

Otrosí: que todas las veces que yo mandare mover el real para alguna parte, cada capitán sea obligado de llevar por el camino toda su gente junta, y apartada de las otras capitanías, sin que se entrometa en ella ningún Español de otra capitanía ninguna; y para ello constriñan y apremien a los que así llevasen debajo de su bandera, según uso de guerra; so pena de diez pesos de oro, aplicados en la forma susodeclarada.

Ítem: por cuanto acaece que antes o al tiempo de romper en los enemigos, algunos Españoles se meten entre el fardaje, demás de ser pusilanimidad, es cosa fea el mal ejemplo para los Indios nuestros amigos que nos acompañan en la guerra; por ende mando que ningún Español se entremeta ni vaya con el fardaje, salvo aquellos que para ello fueren dados e señalados; so pena de veinte pesos de oro, aplicados según que de suso se contiene.

Otrosí: por cuanto acaece algunas veces que algunos Españoles fuera de orden y sin les ser mandado, arremeten e rompen en algún escuadrón de los enemigos, e por se desmandar así se desbaratan y salen fuera de ordenanza, de que suele recrecerse peligro a los más; por ende mando que ningún capitán se desmande a romper por los enemigos, sin que primeramente por mí le sea mandado, so pena de muerte. E si otra persona se desmanda, si fuere hijodalgo, pena de cien pesos, aplicados en la forma susodicha; y si no fuere hijodalgo, le sean dados cien azotes públicamente.

Ítem: por cuanto podría ser que al tiempo que entran a tomar por fuerza alguna población o villa o ciudad a los enemigos, antes de ser del todo echados fuera, con codicia de robar, algún Español se entrase en alguna casa de los enemigos, de que se podría seguir daño; por ende mando que ningún Español ni Españoles entren a robar ni a otra cosa alguna en las tales casas de los enemigos, hasta ser del todo echados fuera y haber conseguido el fin de la victoria; so pena de veinte pesos de oro, aplicados en la manera que dicha es.

Ítem: e por excusar y evitar los hurtos, encubiertas y fraudes que se hacen en las cosas habidas en la guerra o fuera della, así por lo que toca al quinto que dellas pertenece a su católica Majestad, como porque han de ser repartidas conforme a lo que cada uno sirve o merece; por ende mando que todo el oro, plata, perlas, piedras, plumaje, ropa, esclavos y otras cosas cualesquier que se adquieran, hubieren o tomaren en cualquier manera, así en las dichas poblaciones, villas o ciudades como en el campo, que la persona o personas a cuyo poder viniese, o la hallaren o tomaren en cualquier forma que sea, lo traigan luego incontinente e manifiesten ante mí o ante otra persona que fuere ... sin lo meter ni llevar a su posada ni a otra parte alguna, so pena de muerte e perdimiento de todos sus bienes para la cámara e fisco de S. M.

E por cuanto lo susodicho e cada una cosa e parte dello se guarde e cumpla según e de la manera que aquí de suso se contiene, y de ninguna cosa de lo aquí contenido pretendan ignorancia, mando que sea apregonado públicamente para que venga a noticia de todos. Que fueron hechas las dichas ordenanzas en la ciudad y provincia de Taxclateque (Tlaxcala), Sábado 22 días del mes de diciembre, año del nacimiento de Nuestro Salvador Jesucristo de 1520 años.

Pregonáronse las dichas ordenanzas de suso contenidas, en la ciudad e provincia de Taxclatecle, Miércoles, día de San Esteban, que fueron 26 días del mes de diciembre, año del nacimiento de Nuestro Salvador Jesucristo de 1520 años, estando presente el magnífico señor Hernando Cortés, capitán general e justicia mayor de esta Nueva España del Mar Océano por el Emperador nuestro señor, por ante mí Juan de Ribera, escribano e notario público en todos los reinos e señoríos de España por las autoridades apostólica y real. Lo cual pregonó en voz alta Antón García, pregonero, en el alarde de la gente de a caballo e de a pié que S. M. mandó hacer e se hizo en dicho día. A lo cual fueron testigos que estaban presentes, Gonzalo de Sandoval, alguacil mayor, e Alonso de Grado, contador, e Rodrigo Álvarez Chico, veedor por S. M.; e otras muchas personas. *Fecho ut supra* Juan de Ribera.

Legajo 4°, pieza 1ª de la Residencia: de fol. 342 a 349. *H.W.*

Lo que pasó con Cristóbal de Tapia acerca de no admitirle por gobernador, con los procuradores de México y demás poblaciones, y los de Hernán Cortés

En la población de Zempoal, término de la Villa Rica de la Vera Cruz de esta Nueva España del Mar Océano, Martes 24 días del mes de diciembre, año del nacimiento de Nuestro Salvador Jesucristo de 1521 años, en presencia de mí, Alonso de Vergara, escribano público e del concejo de la dicha villa de la Vera Cruz, e de los testigos de yuso escritos, estando juntos el cabildo e regimiento de la dicha villa de la Vera Cruz, conviene a saber: Francisco Álvarez Chico, alcalde de la dicha villa, e el factor Bernardino Vázquez de Tapia, e Jorge de Alvarado, e Simón de Cuenca, regidores de la dicha villa, e Pedro de Alvarado, alcalde e procurador de la ciudad de Temistitán, e Cristóbal Corral, regidor e procurador de la Villa Segura de la Frontera, e Andrés de Monjaraz, alcalde e procurador de la villa de Medellín de esta Nueva España, e Gonzalo de Sandoval, e Diego de Soto, e Diego de Valdenebro, procuradores del señor Hernando Cortés, capitán general e justicia mayor de esta Nueva España por el Emperador nuestro señor: Cristóbal de Tapia, veedor de las fundiciones de la isla Española, hizo presentación de una provisión de SS. MM., escrita en papel e firmada de ciertos nombres, e sellada con el sello real, e de un requerimiento; su tenor de lo cual, uno en pos de otro, es lo que se sigue.

Don Carlos e Doña Juana, &c. A vos Cristóbal de Tapia, nuestro veedor de las fundiciones de oro que se hacen en la isla Española, salud e gracia. Sépades que el adelantado Diego Velázquez, lugarteniente del nuestro gobernador de la isla Fernandina, a su costa e con su industria descubrió ciertas tierras e islas, que primero se llamaban Yucatán e Cozumel, e después tercera vez, con licencia de los padres priores de la orden de San Gerónimo que residían en la isla, que después fue por nos confirmado e hecho otras mercedes al dicho adelantado, tornó a enviar una gruesa armada de navíos e gente a las dichas tierras a las ver e bojar e contratar con los Indios e naturales dellas, e a las poblar; e envió por capitán general e justicia mayor de la armada a un Hernando Cortés, al cual en nuestro nombre e como nuestro gobernador, dio poderes bastantes para todo lo que en la dicha armada conviniese hacer en bien e población de las dichas tierras e islas, que así había descubierto un Juan de Grijalva en su nombre, e para que pudiese descubrir e correr más; como más largo consta por ciertos poderes e instrumentos e instrucciones que ante mí el Rey y en nuestro Consejo de las Indias fueron presentados: el cual dicho Hernando Cortés con la gente e armada dice que surgió en el puerto de San Juan de Ulúa, y de ahí pasó más adelante e hizo cierta población con la dicha gente, a la cual pusieron nombre la villa de la Veracruz; y después que el dicho Cortés así se vio, no se acordando de la obediencia que era obligado de tener al dicho adelantado como a lugarteniente de nuestro gobernador, y que en nuestro nombre le había enviado, e a los poderes e instrucciones que llevaba, movido de codicia e ambición dio a entender a la dicha gente, que los dichos poderes que llevaba eran espirados e que él no tenía poder para poblar ni hacer otras cosas que querían hacer; e tuvo formas e persuadió a algunos para que ellos de nuevo le eligiesen por gobernador e capitán general de la dicha tierra, e así lo hicieron. Visto lo susodicho, el adelantado aderezó otra cierta armada e gente e bastimentos, e envió por capitán en ella a Pánfilo de Narváez, para notificar al dicho Hernando Cortés e a la gente que con él estaba, las provisiones e mercedes que habíamos hecho al dicho adelantado en las dichas tierras; lo cual sabido por los oidores de la nuestra Audiencia Real que reside en la isla Española, porque pareció que entre la gente que el dicho Hernando Cortés allí tenía e la que el dicho Pánfilo de Narváez llevaba, podría haber escándalo e rompimiento, e por excusar aquello, enviaron con poderes de la dicha Audiencia en nuestro nombre al licenciado Lucas Vázquez de Ayllón, nuestro oidor de la dicha Audiencia, el cual llegó a la dicha isla antes que el dicho Pánfilo de Narváez e la dicha gente partiesen, donde hizo al dicho adelantado e al dicho Pánfilo de Narváez ciertos requerimientos e mandamientos en nuestro nombre, e dio cierto parecer de la manera que el dicho Pánfilo de Narváez se había de haber en el dicho negocio para que no viniesen en rompimiento, sino que se hiciese con toda templanza e como conviniese al servicio de Dios Nuestro Señor e nuestro, e bien e población de la dicha tierra; y el dicho licenciado dice que fue en la dicha armada para tratar entre ellos e poner las cosas en buen estado e en toda paz; e somos informados que llegada a la dicha tierra la dicha armada, porque el dicho licenciado Ayllón hizo al dicho Pánfilo de Narváez ciertos requerimientos e mandamientos de nuestra parte, le prendió e metió en un navío, e al alguacil mayor e escribano de la dicha Audiencia en otros sendos navíos a manera de presos, e los envió a la dicha isla Española; lo cual fue en mucho desacatamiento nuestro e poco temor de la nuestra justicia, e cosa muy digna de muy gran punición e castigo, e a Nos como Reyes e Señores naturales pertenece proveer en lo tal; porque las dichas personas de la dicha Audiencia han de ser acatados como nuestros ministros, e tan preeminentes; e las cosas que la dicha

Audiencia haga e proveyere, obedecidas como es razón; e es nuestra voluntad que esto sea castigado como la gravedad del delito lo requiere, e como cosa de que nos habemos deservidos: confiando de vos que sois tal persona que guardaréis nuestro servicio, e que bien e fielmente entenderéis en esto e en lo demás que por Nos vos fuere encomendado o cometido, es nuestra merced e voluntad de vos lo encomendar e cometer, e por la presente vos lo encomendarnos e cometemos; porque vos mandamos que luego vades a las dichas tierras e islas donde el dicho Hernando Cortés y la gente están, e después que hayáis presentado nuestra provisión que lleváis de nuestro gobernador de las dichas tierras, hayáis vuestra información acerca de todo lo susodicho, e oyendo sobre ello a la parte del dicho adelantado; e así al dicho Pánfilo de Narváez como a las otras personas particulares que por la dicha información falláredes culpantes en el dicho desacato e prisión, les prendáis sus cuerpos y secuestréis sus bienes, e los tengáis así presos e a buen recaudo, e enviéis ante Nos el proceso original que contra ellos hubiéredes hecho, para que por Nos visto os enviemos mandar lo que cerca dello de justicia se deba facer; e entretanto suspenderéis ejecutar en ellos y en sus bienes las penas en que han caído e incurrido por la dicha desobediencia e prisión; e sobre ello podáis poner todas las penas e hacer todas las prisiones e vejaciones e ejecuciones e remates de bienes que convengan e menester sean de se facer; e mandamos a los dichos Hernando Cortés e Diego Velázquez e otras cualesquier personas de quien entendiéredes ser informado e saber la verdad de lo susodicho, que vengan e parezcan ante vos a vuestros llamamientos e emplazamientos, e digan sus dichos e deposiciones a los plazos e so las penas que vos de nuestra parte les pusiéredes e mandáreis poner; las cuales Nos por la presente les ponemos e habemos por puestas: e vos damos poder e facultad para las poder ejecutar en las personas e bienes de los que remisos e inobedientes fuesen: e si para lo susodicho favor e ayuda hubiereis menester, por esta nuestra carta mandamos a todos los oficiales, capitanes e otras cualesquier personas que en la dicha tierra están, que vos lo den e hagan dar, e se junten para ello con vos, según que vos se lo pidiéredes e demandáredes de nuestra parte; para lo cual todo cuanto dicho es e cada cosa e parte de ello, por esta nuestra carta vos damos poder cumplido con todas sus incidencias y dependencias, anexidades e conexidades; e los unos ni los otros no hagades ende al por alguna manera, so pena de la nuestra merced e de mil ducados de oro para la nuestra cámara a cada uno que lo contrario hiciere. Dada en Burgos a once días del mes de abril de mil e quinientos e veinte y un años *Adrianus, cardinalis tortosensis* El condestable En las espaldas de la dicha carta e provisión estaba el sello real, e los nombres siguientes:- Fonseca, *Archiepiscopus et Episcopus* Licenciado Zapata Registrada. Juan de Sámano Antón Gallo, chanciller Acentos esta provisión de SS. MM. en los libros de la Casa de la Contratación de Sevilla, a veinte y cuatro del mes de abril, año del nacimiento de Nuestro Salvador Jesucristo de mil e quinientos e veinte y un años El doctor Maniendo Juan López de Recade.

En Martes, 24 días del mes de diciembre de 1521 años, el señor veedor Cristóbal de Tapia, habiendo mostrado las provisiones de la gobernación y habiéndose leído ante los señores Pedro de Alvarado, e Bernardino Vázquez de Tapia, y Cristóbal Corral, e Gonzalo de Sandoval, e Diego de Soto, e Diego de Valdenebro e otras personas, dijo: que porque más les conste que él tiene la gobernación destas partes, e para que sepan cómo S. M. le manda entender en otras cosas particularmente, de lo que ya han visto e les ha mostrado, que él asimismo les mostraba e mostró otra comisión particular de S. M., la cual hizo leer a mí el dicho escribano, y dijo: que en cuanto podía e de derecho mejor había lugar, se la notificaba e notificó, y dijo: que les requería a todos en general y a cada uno dellos en particular, que le den el favor y ayuda que les pidiere e menester hubiere, como en la dicha provisión S. M. lo manda, e so las penas en ella contenidas, para que cumplan lo en ella contenido; lo cual dijo que les decía y requería como a oficiales, regidores e capitanes que son en estas partes, con los cuales particularmente S. M. habla; e Pidiólo por testimonio. Así presentada la dicha provisión y escrito de pedimento, e requerimiento que de suso van incorporados, dijo: que así lo pedia y requería como en ello se contiene.

Y tomaron la provisión con todas las ceremonias de estilo; y en cuanto al cumplimiento dijeron que responderían. Testigos, Diego de Campo, y Pedro Gallego, y Andrés de Alanis, y Juan de Ribera, escribano de S. M.

Y después de lo susodicho, Sábado, 28 días del mes de diciembre de 1521, en presencia de mí el dicho escribano y de los testigos de yuso escritos, parecieron el dicho alcalde y regidores de la dicha villa de la Vera Cruz, y los dichos Pedro de Alvarado y Cristóbal Corral y Andrés de Monjaraz, como procuradores de los otros cabildos e regimientos de la dicha Nueva España; e Gonzalo de Sandoval e Diego de Soto e Diego de Valdenebro, como procuradores del dicho señor capitán general; e respondiendo a la presentación de la provisión de SS. MM. que de suso va incorporada, y al pedimento e requerimiento a ellos hecho sobre el cumplimiento de ella por el dicho veedor Cristóbal de Tapia, dijeron: que habiendo visto, platicado e comunicado lo que convenía al servicio de SS. MM. e pro común de los pobladores e naturales destas partes, que en cuanto al cumplimiento de dicha provisión real suplicaban e suplicaron de ella para ante SS. AA. y ante quien e con derecho deban, así por las razones y causas que se siguen, como por lo que cumple al servicio de SS. MM., como dicho tienen.

Lo primero, porque ellos tienen suplicado de la provisión de gobernación que el dicho veedor trajo, y no habiendo sido admitido al dicho cargo suplicado en estas partes, sería peligrosa y ... dar a los... escándalo, de que se seguiría deservicio a SS. AA. según es notorio y lo probarán donde y cuando fuere necesario.

Otrosí: demás de lo susodicho, la dicha provisión y comisión de SS. MM. que el dicho veedor trae, parece que no trae suscrición ni viene refrendada de ningún escribano de SS. AA. ni otra persona; por do consta y parece, que pues en cosa de tanta sustancia e calidad viene falta, que después de haber dado la dicha comisión al dicho veedor, fue acordada y consultada otra cosa en contrario, así por SS. MM. como por los señores de su Consejo.

Ítem: por cuanto en la comisión y provisión del dicho veedor dice que Diego Velázquez con licencia de los padres jerónimos que residen en la isla Española envió al dicho capitán Hernando Cortés con una gruesa armada a estas tierras, a las ver e bojar e contratar con los Indios naturales de ellas, e a las poblar; e que el dicho Diego Velázquez le dio poder en nombre de S. M. para que como capitán general y justicia mayor hiciese lo que conviniese al bien y población de las dichas tierras; y que llegado a ellas, movido de codicia e ambición, persuadió a los que venían en su compañía para que le eligiesen por capitán general y gobernador de las dichas tierras, dijeron: que ya ellos tienen dicho y alegado y se ha hecho saber a SS. AA., como toda la relación cerca desto e de lo demás contenido en la dicha provisión sobre el descubrimiento e costas de las armadas, que el dicho Diego Velázquez ha hecho a S. M., ha sido incierta y no verdadera, en cosa ni en parte de ella, según que largamente está probado. Y demás desto, ni se fallará que los dichos padres gerónimos dieron ni despacharon ningún poder ni facultad para poblar; ni tampoco el dicho Diego Velázquez dio poder alguno al dicho capitán para poblar, ni conquistar, ni permanecer en estas dichas partes, ni el dicho Diego Velázquez tal poder tenía ni podía tener, porque fuera de la gobernación de la isla Fernandina, donde él era teniente de gobernador, no era ni debía de ser habido más que por persona particular; y él no podía dar tal poder ni para poblar ni administrar justicia, ni tal dio; ni en la instrucción que el dicho capitán tiene original, firmada del dicho Diego Velázquez, tal parecerá; ni menos otro concierto o asiento con el dicho capitán, salvo que él viniese en seguimiento e busca de Juan de Grijalva, que había venido con otros navíos siguiendo la costa y tierra que primeramente había descubierto Francisco Fernández de Córdoba, difunto, vecino de la isla Fernandina, e por sí solo, en nombre de SS. MM., ante escribano y testigos, tomando la posesión de toda la dicha tierra e costa; que de camino y después de se juntar con el dicho Grijalva, el dicho capitán Hernando Cortés rescatase con los dichos naturales todo lo que pudiese; para en seguimiento de lo cual el dicho capitán Hernando Cortés en la armada que trajo puso doblada costa e navíos que no el dicho Diego Velázquez, según por probanza bastante lo ha enviado a SS. AA. E la codicia e ambición que al dicho capitán han movido, fue más verdaderamente el celo que siempre tuvo e tiene al servicio de su rey y señor, e como su leal vasallo naturalmente le debe; e ver que una tierra tal e tan rica e grande como ésta es, Diego Velázquez quería totalmente destruirla, habiéndose de conquistar por vía de rescate; porque por mucho recaudo que se pone en la tierra donde hay contratación de rescate, siempre se recrecen mil escándalos e insultos, e se hacen muchos enojos a los naturales, de que se siguen alzamientos e movimientos dellos e de los Españoles; que eran causas bien suficientes para dejar el dicho rescate e contratación, e buscar otro modo en que SS. AA. fuesen más servidos, como fue en poblar. E nunca el dicho capitán persuadió a los de su compañía para que poblasen, antes ellos con muchos requerimientos se lo importunaron e pidieron, según consta de los autos que acerca dello pasaron: los cuales protestaron en los dichos nombres por estar ante SS. MM. cada y cuando fuere menester. Y considerando los grandes y señalados servicios que a SS. AA. por el dicho capitán y por los de su compañía se han hecho en conquistar y sujetar y poblar estas tierras, antes debía de ser gratificado y remunerado el dicho capitán, que reprobado lo que ha servido; de lo cual se tiene entera esperanza, y que sabidos por SS. MM. los grandes servicios que de él ha recibido, se los mandará remunerar e hacer las mercedes que sus servidores merecen; e si esto se ha dejado de hacer y otra cosa se ha servido, ha procedido y procede de las falsas relaciones que el dicho Diego Velázquez desde el principio sobre la manera del descubrimiento destas tierras ha hecho. Lo cual dijeron que bastaba para que suplicaran, e si no han suplicado de la dicha provisión y comisión; la cual si verdaderamente SS. MM. fueran informados no mandaran librar de la manera que se despachó, acerca de lo que dice del dicho capitán general; pues hasta ahora ha servido y sirve muy lealmente a SS. MM., a su costa, sólo y con muchos trabajos y peligros de su persona, la cual infinitas veces ha puesto a la muerte por conseguir, como ha conseguido, fin de bueno y leal servidor de la corona real.

Ítem: que por la prisión del licenciado Lucas Vázquez de Ayllón, y por la ofensa que con su prisión se hizo a la Audiencia Real de la isla Española, y por otros escándalos y alborotos e deservicios de SS. MM. que Pánfilo de Narváez ha fecho en estas partes, el dicho capitán general le ha tenido y tiene preso hasta agora, y dello ha fecho relación a SS. MM.; y no sería justo en su prisión innovar cosa alguna sin su real expreso mandado.

E demás desto, también los señores oidores de la dicha Audiencia Real han empezado a conocer de la causa e ofensa hecha a la dicha Audiencia Real de ellos; por el conocimiento de la dicha causa, y también sin mandado de SS. AA. y suyo, el dicho capitán no será obligado a consentir que el dicho veedor conociese de lo susodicho, sin que primeramente se consultase e hiciese saber a SS. AA. Por las cuales causas, e por otras que protestaron expresar en su tiempo e lugar, dijeron: que al servicio de SS. AA. convenía suplicar como han suplicado de la dicha provisión, y no haber lugar lo pedido y requerido por el dicho veedor: e firmaron lo de sus nombres *ut supra* Francisco Álvarez Chico, alcalde Bernardino Vázquez de Tapia, regidor e Antón de Cuenca, regidor Pedro de Alvarado, procuradore Cristóbal del Corral, procurador Andrés de Monjaraz, procurador Gonzalo de SandovalDiego de Soto Diego de Valdenebro.

Así presentado lo susodicho por los dichos alcaldes e regidores e procuradores, en presencia de mí el dicho escribano dijeron que me daban e dieron por respuesta a lo susodicho e a la dicha provisión, y que si testimonio el dicho veedor pidiere, que gelo dé con todo lo susodicho: testigos, Miguel de Morales e Juan de Ribera, escribanos de SS. MM.

(Notificósele a Cristóbal de Tapia en su posada en presencia de todos los de arriba: y él el día 30 de diciembre dio la contestación siguiente.)

Lo que yo el veedor Cristóbal de Tapia digo respondiendo y satisfaciendo a la suplicación hecha por los dichos e los demás, de la provisión por mí presentada, digo ser ninguna la dicha suplicación por muchas causas, en especial por las siguientes.

Lo uno, por no ser los sobredichos parte para ellos todos juntos, ni cada uno de por sí, ni en su nombre, ni en nombre de las cortes y villas de quien se dice que traen poderes, ni del dicho Hernando Cortés, pues a ellos no toca el contenido de la dicha provisión, y los tales no podían suplicar de lo proveído sobre negocios ajenos.

Lo otro, porque las razones por ellos asignadas no son tales, ni por ellas se condena el haber lugar a la dicha suplicación.

E respondiendo a cada una dellas, digo: que la primera razón que quieren dar no hace ni impide a que yo haya de usar de la dicha comisión; porque aunque esté suplicado de la dicha provisión principal que yo truje de gobernador, no por eso cesa ni impide el efecto de la presente provisión: porque el negocio en ella contenido y la comisión que a mí se hace, viene concebido particularmente a mí como Cristóbal de Tapia, y no como a gobernador, según por el tenor de ella parece; y ningún escándalo por mi parte se seguía en cumplir y hacer lo que S. A. manda; cuanto más que la suplicación que dicen que de la otra provisión está hecha, es ninguna, y estamos en caso como si no se hubiera interpuesto.

Otrosí: en cuanto a la segunda causa y razón, que no consta; porque la dicha comisión viene firmada de los señores gobernadores e de los consejeros de S. M., y sellada con el sello real, e registrada: e porque falte la suscrición está claro que fue descuido del escribano, e no por eso deja de tener fuerza, mayormente que viene señalada en las espaldas del mismo escribano Sámano de quien las otras provisiones vienen suscritas, y en ella vienen fechas todas las diligencias y fianzas e señales que después de haber firmado el escribano se suelen hacer; de donde se infiere que no fue revocada como quieren decir, que por eso se dejó de suscribir; y demás desto la dicha provisión fue recibida y asentada por los oficiales de S. A. que residen en la ciudad de Sevilla, que tienen cargo de ver las provisiones que SS. MM. a estas partes envían, y no darían lugar a que pasara si en ella falta hubiera. E además desto la dicha provisión fue vista por los oidores de la Chancillería que reside en la isla Española, y por ellos fue obedecida, y en cumplimiento de ella me remitieron el conocimiento de la causa tocante a Pánfilo de Narváez de que ellos ya conocían, y me mandaron entregar los procesos todos que al caso tocaban: y aun ésta sola remisión sola bastaba para me atribuir jurisdicción en la presente causa.

Otrosí: en cuanto a la tercera razón que dan en que recuentan la manera y orden que se tuvo en venir y estar el dicho Hernando Cortés en estas partes, de que concluyen que la relación que S. M. tiene y la que en la dicha provisión hace no es cierta, e que es fecha por Diego Velázquez, y que antes dice que es al contrario, e que el dicho Hernando Cortés ha hecho muchos y grandes servicios a la corona real; a lo cual digo, que siendo así como ellos dicen, por eso había mas razón e causa de se hacer lo que S. M. manda, pues que por la información que se hiciese se sabría la verdad de lo que pasó, e se harían al dicho Hernando Cortés las mercedes que dice que merece, pues S. M. las sabe y suele y acostumbra hacer a los que bien y lealmente le sirven; y porque pueden haber sido inciertas las relaciones que hasta ahora a S. A. le han hecho, ha proveído como príncipe muy justo, enviando persona de su confianza, criado de su real casa, para que reciba y haga la dicha información e se la envíe. Que tampoco fuera justo se diera entero crédito a las relaciones del dicho Hernando Cortés sin otra información alguna, e alguna en sus propios hechos y causa, mayormente habiendo parte que la contradice y afianza tan de recio en contrario. E aun el mismo Hernando Cortés envió a suplicar a S. M. enviase persona que recibiese la dicha información; y pues la envía y quiere que vea la verdad, e quiere e guarda justicia a cada una de las partes, no dando a ninguno crédito por su simple relación, no hay razón ninguna para que se me debiese vedar que yo reciba la dicha información, antes parece haberse culpados y lo dan a entender, pues no quieren dar lugar a que se sepa la verdad y a que se envíe la información dello a S. M.; porque los culpados suelen resistir que no se sepa en los casos en que lo son, y no los que han bien servido, como ellos dicen que se hizo; que a los tales conviene, como tengo dicho, que se sepa la verdad de otros que de ellos, para que sabida, ellos sean gratificados e reciban mercedes e ganen la corona de gloria que a los buenos es debida; e aun le convenía al dicho Hernando Cortés se supiese como no fue movido por codicia e ambición, como están informados.

Otrosí: en cuanto a la cuarta razón que dan, digo lo que dicho tengo en el capítulo antes deste; que al dicho Hernando Cortés conviene se sepa la verdad por relación de la persona que S. A. envía, y no dar lugar que contra ellos se presuma culpa si no la hay. Y no hay que decir que S. A. no proveería de aquella manera como ellos dicen, pues viene muy bien e justamente proveído; pues no se determina en el caso, sino sólo se manda saber la verdad; y habiéndole servido como dice, a él es más favorable que a nadie la dicha provisión.

Otrosí: en cuanto a la quinta razón que dan, diciendo que por se haber hecho relación a S. M. de la prisión de Narváez e causa della, que otro no era juez sino el que S. M. enviase, digo: que por eso me ha proveído, y yo era el juez y no otro, por la misma razón que dan, y asimismo por lo que dicen que está el conocimiento de la causa en la Audiencia Real que reside en la Española, pues la misma Audiencia me ha hecho remisión de la dicha causa; y entregándome los procesos como me entregaron, fueron visto declararme por tal juez competente della; y aun por la dicha comisión y remisión que así me fue hecha, se suplía cualquier falta que hubiere en la provisión principal presentada, e se purgaba el defecto que dicen de no venir suscrita, la cual dicha comisión y remisión estoy presto de las mostrar luego incontinente, queriéndolas ver y dándome a ello lugar. Por las cuales razones y por lo demás que decirse pueda, requiero, según que requerido tengo, a los dichos e a cada uno dellos, que me dejen e confirmen e consientan hacer e recibir las dichas informaciones, sin embargo de la dicha suplicación que dicen, que como dicho tengo es ninguna; so la pena e penas en la dicha comisión contenidas, y so las demás que en derecho incurran; e so pena de perdimiento de sus bienes, en las cuales dichas penas desde ahora los he por condenados, lo contrario haciendo. Y pídolo por testimonio.

Por copia fehaciente en el legajo 4º del de Residencia de Cortés, pieza 1ª, de fol. 132 a 147 Vto.

*Contuli*LEMBKE. *Id*. H. W.

Instrucción civil y militar a Francisco Cortés, para la expedición de la costa de Colima

Lo que vos, Francisco Cortés, mi lugarteniente de la villa de Colima y sus comarcas, habéis de hacer, es lo que se sigue.

Primeramente recogeréis aquí todos los vecinos de la dicha villa que en esta ciudad están, y las otras personas que por mi mandado e con mi licencia van a la dicha villa, y no consentiréis que sin ella vaya en vuestra compañía persona alguna; y así recogidos os partiréis con ellos para la dicha villa.

Ítem,: no consentiréis que por el camino por donde fuéredes se aparte ninguno de vuestra compañía, sino que todos vayan juntos con vos, sin se adelantar ni rezagar; y en los pueblos por donde pasáredes en el dicho camino, aposentarse han todos juntos, e tendréis, mucho cuidado e diligencia en que no se haga daño o agravio a los naturales de los dichos pueblos, ni a otros cualesquiera, ni les tomaréis cosa contra su voluntad; e cuando alguno lo hiciere lo castigaréis conforme a justicia.

Ítem: después que en el nombre de Dios seréis llegado a la dicha villa, presentaréis ante el alcalde della la provisión mía que lleváis, para que os reciban e hagáis la solemnidad del juramento que en este caso se requiere.

Ítem.: después que seréis llegado y recibido al dicho oficio, publicaréis el repartimiento que ahora lleváis de los naturales de esas provincias, e daréis a cada uno de los vecinos las cédulas de ellos; e tendréis mucho cuidado de saber si alguno de los dichos vecinos fue agraviado en él, o si a alguno se le dio más de lo que la calidad de su persona merecía; y de todo me haréis muy larga y particular relación para que yo lo remedie.

Ítem: tendréis mucho cuidado y vigilancia en que los Indios no sean maltratados ni hechas vejaciones, así por los que los tuvieren encomendados como por otras cualesquiera personas. E porque sobre pedirles oro se les suelen hacer algunas premias, tendréis sobre ello mucho aviso, y al que lo hiciere suspenderéis los Indios; por el delito castigaréis conforme a justicia. Pero porque los vecinos sean en algo aprovechados, trabajaréis vos con los naturales que estuvieren depositados, que los traten buenamente, habiendo respeto a la calidad de los dichos Indios y de la persona en quien estuvieren depositados.

Ítem: tendréis especial cuidado en castigar las blasfemias, e juegos, e todos otros pecados públicos. E porque más os justifiquéis, haréis luego pregonar que ninguna persona sea osado de decir mal a Dios Nuestro Señor, ni a su gloriosa Madre, ni a ninguno de sus santos; e que ninguno juegue dados, ni naipes, ni ninguno de los juegos defendidos. E el que lo contrario hiciere sea castigado conforme a justicia, habiendo respeto a la calidad de la blasfemia e del juego, e a la calidad de las personas que incurrieren en las dichas penas.

Ítem: porque la principal causa por que se permite que los naturales destas partes nos sirvan, es porque con nuestra conversación sean traídos al conocimiento de nuestra santa fe católica e apartados de las idolatrías e supersticiones que tienen; ante todas cosas les haréis notificar por lengua que lo puedan entender, que de aquí adelante no tengan ídolos ni hagan cosa alguna de aquellas que solían hacer para el culto y veneración dellos; en especial que no maten gentes como lo solían hacer, so pena de muerte. E haced entender al señor de cada pueblo, que él ha de tener cuidado de lo evitar que en su nombre no se hagan, con apercibimiento que en cualquiera parte que se hallare cualquiera de los dichos robos, demás de ser punida a persona que lo hiciere, tendrá la misma pena el dicho señor por lo consentir e no lo prohibir. E los autos que acerca desto se hicieren, hacerlos debéis asentar ante escribano en forma, e así como asentados tendréis mucho cuidado de los castigar e defender.

Ítem: proveído todo lo susodicho, veréis las minas que ahora se han descubierto en esas provincias, e haréis cavar en todas las otras partes en que hubiere disposición de oro, y haréis información de todo, y enviaréis la muestra de todo con relación de cómo e dónde se falló.

Ítem: porque algunos vecinos de la dicha villa tienen e ahora llevan más, tendréis especial cuidado en que no los pongan en partes en que hagan daño a los naturales de la tierra; y si supiéredes que algunos hayan hecho o hicieren de aquí adelante, mandarles debéis pagar más, a convenio de los dichos naturales.

Ítem: luego que lleguéis a la dicha villa haréis alarde de la gente, así vecinos como moradores que en ella hay, y qué caballos y armas tienen; enviarme debéis con mucha brevedad el traslado de él, para que yo sepa lo que se debe proveer.

Ítem: porque soy informado que la costa abajo que confina con esta dicha villa hay muchas provincias muy pobladas de gente, donde se sabe que hay muchas riquezas; y que en cierta parte della hay una isleta poblada de mujeres, sin ningún varón, las cuales dice que tienen en la generación aquella manera que en las historias antiguas se escribe que tenían las Amazonas; y porque por saberse la verdad desto y de lo demás que hay en la dicha costa, Dios Nuestro Señor y SS. MM. serán muy servidos, tomaréis veinte o veinte y cinco de los vecinos de la dicha villa y cincuenta o sesenta peones, que sean los más ballesteros y escopeteros, e con dos tiros de artillería que allá tenéis, para los cuales y para los ballesteros lleváis todo aparejo y munición; y con mucho concierto seguiréis el camino de la dicha costa abajo para saber el secreto de lo susodicho: e la orden que habéis de tener en este camino es lo siguiente.

Lo primero, concertaréis vuestra gente de a pie e de a caballo por vuestras escuadras, según la cantidad de la gente que lleváredes, e en cada una de las escuadras que así hiciéredes, señalaréis una persona a quien todos acudan y a quien vos digáis lo que os pareciere que debe hacer.

Ítem: para que la artillería vaya a buen recaudo y os podáis aprovechar de ella cuanto sea necesario, señalaréis asimismo una persona con la gente que os pareciere que es necesaria, para que tenga cargo della. A los cuales mandaréis, aunque algún reencuentro se les ofrezca, no la desamparen por ir a pelear ni a otra cosa.

Ítem: después que entréis por la tierra de aquellas gentes que aún no están sujetas al imperial dominio de SS. MM., iréis vos mismo al recaudo llevando vuestra gente junta e apercibida, y llevando siempre cuatro o cinco de a caballo por corredores de la tierra adelante, a trechos que los podáis ver e ellos a vos, y con ellos alguna gente de los naturales que son nuestros amigos que fueren con vos; que de estos habéis de llevar algunas personas, en especial de los principales. A los cuales dichos corredores mandaréis que viendo alguna gente de guerra os lo hagan saber, y que en ninguna manera rompan ni revuelvan escaramuza con los enemigos hasta que vos lo mandéis.

Ítem: que si los dichos corredores llegaren a pueblo alguno, que en ninguna manera entren en él, sino que en llegando a vista os esperen, para que vos déis la orden que se ha de tener: la cual será que antes de entrar en pueblo alguno, como antes que rompáis con gente, si al campo saliesen, les hagáis entender con las lenguas, lo mejor que pudiéredes, a lo que vais, conforme a una memoria que para esto llevaréis firmada de mi nombre. Y hecho esto haréis todos los demás requerimientos y protestaciones que os pareciere que conviene. Lo cual todo haréis ejecutar por auto y tomaréis por testimonio ante el escribano que lleváredes. Y si todavía perseveraren en querer romper con vos, trabajad de os defender e de los ofender. Y puesto que alguna vez rompáis con ellos y ellos con vos, dándoos Dios Nuestro Señor la victoria, como se espera que os la dará, pues lleváis tan justa y santa demanda, trabajad que sea con las menos muertes de ellos que sea posible; e que todavía les tornéis a requerir que se ofrezcan por súbditos del Emperador nuestro señor, conforme a la dicha memoria; e que viniendo en este conocimiento e ofreciéndose por tales, sean de vos e de los de vuestra compañía muy bien tratados; e no consintáis que se les haga ningún agravio, ni se les tome nada de sus bienes después que así se hayan ofrecido. Y así lo mandaréis pregonar. Y si alguno hiciere lo contrario, sea muy bien castigado, e en manera que vaya en noticia de los Indios el castigo que hiciéredes, por que conozcan que les decís verdad e guardáis todo lo que con ellos pusiéredes.

Ítem: en los pueblos que entráredes de paz, recibiéndoos sin guerra y ofreciéndose como es dicho por súbditos e vasallos de S. M., aposentaréis con toda vuestra gente junta en la parte que ellos vos señalaren, o en la que a vos más os pareciere que conviene para vuestra seguridad; y de allí mandaréis que ninguno salga sin vuestra licencia, so graves penas, las cuales ejecutaréis en quien lo contrario hiciere. E a los señores e personas principales de los dichos pueblos les notificaréis asimismo a lo que vais, conforme a la dicha memoria, e les haréis los requerimientos que a los otros, e asimismo lo tomaréis por testimonio; y darles debéis de las cosas de rescate que vos lleváis para ello, porque con más amor os provean de las cosas necesarias, e hagan lo que vos les rogáis.

Ítem: porque la codicia es pecado que muchas veces trae consigo la penitencia, dando causa a alborotos, y podría ser que por esto algunos de los naturales de estas partes por donde habéis de ir, de donde resultaría que ellos se resabiasen e se alborotasen; y como sean gentes sin número y vosotros tan pocos, os podrían matar a todos; y ya que Dios Nuestro Señor esto no permitiese, sería dar causa de impedimento a vuestra jornada, de donde Dios Nuestro Señor y SS. MM. serán muy deservidos, e con no buen efecto aquello a que os envío, que es a saber los secretos desas partes para hacer relación a S. M., e traer a su servicio esas gentes, y al conocimiento de nuestra santa fe católica, que es el principal motivo por que todos nos debemos mover. Por tanto, vos ni ninguno de vuestra compañía hagáis premia alguna a ninguno de los dichos naturales sobre pedirles oro, ni plata, ni perlas, ni otras cosas, si ellos de su propia voluntad no os lo quisieren dar; antes disimulad con ellos, dando a entender que aquello tenéis en poco: porque desta manera demás de excusarse el inconveniente que arriba dijimos, fácilmente podréis saber el secreto de las riquezas desas provincias, porque no le esconderán viendo que lo tenéis en poco: porque dad de lo que vos lleváis, para que os tomen amor, e de ninguna cosa tomen resabio.

Ítem: habéis de tener muy especial cuidado y diligencia de saber todos los secretos de las provincias que anduviéredes y de las que más tuviéredes noticia, haciendo asentar por memoria desde el día que saliéredes de la tierra de los amigos todas las jornadas que anduviéredes, y en qué día llegáredes a cada parte, e qué es lo que hay de una provincia a otra, y qué medición y grandeza tiene cada una de las dichas provincias, e todo lo que en cada una os acaeciere; por manera que de todo tengáis en larga y particular relación, para que por ello yo sepa lo que habéis hecho y de ello dé cuenta a S. M.

Ítem: pues habéis de llevar copia de Indios de los señores amigos, trabajaréis con ellos todas las veces que os pareciere que es posible, y lo más a menudo que vos pudiéredes, de me escribir muy largo de todo lo que hasta aquella sazón os hubiere acaecido y hubiese que me escribir, porque yo sepa donde estáis y lo que hacéis, y os provea de las cosas que tuviéredes necesidad.

Ítem: sabréis y hacerme debéis entera relación de qué manera corre la costa, e los puertos que falláredes en ella, e en qué paraje está cada uno, e la manera que tiene, e todas las demás particularidades que os pareciere acerca de este caso, lo que me debéis escribir.

Ítem: todas las cosas, así como plata, perlas y esclavos y otras cosas, que hubiéredes en este camino, así de lo que los señores os dieren por su voluntad, como de lo que hubiéredes de despojo, si alguna guerra se os ofreciere, hacer debéis asentar ante escribano que lleváredes, e ante que va por veedor; al cual después de junto daréis y entregaréis la parte que dello pertenece a S. M., constando del conocimiento de lo que recibe y asentándose ante dicho escribano; y lo demás partiréis de la manera que se acostumbra en estas partes, lo que se adquiere en semejantes entradas.

Lo cual todo que dicho es, os mando que así hagáis y cumpláis, y para ello os doy todo poder cumplido según que yo lo tengo de S. M., con todas sus anexidades y conexidades, dependencias y emergencias, según que mejor e mas cumplidamente puedo y debo darle de derecho Hernando Cortés.

A ... días del mes de ... de 1524 años.

Por copia fehaciente, legajo 4° de la Residencia de Cortés, pieza 1ª, de folio 363 a 371.

Contuli. -H. W.

Carta inédita de Hernán Cortés

S. C. C. M Porque demás de la relación que a V. M. envío de las cosas que en estos nuevos reinos de Vuestra Celsitud se han ofrecido después de la que llevó Juan de Ribera, donde doy a V. A. de todo copiosa cuenta, hay otras de que conviene que Vuestra Excelencia sea avisado particularmente, para que las mande proveer como más a su imperial servicio convenga, me pareció ser bien manifestarlas a Vuestra Grandeza, sin que el vulgo de ellas participe; y antes que a la narración de ellas venga, beso cien mil veces los reales pies de V. E. por las inmensas mercedes que ha sido servido de me mandar hacer, en mandar que mis procuradores fuesen ante su real presencia oídos, por donde se confundió la maldad de mis adversarios y se manifestó mi limpieza y puro deseo al real servicio de V. M.; que fue causa que V. E. me conociese y mandase hacer tan crecidas mercedes como me hizo, en se querer servir de mí en estos sus nuevos reinos, donde pienso, guiándolo Nuestro Señor, dar a Vuestra Celsitud tal cuenta, que sigan las mercedes recibidas y merezca las que más Vuestra Grandeza fuere servido de me mandar hacer.

Por un capítulo, muy católico señor, de los de la instrucción que V. E. me mandó enviar, me manda que se dé lugar a que los Españoles que en estas partes residen tengan libremente contratación y conmerción con los naturales de ellas, porque mediante este trato y familiaridad mas aína serían convertidos a nuestra santa fe; y muy notorio en esto y en todas las otras cosas que V. M. acerca de este caso manda proveer, se manifiesta el católico y santo propósito de V. A.; mas como las cosas juzgadas y proveídas por absencia no pueden llevar conveniente expedición, por no poder comprender todas las particularidades del caso, hay en esto muy gran dificultad, por donde no se efectuó el real mandado de V. M. hasta le ser consultado; y humilmente a V. E. suplico, esto y lo que demás desta calidad se hiciere, no me sea imputado a desobediencia, sino a mucha fidelidad y deseo de servir, como en la verdad lo es; porque de cada cosa semejante yo daré a Vuestra Celsitud descargo y cuenta de las causas que a ello me movieron, de donde resultará conocerse de mí tener en ello el propósito y deseo que arriba digo; y porque de cada cosa particulares descargos son necesarios, para que mejor se comprenda y entienda llevaré esta orden.

Cuanto a lo en este capítulo contenido, digo, muy poderoso señor, que la contratación y comersión de los Españoles con los naturales destas partes sería sin comparación dañosa, porque dándose lugar a que libremente la hubiese, los naturales recibirían muy conocido daño, y se les harían muchos robos, fuerzas y otras vejaciones; porque con estar prohibido y castigarse con mucha regularidad que ningún Español salga de los pueblos que están en nombre de V. M. poblados, para ir a los de los Indios, ni a otra parte alguna, sin especial licencia y mandado, se hacen tantos males, que aunque en otra cosa yo y las justicias que tengo puestas no nos ocupásemos, no se podría acabar de evitar, por ser la tierra como es tan larga; y si todos los Españoles que en estas partes están y a ellas vienen fuesen frailes, o su principal intención fuese la conversión destas gentes, bien creo yo que su conversación con ellos sería muy provechosa; mas como esto sea al revés, al revés ha de ser el efecto que obrare; porque es notorio que la más cantidad de la gente española que acá pasa son de baja manera y suerte, y viciosos de diversos vicios y pecados: e si a estos tales se les diese libre licencia de se andar por los pueblos de los Indios, antes por nuestros pecados se convertirían ellos a sus vicios, que los atraerían a virtud, y sería mucho inconveniente para su conversión; porque oyendo los sermones de los religiosos y personas que en esto entienden, que por ello les prohíben los vicios y aconsejan el uso de las virtudes, y viendo las obras destos que en su conversación anduviesen ser contrarias de lo que de nuestra fe se les predique, sería tenerlo por cosa de burla y creer que las palabras que los religiosos y otras personas buenas les dijesen, eran a propósito de los atraer a que nos sirviesen, y no a efecto de salvación de sus ánimas; y demás desto haciéndoles agravios sería causa que no pudiéndolos sufrir se rebelasen; y como ya más diestros de nuestras cosas podrían buscar muchos géneros de armas contra las nuestras para se defender y ofender, que tienen para esto asaz habilidad; y como sean gentes sin número y nosotros en su comparación meaja, muy brevemente nos acabarían; y aun para esto habría más aparejo, porque con la codicia de robarlos, los Españoles se desparramarían por muchas partes, y haciéndoles los dichos daños los tomarían uno a uno sin ningún riesgo dellos, los matarían uno a uno, y aun sin que se supiese, como ha acaecido que lo han hecho a muchos que se han desmandado a se ir sin licencia por los pueblos dellos, que nunca más han parecido, y aun a otros delincuentes que por temor de la justicia se han ausentado por los pueblos de los Indios, y ellos la han ejecutado; y aun figuenseme y creo que no me yerro, que sería otro mayor daño, que por los muchos insultos y abominaciones que se harían andando esta gente suelta, Dios Nuestro Señor permitiría en todos un gran castigo, y cesaría la más santa y alta obra que desde la conversión de los Apóstoles acá jamás se ha comenzado, la cual bendito Nuestro Señor, va en tales términos, que si hubiese tantos obreros cuantos son necesarios para tan gran multitud de mies, muy en breve tengo esperanza que se plantaría en esta tierra otra nueva iglesia, de que siendo V. E. el fundador, no podía carecer de gran premio; así que por estas causas y por otras muchas que podría decir, que por no dar importunidad a V. M. dejo, no me parece que conviene en ninguna manera la dicha conversación y conmerción.

Por otro capítulo de la dicha instrucción, invictísimo César, me manda Vuestra Grandeza que no reparta, ni encomiende, ni deposite por ninguna manera los naturales destas partes en los Españoles que en ella residen, diciendo no se poder hacer con conciencia, y que para ello Vuestra Celsitud mandó juntar letrados teólogos, los cuales concluyeron, que pues Dios Nuestro Señor los había hecho libres, no se les podía quitar esta libertad, según que más largo está en el dicho capítulo; y esto no solamente no se cumplió como V. M. lo envió a mandar, por los inconvenientes que diere, más aún lo he tenido y tengo tan secreto, que a nadie se ha dado parte, excepto a los oficiales de V. M. y a los procuradores de las ciudades y villas de esta Nueva España, con juramento que no lo manifestasen a sus pueblos ni a otra persona, por el gran escándalo que en ello hubiera; y las causas de se hacer así, son: la primera, que en estas partes los Españoles no tienen otros géneros de provechos, ni maneras de vivir ni sustentarse en ellas, sino por el ayuda que de los naturales reciben, y faltándoles esto no se podrían sostener y forzado habían de desamparar la tierra, y los que en ella estuviesen, e con la nueva no vendrían otros, de que no poco daño se seguiría, así en lo que toca al servicio de Dios Nuestro Señor, cesando la conversión destas gentes, como en diminución de las reales rentas de V. M., y perderse tan gran señorío como en ellas V. A. tiene, y lo que más está aparejado de se tener, que es más que lo que hasta ahora se sabe del mundo.

La otra, que la causa de no se repartir ni encomendar, parece ser por la privación de libertad que a éstos allá parece que se hace, y ésta no solamente cesa, mas aun encomendándolos de la manera que yo los encomiendo, son sacados de cautiverio y puestos en libertad; porque sirviendo en la manera que ellos a sus señores antiguos servían, no sólo eran cautivos, mas aun tenían incompatible sobjución; porque demás de les tomar todo cuanto tenían, sin les dejar sino aun pobremente para su sustentamiento, les tomaban sus hijos e hijas y parientes y aun a ellos mismos para los sacrificar a sus ídolos; porque de estos sacrificios se hacían tantos y en tanta cantidad, que es cosa horrible de lo oír; porque se ha averiguado que en sola la mezquita mayor desta ciudad, en una sola fiesta, de muchas que se hacían en cada un año a sus ídolos, se mataban ocho mil ánimas en sacrificio dellos, y esto todo cesa; sin otras muchas cosas que ellos dicen que les hacían, que son incomportables; y ha acaecido y cada día acaece, que para espantar algunos pueblos a que sirvan bien a los cristianos a quien están depositados, se les dice que si no lo hacen bien que los volverán a sus señores antiguos; y esto temen más que otro ningún amenazo ni castigo que se les puede hacer.

Lo otro, porque la manera y orden que yo he dado en el servicio destos Indios a los Españoles es tal, que por ella no se espera que vendrán en diminución ni consumimiento, como han hecho los de las islas que hasta ahora se han poblado en estas partes; porque como ha veinte y tantos años que yo en ellas resido, y tengo experiencia de los daños que se han hecho y de las causas dellos, tengo mucha vigilancia en guardarme de aquel camino y guiar las cosas por otro muy contrario; porque se me figura que me sería a mí mayor culpa conociendo aquellos yerros seguirlos, que no a los que primero los usaron, y por esto yo no permito que saquen oro con ellos, aunque muchas veces se me ha requerido, y aun por algunos de los oficiales de V. M., porque conozco el gran daño que dello vendría, y que muy presto se consumirían e acabarían; ni tampoco permito que los saquen fuera de sus casas a hacer labranzas, como lo hacían en las otras islas, sino que dentro en sus tierras le señalan cierta parte donde labran para los

Españoles que los tienen depositados, y de aquello se mantienen y no se les pide otra cosa; y ésta antes me parece que es libertad y manera de multiplicar e conservarse, que no de diminución; y porque *non in solo pan vivit homo,* para que los Españoles se sustenten y puedan sacar oro para sus necesidades, y las rentas de V. M. no se disminuyan, antes se multipliquen, hay tal orden, que con la merced que V. M. fue servido que se hiciese a los pobladores destas partes, de que pudiesen rescatar esclavos de los que los naturales tienen por sus esclavos, y con otros que se han de guerra, hay tanta copia de gente para sacar oro, que si herramientas hubiese, como las habrá presto, placiendo a Nuestro Señor, se sacará más cantidad de oro en sola esta tierra, según las muchas minas que por muchas partes están descubiertas, que en todas las islas juntas y en otras tantas; y desta manera se harán dos cosas; la una, buena orden para conservación de los naturales, y la otra, provecho y sustentamiento de los Españoles, y de estas dos resultarán el servicio de Dios Nuestro Señor y acrecentamiento de las rentas de V. M.; y a mí me parece y así es, que para dar a estas cosas de arriba inmortalidad y que duren cuanto el mundo durare, conviene mucho que V. M. mande que los naturales destas partes se den a los Españoles que en ellas están y a ellas vinieren, perpetuamente, habiendo respeto a las personas y servicios de cada uno, quedando a V. E. la suprema jurisdicción de todo; porque desta manera cada uno los miraría como cosa propia, y los cultivaría como heredad que habrá de suceder en sus descendientes; y hacerse debía que el cuidado que yo sólo ahora tengo o ha de tener la persona que V. M. fuere servido que gobierne estas partes, lo tuviesen todos y cada uno en particular en lo que le tocase; y la diligencia que cada uno tiene en sacar dellos todo lo que puede, por todas las vías que alcanzan que lo puede hacer, dudando el tiempo que dellos ha de gozar, se convertiría en especial cuidado de los sobrelevar, estando cierto de la seguridad del uso e posesión dellos.

Junto con este capítulo, muy poderoso señor, se sigue otro en la instrucción de V. M. por el cual manda que a los naturales destas partes se les haga entender el dominio que Vuestra Celsitud sobrellos tiene, como su supremo señor, y el servicio que ellos a V. E. son obligados como súbditos y vasallos; y manda asimismo que en reconocimiento desto se tenga forma con ellos cómo den y contribuyan a V. M. *ciertun quid* en cada un año; y porque en el dicho capítulo V. A. me manda que esto lo comunique con sus oficiales, y aun con los religiosos que en estas partes estuvieren, lo hice, y creo que todos los oficiales y aun algunos de los religiosos escriben a V. M. sobre ello; y porque ellos dirán su parecer en sus cartas, no me detendré yo en más de decir el mío, que es que de ninguna cosa que acá se pudiera mandar, V. A. pudiera recibir mayor deservicio, que en ponerse en obra; y las causas dello son:

La una, porque sería imposible poner a estas gentes en esta orden de contribución; porque aunque *in agibilibus* tienen muy buena manera de entendimiento, carecen de otras muchas cosas que serían necesarias para este efecto, y por esto sería muy dificultoso.

Lo otro, porque ya que se pusiesen o pudiesen traer a esta orden de contribución, todo lo que dieren no podrá ser cosa de que V. M. fuese servido; porque oro ni plata no habrá de ser, porque alguno que tenían antiguamente en joyuelas, ya lo han dado y se es acabado, y lo que podrían dar es lo que ahora dan a los Españoles que los tienen, así como maíz, que es el trigo de que acá nos mantenemos; algodón, de que hacen las ropas de que ellos se visten; pulque, que es un vino que ellos beben; hacer las casas en que los Españoles moran; criar algunos ganados: pues vea Vuestra Celsitud que es el fruto que desto se podría sacar, porque aun para los que lo recogen no bastaría para mantenerse; y la experiencia desto se ha mostrado muy a la clara en ciertos pueblos, que al principio no sabiendo las cosas ni habiéndolas experimentado, quise señalar para V. M., que fueron en esta provincia a Tezcuco con su tierra, los puertos abajo a Cempual y a Tatactetelco con su tierra, y en la provincia de Guajaca a Coatlán con su tierra, y en la Mar del Sur a Zacatula con su tierra y estuvieron en poder de Julián Alderete, tesorero de V. A., más de un año sin que se hubo de provecho cien castellanos, y como estaban sin administración, cuando acordé en ello casi perdidos y destruídos vi todos estos pueblos, como cosa de nadie, de manera que me fue forzado, para que no se perdiesen los pueblos y el fruto dellos, encomendarlos a Españoles, y con esto se han reedificado, y vale más lo que ha pertenecido a V. M. de sus quintos y derechos, que tres veces lo que antes daban, con ser todo de V. A., porque si algún provecho había era de aquellos que entendían en ello; así que de aquí adelante yo no pienso señalar ningún pueblo que se diga para V. M., pues todos son suyos, porque no conviene a su servicio ni a sus rentas. La provincia de Tascaltecal (Tlaxcala) está debajo de nombre de V. A., no por el provecho ni renta que della se ha de seguir, sino porque como V. M. por las relaciones ha visto, aquellos han sido harta parte de haberse conquistado toda esta tierra, aunque primero ellos fueron conquistados con harto trabajo; y por esto, porque parezca que tienen alguna más libertad no los repartí como los otros; y porque tengan también solución, que conviene tanto como lo demás, están en la dicha provincia dos o tres hombres en guarda dellos e que les hacen sembrar maizales para V. A., y aun se criará algun ganado, y hacen en esta ciudad una fortaleza, y aun se tenga tal orden que las ciudades y villas: he hecho hacer allí un monasterio y están allí tres frailes que los instruyen en las cosas de nuestra fe, y desto tiene cargo el fator de V. A.

Lo otro, porque como arriba he dicho, habiendo de contribuir desto a V. M. no habrán de dar nada a los Españoles; pues sin ellos no se podrían sostener; pues no teniendo con que sostenerse, forzado habrán de dejar la tierra; pues dejándola habranse de perder, y perdiéndose vea V. A. el servicio que Dios Nuestro Señor y V. M. recibirían; e ya que allá se quiera decir que para sostener la tierra V. A. tendría en ella gente a sueldo, esto no se piense en ninguna manera; porque para sostener lo ganado, sin se pensar de acrecentar más ni se conquistar más tierra, eran menester a lo menos mil de caballo y cuatro mil peones; estos ninguno de los de caballo se podrían sufrir con que le diesen quinientas mil maravedís de partido, y porque en un caballo se va más de la mitad, en especial ahora que los de la Española han defendido que nos pasen acá yeguas de ninguna isla por vendernos los caballos más caros, y lo demás no basta ni para herraje y para vestirse, según valen las cosas; de manera que con este partido les faltaría aún para comer; y eran para sólo los de caballo menester quinientos cuentos: pues los peones que se les diese al precio que se les da al menor, por cuanto son doscientos pesos de oro; pues cuatro mil veces doscientos pesos, son ochocientos mil pesos: así que vea V. M. qué bastaría para pagar esta suma, cuanto más que con darles esto no se hallarían; e ya que se hallasen, no era menester otra pestilencia para destruir la tierra sino ellos; y demás desto y lo que sería peor, era forzado que había de cesar la conversión de los naturales, porque era menester con cada fraile que fuese a predicar a un pueblo ir una guarnición, y ésta con tres días que estuviese en el pueblo le dejaría asolado; y cierto en muy breve tiempo se acabaría la tierra.

Asimismo, muy cristianísimo príncipe, me manda Vuestra Grandeza por un capítulo de su instrucción, que en la elección de los alcaldes y regidores que se eligen en cada un año en todos los pueblos desta Nueva España, se tenga tal orden, que las ciudades y villas hagan su nombramiento o señalamiento de las personas que les parece que lo deban ser, y así hecho lo traigan ante mí, e yo con los oficiales de V. M. escojamos las personas que nos pareciere, y a aquellas se den los oficios y cargos; y porque después que vino la dicha instrucción no se ha ofrecido elección ninguna, por no haber llegado el tiempo en que se suelen elegir, que es el primero día de enero de cada un año, no se ha hecho cosa ninguna cerca dello; y como en todas las cosas que yo hiciere o pensare hacer, cuando alguna duda tuviere no las haré sin consultar a V.M. sobre ello, para que más conforme a su real voluntad y servicio se hagan, me pareció que en ésta que era de mucha importancia debía tener la misma orden; y así digo, muy católico señor, que no conviene a su real servicio, ni a la buena orden de la gobernación destas partes, que las tales elecciones se hagan por otra persona sino por el gobernador que V. M. en ellas tuviere, por muchos inconvenientes y escándalos que se podrían seguir.

El uno, que viniendo los nombramientos de las villas hechos, serían que cada uno de los regidores o personas que hubiesen de hacer el tal nombramiento, lo encaminarían más a personas amigos e parientes suyos por el provecho o interese dellos, que no a personas que mejor mirasen el bien de la república; y habiéndose de señalar de aquellos que ellos nombrasen, no podría el gobernador, aunque otra cosa sintiese, poner personas provechosas al bien de la república; y por esta misma causa no conviene que los oficiales en ella entiendan, porque es notorio que han de tener el mismo respeto y fin; y el gobernador, como cualquiera buena orden y concierto que haya en los regimientos de los pueblos redunda en honra suya, y si por el contrario en infamia, es notorio que tendrá más especial cuidado de lo que

464

conviene, pues es todo a su cargo, que no aquellos que no les compete más de aquel interese; y aun es otra cosa que se me figura de más inconveniente, que como el gobernador represente su real persona y jurisdicción, dando aquella mano a los pueblos o a otras personas, parecía derogar su preeminencia real, y aun por tiempo la extenderían a más, haciéndolo uso y costumbre. Así que por estos inconvenientes y otros muchos que se podrían seguir, yo pienso tener en esto la orden que hasta aquí he tenido, hasta que V. M. otra cosa me envíe a mandar, porque me parece que conviene a su real servicio, y que haciéndose de otra manera sería grandísimo daño; y así suplico a V. E. lo mande mirar y enviarme a mandar aquello de que V. A. más se sirva.

Los oficiales que V. M. mandó venir a estas partes para entender en su hacienda, son llegados, e yo los recibí y he hecho y hago aquel tratamiento y buena compañía que me parece que debo como a criados de V. M. y como a personas que han de residir en su servicio; e se han tomado las cuentas a las personas que hasta aquella sazón habían tenido cargo de cobrar las rentas de V. A.; y porque desto y del recaudo que en todo se halló, ellos escribirán a V. M. y se verá por la carta cuenta que envían, no tengo que decir más de remitirme a lo que ellos dijeren; sino que por la dicha carta cuenta parece yo haber gastado de las rentas de V. M. sesenta y dos mil y tantos pesos de oro en la conquista y pacificación destas partes, demás de yo haber gastado todo cuanto yo tenía, que son más de otros cien mil pesos de oro, sin estar empeñado en más de otros treinta mil pesos que ahora me han emprestado para enviar a esos reinos, para me proveer de cosas necesarias y otros gastos de mi casa; e los dichos oficiales, puesto que les constó todos los dichos gastos ser así, no me los recibió en cuenta, porque dijeron que no traían para ello poder ni facultad; y aunque yo no les debiera dar la cuenta, pues que decían que no traían poder para me dar finiquito, se la quise dar; porque como sea a todos tan notorio lo que yo he gastado y el fruto que dello ha sucedido, y el daño que se hubiera hecho en no gastarse; como yo tenga a V. M. por tan cristianísimo, y antes tenga cierto que me ha de mandar hacer muchas mercedes, que no permitir que me sea tomado lo mío, pues tanto ha sido servido de haberlo yo gastado, y no solo ello sino mi persona se haya empleado en su real servicio, no he recibido pena con la dilación que estos oficiales me han puesto. A V. M. suplico mande que los dichos sesenta y tantos mil pesos de oro se me reciban en cuenta, y lo que más pareciere haber yo gastado se me pague, pues ellos y mi persona, y de mis deudos y amigos está ofrecido a su real servicio, y es un depósito que V. M. tiene muy cierto para todas las veces que dello se quisiere servir, y se ofreciere en que yo lo pueda gastar. Por la mala costumbre que en la isla Española se ha tenido de haberse entremetido los jueces y oficiales que en ella residen en la gobernación, de donde ha resultado que no solamente a ella, mas aun a todas las otras y a Tierra Firme han destruido, y en tal manera que ya se hubiera acabado si no hubiera sido por el remedio que desta tierra les ha ido; querrían estos oficiales que ahora V. M. ha enviado, tener acá la misma mano, y hanlo probado algunas veces, si yo para ello les hubiera dado lugar; y como yo, como arriba a V. M. he dicho, haya tanto tiempo que estoy en estas partes y tenga noticia de todas las causas de los daños que en ellas ha habido, no querría que a mí me acaeciese de tal manera, pues me sería más culpa y sería digno de mucha punición y castigo; y no he permitido ni pienso permitir que ellos se entremetan en otra cosa fuera de lo que tocare a sus oficios, por el grande inconveniente que dello se podría seguir, como se manifiesta por lo que se ha hecho y cada día se hace en la Española. No sé si desto estarán algo descontentos; pero en la verdad ellos no tienen razón, porque en lo que toca y atañe a sus oficios, ellos han hallado y hallan en mí tanto aparejo y favor cuanto han querido recibir; y en el tratamiento y aprovechamiento de sus personas asimismo han hallado todo lo que han querido y se ha podido hacer con ellos; porque en la verdad, demás de ser criados de V. M. y estar acá en su servicio, sus personas de todos son tan honradas, y hasta ahora ellos hacen tan bien lo que a sus oficios conviene, que merecen de mí todo buen tratamiento y aprovechamiento, e que V. M. les haga mercedes por la buena voluntad que dellos he conocido a su real servicio: e porque desto ellos no estén resabiados, ni me tengan algún odio pensando que yo les quito alguna preeminencia de sus oficios, porque en la verdad yo deseo toda el amistad y conformidad con ellos, suplico a V. M. les envíe a mandar la orden que en esto han de tener, y que no se entremetan en otra cosa fuera de sus oficios; y para más descargo me haga V. A. merced de me enviar su provisión real para ello, porque aunque la que tengo basta, es para más satisfacerles, y para que crean que no se les quita nada, antes por cierto en todas las cosas que me parece que debo comunicar las comunico y comunicaré con ellos, como a personas que tengo creído que me darán en todo lo que ellos alcanzaren, el parecer que más al real servicio de V. M. convenga: y esto suplico a V. M. mande proveer con mucha brevedad, porque conviene mucho a su real servicio: y si todavía a V. A. le pareciere que conviene a su servicio que ellos entiendan o sean parte en algo de lo que toca a la gobernación, a V. A. suplico me haga merced de se la dejar a ellos toda, o ponga otra persona de quien V. A. más se sirva; porque conozco que siendo así y gobernándose esta tierra por diversidad de pareceres, como las otras islas, parará en lo que las otras han parado; y nunca Dios quiera que pues él fue servido de hacerme a mí medio para ganar estas tierras, que yo sea fin de perderlas: y en pago de mis servicios y de los que mas haré, queriendo V. M. servirse de mí, yo me contento y me doy por muy pagado de que V. M. los reciba por tales, y en esta tierra o en otra parte donde V. A. más sea servido, me haga merced de alguna cosa donde sustente mi persona conforme a la manera que yo he tenido y tengo; y que no responda la merced a mis servicios, sino a la voluntad con que se hicieron, y a V. M. que es hacedor dellas.

En la relación que envío a V. M. de las cosas destas partes, va un capítulo en que hago saber a V. A. como yo envié a un Cristóbal Dolit, vecino desta ciudad de Tenustitán, que pasó conmigo a estas partes, con cierta armada para que fuese a poblar el cabo o punta de Higueras, por la noticia que en la dicha relación digo que tenía de aquella tierra; y después le torné a enviar a un primo mío, que se dice Francisco de las Casas, con otros cuatro navíos y gente y artillería; y hanme escrito desde la isla de Cuba, adonde él fue a bastecerse, y un criado mío le había de dar los bastimentos que hubiese menester, que allí se había confederado con Diego Velázquez, y que iba con voluntad de no me obedecer, antes de le entregar la tierra al dicho Diego Velázquez y juntarse con él contra mí; y en la verdad Dios sabe el alteración que yo desto sentí, porque demás de haber gastado más de cuarenta mil pesos de oro en la negociación, paréceme que si es verdad es un gran deservicio de V. A. y se hace muy gran daño, así en la dilación que habrá en poblarse aquellas partes y en los daños que los naturales dellas recibirán, porque no se tendrá la orden que conviene y por el impedimento que habrá en el servicio que estaba muy notorio que de allí V. M. recibiera, como por el mal sonido que traerá en todas partes, y por la mala voluntad que pondrá así en mí como en otras personas de estas partes que tienen voluntad de gastar parte de sus haciendas en descubrir y buscar tierras nuevas para V. M.; porque como no lo puedan hacer todos con sus personas y hayan por fuerza de enviar terceros, creerán o tendrán temor que les ha de acaecer así; y aun otra cosa me pena más, que los que saben poco de la negociación pasada entre Diego Velázquez y mí, dirán que es *pena pecati;* y pluguiera a Dios que ello así fuera, porque no pudiera yo tener queja ninguna; mas es al revés, que en lo otro ni en esto puedo quedar sin ella, porque ni el otro dijo verdad en decir que mi venida no había sido a mi costa, ni estotro la dirá si dijere que en ello puso cosa alguna. Y teniendo pena de todas estas cosas, yo me determiné a ir por tierra hasta donde está o puede estar, para saber la verdad del caso, y si así fuese castigarle conforme a justicia; porque para ir, según soy informado, hay por tierra muy buen camino, y desde donde yo tengo poblado, que es desde Utlatlán o Guatemal, donde Pedro de Alvarado fundó aquella villa de que en la relación hago mención a V. M., hay muy poca distancia, y en muy breve tiempo pensaba ser con él; y así lo comencé a poner por obra, y comencé a dejar recaudo en esta ciudad y en todas las otras partes que convenía ponerse, y apercibí a todas las personas principales de los naturales desta tierra para los llevar conmigo, para que quedase más seguro. Y platicado en ello con los oficiales de V. M. les pareció que no lo debía hacer, por algunos inconvenientes que para ello dieron; y puesto que todos o los más cesaban por las causas que yo les di, pareciome que pues ya lo habían contradicho que jamás lo aprobarían; y puesto que del saneamiento yo estoviese satisfecho, porque no pueden los hombres comprender todo lo que puede suceder, en especial en largo camino, temí que la menor cosita de contrariedad que me acaeciese la empinarían de manera que se aprobase su consejo y reprobase mi determinación; y por esto y porque aun de la verdad yo no estoy aún muy certificado, mudé el propósito, porque de cualquier manera que sea yo espero nuevas de aquí a dos meses, y según fueren así proveeré lo que me pareciere que más convenga al servicio de V. M. a V. A. suplico humilmente, que si por parte de Diego Velázquez o del dicho Cristóbal Dolit, o de otra cualquier persona, alguna relación fuere a V. A., mande saber la verdad antes que ninguna otra cosa provea, porque conozca que así en esto como en lo pasado, nunca he discrepado della, ni nunca Dios quiera que yo a V. M. diga mentira en ningún tiempo ni por ningún interese; y sabida esta verdad, V. M. como de cosa suya proveerá lo que más convenga a su servicio, porque de aquello recibiré yo más señalada merced.

Por una provisión de V. M. vi la cantidad que V. A. tovo por bien de me hacer merced, así por mi salario como para otras gentes que yo tengo necesidad de tener siempre en mi compañía, así para guarda y amparo de la tierra como para salud de los Españoles; y porque así lo uno como lo otro trujo tan baja estimación que no se podría sufrir, suplico a V. M. lo mande ver y proveer como más su real servicio sea; porque en lo que toca a mi salario manda V. A. por su provisión que se me den trescientas y tantas mil maravedís, y que éstas no se me paguen desde más tiempo que desde el día de la data de la dicha provisión; y cuanto a la suma de las dichas trescientas y tantas mil maravedís, si a cada uno de los oficiales que ahora vinieron se les dieron a quinientas y diez mil maravedís, no sé yo quién tasó que no merecía yo cuatro tanto que cada uno, pues tengo yo doscientas veces más costa que todos juntos; pues también no sé a qué causa se me dejó de mandar pagar desde el día que yo entré en la tierra, o a lo menos la poblé en nombre de V. M.; porque certificó a V. A. que desde entonces hasta hoy no se ha gastado tiempo en vano, ni aun creo se gastará de aquí a veinte años, según que hay en que entender: así que suplico a V. M. lo mande ver y no permita que yo en esto reciba agravio; y porque mis procuradores lo pedirán ante V. A. más largo, a ellos me remito.

Invictísimo César: Dios Nuestro Señor la imperial persona de V. M. guarde, y con acrecentamiento de muy mayores reinos y señoríos por muy largos tiempos en su santo servicio prospere y conserve, con todo lo demás que por V. A. se desea. De la gran ciudad de Tenustitán desta Nueva España, a quince días del mes de Otubre de MDXXIV (1524) años. De V. S. M. muy humil siervo y vasallo, que los reales pies y manos de V. A. besa Hernando Cortés.

Carta del contador Rodrigo de Albornoz, al emperador

S. C. C. M Con Lope de Samaniego, que de aquí envié trece meses ha a dar cuenta y relación a V. M. de estos sus reinos y señoríos, escribí a V. Ces. M. todo lo que a la sazón me ocurrió y con larga relación de lo que alcanzaba a conocer y cumplía al servicio de V. M., aunque era de pocos días llegado, para que entendido V. M., lo de esta tierra mandase proveer como viese que convenía a su real servicio, y nos enviase a mandar a los oficiales y criados de V. M. lo que en todo habíamos de hacer en las cosas de su servicio y hacienda, que no tenía ni tiene aquella orden que para el buen recaudo della conviene: y porque según acá por algunas carabelas que han venido, así de Sevilla como de la Española, tenemos nueva que las carabelas que llevaron los dineros y presente que con Diego de Soto y Montejo y el dicho Samaniego, el gobernador Hernando Cortés y los oficiales de V. M. le enviamos, llegaron en salvo a Sevilla en fin del mes de abril, y V. M. habrá mandado oír al dicho Lope de Samaniego, que a sólo hacer relación a V. M. desta su tan gran tierra envié, y habrá proveído como mejor cumpla a su servicio, en ésta haré saber a V. M. lo que al presente me ocurre y me parece dar aviso a V. M.

Como los que fueron con el dicho oro de los sesenta mil castellanos harían relación a V. M., el gobernador Hernando Cortés, después de haber escrito a V. M. con el dicho Lope de Samaniego que no iría el camino para las Higueras contra Cristóbal de Olit, que a mi instancia y contradicción que de parte de V. M. le había hecho dijo que dejaría, creyendo ya que eran hechos a la vela los navíos que partieron de Medellín, determinó de ir todavía el dicho viaje de las Higueras, y sacó de aquí ciento y veinte de caballo y veinte escopeteros y otros tantos ballesteros y gente de pie; y pasado el río que dicen de Grijalva, de aquella parte de Guazacualco, cerca de doscientas leguas desta ciudad de Temestitán, halló los Indios de guerra que no están del todo sujetos al dominio de V. M., puesto que para pasar con gente como iba de paso no halló allí contradicción alguna; y como pasado de allí, mensajeros de esta ciudad no podían pasar, sino que les mataban; y con un criado mío que le alcanzó antes de entrar en aquella provincia que llaman de Tabasco, que le envié a ver si quería mudar la opinión de ir aquel camino contra Cristóbal de Olid, por el mucho deservicio que V. M. dello recibía y tanto daño la tierra y los cristianos, me escribió iba en su determinación; y porque la gente donde ya llegaría de allí adelante, pasado él quedaría de guerra, e yendo mensajeros o poca gente los matarían, que no le enviásemos persona ninguna; y de allí tomó su camino a las Higueras, junto a una ciudad principal que se llama Xicalango; y en este medio tiempo, que es de diez meses y más que no sabíamos de él, venían nuevas por diversas partes y provincias, que decían los Indios de Xicalango hacia otra que se llama Trapala, que le habían muerto y a todos los cristianos que con él fueron, y a cuatro o cinco mil Indios que llevaba en su compañía de los desta ciudad y tierra.

Y los parientes y criados del dicho gobernador que había dejado en esta ciudad y provincia en su hacienda, fingían y escribían diversas maneras de nuevas por se tener las haciendas y sustentar en los cargos que les había dejado, con los cuales se juntaban algunos oficiales de V. M. y escribían nuevas, cómo por Indios mercaderes que habían venido de Xicalango sabían que el gobernador Cortés venía ya de vuelta, que había detenídose en una provincia por las aguas; y desde a otros quince días o treinta venía nueva por vía de Indios, que le habían muerto; y con esta forma de nuevas hemos estado suspensos más de medio año, y con pena de no poder escribir a V. M. cosa cierta, hasta que vino una nueva secreta por vía de Indios, que era muerto de la parte de Trapala, siete jornadas adelante de Xicalango.

Y no confiándonos en todo esto, aunque el mucho tiempo que había que no se sabía de él daba a creer fuese muerto, enviamos por mar costeando hacia las Higueras a Diego de Ordaz, su amigo y criado, con dos bergantines y veinte ballesteros, para que entrase por el río arriba de Xicalango, que viene a dar en la costa, y con lengua de la tierra que llevaba supiese la certinidad de su muerte o vida, porque le pudiésemos escribir a V. M. para que mandase proveer de remedio en esta tierra como cumple a su servicio; el cual dicho Ordaz entró con los dichos bergantines por el río arriba de Xicalango, que es como el Rhin, y encontró con siete u ocho mercaderes Indios que venían en una canoa, y juntose a ellos y tomoles, y metidos en un bergantín hízoles muchas preguntas del gobernador y su gente que por allí habían pasado; y aunque al principio de miedo le negaban que no le habían visto, después le confesaron, como a aquel capitán y a los que con él iban les habían muerto mas había de siete u ocho lunas (porque ellos cuentan por cada mes una luna), en una ciudad siete jornadas de Xicalango, que está dentro de una laguna, que se llama Cuzamelco; y que la causa principal fue porque el gobernador había demandado al señor de aquella ciudad oro y otras cosas, y que no se lo quiso dar diciendo que no lo tenía, y que le había sobre ello maltratado; y que con aquel despecho, el señor de aquella ciudad Cuzamelco apercibió toda la tierra del rededor, y el día que salieron a dormir junto a la laguna en un lugar pequeño de aquella ciudad, a media noche que el gobernador y su gente reposaban, vino mucha multitud de gente sobre los cristianos, y comenzaron a poner fuego por todas partes y a dar sobre ellos y los caballos; y como no pudieron ni tuvieron tiempo de se poder servir dellos, y con el fuego, desbarataron los Indios a los cristianos, y se dividieron por diversas partes; y ya que amaneció dice que dieron sobre los que quedaban, y prendieron al capitán, que lo conocieron, que tenía una herida en la garganta, y lleváronlo en señal de victoria a un templo principal de sus ídolos, que llaman Uchilobos, y allí lo sacrificaron a sus ídolos, y de los demás no dejaron hombre a vida; y a los Indios que de acá iban con los cristianos dice que guardaron para comer, y a los cristianos echaron en la laguna, porque dice que los han probado y son duros y amarga la carne dellos; y dice el dicho Diego de Ordaz, que los Indios decían que mejor los pudieran matar dentro de la ciudad de Cuzamelco que está en el agua, sino por no quemarla y destruirla, que la tenía en mucho el señor della.

Han puesto, muy católico señor, tanto dolor y tristeza en los vasallos de V. M. estas nuevas y muerte del dicho gobernador y cristianos que con él fueron, que no ha podido ser más, así por haber muerto tantos cristianos a manos de infieles, como por haber muerto al dicho gobernador, que tan bien había servido y trabajado en estas partes, así a Dios como a V. M.; porque aunque cuando aquí vinimos había alguna sospecha que en lo de adelante no estaría tan obediente en servicio de V. M. como debía e era razón, al tiempo de su partida desta tierra mostró tener fidelidad y obediencia al servicio de V. M. en dejar como dejó antes que se partiese, la gobernación y administración desta tierra a los oficiales que de V. M. aquí quedamos;

puesto que en ello hubo alguna maña, de la cual se puede imputar la culpa tanto y más a algunos de los dichos oficiales que no a él, como más largo V. M. sabrá para que en ello mande proveer y castigarlo como a su real servicio conviene, pues en ello algunos hemos padecido con trabajo y pérdida de hacienda, como de los que de acá van V. M. podrá ser informado, por tener en paz y quietud esta tierra y que no se perdiese, como muchas veces ha estado a punto de perderse, hasta que V. M. provea de remedio e justicia en ella; y así lo procuraré en todo lo que mis fuerzas bastaren en mitigar y amansar la furia de algunos comuneros que aquí se han levantado contra el servicio de V. M. y perdición desta Nueva España, hasta tanto que V. Ces. M. mande enviar el remedio y castigo que en ello conviene, antes que esta tan gran tierra se acabe de perder.

Los frailes franciscos, Sacra Majestad, de la custodia de San Gabriel que a esta tierra han venido para la conversión de los Indios, han dado tal ejemplo con su vivir y trabajo en les conducir y atraer al conocimiento de nuestra santa fe católica, que con su industria y deseo de servir a Dios y a V. M. y con la buena disposición e ingenios de razón que ellos tienen, han convertido y atraído a la fe mucho número de gente, y así de cada día convierten y hacen tan gran fruto, que tengo por cierto que por este servicio que V. M. hace a Dios y aumento en su fe, acrecienta grandes tesoros en la gloria; y porque según la grandeza de la tierra, los religiosos que acá han venido son muy pocos, muy humilmente suplico a V. M. mande al general de la dicha orden provea de enviar buen número de religiosos de la misma custodia; porque no solamente dan gran doctrina a cristianos e Indios, pero han sido toda la más parte para que en estos tiempos de alteraciones que han sucedido, la tierra no se perdiese; y porque no haya jamás discordia en la religión, sea de la misma custodia, o de la provincia de Santiago, porque son muy conformes.

Como V. S. M. es informado, la gente destas partes comen carne humana, así por lo haber acostumbrado de sus pasados, como por la penuria que en estas partes ha habido entre ellos de no tener ganados; y porque también acostumbrados a la carne humana, les es más dulce que la de aves e caza que tienen e crían; y después que la tierra está en el dominio de V. M., con la conversación y trato de los cristianos comen aves de Castilla y puercos y carnero y vaca, y las otras carnes que ven comer a los cristianos, y beben vino de España con mejor voluntad que el pulque que ellos tienen por vino, que parece un poco a cerveza, aunque no es tal; y como son gente de razón y vivos de ingenio, y tratan mucho en comprar y vender en todo lo que ven que pueden ganar su vivir y que los cristianos lo compran, ellos crían aves de España, y ponen huertas y las curan, y guardan ganados, y son tan apegados a todas las cosas como los labradores de España, y más sutiles e vivos; y así cumple al servicio de V. M. y población y aumento de estas partes, mande so graves penas a las justicias de la Española, San Juan y Cuba y Jamaica, dejen sacar libremente cualesquier ganados de vacas y yeguas e carneros e ovejas para esta tierra, porque allá hay mucha abundancia y acá falta; que aunque les han mostrado carta de V. M., dicen no dejaron en la Española sacar ciertas yeguas que para esta tierra se traían.

Y si V. Ces. M. mandare dar los Indios perpetuados, o encomendados por su voluntad, o como fuere servido de los mandar dar, conviene a su servicio que para que la tierra, pues es tan fértil e semejable a España, y para que la gente que está e viniere a ella asiente e se arraigue e tome amor a perseverar en ella, mande V. M. que a cualquiera que se dan Indios o perpetuos o por tiempo, que sea obligado de sembrar cierta cantidad de tierra de trigo de España, pues acá lo hay ya y se da en el lugar que le dieren los Indios, y ponga tantos pies de viña, y árboles y simientes y legumbres de España; y que sea obligado de lo poner dentro de un año o año y medio que fuere proveído de los dichos Indios, y tantas vacas y ovejas y yeguas, y que haya de tener caballo y armas, según fueren los Indios que tuviere, a vista y parecer del gobernador y oficiales de V. M.; porque así, pues la tierra es tan fértil y semejable a España, la cultivarán y permanecerá la gente en ella, así cristianos como Indios, y V. M. habrá muy mayores tributos della, e no estará la gente de camino como está para se ir della e volverse en España, procurando de despojar a los Indios lo que cada uno puede haber, que no los tiene seguros, sino que hoy los tiene uno y de aquí a un mes los da a otro, y cada uno procura de los despojar aquel tiempo que los tiene; que a esta causa las islas de V. M. se pierden de cada día, y las de Portugal se pueblan e aumentan de cada día, por ser los Portugueses grandes pobladores.

Y pues que V. M. ha sido servido de mandar a sus oficiales de Sevilla que envíen con cada navío que viniere a esta tierra plantas e simientes de Castilla, puede hacer V. M. merced a esta tierra que les mande que ningún navío venga sin ello, so cierta pena; y que se entreguen a los oficiales que de V. M. aquí residen para que las repartan por los vecinos; y que hecha sobre ello ordenanza en la Casa de la Contratación, se envíe a esta Nueva España para que acá los oficiales de V. M. tengan cuidado de lo hacer cumplir; que con dos años que se haga estará llena la tierra.

Como V. Ces. M. por relaciones de muchos y las de su muy alto Consejo ha sabido, los Indios destas partes son de mucha razón y orden, e acostumbrados a trabajo e trato de vivir, e han acostumbrado tan ordinariamente a contribuir a Muteczuma y a sus señores, como los labradores en España; y así porque ellos están puestos en el camino e orden desto, como porque V. M. en sus instrucciones nos lo manda, lo procuramos así; y porque en la verdad es lo mejor y más cierto y conviene así al aumento de sus rentas, he procurado de los poner en aquella orden y costumbre, y que demás de la que ellos tenían, fuesen llegándose a la de los vasallos de España; y puesto que algunos que V. M. sabrá, por diversos respetos e propios intereses me lo estorbaban, yo procuré con el cacique de Zacatula, que está en la costa del Mar del Sur donde se hacen los dos navíos, y envié un oficial mío, después de haberle hablado e concertado con él de lo que había de dar e contribuir a V. M. de cuatro en cuatro meses; que fue que diese de cuatro en cuatro meses dos copas de oro y dos barras, y maíz y cacao, que son unas almendras que ellos usan por moneda, de que hacen su brebaje; cumplidos los cuatro meses vino con ello al mismo tiempo que quedó: y de la misma manera concertábamos contribución ordinaria con los señores de Tlaxcala y con los de esta ciudad de Temistitán, y así se hubiera hecho con todas las provincias y lugares desta Nueva España, si no nos lo hubiera estorbado quien V. M. sabrá.

Y puede V. M. creer que si después que somos venidos a esta tierra se hubiera hecho lo que V. M. en sus instrucciones nos manda, y no me hubieran ido a la mano antes que el gobernador se fuese, y después con haber habido comunidad en la tierra, que hubiéramos enviado a V. M. más de doscientos mil castellanos más de los que se le han enviado; lo cual no se podrá hacer ni remediar hasta que V. M. envíe con toda brevedad el remedio de una persona tal de gobernador, y audiencia prudente y sin codicia y de autoridad, y que V. M. mande se haga y procure la contribución general; y venido esto, yo espero en Dios que dentro de un año o poco más he de dar orden como toda la tierra contribuya y se aumenten diez tanto más las rentas de V. M., y se le pueda enviar mucho oro y servicio; y si algunos allá escribieren o dijeren que no contribuirán los Indios ni tienen orden, V. M. crea no le hacen verdadera relación, y que lo harán por su interés particular; que yo me ofrezco que aunque los Indios estén despojados y maltratados, de dar orden, si no me lo estorban y V. M. envía justicia y persona de gobernador, de dentro de un año o dos de hacer que estén puestos en la contribución, y que de ello se saque para V. M. mucha suma cada año.

Y crea V. M. que si para esto y todo el remedio de la tierra, pues Dios ha dispuesto de Hernando Cortés, no envía aquí un gobernador que sea de edad, autoridad y prudencia, y sin codicia, y que piense que no viene a otra cosa sino a servir a V. M., que la tierra se perderá y nunca se hará cosa que cumpla al servicio de V. M.; porque como estas tierras están tan lejos de la presencia de V. R. M. y muy tardíos los remedios de los males que en ellas se hacen, crían muchos malos servidores y todos ensanchamos las conciencias, y algunos nunca piensan que V. M. se acordará de mandar enviar el castigo de los que acá le desirven y van tan a la desvergonzada contra su servicio.

En esta tierra, como V. M. sabe, y con licencia que allá han demandado, han ido a entradas de lugares y provincias a hacer esclavos, so color que no querían venir a la obediencia e dominio de V. M.; lo cual se suplicó a instancia de los procuradores que allá han ido a nombre de la tierra, aunque siempre van por la mayor parte a hacer lo que cumple a los que gobiernan; y mandó V. M. que se les hiciesen primero requerimientos ante escribano y con interceder lenguas que les den a entender que estén y vengan a la servidumbre y dominio de V. M., y que si no lo quisieren hacer les cautiven y tomen por esclavos; y si en este caso, muy católico señor, se hiciesen las diligencias que a V. M. dan allá a entender y convinieren al servicio de Dios y de V. M., y que su santísima y recta intención y de su muy alto Consejo le dicta y en todo tiene, muy bien sería y muy santo; pero aunque diga, como algunos acá dicen, San Lucas a los 14 capítulos, en nombre de Nuestro Redentor, *compelle eos intrare,* a propósito de la cena que hizo aquel padre de familias, excusándose los convidados porque no eran dignos de entrar, siendo pobres y enfermos; había de ser acá no con cautelas ni engaños, ni por robarlos ni hacerlos esclavos, sino con inducirlos con palabras y formas para los atraer a nuestra fe y servicio de V. M.; porque según he sabido, muchas veces ha acontecido que saliendo los Indios de algunas provincias a dar la obediencia y viniendo de paz, dar los cristianos sobre ellos y hacer entender a los que venían detrás que no querían ser amigos sino matarlos, porque les pesaba diesen la obediencia, por les robar y hacer esclavos; y así se ha hecho y hace y hará mucho estrago en esta tierra, y se perderá la gente della y los que pudieran venir a la fe y dominio de V. M., si no lo mandase remediar luego, y que en ninguna manera se haga sin mucha causa, porque es gran cargo de conciencia.

Asimismo en los esclavos de rescate de que V. M. hizo merced a los de la tierra que pudiesen rescatar de los que los Indios tenían entre sí, se hace mucha abominación y crueldad; porque allá dieron a entender a V. M. que los Españoles les habían de rescatar, y por maravilla se rescatan, sino que el cristiano demanda a su cacique oro, y si dice que no lo tiene, y aunque lo tenga y se lo dé, dícele que en lugar de oro que más le había de dar, le dé ciento o doscientos esclavos de los que ellos tienen; y como el cacique no tenga por ventura tantos, por cumplir lleva a vuelta de los que son esclavos otros de sus vasallos de los que no lo son, y por contentar a su amo el cristiano, atemorízalos a que digan que son esclavos aunque no lo sean, que aunque les maten no quieren decir sino que son esclavos, pues se lo mandó su señor, porque son muy obedientes a sus señores; y así se hará mucho estrago en la tierra, si V. M. no lo manda remediar e informarse de los que allá fueren y tuvieren mejor celo y menos codicia.

Y porque V. M. mande proveer como cumple a su servicio, diré los provechos y daños que en esto parece acá que hay; y el provecho que de sacar los dichos esclavos viene, es que haciendo muchos y venidos a poder de los cristianos, échanse más cuadrillas a las minas y sácase más oro y plata y otros metales, de donde se acrecientan las rentas y quinto de V. M., y hacen los cristianos más granjerías con ellos; y estando en poder de cristianos, algunos dellos, especialmente los niños, se vuelven cristianos, e algunos los industrian en la fe, aunque pocos lo hacen como lo debíamos hacer.

El daño, Católica Majestad, que se hace a los Indios de sacar y herrar tantos esclavos, es que los señores Indios destas partes el mayor servicio e ayuda que tienen para poblar y cultivar su tierra y dar el tributo a los cristianos a quien están encomendados, es tener esclavos de quien en esto se sirven mucho; lo segundo, que como los cristianos les demandan muchos más de los que les pueden dar, por contentar a los cristianos, a vuelta de diez esclavos vienen otros seis vasallos que no lo son, y algunas veces los hierran como a los esclavos porque los mismos, siendo algunos libres, por contentar a sus señores dicen que son esclavos: lo tercero, que cuando no bastan de los vasallos, como los Indios tienen algunos a diez y veinte mujeres, en especial los que son personas principales, acaece a tener unos veinte y treinta hijos, y traen algunos dellos y véndenlos entre sí, que parece lo tienen por granjería, como los cristianos de los animales: lo cuarto, que por muy fáciles cosas y de poco crimen hacen unos a otros esclavos; a unos porque a sus padres o madres les dieron diez o doce hanegas de maíz; a otro porque le dieron a su padre siete u ocho mantillas de las que ellos se cubren; a otro le hacen esclavo porque hurtó tres mazorcas de maíz o cuatro; a otro porque siendo niño le dio uno de comer medio año o uno, aunque se sirviera de él; y así por cosas muy fáciles y de burla se hacen unos a otros esclavos; y por cosas tan livianas, que estando yo presente al examinar de unos esclavos, dijo uno que era esclavo; preguntando porqué, si padre o madre lo fueron, dijo que no, sino que un día que ellos estaban en sus areitos, que es su fiesta, tañía uno un atabal que ellos usan en sus fiestas como los de España, y que le tomó gana de tañer en él, y que el dueño no le quiso dejar tañer si no se lo pagaba; y como él no tenía que le dar, dijo sería su esclavo, y el otro le dejó tañer aquel día, y de allí adelante quedó por su esclavo, y después le habían vendido tres o cuatro veces en sus tianguez o mercados que tienen cada día; y así hasta los músicos se venden, que es una cosa de burla y de mucho daño, así para la conciencia como al servicio de V. M.

Y demás desto, si no se tiene mucha templanza y recaudo, vanse disminuyendo de cada día los esclavos, aunque la tierra es muy poblada; porque los esclavos que se sacan de provincia fría para llevar a las minas de tierra caliente, así con el trabajo como con el calor se mueren y disminuyen, y los de caliente en la fría, aunque no tanto.

Y porque en esta materia, muy poderoso señor, yo he procurado de inquirir el remedio que más cumpliese al servicio de Dios y de V. M. y conservación de esta tierra y aumento de sus rentas, he platicado con muchos esta materia, y parece que pues de una parte hay provecho y daños y de la otra también, que de lo uno y lo otro se elija lo mejor y que más conviene al servicio de Nuestro Señor y de V. M., y es que estos esclavos no se dejen de procurar que vengan a poder de los cristianos, ni tampoco se haga como ahora, ni se ensanchen las conciencias, sino que dello se tome un medio; que V. M. mande que los esclavos que los caciques y señores dieren y hayan dado a los cristianos, se hierren aquellos que sus padres fueron esclavos o lo son, o fueren de guerra, o por otras causas que a los de su sacro Consejo parecieren ser justas, o que el derecho las permite; y que los que son esclavos por aquellas poquedades que estos Indios entre sí han usado, que no se hierren ni sean esclavos, pues Dios Nuestro Señor ha sido servido de les querer dar luz y traerlos al dominio y servidumbre de V. M. para que se salven y vengan en conocimiento de nuestra santa fe, y V. M. pueda ganar el premio de todo el servicio que a Nuestro Señor en ello se hiciere.

Y porque trayendo estos esclavos por cosas livianas, y no los herrando ni quedando en poder de los cristianos, los caciques volviéndolos a sus pueblos los tornarían a vender en los mercados, como han hecho y hacen cada día, y siempre serán esclavos aunque los cristianos no los tomen, podrá V. M. mandar que los tales que son esclavos por causas livianas, que aunque no se hierren se dejen a los cristianos a quien los trae el cacique y se le den por naborias, con que jure y dé seguridad que no los echará hierro en secreto ni los hará esclavos; y que de aquellas haya un libro en que se asienten las naborias que se le queda o lleva cada uno, porque piensen hay cuenta y razón haga dellos como de esclavos; porque aunque sea trabajo tomar cuidado de cosa ajena y sin utilidad, porque es evitar mucho daño y destrucción de la gente y tierra, yo tomaré el trabajo de tener cuenta y razón en un libro de V. M. de los que cada uno tuviere, para que dé cuenta dellos cuando se le pida.

Y porque esta es cosa muy importante a la conciencia de V. M. y a la conservación o destrucción de esta tierra, y no se puede dar bien a entender cada inconveniente o provecho por letra, y si se pregunta a los que de acá van, los más por ventura no dirán sino que si no se dan largamente los esclavos como los Indios entre sí los usan e traen, no valdrá tanto la renta, ni los cristianos tendrán tanto; suplico a V. S. M. se mande informar de personas sin codicia y pasión, pues allá son idos religiosos de santa vida de la custodia de San Gabriel y orden de San Francisco de los descalzos, que le dirán la verdad; y si así desto como de todo lo demás destas partes V. M. quisiere largamente ser informado, mande enviar a la Española por el licenciado Zuazo, que ha estado en las islas ocho o diez años y en esta tierra hartos días, que le conocen bien muchos del Consejo y tiene mucha experiencia e bondad, e podrá dar entera luz e información a V. M. de todo, en especial desta que es muy diferente de todas las otras islas e tierras; e por otro bachiller Ortega que desta Nueva España es partido a la dicha Española, a quien V. M. escribió estos días pasados que fuese a informar de algunas cosas a los oidores que allá residen, que cumplen al servicio de V. M.; porque siendo de todo informado podrá mejor mandar poner remedio en todo lo que cumple al servicio de V. M.

Destos esclavos, muy católico señor, que los cristianos sacan de sus caciques, pues se los dan en lugar del oro que antes les solían dar, he demandado se pague el quinto que dellos pertenece a V. M., y no he podido acabar ni hacer se pague como es razón, por estar todo así, como V. M. más largo allá sabrá; y según las cosas allá andan y han andado, no se hará nada hasta que V. M. envíe el remedio y castigo que es bien menester para esta tierra, e mande se le pague el quinto de todos los esclavos que los caciques han dado y dieren a sus amos de aquí adelante, porque éstos no son rescatados sino dados en lugar del oro que solían dar; porque como esto toque también a quien ha tenido y tiene la mano, no se ha podido hacer, hasta que V. M. con castigo y ejecución lo mande hacer, y que se cumplan mejor sus provisiones y mandamientos, que hasta aquí se hace.

En esta Nueva España, Cesárea Majestad, no ha habido muy buena disposición de puertos para los navíos que a ella vienen, y ahora la Villa Rica de la Vera Cruz se muda seis leguas de donde estaba, junto a un río que dicen de Canoas, que es en el mismo término suyo hacia la villa de Medellín; porque del puerto de San Juan donde ahora vienen los navíos, sube un brazo de mar a este sitio donde ahora se pasa la dicha villa, y otro al de Medellín; y éste está más cerca para desembarcar la ropa de los navíos, dos leguas que el de Medellín; y así se podrán desembarcar más a placer las mercaderías que de aquí adelante vinieren, y sin tanta costa.

Vuestra Católica Majestad tiene mandado por sus provisiones e instrucción que envió al gobernador Hernando Cortés, que los regidores y oficiales que se nombrasen cada año, hasta que V. M. los hiciese perpetuos, los nombrasen el gobernador y oficiales, y repartiesen los solares y caballerías y todas las otras cosas, porque con más acuerdo y parecer se hiciese lo que cumplía al servicio de V. M., como se ha hecho y hace en las otras islas; lo cual nunca quiso hacer por tener él solo mano en el cabildo; e estuvo la dicha instrucción escondida hasta que se halló después de sabida su muerte; la cual después se ha notificado a los que tienen la justicia para que la cumplan como en ella V. M. manda, y no la han querido cumplir. V. M. mande poner remedio en todo como más cumple a su servicio, pues la tierra y los que acá venimos nacimos para le servir; y mande castigar esta mala costumbre y poca obediencia que acá hay de no querer obedecer los mandamientos y provisiones que de V. M. han venido y vienen; que si a dos o tres se hubiese cuarteado, ninguno tendría atrevimiento de oponerse cada día contra las provisiones, de V. M., ni rodear que no se obedeciesen.

Después que a esta tierra llegué, procuré con el gobernador Cortés que diese forma como enviásemos a descubrir el estrecho que se ha dicho y creído que había para la Especiería, así por la costa del Norte como por la del Sur; y así me dio a entender cuando envió a Francisco de las Casas, que le enviaba a descubrir el estrecho, si le había por la parte del Sur, y fue a las Higueras; y después acá se ha sabido de muchos que han venido de las Higueras y pasado desta Tierra Firme donde está Pedrarias, hasta esta ciudad por tierra, como no hay estrecho, sino todo tierra firme; y de la otra parte del Norte hacia la Florida también dicen que no hay los que por allí han costeado.

Los dos navíos que se hacían en Zacatula, y un bergantín, están acabados, y pudieran luego ir a descubrir y seguir el camino de la Especiería, que según los pilotos aquí dicen, por su punto y cartas no está de Zacatula de seiscientas a setecientas leguas; y hay nuevas de Indios que dicen que en el camino hay islas ricas de perlas y piedras; y siendo a la parte del Sur ha de haber, según razón, oro en abundancia; y preguntando a los Indios de aquella costa de Zacatula, cómo saben que debe haber por allí islas, dicen que muchas veces oyeron a sus padres y abuelos, que de cierto en cierto tiempo solían venir a aquella costa Indios de ciertas islas hacia el Sur, que señalan; y que venían en unas grandes piraguas, y les traían allí cosas gentiles de rescate y llevaban ellos otras de la tierra; y que algunas veces cuando la mar andaba brava, que suele haber grandes olas en aquella parte del Sur más que en otra parte ninguna, se quedaban los que venían acá cinco o seis meses, hasta que venía el buen tiempo e sosegaba la mar e se tornaban a ir; y así se tiene por cierto hay islas cerca y que hay razón de ser ricas; y yo quisiera fueran luego los dos navíos y el bergantín, pues están a punto y hay hartos marineros y que desean ir al viaje, y el aderezo para todo lo que es menester, y bastimento y las otras cosas necesarias; pero como la tierra está sin gobernador y en comunidad, y tan perdida como V. M. de muchos allá sabrá, no he sido parte sino para que sólo vaya un bergantín con ocho hombres o diez a reconocer si parecen algunas islas; y como el bergantín sea cosa pequeña y de poco costado a las olas de aquella parte, muy más altas que en otra mar, dicen los pilotos que no se osaba meter a la mar, y que no pudiendo llevar bastimento, como no puede sino muy poco, se volverá de fuerza luego. Yo procuraba fueran los dos navíos, pues había también aparejo y sazón; pero no soy parte para poder más servir a V. M. como está al presente la tierra, hasta que mande enviar el remedio y castigo para todo, y darme algo más poder para que pueda mejor servir a V. M.; porque si destas cosas no manda uno de nosotros, aunque se comunique con todos, no tiene especial cargo de V. M. para lo hacer y poner en ello diligencia, nunca unos por otros se hará nada; porque yo certifico a V. M. que si hubiera traído una cédula de tres renglones para esto y otras cosas, que el camino de la Especiería fuera descubierto, y por ventura otras islas de gran provecho e interese.

Y sabido e descubierto el camino de la Especiería por esta Nueva España, Sacra Majestad, aunque el estrecho no se halle, como no dice que le hay, podrían venir los navíos que trajeren la especiería a una parte desta Nueva España hacia lo de Zacatula, que estará del puerto de Medellín o Villa Rica de sesenta a setenta leguas, y de allí por tierra sin mucho trabajo se podría traer en Indios muy a placer y sin daño dellos, hasta la poner en el puerto y navíos que cada día van a la Española y España; porque demás que los Indios son acostumbrados a ir con sus cargas y mercaderías trescientas leguas a contratar en provincias remotas, aunque allá parecerá trabajoso, podríanse, como suele hacerse, remudarse de jornada a jornada los Indios como acá se acostumbra, y desta manera entre ellos corren postas, como correos en los reinos de V. M.; que como V. Cat. M. y los de su muy alto Consejo mejor saben, los Venecianos cuando trataban en especiería, la traían de trato y comercio de Calicut y venían a la isla Scoira, donde dice que habitan cristianos, y entraban por el seno y estrecho del Mar Rubro y por muchas islas que venían a la punta del dicho mar, y desembarcaban en el puerto de Joharna, y allí dice que la tomaban en camellos, y por el desierto de Arabia la llevaban al puerto de Ostraciña y Pelucio, y por cerca de la costa se venían a Alejandría; y de allí la que les quedaba la traían a Candia y al puerto de la Coma en la isla de Morea; y entre la costa de Pulla del reino de Nápoles de V. M. y Albania, por el Mar Adriático, la traían a Venecia y a toda la Europa, hasta que el camino no tuvieron seguro por los Alarbes; y así, muy poderoso señor, pues aquellos por reinos de infieles e mar la traían de tan lejos, muy mejor y más sin trabajo ni costa se podrá traer por aquí, y con liarla ventaja de navegación y camino, y por islas y reinos de V. M. hasta llegar en España sin ningún gasto; y demás desto ya hay recuas y de cada día habrá más, en que se pueda pasar sin mucho trabajo ni costa, en defecto que el dicho estrecho no le haya como dicen.

Algunos, Cesárea Majestad, de los que han estado en estas partes y experimentado las cosas dellas, y por lo que se pierde y vienen en diminución, dicen es porque las hallan fértiles y ricas, y no cura ninguno, del mayor hasta el menor, sino tener ojo a aprovecharse y a procurar de haber con que se vaya en España; y así dan tras la tierra y recogen lo que pueden y desuellan a los Indios, y al tiempo que piensan haber otro tanto dellos, no lo tienen y acábaseles; y no habiendo qué les sacar, es por fuerza que les han de maltratar, como cada día se hace, y si procurasen de conservar la tierra con otras cosas de granjería, y que no fuese todo sacarles oro, conservarse debían muchos años; y así dice que sería muy provechoso que V. M. mandase venir tres o cuatro mil labradores, así de la Andalucía como de Castilla, y que viniesen a poblar la tierra con sus mujeres y casas, y que trajese cada uno su aderezo de labranza y plantas de viñas y árboles; y éstos se repartiesen acá por las provincias que al gobernador que viniere y oficiales de V. M. pareciere; y que a cada uno dellos se le repartiesen en la provincia donde asentase, ciento o doscientos Indios para que los tuviese en administración, o se les diesen por suyos para que se sirviese dellos e le ayudasen en sus labranzas e granjerías; e los impusiese en sus labores e forma de vivir que tienen los labradores en España; porque como estos Indios sean vivos de ingenio, e bien dispuestos y recios, y de tanta razón que en dos años tomarán la orden e forma de vivir de España; y de allí tomarán mejor la orden de la contribución, porque son tan ingeniosos que no hay cosa que vean que no la hacen mas políticamente que la ven, hasta hacer vihuelas como en España, y tapicería a la manera de Flandes y de dos haces, aunque los rostros no aciertan por el presente tan bien a hacerlos; y si V. S. M. porque viniesen de mejor gana a poblar la tierra fuese servido que a los labradores que viniesen les diese los Indios perpetuos o a vida, y que anduviesen los Indios con la misma heredad, vendrían de mejor gana a poblar y asentar en la tierra; porque puede V. M. creer que si los Indios no manda dar perpetuos, que la tierra se perderá y ninguno permanecerá en ella.

Aquí vino una cédula de V. M., y dicen que procurada por un solicitador del gobernador a nombre de la tierra, para que no hubiese procuradores ni letrados en esta Nueva España; y aunque parece V. M. le concedió por mejor fin, porque no hubiese pleitos, ha sido en daño de muchos; porque o no ha de haber pleitos, o si los hay ha de haber letrados e procuradores; porque habiendo tanta multitud de causas como hay, de razón los ha de haber; porque así los jueces y escribanos se lo llevan todo, tanto que hay extrema necesidad que V. M. mande enviar una audiencia con el gobernador que viniere, porque en esta tierra hay más extrema necesidad que en ninguna parte de sus reinos, por estar más remota de su real presencia, y por la grandeza della.

Las cosas de la Iglesia, Sacra Majestad, y de nuestra santa fe católica, puesto que nosotros ponemos recaudo en ellas, no están en aquella veneración ni orden que ellas requieren estar; y así cumple al servicio del culto divino y de V. M. y bien de la tierra, que V. M. mande enviar aquí a esta ciudad un arzobispo como a cabeza de la tierra, y dos o tres obispos a otras provincias comarcanas, como por un memorial que envío a Lope de Samaniego para que haga relación a V. M., podrá mandar ver de lo que valen y valgan los diezmos de esta ciudad y villas destas partes, para que por él V. M. mande ver lo que vale cada cosa; que viniendo personas de buena vida y sin codicia, muy necesario es que las cosas de nuestra santa fe tengan la autoridad y policía que conviene, y donde se podrán muy bien emplear y ganar ánimas y apacentar sus ovejas los pastores de Dios; porque es la tierra más aparejada para servir a Dios y sacar fruto los que quisieren servirle, que jamás nunca se halló; y los que otra cosa escribieren a V. M., crea no sienten bien de la fe, e que les mueve otro respeto o pasión; y si alguno mirando al interese o ampliación de oficio había de estorbar o procurar que no viniesen obispos, había de ser el contador, porque tiene más mano en lo de los diezmos que ninguno; que no habiendo obispo, mi oficio de contador está más extendido, porque yo hago las rentas y libro los salarios a los clérigos, y todo lo que más se gasta es con libranza mía en nombre de V. M., y veniendo obispos no tengo en ello que hacer; pero porque me parece que la fe y culto divino estará mas venerado y con más autoridad e a servicio de Dios, e las iglesias mejor servidas, y que vean los Indios que hay cabeza en la Iglesia a quien se tiene acatamiento y veneración; porque ellos así idólatras como son han tenido tanta veneración y policía en los cues donde tenían sus ídolos, y honran tanto a los que tenían por sacerdotes, que entre ellos llaman papas, que es vergüenza de lo poco que en servicio de Dios y de nuestra iglesia los cristianos hacemos, viendo a estos hacer tanto en servicio del enemigo que tan mal pago les da; y así me pareció dar cuenta dello a V. M., pues es tan cristianísimo y católico, para que lo mande proveer como cumpla al servicio de Dios y suyo.

Y porque la opinión que algunos tienen para excusa, de decir que no sería bien viniesen obispos porque algunos no gastan la renta en servicio de Dios ni aumento de la Iglesia, en esto V. M. elegirá tales personas que la gasten como deben; y porque los que sucedieren después hagan lo que deben, si V. M. fuere servido podrá limitarles la renta, y que desto ahora vengan las bulas, que la renta de cada obispado se haga cuatro partes, y las dos lleve el obispo, y la otra los canónigos, y la otra para la fábrica y ornamentos y cosas de la Iglesia; y que de las cosas de la fábrica sean patrones los oficiales de V. M. en su nombre, porque cuando el obispo que fuere no lo hiciere bien, los oficiales que a la sazón fueren le hagan poner en razón, y provean en las cosas necesarias a la dicha Iglesia.

Y porque podría ser que una vez entrado el obispo en su Iglesia, quisiere hacer con codicia que le pagasen diezmo del cacao que se coge en la tierra, que los Indios tienen por moneda, diciendo que es fruto de los árboles, que ahora no se diezma dello, porque como es moneda en la tierra, si se diezmase, más tendría el obispo que viniese de renta al año que V. M. de su quinto; porque por el cacao se da oro, y sería destruir la tierra; y doy aviso dello a V. M. porque el obispo de San Juan anduvo así en discordia con la isla sobre otra con semejante; y así sería necesario que se expresase en las bulas, que no se diezme del dicho cacao, que sin nada dello este arzobispado y obispados de la tierra son mejores que todos los de las islas, y subirán de cada día.

Para que los hijos de los caciques y señores, muy poderoso señor, se instruyan en la fe, hay necesidad nos mande V. M. se haga un colegio donde les muestren a leer y gramática y filosofía y otras artes, para que vengan a ser sacerdotes, que aprovechará más el que de ellos saliere tal y hará más fruto que cincuenta de los cristianos para atraer a los otros a la fe; que para la sustentación dellos y edificios, un lugar destos pequeños que están junto a la laguna habrá harto, como lo lleva quien no hace fruto; y otro tanto podría V. M. mandar para un monasterio de mujeres en que se instruyan las hijas de señores principales, y sepan la fe y aprendan hacer cosas de sus manos, y quien las tenga en orden y concierto hasta las casar, como hacen a las Beguinas en Flandes.

Halcones he procurado de haber para enviar a V. M., y pienso que venida la muda se habrán algunos pollos en el lugar que se llama Xaltocán y en otro que se dice Xilotepeque, donde vienen a criar al tiempo; aunque han acá dado estos lugares y Guachimango donde nace el liquidámbar y donde se cría la grana; que éstos quisiera yo quedaran para V. M., para le enviar cada año de todo; pero mándelo V. M. lo que en ello fuere servido, para que yo pueda poner la diligencia que deseo en el servicio de V. M.

Aquí procuramos que toda la tierra, pues es tanta y tan grande, haga un servicio a V. M. de oro y joyas para ayuda a sus grandes gastos: no sé lo que podré hacer por estar la tierra como allá por muchos V. M. sabrá.

Por el mes de agosto enviamos a V. M. por vía de la Española, con dos navíos de Vicente Dávila y Juan de Quintero, veinte mil castellanos dirigidos a los oficiales de la Española, para que de allí los enviasen a V. M. con la flota que partiese; y creo que con ayuda de Dios habrán llegado en salvamento a Sevilla; y ahora enviamos a la dicha Española con un Eugenio Moscoso que partió desta ciudad con el oro, nueve mil y ciento y cincuenta y seis pesos, y seis tomines, y cinco granos y medio de oro, de a cuatrocientos y cincuenta maravedís cada peso, que van ya de acá reducidos a buen oro; y otros doce mil pesos de oro sin ley, el cual es muy bueno; que son por todos veinte y un mil y ciento y cincuenta y seis pesos, y seis tomines, y seis granos y medio, que con los de agosto son cuarenta y un mil y tantos castellanos, aunque es gran mal que de tan grande tierra como ésta, por no haber orden ni justicia no se pueda enviar a V. M. más de lo que se envía; pero proveído en ella verá lo que en su servicio y aumento de sus rentas se hace, porque cada día se descubren más minas de oro y plata, y con hacer un pueblo en las minas de Guajaca, que hemos hablado en hacer, habrá más aparejo de coger oro: lleva también el dicho Moscoso ciento y dos marcos de plata, y una onza y seis reales.

Asimismo es menester hacer en la provincia de Mechoacán una casa para que se funda la tierra de donde sale la plata, y fundida allí se venga aquí a refundir e acendrar, porque de una vez la plata no sale como el oro, limpia, y pague el quinto o diezmo a V. M.; porque como la sacan Indios de la tierra y esclavos y aun cristianos, han acostumbrado a lo fundir cada uno en su casa y aun acendrarlo, y no se vienen por maravilla a pagar los derechos de V. M. porque se lo callan los que la sacan; y cuando van al puerto los que la llevan, con dar algo al alcalde Bonal y escribano o guardas, se lo dejan sacar, y esclavos; y como un teniente de contador que allí está lo quiere estorbar, y estorbar ha que no se robe a V. M. tan absolutamente, no le dejan entrar y hácenle extorsiones y daños hasta que le es forzoso callar, pues no puede ni es parte para lo remediar, hasta que el castigo para todo venga de V. M., como cada día lo esperamos; y hecha allí la casa en Mechoacán, hacerse ha que ninguno funda la dicha tierra sino allá, y se envíe lo que salió con una fe de un oficial que allí ha de estar, para que acá en la fundición desta ciudad se acendre y tomemos los derechos que a V. M. pertenecieren.

Y para que mejor de aquella provincia de Mechoacán V. M. sea servido y los Indios descubran las minas de plata, que tiene muchas y no osan hacerlo por temor del Cazoncí, que es el señor de aquella provincia, hay necesidad que V. M. nos envíe a mandar por su letra le enviemos al dicho Cazoncí y a otros dos hermanos suyos y principales dellos y a otros señores desta Nueva España, porque sacados de aquí la tierra estará más segura y los de acá descubrirán las minas sin temor, sabiendo que éstos se han llevado allá, y verán a V. M. y su grandeza, y se podrá desta tierra sacar mucho servicio; que yo quisiera los enviáramos a V. M. ahora, sino que me han ido a la mano por algunos respetos no muy provechosos al servicio de V. M.

El gobernador Hernando Cortés debe a V. M. de un resto de una cuenta que con él fenecimos, de dineros que tomó del quinto de V. M., sesenta y dos mil y tantos castellanos, como con Lope de Samaniego escribí a V. M., y ahora después de haberse averiguado su muerte, pedimos el tesorero Alonso de Estrada y yo al factor y veedor de V. M. que ahora tienen la justicia, que nos entregasen los dichos sesenta y dos mil castellanos de su hacienda, pues la tornaron, para los enviar luego a V. M., conforme a una obligación que con harta dificultad le sacamos, y que en la más hacienda restante no se tocase, porque la más pertenecía a V. M., hasta que mandase lo que della fuese servido, y no se ha hecho nada; y por estar la tierra tal no podemos más hacer de presente, hasta que V. M. mande proveer en el remedio de todo.

Entre ciertas escrituras que del gobernador Cortés vi, hallé que había enviado a España con ciertas personas cincuenta y cinco mil y seiscientos y ochenta y seis pesos de oro, como en un memorial que a Lope de Samaniego envío, de que ha de hacer relación a V. M. se contiene, sin otros catorce mil y sesenta y un pesos que envió el dicho gobernador a la

Española con Alonso de Villanueva para desempeñar cierta hacienda de Francisco de Garay, como a los oficiales y veedores de la Española hemos escrito el dicho tesorero y yo, así por dos vías, como después con el dicho Eugenio de Moscoso con quien ahora enviamos los dichos veinte y un mil pesos, para que los cobre y los envíe a V. M., dirigidos a los oficiales de la Casa de la Contratación de Sevilla; los cuales V. M. mandará cobrar y desembarazar lo de acá; que en deudas y hacienda y granjerías aprecian la hacienda del dicho gobernador los que la saben, en más de doscientos mil castellanos; que entregado V. M. de lo uno y lo otro, de lo restante podrá mandar lo que sea servido.

Muchas de las disensiones y muertes de cristianos, Sacra Majestad, que en estas partes han sucedido entre los cristianos vasallos de V. M., han sido sobre los límites y lugares de los gobernadores que por V. M. han venido en estas partes, como entre Pedrarias y Gil González Dávila y el gobernador Hernando Cortés y Cristóbal de Olit hacia el cabo de Higueras, que unos y otros han venido a concurrir allí; y así hay mucha necesidad, si V. M. fuere servido, que mande limitar el término y leguas que ha de tener cada gobernación, el cual acá parece hasta doscientas leguas de una parte a otra de cualquier gobernación en largo, y el ancho, si hubiere, otro tanto, si no lo que pareciere puede tener según la disposición donde fuere cada una; y acá halo menester cada gobernación según las tierras son grandes, y hay por donde se extienda cada gobernación, y conquisten los della las provincias que no están sujetas al dominio de V. M.

Y porque entre esta Nueva España y provincias a ella comarcanas y Tierra Firme e Higueras, concurren gobernaciones, y más que se cree que V. M. dividirá de la de aquí de Temistitlán a Pánuco y Guatimala y Guazacualco, que se pueden bien hacer y dividir estas gobernaciones pues hay tierra para todas, y habrá necesidad de un juez de términos muy recto y de mucha conciencia, para que limite y señale lo que es de cada gobernación, y con recias provisiones de V. M. para que ninguno exceda ni tome más de lo que fuere de su gobernación, ni se salteen unos a otros, ni se prendan y maten como si fuesen enemigos y como cada día hacen, siendo todos vasallos de V. M., y que piensen que al que hiciere lo que no debe, aunque esté tres ni diez mil leguas de V. M., le ha de mandar enviar a cortar la cabeza.

Otrosí, muy poderoso señor, como V. M. ha sido informado muchas veces, los Indios destas partes son muchos y sueltos, recios, de grandes estaturas y aficionados a las cosas de la guerra, y tan sabios que no les falta sino no haberse ejercitado ni tener al presente armas y aparejo de guerra de la manera que los cristianos; y como son vivos de ingenio vanlo tomando, y ven que tan bien muere el cristiano y el caballo de un golpe o lanzada como ellos, porque antes pensaban eran inmortales, y huían doscientos y trescientos de uno o dos de caballo, y ahora acontece a tenerse un Indio con un cristiano que esté a pie como él, lo que antes no hacían, y arremeter al de caballo diez o doce Indios por una parte y otros tantos por otra para tomarles por las piernas; y así viendo como los cristianos pelean y se arman, ellos hacen lo mismo, y de secreto procuran de recoger armas y espadas, y saben hacer picas con oro que dan a los cristianos; porque en las diferencias que en estas partes ha habido y hay entre los vasallos que han venido, para señorear unos a otros y gobernar, hanse valido de los Indios y ayúdanse dellos unos cristianos contra otros, y así demás de ser una cosa muy mal hecha y digna que V. M. la mande muy reciamente castigar, muestran a los Indios a pelear, para que un día que les esté bien o tengan aparejo no dejen cristiano con nuestras mismas armas y ardides; y puede V. M. creer que si no lo manda luego remediar, castigando a los cristianos que han sacado y válidose de Indios contra otros cristianos, y dádoles armas, y prohibiendo so graves penas que ninguno sea osado de lo hacer, so pena de muerte y perdimiento de bienes, que esta tierra antes de mucho tiempo se perderá.

Y demás desto, para que esta tierra se perpetúe y prevalezca, parece a los que acá tienen experiencia, que V. M. mande dar forma como esta tierra se pueble, y que para esto haga mercedes a los que en ella estuvieren y vinieren, y a los que mandará dar Indios perpetuos, como tienen por cierto que V. M. para perpetuar la tierra y para que sea servido más lealmente que hasta aquí, no los excusa de dar; porque quienquiera que acá gobierna, aunque sea por tres días, da los Indios y con ello es más obedecido que si fuera señor de la tierra; y como los quitan y dan cuando les place, y no se dan por mano de V. M., vanse más tras el cebo de presente que a lo que son obligados; y como se diesen de mano de V. M. y el que gobernase no se los pudiese dar ni quitar, crea V. M. que la tierra estaría más en su servicio y obediencia de lo que ahora está, y que cada uno tendría otro cuidado y manera en el tratamiento de los Indios, que no tiene al presente con pensar que mañana se los han de quitar; y cuando V. M. los mandase dar, que mandase que al que se diese sea casado, y si no que se case dentro de año y medio que le diesen los Indios, que en este tiempo la puede traer de Castilla, y si no, perdiese los Indios y lo que dellos hubiese llevado; y que cada uno pusiese sus viñas y árboles y sembrase en su término; y que el que vendiere o diere armas ofensivas ni defensivas a Indio, pierda hacienda y muera por ello; y pues la tierra es tan buena, crea V. M. que si en ella manda poner remedio, se perpetuará y tendrá en ella otros reinos e imperio.

A muchos de los que en la perpetuidad desta tierra hablan, muy católico señor, les parece que esta ciudad se debía mudar de este sitio donde está dentro de esta laguna, y pasarla a tierra firme, dos leguas de aquí, junto a esta misma laguna, que es un lugar que se llama Cuyoacán, o en Tezcuco, que también está junto al agua y en tierra firme; y por ventura parecerá a V. M. que en una cosa grande como es mudar una ciudad sería necesario, como en la verdad es, mejor y más prudente juicio que el mío; pero porque vistas V. M. las causas del provecho y daño de estar aquí la ciudad, pueda con su muy alto Consejo determinar y hacer lo que más para lo futuro sea su servicio, diré lo que en este caso se me ofrece.

Hay, Cesárea Majestad, para que esta ciudad no se mudase, que están en ella edificadas casi ciento y cincuenta casas de Españoles y muchas de los Indios que en ella de otra parte viven; y que decir allá en España o en cualquier parte del mundo, que esta ciudad está puesta en una laguna como Venecia, parece cosa insigne y muy noble.

Y para esto, muy católico señor, hay muchos inconvenientes: lo uno que el día que se concertaren los Indios de alzarse, repartirían que diesen sobre cada casa principal cuatro o cinco mil Indios, y lo primero que harían sería entrarse a las caballerizas a matar los caballos, y juntamente poner fuego a las casas para que no pudiésemos socorrer unos a otros, y otros abrir las calles y calzadas de agua, como acostumbran luego a hacer, para que los cristianos no se puedan aprovechar de los caballos, que saben es la mayor fuerza que tenemos contra ellos, de los cuales no nos podríamos los cristianos servir, abriendo las dichas calles y calzadas, porque de la misma manera fue cuando al gobernador Cortés desbarataron y mataron mucha gente, hasta que le fue forzado dejar la ciudad, y lo mejor que pudo con los que le quedaron, acogerse de noche por unas montañas por el camino de Tascaltecle (Tlaxcala), y por ventura si los Indios estuvieran tan diestros e instruidos en los ardides de guerra de los cristianos como agora, antes que llegaran a Tascaltecle no quedara hombre dellos, y también fue a una sazón que los desta ciudad estaban enemigos con los otros, lo que ya no están, porque ni a unos ni a otros no les contenta estar sujetos de los cristianos, y es de creer que cada y cuando vean tiempo lo procurarán; y no hagan entender a V. M. que sola la diligencia y fuerza de cristianos ha bastado para sustentar la tierra contra tanta multitud de gente, sino que Nuestro Señor e la buena dicha de V. M. la conserva y sustenta para que no se pierda la fe católica que aquí está plantada y de cada día se va aumentando; con lo cual es necesario V. M. en lo que a él toca mande proveer esto se conserve en lo por venir.

Y pasándose a Cuyoacán o Tezcuco el asiento desta ciudad en tierra firme y junto al agua, demás de ser las casas acá de piedra y fuertes, bien trazada conforme a ésta, con una cerca de cal y canto, puesto que toda la tierra se alzase, teniendo los cristianos tiempo para se armar y ponerse a caballo y sacar gente de ballesteros, que es lo que más les desbarata, saliendo a ellos por tierra firme los desbaratarán siempre con ayuda de Nuestro Señor y la buena dicha de V. M.; porque estando la ciudad en tierra firme y la una parte que llegue a la lengua del agua, como está el sitio muy excelente en cualquiera de las dos partes, con una fuerza allá donde estén los bergantines como en las atarazanas, para correr cuando fuese menester la laguna, aunque viniesen diez mil canoas no pasarían; y así cercada la ciudad, con cuatro o seis hombres que velasen en tiempo de sospecha por la cerca cada noche, estaría la ciudad tan segura como en Valladolid; y es perpetuar la tierra que estuviese segura para siempre de nunca perderse.

Y demás de la seguridad de los cristianos y guarda de toda la tierra, los bastimentos de esta ciudad serían más barato, porque como se traen de lejos vale todo en subido precio, como leña, y yerba, y agua, y aves, que es la mayor parte de bastimentos; y lo que más dañoso es, como esta ciudad está sobre agua salada y la tierra de las calles es salitral, porque della hacen los Indios la sal, a los caballos en quien los cristianos tienen la principal fuerza, dentro de cuatro o cinco meses que están en esta ciudad les salen cuartos y se mancan luego, que no es provecho dellos, ni bastan los remedios que para ello se han buscado de hacer las caballerizas el suelo de madera como en Flandes, ni otras muchas defensas que para ello se han hecho.

Y parecerá a V. M. y a su muy alto Consejo que el pasar lo que está hecho desta ciudad y hacer otra de principio sería dificultoso o que se expenderá mucho tiempo en ello: acá según la disposición de lo uno y de lo otro lo tienen por bien factible, porque demás que todos los Españoles desean pasarse a una destas dos partes, porque ya estuvieron allí cuando vinieron a la tierra, y contra voluntad de todos hizo el gobernador Hernando Cortés que se pasasen aquí, dicen los Indios y cristianos que en medio año pasarán las casas que aquí tienen hechas; y como ya la piedra dellas está labrada y la pongan junta, tornarán a hacerlas en otro medio año, porque como tienen canoas y mucho aparejo y gente, cada uno con sus Indios y repartimiento pasaría presto su casa; y tienen todos los cristianos tanto deseo de se pasar de aquí por la seguridad y descanso que de ello ven que se les seguirá, que lo harían más presto que parece.

Y porque esta ciudad está bien trazada, y a ninguno de los que tienen en buen lugar sus casas se les hiciese daño ni agravio, podría V. M. mandar que esta misma traza se llevase en el otro asiento, y a cada uno se señalase su casa en el mismo lugar y de la propia manera que la tiene aquí.

Y aunque creo, como es razón, que V. M. en esto querrá y será servido para una cosa que importa como ésta, de informarse dello y mandar tomar parecer de quien más sepa, para que con más maduro consejo y parecer se haga lo que cumple a su servicio y a la perpetuidad y conservación desta tierra y bien de los que a ella vienen y están, parecióme dar aviso dello a V. M., para que antes que el gobernador y audiencia que V. M. hubiere aquí de enviar, como es necesario, vengan, luego lo mande con ellos platicar e comunicar, para que si hallaren cumple a su servicio e bien e seguridad de la tierra e cristianos della, se haga como convenga al servicio de V. M., y si no se esté como está; y habiéndose de estar así sería muy necesario hacer una cerca que acá hemos platicado muchas veces que es necesaria y no se ha hecho; que los Indios, pues hay materiales cerca, dicen la harán en medio año; aunque mudarla de aquí sería lo más perpetuo y seguro para lo que cumple al servicio de V. M.

Si en alguna tierra, Cesárea Majestad, de sus reinos e señoríos fue necesario dar orden de vivir a sus súbditos y vasallos, es en ésta más necesario que en ningún reino ni señorío de V. M., porque como la tierra es abundosa de mantenimientos e de minas de oro e plata, e se ensancha a toda manera de gente el ánimo de gastar y tener, a cabo de un año o medio que está en la tierra, el que es minero o estanciero o porquero no lo quiere ser sino que le den Indios, y para esto procura de echar en atavíos y sedas cuanto ha habido, y otro tanto a su mujer, si la tiene; y desta misma manera dejan de hacer los otros oficiales de arte mecánica sus oficios y se ponen en excesivos gastos, y no trabajan ni se saca oro ni plata de las minas, con pensamiento que los Indios que les dieren les han de servir y mantener sus casas y gentilezas y sacarles oro; y así de cada día se va perdiendo la tierra, e vienen en mucha diminución las rentas y quinto de V. M., y no se saca nada de minas, y la misma gente está perdida y pobre y con deudas, las cuales no pudiendo cumplir con sus acreedores, andan en cárceles o se van de unas islas a otras, y es mucha perdición dellos y de sus vidas; porque yo muchas veces he oído a personas antiguas en estas islas, que en el tiempo que no se traían estas sedas y brocados que ahora se traen en estas islas, la gente se ocupaba en minas y el mejor de la tierra se holgaba de ir a ellas, y el menor tenía siete o ocho mil castellanos en sus barras, y procuraba de las enviar a Castilla a su casa o deudos, y ahora como todos son caballeros y no quieren aplicarse a lo que es necesario de procurar de sacar oro, habiendo el mejor aparejo que nunca en ninguna tierra hubo de las descubiertas, por los muchos esclavos y abundancia de gente, el que más debía tener en la tierra está adeudado; y así todo está perdido e de cada día se perderá más.

Cumple al servicio de V. M. y aumento de sus rentas y bien de todos sus vasallos y para que esta tierra no se acabe de perder, que mande enviar a mandar que la pragmática de la seda y brocado se guarde, ni que nadie la traiga ni un ribete, sino con la limitación de hasta un jubón o poco más, ni se den Indios a oficiales que hayan sido, ni a minero, ni estanciero, ni porquero, ni sastre, ni zapatero, ni de otro cualquier oficio de arte mecánica, sino que usen sus oficios como en Castilla, y que sabiéndolos los usen, so pena de perdimiento de bienes; que certifico a V. M. que mujeres de oficiales y públicas traen mas ropas de seda que de un caballero en Castilla; y así están todos pobres y destruidos, y despachan los pobres Indios que son la gente que mejor sirven en todo el mundo; porque excusándose acá de cosas excesivas, darse han a sacar oro y plata, y teniéndolo, V. M. habrá más renta y la gente podrá mejor enviarlo en Castilla, y no habrá tantas trampas ni deudas entre ellos.

Algunas cosas se suplican allá a V. M. y parecen necesarias por las causas y colores que les dan para que V. M. las conceda, y venidas acá son perjudiciales a sus rentas y servicio, y a la ciudad y tierra no aprovechan sino a los oficiales que aquel año las administran: si V. M. fuere servido, para que acá se pueda ver lo que cumple más a su servicio e rentas, mande hacer algún remisión a los oficiales que acá están, y ... como en las más V. M. acostumbra, para que no defrauden a V. M. en sus rentas.

Bien creo, muy poderoso señor, que de acá se escribirán a V. M. diversas informaciones y siniestras relaciones muy contrarias unas de otras y llenas de pasión; y como los de su muy alto Consejo saben y están informados, no hay ninguno que en estas partes tenga mano en la justicia o en proveer Indios, que quiera hacer información falsa contra un cartujo, que no halle treinta y cincuenta testigos que depongan más de lo que quisiere, con ver que les pueden proveer Indios; pero porque la verdad de quien lealmente ha servido a V. M. se sepa, y nadie se atreva a hacer lo semejante, ni informar a V. M. fuera de la verdad, muy humilmente suplico a V. M. lo mande todo ver y mandar guardar lo que unos y otros escribimos; y enviando tal persona de gobernador e oidores e pesquisidor cuales conviene al servicio de V. M., se las mande todas dar para que las traiga acá, y les mande expresamente que hagan muy recio castigo, así contra los que han deservido a V. M. y tomádole sus rentas e hacienda e alterádole su tierra, como contra los que le envían relaciones falsas, y especialmente contra nosotros los oficiales, que V. M. acá nos envió a le servir, y contra mí el primero, si en algo le he deservido; porque como esta tierra está tan remota de la presencia de V. M., hay acá muchos deservidores y comuneros; y porque de todo lo destas partes que cumple al servicio de V. M. y bien desta tierra escribí más por extenso a Lope de Samaniego para que de todo dé cuenta a V. M., para que en ello con brevedad mande proveer como cumple a su real servicio, a él me remito; e humilmente suplico a V. M. le mande dar fe y creencia, porque en todo se provea como mejor convenga a servicio de V. M. e aumento e conservación destos sus reinos; y si en algo de lo que a V. M. en esta doy relación no le pareciere que siente bien de lo que escribo, y no cumple a su real servicio, por otras causas que para ello le moverán, muy humilmente suplico a V. M. me perdone, y reciba mi deseo y leal intención de le servir, porque mirando a ésta, aunque en todo yerre, será mi yerro digno de venia, pues la recta intención de servir a Vuestra Cesárea Majestad lo salva. Nuestro Señor el sacro imperial estado de V. M. por largos tiempos prospere e conserve, con muchos imperios e señoríos, como sus vasallos e criados deseamos: desta su gran ciudad de Temistitlán, a 15 días de diciembre de 525 años De Vuestra Cesárea y Católica Majestad muy humil vasallo y servidor que sus reales pies y manos besa Rodrigo de Albornoz.

Memoria de lo acaecido en esta ciudad después que el gobernador Hernando Cortés salió della, que fue a los doce días del mes de octubre de 1525 años

El gobernador Hernando Cortés salió desta ciudad de Temistitán el dicho día 12 de octubre: dijo que iba a conquistar los Zapotecas e otras provincias, e aunque todos tuvieron creído que iba contra Cristóbal Dolid que él había enviado por capitán a descubrir el cabo de Hibueras, que es en la Mar del Norte, el cual se le había alzado; dejó por teniente de capitán general al tesorero Alonso de Estrada, e por gobernador asimismo, juntamente con el licenciado Alonso Zuazo en quien dejó la administración de la justicia civil e criminal: el fator Gonzalo de Salazar e el veedor Per Armildez Cherino iban con el dicho gobernador, e como pensaban volverse, el dicho fator trabajó muy afectuosamente que quedase en la gobernación juntamente con los sobredichos el contador Rodrigo de Albornoz, con el cual a la sazón el dicho gobernador estaba algo enojado, e con voluntad del dicho tesorero se concertó que fuese así, e quedaron en la dicha gobernación los dichos licenciado e tesorero e contador; procuró esto el dicho fator, porque como llevaban voluntad él e el dicho veedor de volverse, hubiese lugar que ellos también quedasen en la dicha gobernación: e desde a ciertos días, sobre cierta elección e porfía, como cada día acaece, estando en regimiento los dichos tesorero e contador hubieron ciertas palabras de enojo momentáneo, de que luego otro día fueron amigos.

Los dichos fator e veedor llegaron con el dicho gobernador hasta Coazacoalco, e como allí el gobernador e ellos supieron el enojo acaecido entre el dicho tesorero e contador, el dicho gobernador les dio dos provisiones porque de allí se volviesen a la dicha ciudad de Temixtitán; la una para que ellos juntamente con los dichos licenciado e tesorero e contador gobernasen; la otra para que si los dichos tesorero e contador no quisiesen ser amigos, que los dichos fator e veedor gobernasen juntamente con el dicho licenciado, en quien todavía el dicho gobernador dejaba la dicha jurisdicción que le había dejado. Vinieron a la dicha ciudad los dichos fator e veedor el segundo día de Pascua de Navidad del año siguiente, e hallaron a los dichos contador e tesorero en amistad e conformidad e juntos en fiestas e regocijos que a la sazón se hacían por la tomada de Fuenterrabía, de lo cual les pesó mucho a los dichos fator e veedor, porque traían creído que él gobernador Hernando Cortés no había más de volver del camino que hizo, e que ellos podían tener la tierra como quisiesen; e con este presupuesto escondieron la provisión que él gobernador Hernando Cortés les había dado para que gobernasen juntamente con el dicho tesorero e contador, aunque la amostraron a algunos, e usaron de la otra rigurosa para que ellos juntamente con el dicho licenciado gobernasen; presentáronla en cabildo, e por los susodichos e por los regidores fue obedecida, e usando de la dicha provisión prendieron a los dichos tesorero e contador; e viendo que ellos eran amigos, como tales se trataban, no pudieron hacer otra cosa sino alzarles la carcelería desde a ciertos días, aunque intentaron de destruir al dicho tesorero, como lo querían hacer si el dicho licenciado no les fuera a la mano.

Sabida por los dichos tesorero e contador la fealdad de que habían usado los dichos fator e veedor en usar de la una provisión e no de la otra, pusiéronse en justicia con ellos ante el dicho licenciado, el cual vista la amistad en que estaban el dicho tesorero e contador, e que en aquella los habían hallado los dichos fator e veedor, e como escondieron la provisión de que habían de usar, que todos gobernasen, declaró por su sentencia que los dichos fator e veedor no pudieron ni debieron presentar la provisión que presentaron, e declaró que todos juntos los dichos oficiales gobernasen; e la sentencia del dicho licenciado fue presentada en el cabildo de la dicha ciudad estando presentes los dichos fator e veedor e los alcaldes e regidores, e fue obedecida e mandada guardar por el dicho cabildo; e de allí adelante por espacio de dos meses e más tiempo, los dichos oficiales todos juntos gobernaron en pacífica paz e posesión, e cautelosamente fingían, a lo que después pareció el dicho fator, que todos estuviesen conformes; procuraban aún que hubiese entre los dichos oficiales más amor e comunicación, e que comiesen e bebiesen juntos, e que todo el pueblo los tuviese por tan conformes que no pudiesen meter su dedo entre ellos, e aún que partiesen la hostia a vista de todo el pueblo; e en este tiempo los dichos fator e veedor no hacían sino allegar gentes a sí, e hacerles convites e librarlos de las cárceles con justicia e sin ella; tanto que a esta sazón a un alcalde que se dice Francisco Dávila, amigo de hacer justicia, porque no quería hacer lo que ellos querían, le quebraron la vara una vez con grande alboroto, por mano del dicho veedor, e después le prendieron e pusieron en la cárcel pública, e le quitaron del todo la vara e aun los Indios que tenía, e mandaron que no usase con él nadie como alcalde.

El dicho gobernador había dejado en su casa por su mayordomo a un Rodrigo de Paz, su primo, e hízole alguacil mayor e regidor; e como éste gastaba por el dicho gobernador e se abrigaron con él todos los criados del dicho gobernador, era mucha parte en la ciudad e en la tierra, al cual habían procurado los dichos fator e veedor de ganarle e tenerle por amigo para contra los dichos tesorero e contador, e para tener la tierra de su mano; e como por buenas palabras no le pudieron atraer a su amistad, procuraban de hacerle daño con el amistad del dicho licenciado e tesorero e contador, e procuraban que fuese preso, diciendo que aquel dicho Rodrigo de Paz estorbaba que los oficiales no tuviesen la tierra de su mano toda, e que iba a la mano a todos; e para ello no dejaban frailes ni confesores que no echasen a las orejas de los dichos licenciado e contador; e porque el dicho Rodrigo de Paz en algunas cosas se desmandaba, vinieron en ello los dichos tesorero e licenciado e contador, e acordaron que se prendiese al dicho Rodrigo de Paz; e era tanta la solicitud que para esta provisión traía el dicho fator, que no se les podía defender de él, aunque se les figuró que lo hacía el dicho fator por algún mal o daño, como sucedió; e como mostraba mucha enemistad al dicho Rodrigo de Paz, el dicho fator procuró que se lo diesen a él preso, que él lo guardaría e lo tendría a buen recaudo; e así se hizo en un Lunes de la Semana Santa, el dicho Rodrigo de Paz fue preso e entregado al dicho fator con unos grillos e una cadena, en su propia cámara e con guardas que le guardaban.

Y como el dicho fator procuraba esta prisión del dicho Rodrigo de Paz para ganarle e tenerle para su amigo, para con su ayuda e favor alzarse con la tierra e hacer la comunidad, dentro de dos horas que le tuvo preso se concertó con él para que fuese su amigo, e enemigo de los dichos licenciado e tesorero e contador, e dicen que por mano de un licenciado Prado que aquí vino se dio el concierto, e que lo juraron en manos de un clérigo que se llama Bello, que el dicho fator tiene por capellán; e el dicho Rodrigo, de Paz, demás de la solenidad le dio un anillo en prendas para que echara dentro de ciertos días de la gobernación a los dichos tesorero e contador; e dentro de tres días quitó el dicho fator los grillos y cadenas al dicho Rodrigo de Paz e le puso en libertad en su propia casa, e procuró con los dichos licenciado e contador e tesorero que le soltasen, dándoles a entender que él se había apiadado de él, e que el dicho Rodrigo de Paz haría toda solenidad, que estaría desde en adelante obediente; e como tenía el dicho futor la deliberación del dicho Rodrigo de Paz tan adelante, no podían hacer otra cosa sino soltarle, porque aunque ellos no lo hicieran, el dicho fator le soltaba del todo, pues le tenía en tal estado; pareció cosa muy fea e aclaróse la maldad que los dichos fator e veedor querían hacer; el dicho Rodrigo de Paz fue suelto el Miércoles de la Semana Santa, e en aquel día e Jueves e Viernes Santo se trató avención de los otros compañeros, e el Jueves recibieron el Sacramento juntos los dichos licenciado e contador e fator e veedor; e el Domingo de Pascua comieron con el tesorero todos en su casa; e otro día como salió la Pascua, en la plaza pública, con voz de pregonero, con mucha gente armada, con grande escándalo e alboroto, los dichos fator e veedor e el dicho Rodrigo de Paz e otros muchos con ellos que seguían su opinión e comunidad que se había hecho, descompusieron de gobernadores a los dichos tesorero e contador, e mandaron so grandes penas que ninguno los obedeciese e acompañase; e porque ese día e otro firmaron los dichos contador e tesorero en unas cédulas con los dichos fator e veedor, como tenientes de gobernador, los prendieron e encarcelaron, aunque los dichos tesorero e contador por esto no tuvieran la carcelería; pero por no dar lugar a que la tierra se perdiese, e Dios Nuestro Señor e S. M. fuesen deservidos, abajaron la cabeza e se dejaron de la dicha gobernación, para que la tuviesen los dichos fator e veedor.

Y para indignar a los dichos licenciado e contador e tesorero con el dicho Rodrigo de Paz e con los otros criados e allegados del dicho gobernador Hernando Cortés, que era la mayor parte de la tierra, decían e publicaban los dichos fator e veedor, que se querían alzar con la tierra los dichos tesorero e licenciado e contador por de S. M., haciéndose ellos que eran los grandes amigos del dicho gobernador, todo con fin e celo de aniquilar a los susodichos e de prevalecer ellos en la gobernación e mando de la tierra; e de allí adelante, como habían seguido e tenido enemistad al dicho Rodrigo de Paz, le tuvieron por grande amigo e lo mostraban, e le dieron tanta autoridad, que el dicho Rodrigo de Paz mandaba e hacía todo lo que quería, como señor absoluto de la tierra, ensoberbeciendo e enloqueciendo por los dichos fator e veedor, e lisonjeado e acatado dellos para conservarle.

Desde a pocos días dicen que de acuerdo del dicho Rodrigo de Paz e con su favor, e aun demás del dicho Rodrigo de Paz, un Pedro de Paz, hermano del dicho Rodrigo de Paz, un Domingo saliendo el dicho contador de misa, le salió a matar en la plaza pública a traición, estando en resguardo el dicho Rodrigo de Paz con gente; el cual dicho contador estuvo en canto de ser muerto por los susodichos, e le hirieron dos o tres personas malamente; e viniendo el dicho tesorero con su mujer de misa, vino a las voces e ruido a valer al dicho contador, sobre el cual recudió el dicho Rodrigo de Paz con más de trescientos hombres con picas o alabardas e todas armas, e a más que de paso corrieron al dicho tesorero, e le echaron de la plaza, e le desjarretaron dos caballos, viniendo él con su mujer e tres personas altas, salvo e seguro e sin pensamiento del daño que se hizo e se quería hacer, estando presentes los dichos fator e veedor; en lo cual el dicho veedor trabajó de poner toda la paz que pudo; e iba sobre el dicho tesorero mucha piedra menuda e gruesa.

Desde a ciertos días, pareciéndoles al dicho fator e veedor e Rodrigo de Paz que el dicho licenciado Zuazo les hacía algún estorbo con tener como tenía la jurisdicción civil e criminal, de noche le prendieron e sacaron de casa del gobernador donde estaba, e con una cadena al pie, e lo llevaron preso a una ciudad que se llama Tecalco, e de allí a Medellín para le embarcar; e desde a muchos días que hicieron esta prisión, echaron fama que había una cédula de S. M. en esta ciudad para que el dicho licenciado Zuazo fuese a hacer residencia a Cuba, e que cuando no quisiese ir que el gobernador le enviase preso, e que por esto había sido la dicha prisión; e de allí en adelante los dichos fator e veedor se hicieron pregonar por tenientes de gobernador e justicia mayor, e mandaron por sus pregones que todos acudiesen a sus audiencias, porque ellos querían oír e determinar los pleitos e causas, sin tener ningún poder ni facultad para ello, sino el que ellos se tomaron por su autoridad, como se hizo en Castilla al tiempo de las comunidades pasadas.

Desde a dos o tres noches que la prisión del dicho licenciado se hizo, díjose e publicose que querían prender a los contador e tesorero, e que tenían gentes juntadas para ello los dichos fator e veedor, el dicho contador e tesorero por saber qué cosa era, e aún de temor de la dicha prisión e tiranía, se salieron solos en sendos caballos por ciertas calles apartadas de la dicha ciudad, hasta ver si se acometía a hacer la dicha prisión en sus casas; e desde a cierto rato oyeron grande alboroto e mormullo en la dicha ciudad, e vieron salir de sus casas a los dichos fator e veedor, andando acomunando e llamando la gente de casa en casa a se levantasen para ir a prender a los dichos tesorero e contador; e salió el dicho Rodrigo de Paz con toda la gente del dicho gobernador, e los unos e los otros serían bien ochenta de caballo, los cuales anduvieron por toda la ciudad buscando al dicho contador e tesorero para los prender, con lumbres encendidas, e echaron gentes por los caminos para que los buscasen, e vinieron a catar sus casas; e como hallaron en ellas a sus criados e caballos, e Doña Marina, mujer del dicho tesorero, les certificó que estaban en la ciudad, y se aseguraron ya cerca del día poniendo e teniendo guardas por los caminos, así apaciguó el dicho alboroto.

Otrosí, desde a ciertos días los dichos tesorero e contador tenían encajado el oro para lo llevar a la villa de Medellín, a lo entregar a los maestres e señores de navíos para que lo llevasen a S. M.; e queriendo ir los dichos tesorero e contador en persona a lo entregar, e de allí dar noticia a S. M. de las cosas que pasaban en la dicha tierra, e aun con intención de ir el uno de ellos a Castilla; habiendo comunicado con los dichos fator e veedor, cómo querían ir a entregar el dicho oro, no los dejaban ir ni salir de la dicha ciudad, del dicho temor que no se supiesen sus cosas; e ya vinieron en que fuese él uno de ellos, con haber pasado sobre ello muchas alteraciones e fuerzas; e como el contador no quiso que el tesorero fuese solo a entregar el dicho oro, hubieron de ir ambos con cada tres personas suyas e otros tres amigos que iban con ellos por los acompañar; e saliendo de la dicha ciudad para hacer su viaje, el dicho tesorero encontró con el dicho fator, e le habló e dijo que fuese en hora buena; e como le vio salido vino a la iglesia e a la plaza pública, porque era un día Domingo, e llamó e acomunó al dicho veedor e al dicho Rodrigo de Paz e a todo el pueblo para que fuesen tras los dichos contador e tesorero e los volviesen; los cuales iban de su espacio e con esclavos e tamemes que llevaban cargados con sus camas, plata e vestidos e cosas de comer, como caminantes; e salió de la ciudad el veedor con cincuenta de a caballo e más, todos armados y en orden de guerra, a mata caballo hasta que alcanzaron ocho leguas de la dicha ciudad a los dichos contador e tesorero, e los prendieron e requirieron que se volviesen con ellos, porque habían dejado grande escándalo con su salida; e los dichos tesorero e contador, por conseguir el fin que siempre han tenido, por no dar lugar a escándalo ni a daño, se volvieron con ellos; e otro día por la mañana requirieron al dicho veedor que los dejasen ir su camino, e les mostraron el peso del rey que llevaban e hasta mil e quinientos pesos de oro que ansimesmo llevaban por de S. M., demás de cuatro cajones de oro que dejaban encajados para los cargar un arriero en la casa del dicho tesorero al tiempo que partían, lo cual habían de esperar en Talmanalco otro día, hasta que el dicho arriero llegase con el dicho oro, lo cual el dicho fator estorbó e hizo que no se cargase ni sacase de la dicha ciudad; e el dicho veedor con los dichos cincuenta e más de caballo trujo al dicho contador e tesorero a la dicha ciudad como presos, e en son de presos sin quererlos dejar ir su camino; e tomaron las lanzas e espadas a los que iban con ellos, después que los tuvieron entre sí, e fingieron que los dichos tesorero e contador se iban a juntar con Francisco de las Casas, capitán del gobernador Hernando Cortés que venía a la dicha ciudad, lo cual si fuera así no fueran como los dichos contador e tesorero con sus camas y ropa y aderezo, e con ellos oro e peso de S. M.

E para dar color a esta salida e alboroto que hicieron los dichos fator e veedor, encarcelaron en sus casas a los dichos contador e tesorero, e les sacaron de ellas por mano del dicho Rodrigo de Paz todos los caballos e armas que tenían, e los tuvieron despojados de ellos por espacio de dos meses e medio e más tiempo.

Desde a ocho días desta prisión entró en la dicha ciudad el dicho Francisco de las Casas e el capitán Gil González Dávila con hasta diez e ocho o veinte de a caballo, que traían consigo del cabo de Hibueras de donde venían, e se aposentaron en la casa del gobernador con el dicho Rodrigo de Paz, pacíficos e sosegados, tanto que se echaron a dormir desde a dos o tres horas que llegaron; e como los vieron tan asosegados, los dichos fator e veedor e el dicho Rodrigo de Paz quisieron hacer cierto alboroto e fingieron que los dichos tesorero e contador tenían gente en sus casas; e acaeció que el dicho contador estaba en su casa con sus criados, e sólo con una persona se vino a casa del dicho tesorero a le ver e comunicar con él cosas; e estando así fueron avisados como venían a cercar la casa el dicho Rodrigo de Paz, alguacil mayor, con gente, e a esta causa cerraron sus puertas e se pusieron en orden para se defender ellos e sus criados e cinco o seis personas que estaban de fuera; al cual dicho cerco recudió el dicho fator e veedor con toda la gente de la dicha ciudad, e los tuvieron cercados; e para combatir la casa del dicho tesorero trujeron el artillería que el dicho gobernador tenía, e la asestaron, e en aquel estado dieron un pregón pidiendo e requiriendo al dicho tesorero que abriese la dicha casa e la hiciese llana; e oyendo el dicho pregón, porque no fuese saqueada la dicha casa del oro e escrituras que en ella había de S. M., lo hizo así e la abrió e entraron en ella todos los que quisieron, e llevaron presos las cinco personas forasteras que en ella había, e se los azotaron otro día públicamente de hecho e contra justicia, e les prendieron a sus criados, e al dicho contador llevaron a la fortaleza de las atarazanas preso, e al dicho tesorero a otra casa de la ciudad, donde los tuvieron por espacio de dos meses, acusándoles creminalmente de lo que los dichos fator y veedor habían de ser acusados, por hacerles perder el autoridad e crédito que tenían, e por aniquilarlos indignándolos con el pueblo, e haciendo entender que querían saquear la ciudad.

Desde a ciertos días el dicho Rodrigo de Paz acabó de ganar a los naipes e dados al veedor lo que tenía, habiéndole ganado en todas veces hasta diez e ocho o veinte mil pesos de oro; e como el dicho Rodrigo de Paz era tesonzuelo e lo tenía tan ensoberbecido, no quiso volver ningunos dineros destos ganados al dicho veedor; e dicen que a esta causa e de verse muy pobres e gastados los dichos fator e veedor, acordaron de prender al dicho Rodrigo de Paz e de alzarse con todo, e para ello convocaron todo el pueblo, e aun pusieron en más libertad a los dichos contador e tesorero; e sabido por el dicho Rodrigo de Paz, púsose a recaudo en la dicha casa del gobernador con los criados e amigos del dicho gobernador e con sus armas e artillería, que serían hasta ciento e veinte personas; e los dichos fator e veedor juntaron consigo hasta doscientas personas muy en armas e en orden de guerra, e así estuvo la ciudad o tierra una noche para se perder, e al contador sacaron de la dicha fortaleza los dichos fator e veedor para traerlo consigo; el Rodrigo de Paz envió al contador a pedirle y rogarle que le amparase, o como fuese para pelear contra los otros que eran oficiales de S. M., no lo quisieron hacer, que vino con él en concierto que lo ponía todo en sus manos o le entregaría la casa e hacienda del gobernador, e para que de su mano se hiciese llana a los dichos fator e veedor que traían nombre de jueces; e para esto el dicho tesorero se entró en la dicha casa del gobernador con el dicho Rodrigo de Paz, e lo hizo luego saber a los dichos fator o veedor, cómo para poner paz entre ellos él había venido allí; e de su acuerdo le dejaron para otro día Domingo por la mañana; e toda la noche e otro día hasta que se dio concierto, el dicho tesorero o el capitán

Gil González, que estaba en la dicha casa como huésped, nunca asintieron que saliesen a pelear ni se hiciese algun daño; e dado concierto entre ellos, el dicho tesorero hizo dejar las armas a todos los que dentro estaban, e tomó las llaves de la artillería, munición e armas e la dio e entregó a los dichos fator e veedor por bien de paz, e hizo salir la gente que estaba dentro de la dicha casa para que entrasen en ella pacíficamente los dichos fator e veedor con la gente que traían; e habían asegurado al dicho Rodrigo de Paz de no prenderle. Entrados en la dicha casa le prendieron e tomaron las llaves de toda ella, e le enviaron a la fortaleza de las atarazanas preso, e de su acuerdo quedaron en la dicha casa los dichos fator e veedor e tesorero e contador, los cuales todos juntos comenzaron a hacer el secresto de la artillería e cámara e bienes del dicho gobernador, porque se decía que era muerto; e desde a dos o tres días los dichos fator e veedor echaron de la dicha casa afuera a los dichos tesorero e contador, enviándoselo a decir e pedir que lo hiciesen así, los cuales lo hicieron por no esperar a que les hiciesen alguna descortesía e por no dar causa de enojo.

Apoderáronse en todo los dichos fator e veedor, e otro día siguiente llamaron a los alcaldes e alcaides e regidores e todas las otras gentes, e hiciéronse jurar por tenientes de gobernadores durante el ausencia del gobernador Hernando Cortés, al cual ha muchos días que tienen por muerto los dichos fator e veedor, e así lo publican: el contador e tesorero de palabra loaron el juramento hecho a los dichos fator e veedor porque se lo pidieron, e si no lo hicieran los aprisionaran, por tener la tierra e gente como la tienen de su mano.

E después apretaron al dicho Rodrigo de Paz a que dijese adónde tenía el dicho gobernador los tesoros que decían que tenía, lo cual se creyó que no sabía el dicho Rodrigo de Paz, porque no había sino un año que estaba con el dicho gobernador; e si tesoros tenía el dicho gobernador, había más de dos años e aun de tres que los tenía escondidos, que fue cuando dicen que los hubo, que fue luego como se acabó de ganar la tierra: diéronle grandes tormentos de agua e de cordeles e de fuego, tanto que le hicieron perder los dedos de los pies e llegar a punto de muerte; hicieron condenación al dicho Rodrigo de Paz de lo que había ganado al dicho veedor, e condenáronle en ello, e cobráronlo de sus bienes desde a mes e medio que estuvo preso, e hiciéronle proceso e sacáronle a horcar en un asno en la plaza pública, donde estuvo en piernas e desnudo e un paño sucio tocado en la cabeza el dicho Rodrigo de Paz todo un día, el cual dos meses antes andaba con doce o quince alabarderos e veinte de a caballo: ahorcaron al que tenían por amigo, de quien se ayudaron e favorecieron, para tener al rincón a los dichos contador e tesorero e a quien los hizo señores de la tierra; lo que durare como lo de Juan de Padilla e los otros.

Y tenían tanto deseo los dichos fator e veedor de hallar los tesoros que el dicho gobernador decían que tenía, que hicieron cavar todo lo más de la casa del dicho gobernador, ellos a sus solas sin decirlo ni hacerlo saber al contador ni al tesorero de S. M., ni querer que estuviesen presentes; e si hallaron o no los dichos tesoros, ellos se lo saben; e para hacerlo sin inconvenientes de terceros, echaron fuera de la dicha casa todas las mujeres e señoras de la tierra, e otras dueñas de Castilla, e mujeres de algunos de los que habían ido con el dicho gobernador, que estaban en la dicha casa en recogimiento e honestidad a costa de la despensa del dicho gobernador: que fue una cosa dolorosa de ver e de oír, e crueza de que se usó; que aún esto era sin saber que el dicho gobernador fuese muerto, como después se supo o se dijo.

Desde el día que se entró la casa del dicho gobernador e prendieron al dicho Rodrigo de Paz en adelante, tomaron los dichos fator e veedor otra voz contraria de la que hasta allí tenían, diciendo que la tierra hasta allí estaba en tiranía en poder de Hernando Cortés, e que la tomaban e tenían para S. M.; e no había a quien tomarla, porque el dicho gobernador la dejó en poder de los oficiales de S. M., e ellos la han tenido después que él se fue; e los dichos fator e veedor parece que hicieron mucho agravio al dicho gobernador Hernando Cortés en alzarse con la gobernación que él les dejó, contra él, e en decir que si fuese vivo e viniese le ahorcarían como hicieron al dicho Rodrigo de Paz; e si él fuera vivo, mal lo pudieran hacer por el valor de su persona e parte que tiene en la dicha tierra; pero hanse puesto en armas e en todo recaudo para contradecirle en el campo al dicho gobernador si viniese, e han dicho e hecho contra él muchas malicias.

Ya que con esta voz de S. M., que tomaron los dichos fator e veedor por destruir al dicho Rodrigo de Paz e a todos los criados e deudos del dicho

Hernando Cortés, se ha allanado la tierra e les ha parecido que están muy encabalgados en ella, toman ahora otra voz por el pueblo, diciendo que los pecadores están pobres, e que no ha de cobrar de ellos nadie de lo que deben al gobernador Hernando Cortés que les prestó; e que a S. M. han señalado seis o siete ciudades, las cuales ellos se tienen como lo otro, e dicen que a S. M. se le ha dado de la tierra más de lo que se le había de dar, e tiénense toda la hacienda del dicho gobernador, e no quieren hacer pagado de ella al Emperador de los sesenta e dos mil pesos de oro que el dicho gobernador le debe, que tomó de poder de un tesorero; e vuelven ya por el pueblo e olvidan la voz de S. M.; e si otra vuelta conviene dar, también la darán.

Que desde a ciertos días que se dijo la muerte del dicho gobernador, hicieron sus honras, e a la sazón estaban en el monasterio de San Francisco ciertas personas deudos e amigos del dicho gobernador retraídos de temor de los dichos fator e veedor que los querían echar de la tierra; e predicaba a las dichas honras el guardián del dicho monasterio, e ya que acababa dejáronlo en un púlpito viendo alzar el Sacramento, e salieron de las honras los dichos fator e veedor e sus justicias e lo más de la gente, e sacaron del dicho monasterio a los dichos que en él estaban, con grande escándalo e alboroto. El custodio e guardián, en quien está la jurisdicción eclesiástica, pusieron entredichos, e dejaron el monasterio e saliéronse de la dicha ciudad, que dio grande alboroto en la ciudad; e tuviéronlos aprisionados e después volviéronlos al dicho monasterio.

Toda la gente que han tenido ganada para esto que han hecho, ha sido con haberles prometido de repartirles e darles la tierra, e así lo han hecho; e hasta aquí S. M. la tenía en poder de uno sólo, que era Hernando Cortés, e ahora la tiene en poder de muchos, e sobajada e desfrutada, que será mala de sacar de poder de los que la tienen. Gozan de los Indios e gozan de toda la tierra a su voluntad, están apoderados en ella, sin dar parte ni cuenta al tesorero ni contador, ni acogerse a ningún parecer suyo. Hay muchas cosas que decir cerca desto, e de las formas e maneras que para ello han tenido, e de los juramentos e fees e pleitosmenajes que han quebrantado, que sería muy largo de escribir. Plega a Dios que todo salga a buen fin, e a S. M. conviene proveer brevemente de un gobernador que sea gran persona e sabio;

que por donde han perdido el juego los dichos contador e tesorero ha sido por no prometer la tierra a nadie, ni fuera razón que ellos ni los otros la dieran sin consulta de S. M.

Carta de Diego de Ocaña

Magníficos Señores El deseo que tengo de servir a mi rey me hace escribir a V. Mds. en tiempo que veo muchos peligros aparejados a los que escriben, pues no solamente aquí se toman y abren las cartas que los hombres envían, pero aun lo que tienen escrito en sus casas para S. M.; y para hacer esto esfuérzame una cosa, que pues he vivido sesenta años, los que mal me quieren hacer no me pueden quitar larga vida; y que también es loado el que muere bien, como reprendido el que vive mal. E yo veo, señores, engañarse los hombres en esta tierra y ciar algunos que deben bogar en servicio de su rey; porque los ricos y el oro tienen tanto poder, que ciegan los corazones y atapan los oídos, y hacen hablar a unos y enmudecer a otros. Y porque allá irán cartas desta calidad, no quise en tal tiempo dejar de escribir a V. Mds., pues me conocen y desean el servicio de S. M., y en lo que dijere no saldré un paso de lo que he visto y sé que pasa en verdad. Yo, señores, vine aquí por el mes de junio del año pasado con estos oficios de escribano público, y de la gobernación, y hallé que Hernando Cortés era ido a las Higueras contra Cristóbal Dolid, y vi discordes a estos cuatro oficiales de S. M. sobre el cargo de tenientes de gobernador, porque lo habían sido tesorero y contador, y a la sazón lo eran el factor y veedor, con los cuales usé mis oficios: en este tiempo salieron de aquí el tesorero y contador diciendo que a llevar oro a S. M., y iban entrellos y sus amigos y criados catorce de caballo armados, y sus mozos y otros cinco vecinos armados a pie; dijose que se iban a juntar con Francisco de las Casas que llegaba de las Higueras y estaba veinte leguas de aquí, para que entrase con vara y quitase la jurisdicción a los dichos fator y veedor. Y porque el oro de S. M. quedaba en esta ciudad, y se ovo información de lo dicho, fue tras ellos el veedor con gente y hallolos caminando a media noche, y fueron traídos presos, y puestos los que lo merecían en sus casas y los otros en la cárcel, y hallose por la información, que un mozo del tesorero y otro del contador fueron luego a dar mandado a Francisco de las Casas, y los mozos así lo confesaron. Desterraron desde la cárcel cinco hombres de los que iban con ellos y mandaron sacar al tesorero y contador los caballos y armas que en sus casas tenían, porque Francisco de las Casas venía. El cual venido, la noche que entró díjose que el tesorero tenía mucha gente armada en su casa, para se juntar con él y que tomase la justicia y prendiese al factor y veedor que la tenían. Diose mandamiento para el alguacil mayor para catarle la casa y allanarla, el cual se vino a quejar, diciendo que se la resistían; fueron allá el fator y veedor con mucha gente y diéronse pregones para que la abriesen e hiciesen llana; y porque no se hizo antes e tiraron saetas de lo alto, mandaron traer artillería para derribarle la puerta, y hecho otro requerimiento por voz de pregonero, abrieron con ciertas condiciones. Hallose dentro al contador y sus criados, y también otra gente escondida, de los cuales algunos huyeron, y prendiéronse cinco vecinos; y porque pareció por sus confesiones que se habían ayuntado por mandado del tesorero, y que se platicaba entre ellos que era para prender al factor y veedor, y por otras cosas que confesaron, fueron aquellos cinco condenados a ser azotados y desterrados públicamente, y ejecutose la sentencia. Todo esto pasó ante mí, como más largo parecerá por los procesos a que me remito. En todas estas cosas yo trabajé cuanto pude por poner concordia entre estos cuatro oficiales, y puse en ello con muchos medios que daba a Gil González Dávila, y nunca los podimos acordar; e visto esto, pareciéndome que era bien y que el tiempo lo curaría y los haría acordar, di orden de dilatar los procesos del tesorero y contador y sus criados. En este tiempo hicieron ciertos requerimientos el tesorero y contador al fator y veedor, uno de los cuales se enderezaba contra Rodrigo de Paz, que decían que enviaba por diversas partes el oro del gobernador, que era fama que era muerto y debía mucho a S. M.: lo que sobre esto pasó al fator y veedor con Rodrigo de Paz no lo sé; pero Rodrigo de Paz juntó mucha gente y armas y artillería en casa de Hernando Cortés, y el fator y veedor juntaron otra mucha gente, y acordáronse con el tesorero y contador, y fueron sobre Rodrigo de Paz, y pasaron ciertos autos, y diose Rodrigo de Paz con ciertas condiciones, el cual fue preso, y procediose contra él, y fue condenado a tormentos, diciendo que tenía escondido muy gran tesoro del gobernador que pertenecía a S. M.; y en los tormentos no confesó saber dello nada, y fue condenado por el escándalo y otros delitos a pena de muerte, y ejecutose la sentencia, no embargante que apeló. En este tiempo, como se esforzaban nuevas de la muerte de Hernando Cortés, con acuerdo del tesorero y contador que lo aprobaron, juraron por tenientes de gobernador por S. M. al factor y al veedor. Después desto juntáronse procuradores de los pueblos con poderes para jurar a los dichos factor y veedor por tenientes de gobernador por S. M., y para enviar procuradores de cortes con capítulos a S. M., y hacer repartimiento de Indios: enviáronse los procuradores con capítulos que hicieron. Hízose el repartimiento, remediáronse muchos pueblos y vecinos con lo que les daban de lo que en sus comarcas tenía el gobernador: asimismo se dieron a S. M. muchas ciudades e provincias que antes no tenía, salvo Hernando Cortés. Hecho esto vino Diego de Ordaz que había ido con un navío por la costa del Norte en busca de Hernando Cortés, y afirmó que era muerto y trajo ciertos Indios que lo decían. Los procuradores de los pueblos por excusar alborotos y escándalos, viendo lo que había hecho Rodrigo de Paz, y otro alboroto que asimismo anduvo levantando Francisco de las Casas, y que también se sonaban no mejores nuevas de Pedro de Alvarado que estaba en Guatemala; y viendo la calidad desta tierra y lo que antes había pasado en ella, por conservarla en paz y que no se levantase alguna tiranía hasta que S. M. proveyese, dijeron que pues el poder de S. M. no expiraba por muerte de Hernando Cortés y quedaba en el factor y veedor a quien él lo dejó, que era bien de jurarlos, y juráronlos por gobernadores hasta que S. M. proveyese de gobernador, y ellos juraron a los procuradores de mantenerlos en justicia. Hecho esto levantáronse ciertos Indios en la provincia de Guajaca, dice que con acuerdo del dicho Pedro de Alvarado. Fue el veedor a los pacificar y a poblar una villa que ahí estaba señalada, con los Indios que Hernando Cortés allí tenía, y pacificó los Indios.

Pasado, señores, todo esto, un Domingo en la noche, 28 de enero, llegaron cartas del gobernador a San Francisco donde estaban muchos de los suyos retraídos, unos por la muerte de Cristóbal Dolid, y otros porque prendieron al teniente Gómez Nieto en las Higueras, y le quitaron la vara del rey y lo encadenaron y hicieron muchos vituperios, y despoblaron el pueblo que allí estaba poblado, y otros por otros delitos, contra los cuales se procedía a pregones. El fator juntó gente consigo; concurrió la mayor parte al favor del gobernador y del tesorero y de los dichos delincuentes. El contador, y yo con él, fuimos por parte del fator a dar en ello algún medio; hicimos apear al tesorero, e hizo hacer cabildo allí junto con San Francisco. El tesorero y contador por su autoridad tomaron varas de justicia en la calle. El contador siempre ha dicho que contra su voluntad se la dieron; y fueron al dicho cabildo con ellas, adonde el dicho tesorero prendió luego un alcalde y dos regidores, y hizo que el dicho cabildo los eligiese por tenientes de gobernador, diciendo que el pueblo los pedía, y así se hizo; y vinieron sobre el fator con mano armada, al cual combatieron y prendieron, teniendo la vara del rey en la mano, y quitaron la jurisdicción que estaba por S. M. y volviéronla a Hernando Cortés, y tomáronla ellos en su nombre, sabiendo ellos lo que de él tenían escrito a S. M.; y luego enviaron a prender al veedor, que estaba en Guajaca, el cual huyó y se metió en un monasterio, y de allí lo enviaron a sacar; y pusieron los presos en dos cámaras sin ninguna lumbre, con muchas guardas; y sin tener más poder que éste que he dicho que les dio México, mandaron en todas las otras jurisdicciones de toda la tierra, y hicieron teniente de Medellín y Villa Rica a Álvaro de Sayavedra, pariente del gobernador, el cual era uno de los dichos retraídos y pregonados por la prisión del dicho Gómez Nieto, y por haber despoblado la dicha villa y por otros delitos. Asimismo hicieron alguacil mayor a Juan de Hinojosa, que era uno de los dichos retraídos y pregonados por los mismos delitos, y asimismo hicieron su alcalde mayor al bachiller Juan de Ortega, al cual se le había notificado ante mí una cédula de S. M. para que se fuese a presentar ante los oidores de Santo Domingo, y le fue puesta pena que lo cumpliese, contra el cual había cierta pesquisa sobre la muerte de Cristóbal Dolid, la cual el dicho fator quería enviar al tiempo que él fuese a los dichos oidores. Asimismo soltaron a Juan Rodríguez de Villafuerte, que estaba preso a mucho recaudo con dos testigos de vista, que señalaban otros tres que estaban presentes cuando él dijo, sobre un gobernador que decía que el rey enviaba, puesta la mano en la espada y sacándola hasta la mitad, en son de amenaza contra el rey y contra quien por él viniese: «venga, venga quien quisiere, que jurado hemos de no dar la tierra al rey, sino defendérsela»; y deste hicieron guarda mayor del fator y veedor: soltáronse asimismo otros presos de la cárcel que estaban presos por feos delitos; fueron presos y perseguidos y retraídos otros muchos que no los habían cometido, sino que eran amigos del fator y veedor, los cuales ahora han mandado soltar sin pena. En todas estas cosas, aunque culpo a los dichos tesorero y contador, parece que el contador siempre decía que no podía más, ni osaba contradecir al tesorero, de miedo de los parciales del dicho Hernando Cortés.

Los que, señores, tenían la parcialidad del dicho Hernando Cortés, por derraigar el nombre de S. M. de la tierra, buscaban maneras de prender a los dichos tesorero y contador para justiciarlos a todos cuatro. Vino a noticia de los dichos tesorero y contador, que fueron algunas veces avisados, una de las cuales se lo descubrí yo, y pusiéronse a recaudo; pero si Dios no lo remediara no se pudiera excusar, y si se hiciera, Dios sabe quién mandara la Nueva España.

También, señores, se movieron otros diciendo que el fator y veedor estaban presos contra justicia, y que el tesorero y contador no fueron jueces para los prender; y reprimiendo una fuerza por otra, ordenaron de sacarlos de la prisión, lo cual fue descubierto antes que se pusiese en efecto, y fueron algunos presos, contra los cuales procedió el bachiller Juan de Ortega, no poco apasionado en servicio de Hernando Cortés, el cual degolló tres y ahorcó cuatro y desterró otros y condenó a perdimiento de bienes, sin otorgarles apelación; y si mucho se tardaba la venida de Hernando Cortés, sabe Dios si parara aquí.

Después desto, señores, vino el gobernador Hernando Cortés llamándose Señoría, y los dichos tesorero y contador le hicieron recibimiento con arcos triunfales y con muchos entremeses, y las cruces salieron hasta la plaza a lo recibir; y aquí quiero tener la mano de ciertos entremeses que pasaron, enviándole a pedir misericordia para sus vasallos. Fuese a posar a San Francisco; vino nueva que era venido con un juez del rey a Medellín, y los frailes pidiéronle al veedor, al cual antes no les había querido dar, y dióselo porque fue sacado de su monasterio; y este hecho, no sé a qué propósito, aunque algunos lo tienen por claro, el dicho Hernando Cortés quitó los alcaldes y regidores que estaban hechos, y puso otros sus parientes y criados. Hecho esto llegó una carta de Luis Ponce, que haya gloria, con otra de S. M., haciéndole saber su venida, al cual le envió a hacer banquetes por el camino. Luis Ponce se dio priesa y entró en esta ciudad; y antes que entrase y entonces, el veedor que estaba en San Francisco y el tesorero y contador tenían mucha gente llegada en su favor; y presentó su provisión de juez de residencia y fue recibido, aunque algunos quieren decir que si no estuviera la tierra en bandos que se mostraban claros, se le hiciera el recibimiento que a los otros pasados. Y luego como fue recibido al oficio adoleció, y Hernando Cortés, como supo su venida y después de recibido, hacía repartimiento de Indios a muy gran priesa, e hizo pregonar conquistas y armadas; y Luis Ponce le envió a decir desde la cama que no lo hiciese, pues no lo podía, y hiciese su residencia clara. En este tiempo aquejole el mal, y llegó el licenciado Marcos de Aguilar que venía por inquisidor, y fue rogado que socorriese al servicio de S. M., y pues Luis Ponce se aquejaba, tomase la vara de alcalde mayor por él, y así se hizo; pero antes le dije yo, pensando que viviera Luis Ponce, que si no tuviera judicatura le aseguraría diez mil pesos de oro en un año por el abogacía, según los negocios estaban trabados, mayormente que los seis mil dellos sabía yo dos partes que se los dieran; el cual me respondió que no dejaría de servir a S. M. en tiempo de tanta necesidad por ningún interese. Y como ya se conoció que Luis Ponce no podía vivir, traspasó al dicho licenciado todos los poderes que de S. M. traía, y el gobernador Hernando Cortés envió a embargar todos los navíos de Medellín. Y el día que falleció Luis Ponce, los procuradores de los pueblos, persuadidos por alguna persona diabólica, hicieron requerimiento a Hernando Cortés que tornase a tomar la gobernación en sí, y otro tal hicieron al cabildo de la ciudad para que se la diese; el cual cabildo estaba ayuntado antes que enterrasen a Luis Ponce, en la iglesia desta ciudad, con mucho alboroto y gente armada de la que antes se había ayuntado a dormir en casa del dicho Hernando Cortés, y el dicho cabildo envió a decir al licenciado Marcos de Aguilar, que pues por muerte de Luis Ponce había expirado su poder, que les diese la vara e fuese al cabildo a mostrar porqué causa la tenía. Él estaba muy enfermo y viejo, y respondió como sano y varón, y púsoles, ciertas penas, y díjoles que cuando aquella le tomasen, aunque estaba viejo y flaco que les parecería otra cosa, y que palios había para hacer otras para los castigar. El veedor, tesorero y contador tenían ayuntada gente consigo, de los servidores de S. M., para socorrer al licenciado; y luego fueron a la iglesia el contador y tesorero a contradecir aquel cabildo y lo que querían hacer, y dijeron a Hernando Cortés, que allí estaba, algunas palabras, por las cuales se suspendió aquel cabildo. Los que se mostraban servidores del rey estaban esperando, ser sacrificados, según la costumbre de los Indios, si el licenciado dejase la vara. En fin, señores, han pasado aquí muchos requerimientos y autos; pero el gobernador Hernando Cortés no ha querido dejar el repartimiento de los Indios, que es el señorío de la tierra.

Antes que muriese Luis Ponce, Hernando Cortés tuvo mañas de hacer a Francisco de Orduña, que fue su secretario y criado, que pujase la escribanía de la gobernación, el cual la puso en doscientos mil. Maravedís; y si Luis Ponce no muriera, según los criados de Hernando Cortés decían, no parara en dos mil ducados hasta que Orduña lo hubiera, porque le convenía a Hernando Cortés; y como falleció Luis Ponce, paró allí y no se pujó más. Esto parece claro ser de las cosas de Hernando Cortés, porque como es poderoso de dinero guía las cosas a su modo.

Aquí, señores, se han dicho por algunos criados y parciales de Hernando Cortés, muchas palabras osadas en deservicio de S. M, como es notorio, diciendo que Hernando Cortés y ellos ganaron la tierra, y que él es Señor della y la ha de mandar, y que aunque venga el Emperador, cuanto más otro gobernador, que no se debía recibir; y cuando ven eligir por alcaldes y regidores algunos servidores del rey, dicen que no es menester más para que si S. M. enviase otro gobernador que lo reciban; y otras muchas palabras dignas de mucho castigo. Andan, señores, aquí muchos amigos suyos cerreros a quien él ha hecho valer en la tierra, los cuales no saben qué es yugo de rey. A mi pobre juicio, sería menester castigar a los unos y descepar la mala planta de la tierra.

Algunos dicen aquí, que levantaban a Hernando Cortés en Castilla que no había de recibir a quien el Rey enviase, y que ya se ha visto su mentira, pues recibió a Luis Ponce con tanto favor y banquetes. Otros dicen contra esto, que reniegan de los banquetes, y que si lo recibió fue porque no pudo más, porque vio la tierra en parcialidad, y mostrarse los servidores del rey en el tiempo pasado, llegándose a sus jueces y oficiales; y que si no es verdad lo que en Castilla se decía, no quitara como quitó los alcaldes y regidores en toda la tierra y puso otros de nuevo, desque supo que Luis Ponce venía.

Pasado, señores, esto, los conquistadores que estaban quejosos y aquí se hallaron, pidieron licencia al licenciado Marcos de Aguilar para se juntar y elegir procuradores y hacer capítulos para enviar a S. M., la cual les concedió conforme a derecho; y vinieron a mi casa obra de doscientos dellos para otorgar el poder, el cual por quitarme de debates hice que pasase ante otro escribano. Y algunos de los procuradores, por sí y en nombre de los otros, me rogaron que les ayudase a ordenar los capítulos; y estándolos ordenando, súpolo Hernando Cortés, y requirió al licenciado que me mandase que le diese el traslado dellos, el cual se lo denegó, y aquella noche no estando yo en mi casa, un Jorge, notario, que va huyendo en estos navíos y el gobernador lo envía a su costa con los frailes, y en presencia de Valenzuela y de Villafranca comenzó a trastornar mis escrituras diciendo que buscaba un poco de papel blanco, y tomó los capítulos y metióselos en el seno y lleveles a Hernando Cortés, resistiéndoselo los que he dicho que estaban presentes. Ésta es cosa muy grave, que aun los hombres no vivan seguros escribiendo en su casa lo que conviene a S. M.; es uno de los catorce casos de traición descubrir lo que el rey escribe o lo que al rey escriben; pues acá no se ha podido haber, no dejen V. Mds. allá, pues ha de pasar por contadero, de apretarlo para saber la verdad de él por cuantas vías pudieren. Yo ando acá, señores, a sombra de tejados, con más miedo que vergüenza de Hernando Cortés, porque algunos de los suyos por honestas maneras me han amenazado.

Allá, señores, va el contador a decir verdades a S. M., y Gonzalo Mejía por procurador de los conquistadores; si a V. Mds. les pareciere, que deben enviar mi carta a S. M. y escribir lo que conocen de mi persona, júntenlos a ambos y léanla en presencia de S. M., estando ellos presentes; y si hallase que yo salgo un punto de la verdad, mándeme S. M. sacar la lengua como a hombre que miente a su rey, porque si hacer se pudiese, yo daría fe de todo esto como escribano público.

Ahora, señores, Hernando Cortés ha adquirido favor de los frailes a quien mantiene, y asimismo dio orden con el cabildo, según se sabe, que eligieran por procurador al dicho Francisco de Orduña; allá se puede ver qué fe se puede dar a estos cabildos y procurador.

Despedido destas cosas, quiero hacer saber a V. Mds. otras que me parece que convienen a servicio de S. M., con que les suplico que en mi nombre se las hagan saber. Ya habrán sabido V. Mds. en estos navíos, cómo llegó a esta Nueva España por la parte de la Mar del Sur, un navío que se perdió con tormenta, de otros que iban a la Especiería, el cual por el altura vino en busca desta tierra, sin barca ni mantenimientos para se proveer. Da, señores, nuevas de muchas islas ricas que en el camino halló. Con S. M. tiene concertado Hernando Cortés con ciertas mercedes que le han prometido, de descubrir en aquellas mares; y pues S. M. lo puede hacer sin ellas, puede tornar a mandar ver si será bien hacerlo a su costa, y encargarlo a quien pueda remover cada vez que fuese servido; porque algunos piensan aquí, según lo que han visto en tiempo pasado, que si Cortés lo va a hacer morirá con corona. Asimismo, pues por este navío se sabe estar cerca de aquí el especiería, S. M. debería mandar proveer de aquí un par de navíos que fuesen allá para traer a estas partes planta e simiente del especiería, pues todas estas islas y tierras son aptas para ello, la cual se extendería por todas estas tierras, y deshacerse debía todo el trato de Levante y Portugal, y quedaría en Castilla, y todas estas tierras se ennoblecerían y poblarían mucho más, y S. M. podría haber dello muy grandes rentas, ganando bula de Su Santidad de los diezmos della, y imponiendo otro diezmo por sus derechos, y más lo que había de los almojarifadgos de lo que allá fuese. Y esto, señores, se podría luego hacer, enviando a suspender que no saliesen los navíos del dicho Hernando Cortés, y tomándoselos para en cuenta de lo que le debe, y enviando buenos pilotos y personas que sepan de planta y simiente; y aun para los armar y enviar, aquí habría quien lo hiciese si S. M. no lo quisiese hacer a su costa, con que les dejasen rescatar y traer especiería en ellos; pero lo mejor era hacerlo los oficiales de S.M. Y también, señores, mandando S. M. descubrir las dichas islas y tierras en la Mar del Sur, se ennoblecería esta Nueva España, enviando S. M. aquí, como le han suplicado, todo género de planta y simientes, pues lo lleva la tierra en mucha abundancia. Sepa S. M. que hay necesidad de sembrar para coger, y no tendría yo en mucho desta manera que fuesen estas tierras la mayor y mejor parte de sus señoríos.

Nuestro Señor las magníficas personas de V. Mds. guarde y acreciente. De México, a 31 de agosto de 1526 años. Señores: besa la mano de V. Mds Diego de Ocaña.

Magníficos señores Por la carta que va con ésta he escrito tan largo a V. Mds., aunque a mi parecer corto y en suma lo que ha pasado, que temo que ya estarán importunados de leer. Pero el mismo celo que me movió a escribir la otra me hace escrebir ésta, por ser después acá en pocos días pasadas cosas de mucha importancia. El Sábado por la mañana, 1º de este mes de Setiembre, me dijo ... López, hermano de Diego López, veinte y cuatro de Sevilla, que traía una carta que Jorge de Alvarado escribió a Pedro de Alvarado su hermano, teniente de Guatemala, en que le dijo que no obedezca al licenciado Marcos de Aguilar ni a sus mandamientos. El Sábado en la tarde lo dije yo al licenciado, el cual me dijo que ya la tenía y que la guardaba para en su tiempo y lugar. Yo le dije que mirase su merced que aquello no se podía hacer sin acuerdo y mandado de Hernando Cortés, y él me dijo que lo claro no había menester glosa. Este mismo día en la tarde se pregonó en la plaza desta ciudad por pregonero y ante escribano, ciertas ordenanzas que Hernando Cortés hizo, en que parecía querer tentar los vados de sus pensamientos y voluntades ajenas, en que decía: «manda el Señor Don Hernando Cortés, capitán general y gobernador desta Nueva España y sus provincias por SS. MM., que porque S. M. le encomendó el buen tratamiento de los naturales de la tierra, que ninguno sea osado de salir desta ciudad ni de otros lugares sin su licencia o de sus tenientes, so ciertas penas. Ítem, que ninguno que tenga Indios pueda vender maíz, ni les pedir más de lo que ha menester para su comer, so ciertas penas» y otras muchas ordenanzas que se pregonaron. Los servidores de S.M. dijeron que este pregón era *crimen Majestatis*, y que lo hacían con intención, que viendo que se pregonaba gobernador, el pueblo le acudiese para algo que pensaba hacer, estando las fortalezas del rey como corral de vacas, y él con mucha artillería y armas y munición; y que lo del maíz seguía las mismas pisadas, por poner en necesidad de mantenimiento a la gente, teniendo él como tenía cuatrocientas mil hanegas de maíz entrojado que vendía. El licenciado Marcos de Aguilar comenzó a hacer luego su pesquisa, y luego aquella noche concurrió mucha gente armada a casa del dicho Hernando Cortés, que durmió en ella. Asimismo los servidores de S. M. concurrieron a las casas del licenciado y del tesorero y del veedor, y durmieron allí. Otro día siguiente, Domingo en la tarde, el licenciado salió a la plaza y hizo llamar a Hernando Cortés, y hizo ciertos pregones en que dijo, que a su noticia era venido que algunas personas se juntaban a hacer ligas e monipodios en algunas casas con gente armada, en deservicio de S. M. y para turbar la paz y sosiego de la tierra; y otros habían dicho palabras osadas contra la justicia de S. M.; protestando de proceder contra ellos por ellas, que les mandaba que luego se derramasen y no se juntasen más a hacer las dichas ligas, ni se armasen ni acudiesen más a las dichas casas, so ciertas penas; y mandó pregonar una provisión de S. M. en que mandaba que todos diesen favor y ayuda a Luis Ponce de León y se ayuntasen con él a punto de guerra cada y cuando se lo mandase, so ciertas penas. Después de leído hizo cierto razonamiento a los que estaban presentes en servicio de S. M. Luego la misma tarde entró el contador Rodrigo de Albornoz que iba a embarcarse y lo supo en el camino, y luego otro día Lunes en amaneciendo, el licenciado dio mandamiento, y fueron a casa de Hernando Cortés a sacar y sacaron con él al fator Gonzalo de Salazar, que estaba en la junta y nunca lo habían podido sacar hasta allí con mañas que el dicho Hernando Cortés había tenido, y mandolo llevar a la cárcel y encerrarlo en una cámara; así por hacerle justicia como por esforzar la justicia, acompañáronlo hasta allí más de cien servidores de S. M. y amigos suyos; y luego que Hernando Cortés lo supo juntó hasta sesenta o setenta hombres de sus aliados que andaban armados y a pie: fue con ellos a la cárcel y pidió las llaves de la cámara del dicho fator. Concurrió allí luego Gonzalo de Sandoval que le estorbó lo que quería hacer, porque ya el licenciado y el tesorero venían con gente a la cárcel, y así se volvió el dicho Hernando Cortés sin abrir la cámara do estaba el dicho fator. Después de esto el dicho licenciado y los dichos tesorero y contador hicieron cierto requerimiento al dicho Hernando Cortés, para que pues S. M. le había suspendido los oficios, dejase la dicha capitanía y gobernación y repartimiento de los Indios; y sobre esto hubo muchas juntas de todos ellos y de frailes, y al fin lo hubo de hacer así, so ciertas protestaciones que hizo. Aquí, señores, se han mostrado muy bien los servidores de S. M., porque sin mandárselo nadie iban a acompañar de noche y de día al dicho licenciado, y otros en casa del tesorero y contador y en la cárcel donde estaba el fator y en el aposento del veedor, a causa que si Hernando Cortés diese de noche en alguna parte, como hizo a Narváez, los otros se hallasen fuertes para le socorrer: en fin, que aquí estamos repartidos en dos bandos, que los unos tienen el servicio del rey delante, y los otros el partido de Hernando Cortés. De todas estas cosas, como es notorio, el alcaide Salazar casi toma la voz de Hernando Cortés, y por propias cosas suyas, las suyas. Allá dice que va el alguacil Proaño herido desta misma yerba: el pueblo dice contra ellos muchos cosas que dejo de escribir. Dejó, señores, Proaño, alguacil mayor, por sus tenientes a Diego Valadés y a Blasco Hernández, cuñados del dicho Hernando Cortés, y hizo su partido con Hernán López Dávila, y dejole la vara de alguacil mayor y fue recibido al oficio; y como Hernando Cortés lo supo y que el dicho Hernán López se juntaba con la justicia, dice que escribió al dicho Proaño para que le revocase el poder y lo diese a otro, y dice que envió a Gerónimo López, escribano del rey, al camino a él para que se hiciese, el cual lo hizo y vino aquí la revocación; y sabido por el licenciado, siguiendo lo que conviene al servicio de S. M., no le ha querido quitar la vara: digo esto para que lo sepan V. Mds., y que todos los oficios quieren corromper aquí a dinero, y se mire no se haga así en la escribanía para tomarle la residencia. Todavía se temen aquí de sus mañas, especialmente que dicen que ha enviado por Pedro de Alvarado y la gente que tiene en Guatemala. La justicia hace guarda, y conviénele guardarse, y esto es muy recia cosa en tierra del rey.

Aunque yo siento que es error querer yo dar parecer con tan poca habilidad donde tanto saber sobra, con el mismo celo diré lo que me parece, y es porque hay peligro en la tardanza, de lo que S. M. ha de proveer, y el licenciado es hombre sabio, viejo y experimentado y deseoso de servir a S. M.: si a V. Mds. pareciese, pues las cosas están en este estado, debían por su parecer decir a S. M. que hasta que proveyese lo que más conviniese a su servicio, debía luego despachar una o dos carabelas con duplicados poderes para el dicho licenciado, para que usase de la jurisdicción y provisiones que el dicho Luis Ponce traía, y una cédula para que mandase sacarle toda el artillería, armas y munición que tiene Hernando Cortés en su casa en una sala de armas de tres naves, que es mayor que el patio desa Casa de la Contratación, y que lo pongan en las atarazanas, que está sin ninguna cosa, porque no entregó más que las paredes, habiéndose hecho el artillería con lo que los Indios vasallos de S. M. dieron para ello; y una docena de cédulas en blanco para prender algunos destos sus criados y parciales que andan cerreros; y que si al dicho licenciado y los oficiales de S. M. pareciese que debía ser preso el dicho Hernando Cortés, lo hiciese así, porque más seguramente osasen deponer los testigos lo que saben contra él. No dejaré de escribir a V. Mds., aunque es cosa liviana en cantidad, por lo que tiene de calidad, lo que pasó ayer Sábado, día de Nuestra Señora, en un juego de cañas, que salieron ciertos parciales de Hernando Cortés al juego en hábito de romeros y echaron ciertas coplas que decían cada una: Cumpliré mi romería Cumplida la perdición De todos cuantos Contra vos son. Yo me he acortado todo lo que he podido, aunque va larga la escritura; pero pareciome que es bien dar de todo noticia a V. Mds. como a servidores de S. M.

Nuestro Señor las magníficas personas y casas de V. Mds. guarde y acreciente De México a 9 de Setiembre.

Señores Habiendo escrito hasta aquí, son venidas cartas como viene Pedro de Alvarado. Los servidores del rey están muy escandalizados porque trae toda la gente de Guatemala y toda la otra que Hernando Cortés había llevado, en que trae quinientos Españoles; creese que viene por mandado de Hernando Cortés, según la carta que he dicho que tiene tomada, que Jorge de Alvarado la escribía. Los parciales de Hernando Cortés hacen muchas alegrías, y dicen lo que piensan en sus corazones, e la justicia hará ciertos pregones sobre ello: y quieren enviar un mandamiento para Pedro de Alvarado con graves penas, que vuelva la gente a Guatemala y que venga él con los vecinos que de aquí fueron. Y otra provisión para Gonzalo de Alvarado, que se ha mostrado siempre servidor de S. M., para encargarle la capitanía de Guatemala. Plega a Dios no haga como César cuando el pueblo romano le envió a mandar que dejase las armas; lo que sucederá Dios lo sabe; lo mejor sería asegurarlo todo con prender media docena de personas, que se puede hacer muy bien aquí. El socorro de allá está tan lejos, cuando algo fuese, que nos habrán de hacer traidores por fuerza o habemos de morir a mi parecer, y esto será lo mejor. Hecha el dicho día. Señores: besa la mano de V. Mds. - Diego de Ocaña.

Libros a la carta

A la carta es un servicio especializado para
empresas,
librerías,
bibliotecas,
editoriales
y centros de enseñanza;
y permite confeccionar libros que, por su formato y concepción, sirven a los propósitos más específicos de estas instituciones.

Las empresas nos encargan ediciones personalizadas para marketing editorial o para regalos institucionales. Y los interesados solicitan, a título personal, ediciones antiguas, o no disponibles en el mercado; y las acompañan con notas y comentarios críticos.

Las ediciones tienen como apoyo un libro de estilo con todo tipo de referencias sobre los criterios de tratamiento tipográfico aplicados a nuestros libros que puede ser consultado en www.linkgua.com.

Linkgua edita por encargo diferentes versiones de una misma obra con distintos tratamientos ortotipográficos (actualizaciones de carácter divulgativo de un clásico, o versiones estrictamente fieles a la edición original de referencia).

Este servicio de ediciones a la carta le permitirá, si usted se dedica a la enseñanza, tener una forma de hacer pública su interpretación de un texto y, sobre una versión digitalizada «base», usted podrá introducir interpretaciones del texto fuente. Es un tópico que los profesores denuncien en clase los desmanes de una edición, o vayan comentando errores de interpretación de un texto y esta es una solución útil a esa necesidad del mundo académico.

Asimismo publicamos de manera sistemática, en un mismo catálogo, tesis doctorales y actas de congresos académicos, que son distribuidas a través de nuestra Web.

El servicio de «libros a la carta» funciona de dos formas.

1. Tenemos un fondo de libros digitalizados que usted puede personalizar en tiradas de al menos cinco ejemplares. Estas personalizaciones pueden ser de todo tipo: añadir notas de clase para uso de un grupo de estudiantes, introducir logos corporativos para uso con fines de marketing empresarial, etc. etc.

2. Buscamos libros descatalogados de otras editoriales y los reeditamos en tiradas cortas a petición de un cliente.

Colección DIFERENCIAS

Diario de un testigo de la guerra de África	Alarcón, Pedro Antonio de
Moros y cristianos	Alarcón, Pedro Antonio de
Argentina 1852. Bases y puntos de partida para la organización política de la República de Argentina	Alberdi, Juan Bautista
Apuntes para servir a la historia del origen y alzamiento del ejército destinado a ultramar en 1 de enero de 1820	Alcalá Galiano, Antonio María
Constitución de Cádiz (1812)	Autores varios
Constitución de Cuba (1940)	Autores varios
Constitución de la Confederación	Autores varios
Sab	Avellaneda, Gertrudis Gómez de
Espejo de paciencia	Balboa, Silvestre de
Relación auténtica de las idolatrías	Balsalobre, Gonzalo de
Comedia de san Francisco de Borja	Bocanegra, Matías de
El príncipe constante	Calderón de la Barca, Pedro
La aurora en Copacabana	Calderón de la Barca, Pedro
Nuevo hospicio para pobres	Calderón de la Barca, Pedro
El conde partinuplés	Caro Mallén de Soto, Ana
Valor, agravio y mujer	Caro, Ana
Brevísima relación de la destrucción de las Indias	Casas, Bartolomé de
De las antiguas gentes del Perú	Casas, Bartolomé de las
El conde Alarcos	Castro, Guillén de
Crónica de la Nueva España	Cervantes de Salazar, Francisco
La española inglesa	Cervantes Saavedra, Miguel de
La gitanilla	Cervantes Saavedra, Miguel de
La gran sultana	Cervantes Saavedra, Miguel de

tuertos, etc.	Pomposo Fernández, Agustín
Breve relación de los dioses	
y ritos de la gentilidad	Ponce, Pedro
Execración contra los judíos	Quevedo y Villegas, Francisco de
La morisca de Alajuar	Rivas, Ángel Saavedra, Duque de
Malek-Adhel	Rivas, Ángel Saavedra, Duque de
Sublevación de Nápoles	
capitaneada por Masanielo	Rivas, Ángel Saavedra, Duque de
Los bandos de Verona	Rojas Zorrilla, Francisco de
Santa Isabel, reina de Portugal	Rojas Zorrilla, Francisco de
La manganilla de Melilla	Ruiz de Alarcón y Mendoza, Juan
Informe contra los adoradores	
de ídolos del obispado de Yucatán	Sánchez de Aguilar, Pedro
Vida de Juan Facundo Quiroga	Sarmiento, Domingo Faustino
Tratado de las supersticiones,	
idolatrías, hechicerías, y otras	
costumbres de las razas aborígenes	
de México	Serna, Jacinto de la
Correo del otro mundo	Torres Villarroel, Diego de
El espejo de Matsuyama	Valera, Juan
Estudios críticos sobre historia	
y política	Valera, Juan
Leyendas del Antiguo Oriente	Valera, Juan
Los cordobeses en Creta	Valera, Juan
Nuevas cartas americanas	Valera, Juan
El otomano famoso	Vega, Lope de
Fuente Ovejuna	Vega, Lope de
Las paces de los reyes y judía	
de Toledo	Vega, Lope de
Los primeros mártires de Japón	Vega, Lope de
Comedia nueva del apostolado	
en las Indias y martirio de un	
cacique	Vela, Eusebio
La pérdida de España	Vela, Eusebio

Colección HUMOR

La entretenida	Cervantes Saavedra, Miguel de
Fábulas literarias	Iriarte, Tomás de
Desde Toledo a Madrid	Molina, Tirso de
El desdén, con el desdén	Moreto y Cabaña, Agustín
El alguacil endemoniado	Quevedo, Francisco de
Fábulas	Samaniego, Félix María
El caballero de Olmedo	Vega, Lope de
El perro del hortelano	Vega, Lope de

Colección MEMORIA

Cosas que fueron	Alarcón, Pedro Antonio de
Juicios literarios y artísticos	Alarcón, Pedro Antonio de
Memorial dado a los profesores de pintura	Calderón de la Barca, Pedro
Juvenilia	Cané, Miguel
Autobiografía de Rubén Darío (La vida de Rubén Darío escrita por él mismo)	Felix Rubén García Sarmiento (Rubén Darío)
Oráculo manual y arte de prudencia	Gracián, Baltasar
Vida de Carlos III	Fernán-Núñez, Carlos Gutiérrez de los Ríos
Examen de ingenios para las ciencias	Huarte de San Juan, Juan
Vida del padre Baltasar Álvarez	Puente, Luis de la
Del obispo de Burgos	Pulgar, Hernando del
Breve reseña de la historia del reino de las Dos Sicilias	Duque de Rivas, Ángel Saavedra
Cartas	Valera, Juan
El arte nuevo de hacer comedias en este tiempo	Vega y Carpio, Félix Lope de
Diálogos	Vives, Luis

Colección VIAJES

De Madrid a Nápoles	Alarcón, Pedro Antonio de

CPSIA information can be obtained
at www.ICGtesting.com
Printed in the USA
FSHW011216100520
70105FS